Lerwick

Kirkwall

Wick

underland

York

Kingston upon Hull

eeds

heffield

ES MIDLANDS

• Nottingham

erby

• Leicester

oventry

Northampton

Cambridge

Ipswich

Luton

LONDRES

Oxford **LONDRES**

Dover •

LE SUD-EST

outhampton
Portsmouth Brighton

0   100 km

GUIDES ✹ VOIR

GRANDE-BRETAGNE

GUIDES VOIR

GRANDE-BRETAGNE

Libre Expression
QUEBECOR MEDIA

Ce guide Voir a été établi par
Michael Leapman

Direction
Cécile Boyer

Direction éditoriale
Catherine Marquet

Édition
Catherine Laussucq

Traduit et adapté de l'anglais par
Philippe Rollet, Pierre de Puyberneau, Dominique Brotot
avec la collaboration d'Isabelle de Jaham

Mise en pages (P.A.O.)
Maogani

Publié pour la première fois en Grande-Bretagne
en 1995 sous le titre :
Eyewitness Travel Guides : Great Britain
© Dorling Kindersley Limited, London 1995, 2000
© Hachette Livre (Hachette Tourisme)
2000 pour la traduction et l'édition française.
Cartographie © Dorling Kindersley 2000

© Éditions Libre Expression, 2003,
pour l'édition française au Canada.

Tous droits de traduction, d'adaptation
et de reproduction réservés pour tous pays.
La marque Voir est une marque déposée.

Aussi soigneusement qu'il ait été établi, ce guide
n'est pas à l'abri des changements de dernière heure.
Faites-nous part de vos remarques, informez-nous
de vos découvertes personnelles : nous accordons
la plus grande attention au courrier de nos lecteurs.

Imprimé et relié par South China Printing Co. Ltd (Hong-Kong).

Éditions Libre Expression
7, chemin Bates
Outremont (Québec) H2V 4V7

Dépôt légal : 2e trimestre 2003
ISBN : 2-7648-0024-X

Sommaire

Un tournoi, d'après une
miniature du XIVe siècle

Présentation de la Grande-Bretagne

Garde de la Tour de Londres

Londres

Le château d'Eilean Donan sur le Loch Duich, Highlands écossaises

Maison du début
du XVIIe siècle à Hereford

Vue de la vallée de l'Usk et des
Brecon Beacons, pays de Galles

COMMENT UTILISER CE GUIDE

Le but de ce guide est de vous aider à profiter au mieux de votre séjour en Grande-Bretagne ; il fourmille d'informations pratiques et de conseils. L'introduction, *Présentation de la Grande-Bretagne*, propose une carte du pays et le situe dans son contexte historique et culturel. Six autres chapitres, et un septième consacré à *Londres*, présentent en détail tous les principaux sites et monuments. Des encadrés abordent les thèmes les plus variés, depuis le sport jusqu'aux jardins. *Les Bonnes adresses* recensent les hôtels, les restaurants et les cafés. Les *Renseignements pratiques* vous apportent tous les conseils utiles.

LONDRES

Le centre de Londres est divisé en quatre quartiers. Chacun fait l'objet d'un chapitre séparé, avec une liste de tous les endroits présentés. La dernière section, *En dehors du centre*, est consacrée aux faubourgs les plus intéressants. Tous les sites sont repérés sur un plan et numérotés ; les numéros correspondent à l'ordre dans lequel les monuments sont décrits dans le corps du chapitre.

Le quartier d'un coup d'œil classe les centres d'intérêt par catégories : quartiers historiques, monuments, musées, églises, boutiques, parcs et jardins.

2 Plan du quartier pas à pas
Il présente une vue aérienne du cœur de chaque quartier.

Des étoiles indiquent les endroits à ne pas manquer.

Un repère rouge signale toutes les pages concernant Londres.

La carte de situation indique où se trouve le quartier dans la ville.

1 Plan général du quartier
Un numéro permet de retrouver les monuments de chaque quartier sur une carte. Les monuments du centre-ville figurent aussi dans l'atlas des rues, p. 135-143.

Un itinéraire conseillé est indiqué en rouge.

3 Renseignements détaillés
Les monuments de Londres sont décrits un par un, avec toutes les informations pratiques : adresses, numéros de téléphone, heures d'ouverture, visites guidées, tarifs, possibilité de photographier et accessibilité aux handicapés.

1 Introduction
La présentation des paysages, de l'histoire et de la spécificité des régions montre leur évolution au cours des siècles et ce qu'elles proposent aujourd'hui au visiteur.

LA GRANDE-BRETAGNE RÉGION PAR RÉGION
La Grande-Bretagne a été divisée en quatorze régions traitées chacune dans un chapitre séparé. Londres fait l'objet d'un chapitre à part. Les villes et monuments les plus intéressants sont repérés sur une *Carte touristique*.

Les régions peuvent être repérées rapidement grâce à un code couleur (voir premier rabat de couverture).

2 La carte touristique
Elle offre une vue d'ensemble de toute la région et de son réseau routier. Les sites et les monuments sont repérés par des numéros. L'accès à la région et les moyens de transport disponibles sont indiqués.

3 Information détaillée
Les localités et sites les plus importants sont décrits un par un dans l'ordre de la numérotation de la Carte touristique. Les textes décrivent en détail tous les sites à voir et les monuments.

Des encadrés sont consacrés aux particularités des sites.

Le mode d'emploi vous aide à organiser votre visite des sites les plus importants.

4 Les principaux monuments
Une ou plusieurs pages leur sont réservées. Des dessins dévoilent l'intérieur des bâtiments historiques. Un plan détaillé du cœur des villes permet de localiser les monuments les plus intéressants.

PRÉSENTATION DE LA GRANDE-BRETAGNE

La Grande-Bretagne dans son environnement

L a Grande-Bretagne s'étend au nord-ouest de l'Europe ; elle est bordée par l'océan Atlantique, la mer du Nord et la Manche. Les paysages et les climats de la Grande-Bretagne sont très variés ; ils conditionnent encore partiellement le peuplement de l'île. Les côtes de l'Ouest et les montagnes inhospitalières d'Écosse ou du pays de Galles sont moins peuplées que les Midlands ou le Sud-Est, plus plats et plus fertiles. C'est là que vit la plus grande partie des quelque 58 millions d'habitants que compte le pays. La population y étant beaucoup plus dense, le Sud est aujourd'hui la partie la plus construite de l'île et la mieux desservie.

LÉGENDE

Autoroute

Route principale

Trajet des ferries

Tunnel sous la Manche

Frontière

0   100 km

◁ La cathédrale de Salisbuty à travers les prés, de John Constable (1776-1837)

Unst
Îles
Shetland
Mainland
Yell
Foula
Lerwick

Fair Isle
Westray
Mainland
Sanday
Stromness
Stronsay
Kirkwall
Hoy
Îles Orkney

A836
Wick

Aberdeen

A9

La Grande-Bretagne et l'Europe

La Grande-Bretagne est située au nord-ouest de l'Europe. Ses plus proches voisins sont l'Irlande, à l'ouest, les Pays-Bas, la Belgique et la France de l'autre côté de la Manche ; le Danemark, la Norvège et la Suède sont également très proches.

EUROPE

NORVÈGE SUÈDE FINLANDE
ESTONIE
RUSSIE
DANEMARK
LETTONIE
LITHUANIE
RUSSIE
HIÉLORUSSIE
PAYS-BAS POLOGNE
Londres ALLEMAGNE
BELGIQUE LUXEMBOURG RÉPUBLIQUE TCHÈQUE SLOVAQUIE UKRAINE
FRANCE AUTRICHE HONGRIE
SUISSE SLOVÉNIE CROATIE ROUMANIE
ITALIE BOSNIE HERZÉGOVINE YOUGOSLAVIE BULGARIE
ESPAGNE ALBANIE
GRÈCE
PORTUGAL
ALGÉRIE TUNISIE

Les îles Shetland et Orkney

Ces territoires sont les plus septentrionaux de la Grande-Bretagne : les îles Shetland ne sont qu'à six degrés au-dessous du cercle polaire arctique.

ewcastle
oon Tyne
169
Sunderland
A66 A1(M)
A1M
Swale
A1(M)

M E R

D U

N O R D

Göteborg
Esbjerg
Hambourg

adford Leeds York A165
M62 M62
Huddersfield
Manchester M180 Grimsby
A6 Sheffield
Stoke Kingston upon Hull
on-Trent **ANGLETERRE**
Derby Nottingham
A1 A47 Norwich
Peterborough A11
Birmingham A14 A12
Warwick Northampton A1(M)
Stratford-upon- Cambridge
Avon Ipswich
Gloucester Harlow Felixstowe
Oxford Harwich
istol Windsor A12
ath **LONDRES** M2 Ramsgate
Salisbury M25 Canterbury Dover
uthampton Folkestone *Pas de Calais*
Portsmouth Brighton Newhaven Calais
urnemouth *Île de Wight* Boulogne A25
Dieppe Amiens
Cherbourg Le N27 **F R A N C E**
Havre Rouen
sey Caen A13
St-Malo N175 N158 PARIS

PAYS-BAS
A31 Groningen A7
A31 N37
Zwolle
AMSTERDAM A1
La Utrecht
Haye A15 A12 Arnhem
Rotterdam A57 A3
A58 Duisburg
Eindhoven A67 Essen
Zeebrugge Anvers A2
Ostende A2 Cologne
Dunkerque **BRUXELLES** Aachen
A16 A3 Liège
Lille **BELGIQUE**
A15 **ALLEMAGNE**
A26 A1
LUXEMBOURG
LUXEMBOURG
Reims Metz
A4

La Grande-Bretagne par régions : Londres, le Sud, les Midlands et le pays de Galles

L a Grande-Bretagne est reliée par voie aérienne aux plus grandes villes de la planète. Londres compte deux grands aéroports internationaux ; le trafic de celui d'Heathrow est l'un des plus importants du monde. Le sud de l'île, la région la plus peuplée, est divisé dans ce guide en quatre secteurs : le Sud-Est, l'Ouest, le pays de Galles et les Midlands. Un chapitre spécial est réservé à Londres. Les liaisons routières et ferroviaires avec le Nord et l'Écosse *(p. 14-15)* et d'une grande ville à l'autre sont nombreuses.

CODE COULEUR DES RÉGIONS

▉ Londres

Le Sud-Est de l'Angleterre

▨ Les Downs et côtes de la Manche

▨ L'East Anglia

☐ La vallée de la Tamise

L'Ouest

▨ Le Wessex

▨ Le Devon et les Cornouailles

Le pays de Galles

▨ Le nord du pays de Galles

▉ Sud et centre du pays de Galles

Les Midlands

▨ Le cœur de l'Angleterre

▨ L'est des Midlands

LÉGENDE

⬙ Embarcadère de ferries

✈ Aéroport

▣ Gare routière

▬ Autoroute

▬ Route principale

— Voie ferrée

··· Tunnel sous la Manche

Le Grand Londres

La conurbation du Grand Londres est délimitée par l'autoroute M25. Elle regroupe sept millions de personnes et s'étend sur 1 580 km².

LE GRAND LONDRES

La Grande-Bretagne par régions : le Nord et l'Écosse

Cette partie de la Grande-Bretagne fait l'objet de deux chapitres. Bien que ces régions soient moins peuplées que le Sud, les liaisons routières et ferroviaires y sont excellentes ; un service de ferries permet de gagner les petites îles.

CODE COULEUR DES RÉGIONS

Le Nord

Le Lancashire et les lacs

Le Yorkshire et l'Humberside

La Northumbria

L'ÉCOSSE

Les Lowlands

Les Highlands et les îles

DISTANCES DE VILLE À VILLE (en km)

LONDRES										
179	BIRMINGHAM									
241	164	CARDIFF								
119	298	367	DOUVRES							
599	466	600	711	ÉDIMBOURG						
626	470	602	750	72	GLASGOW					
851	721	853	966	254	269	INVERNESS				
296	130	278	414	343	344	597	MANCHESTER			
441	328	484	552	172	233	426	211	NEWCASTLE		
180	259	378	269	579	616	832	298	418	NORWICH	
341	332	261	462	784	785	1038	451	655	521	PLYMOUTH

LES ÎLES ORKNEY ET SHETLAND

Shetland Islands

Unst

Yell

Mainland

Foula

Lerwick

Fair Isle

Westray

Sanday

Mainland

Stronsay

Stromness

Kirkwall

Orkney Islands

Hoy

Scrabster

Thurso

WICK

Aberdeen

LÉGENDE

Embarcadère de ferries

Aéroport

Gare routière

Autoroute

Route principale

Voie ferrée

UNE IMAGE DE LA GRANDE-BRETAGNE

Très jalouse de ses traditions, la Grande-Bretagne a bien plus à offrir au visiteur que des châteaux mystérieux ou des villages pittoresques. La littérature, les arts plastiques et l'architecture forment, avec les paysages très divers que l'on y rencontre, le patrimoine d'une nation en équilibre entre les nécessités du monde moderne et ses traditions.

La Grande-Bretagne n'a jamais été envahie depuis 1066, et les habitants ont su conserver leurs traditions. Les Romains qui débarquèrent en 43 restèrent trois cent cinquante ans, mais leur culture et leur langue furent rapidement balayées par les peuples venus du nord de l'Europe qui leur succédèrent. Les liens de l'île avec l'Europe se relâchèrent au XVIe siècle quand l'église anglicane remplaça la tradition catholique.

Rose Tudor

La Grande-Bretagne est aujourd'hui membre de la communauté européenne, mais elle cultive jalousement son non-conformisme, même s'il s'applique à de petits détails comme le fait de conduire à gauche ; l'ouverture du tunnel sous la Manche ne semble guère affecter ce trait essentiel du caractère national. Le patrimoine architectural de la Grande-Bretagne est riche en vieux châteaux, en cathédrales et en belles demeures entourées de parcs paysagers. Les habitants sont très attachés à leurs coutumes, depuis les simples danses villageoises jusqu'aux grandes cérémonies monarchiques.

La Grande-Bretagne est une petite île composée d'une mosaïque de régions très variées, dont les habitants ont su conserver leur identité culturelle. L'Écosse et le pays de Galles par exemple se distinguent foncièrement de l'Angleterre, puisqu'ils ont leurs propres assemblées législatives.

Promenade le long de l'Avon, à Bath

◁ **Les barques à fond plat de la Cam, à Cambridge**

Widecombe-in-the-Moor, un petit village du Devon au milieu des collines

Ces deux pays ont des coutumes et des traditions très différentes. L'Écosse a même une législation et un système éducatif particuliers. L'écossais et le gallois sont toujours localement parlés et bénéficient d'un réseau radiophonique et télévisuel. Au Nord et à l'Ouest, des dialectes dérivés de l'anglais avec de forts accents régionaux sont encore courants. Ces régions maintiennent vivantes leurs traditions dans tous les domaines, arts, architecture et cuisine.

Les paysages aussi sont très variés, depuis les montagnes rocailleuses du pays de Galles, de l'Écosse et du Nord, jusqu'aux plaines des Midlands en passant par les collines du Sud et de l'Ouest. L'East-Anglia possède de lon-

Les armes de l'Écosse au château d'Édimbourg

gues plages, et la côte ouest de petites criques pittoresques. Malgré une urbanisation croissante depuis plus de deux siècles, l'agriculture garde une place importante : près des trois quarts du sol britannique sont cultivés. On récolte surtout du blé, de l'orge, de la betterave à sucre et des pommes de terre. Au début de l'été, le regard est attiré par de vastes étendues de colza d'un jaune brillant ou par le bleu ardoise des champs de lin.

La campagne regorge de petits hameaux, de cottages pittoresques et de jardins amoureusement entretenus – une véritable passion en Grande-Bretagne. La vie s'écoule paisiblement dans ces villages aux maisons serrées autour d'une église et d'un pub. Boire une bière dans une auberge et se relaxer au coin du feu sont deux vieilles coutumes très britanniques que tous les étrangers sont invités à partager – cordialement mais sans grandes démonstrations, car, s'ils sont moins formalistes qu'autrefois, les Britanniques restent plutôt réservés.

Au XIXᵉ siècle et au début du XXᵉ, le commerce avec l'immense Empire britannique et l'abondance du charbon ont stimulé l'industrie et procuré au pays une certaine prospérité. Des milliers de

Le lac et les jardins de Petworth House, dans le Sussex

gens ont quitté la campagne pour venir s'installer dans les villes à proximité des mines et des manufactures ; en 1900, la Grande-Bretagne était la plus importante nation industrialisée du monde. Aujourd'hui, beaucoup de ces industries ont périclité, et 22 % seulement de la population active travaille dans les usines, contre 66 % dans le secteur tertiaire. En pleine expansion, celui-ci se concentre surtout dans le Sud-Est, près de Londres.

La foule du marché de Petticoat Lane, dans l'East End à Londres

LA SOCIÉTÉ ET LA POLITIQUE

Dans les villes se mêlent des gens venus d'horizons différents. Il y eut d'abord les Irlandais ; depuis les années cinquante sont arrivés des centaines de milliers d'immigrés venus des anciennes colonies d'Afrique, d'Asie ou des Caraïbes, qui font aujourd'hui partie du Commonwealth. Près de 5 % des quelque 58 millions d'habitants de la Grande-Bretagne sont des gens de couleur, et près de la moitié d'entre eux sont nés sur le sol britannique. Le résultat est une société pluri-culturelle où se côtoient des musiques, des traditions artistiques, des religions et des cuisines très différentes. Mais les choses sont loin d'être idylliques, et la tension monte parfois dans les vieux quartiers de certaines villes, où vivent les membres les plus défavorisés des différentes communautés. Bien que la discrimination raciale dans le domaine du logement ou de l'emploi soit illégale, elle est encore parfois de mise.

Sculpture du cloître de la cathédrale de Norwich

Le système de classes britannique désoriente les visiteurs, car il prend en compte à la fois l'origine sociale et la fortune. En Angleterre, il n'y a plus de grandes fortunes aristocratiques, mais certaines vieilles familles vivent encore sur leurs terres, et ouvrent souvent leur domaine à la visite. Le fossé entre les classes sociales est creusé par le système éducatif. Plus de 90 % des enfants suivent l'école d'État gratuite, mais les parents les plus fortunés préfèrent les écoles privées, d'où sortent la plupart de ceux que l'on retrouve aux postes clefs de la politique et des affaires.

Le rôle dévolu à la monarchie illustre bien le dilemme d'un peuple pris entre le désir de préserver le principal symbole de l'unité nationale et le rejet des privilèges liés à la naissance. La reine, chef de l'église anglicane, n'a pas de pouvoir politique réel ; pourtant les moindres faits et gestes de toute la famille royale sont passés au crible par l'opinion publique. La récente avalanche de scandales

L'enceinte de la cathédrale de Winchester

a fait pencher une partie de l'opinion vers l'abolition de la monarchie.

La démocratie est profondément enracinée : dès le XIIIᵉ siècle, il y avait à Londres l'équivalent d'un Parlement.

Si l'on excepte la parenthèse républicaine du XVIIᵉ siècle, le pouvoir est passé insensiblement de la Couronne aux assemblées représentatives du peuple. Entre 1832 et 1884, une série de mesures a donné

Le thé de cinq heures sur la pelouse du Thornbury Castle Hotel d'Avon

le droit de vote à tous les citoyens ; les femmes n'ont pu voter qu'à partir de 1928. Margaret Thatcher – la première femme Premier ministre en Grande-Bretagne – a dirigé le gouvernement de 1979 à 1990. Les travaillistes (gauche) et les conservateurs (droite) favorisent tour à tour, pendant qu'ils sont au pouvoir, la privatisation ou la nationalisation des industries et travaillent au financement des systèmes d'allocations sociales.

L'Irlande pose un problème politique épineux depuis le XVIIᵉ siècle. Après avoir fait partie du Royaume-Uni pendant huit cents ans, elle fut coupée en deux en 1921 ; depuis, elle a connu la longue lutte entre catholiques et protestants. L'accord de paix du vendredi saint en 1997 a été un grand pas en avant, mais le chemin reste difficile.

La Chambre des lords au Parlement

LA CULTURE ET LES ARTS

En Grande-Bretagne, la tradition du théâtre remonte au XVIᵉ siècle et à William Shakespeare, dont les pièces sont jouées pratiquement sans interruption depuis leur création. Beaucoup d'œuvres plus récentes sont aussi représentées, et les auteurs dramatiques actuels, comme Tom Stoppard, Alan Ayckbourn et David Hare, renouent avec une longue tradition qui use d'un langage très vivant pour traiter les sujets les plus graves sous couvert de comédie. De nombreux acteurs britanniques, comme Vanessa Redgrave, Ian McKellan, Alec Guinness ou Anthony Hopkins, ont une réputation internationale.

Deux élèves du célèbre collège d'Eton

Londres est une ville phare pour la vie théâtrale du pays, mais d'excellentes pièces sont montées ailleurs. À Édimbourg se tient un festival de théâtre et de musique qui est l'un des grands rendez-vous de la vie culturelle britannique. L'été se déroulent de nombreux autres festivals de musique dans tout le pays. À Haye-on-Wye et Cheltenham ont lieu tous les ans des festivals de littérature. La poésie n'est pas oubliée : au pays de Chaucer des poèmes sont affichés dans le métro, au milieu des panneaux publicitaires.

Dans le domaine des arts plastiques, il y a en Grande-Bretagne une vieille tradition de l'art du portrait, de la caricature, du paysage et de l'aquarelle. Aujourd'hui, des peintres comme David Hockney ou Francis Bacon, des sculpteurs comme Henry Moore et Barbara

Hepworth sont connus dans le monde entier. En architecture, Christopher Wren, Inigo Jones, John Nash ou Robert Adam ont façonné les paysages urbains ; de nos jours, Terry Farrell et Richard Rogers se sont faits les champions du

La lecture des journaux dans les jardins de Kensington

post-modernisme. La Grande-Bretagne est aussi une pépinière de stylistes très novateurs.

Les Britanniques sont de grands lecteurs de journaux. Onze journaux nationaux sortent à Londres dans la semaine. Les tirages sont très importants, et des quotidiens comme *The Times* sont lus dans le monde entier. Plus populaire, la presse à scandales, où alternent les rumeurs, les crimes et les comptes rendus sportifs, représente près de 80 % des journaux édités.

Le top-model britannique Naomi Campbell

L'industrie cinématographique a connu un bref moment de gloire dans les années cinquante avec toute une série de comédies légères, mais elle a dû s'incliner devant Hollywood. La télévision britannique – notamment la BBC (British Broadcasting Corporation), qui regroupe cinq stations de radio et deux chaînes de télévision – est connue pour la qualité de ses programmes, qu'il s'agisse de documentaires, d'émissions d'actualités ou de dramatiques.

Football, rugby, cricket ou golf, les Britanniques sont très sportifs et tous les matches sont très suivis. L'image d'un match de cricket dans un petit village fait partie des clichés inévitables qui circulent sur l'Angleterre. La pêche est un passe-temps très répandu dans tout le pays et les Britanniques, qui sont d'excellents marcheurs, profitent large-

ment de leurs nombreux parcs nationaux.

On a souvent tendance à ironiser sur la cuisine anglaise, prétendument élaborée à partir de quelques ingrédients de base accommodés sans grande imagination. Mais l'influence des cuisines étrangères a introduit de la diversité et une certaine créativité dans cette alimentation un peu trop sage. Bien sûr, on trouvera toujours le moyen de goûter à toutes les spécialités, cuisine bourgeoise ou plats régionaux, mais il existe aussi une large gamme de mets plus novateurs.

Dans ce domaine comme dans beaucoup d'autres, les Britanniques ont su enrichir leurs traditions des apports d'autres cultures, mais sans rien perdre de leur originalité.

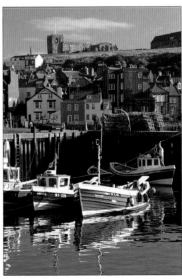

Le port de Whitby et l'église Sainte-Marie, Yorkshire

L'art des jardins

En Grande-Bretagne, l'art des jardins est étroitement lié
à l'évolution de l'architecture. Les parterres aux tracés
compliqués de la période élisabéthaine ont ainsi fait place
à des jardins plus sophistiqués sous les Stuarts avec l'arrivée
de nouvelles variétés de plantes. Au XVIIIᵉ siècle, le goût
pour d'immenses paysages « naturels » associant lacs, bois et
prés a donné naissance au très spécifique jardin à l'anglaise.
Si le XIXᵉ siècle a vu l'opposition féroce de ces deux derniers
styles, le XXᵉ siècle se caractérise
par un éclectisme où tous
les styles se retrouvent.

**Colonne
monumentale**

Grotte et cascade
apportent une touche
romantique.

Capability Brown
(1715-1783) *fut le plus grand*
paysagiste britannique,
favorisant le passage du jardin
à la française au jardin
à l'anglaise, plus bucolique.

Prunellier

Les temples classiques,
fort appréciés au XVIIIᵉ siècle,
étaient souvent des copies
fidèles de monuments
découverts en Grèce
par les paysagistes.

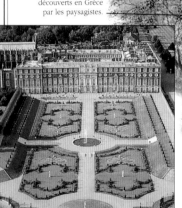

Les jardins à la française*, très en vogue*
en Europe au XVIIᵉ siècle, caractérisaient les
jardins de l'aristocratie. Leur conception évolue
Hampton Court, restauré en 1995, a retrouvé
l'aspect qu'il avait sous Guillaume III.

LE JARDIN
PAYSAGER

Les jardins grandioses du début
du XVIIIᵉ siècle étaient inspirés
de Rome et de la Grèce antique,
tels Stourhead et Stowe.
De simples bosquets d'arbres
jouaient un rôle central dans
un cadre serein et impeccable.

Érable

Des **sentiers
sinueux**, dessinés
avec soin,
permettaient aux
visiteurs de découvrir
des paysages
différents.

CONCEPTION
ET FORMALISME

Le jardin d'agrément est une
tentative de dompter la nature
plutôt que de l'imiter. La rigueur
est indispensable pour obtenir des
parterres structurés, émaillés de
statues. Leur conception évolue
avec la mode et l'introduction
de nouvelles plantes.

Les jardins médiévaux
comportaient un gazon bordé
de plantes et une treille, tel Queen
Eleanor's Garden, à Winchester.

Les jardins Tudor formaient des
parterres bien délimités, parfois des
labyrinthes. Tudor House Garden, à
Southampton, s'orne de sculptures.

Les massifs de plantes herbacées et *de fleurs luxuriantes sont les joyaux du jardin d'été. Gertrude Jekyll (1843-1932) en fut la célèbre initiatrice grâce à son talent pour le mariage des couleurs.*

Cèdre du Liban   **If**

Rhododendron

Le pont palladien,
plus décoratif qu'utile, était
un élément incontournable.

Les tracés compliqués
étaient à la mode au
XVIᵉ siècle. Des parterres
bordés de lavande ou
de buis abritaient fleurs,
plantes médicinales
ou potagers, comme
à Pitmedden en Écosse.

MODE D'EMPLOI

Le « livre jaune » Gardens of England and Wales, *le guide annuel du* National Gardens Scheme, *répertorie les jardins ouverts au public.*

DÉVELOPPEMENT DE LA PENSÉE MODERNE

Les plantes de jardins sont toutes issues de fleurs sauvages, sélectionnées pour obtenir des qualités séduisant les paysagistes. L'histoire de la pensée est à cet égard exemplaire.

La pensée sauvage (Viola tricolor), aussi appelée petite pensée ou encore herbe de la Trinité, est une petite fleur annuelle aux couleurs très diverses.

La pensée de montagne (Viola lutea) est pluriannuelle. Les premières variétés cultivées furent issues du croisement avec la pensée sauvage au début du XIXᵉ siècle.

La pensée « Show » fut cultivée après qu'une tache fut apparue par hasard en 1840. Elle était ronde avec un petite tache symétrique.

La pensée « Fancy », créée dans les années 1860, était plus grande. La tache couvrait trois pétales à l'exception d'une marge colorée.

Les pensées hybrides modernes sont issues de croisements. Elles sont très variées et arborent de nouvelles couleurs éclatantes.

Au XVIIᵉ siècle, le style fut plus recherché. Des pièces d'eau, comme à Blenheim, étaient souvent associées à des parterres de plantes exotiques.

Les jardins victoriens, avec leurs massifs colorés et formels, s'opposent à ceux de Capability Brown. Alton Towers en est un bon exemple.

Les jardins contemporains allient histoire et modernité comme à Hidcote Manor, Gloucestershire. Les fleurs sauvages sont très à la mode.

Les grandes demeures

Ces belles résidences datent principalement des XVIIIe et XIXe siècles, époque où les grands propriétaires terriens et les capitaines d'industrie ont décidé de jouir de leur fortune à la campagne. Les premières demeures campagnardes, du XIVe siècle, avaient encore une vocation défensive, mais à partir du XVIe siècle, sous l'influence de la Renaissance européenne en Angleterre, ces maisons sont devenues des résidences d'agrément remplies d'œuvres d'art *(p. 290-291)*. Le XVIIIe siècle a ensuite ressuscité l'architecture classique, et l'ère victorienne le gothique flamboyant. Aujourd'hui, de nombreuses demeures sont ouvertes au public ; quelques-unes sont administrées par le National Trust, l'équivalent anglais de la Caisse des monuments historiques.

Motif décoratif de Robert Adam (vers 1760)

Le salon en rotonde, inspiré du Panthéon de Rome, a été conçu pour accueillir la collection de sculptures classiques des Curzon.

La galerie de peintures, *la pièce la plus importante des appartements d'apparat, renferme les œuvres les plus belles.*

Le hall de marbre entouré de colonnes corinthiennes en albâtre rose servait de salle de bal.

Cette aile abrite les appartements privés de la famille Curzon, qui y habite encore aujourd'hui. Les chambres des domestiques étaient au-dessus des cuisines.

Le salon de musique, très décoré. La musique jouait un grand rôle dans la vie sociale des classes aisées.

CHRONOLOGIE

1650				1750

Colen Campbell (1676-1729) dessine Burlington House *(p. 83)*

Sir John Vanbrugh *(p. 384)* et **Nicholas Hawksmoor** (1661-1736) construisent Blenheim Palace *(p. 216-217)*

William Kent (1685-1748) construit Holkham Hall *(p. 185)* dans le style de Palladio

Robert Adam (1728-1792), qui a beaucoup travaillé avec son frère James (1730-1794), est un architecte et décorateur renommé

John Carr (1723-1807) est l'architecte d'Harewood House *(p. 396)*

Henry Holland (1745-1806) a construit l'aile sud, néo-classique, de Woburn Abbey *(p. 218)*

Castle Howard (1702) par sir John Vanbrugh

Cheminée néo-classique d'Adam à Kedleston Hall

LE NATIONAL TRUST

À la fin du XIXᵉ siècle, le développement des usines, des mines, des routes et de l'urbanisation a fait craindre qu'une partie du patrimoine de la Grande-Bretagne – paysages ou monuments du passé – ne vienne à disparaître. En 1895, sous l'impulsion notamment d'Octavia Hill, est né le National

Le logo à la feuille de chêne du National Trust

Trust. En 1896, il acquérait un premier édifice, la Clergy House d'Alfriston, dans le Sussex *(p. 168)*. Le National Trust compte aujourd'hui deux millions de membres dans le pays ; il gère de nombreuses demeures historiques, des jardins et de vastes domaines à la campagne ou en bord de mer *(p. 617)*.

Un corridor relie les cuisines et la résidence.

L'église du XIIIᵉ siècle est tout ce qui subsiste du village de Kedleston, déplacé en 1760 pour faire place à la nouvelle résidence et aux jardins.

KEDLESTON HALL

Cette résidence du Derbyshire *(p. 324)* a été édifiée pour les Curzon dans les années 1760. C'est l'une des premières réalisations d'un architecte très influent du XVIIIᵉ siècle, Robert Adam (1728-1792), pionnier de l'art néoclassique, qui redécouvre l'art gréco-romain.

***Scène d'intérieur*, par Charles Hunt (vers 1890)**

LES DOMESTIQUES

Une armée de domestiques était nécessaire pour assurer le train d'une grande demeure. Le maître d'hôtel supervisait toute la domesticité et veillait à ce que les repas soient servis à l'heure. La gouvernante dirigeait les femmes chargées du ménage. Le cuisinier élaborait les repas avec les produits du domaine. Les maîtres de maison avaient aussi des valets ou des femmes de chambre.

1800	1850

Salle à manger à Cragside, Northumberland

Norman Shaw (1831-1912) est un tenant du néo-gothique (comme à Cragside, ci-dessus) et un pionnier du mouvement Arts and Crafts *(p. 316)*

Philip Webb (1831-1915) est l'un des principaux architectes du mouvement Arts and Crafts *(p. 316)*, qui entend renoncer au néo-gothique et revenir à une simplicité des formes « Vieille Angleterre »

Sir Edwin Lutyens (1869-1944) a dessiné dans le Devon le Castle Drogo *(p. 283)*, une des dernières grandes demeures campagnardes

Standen, West Sussex (1891-1894), par Philip Webb

Héraldique et aristocratie

L'aristocratie britannique a été créée il y a neuf cents ans, quand les rois normands offraient des terres et des titres en échange d'un soutien armé.

Les rois qui leur ont succédé ont aussi distribué des titres et des domaines à leurs alliés, créant ainsi de nouvelles dynasties d'aristocrates. Le titre de « comte » date du XIᵉ siècle, celui de « duc » du XIVᵉ.

La noblesse s'est rapidement choisi des motifs distinctifs, en grande partie pour pouvoir reconnaître les chevaliers de leur maison cachés sous l'armure : ces motifs étaient le plus souvent peints sur le manteau des chevaliers et leurs écus.

L'ordre de la Jarretière

Au Collège des Armes, à Londres, sont conservées toutes les armoiries ; on en crée aussi de nouvelles

LES ARMES ROYALES

Les armoiries britanniques les plus connues sont celles des souverains. Elles figurent sur le drapeau, sur les documents officiels et à la devanture des magasins qui bénéficient du patronage royal. Les armes ont été modifiées plusieurs fois. L'écu central en quatre parties porte les armes de l'Angleterre (deux fois), celles de l'Écosse et celles de l'Irlande. Tout autour des devises, le lion et la licorne héraldiques surmontés de la couronne et du heaume.

C'est Édouard III (1327-1377) qui a fondé le prestigieux ordre chevaleresque de la Jarretière. La jarretière, qui porte la devise « Honi soit qui mal y pense », entoure les armes de l'Angleterre, de l'Écosse et du pays de Galles.

Le lion est l'animal héraldique le plus répandu.

Le lion rouge est le symbole de l'Écosse.

La licorne est généralement considérée en héraldique comme le symbole de la monarchie écossaise.

Henri II *(1154-1189) avait sur ses armes trois lions, devenus les « trois lions de gueule passant » de son fils Richard Iᵉʳ et qui figurent aujourd'hui sur les armes de la Grande-Bretagne.*

Le heaume royal avec sa grille d'or a été ajouté sur les armes par Élisabeth Iʳᵉ (1558-1603).

« Dieu et mon droit » est la devise des rois depuis le règne d'Henri V (1413-1422).

Henri VII *(1485-1509) a créé la rose Tudor à partir de la rose blanche des York et la rose rouge des Lancastre.*

L'AMIRAL NELSON

Toute personne anoblie par le monarque se doit de composer elle-même ses armoiries. Horatio Nelson (1758-1805) a été fait baron du Nil en 1798 et vicomte en 1801. Ses armoiries sont en relation avec sa carrière d'amiral, mais quelques éléments ont été ajoutés après sa mort à la bataille de Trafalgar.

L'écu est supporté par un marin.

La devise signifie : « Que celui qui la mérite porte la palme ».

Cette scène représente la bataille du Nil (1798).

Le San Joseph était un navire espagnol que Nelson captura au péril de sa vie.

ARBRES GÉNÉALOGIQUES

Si vous avez des ancêtres britanniques, vous pouvez retrouver leur trace grâce au **General Register Office**, St Catherine's House, à Londres (0151-471 4200), qui recense les naissances, mariages et décès survenus en Angleterre et au pays de Galles depuis 1837. Pour l'Écosse, la **New Register House**, à Édimbourg (0131-334 0380). On peut aussi consulter la **Society of Genealogists**, 14 Charterhouse Buildings, Londres (020-7251 8799).

Les titres se transmettent au fils aîné ou au plus proche parent mâle, mais quelques-uns peuvent aller à une femme en l'absence d'héritier mâle.

Le duc d'Édimbourg (né en 1921), époux de la reine, est l'un des quelques ducs qui font partie de la famille royale.

Le comte Mountbatten of Burma (1900-1979) a été anobli en 1947 pour son action militaire et diplomatique.

Le marquis de Salisbury (1830-1903), qui fut trois fois Premier ministre entre 1885 et 1902, descend de Robert Cecil, un homme d'État du xvie siècle.

Le vicomte Montgomery (1887-1976) a accédé à la pairie pour hauts faits militaires pendant la Deuxième Guerre mondiale.

Lord Byron (1788-1824), le poète romantique, était le sixième baron Byron ; le premier baron était un député anobli par Charles Ier en 1625.

LES PAIRS DU ROYAUME

Le royaume compte environ 1 200 pairs. En 1999, la pairie héréditaire a commencé à être abolie au profit de la pairie à vie ; le titre de pair ne peut se transmettre puisqu'il prend fin à la mort du récipiendaire. Tous les pairs peuvent siéger à la Chambre des lords, y compris les archevêques et les hauts dignitaires de l'Église anglicane. À partir de 1958 la reine a étendu la pairie à vie à des personnalités qui ont rendu de grands services à la société. Depuis 1999, les pairs issus du « peuple » commencent à remplacer les pairs héréditaires.

LES PAIRS

- ☐ 25 ducs
- ☐ 35 marquis
- ☐ 175 comtes et comtesses
- ☐ 100 vicomtes
- ☐ + de 800 barons et baronnes

LA LISTE DE LA REINE

Deux fois par an, le Premier ministre et les chefs des partis politiques proposent à la reine une liste d'hommes et de femmes qui se sont distingués et qu'ils jugent dignes d'être décorés. Certains sont faits chevaliers, d'autres reçoivent le prestigieux Ordre du Mérite (OM), mais la plupart sont faits Membres de l'Empire britannique (OBE ou MBE).

Mère Teresa a reçu l'Ordre du Mérite en 1983 pour son action en Inde.

Terence Conran, (Habitat) a été fait chevalier pour services rendus à l'industrie.

Les Beatles ont tous les quatre été faits MBE en 1965.

L'architecture rurale

Pour beaucoup, le véritable art de vivre britannique se rencontre à la campagne. On y trouve en effet une atmosphère sereine, que bien des citadins envient. Les premiers villages ont été construits il y a plus de 1 500 ans, quand les Saxons ont commencé à défricher les forêts et à s'établir auprès d'un point d'eau. La plupart des villages actuels existaient déjà à l'époque du *Domesday Book*, le premier cadastre anglais, qui date de 1086 ; il ne subsiste que bien peu de bâtiments de cette époque. Les maisons se sont construites peu à peu autour d'une église ou d'un château. Les villages typiques sont composés de bâtiments de différentes époques. Le plus ancien est en général l'église ; viennent ensuite les granges dîmières, les cottages et les manoirs.

Abbotsbury, dans le Dorset, un petit village typique blotti contre son église

La pente du toit est très accentuée.

Les montants sont en chêne.

L'avant-toit est supporté par des pièces de charpente courbes.

Wealden Hall House, *dans le Sussex, est une maison médiévale à colombage typique du sud-ouest de l'Angleterre. L'espace central est flanqué de deux étages de baies. La maison compte deux niveaux ; le dernier vient en encorbellement.*

Le toit de tuiles protège le grain de l'humidité.

L'entrée très large est accessible aux chars à bœufs.

Des trous laissent entrer l'air – et les oiseaux.

Les murs et les portes sont à l'abri des intempéries.

La grange dîmière médiévale recueillait une partie des récoltes (la dîme, un dixième de la production) pour le clergé. Le toit est supporté par d'énormes pièces de charpente incurvées qui montent depuis les murs très bas de la grange.

L'ÉGLISE PAROISSIALE

L'église est au cœur de la vie du village. Le clocher, visible de loin, sert aussi de repère. L'église « parle » de son village : par exemple une grande église dans un petit village est signe d'exode rural. Certaines églises ont été construites en plusieurs étapes, avec des éléments remontant parfois à l'époque saxonne. On peut y voir quelquefois des plaques tombales en cuivre, des peintures, des miséricordes *(p. 329)* ou des sculptures des XVIe et XVIIe siècles. On y vend souvent de petits guides.

Clocher du XVIIIe siècle

Façade ouest

Des tours à pinacles du XVe siècle ornent la façade principale.

Carillon

Des contreforts soutiennent les murs.

Arc normand en plein cintre.

Les cottages de pierre *comme celui-ci, dans la chaîne Pennine, sont construits en granit qui isole bien du froid de l'hiver. Les animaux domestiques étaient abrités dans l'étable (à droite) et la famille de l'autre côté du cottage (extrême droite).*

Les cheminées sont de différentes formes.

Le toit est couvert de pierres de la région des lacs.

Dans les régions froides, les fenêtres sont souvent petites.

Le toit est couvert de tuiles.

On utilise la pierre locale, ici la pierre gris bleuté de la chaîne Pennine.

Les maisons de ce type *datent des XVIIIe et XIXe siècles. On les rencontre surtout dans le sud-est de l'Angleterre. Le bardage de bois isole de la pluie et du froid.*

Les fenêtres sont en avancée sur la façade.

Les toits sont recouverts de chaume.

LES MATÉRIAUX DE CONSTRUCTION

Les habitudes de construction dépendent des matériaux locaux. Les fermes d'Écosse ou des Cornouailles sont en granit, celles des Costwolds en calcaire. Les poutres sont souvent en chêne. Le silex et les galets sont très répandus dans l'Est et le Sud. On utilise l'ardoise au pays de Galles ; la brique est très répandue depuis le XVIe siècle.

Une toiture d'ardoises au pays de Galles

Tuiles de terre cuite

Le silex et les galets, très utilisés dans le Norfolk

Planches de bois servant de bardage

La brique permet d'animer les façades

Granit du sud du pays de Galles

Les murs des chaumières *du XVIIe siècle sont faits d'une armature de bois recouverte d'un mélange de terre, de chaux, de bouses , de roseaux, de paille, de graviers, de sable et de pierres.*

Les murs ont près de 1 m d'épaisseur.

Côté sud

La nef est souvent la partie la plus ancienne de l'église ; d'autres parties viennent s'y accoler par la suite.

Les tours sont souvent des ajouts récents.

Ces cordes sont utilisées par les carillonneurs.

Les fonts baptismaux font souvent partie du mobilier le plus ancien des églises.

Les arcs en ogive datent du XIIIe siècle.

De nombreux lutrins datent du XVIIe siècle.

Un jubé sépare la nef du chœur.

Le chœur abrite les stalles et l'autel.

À la campagne

Papillon bleu commun

Bien que peu étendue, la Grande-Bretagne présente une variété étonnante de climats et de zones géologiques qui ont modelé des paysages très divers : landes battues par les vents, plaines marécageuses ou pâturages. Chaque type de terrain abrite une faune bien spécifique. Aujourd'hui, on travaille de moins en moins aux champs ; la création de réserves naturelles et de sentiers de randonnée a fait de la campagne un vrai lieu de villégiature.

LA FAUNE LOCALE

Pas d'animaux dangereux en Grande-Bretagne, mais dans la campagne et les forêts vivent une grande variété de petits mammifères, de rongeurs et d'insectes. Les fleuves et les rivières abritent de nombreuses espèces de poissons. On peut observer aussi quantité d'oiseaux de toutes sortes, passereaux, rapaces ou oiseaux pêcheurs du littoral.

Les pâturages se trouvent en plaine.

Les arbres abritent toute une faune sauvage.

Les terres les plus hautes ne sont pas cultivées.

Buissons et arbustes poussent entre les rochers.

Les torrents venus de la montagne coulent sur un lit de rochers.

Sur les hauteurs la neige reste jusqu'au printemps.

LES COLLINES BOISÉES

Les collines de craie, comme ici à Ditchling Beacon dans les Downs *(p. 169)*, sont peu fertiles ; on y fait paître les moutons. Les pentes les plus douces sont parfois cultivées. On y trouve des fleurs et des papillons bien spécifiques ; dans les bois prédominent le hêtre et l'if.

Le **chardon** *aux fleurs roses attire en été de nombreux papillons.*

L'églantine *est l'une des fleurs préférées des Britanniques ; on en voit souvent le long des haies.*

La berce *a des feuilles et des tiges robustes et de grandes fleurs blanches en ombelle.*

À FLANC DE COTEAU

Des zones entières du pays restent sauvages. Rien n'y pousse, ni cultures, ni forêts, ni même pâturages pour les troupeaux. La bruyère est assez résistante pour survivre dans la lande, où vivent les cerfs et le gibier à plumes. Les plus hautes terres, rocailleuses, comme les Cairngorms *(p. 530-531)* en Écosse, sont le repaire de nombreux rapaces.

La bruyère *aux petites fleurs en forme de clochettes jette une note de couleur sur les landes et les hautes terres.*

Le **bec-de-grue** *est un géranium sauvage que l'on reconnaît à ses fleurs violettes.*

La tormentille *aux petites fleurs jaunes ressemble à un fraisier sauvage. On la trouve en été au bord de l'eau et sur les landes.*

Les hirondelles *et les martinets sont visibles en été.*

Le faucon crécerelle *se nourrit de petits mammifères et de rongeurs.*

Les lapins *viennent chercher leur nourriture entre champs et forêts.*

Le rouge-gorge *est un hôte familier des jardins et des haies.*

Les renards *vivent cachés dans les bois, à proximité des exploitations.*

Les céréales poussent dans de petits champs clos.

Les haies abritent toute une faune sauvage.

Quelques petits bois rompent la succession des champs.

Les moutons paissent dans les marais salants.

De petits canaux drainent l'eau des champs.

Des bouquets de roseaux croissent sur les berges.

LE BOCAGE

Cette mosaïque de champs, dans les Costwolds *(p. 292)*, est due à l'exploitation de toutes petites surfaces cultivées. La ferme produit du fourrage, des céréales et du foin ; les vaches et les moutons sont élevés en enclos. Depuis des siècles, les haies d'arbres délimitent les parcelles.

LES MARÉCAGES

À Romney Marsh *(p. 170)* et dans une grande partie de l'East Anglia, on trouve des zones humides et plates, creusées de fossés et de canaux de drainage. Certaines zones au sol plus riche sont cultivées, d'autres servent de pâturage aux moutons, mais bien souvent rien n'y pousse que des roseaux.

La lavande de mer *est une variété qui s'accommode bien des sols salins.*

La grande marguerite des champs *est une variété de la marguerite commune. Elle fleurit du printemps à la fin de l'été.*

Les orchidées, *comme cette variété mouchetée, sont parmi les plus rares des fleurs sauvages.*

Les coucous *appartiennent à la famille des primevères. Au printemps, les champs en sont couverts.*

Les coquelicots *émaillent les champs de maïs.*

Les boutons d'or *sont parmi les fleurs des champs les plus répandues.*

La Grande-Bretagne à pied

Quel que soit leur niveau, tous les marcheurs trouveront en Grande-Bretagne de quoi satisfaire leur passion. Les chemins de grande randonnée sont très nombreux ; ils proposent des circuits à faire en un jour ou en plusieurs, avec des haltes pour la nuit. Des chemins balisés indiquent des promenades plus courtes, à travers des terrains publics ou

Un peu de repos sur Scafell Pike, dans la région des lacs

des propriétés privées. On trouve sur place des cartes répertoriant toutes les randonnées possibles. Les promenades en plaine sont plus faciles, mais s'attaquer aux collines est peut-être plus gratifiant.

Le West Highlands Way.
Une randonnée difficile de 153 km depuis Milngavie, près de Glasgow, jusqu'à Fort William, au nord, à travers un paysage de lochs et de landes *(p. 480)*.

Fort William

Glasgow

Le Pennine Way est le premier chemin de grande randonnée tracé en Grande-Bretagne. Il couvre 412 km et part d'Edale, dans le Derbyshire, pour rejoindre Kirk Yetholm, à la frontière écossaise. Une belle randonnée, uniquement pour marcheurs chevronnés.

St Bees Head

Winder

L'Offa's Dyke Footpath *suit la frontière entre l'Angleterre et le pays de Galles. Une marche de 270 km à travers la magnifique Wye Valley* (p. 447) *et les régions limitrophes.*

Le Dales Way va d'Ilkley, dans le West Yorkshire, à Bowness-on-Windermere dans la région des lacs : 130 km dans un très beau paysage de rivières et de vallées.

Prestaty

Le Pembrokeshire Coastal Path : *229 km de rocailles et de falaises pour aller d'Amroth à Cardigan, la pointe occidentale du pays de Galles.*

St Dogmaels

Amroth

Che

Minehead

LES CARTES DE L'« ORDNANCE SURVEY »

Les meilleures cartes pour la randonnée sont éditées par l'Ordnance Survey, l'équivalent britannique de l'IGN. Les plus utiles aux marcheurs sont les cartes au 1/25 000 de la série *Pathfinder* et celles de la série *Landranger*, au 1/50 000. La gamme *Outdoor Leisure and Explorer* concerne les régions les plus connues et couvre des étendues plus vastes.

Le Southwest Coastal Path traverse des paysages très variés, depuis Minehead, au nord de la côte du Somerset, jusqu'à Poole, dans le Dorset, en passant par le Devon et les Cornouailles. Un marathon de… 965 km !

POTEAUX INDICATEURS

Les randonnées sont parfois repérées par un symbole, un gland ou un chardon pour l'Écosse. Les promenades plus courtes sont signalées par des flèches de différentes couleurs mises en place par les autorités locales ou des associations de randonneurs. Sur des poteaux ou sur des arbres, les flèches jaunes indiquent en général les sentiers piétonniers et les flèches bleues les allées que peuvent emprunter aussi bien les marcheurs que les cavaliers.

CARNET DE ROUTE

Soyez prêts à tout : le temps peut changer d'un moment à l'autre. N'oubliez pas d'emporter une boussole et une carte, et demandez l'avis de quelqu'un de la région avant d'entreprendre une randonnée difficile. Pensez à emporter quelques vivres si votre carte n'indique pas de pub sur la route !

En chemin, ne quittez pas les itinéraires balisés et pensez à refermer les portillons quand vous traversez une propriété. Ne cueillez pas de plantes et ne donnez rien aux animaux.

Où dormir : la Youth Hostels Association (tél. : 0172-785-52-15) gère un réseau d'auberges de jeunesse. La formule bed-and-breakfast est très répandue (p. 539).

Pour en savoir plus, l'Association nationale des randonneurs (Ramblers' Association, tél. : 0171-582-6878) édite un magazine et un guide pour l'hébergement.

D'une côte à l'autre, le Coast to Coast Walk traverse toute une série de paysages spectaculaires, la région des lacs, les vallées du Yorkshire et les landes du North York, sur 306 km. C'est une randonnée assez difficile. Il vaut mieux la faire d'ouest en est pour profiter des vents dominants.

nolm

Le Ridgeway est une randonnée plutôt facile de 37 km qui suit un chemin emprunté autrefois par les troupeaux. Elle commence près d'Avebury (p. 251) et rallie Ivinghoe Beacon.

Robin
Hood's
Bay

Ilkley

Le Peddars Way et le **Norfolk Coast Path** couvrent ensemble 151 km. Une randonnée facile qui part de Thetford, rejoint la côte au nord et oblique ensuite vers l'est jusqu'à Cromer.

Edale

Sheringham

L'Icknield Way était déjà connu des hommes préhistoriques. 168 km entre les deux randonnées du Ridgeway et du Peddars Way.

Thetford

Le Thames Path remonte la Tamise sur 341 km, depuis le cœur de Londres jusqu'à sa source, dans le Gloucestershire.

Kemble

Ivinghoe

Avebury

Londres

Farnham

Douvres

Winchester

Eastbourne

Le South Downs Way est une randonnée très variée de 171 km entre Eastbourne, sur la côte sud, et Winchester (p. 158-159). Elle peut se faire en une semaine.

le Harbour

L'Isle of Wight Coastal Path est une promenade facile de 105 km tout autour de l'île de Wight.

Le North Downs Way est une ancienne route qui circule sur 227 km entre de petites collines, de Farnham dans le Surrey jusqu'à Douvres ou Folkestone dans le Kent.

Les pubs

Étiquette de bière (v. 1900)

Chaque pays possède un type de café particulier ; en Grande-Bretagne c'est le pub, abréviation de « public house ». On y boit traditionnellement de la bière, déjà connue au temps des Romains. Au Moyen Âge, les aubergistes la brassaient eux-mêmes. Les ancêtres du pub sont les relais de poste, qui se sont multipliés au XVIIIe siècle avec le développement des voyages en diligence, et les auberges du siècle dernier, implantées sur le parcours du chemin de fer. On trouve aujourd'hui des pubs de toutes les tailles, du bar à la brasserie, et de tous les styles *(p. 608-611)*.

Au début du XIXe siècle, les auberges faisaient aussi office de relais de poste

LES PUBS AU SIÈCLE DERNIER
À l'ère victorienne, les pubs étaient beaucoup plus cossus que les logements souvent modestes de leurs clients.

Les panneaux de verre gravé étaient très à la mode au siècle dernier.

Dans les pubs, les habitués jouent volontiers aux cartes, au billard russe ou américain, aux dominos ou, comme ici, aux fléchettes.

Ces larges chopes à bière contiennent juste un demi-litre.

L'enseigne du « Lion rouge » (Red Lion) est une allusion aux armes de l'Écosse *(p. 26)*.

Les cafés en plein air sont toujours une halte très appréciée pendant l'été.

Les vieilles caisses enregistreuses contribuent à créer une atmosphère à la fois désuète et chaleureuse…

… tout comme les chopes d'étain, dont on ne se sert plus guère aujourd'hui.

QUE BOIRE ?
La bière traditionnelle est la bière amère à la pression. Brassée à partir d'orge malté, de houblon, de levure et d'eau, vieillie en fûts, elle diffère suivant les régions. Au nord de l'Angleterre, on préfère les brunes légères et les blondes servies en bouteille ou à la pression. On trouve aussi des bières brunes fortes, brassées à partir de malt noir.

Manette pour la bière pression

La bière pression amère se boit à température ambiante.

La bière blonde à la pression a une belle couleur miel.

La Guinness est une bière brune irlandaise crémeuse.

Les terrasses ne désemplissent pas dès que l'été arrive

Le pub d'un petit village, avec sa terrasse au bord de l'eau

Les alcools, le sherry et le porto, très populaires en Grande-Bretagne, sont rangés derrière le bar.

Les lampes en pâte de verre rappellent le style victorien.

Le vin était rare autrefois dans les pubs ; on en boit plus volontiers aujourd'hui.

Le bar d'acajou est un élément essentiel du décor.

La bière à la pression provient de brasseries nationales ou locales.

Les mesures dosent les alcools avec précision.

La bière brune est servie en pintes ou, comme ici, en chopines d'une demi-pinte.

Parmi les cocktails, le Pimm's et le gin-tonic.

LES ENSEIGNES

Au Moyen Âge, elles représentaient souvent des bouteilles ou des feuilles de vigne, l'emblème de Bacchus, le dieu du vin. Plus tard, les pubs ont pris le nom d'un personnage historique ou d'une bataille. Comme la plupart des clients ne savaient pas lire, les enseignes se devaient d'être explicites.

L'enseigne « The George » peut venir d'un des six rois anglais qui ont porté ce nom ou, comme ici, de saint Georges.

« The Bat and Ball » (La Batte et la Balle) : un pub portant ce nom est souvent installé près d'un terrain de cricket.

Le « Green Man » (Homme vert) un esprit des bois, réminiscence du paganisme, est peut-être à l'origine de la légende de Robin des Bois (p. 324).

L'enseigne de la « Magna Carta » se réfère à la « grande charte » signée par le roi Jean en 1215 (p. 48).

Le « Bird in hand » (l'Oiseau sur le poing) renvoie au passe-temps aristocratique de la chasse au faucon.

Saveurs britanniques

On ne retient de la gastronomie britannique que les petits déjeuners, le thé de l'après-midi et le pudding, mais les « fish and chips » et les chaussons à la viande sont les ancêtres du fast-food ! La cuisine actuelle est inventive et les plats traditionnels n'utilisent que des ingrédients de premier choix : bœuf, agneau ou gibier. Les Britanniques, cernés par trois mers et un océan, mangent beaucoup de poisson et de fruits de mer – même si ces derniers coûtent relativement cher aujourd'hui.

*Les « **fish and chips** » sont des beignets de poisson blanc, de la morue par exemple, accompagnés de pommes de terre frites, de sel et de vinaigre.*

*Le **petit déjeuner** comprend œuf au bacon, champignons, saucisses, tomates, pain grillé et boudin frit.*

*Les **coques et les buccins** restent bon marché, contrairement à d'autres fruits de mer. On les vend sur des étals devant les pubs ; ils sont plutôt difficiles à manger.*

*Le **laverbread** est une spécialité galloise à base d'algues brunes. On le mange froid avec des fruits de mer, ou chaud avec du bacon, des tomates et du pain grillé.*

*Les **Cornish pasties** sont des chaussons fourrés à la viande et aux légumes. À l'origine, c'était pour les laboureurs un repas facile à emporter aux champs.*

L'HEURE DU THÉ

Le thé de 16 heures est un rite quotidien auquel on sacrifie aussi bien chez soi que dans un salon de thé ou un grand hôtel. Au thé d'Inde ou du Sri Lanka, on peut ajouter du lait ou du sucre ; le thé de Chine se sert parfois avec du citron. Avant le thé, on offre de minuscules sandwiches à la mousse de poisson ou au concombre, puis des scones, de la confiture et de la crème, surtout dans l'ouest de l'Angleterre (*p. 275*). On vous proposera aussi du pain grillé ou de petites crêpes, une tranche de cake aux fruits, du gâteau Victoria à la confiture, un éclair au chocolat ou une spécialité locale comme le sablé écossais.

« **Eccles cake** »

« **Bakewell tart** »

« **Barra brith** » **ou pain gallois**

Gâteaux gallois

Cake au gingembre

Gâteau Victoria

Sandwiches au concombre

Thé de Ceylan

Lapsang Souchong

On sert le repas du laboureur
(ploughman's lunch) dans de nombreux pubs : pain, pickles, salade et fromage (souvent du cheddar), parfois du jambon ou du pâté.

Sauce au raifort

Jus

Bœuf

« Pudding du Yorkshire »

Brocolis

Pommes de terre grillées

La tourte du berger
est à base de viande d'agneau hachée, cuite avec une purée de pommes de terre. Avec de la viande de bœuf, on obtient en fait un hachis Parmentier.

Le rôti de bœuf, accompagné d'une sauce au raifort, est le plat traditionnel du dimanche midi. On le sert avec un « pudding du Yorkshire », une pâte à choux cuite avec la viande, des pommes de terre et des légumes de saison.

La sole de Douvres, à la chair ferme et délicatement parfumée, est le poisson préféré des Britanniques ; on la sert entière ou en filets.

La saucisse de Cumberland se présente en longs rouleaux et se sert le plus souvent accompagnée d'une purée de pommes de terre.

La tourte à la viande et aux haricots est un mélange de ces deux ingrédients, liés avec une sauce épaisse et cuits dans une pâte.

En été, on sert des fraises à la crème à la moindre occasion. Plus tard vient la saison des framboises, dont on fait aussi d'excellentes confitures.

Les fromages sont plus nombreux et variés qu'on ne le croit souvent. Le cheddar est l'un des plus appréciés. Les fromages bleus comme le stilton ont un goût plus particulier.

Le pudding à la mélasse est une sorte de génoise servie avec de la crème anglaise. C'est un dessert d'hiver très apprécié.

Stilton

Cheddar

Cornish Yarg

Sage Derby

Le diplomate au sherry était à l'origine une génoise imbibée de sherry, servie avec de la crème anglaise. Aujourd'hui, on le fait aussi avec des biscuits à la cuiller, des fruits, de la gelée et de la crème ; on le décore avec des cerises et de l'angélique.

Cheshire

Leicester rouge

HISTOIRE DE LA GRANDE-BRETAGNE

La Grande-Bretagne s'est constituée en nation dès le VIIe siècle, quand les tribus anglo-saxonnes ont assuré leur prééminence après avoir absorbé les influences celtique et romaine. Les Vikings envahirent le pays plusieurs fois ; finalement les Normands vainqueurs à Hastings en 1066, l'emportèrent. Au cours des siècles, les cultures très différentes des Normands et des Anglo-Saxons se sont mêlées sur l'île et ont donné naissance à la nation anglaise actuelle. Pendant quatre siècles, les rois anglais ont organisé sans grands résultats des expéditions vers l'Europe ; leur domaine s'est en revanche enrichi de l'Écosse et du pays de Galles. Les Tudors ont consolidé ces possessions et jeté les bases de la puissance commerciale de la Grande-Bretagne. Henri VIII s'est rendu compte le premier de l'enjeu capital que représentait la suprématie sur les mers et, sous le règne de sa fille, Élisabeth Ire, les marins anglais ont

Les chevaliers du Moyen Âge, maîtres dans l'art de la guerre

commencé à sillonner les océans, entrant souvent en conflit avec les Espagnols. La défaite de l'Invincible Armada en 1588 confirma la puissance maritime de la Grande-Bretagne. Le XVIIe siècle a été une période très troublée, avec notamment la guerre civile de 1641. En 1707, la signature de l'Acte d'union marque l'unification de toute l'île et la création d'un premier gouvernement représentatif. À la fin des guerres napoléoniennes, en 1815, la Grande-Bretagne était la plus grande puissance commerciale du monde. L'industrialisation a permis un véritable bond en avant, et à la fin du XIXe siècle un empire colossal était constitué, face à l'Europe et aux États-Unis fraîchement apparus sur la scène mondiale. La Grande-Bretagne a joué un rôle important pendant les deux guerres mondiales, puis son influence a décliné. Dans les années soixante-dix, presque toutes les colonies sont devenues des États indépendants, membres du Commonwealth.

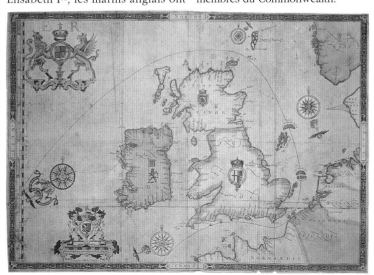

Sa victoire sur l'Invicible Armada (1588) a fait de l'Angleterre une grande puissance mondiale

◁ Henri VIII, qui a développé la flotte britannique, entre ses enfants Édouard et Marie

Rois et reines

Depuis la conquête normande, tous les monarques anglais sont des descendants de Guillaume le Conquérant. La lignée des dirigeants écossais, jusqu'à Jacques VI et l'Union des couronnes *(p. 468-469)*, n'est pas aussi rigoureuse. On change en général de dynastie dès que la couronne passe à un autre que le fils aîné du monarque. Les règles de succession sont extrêmement précises et privilégient les hommes par rapport aux femmes ; la Grande-Bretagne a cependant connu six reines depuis 1553. À l'époque des Normands, le monarque avait le pouvoir absolu ; son rôle est aujourd'hui quasi symbolique.

1413-1422 Henri V

1509-1547 Henri VIII

1399-1413 Henri IV

1485-1509 Henri VII

1066-1087 Guillaume le Conquérant

1087-1100 Guillaume II

1100-1135 Henri Ier

1135-1154 Étienne

1327-1377 Édouard III

1483-1485 Richard III

1050	1100	1150	1200	1250	1300	1350	1400	1450	1500
NORMANDS		PLANTAGENÊT					LANCASTRE	YORK	TUDOR
1050	1100	1150	1200	1250	1300	1350	1400	1450	1500

1154-1189 Henri II

1189-1199 Richard Ier

1199-1216 Jean

1216-1272 Henri III

1307-1327 Édouard II

1272-1307 Édouard Ier

1422-1461 et 1470-1471 Henri VI

1461-1470 et 1471-1483 Édouard IV

1377-1399 Richard II

Sur cette chronique du XIIIe siècle, de haut en bas et de gauche à droite : Richard Ier, Henri II, Jean et Henri III

1483 Édouard V

1660-1685 Charles II

1685-1688 Jacques II

1936 Édouard VIII

1689-1702
Guillaume III et
Marie II

1702-1714
Anne

1714-1727
Georges Ier

1553-1558 Marie Ire

1603-1625
Jacques Ier

1837-1901 Victoria

1901-1910
Édouard VII

1727-1760
Georges II

1952 Élisabeth II

550	1600	1650	1700	1750	1800	1850	1900	1950	2000
	STUART			HANOVRE			SAXE-COBOURG	WINDSOR	
550	1600	1650	1700	1750	1800	1850	1900	1950	2000

1830-1837
Guillaume IV

1936-1952 Georges VI,
sur la médaille de l'ordre qui porte
son nom

1653-1658 Olivier
Cromwell, Protecteur
pendant la République

1820-1830
Georges IV

1910-1936
Georges V

1625-1649 Charles Ier

1558-1603 Élisabeth Ire

1760-1820 Georges III

547-1553 Édouard VI

La préhistoire

La Grande-Bretagne a fait partie du continent européen jusqu'à la fin de l'ère glaciaire (environ 6 000 ans avant J.-C.) : la Manche était alors couverte de glace. Les premiers habitants vivaient dans des cavernes ; l'agriculture s'est développée graduellement pendant l'âge de la pierre. Les alignements et les cercles de pierres dressées datent d'environ 3000 avant J.-C. Les carrières de silex et d'anciens sentiers témoignent d'échanges commerciaux très précoces ; on trouve aussi de nombreux tertres funéraires (tumuli) datant de l'âge de la pierre ou du bronze.

Hache
Cette hache de pierre trouvée à Stonehenge date du Néolithique.

Des marques étaient gravées sur des pierres levées, comme celle-ci, à Ballymeanoch.

Outils néolithiques
Des bois de cerf et des os devenaient des outils pour travailler le cuir. Ceux-ci proviennent d'Avebury (p. 251).

LES VESTIGES SUR LA CARTE

Les monuments et les objets du Néolithique, de l'âge du bronze ou de l'âge du fer sont une mine de renseignements sur les premiers habitants de la Grande-Bretagne, bien avant les témoignages écrits de l'époque romaine.

Gobelet de terre cuite
De nombreux objets en terre cuite comme celui-ci ont été retrouvés dans les tombes de peuplades venues d'Europe au début de l'âge du bronze.

Pectoral en or
Cet objet spectaculaire, dû à des orfèvres du Wessex, devait appartenir à un grand chef de clan.

La sépulture néolithique de Pentre Ifan, au pays de Galles, disparaissait autrefois sous un monticule de terre, ou tumulus.

Cuirasse
À l'âge du bronze, il y avait des mines d'or au pays de Galles et dans les Cornouailles. Cette cuirasse très ornée provient de la tombe d'un guerrier.

Cette tasse en or, trouvée dans les Cornouailles, prouve la prospérité des hommes de l'âge du bronze.

CHRONOLOGIE

6000 – 5000 À la fin de l'ère glaciaire, le niveau de la mer s'élève, faisant de la Grande-Bretagne une île

Haches néolithiques en silex

6000 av. J.-C.	5500	5000	4500	4000

Breloque et bouton en or (-1700) trouvés dans une tombe de l'âge du bronze

3500 Début du Néolithique. Premiers cercles de pierres levées et tumuli

Skara Brae est un village néolithique datant d'environ 2500 av. J.-C. *(p. 514).*

Ces tours de **l'âge du fer**, aux épais murs de pierre, ne se rencontrent qu'en Écosse.

Le cercle de **pierres** de Castlerigg est l'un des premiers monuments néolithiques de l'île *(p. 349).*

Maiden Castle
Les remparts et les fossés concentriques de cette place forte de l'âge du fer, dans le Dorset, épousent les formes de la colline (p. 257).

Hache de l'âge du bronze
Venus d'Europe, les Celtes ont apporté en Grande-Bretagne la technique de la fonte des métaux vers 700 av. J.-C.

Le cheval blanc d'Uffington
Ce dessin, vieux de 3 000 ans, est entretenu avec soin (p. 209).

Cette figure de **craie**, sans doute une déesse de la fertilité, a été retrouvée à Grimes Graves *(p. 182).*

Ce casque celte en bronze (50 av. J.-C.) a été découvert à Londres, dans la Tamise.

Stonehenge a été élevé il y a 3 500 ans environ *(p. 250-251).*

OÙ VOIR DES VESTIGES PRÉHISTORIQUES

Le Wiltshire, avec Stonehenge *(p. 250)* et Avebury *(p. 251),* possède les plus importants monuments mégalithiques ; le Cheval blanc d'Uffington est tout près *(p. 209).* Il y a de nombreux sites sur les îles écossaises ; le British Museum *(p. 108-109)* abrite une vaste collection d'objets et d'outils.

Le site néolithique d'Avebury (p. 249) *est ceinturé par plus de 180 pierres levées.*

Le torque de Snettisham
Les torques étaient des colliers portés par les Celtes. Celui-ci, trouvé dans le Norfolk, date de 50 av. J.-C. ; il est en or et en argent.

2500 On construit des temples ou des alignements de pierre ou de bois

1650 – 1200 Le Wessex est une plaque tournante pour le commerce entre l'Europe et les mines des Cornouailles, du pays de Galles et d'Irlande

1000 Les premières fermes apparaissent

550 – 350 Migration de Celtes venus du sud de l'Europe

500 Début de l'âge du fer. Premières places fortes

000	2500	2000	1500	1000	500 av. J.-C.

2100 – 1650 L'âge du bronze atteint la Grande-Bretagne. Arrivée de nouvelles peuplades qui utilisent des ustensiles de bronze et construisent des temples

Sceptre de bronze (1700)

1200 Apparition de petits villages autonomes

150 Des tribus venues de Gaule commencent à arriver en Grande-Bretagne

L'époque romaine

La Grande-Bretagne est restée colonie romaine pendant 350 ans. Après la défaite des tribus indigènes rebelles, comme les Icènes de la reine Boadicée, les Romains ont gouverné sans chercher à s'assimiler. Ils ont laissé des constructions civiles et militaires et de longues routes très droites, conçues pour faciliter le déplacement des troupes.

Camé romain

Casque de parade
Ce casque de cavalier trouvé dans le Lancashire était utilisé lors des tournois et des courses de chevaux qui se déroulaient dans des amphithéâtres.

Salle d'entraînement

Vase d'argent
Ce vase du IIIe siècle est l'objet d'orfèvrerie portant des symboles chrétiens le plus ancien que l'on connaisse. Il a été trouvé près de Peterborough.

Thermes principaux

Fishbourne Palace a été construit sur une petite crique formant un port naturel.

Portique d'entrée

Le mur d'Hadrien
Édifié en 120 pour se défendre contre les Écossais, il marque la limite nord de l'Empire romain. Il était défendu par 17 forts où se répartissaient plus de 18 500 fantassins et cavaliers.

Mithra
Cette tête du dieu Mithra a été découverte à Londres sur le site d'un temple. Très répandu parmi les soldats romains, le mithracisme, venu de Perse, a longtemps freiné la progression du christianisme.

CHRONOLOGIE

54 Jules César débarque en Grande-Bretagne, mais rebrousse chemin

Jules César (vers 102-44 av. J.-C.)

61 Boadicée se soulève contre les Romains, incendie leurs villes, dont St Albans et Colchester, mais elle est vaincue (p. 183)

70 Les Romains occupent le pays de Galles et le Nord

Boadicée, reine des Icènes (Ier siècle)

140-143 Les Romains occupent le sud de l'Écosse et construisent le mur d'Antonin pour marquer la frontière

55 | 1 apr. J.-C. | 50 | 150

43 Sous l'empereur Claude, la Grande-Bretagne devient une partie de l'Empire romain

78-84 Agricola parvient en Écosse, puis se retire

120 L'empereur Hadrien construit un mur formant frontière avec l'Écosse

Mosaïque
Au 1er siècle, les sols étaient recouverts de mosaïques faites de pièces blanches et noires. C'est sur le site de Fishbourne Palace qu'elles sont les plus nombreuses.

Cour

Appartements d'amis

Salle de bains des invités

Haie de buis

Passage couvert

OÙ VOIR DES VESTIGES ROMAINS

Beaucoup de villes de Grande-Bretagne remontent à l'époque romaine. On en trouve des vestiges à York (p. 390-395), Chester (p. 298-299), St Albans (p. 220), Colchester (p. 193), Bath (p. 246-249), Lincoln (p. 328-329) et Londres (p. 70-123). Les villas étaient construites de préférence dans le sud de l'Angleterre, au climat plus doux et plus proche de l'Europe.

Les thermes romains de Bath *(p. 246-249), ou Aquae Sulis, ont été construits entre le 1er et le IVe siècle près d'une source d'eau chaude.*

FISHBOURNE PALACE
Construit au 1er siècle pour Cogidubnus, un gouverneur pro-romain, ce palais (reconstitué) était équipé d'un chauffage par le sol et d'une installation de plomberie sophistiquée pour les bains *(p. 159).*

Symbole christique
Il figure sur une fresque du IIIe siècle de la villa romaine de Lullingstone (Kent).

Le bouclier de Battersea
Trouvé dans la Tamise près de Battersea, ce bouclier porte des symboles celtiques et date probablement de la première invasion romaine. Les archéologues pensent qu'il a pu être perdu par un guerrier alors qu'il traversait la Tamise, ou qu'il s'agit d'une offrande à un dieu de la rivière. Il est aujourd'hui au British Museum (p. 108-109).

200	250	300	350	400	
206 Des tribus venues du nord de l'Écosse attaquent le mur d'Hadrien	**254** Décapitation de saint Alban, qui devient le premier martyr chrétien de Grande-Bretagne		*La pierre picte d'Aberlemno, en Écosse*		**410** Les Romains quittent la Grande-Bretagne
209 Septime Sévère arrive de Rome avec des renforts		**306** Les troupes romaines d'York déclarent Constantin empereur	**350-369** Raids des Pictes et des Écossais		**440-450** Invasions des Angles, des Saxons et des Jutes

Les royaumes anglo-saxons

**Le roi Canut
(1016-1035)**

Les Angles et les Saxons venus d'Allemagne ont commencé leurs raids dans l'est de la Grande-Bretagne au milieu du Ve siècle. Ils se sont établis sur place et, en l'espace d'un siècle, ont fondé plusieurs petits royaumes saxons comme le Wessex, la Mercia ou la Northumbria. Les raids vikings des VIIIe et IXe siècles ont été contenus, mais en 1066 Guillaume le Conquérant, venu de Normandie, remporta la victoire sur le roi saxon Harold, à la bataille de Hastings. Guillaume le Conquérant devenait maître du pays tout entier.

Hache viking
Les guerriers vikings étaient armés de lances, de haches et d'épées. Ces ferronniers habiles avaient aussi un sens aigu de la décoration, comme en témoigne cette hache conservée à Copenhague.

Drakkar viking
Les techniques de construction navale des vikings étaient très en avance. Avec leurs figures de proue grimaçantes, ces vaisseaux rapides ne pouvaient qu'effrayer les habitants de l'île.

VIE QUOTIDIENNE

Ces illustrations proviennent d'un calendrier représentant la vie des Anglo-Saxons avant les invasions normandes. Les communautés rurales sont devenues des villes à partir du VIIe siècle, alors que le commerce se développait. Les rois saxons étaient entourés d'une cour, mais les habitants étaient surtout des paysans.

CHRONOLOGIE

vers 470-495 Les Saxons et les Angles s'établissent dans l'Essex, le Sussex et l'East Anglia

vers 556 Les Saxons traversent la Grande-Bretagne et fondent sept royaumes

Saint Augustin (mort en 604)

635 Saint Aidan établit un monastère à Lindisfarne

730-821 Suprématie de la Mercia. Le roi Offa (mort en 796) construit un rempart entre la Mercia et le pays de Galles

450	500	550	600	650	700	750

450 Les Saxons s'établissent dans le Kent

563 Saint Columba aborde l'île d'Iona

617-685 Suprématie du royaume de Northumbria

597 Saint Augustin est envoyé par Rome pour évangéliser l'Angleterre

Monnaie portant le nom du roi Offa .

Charrue tirée par des bœufs

Le joyau d'Alfred

Cet ornement d'or du IXe siècle, conservé à l'Ashmolean Museum (p. 212), porte l'inscription : « Alfred m'a fait faire », sans doute une allusion au roi saxon Alfred.

OÙ VOIR L'ANGLETERRE SAXONNE

La plus belle collection d'objets saxons a été trouvée à bord d'un bateau funéraire exhumé à Sutton Hoo dans le Suffolk en 1938. Elle est aujourd'hui présentée au British Museum (p. 108-109). Il y a de belles églises saxonnes à Bradwell, dans l'Essex, et à Bosham, dans le Sussex (p. 159). À York, on a fouillé la cité viking de Jorvik (p. 390-393) ; les objets retrouvés sont présentés avec des reconstitutions de l'habitat.

Ménestrels lors d'un banquet

Édouard le Confesseur
Édouard – dit le Confesseur en raison de sa piété – fut intronisé en 1042. Guillaume le Conquérant revendiqua le trône après sa mort en 1066.

L'église saxonne Saint-Laurent (p. 243) date de la fin du VIIIe siècle.

La chasse au faucon

La mort de Harold
Cette miniature du XIVe siècle représente Guillaume le Conquérant après sa victoire sur le roi Harold, tué d'une flèche dans l'œil. La bataille d'Hastings (p. 169) marque la dernière invasion du sol britannique.

La légende du roi Arthur
Le roi Arthur était sans doute un chef de guerre ennemi des Saxons au début du VIe siècle. Le récit légendaire de ses exploits est apparu en 1155 (p. 273).

Un vaisseau guerrier normand

802-839 Après la mort de Cenwulf (821), le Wessex domine la plus grande partie de l'Angleterre

867 La Northumbria tombe aux mains des Vikings

878 Le roi Alfred bat les Vikings, mais leur permet de s'établir à l'est de l'Angleterre

1016 Le roi danois Canut (p. 159) s'empare du trône d'Angleterre

800	850	900	950	1000	1050

843 Kenneth Mc Alpin devient roi de toute l'Écosse

vers 793 Lindisfarne est mise à sac par les Vikings ; l'année suivante, premier raid viking en Écosse

926 Le Danelaw, à l'est de l'Angleterre, est reconquis par les Saxons

1042 Couronnement du roi anglo-saxon Édouard le Confesseur (mort en 1066)

1066 Guillaume le Conquérant revendique le trône et bat Harold à la bataille de Hastings. Il est couronné à Westminster

Le Moyen Âge

Chasse à courre

L es ruines des châteaux normands témoignent de l'importance des moyens militaires mis en œuvre par les envahisseurs pour assurer leurs conquêtes ; le pays de Galles et l'Écosse ont cependant résisté pendant des siècles.

Les Normands ont instauré un système féodal avec d'un côté des aristocrates et de l'autre les Anglo-Saxons de souche, asservis. Le français est resté la langue de la classe dominante jusqu'au XIIIe siècle ; il s'est alors mêlé au vieil anglais parlé par les paysans. C'est une époque marquée par le poids du pouvoir religieux.

La Magna Carta
Pour protéger leur caste et l'Église contre les taxations arbitraires, les barons anglais ont contraint le roi Jean à signer en 1215 une « Grande Charte » (p. 223), qui est à l'origine d'un nouveau système juridique.

Artisans
Sur cette illustration (manuscrit du XIVe siècle), on reconnaît un tisserand et un chaudronnier. Les artisans formaient une classe prospère.

Becket est accueilli au Paradis.

Les soldats d'Henri II assassinent Becket dans la cathédrale de Canterbury.

L'ASSASSINAT DE THOMAS BECKET

La lutte pour le pouvoir entre l'Église et le roi atteignit son paroxysme avec l'assassinat de Thomas Becket, archevêque de Canterbury. Après la canonisation de Becket en 1173, Canterbury devint un important centre de pèlerinage.

Art religieux
L'art médiéval est essentiellement d'inspiration religieuse, comme ce vitrail de la cathédrale de Canterbury (p. 174-175) représentant Jéroboam.

La Mort noire
La peste a ravagé plusieurs fois l'Europe et la Grande-Bretagne au cours du XIVe siècle, faisant des millions de morts. Sur cette illustration du XVe siècle, la Mort vient prélever son tribut de victimes.

CHRONOLOGIE

1071 La résistance des Anglo-Saxons est écrasée à Ely

1154 Henri II, le premier roi Plantagenêt, fait abattre les châteaux et exige de l'argent de ses barons plutôt qu'une assistance militaire

1170 Thomas Becket, archevêque de Canterbury, est assassiné par quatre chevaliers à la solde d'Henri II

| 1100 | 1150 | 1200 | 1250 |

1086 Le *Domesday Book* (cadastre) recense tous les fiefs d'Angleterre pour établir les taxations

Le Domesday Book

1215 Les barons contraignent le roi Jean à signer la *Magna Carta*

1256 Le Parlement accueille de simples citoyens pour la première fois

La bataille d'Azincourt

En 1415, Henri V partit revendiquer avec son armée le trône de France. Cette chronique du XVᵉ siècle relate la victoire du roi d'Angleterre sur les Français à Azincourt.

Où voir des vestiges médiévaux

Oxford (p. 210-215) et Cambridge (p. 198-203) conservent de nombreux bâtiments gothiques. Il y a de belles cathédrales médiévales dans des villes comme Lincoln (p. 326-327) et York (p. 390-393), où l'on décèle aussi l'ancien tracé des rues. Les forteresses élevées par Édouard Iᵉʳ le long de la frontière galloise (p. 424-425) permettent de se faire une idée de l'architecture militaire médiévale.

Ce reliquaire (1190, collection privée) a peut-être abrité les restes de Becket.

Becket prend place au Paradis après sa canonisation.

*À Oxford, **All Souls College** (p. 214) est un mélange harmonieux de bâtiments médiévaux et plus récents.*

Richard III

Richard III accéda au trône pendant la guerre des Deux-Roses, qui opposa violemment deux factions de la famille royale, les York et les Lancastre. Portrait du XVIᵉ siècle.

Deux clercs assistent horrifiés au meurtre.

John Wycliffe *(1329-1384)*
Ce tableau de Ford Madox Brown représente Wycliffe tenant sa traduction anglaise de la Bible, désormais accessible à chacun.

La vie au château

Les châteaux étaient divisés en plusieurs sections dont la garde était confiée à un baron et à ses soldats. Cette illustration du XIVᵉ siècle détaille les armoiries (p. 26) des barons.

1282-1283 Édouard Iᵉʳ conquiert le pays de Galles

1314 Les Écossais battent les Anglais à la bataille de Bannockburn (p. 468)

1348 La moitié de la population de l'Europe est décimée par la Mort noire

1387 Chaucer entreprend la rédaction des *Contes de Canterbury* (p. 174)

1485 La bataille de Bosworth met fin à la guerre des Deux-Roses

Geoffrey Chaucer (vers 1345-1400)

1300   **1350**   **1400**   **1450**

1296 Édouard Iᵉʳ envahit l'Écosse

Édouard Iᵉʳ (1239-1307)

1381 Révolte des paysans après la mise en place d'une taxe sur les habitants de plus de 14 ans

1415 Victoire des Anglais à Azincourt

1453 Fin de la guerre de Cent Ans contre la France

L'ère Tudor

La chasse au faucon

Les Tudors rétablissent la paix et restaurent la confiance en soi d'un peuple affaibli par des années de guerre civile. Henri VIII décide de refuser l'autorité de l'Église de Rome et se proclame chef de l'Église anglicane. Sa fille, Marie Ire Tudor, tenta de rétablir le catholicisme, mais le règne de sa demi-sœur Élisabeth Ire consolida la position des protestants. Les expéditions lointaines commencent à cette époque, provoquant des tensions avec les autres puissances européennes attirées par l'or du Nouveau Monde. Le génie de William Shakespeare est la contribution majeure des Anglais à la civilisation de la Renaissance venue d'Europe.

Derrière la reine, les rideaux s'ouvrent sur une représentation de la victoire anglaise sur l'Invincible Armada en 1588.

Le pouvoir maritime
C'est Henri VIII qui a jeté les bases de la puissance navale anglaise. En 1545, la Mary Rose, *son vaisseau amiral (p. 157), fit naufrage sous ses yeux dans le port de Portsmouth.*

Théâtre
Certaines des pièces de Shakespeare ont été créées dans des théâtres provisoires comme le Globe (p. 122), au sud de Londres.

Le globe symbolise l'étendue du pouvoir royal.

Monastères
Quand Henri VIII rompit avec Rome, les établissements religieux, comme Fountains Abbey (p. 376-377), furent fermés et leurs richesses confisquées par le roi.

CHRONOLOGIE

1497 John Colet, soutenu par Érasme et Sir Thomas Moore, dénonce la corruption du clergé

1533-1534 Henri VIII divorce de Catherine d'Aragon. Excommunié par le pape, il fonde l'Église anglicane

1542-1567 Marie Stuart gouverne l'Écosse

1490	1510	1530

1497 John Cabot *(p. 244)* est le premier Européen à atteindre Terre-Neuve

1513 L'Angleterre bat l'Écosse à Flodden *(p. 468)*

Henri VIII (1491-1547)

1535 Acte d'union avec le pays de Galles

1536-1540 Suppression des monastères

1549 Parution du premier livre de prières anglican

Marie Stuart, reine d'Écosse

Arrière-petite-fille d'Henri VII, elle revendiqua le trône en 1559. En 1567, Élisabeth Iʳᵉ la fit mettre en prison pour 20 ans, avant de la faire exécuter pour trahison en 1587.

Les joyaux, signes de richesse et de gloire.

OÙ VOIR L'ANGLETERRE DES TUDORS

Hampton Court Palace *(p. 161)* date de cette époque, même s'il a été largement transformé au cours des siècles. Une partie d'une résidence d'Élisabeth Iʳᵉ subsiste encore à Hatfield *(p. 219)*. Dans le Kent, Leeds Castle, Knole *(p. 176-177)* et Hever Castle *(p. 177)* datent de l'ère Tudor. Burghley House *(p. 330-331)* et Hardwick Hall *(p. 290)*, dans les Midlands, sont typiques aussi du XVIᵉ siècle.

L'horloge astronomique d'Hampton Court *(p. 161) au cadran surchargé a été installée en 1540, sous le règne d'Henri VIII.*

Martyrs protestants
Marie Tudor, catholique, régna de 1553 à 1558. Les protestants qui se révoltaient contre elle finissaient sur le bûcher, comme ces pasteurs de Canterbury, brûlés en 1555.

LA DÉFAITE DE L'ARMADA

L'Espagne était la grande rivale de l'Angleterre sur les mers, et en 1588 le roi Philippe II envoya cent galions armés vers l'Angleterre. La flotte anglaise, dirigée par Lord Howard, Francis Drake, John Hawkins et Martin Frobisher, partit de Plymouth et remporta une victoire écrasante sur l'« invincible » Armada des Espagnols. Ce portrait d'Élisabeth Iʳᵉ par George Gower (1540-1596) commémore ce triomphe.

William Shakespeare (1564-1616)

1570 Première expédition de sir Francis Drake dans les mers du Sud

1584 Sir Walter Raleigh tente de coloniser la Virginie après l'échec de Drake

1591 Première représentation d'une pièce de Shakespeare

1600 Fondation de la Compagnie des Indes orientales, marquant le début de l'engagement anglais sur le continent indien

1550 — 1570 — 1590

1553 Mort d'Édouard VI ; le trône échoit à Marie Tudor, catholique

1559 Marie Stuart, reine d'Écosse, revendique le trône d'Angleterre

1558 Élisabeth Iʳᵉ accède au trône

1587 Exécution de Marie Stuart sur l'ordre d'Élisabeth Iʳᵉ

1588 l'Invincible Armada est vaincue

1603 Réunion des couronnes Jacques VI d'Écosse devient Jacques Iᵉʳ d'Angleterre

Sir Walter Raleigh (1552-1618)

Le règne des Stuarts

Une période de troubles succède au règne d'Élisabeth Ire. Jacques Ier hérite de la couronne, mais ses affrontements avec le Parlement dégénèrent en guerre civile sous le règne de son fils, Charles Ier. En 1660, Charles II monte sur le trône ; son successeur Jacques II est évincé à cause de ses sympathies catholiques. Guillaume III et Marie II réaffirment la prééminence du protestantisme et balaient le clan des jacobites (p. 469).

Plat à barbe du XVIIe siècle

Science
Sir Isaac Newton (1642-1727) inventa ce télescope réfléchissant et découvrit la loi de la gravité, ouvrant ainsi la voie à une meilleure compréhension de l'univers.

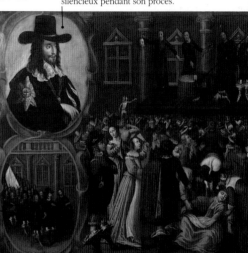

Charles Ier resta silencieux pendant son procès.

Olivier Cromwell
Protestant convaincu et défenseur acharné des prérogatives du Parlement, il dirigea les forces parlementaires pendant la guerre civile. Il fut Protecteur pendant la République de 1653 à 1658.

Sur le chemin du supplice, le roi portait deux chemises superposées pour éviter de trembler de froid.

Théâtre
Le théâtre s'est développé à partir de 1660, quand le Parlement a rétabli la monarchie. On jouait en plein air, sur des scènes provisoires.

L'EXÉCUTION DE CHARLES Ier
Cromwell était convaincu que le pays ne connaîtrait pas la paix tant que le roi vivrait. Lors de son procès pour trahison, Charles Ier refusa de reconnaître l'autorité de la cour et ne présenta aucune défense. Il affronta la mort dignement le 30 janvier 1649. Cette unique exécution d'un roi anglais fut suivie d'une période républicaine, le Commonwealth.

CHRONOLOGIE

1605 Échec de la Conspiration des Poudres contre le Parlement

1614 Le Parlement refuse de voter des crédits à Jacques Ier

1620 Les Pères pèlerins s'embarquent pour la Nouvelle-Angleterre à bord du *Mayflower*

1642 La guerre civile éclate

1653-1658 Cromwell Protecteur de la République

1625

1650

Jacques Ier (1566-1625)

1611 Parution d'une nouvelle traduction de la Bible, la King James Version

1638 Les Écossais signent le *National Covenant*, un pacte qui s'oppose aux sympathies catholiques de Charles Ier

1649 Exécution de Charles Ier ; le Parlement instaure la République

1660 Restauration de la monarchie avec Charles II

La restauration de la monarchie

Ce panneau brodé rappelle que Charles II a évité le destin de son père en se cachant dans un chêne. Il fut accueilli à bras ouverts après son exil en France.

OÙ VOIR L'ANGLETERRE DES STUARTS

Les plus belles réalisations de cette période, Inigo Jones et Christopher Wren, en particulier la cathédrale Saint-Paul, se trouvent à Londres (p. 116-117). Dans le sud-est du pays, Audley End (p. 196) et Hatfield House (p. 219) datent toutes les deux du règne de Jacques Ier, tout comme le palais de Holyrood, à Édimbourg (p. 496).

Le corps du roi gît près du billot.

Le bourreau tient à la main la tête de Charles Ier.

La peste

Des avis comme celui-ci annonçaient chaque semaine la liste des victimes de la peste qui fit plus de 100 000 morts à Londres en 1665.

Hatfield House (p. 219), *splendide demeure du XVIe siècle.*

Des spectateurs recueillent un peu de sang du roi sur un mouchoir en souvenir de ce jour.

Anatomie

En disséquant des cadavres, les médecins commencèrent à comprendre le fonctionnement du corps humain, étape majeure pour la médecine.

Les Pères pèlerins

En 1620, un groupe de religieux puritains s'embarqua pour l'Amérique. Ils entretinrent d'excellentes relations avec les autochtones ; on voit ici un chef de tribu venu leur rendre visite.

1665-1666 Grande Peste

Le Grand Incendie de Londres

1707 Acte d'union avec l'Écosse

1666 Grand Incendie de Londres

1688 Jacques II, catholique, est déposé par le Parlement et contraint de s'exiler en France

1675

1700

1690 Bataille de la Boyne : l'armée anglo-hollandaise de Guillaume III l'emporte sur l'armée franco-irlandaise de Jacques II

1692 Massacre des jacobites (partisans des Stuarts) par les troupes de Guillaume III

Guillaume III (1689-1702)

Le XVIIIe siècle

Une fois remise du traumatisme causé par la guerre civile, la Grande-Bretagne a pu accroître sa puissance économique et industrielle. Londres devient une importante place financière et la bourgeoisie se développe. La suprématie anglaise sur les mers va permettre de constituer l'empire colonial. Les machines à vapeur, les canaux et les voies ferrées préparent la révolution industrielle. La bonne société reprend confiance en elle, mais pour les classes moins aisées la situation ne fait qu'empirer.

L'actrice Sarah Siddons, par Gainsborough (1785)

L'ardoise est le matériau de couverture préféré au XVIIIe siècle. Les toits sont moins pentus, à l'italienne.

Les fenêtres à guillotine sont l'une des principales caractéristiques des maisons de cette époque.

La bataille de Bunker Hill
En 1775, des colons américains se révoltèrent contre l'autorité anglaise. Les Britanniques remportèrent cette première bataille dans le Massachusetts, mais en 1783 ils durent reconnaître les États-Unis d'Amérique.

Le chêne était très utilisé dans les plus belles maisons ; ailleurs on employait plutôt le pin.

La salle de séjour était tapissée de papier peint, moins cher que le tissu ou les tapisseries.

Le salon, richement décoré, était la pièce de réception de la maison.

La salle à manger servait pour tous les repas de famille.

La machine à vapeur de Watt
En 1769, l'ingénieur écossais James Watt (1736-1819) fit breveter une invention dont il fera un engin de locomotion.

Lord Horatio Nelson *(p. 27)*
devint un héros après sa mort à la bataille de Trafalgar contre les Français.

Des escaliers menaient au sous-sol, à l'entrée des domestiques.

CHRONOLOGIE

1720 Le scandale de la South Sea Company ruine de nombreux spéculateurs

1746 Bonnie Prince Charlie *(p. 521)*, un jacobite qui revendiquait le trône, est vaincu à la bataille de Culloden

1715	1730	1745	1760

1714 George, Électeur de Hanovre, succède à la reine Anne. Fin de la dynastie des Stuarts ; un roi germanophone gouverne l'Angleterre

1721 Robert Walpole (1676-1745) accède aux plus hautes charges de l'État

George Ier (1660-1727)

Gravure satirique sur le scandale de la South Sea Company, 1720

1757 Le premier canal britannique est mis en service

Le chemin de halage
(1827)
Les canaux permettaient de transporter à moindres frais les produits industriels ; ils ont été supplantés par le chemin de fer au XIXe siècle.

L'attique était réservé aux chambres des enfants et des domestiques.

La chambre du maître avait souvent un lit à baldaquin en acajou.

Le mobilier était orné de motifs animaliers.

Fauteuil Chippendale
(1760)
Thomas Chippendale (1718-1779) a dessiné des meubles inspirés par le rococo et l'art chinois.

MAISON CITADINE DU XVIIIe SIÈCLE
Les riches familles se faisaient construire de hautes maisons confortables par les grands architectes du temps, R. Adam *(p. 24)* et J. Nash *(p. 107)*.

Les domestiques vivaient et travaillaient au sous-sol pendant la journée.

Cuisine

OÙ VOIR L'ARCHITECTURE DU XVIIIe SIÈCLE
Bath *(p. 246-249)* et Édimbourg *(p. 490-497)* conservent de beaux ensembles du XVIIIe siècle. Le bâtiment qui abrite le musée de Bath *(p. 249)* est typique de cette époque ; le Pavillon royal de Brighton *(p. 166-167)* est un « caprice » Regency de John Nash.

Charlotte Square (p. 490) à *Édimbourg conserve de beaux exemples d'architecture XVIIIe.*

Les bas quartiers
Cette gravure du peintre William Hogarth (1694-1764) dénonce la pauvreté de certains quartiers de Londres.

1776 Déclaration d'indépendance des États-Unis

1788 Les premiers forçats sont envoyés en Australie

1805 Les Anglais, menés par Nelson, remportent la victoire de Trafalgar sur les Français

1811-1817 L'accroissement du chômage cause des émeutes

1815 Wellington vainc Napoléon à Waterloo

Caricature de Wellington (1769-1852)

1775	1790	1805	1820

1783 Sir Richard Arkwright (1732-1792) fait fonctionner des filatures de coton grâce à la vapeur

1807 Abolition de la traite des esclaves

1811 Le prince de Galles gouverne à la place de George III devenu fou

1825 Ouverture de la ligne de chemin de fer Stockton-Darlington

1829 Décret d'émancipation catholique

Soupière d'argent, 1774

L'ère victorienne

Florence Nightingale
(1820-1910)
Cette infirmière a organisé des hôpitaux militaires de campagne pendant la guerre de Crimée et apporté beaucoup d'améliorations aux services médicaux des armées.

La reine Victoria n'avait que 18 ans lorsqu'elle monta sur le trône en 1837. La Grande-Bretagne passait alors avec quelque difficulté d'une économie largement agricole au statut de plus puissante nation industrialisée du monde. L'accroissement de l'Empire ouvrait de nouveaux débouchés aux manufactures. L'urbanisation posa rapidement des problèmes de santé et de logement, et suscita l'émergence du parti travailliste.

La reine Victoria et Disraeli en 1887

En 1901, à la fin du règne de Victoria, les choses s'étaient améliorées ; l'éducation était accessible à tous et le droit de vote concernait une part plus large de la population.

Parois et voûte de verre

Poutrelles préfabriquées

Les bas quartiers de Newcastle *(1880)*
Les ouvriers des grands centres industriels habitaient des maisons construites à la hâte pour loger l'afflux de main-d'œuvre, maladie et révolte y couvaient.

Les grandes expositions
présentaient aussi bien des objets d'art que des machines, des bijoux ou des plantes.

La bannière de l'union
Les syndicats furent créés pour protéger les ouvriers contre des patrons sans scrupules.

Ophélie, par Sir John Everett Millais *(1829-1896)*
Les préraphaélites choisissaient des thèmes romantiques, un moyen de fuir l'Angleterre industrielle.

CHRONOLOGIE

Vase créé pour l'Exposition universelle de 1851

1832 La loi étend le droit de vote à tous les hommes propriétaires terriens

1841 Liaison Londres-Brighton par le chemin de fer

1851 Exposition universelle

1867 Une seconde loi donne le droit de vote à tous les citadins propriétaires d'un bien immobilier

1830	1840	1850	1860

1834 Les « Martyrs de Tolpuddle » embarqués pour l'Australie

1833 Une loi interdit de faire travailler les enfants plus de 48 heures par semaine

1854-1856 La Grande-Bretagne gagne la guerre de Crimée contre la Russie

1863 Ouverture du métro de Londres

**Le Triomphe de la vapeur
et de l'électricité** *(1897)
Cette gravure des* Illustrated
London News *résume
parfaitement l'optimisme
que ces nouvelles sources
d'énergie avaient
fait naître.*

La structure de verre
englobait plusieurs
ormes. Il y avait aussi
des moineaux et des
éperviers...

Où voir l'Angleterre victorienne

Dans les grandes cités
industrielles des Midlands
et du Nord ont été construits
de nombreux bâtiments civils
vastes et impressionnants.
Parmi ceux-ci, le Manchester
Science and Industry
Museum *(p. 361)* ou
l'imposant Victoria and
Albert Museum de Londres
(p. 100-101).

***La Rotonde, à Manchester,**
imposant bâtiment victorien.*

Cyclo-manie
*La bicyclette, inventée en
1865, eut un immense succès
populaire, surtout auprès des
enfants. Gravure de 1898.*

L'Exposition universelle de 1851

C'est le prince Albert, époux de la reine Victoria, qui eut
l'idée de cette exposition gigantesque célébrant
l'industrie, la technologie et la puissance de l'Empire. De
mai à octobre, six millions de personnes ont visité le
« Palais de cristal » de Joseph Paxton, dans Hyde Park.
Près de 14 000 exposants du monde entier présentaient
environ 100 000 réalisations. En 1852, le bâtiment fut
remonté au sud de Londres ; il fut incendié en 1936.

1872 Le vote à bulletin
secret est instauré

1874 Benjamin Disraeli
devient Premier ministre

1884 Invention du téléphone

1893 Le projet de
Gladstone pour
l'Irlande est désavoué

*Gladstone
caricaturé en
1869 dans*
Vanity Fair

1901 Mort de la
reine Victoria

1870 **1880** **1890** **1900**

1870 Une loi
rend l'école
obligatoire pour
tous les enfants
jusqu'à 11 ans

1877 La
reine
Victoria est
sacrée
impératrice
des Indes

1892 Élection du
premier député
travailliste

1899-1902 La
Grande-
Bretagne gagne
la guerre des
Boers en
Afrique du Sud

Un des premiers téléphones

La Grande-Bretagne de 1900 à 1950

Noel Coward,
auteur dramatique

Dès 1901, la société britannique se débarrasse des inhibitions héritées du XIXᵉ siècle ; s'ouvre une ère de gaieté et d'effervescence, interrompue par la Première Guerre mondiale. Plus tard, les difficultés économiques, qui culminèrent avec la crise des années trente, acculèrent des millions de personnes à la misère. En 1939 la Deuxième Guerre mondiale éclate ; sortie victorieuse du conflit, la Grande-Bretagne entreprend des réformes sociales dans les domaines de l'éducation et de la santé.

Welwyn Garden City
traduisait les idées utopique de Sir Ebenezer Howard (1850-1928), qui lança le concept de cité-jardin.

Les années vingt
Les jeunes femmes se débarrassent du carcan social hérité de leurs parents et se tournent vers le jazz, les cocktails et le charleston.

Les suffragettes
Les femmes manifestaient pour réclamer le droit de vote ; beaucoup d'entre elles firent de la prison. Les femmes de plus de 30 ans obtinrent ce droit en 1919.

VILLES NOUVELLES

Des villes nouvelles furent construites dans les faubourgs de Londres, pour procurer à leurs habitants verdure et air pur. Welwyn Garden City, fondée en 1919, devait être autonome, mais la rapidité des liaisons ferroviaires en a fait une simple banlieue de Londres.

Première Guerre mondiale
En Europe, les troupes britanniques ont connu la guerre des tranchées, protégées par des fils de fer barbelés, à quelques mètres seulement des lignes ennemies. La guerre de 1914-1918 a fait 17 millions de victimes.

Sans fil
Inventée par Guglielmo Marconi, la T.S.F. permettait à chacun d'être à l'écoute de l'actualité du monde.

CHRONOLOGIE

1903 Apparition du mouvement des suffragettes	**1911** Les députés perçoivent un salaire, ce qui permet aux hommes qui travaillent de se faire élire	**1914-1918** Première Guerre mondiale	**1924** Premier gouvernement travailliste
1905	1910	1915	1920
Henry Asquith (1852-1928), Premier ministre	**1908** Le gouvernement libéral d'Asquith crée les pensions de retraite	**1919** Le droit de vote est accordé aux femmes âgées de plus de 30 ans	**1922** Premières émissions radiodiffusées

Les cités-jardins comportaient de grands espaces verts et des étangs.

Le prix assez bas des logements et la qualité de l'environnement ont fait le succès de ces nouvelles cités.

Manifestation

Dans les années vingt, ces hommes et plusieurs milliers d'autres manifestaient pour retrouver un travail après leur licenciement. Mais l'effondrement des valeurs en 1929 et la dépression qui suivit aggravèrent le chômage.

Deuxième Guerre mondiale

Les bombardements aériens allemands, le « Blitz », visaient de nuit les endroits stratégiques militaires ou les cités industrielles, comme Sheffield.

La maison moderne

Le succès des appareils ménagers, comme l'aspirateur, inventé par William Hoover en 1908, est lié aussi au fait que les femmes travaillaient hors de chez elles et que l'on trouvait moins facilement des domestiques.

La voiture

Dans les années cinquante, de plus en plus de familles pouvaient s'offrir des voitures de série, comme la Hillman Minx vantée par cette affiche.

1926 Grève générale

Édouard VIII (1894-1972) et Wallis Simpson (1896-1986)

1936 Abdication d'Édouard VIII

1944 L'école est dorénavant obligatoire jusqu'à 15 ans ; des bourses d'études sont accordées aux étudiants

1948 Création de la Sécurité sociale britannique

1947 Indépendance de l'Inde et du Pakistan

925	1930	1935	1940	1945

1929 Effondrement du marché des valeurs

1928 Le droit de vote est accordé aux hommes et aux femmes de plus de 21 ans

1936 Premières émissions télévisées régulières

1939-1945 Winston Churchill mène l'Angleterre à la victoire

Carte de rationnement

1945 Gouvernement travailliste ; nationalisation des chemins de fer, des transports routiers, de l'aviation civile, de la banque d'Angleterre, du gaz, de l'électricité et de l'acier

La Grande-Bretagne aujourd'hui

La styliste Vivienne Westwood et Naomi Campbell

Les privations de la guerre sont oubliées et la Grande-Bretagne entre dans l'ère des « Swinging Sixties », une explosion de jeunesse symbolisée par l'apparition de la mini-jupe et des groupes de musique pop. L'Empire touche à sa fin et la plupart des colonies accèdent à l'indépendance dans les années soixante-dix, malgré l'épisode de la guerre de 1982 contre l'Argentine à propos des îles Falkland.

La société change ; l'immigration d'habitants des anciennes colonies enrichit la culture britannique, mais fait surgir aussi des problèmes sociaux. En 1973, la Grande-Bretagne rejoint la Communauté européenne ; l'ouverture du tunnel sous la Manche renforce symboliquement les liens avec le continent.

Années soixante. La mini-jupe ouvre une ère d'audace dans la mode ; le « Flower Power » vient de Californie

1951 Winston Churchill est rappelé au pouvoir après la victoire des conservateurs

1958 Lancement d'une campagne pour le désarmement atomique, reflet des inquiétudes de la jeunesse devant le nucléaire

1965 Abolition de la peine de mort

1950	1955	1960	1965	1970
1950	1955	1960	1965	1970

1953 Couronnement d'Élisabeth II, retransmis à la télévision

1963 Les Beatles, venus de Liverpool, déclenchent un véritable raz-de-marée populaire

1959 Construction de la première autoroute, la M1, entre Londres et les Midlands

1957 Arrivée des premiers immigrants venus des Caraïbes

1951 Le festival de Grande-Bretagne dynamise les esprits après la guerre

VOTE ! ...GET BRITAIN OUT

1973 Après des années de négociations, la Grande-Bretagne rejoint la Communauté européenne

Années soixante-dix.
Les tenues vestimentaires
et les coiffures des punks
choquent le pays

1990 Mme Thatcher
démissionne sous la pression
des députés conservateurs ;
John Major la remplace

1991 Le plus haut gratte-ciel de Grande-
Bretagne, la Canada Tower *(p. 133)*, est
construit dans les Docklands, le nouveau
centre financier de Londres

1992 Un gouvernement
conservateur est élu pour
la quatrième fois consécutive
– un record au xxe siècle

1982 La flotte britannique
déloge les Argentins
des îles Falkland

1976 Premier vol
commercial du
Concorde

1984 Une grève d'un an
des mineurs n'empêche
pas la fermeture des puits
et annonce le déclin de
l'influence des syndicats

1997 Le New Labour
met fin à 16 années
de gouvernement
conservateur

| 1975 | 1980 | 1985 | 1990 | 1995 | 2000 |

| 1975 | 1980 | 1985 | 1990 | 1995 | 2000 |

1999 Fondation
du parlement
d'Écosse et de
l'assemblée du
pays de Galles

1981 Mariage « de
conte de fées »
du prince Charles
et de Lady
Diana Spencer
à la cathédrale
Saint-Paul

1975 Début
des forages
pétroliers en
mer du Nord

1979 Margaret Thatcher,
la « Dame de fer »,
devient la première
femme Premier
ministre ; son
gouvernement
conservateur de droite
privatise plusieurs
sociétés nationales

1985 Le gigantesque concert
Live Aid recueille des fonds
pour combattre la famine
en Afrique

1994 Le tunnel sous la
Manche relie la Grande-
Bretagne et le continent
par voie ferrée

LA GRANDE-BRETAGNE
AU JOUR LE JOUR

**Affiche du Festival
du film**

Les saisons ont chacune un attrait particulier. En Grande-Bretagne plus qu'ailleurs – amour des jardins oblige –, le printemps est la saison des jonquilles et des jacinthes, l'été celle des roses et l'automne celle des feuillages changeants. L'hiver, le gris du ciel apparaît à travers les branches des arbres dénudés. Les longues périodes de mauvais temps et les gros écarts de températures sont rares, mais le temps est très variable : on peut avoir de belles journées ensoleillées en février, mais se retrouver sous une averse en juillet. Si les principaux monuments sont ouverts toute l'année, de nombreux bâtiments ou sites moins importants peuvent cependant être fermés l'hiver.

**Jacinthes en fleur dans les bois
d'Angrove, Wiltshire**

PRINTEMPS

Les jours rallongent, le temps se réchauffe : la campagne s'éveille enfin d'un long sommeil. Chaque année, de très nombreux châtelains choisissent le week-end de Pâques pour ouvrir au public leur parc ou leur jardin. Le dimanche de Pentecôte a lieu l'Exposition florale de Chelsea (Chelsea Flower Show) ; c'est un événement important pour tous les jardiniers professionnels ou amateurs. Au printemps se déroulent aussi un peu partout de nombreux concerts ou festivals en tout genre.

MARS

Ideal Home Exhibition *(2ᵉ sem.)*, Earl's Court, Londres. Le salon des arts ménagers et de la décoration.
Exposition canine *(2ᵉ sem.)*, National Exhibition Centre, Birmingham.
Foire internationale du livre *(3ᵉ sem.)*, Olympia, Londres.
La Saint-Patrick *(17 mars)*. Les grandes villes organisent des concerts pour célébrer saint Patrick, le saint patron de l'Irlande.

AVRIL

Jeudi saint, la reine distribue des aumônes.
La Saint-Georges *(23 avril)*. Fête du saint patron de l'Angleterre.
Foire internationale des Antiquaires *(dernière semaine)*, National Exhibition Centre, Birmingham.

**Plantes aquatiques à l'Exposition
florale de Chelsea**

MAI

Furry Dancing Festival *(8 mai)*, Helston, Cornouailles. Fête du printemps *(p. 268)*.
Fête des puits *(jour de l'Ascension)*, Tissington, Derbyshire *(p. 325)*.
Exposition florale de Chelsea *(dim. de Pentecôte)*, Royal Hospital, Londres.
Festival de Brighton *(trois dernières semaines)*. Théâtre.
Festival lyrique de Glyndebourne *(mi-mai-fin août)*, près de Lewes, est du Sussex.
Jeux internationaux des Highlands *(dernier week-end)*, Blair Atholl, Écosse.

Les hallebardiers de la Tour de Londres aux célébrations du jeudi saint

ÉTÉ

En été, la Grande-Bretagne s'ouvre sur l'extérieur : les restaurants, les cafés et les pubs sortent leurs terrasses. Partout des fêtes sont organisées, depuis les réjouissances villageoises jusqu'aux garden-parties de la reine à Buckingham. Les piscines et les plages sont bondées, les employés de bureau pique-niquent dans les jardins publics. Des millions de roses éclosent dans les jardins. Les activités culturelles se diversifient : festivals, comme le National Eisteddfod au pays de Galles, concerts, comme les Proms de Londres, le Festival lyrique de Glyndebourne et le Festival d'Édimbourg.

Le festival de musique de Glastonbury draine des milliers de spectateurs

Transat à Brighton

JUIN

Expositions d'été de la Royal Academy *(juin-août)*. De nombreux artistes exposent leurs travaux.
Festival international de Bath *(19 mai-4 juin)*. Manifestations artistiques.
Festival de Beaumaris *(27 mai-4 juin)*. Un festival très varié : concerts, foires…
Trooping the Colour *(le sam. le plus proche du 10 juin)*, Whitehall, Londres. Parade officielle pour l'anniversaire de la reine.
Festival de Glastonbury *(23-25 juin)*, Somerset.

Concours de moutons d'élevage au Royal Welsh Show de Builth Wells

Festival d'Aldeburgh *(2e et 3e sem.)*, Suffolk. Arts et musique.
Royal Highland Show *(3e sem.)*, Ingliston, près d'Édimbourg. Salon écossais de l'agriculture.
Leeds Castle *(der. sem.)*. Opéras en plein air.
Festival international de jazz de Glasgow *(dernier week-end)*. Nombreux invités.

JUILLET

Royal Show *(1re sem.)*, près de Kenilworth, Warwickshire. Salon national de l'agriculture.
International Eisteddfod *(1re semaine)*, Llangollen, nord du pays de Galles. Concours de musique et danse *(p. 436)*.
Exposition d'art floral d'Hampton Court *(début juil.)*, Hampton Court, Surrey.
Festival estival de musique *(3e week-end)*, Stourhead, Wiltshire.
Royal Tournament *(« Tournoi royal », 3e et 4e semaines)*, Earl's Court, Londres. Parades militaires.
Festival folk de Cambridge *(dernier week-end)*. Avec de grands noms de la musique.
Royal Welsh Show *(dernier week-end)*, Builth Wells, pays de Galles. Salon gallois de l'agriculture.
Festival international des arts traditionnels *(fin juil.-début août)*, Sidmouth, Devon *(p. 277)*.

AOÛT

Royal National Eisteddfod *(début du mois)*. Concours d'arts traditionnels gallois très couru *(p. 421)*.

Un homme-oiseau, carnaval de Notting Hill

Concerts-promenade Henry Wood *(mi-juil.-mi-sept.)*, Royal Albert Hall, Londres. Les célèbres « Proms ».
Festival international d'Édimbourg *(mi-août-mi-sept.)*. Le plus grand festival de théâtre, danse et musique du monde *(p. 495)*.
Festival d'Édimbourg « off ». En marge du festival, 400 spectacles par jour.
Festival de jazz de Brecon *(mi-août)*, pays de Galles.
Festival Beatles *(dernier week-end)*, Liverpool. Musique et spectacles en rapport avec le célèbre groupe *(p. 363)*.
Carnaval de Notting Hill *(dernier week-end)*, Londres. Grand défilé de carnaval.

La récolte des pommes se fait
l'automne venu

AUTOMNE

Après la parenthèse de l'été,
la nouvelle saison est
marquée par la rentrée
politique : réunions des
différents partis en octobre,
rentrée du Parlement le mois
suivant. À la campagne,
les bois virent au
jaune et à
l'orangé, les
arbres croulent
sous les fruits de
l'automne ; les récoltes
s'accompagnent un
peu partout de fêtes
traditionnelles. Le
5 novembre, tout le
pays commémore
avec des feux de joie et des
feux d'artifice l'échec de la

Lancer de poids
à Braemar

Conspiration des Poudres,
orchestrée en 1605 par Guy
Fawkes et ses partisans pour
faire sauter le Parlement. Dans
les magasins, on commence à
s'approvisionner en vue des
fêtes de Noël.

SEPTEMBRE

**Les illuminations de
Blackpool** (début sept. à fin
oct.). Le front de mer est
illuminé sur 8 km de long.
Royal Highland Gathering
(1er sam.), Braemar, Écosse. On
vient de tout le pays pour
lancer des troncs de mélèze,
lancer des poids, danser et jouer
de la cornemuse. La famille
royale assiste généralement à
ces réjouissances.
**Concours international de
chiens de berger** (14-
16 sept.), chaque année dans
un lieu différent.
**Grande exposition florale
d'automne** (3e week-end),
Harrogates,
Yorkshire.
**La course du
Cheval de l'année**
(dernier week-end),
Wembley, Londres (p. 67).
Festival de l'huître (sam.
au début de la saison des
huîtres), Colchester.
Repas offert par le
maire pour fêter
l'ouverture de la saison des
huîtres.

OCTOBRE

Festivals des moissons (tout
le mois), dans toute la Grande-
Bretagne.
**Foire de l'oie de
Nottingham** (2e week-end).
Une des plus anciennes foires,
aujourd'hui une fête foraine.
Festival de Canterbury (2e et
3e sem.). Arts, musique et
théâtre.
**Festival Britten
d'Aldeburgh** (3e week-end).
Concerts (p. 189).
Hallowe'en (31 oct.), dans
tout le pays, réjouissances la
veille de la Toussaint.

Cérémonie d'ouverture de la
nouvelle session parlementaire

NOVEMBRE

Rentrée du Parlement (oct.
ou nov.). La reine se rend en
carrosse de Buckingham
Palace à Westminster pour
ouvrir la nouvelle session.
Procession du Lord-Maire
(2e sam.). Parade dans la
City.
Journée du Souvenir
(2e dimanche). Messes et
défilés au Cénotaphe de
Whitehall, à Londres, et dans
toute la Grande-Bretagne.
**Rallye automobile des
Vétérans du Royal
Automobile Club** (1er dim.).
Entre Londres (Hyde Park) et
Brighton.
Nuit Guy Fawkes (5 nov.),
feux de joie et feux d'artifice
dans tout le pays.
Festival du film de Londres
(2 premières sem.). Projection
de nouveaux films.
**Illuminations de Noël dans
Regent Street** (mi-nov.),
Londres.

Feux d'artifice au-dessus d'Édimbourg lors de la Nuit Guy Fawkes

L'hiver dans les Highlands écossaises, près de Glen Coe

HIVER

Les rues sont pleines de guirlandes et de sapins illuminés. Des chants de Noël résonnent dans toutes les églises ; dans les théâtres des grandes villes, les spectacles pour enfants connaissent toujours un grand succès.

La plupart des bureaux ferment entre Noël et le nouvel an. Les magasins rouvrent le 27 janvier pour les soldes.

Le sapin de Noël illuminé de Trafalgar Square

DÉCEMBRE

Le sapin de Noël *(1ᵉʳ jeu.)* de Trafalgar Square, Londres. Dans un concert de chants de Noël, le sapin offert par les Norvégiens est illuminé par le maire d'Oslo en personne.
Concerts de Noël *(tout le mois)*, dans tout le pays.
Grand défilé de Noël *(début déc.)* à Londres. Défilé de chars décorés sur le thème de Santa Claus (le Père Noël).
Messe de minuit *(24 déc.)*, dans les églises de toute la Grande-Bretagne.
Allendale Baal Festival *(31 déc.)*, Northumberland. Procession de villageois portant sur la tête des tonneaux de goudron enflammé pour célébrer le nouvel an.

JANVIER

Hogmanay *(1ᵉʳ janv.)*, fêtes du nouvel an en Écosse.
La nuit Robert Burns *(14 janv.)*. Les Écossais commémorent la naissance du grand poète Robert Burns (1759-1796).

Branche de houx

FÉVRIER

Nouvel an chinois *(fin janv. ou début fév.)*. Défilés, danses et pétards à Chinatown, Londres.

FÊTES LÉGALES

Jour de l'an (1ᵉʳ janv.).
2 janv. (en Écosse).
Week-end de Pâques (mars ou avr.). En Angleterre, du **vendredi saint** au **lundi de Pâques** ; en Écosse, le lundi de Pâques n'est pas férié.
May Day (généralement le premier lundi de mai).
Late Spring Bank Holiday (dernier lundi de mai).
Bank Holiday (premier lundi d'août, seulement en Écosse).
August Bank Holiday (dernier lundi d'août, sauf en Écosse).
Noël et la Saint-Étienne (25 et 26 déc.).

Danses folkloriques du May Day à Midhurst, dans le Sussex

L'année sportive

Football ou tennis, les sports les plus populaires du monde sont tous nés en Grande-Bretagne. Ces disciplines étaient à l'origine un délassement pour les classes aisées ; elles se sont peu à peu démocratisées, même si certaines manifestations, comme le Royal Ascot ou le tournoi de Wimbledon, restent des événements autant sportifs que mondains. En Grande-Bretagne, certains tournois présentent un intérêt purement local, comme les parties de cricket à la campagne, le cross à cheval ou les Highland Games, mais mobilisent les foules.

Evan
Thomas

Le Royal Ascot est une manifestation à la fois sportive et mondaine à laquelle assiste la famille royale. Le spectacle est autant dans les tribunes que sur le champ de courses.

La course d'aviron entre les rameurs d'Oxford et de Cambridge eut lieu pour la première fois en 1829 à Henley ; c'est aujourd'hui un événement national. Les équipes nagent sur la Tamise.

En football,
finale de la coupe de la FA à Wembley.

Course de chevaux du Derby d'Epsom

Janvier	Février	Mars	Avril	Mai	Juin

Cheltenham, Coupe d'or de steeple-chase (p. 316)

Grand steeple-chase national d'Aintree (p. 362) à Liverpool

Rugby : finale de la coupe de la Ligue à Wembley

Championnat du monde de billard à Sheffield

*Le tournoi de **Wimbledon** compte parmi les plus prestigieuses rencontres de tennis du monde.*

Le tournoi des Six Nations est une compétition de rugby qui se joue entre l'Angleterre, la France, l'Irlande, l'Italie, l'Écosse et le pays de Galles. Ce mini-championnat dure tout l'hiver et se termine en mars.

Le marathon de Londres attire les meilleurs coureurs de fond du monde et des milliers d'amateurs.

La régate royale de Henley (p. 223) est une compétition internationale qui se déroule sur la Tamise. Un événement mondain très couru.

Grand Prix de Formule 1, à Brands Hatch, comptant pour le championnat du monde.

BILLETS ET MARCHÉ NOIR

Pour beaucoup d'événements sportifs, le seul moyen d'obtenir des billets est de passer par le club organisateur. Certaines agences prennent le relais, mais leurs tarifs sont souvent élevés. Des tickets sont vendus au marché noir ; ils sont très chers… et pas forcément valables. Soyez prudents.

Billets pour le Grand Prix

En golf, le British Open est un événement très important de la saison. Ici Nick Faldo en action.

Le trophée de NatWest, grande compétition de cricket. La finale se déroule sur le terrain de Lord's, à Londres (p. 129).

Pendant la Cowes week *(p. 156)* se déroulent plusieurs régates.

La compétition du Cheval de l'année, très disputée, rassemble les meilleurs sauteurs d'obstacles *(p. 64)*.

Match de rugby entre Oxford et Cambridge à Twickenham

let	Août	Septembre	Octobre	Novembre	Décembre

Concours hippique européen de Hickstead

Highland Games de Braemar *(p. 64)*

Les championnats de patinage artistique et de danse sur glace sont des événements très suivis.

Championnats du monde de fléchettes à Londres

Course de bateaux de la Coupe d'or de l'Humber à Hull

LA SAISON SPORTIVE

	Cricket
	Pêche en rivière
	Football
	Chasse
	Rugby
	Courses de chevaux
	Saut d'obstacles
	Athlétisme
	Courses auto et cross-country
	Polo

Steven Cousins

Le Cartier International Polo, Windsor (p. 223) est l'une des principales rencontres de polo, ce sport qui se pratique surtout entre membres de la famille royale et officiers.

Le climat de la Grande-Bretagne

L a Grande-Bretagne bénéficie d'un climat tempéré.
Grâce au Gulf Stream, la côte ouest est à la fois
plus chaude et plus humide que la côte est. Le
thermomètre ne descend qu'exceptionnellement au-
dessous de -15 °C, pendant les nuits d'hiver dans le
nord du pays, et dépasse rarement 30 °C, au plus
fort de l'été dans le sud. La fourchette des
températures est beaucoup plus étroite que dans la
plupart des autres pays d'Europe et, malgré la
réputation de l'Angleterre, la moyenne annuelle des
précipitations (moins d'un mètre) y est plutôt basse.

Wic

Inverness•

*Les Highlands
et les îles*

EDINBURG
Glasgow•

Lowlands

*Le
Lancashire
et les lacs*

**LE LANCASHIRE
ET LES LACS**

°C

	19		
11,5	13	13,5	
5		8	6
			1,5

☀ 5,5 h	6 h	3 h	1,5 h
☂ 53 mm	85 mm	104 mm	90 mm

| mois | Avril | Juil. | Oct. | Jan. |

**LE CŒUR DE
L'ANGLETERRE**

°C

	20		
12	12,5	13	
4,5		7,5	5,5
			1,5

☀ 4,5 h	5,5 h	3 h	1,5 h
☂ 53 mm	69 mm	69 mm	74 mm

| mois | Avril | Juil. | Oct. | Jan. |

**Moyenne des
températures
maximales du mois**

**Moyenne des
températures
minimales du mois**

**Ensoleillement
moyen quotidien**

**Moyenne des
précipitations
du mois**

Liverpo
Le nord du pays de G
Caernarfon•

**LE SUD ET LE CENTRE
DU PAYS DE GALLES**

°C

	20,5		
13	12,5	14	
5		7,5	7
			2

☀ 5,5 h	6 h	3,5 h	1,5 h
☂ 65 mm	89 mm	109 mm	108 mm

| mois | Avril | Juil. | Oct. | Jan. |

**LE NORD DU
PAYS DE GALLES**

°C

	17		
11	11	13,5	
4,5		8	6
			1

☀ 3 h	3,5 h	2,5 h	1,5 h
☂ 144 mm	206 mm	261 mm	252 mm

| mois | Avril | Juil. | Oct. | Jan. |

*Le sud et le centre
du pays de Galles*

CARDIFF

L'Ouest

Exeter•
*Le Devon et les
Cornouailles*

**LE DEVON ET LES
CORNOUAILLES**

°C

	19		
12,5	13	14,5	
6		9	8
			4

☀ 6 h	6,5 h	3,5 h	2 h
☂ 53 mm	70 mm	91 mm	99 mm

| mois | Avril | Juil. | Oct. | Jan. |

L'OUEST

°C

	20,5		
13,5	13,5	15	
5,5		8,5	7
			2

☀ 5,5 h	6,5 h	3,5 h	2 h
☂ 49 mm	65 mm	85 mm	74 mm

| mois | Avril | Juil. | Oct. | Jan. |

**LA VALLÉE
DE LA TAMISE**

°C

	21,5		
13,5	12,5	14,5	
4,5		6,5	6,5
			1

☀ 5,5 h	6 h	3 h	1,5 h
☂ 41 mm	55 mm	64 mm	61 mm

| mois | Avril | Juil. | Oct. | Jan. |

LES HIGHLANDS ET LES ÎLES

°C				
	11 / 3	17 / 10	13 / 6,5	6,5 / 1
☀	4,5 h	3,5 h	2 h	1 h
☔	111 mm	137 mm	215 mm	200 mm
mois	Avril	Juil.	Oct.	Jan.

LES LOWLANDS

°C				
	11 / 3,5	18,5 / 11	13,5 / 6,5	6 / 0,5
☀	5 h	5,5 h	3 h	1,5 h
☔	38 mm	69 mm	56 mm	47 mm
mois	Avril	Juil.	Oct.	Jan.

LA NORTHUMBRIA

°C				
	10,5 / 5	18 / 12,5	12,5 / 8	6 / 2
☀	5 h	5,5 h	3 h	1,5 h
☔	38 mm	64 mm	61 mm	62 mm
mois	Avril	Juil.	Oct.	Jan.

LE YORKSHIRE ET LE HUMBERSIDE

°C				
	13 / 4,5	21 / 12	13,5 / 6,5	6 / 1
☀	5 h	5,5 h	3 h	6 h
☔	41 mm	62 mm	56 mm	59 mm
mois	Avril	Juil.	Oct.	Jan.

L'EST DES MIDLANDS

°C				
	13 / 3,5	21 / 11,5	13,5 / 6	6 / 0
☀	5 h	5,5 h	3 h	1,5 h
☔	38 mm	58 mm	56 mm	56 mm
mois	Avril	Juil.	Oct.	Jan.

Northumbria

Newcastle upon Tyne

Yorkshire et Humberside
York

Manchester

L'est des Midlands

Norwich

Birmingham
Cœur de l'Angleterre

Cambridge

Anglia

Vallée de la Tamise
Oxford

Londres

Downs et côtes de la Manche
Portsmouth

Dover

LES DOWNS ET LES CÔTES DE LA MANCHE

°C				
	13,5 / 3,5	21,5 / 11,5	14 / 6	6 / 0
☀	4,5 h	5,5 h	3 h	1,5 h
☔	38 mm	58 mm	56 mm	56 mm
mois	Avril	Juil.	Oct.	Jan.

LONDRES

°C				
	13 / 6,5	22 / 14,5	15,5 / 10	7,5 / 3,5
☀	5 h	6 h	3,5 h	1,5 h
☔	39 mm	45 mm	50 mm	44 mm
mois	Avril	Juil.	Oct.	Jan.

L'EAST ANGLIA

°C				
	13,5 / 4	22 / 12	14,5 / 6	6,5 / 0,5
☀	5 h	6 h	3,5 h	2 h
☔	37 mm	58 mm	51 mm	49 mm
mois	Avril	Juil.	Oct.	Jan.

LONDRES

✍ Londres d'un coup d'œil

Avec ses sept millions d'habitants
et une superficie de 1 600 km², Londres est la plus grande ville d'Europe. Au Iᵉʳ siècle de notre ère, les Romains avaient déjà établi sur le site un grand centre administratif, avec un port qui permettait de commercer activement avec le continent. Depuis un millier d'années, Londres est la résidence principale des monarques britanniques, la ville des affaires et le siège du gouvernement. Cette capitale est riche en musées, en églises et en bâtiments historiques de différentes périodes, mais c'est aussi une cité moderne très vivante, avec des cinémas, des théâtres et des grands magasins. Il y a des milliers de choses à voir à dans la ville ; cette double page ne fait que présenter quelques monuments essentiels décrits en détail dans les pages suivantes.

Buckingham Palace (p. 88-89) *est la résidence de la famille royale. Devant le palais se déroule la célèbre relève de la Garde.*

REGENT'S PARK ET BLOOMSBURY
(p. 104-109)

WEST END ET WESTMINSTER
(p. 78-95)

SOUTH KENSINGTON ET HYDE PARK
(p. 96-103)

Hyde Park (p. 77) *est le plus grand parc de Londres, très fréquenté par les sportifs. On y trouve aussi des restaurants, une galerie d'art, le fameux* Speakers' Corner *et un lac artificiel, la Serpentine.*

0   1 km

GRAND LONDRES

M25, A1(M), Enfield, Barnet, Watford, M1, Edgware, Finchley, Ruislip, A40, Uxbridge, M40, Ealing, M4, Heathrow, Staines, A30, Richmond, Kingston-Upon-Thames, Wimbledon, Wandsworth, Dulwich, Beckenham, Epsom, A3, Walthamstow, Hampstead, Bethnal Green, A12, A11, Barking, Dagenham, London City, Greenwich, Thames, Bexley, Dartford, A2, Bromley, Orpington, M20, M26, M25, A21, A23, A127, M11

0   15 km

Le Victoria and Albert Museum (p. 100-101) *est le plus riche musée des arts décoratifs du monde. Cette coupe allemande date du* XVᵉ *siècle.*

LÉGENDE

▨ Partie la plus intéressante

Le British Museum
(p. 108-109) possède une
très belle collection d'objets
antiques du monde entier,
dont le célèbre Vase Portland,
du Ier siècle avant notre ère.

La National Gallery
(p. 84-85) abrite
de nombreux chefs-d'œuvre
de la peinture ancienne,
comme ce Christ aux outrages
(vers 1495) de Jérôme Bosch.

TAMISE

LA CITY ET
SOUTHWARK
(p. 110-123)

Saint-Paul
(p. 116-117) est l'un
des édifices les plus
célèbres de Londres.
Depuis le dôme,
on a une vue
splendide sur la ville.

L'abbaye de Westminster
(p. 94-95) date en grande
partie du Moyen Âge.
Nombre de grands
personnages y reposent.

La Tour de Londres (p. 120-121)
était une prison où l'on enfermait
les ennemis de la monarchie.
Elle abrite aujourd'hui les joyaux
de la Couronne.

La Tate Britain (p. 93) présente un large panorama
de l'art britannique, depuis les portraits du XVIe siècle,
tels que The Cholmondeley Sisters, jusqu'aux
installations et films les plus avant-gardistes.

Londres au fil de l'eau

La Tamise a été un axe commercial essentiel pour le pays depuis l'époque des Romains jusqu'aux années cinquante. Aujourd'hui, la rivière et ses abords sont le rendez-vous des promeneurs ; les quais et les entrepôts sont reconvertis en ports de plaisance, en bars ou en restaurants.

Le bateau est sans doute le moyen le plus agréable de découvrir la ville. L'un des itinéraires les plus appréciés va du Parlement jusqu'à Tower Bridge : un trajet de 30 minutes pour découvrir quelques-uns des plus célèbres monuments de la ville.

La cathédrale Saint-Paul (p. 116-117), *le chef-d'œuvre de Christopher Wren, domine la rive gauche de la Tamise.*

Shell Mex House *a été construit en 1931 à l'emplacement du Cecil Hotel.*

Le Temple et les collèges d'avocats (p. 114). *Les écoles de droit et les cabinets d'avocats sont restés ici pendant 500 ans.*

Hôtel Savoy (p. 542)

Somerset House (p. 82)

Blackfriars Millennium Pier

Millennium Bridge

Savoy Pier

Cleopatra's Needle

Temple

Blackfriars

Hungerford Railway Bridge

T A M I S E

Charing Cross

Embankment

Oxo Tower

Tate Modern (p. 123)

Waterloo Bridge

Blackfriars Bridge

Le Globe (p. 122)

Banksi Pier

South Bank Centre (p. 128)

Festival Pier

Embankment Pier

Waterloo Millennium Pier

Le British Airways London Eye (p. 83) *est la plus grande roue d'observation au monde. Elle tourne en permanence et très lentement (26 cm par seconde), effectuant un tour complet en 30 minutes.*

County Hall

Westminster

Westminster Millennium Pier

Westminster Bridge

Le Palais de Westminster (p. 92) *a été reconstruit par Charles Barry dans le style néo-gothique après l'incendie de 1834. La Tour Victoria est à gauche, Big Ben à droite.*

LONDRES EN BATEAU

Les promenades en bateau les plus populaires parcourent le centre de Londres toute l'année, mais ont des programmes réduits en hiver. En été, les liaisons sont fréquentes entre Westminster *(p. 90-91)* et Greenwich *(p. 133)*, avec un départ toutes les 30 ou 60 minutes. Souvent accompagnée de commentaires intéressants, une promenade sur cette partie de la Tamise est très agréable.

Certains bateaux descendent la Tamise de Greenwich jusqu'au barrage de Thames Barrier, un impressionnant ouvrage d'ingénierie moderne. L'aller dure 30 minutes et côtoie des sites industriels. En deux heures, vous pouvez aussi remonter la Tamise de Westminster à Kew *(p. 134)*, en passant par Hammersmith et en longeant

quelques-unes des réalisations les plus saisissantes de la ville comme Battersea Power Station et le M16 Building, siège de l'Internal Security Service. Il est possible d'aller encore plus loin en amont jusqu'à Richmond *(p. 134)* et Hampton Court *(p. 161)*, mais sachez que les marées peuvent modifier le trajet.

Kew Pier · Cadogan Pier · Chelsea Harbour Pier · Millbank Millennium Pier · Canary Wharf Pier · Hilton Docklands Nelson Dock Pier · Masthouse Terrace · Greenland Pier · Greenwich Pier · Thames Barrier · Richmond St Helena Pier · Richmond Landing Stage · Hampton Court · *Voir plan ci-dessous*

HORAIRES ET TICKETS. Transport for London publie le *River Thames Boat Service Guide*, un guide complet des horaires et des compagnies, disponible dans le métro. Les tickets sont généralement en vente aux guichets situés sur les embarcadères.

London Bridge · Cannon Street · Fishmongers' Hall · Monument *(p. 118)* · Old Billingsgate · Custom House · Tower Millennium Pier

La Tour de Londres (p. 120-121). *On faisait entrer les prisonniers par l'inquiétante porte des Traîtres.*

St Katharine's Dock

St Katharine's Pier

Jubilee Bridge · London Bridge · Southwark Bridge · St Olave's House · Hay's Galleria · GLA City Hall

Southwark Cathedral *(p. 122)* · London Bridge City Pier

Entrepôts victoriens · Design Museum *(p. 119)*

HMS **Belfast** (p. 119) *est un croiseur de la Seconde Guerre mondiale reconverti en musée naval.*

N

Tower Bridge (p. 118) *se reconnaît de loin. Il a été construit entre 1886 et 1894 et s'ouvre encore pour laisser passer les plus hauts bateaux.*

LÉGENDE

🚇 Station de métro

🚆 Gare ferroviaire

⚓ Embarcadère

Les parcs et jardins de Londres

Camilla japonica

Ses grands parcs et ses pelouses bien entretenues font de Londres une des plus « vertes » des grandes villes du monde. Certains de ses jardins remontent au Moyen Âge ; d'autres ont été plantés plus récemment sur des terrains privés ou laissés en friche. Des élégantes terrasses de Regent's Park jusqu'aux jardins botaniques de Kew, les parcs et les jardins de Londres ont tous un caractère bien à eux ; les Londoniens s'y rendent volontiers pour faire du sport, écouter de la musique ou simplement échapper quelques instants au tumulte de la ville.

Holland Park (p. 130-131) *est une vaste étendue boisée où l'on trouve aussi un théâtre en plein air* (p. 127) *et un café.*

Le jardin botanique de Kew (p. 134) *est le plus complet du monde. Les espèces les plus variées (près de 40 000 !) sont cultivées à l'air libre ou dans de grandes serres victoriennes.*

Le parc de Richmond (p. 134), *peuplé de daims, est le plus grand parc royal de Londres. On y a une très belle vue sur la Tamise.*

0   1 km

AU FIL DES SAISONS

À la fin de l'hiver, les pelouses de Green Park ou de Kew se couvrent de crocus, de jonquilles et de tulipes. À Pâques commence la saison des fêtes foraines qui s'installent dans les parcs et les terrains communaux. L'été est la saison du farniente pour ceux qui préfèrent pique-niquer et se faire bronzer à Saint James's Park ou à Regent's Park, avec en prime un concert en plein air ; pour d'autres c'est la saison de tous les sports : tennis, natation à Hyde Park et à Hampstead Heath, aviron sur les lacs de Regent's Park et de Battersea Park. L'automne est marqué par les feux de joie et les feux d'artifice de la Nuit Guy Fawkes, le 5 novembre (p. 64). L'hiver est tout indiqué pour une visite des serres tropicales et du jardin d'hiver de Kew ; s'il fait vraiment froid, on peut même faire du patin à glace sur le Round Pond des jardins de Kensington.

L'hiver dans les jardins de Kensington, près de Hyde Park

Hampstead Heath
(p. 132) domine tout
Londres et offre
une grande variété
de paysages.

Regent's Park (p. 105) possède un
grand lac où l'on peut canoter. On y
trouve aussi un théâtre en plein air
(p. 127), le zoo de Londres, et de belles
bâtisses début XIXᵉ.

Saint James's Park, au cœur
de la ville, est très fréquenté par
les employés de bureau. C'est
aussi une réserve d'oiseaux.

Green Park, avec ses
grands arbres et ses
bancs ombragés, est
une oasis de calme
en plein centre-ville.

Battersea Park, au bord
de la Tamise, possède
un lac artificiel.

Greenwich Park (p. 133) est
dominé par le musée Maritime
national. L'ancien Observatoire
royal, au sommet de la colline,
offre de très beaux panoramas.

*Hyde Park et les jardins de
Kensington (p. 103)* sont très
fréquentés, notamment par
les sportifs. Dans Hyde Park, on
trouve aussi un lac et une galerie
d'art. Ce médaillon décore
le jardin italien de Kensington.

CIMETIÈRES HISTORIQUES

À la fin des années 1830,
une ceinture
de cimetières privés a été
établie tout autour de
Londres, car les cimetières
intra-muros s'avéraient
trop petits et malsains.
Aujourd'hui, ces
cimetières, surtout celui
de **Highgate** *(p. 132)*
qui abrite de très beaux
tombeaux d'époque
victorienne, sont aussi
des lieux de promenade.

**Le cimetière de Kensal
Green, sur Harrow Road**

WEST END ET WESTMINSTER

L e West End s'étend de Hyde Park jusqu'à Covent Garden. Ce quartier est au cœur de la vie sociale et culturelle de Londres et reste très animé tard dans la nuit ; c'est là aussi que réside la famille royale. Westminster est au centre de la vie politique et religieuse du pays depuis un millier d'années. Le roi Canut y fit construire un palais au XIᵉ siècle ;

plus tard, Édouard le Confesseur fonda tout près l'abbaye de Westminster, où se déroule depuis 1066 le couronnement des rois d'Angleterre. Les grands organismes d'État se trouvent tous dans cette partie de la ville – sans doute le quartier idéal pour commencer une visite de Londres, car il abrite aussi bien des édifices historiques, que des musées ou des petits cafés.

Horse Guard à Whitehall

LE QUARTIER D'UN COUP D'ŒIL

Rues et édifices historiques
Banqueting House ⑱
Buckingham Palace p. 88-89 ⑬
Cabinet War Rooms ⑯
Downing Street ⑰
Le palais de Westminster p. 92-93 ⑲
Piccadilly Circus ⑧
Le Ritz ⑩
Écuries royales ⑮
Le Mall ⑫
La Piazza et le marché central ①

Musées et galeries
London Transport Museum ②
National Gallery p. 84-85 ⑥
National Portrait Gallery ⑦
Queen's Gallery ⑭
Royal Academy ⑨
Somerset House ④
Tate Britain ㉑
Theatre Museum ③

Églises
Queen's Chapel ⑪
L'abbaye de Westminster p. 94-95 ⑳

Attraction
British Airways London Eye ⑤

LÉGENDE

🟦 Plan du quartier pas à pas *p. 80-81*

🟦 Plan du quartier pas à pas *p. 86-87*

▥ Plan du quartier pas à pas *p. 90-91*

Ⓔ Station de métro

🚆 Gare

🅿 Parc de stationnement

⛴ Embarcadère

COMMENT Y ALLER ?
Dans ce quartier se croisent pratiquement toutes les lignes de métro et de bus *(p. 642-643)*. En train ou en métro, la gare la plus pratique est Charing Cross.

0   500 m

◁ **Big Ben et le Parlement**

Covent Garden pas à pas

Covent Garden est resté très longtemps un quartier vétuste plein d'entrepôts qui ne s'animaient que la nuit tombée, quand les marchands de primeurs venaient prendre livraison des fruits et légumes du jour. Depuis 1973, le quartier a beaucoup changé ; le marché victorien a cédé la place à des boutiques, à des restaurants et des cafés qui attirent nuit et jour une foule animée.

Seven Dials. Une réplique des « Sept Cadrans » du XVIIe siècle se dresse au carrefour.

Covent Garden

Neal Street et Neal's Yard sont bordés de petites boutiques installées dans les anciens entrepôts.

Au St Martin's Theatre *(p. 125)* *La Souricière* détient le record de longévité à l'affiche.

Librairie Stanfords (guides et plans)

The Lamb and Flag est l'un des plus anciens pubs de Londres (1623).

New Row est bordée de petites boutiques et de cafés.

L'église Saint-Paul et la Piazza de Covent Garden ont été dessinées en 1633 par Inigo Jones *(p. 53)*, dans un style inspiré de l'architecte italien Andrea Palladio.

Le Theatre Museum
*abrite une collection d'objets
liés au monde du spectacle* ❸

Royal Opera House
(p. 128). Les plus grands
danseurs et chanteurs du
monde s'y sont produits.

CARTE DE SITUATION
Voir l'atlas des rues, plan 4

LÉGENDE

– – – Itiinéraire conseillé

0   100 m

**Le London
Transport
Museum**
*Ses collections très
originales évoquent
l'histoire du métro,
des bus et des
trains de la ville
ainsi que l'art
publicitaire
du XXe siècle* ❷

Jubilee Market

★ **La Piazza et le
marché central**
*L'un des nombreux cafés
de la Piazza* ❶

À NE PAS MANQUER

★ **La Piazza et le
marché central**

La Piazza et le
marché central ❶

Covent Garden WC2. **Plan** 4 F5.
🚇 *Covent Garden.* ♿ *mais rues
pavées.* **Artistes de rue :** *t.l.j. de 10 h
à la tombée du jour.*

L a Piazza de Covent Garden,
conçue au XVIIe siècle
par l'architecte Inigo Jones,
est inspirée de la Grande
Place de Livourne.
Aujourd'hui, le seul bâtiment
d'Inigo Jones qui subsiste est
l'église Saint-Paul. La Piazza
a été quelque temps l'une des
adresses les plus huppées de
Londres, avant d'être détrônée
par St James's Square *(p. 87)*,
au sud-ouest de la ville.
L'installation sur la Piazza
d'un marché de primeurs
a marqué le début
de son déclin ; au milieu
du XVIIIe siècle, la plupart des
bâtiments alentour abritaient
des logements miteux, des
maisons de jeu clandestines,
des hôtels de passe et
des tavernes.

**La Piazza de Covent Garden,
au milieu du XVIIIe siècle**

Cependant, le marché
ne cessait de s'agrandir
et devint même le plus
important du pays. En 1828,
on décida de construire
des halles à la mesure de
l'importance que le marché
avait prise. Ces nouveaux
bâtiments s'avérèrent vite
insuffisants eux aussi, malgré
la construction de nouvelles
structures comme le
Floral Hall et le Jubilee Hall.
En 1973, les halles ont été
déplacées au sud de Londres
et Covent Garden a trouvé
un nouveau souffle ;
les restaurants, les cafés,
les boutiques et les étals en
plein air en font aujourd'hui
l'un des quartiers les plus
vivants de la capitale.

Le London Transport Museum ❷

The Piazza, Covent Garden WC2.
Plan 4 F5. 020-7379 6344.
Covent Garden. de 10 h à 18 h
du sam. au jeu. ; de 11 h à 18 h ven.
(der. ent. à 17 h 15). du 24 au 26 déc.
tél. à l'avance
www.ltmuseum.co.uk

L es étonnantes collections
de ce musée vont des
premiers omnibus à cheval
jusqu'aux moyens de transport
urbains les plus récents. Elles
sont abritées dans l'ancien marché
aux fleurs de Covent Garden,
un bâtiment datant de 1872.
Le musée a beaucoup de succès
auprès des enfants : on les laisse
prendre la place d'un chauffeur
de bus ou actionner les
signaux qui jalonnent les voies.
   Les sociétés de chemin de fer
et les régies de transport
londoniennes ont souvent fait
acte de mécénat, et le musée
présente aussi une belle
collection d'affiches des XIXᵉ et
XXᵉ siècles, commandées aux
meilleurs artistes du temps.
Dans la boutique du musée, on
trouvera des reproductions
d'œuvres de bons artistes peu

**Une affiche de Michael Reilly (1929)
au London Transport Museum**

connus en France, comme
E. McKnight Kauffer, Graham
Sutherland ou Paul Nash.

Le Theatre Museum ❸

7 Russell St WC2. **Plan** 4 F5. 020-
7943 4700. Covent Garden.
de 10 h à 18 h du mar. au dim.
jours fériés.
www.theatremuseum.org

D ans ce musée, on explique
aux enfants les secrets du

maquillage de théâtre.
Une exposition présente tout le
processus de réalisation d'une
pièce de théâtre, lectures
du texte jusqu'à la première,
en passant par les répétitions
et le travail des coulisses.
   Une vaste collection
d'affiches, de programmes,
d'accessoires et de costumes de
scène retrace toute l'évolution
des arts du spectacle.

Somerset House ❹

Strand WC2. **Plan** 4 F5. 020-7845
4600. Temple, Embankment,
Charing Cross. de 10 h à 18 h
t.l.j. du 24 au 26 déc., 1ᵉʳ jan.
Courtauld Gallery
020-7848 2526.
Gilbert Collection 020-7240
4900.
www.somerset-house.org.uk

C onçue en 1770 par
William Chambers,
Somerset House abrite
désormais deux magnifiques
collections : la **Courtauld
Gallery** et la **Gilbert
Collection**. Comprise dans
un vaste programme de

Somerset House : façade sur le Strand

restauration, la cour intérieure
a été récemment dégagée pour
laisser place à une charmante
place (transformée en patinoire
quelques semaines en hiver),
et le nouvel aménagement de
la rive propose un café avec
terrasse et un accès à South
Bank. La très célèbre Courtauld
Gallery possède une
remarquable collection de
peintures, et notamment des
œuvres impressionnistes et
post-impressionnistes
majeures. La Gilbert Collection,
le plus récent musée londonien
dédié aux arts décoratifs,
présente plus de 800 pièces
comprenant des tabatières en

SOHO ET CHINATOWN

Depuis sa création à la fin du XVIIᵉ siècle, Soho a toujours été
connu comme le quartier de tous les plaisirs – plaisirs
de la table, de la chair, et plaisirs intellectuels. Soho est resté un
secteur résidentiel très huppé jusqu'à ce que la haute société
parte s'installer plus à l'ouest, à Mayfair. Les immigrants venus
du continent européen sont alors venus y habiter,
des ébénistes et des tailleurs y ont ouvert boutique. À la fin
du XIXᵉ siècle, de nombreux pubs, des bars de nuit,
des restaurants et des maisons
closes s'y sont ouverts. Dans
les années soixante,
le quartier chinois,
avec ses restaurants et
ses magasins
d'alimentation
exotique, s'est installé
aux abords des rues
Gerrard et Lisle.
La réputation un peu
canaille de Soho attire
depuis toujours artistes
et écrivains ; Soho reste
l'un des quartiers les plus
chauds de la ville, mais
depuis quelque temps, on
voit s'y ouvrir des bars et
des restaurants plus chic.

**Ce lion fait
partie d'une
parade
pour le
Nouvel An
chinois**

Le décor très édouardien de l'hôtel Ritz

or, des mosaïques
de *pietra dura* italiennes
et de l'argenterie européenne.

British Airways London Eye **5**

Jubilee Gardens, South Bank SE1.
Plan 6 F2. 0870 5000 600.
Waterloo, Westminster. d'avr.
à mai : de 10 h à 20 h ; de juin à début
sept. : de 10 h à 22 h ; sept. : de 10 h
à 20 h ; d'oct. à mars : de 10 h à 19 h.
25 et 31 déc., 1er jan.
www.ba-londoneye.com

Le British Airways London
Eye est une grande roue
de 135 m de haut, dressée
sur South Bank pour célébrer
l'an 2000. Installés dans
des capsules de verre,
les passagers survolent
en une demi-heure le cœur
de Londres et jouissent d'une
vue exceptionnelle sur une
distance de 42 km. Dominant
la Tamise et permettant
d'apercevoir les grands
monuments de la capitale,
la roue a conquis le cœur
des Londoniens comme celui
des visiteurs et est devenue
l'une des attractions les plus
populaires de la ville. Il est
possible de réserver par
téléphone pour un horaire
précis (au moins trois jours
à l'avance) ou directement
au guichet situé dans County
Hall. Les « vols » partent
toutes les demi-heures.

National Gallery **6**

Voir p. 84-85.

National Portrait Gallery **7**

2 St Martin's Place WC2. **PLan** 6 E1.
020-7306 0055.
Leicester Sq. de 10 h
à 18 h du lun. au mer. et sam.,
de 10 h à 21 h jeu. et ven.,
de 12 h à 18 h le dim.
24 et 25 déc., 1er janv.,
ven. saint.
www.npg.org.uk

Tableaux,
photographies
et sculptures retracent
toute l'histoire du
pays : d'Élisabeth Ière
à Margaret Thatcher, toutes
les grandes figures de
l'Angleterre sont là. La partie
consacrée au XXe siècle présente
une galerie impressionnante
de membres de la famille
royale, d'hommes politiques,
d'artistes et d'écrivains.

**Statue
d'Eros**

Piccadilly Circus **8**

W1. **Plan** 6 D1. Piccadilly Circus.

Au début du XIXe siècle,
Piccadilly Circus était
un quartier élégant, avec de
beaux immeubles aux façades
incurvées, une charnière
entre Piccadilly et le quartier
de Regent's Park aménagé
par John Nash *(p. 107).*
C'est là qu'en 1910, le premier
éclairage électrique fut installé.
Dominé par le scintillement
d'enseignes lumineuses
multicolores, Piccadilly Circus
est aujourd'hui un carrefour
particulièrement animé ;
depuis plus d'un siècle,

on se donne rendez-vous
au centre de la place,
sous la statue d'Éros.

La Royal Academy **9**

Burlington House, Piccadilly W1.
Plan 6 D1. 020-7300 8000.
Piccadilly Circus, Green Park.
de 10 h à 18 h t.l.j., de 10 h à 22 h
ven. du 24 au 26 déc., ven. saint.
du mar. au ven.
www.royalacademy.org.uk

La Royal Academy, fondée
en 1768, est tout
particulièrement fréquentée
et connue pour ses grandes
expositions de l'été. Depuis
plus de 200 ans, on y présente
environ 1 200 œuvres
de peintres, de sculpteurs
ou d'architectes. Pendant toute
l'année, la salle accueille
aussi des expositions
itinérantes prestigieuses,
en provenance
du monde entier
et nombreux sont
les visiteurs qui se
pressent dans la cour
de Burlington House, l'une
des rares demeures du début
du XVIIIe siècle qui subsistent.
Outre ces plaisirs esthétiques,
la Royal Academy procurera
au voyageur harassé,
un moment de tranquillité.
L'intérieur et les décors
inspirent le calme et l'édifice
semble coupé de l'agitation de
la ville et de la vie moderne.

L'hôtel Ritz **10**

Piccadilly W1. **Plan** 5 C1.
020-7493 8181. Green Park.
Voir **Hébergement** p. 540.
www.theritzlondon.com

César Ritz, un hôtelier
suisse, a fait construire
en 1906 l'hôtel qui porte son
nom. Le Ritz est à l'origine du
mot anglais *ritzy*, qui signifie
« luxueux ». La colonnade de
la façade rappelle celle de
la rue de Rivoli, à Paris. Le Ritz a
su conserver son atmosphère
très édouardienne et
« fin de siècle » ; l'après-midi,
on peut aller y boire un
excellent thé. Les amateurs
de sensations fortes pourront,
quant à eux se retrouver
au casino.

La National Gallery ❻

L a National Gallery est l'un des plus grands
musées de la capitale, avec plus de 2 300 œuvres dont
la plupart sont exposées. Depuis qu'en 1824 George IV
réussit à persuader un gouvernement réticent d'acquérir
38 tableaux de première importance, le musée n'a cessé
de s'enrichir ; ses collections vont aujourd'hui de Cimabue
aux impressionnistes du XIXᵉ siècle. Les points forts
du musée sont les écoles hollandaise et espagnole
du XVIIᵉ siècle et la Renaissance italienne. En 1991, l'aile
Sainsbury a été ajoutée au bâtiment initial (1834-1838)
pour abriter les œuvres du XIIIᵉ
au XVIᵉ siècle.

L'Adoration des mages *(1564)*
Cette œuvre pleine de réalisme est de Pieter Brueghel l'Ancien (1520-1569).

Entrée par Orange Street ♿

Accès au niveau inférieur

★ Une esquisse de Léonard de Vinci *(vers 1499-1500)*
Le fameux clair-obscur du peintre ajoute au mystère de cette Vierge à l'Enfant avec sainte Anne et saint Jean-Baptiste.

Accès au bâtiment principal

Accès au niveau inférieur 🛗

LÉGENDE

- ☐ Peintures de 1260-1510
- ☐ Peintures de 1510-1600
- ☐ Peintures de 1600-1700
- ☐ Peintures de 1700-1900
- ☐ Expositions temporaires
- ☐ Ne se visite pas

Jean Arnolfini et sa femme
Dans cette œuvre de 1434, Jan Van Eyck (1389-1441), pionnier de l'utilisation de la peinture à l'huile, montre sa maîtrise dans le rendu des matières.

Entrée de l'aile Sainsbury ♿

L'Annonciation
(fin des années 1450)
Cette œuvre délicate est due à Fra Filippo Lippi. Elle fait partie de la riche collection de peintures italiennes du musée.

★ **La Vénus au miroir**
*(1649) est le seul nu
féminin de Velázquez
qui nous soit parvenu.*

Accès au
niveau
inférieur

33

32

34

37

35

36

41

38

40

43

42

39

44

45

46

Accès au niveau inférieur

**Entrée par
Trafalgar Square**

**La façade
néoclassique**, en
pierre de Portland.

MODE D'EMPLOI

Trafalgar Sq WC2. **Plan** 6 E1.
020-7747 2885. Charing
Cross, Leicester Sq, Piccadilly
Circus. 3, 6, 9, 11, 12, 13, 15,
X15, 23, 24, 29, 53, X53, 77A, 88,
91, 94, 109, 139, 159, 176.
Charing Cross. de 10 h à 18 h
t.l.j. (de 10 h à 21 h mer.). du
24 au 26 déc., 1er janv., ven. saint.
entrée par l'aile Sainsbury.
www.nationalgallery.org.uk

★ **La Charrette de foin (1821)**
*Avec Turner (p. 93), Constable
est le grand représentant
de la peinture de paysage
au XIXe siècle. Ici, il a su
remarquablement traduire les
effets de l'ombre et de la lumière.*

Les Ambassadeurs
*La forme étrange du premier
plan de ce tableau de Holbein
(1533) est une anamorphose
du crâne rappelant la vanité
de ce monde.*

Au théâtre *(1876-1877)
Renoir est certainement
le plus apprécié de tous
les peintres impressionnistes.
Le théâtre était un thème
fréquemment traité
par les artistes de l'époque.*

SUIVEZ LE GUIDE !
*La plus grande partie
des collections est
présentée sur un seul
niveau, divisé en
quatre départements.
Les tableaux sont
accrochés par ordre
chronologique ;
les plus anciens
(peintures italiennes
de la Renaissance, 1260-
1510) sont conservés
dans l'aile Sainsbury.
Les autres, toutes époques
confondues, sont
à l'étage inférieur
du bâtiment principal.*

À NE PAS MANQUER

★ **Le carton de
Léonard de Vinci**

★ **La Vénus au miroir
de Velázquez**

★ **La Charrette de foin
de John Constable**

Piccadilly et St James's pas à pas

L e quartier est devenu le centre de la vie
élégante dès les années 1530, avec
la construction du palais Saint-James
par Henri VIII. Aujourd'hui, Piccadilly est
un quartier commerçant très animé, avec
de très nombreuses boutiques, des restaurants
et des cinémas. St James's,
plus au sud, est resté
un quartier résidentiel.

L'église Saint-James a été
conçue par
Christopher
Wren en
1684.

★ Royal Academy
*Cette Vierge à l'Enfant (1505)
de Michel-Ange fait partie des
collections permanentes* **❾**

Fortnum and Mason
(p. 124), épicerie
fine depuis 1707.

Le Ritz,
*un des
plus
célèbres
hôtels de
la ville, s'est
ouvert en
1906* **❿**

Burlington Arcade
Cette galerie marchande
est gardée par des
huissiers en uniforme.

St James's Palace
est sur le site d'une
ancienne léproserie.

**Vers le Mall et le
palais de Buckingham
(p. 88-89).**

Spencer House, restaurée
récemment dans son état
du XVIIIᵉ siècle, abrite de très
beaux tableaux et meubles
d'époque. Cet édifice
palladien a été achevé
en 1766 pour le premier
comte Spencer, un ancêtre
de feu la princesse Diana.

À NE PAS MANQUER

**★ Picadilly
Circus**

★ La Royal Academy

Piccadilly Circus
Le carrefour de Piccadilly, toujours très animé, est le centre névralgique du West End ❽

CARTE DE SITUATION
Voir l'atlas des rues, plans 5 et 6

LÉGENDE

– – – Itinéraire conseillé

0   100 m

Piccadilly

Jermyn Street, une rue élégante bordée de magasins d'antiquités et de boutiques.

Pall Mall
C'est là que sont situés les célèbres clubs où se retrouvent les hommes d'affaires.

St James's Square a été longtemps l'un des endroits les plus chic de la ville.

Queen's Chapel
est la première église classique construite en Angleterre ⓫

Royal Opera Arcade est un passage couvert bordé de boutiques de luxe. Il a été construit par John Nash en 1818.

Queen's Chapel ⓫

Marlborough Rd SW1. **Plan** 6 D1.
☎ 020-7930 4832. ⊖ Green Park.
○ dim. pendant les offices (de Pâques à fin juill.) et lors des principales fêtes religieuses. ♿

Queen's Chapel (chapelle de la reine) a été conçue par Inigo Jones pour l'infante d'Espagne, qui devait épouser Charles Iᵉʳ *(p. 52-53)*.
Les négociations firent long feu et les travaux commencés en 1623 furent interrompus ; la chapelle fut achevée en 1627 pour Henriette de France, fille d'Henri IV, qui épousa Charles Iᵉʳ en 1625. Le plafond à caissons s'inspire de la reconstitution par Palladio de la voûte d'un temple romain.

Queen's Chapel, vue intérieure

Le Mall ⓬

SW1. **Plan** 6 D2. ⊖ Charing Cross, Green Park.

Cette avenue qui mène de Trafalgar Square au palais de Buckingham a été percée en 1911 par l'architecte Aston Webb, quand il modifia la façade du palais et fit construire le Victoria Monument. Le Mall reprend le tracé d'une promenade qui longeait St James's Park sous Charles II ; c'était alors un des quartiers les plus chic de la ville. Aujourd'hui, le Mall est un peu l'équivalent anglais des Champs-Élysées : l'avenue est pavoisée lors de la visite de chefs d'État étrangers, elle sert aussi de cadre aux processions royales et à certaines manifestations officielles.
Le Mall est interdit à la circulation le dimanche.

Buckingham Palace ®

L a résidence officielle de la reine à Londres a été ouverte à la visite pour la première fois en 1993, les droits d'entrée devant servir à réparer les dommages causés par l'incendie du château de Windsor *(p. 224-225)*. Depuis, une foule de visiteurs s'y presse, surtout en août

La reine Élisabeth II

et en septembre. C'est John Nash *(p. 107)* qui entreprit en 1826 de transformer Buckingham House, une résidence du XVIIIᵉ siècle, en palais pour le roi George IV ; le chantier lui fut retiré en 1830 pour dépassement de budget. La reine Victoria, en 1837, fut le premier occupant du palais. Seuls les appartements d'apparat et l'escalier d'honneur se visitent.

Le salon de musique
C'est là que se déroulent les présentations officielles et le baptême des enfants royaux.

Salon blanc — Salon vert — Escalier d'honneur — Salon bleu — Salle à manger d'apparat — Entrée de la Queen's Gallery — Entrée du public, par la Cour des ambassadeurs.

Queen's Gallery
Des chefs-d'œuvre de la collection royale y sont souvent exposés, telle La Leçon de musique *(vers 1660) du peintre hollandais Wermeer.*

La salle du trône
La plupart des cérémonies conduites par la reine se déroulent dans la salle du trône.

Vue sur le Mall
*C'est de ce balcon que
la famille royale vient saluer
la foule.*

MODE D'EMPLOI

SW1. **Plan** 5 C2. 020-7321
2233. St James's Park,
Victoria. 11, 16, 24, 25, 36,
38, 52, 73, 135, C1. Victoria.
Appartements d'apparat
août-sept. : de 9 h 30 à 17 h 30
t.l.j. (der. ent. à 16 h 30).
Les tickets sont en vente à Green
Park près de Canada Gate ;
ils sont valables pour l'ensemble
des salles. téléphoner
avant. **La relève de la Garde :**
11 h 30 t.l.j. ou un jour sur deux.
020-7321 2233
www.royal.gov.uk

L'Union Jack flotte sur
le palais quand la reine
y réside.

L'aile est a été ajoutée
par l'architecte Aston
Webb en 1913.

La relève de la Garde
se déroule sur
l'esplanade du palais.

LA RELÈVE DE LA GARDE

De nombreux spectateurs
massés le long des grilles
assistent à la relève de
la garde, une cérémonie
haute en couleur : les
gardes, vêtus de tuniques
écarlates et coiffés du
célèbre bonnet à poils
descendent le Mall depuis
le palais Saint-James ;
ensuite a lieu une parade
d'une demi-heure, pendant
laquelle la nouvelle garde
prend possession des clefs
du palais.

Queen's Gallery

Buckingham Palace Rd SW1.
Plan 5 C2. 020-7331 2233.
St James's Park, Victoria.
10 h-17 30 t.l.j. (der. ent.
expositions à 16 h 30) 25-26 déc.
www.royal.gov.uk

La reine possède une
des plus belles collections
privées du monde qui
comprend notamment
des œuvres de Vermeer et de
Léonard de Vinci. Récemment
agrandie, la galerie permet
d'exposer pratiquement
toute l'année les nombreux
chefs-d'œuvres de la collection
royale. Des expositions
temporaires sont également
organisées.

**Détail du carrosse d'apparat de
George III (1762), Écuries royales**

Les Royal Mews

Buckingham Palace Rd SW1. **Plan** 5
C3. 020-7321 2233. Victoria.
avril-oct. : 11 h-16 h t.l.j.
(der. ent. à 15 h 15).
ouv. 9 h 30-17 h t.l.j.
(fermée 25-26 déc.)
www.royal.gov.uk

Les Écuries royales (Royal
Mews) devraient enchanter
les amateurs de chevaux
et d'apparat. Ces bâtiments
conçus par John Nash en 1825,
abritent les chevaux et
les équipages utilisés lors
des cérémonies officielles.
Parmi les carrosses, le plus
somptueux est sans doute
celui qui fut construit pour
George III en 1762, doré et
orné de panneaux peints par
Giovanni Cipriani. La reine
l'a utilisé lors des cérémonies
du Golden Jubilee en 2002.

Whitehall et Westminster pas à pas

C'est ici que sont rassemblées les grandes instances politiques et religieuses du pays. La plupart des administrations ont leur siège dans les bâtiments qui bordent les larges avenues de Whitehall et de Westminster. La journée les rues sont pleines de fonctionnaires ; le week-end, les touristes et les flâneurs prennent la relève.

Downing Street
En 1732, Sir Robert Walpole a été le premier à occuper l'appartement de fonction réservé au Premier ministre ⓱

Cabinet War Rooms
Le quartier général de Churchill pendant la Deuxième Guerre mondiale est ouvert au public ⓰

St Margaret's Church
C'est souvent ici que se déroulent les mariages de la haute société.

★ **L'abbaye de Westminster**
Cette abbaye est la plus ancienne et la plus importante église de la ville ⓴

Central Hall (1911) est un exemple du style académique

Richard Ier **Cœur de lion**, mort en 1199, statue de 1860.

Dean's Yard est une petite cour isolée environnée de bâtiments pittoresques qui datent de différentes époques.

Les Bourgeois de Calais, épreuve en bronze d'après l'original de Rodin.

Vers Trafalgar Square

Banqueting House, *construite par Inigo Jones en 1622* ⑱

CARTE DE SITUATION
Voir l'atlas des rues, plan 6

Le Cénotaphe est un monument aux morts dessiné par sir Edwin Lutyens en 1920.

WHITEHALL

RICHMOND TERRACE

VICTORIA EMBANKMENT

STREET

La relève des Horse Guards a lieu deux fois par jour.

Westminster Pier : embarcadère des promenades sur la Tamise

Westminster

★ **Le palais de Westminster**
Le siège du gouvernement est dominé par la tour-horloge où résonne le fameux carillon de Big Ben, une énorme cloche de 14 tonnes mise en place en 1858 ⑱

LÉGENDE

--- Itinéraire conseillé

0   100 m

À NE PAS MANQUER

★ **L'abbaye de Westminster**

★ **Le palais de Westminster**

Cabinet War Rooms ⑯

Clive Steps, King Charles St SW1.
Plan 6 E2. 020-7930 6961.
Westminster. d'avr. à sept. : de 9 h 30 à 18 h ; d'oct. à mars : de 10 h à 18 h.
du 24 au 26 déc.

Pendant les bombardements allemands de la Deuxième Guerre mondiale, le ministère de la Défense, sous l'autorité de Neville Chamberlain puis, à partir de 1940, de Winston Churchill, se réunissait dans les caves d'un immeuble appartenant au gouvernement. Les murs de béton y ont près d'un mètre d'épaisseur. Des appartements y avaient également été aménagés pour les principaux ministres et chefs militaires, ainsi qu'une salle insonorisée où se prenaient les décisions secrètes. Rien n'a été modifié depuis la fin de la guerre : on voit encore le bureau de Churchill, les téléphones de l'époque et les cartes militaires.

Téléphones de la Salle des cartes, Cabinet War Rooms

Downing Street ⑰

SW1. **Plan** 6 E2. *Westminster.*
au public.

Le 10 Downing Street est la résidence officielle du Premier ministre depuis 1732. Outre le cabinet ministériel, les appartements comportent une salle à manger d'apparat somptueuse et une suite de pièces privées ; alentour s'étend un petit jardin très surveillé.

Au numéro 11 de la rue se trouve la résidence officielle du chancelier de l'Échiquier, ou ministre des Finances. Pour des raisons de sécurité, la sortie de Downing Street côté Whitehall est barrée par des grilles depuis 1989.

Banqueting House ⑱

Whitehall SW1. **Plan** 6 E1. 📞 *020-7930 1790.* 🚇 *Charing Cross.* ⭕ *de 10 h à 17 h du lun. au sam.* ⚫ *jours fériés et lors des cérémonies.* 🎫 📷 ♿ 🖥 www.hrp.org.uk

Construit par Inigo Jones *(p. 53)* en 1622, ce bâtiment est le premier du centre-ville qui soit inspiré de l'architecture classique de la Renaissance italienne. Charles Iᵉʳ commanda à Rubens un décor plafonnant représentant l'apothéose de son père, Jacques Iᵉʳ. Ceci ne plut sans doute pas aux parlementaristes, qui firent exécuter le roi devant son palais en 1649 *(p. 52-53).*

Le plafond de Banqueting House, peint par Rubens de 1629 à 1634

Le palais de Westminster ⑲

SW1. **Plan** 6 E2. 📞 *020-7219 3000.* 🚇 *Westminster.* **Chambres des Communes** ⭕ *14 h 30-22 h lun., mar., jeu., 9 h 30-22 h mer., 9 h 30-15 h ven. Questions au gouvernement, (14 h 30-15 h 30 lun.-mer., 11 h 30-12 h 30 jeu.) : demander une autorisation à l'ambassade.* ⚫ *3 sem. avant Noël, Pâques, fin juil. à mi-oct. et jours fériés.* 🎫 ♿ 🎧 *sur r.d.v.* 🖥 www.parliament.uk

Des premières constructions élevées au XIᵉ siècle, seul subsiste Westminster Hall.

Le bâtiment néo-gothique actuel a été construit par l'architecte Sir Charles Barry après l'incendie du premier palais en 1834. Le palais de Westminster est le siège de la Chambre des communes et de la Chambre des lords depuis le XVIᵉ siècle. La première est composée de députés élus, issus de différents partis politiques ; le parti qui détient le plus grand nombre de sièges forme le gouvernement, et son président devient Premier ministre. La Chambre des lords est composée de pairs, de juristes laïcs et de prélats. Tous les projets de loi sont débattus par les deux Chambres.

L'abbaye de Westminster ⑳

P. 94-95.

Tour Victoria

Vestibule central

La Chambre des communes. La première Chambre a brûlé en 1941.

Galerie royale

Entrée

La Chambre des lords est un pastiche néo-gothique dessiné par Pugin en 1836-1837.

Big Ben doit son nom à Benjamin Hall, qui entreprit les travaux du palais en 1859.

Westminster Hall

La façade de la Tate Britain

La Tate Britain ㉑

Millbank SW1. **Plan** 6 E4.
📞 020-7887 8000.
📠 020-7887 8008. 🚇 Pimlico.
🚌 77 a, 88, C 10. 🚉 Victoria, Vauxhall.
🕐 de 10 h à 17 h 50 t.l.j.
🚫 du 24 au 26 déc.
💷 pour les grandes expositions.
🚫 ♿ Attersbury St. 🅿 🎞 🍴 🛍
🌐 www.tate.org.uk

L a Tate Britain, l'ancienne Tate Gallery, est désormais consacrée à l'art britannique et présente des œuvres du XVIᵉ au XXIᵉ siècle. Ses collections proviennent de l'exceptionnelle Tate Collection

Recumbent Figure (1938)
de Henry Moore

dont les œuvres internationales sont exposées à la Tate Modern *(p. 123)*. La Clore Gallery contiguë abrite le legs Turner qui regroupe les œuvres cédées à la nation par le célèbre peintre J. M. W. Turner.

La collection permanente se trouve au rez-de-chaussée et les toiles sont accrochées par ordre chronologique, du début du XVIᵉ siècle à nos jours. La richesse de la collection est telle que les œuvres présentées dans une démarche innovante sont régulièrement renouvelées. Les thèmes majeurs changent trois fois par an ; les salles consacrées à un

artiste ou les salles à thèmes plus petites, plus fréquemment. Les expositions temporaires se tiennent au sous-sol et dans certaines salles du rez-de-chaussée.

La section consacrée aux années 1500-1800 est dominée par l'art du portrait, avec notamment un merveilleux portrait d'Élisabeth Iʳᵉ (vers 1575) du miniaturiste Nicholas Hilliard, les œuvres pleines de vitalité de William Hogarth et les grands portraits exécutés par Joshua Reynolds et Thomas Gainsborough. La section s'achève avec les œuvres visionnaires de William Blake. La section consacrée au XIXᵉ siècle comprend surtout les superbes paysages de John Constable mais aussi les œuvres vibrantes des préraphaélites tels John Everett Millais et Dante Gabriel Rossetti.

La période 1900-1960 présente des toiles de C.R.W. Nevinson, de Paul Nash, et les œuvres modernistes d'artistes comme Henry Moore, Barbara Hepworth et Ben Nicholson.

La collection des œuvres britanniques depuis le début des années 1960 est d'une richesse impressionnante et comprend tant les artistes du pop art des années 1960, comme David Hockney,

M. et Mme Clark et Percy (1970-1971)
de David Hockney

Richard Hamilton et Peter Blake, que Gilbert et George ou Richard Long, sans oublier les années 1980 avec Lucian Freud, Howard Hodgkin et R. B. Kitaj. Les autoproclamés Young British Artists (YBAs) sont bien représentés par les figures emblématiques que sont Damian Hirst, Tracey Emin et Sarah Lucas, tout comme les artistes contemporains tels que Tacita Dean et Douglas Gordon qui utilisent le film et la vidéo comme supports.

Le Capitaine Thomas Lee (1594)
de Marcus Gheeraerts II

LE LEGS TURNER

Le grand paysagiste J. M. W. Turner (1775-1851) a légué ses œuvres à l'État à la condition qu'elles ne soient pas dispersées. Ce n'est qu'en 1987, avec l'ouverture de la Clore Gallery, que le vœu du peintre a pu être réalisé. Aujourd'hui, on peut y admirer ses aquarelles, son premier tableau à l'huile, *Pêcheurs en mer* (Turner avait 21 ans) et des œuvres impressionnistes de sa maturité, que Constable disait peintes « avec de la vapeur colorée ».

Ville et fleuve au coucher du soleil (1832)

L'abbaye de Westminster ❷⓪

Depuis le XIIIᵉ siècle, tous les souverains britanniques sont enterrés dans l'abbaye de Westminster ; c'est là aussi que se déroulent les cérémonies du couronnement et les mariages princiers. L'abbaye est l'un des plus beaux monuments de la ville et présente une étonnante diversité de styles, depuis le gothique austère de la nef jusqu'à l'étonnante chapelle Henri VII au décor très fouillé. À la fois lieu de culte et musée historique, l'abbaye abrite une quantité impressionnante de tombeaux et de monuments élevés en l'honneur des plus grandes figures du pays.

Entrée principale
La sculpture est un pastiche médiéval du XIXᵉ siècle.

Aile des hommes d'État

Les arcs-boutants déchargent la nef du poids énorme de la toiture.

★ La nef
Très étroite (10 m), la nef de Westminster est aussi la plus haute d'Angleterre (31 m).

LE COURONNEMENT

Le jour de Noël 1066, Guillaume le Conquérant fut couronné dans l'abbaye de Westminster. Depuis lors, c'est ici que sont sacrés tous les souverains britanniques. Celui de la reine Élisabeth II, en 1953, est le premier qui ait été retransmis à la télévision.

Le cloître
Certaines tombes sont celles de chevaliers du Moyen Âge.

À NE PAS MANQUER

★ **La nef**

★ **La chapelle Henri VII**

★ **La salle capitulaire**

★ La chapelle Henri VII
Construite entre 1503 et 1512, elle est surmontée d'une étonnante voûte à pendentifs ; les stalles datent de 1512.

WILLIAM SHAKESPEARE 1564-1616
BURIED AT STRATFORD-ON-AVON

Dans le sanctuaire, construit sous Henri III, se sont déroulés 38 couronnements.

Le coin des poètes
On y trouve notamment des monuments élevés à Shakespeare, Chaucer ou T. S. Eliot.

MODE D'EMPLOI

Broad Sanctuary SW1. **Plan** 6 E2.
📞 020-7222 5152. 🚇 *St James's Park, Westminster.* 🚌 *3, 11, 12, 24, 29, 53, 70, 77, 77a, 88, 109, 159, 170.* 🚃 *Victoria.* ⛴ *Westminster Pier.* **Cloître** ⬜ *de 8 h à 18 h t.l.j.* **Salle capitulaire, musée et salle du coffre** ⬜ *de 10 h 30 à 16 h t.l.j.* **Chapelle royale, coin des poètes, chœur, aile des hommes d'État et nef** ⬜ *de 9 h 30 à 15 h 45 du lun. au ven., de 9 h 30 à 13 h 45 sam.* 🎟 *chapelle royale, coin des poètes, salle capitulaire, aile des hommes d'état, salle du coffre, musée et nef.* ✝ *Vêpres : 17 h du lun. au ven., 15 h sam. et dim.* ♿ *limité.* 📷 *pour tous.* 🌐 *www.westminster-abbey.org*

★ La salle capitulaire
Le sol de cette étonnante salle octogonale est recouvert de carreaux du XIIIᵉ siècle. Elle est éclairée par d'immenses vitraux qui racontent l'histoire de l'abbaye.

Le musée abrite beaucoup des plus belles œuvres d'art de l'abbaye, dont des effigies sculptées des souverains.

La Salle du coffre abritait au Moyen Âge les étalons en or et argent des poids et monnaies du royaume.

LES ÉTAPES DE LA CONSTRUCTION

Les premiers bâtiment remontent au Xᵉ siècle. L'abbaye actuelle, très influencée par le gothique français, a été édifiée à partir de 1245 sur l'ordre d'Henri III Plantagenêt. Westminster est un lieu phare dans la tradition monarchique ; c'est pourquoi l'abbaye a échappé à la destruction des bâtiments monastiques ordonnée par Henri VIII *(p. 50-51).*

LÉGENDE

☐ Avant 1400
☐ Ajouts du XVᵉ siècle
☐ Entre 1503 et 1519
☐ Construit en 1745
☐ Construit après 1850

La chapelle d'Édouard le Confesseur
abrite les reliques du roi, ainsi que les tombeaux de plusieurs autres monarques du Moyen Âge.

SOUTH KENSINGTON ET HYDE PARK

D ans ce quartier, on trouvera deux des plus grands jardins publics de Londres et quelques-uns des plus beaux musées, magasins, restaurants et hôtels de la ville. Au milieu du XIXe siècle, cette partie de la cité était encore un endroit très tranquille, semi-rural, où l'on trouvait de grandes propriétés et des écoles privées. En 1851, l'Exposition universelle *(p. 56-57)* qui s'est tenue dans Hyde Park a transformé tout le quartier en une gigantesque auto-célébration de la prospérité de l'ère

Statue de Peter Pan, jardins de Kensington

victorienne. L'exposition remporta un énorme succès, et les bénéfices permirent d'acquérir 35 hectares de terrain dans South Kensington. Le prince Albert y encouragea la construction d'une salle de concert, de musées et d'académies des sciences et des arts appliqués ; la plupart de ces institutions existent encore. Le quartier devint rapidement très résidentiel, comme en témoignent aujourd'hui les grandes demeures de brique rouge, les jardins et les boutiques de luxe de Knightsbridge.

LE QUARTIER D'UN COUP D'ŒIL

Édifice historique
Kensington Palace **7**

Église
Brompton Oratory **2**

Magasin
Harrods **1**

Parcs et jardins
Hyde Park et Kensington Gardens **6**

Musées et galeries
Musée d'Histoire naturelle **5**
Musée des Sciences **4**
*Victoria and Albert Museum
p. 100-101* **3**

COMMENT Y ALLER ?
Les lignes Piccadilly, Circle et District desservent la station South Kensington (entrée sur Exhibition Road). La ligne Piccadilly est la seule à desservir Knightsbridge et Hyde Park Corner. Le bus n° 14 relie directement Piccadilly Circus à South Kensington via Knightsbridge.

LÉGENDE

- Plan du quartier pas à pas *p. 98-99*
- Station de métro
- **P** Parc de stationnement

0   500 m

◁ **Cette maison de South Kensington date de la première moitié du XIXe siècle**

South Kensington pas à pas

L es nombreux musées et académies
créés dans le sillage de l'Exposition
universelle de 1851 *(p. 56-57)* font de
South Kensington l'un des hauts lieux
culturels de la ville. Le quartier est très
fréquenté, tant par les touristes que par
les Londoniens eux-mêmes,
notamment pendant le fameux festival
de musique classique
des « Proms » *(p. 128)*
au Royal Albert Hall.

Le Royal Albert Hall,
inauguré en 1870,
s'inspire de la forme
du Colisée.

**Le Memorial to the
Great Exhibition** est
surmonté d'une statue
du prince Albert, qui
en fut l'instigateur.

**Le Royal College of
Music**, fondé en 1882,
abrite une belle collection
d'instruments anciens, comme
ce clavecin de 1531.

★ **Science Museum**
*Les présentations
interactives permettent
aux visiteurs de réaliser
des expériences* ❹

★ **Natural
History Museum**
*Cette mygale
impressionnante fait partie
des collections du musée* ❺

À NE PAS MANQUER

★ **Le Science Museum**

★ **Le Natural History
Museum**

★ **Le Victoria and
Albert Museum**

**Station de métro
South Kensington**

LÉGENDE

‒ ‒ ‒　Itinéraire conseillé

0　　　　　　　　　100 m

Albert Memorial a été édifié à la mémoire du prince Albert, époux de la reine Victoria, qui mourut en 1861.

CARTE DE SITUATION
Voir l'atlas des rues, plan 2

★ **Victoria and Albert Museum**
Sa collection d'objets d'art venus du monde entier est unique ❸

Le Brompton Oratory
est un pastiche de l'architecture baroque italienne qui date du IXᵉ siècle ❷

Brompton
Square
(1821)

Vers Knights-
bridge et
Harrod's

Le décor étonnant de Harrod's

Harrods ❶

Knightsbridge SW1. **Plan** 5 A3.
☎ 020-7730 1234. ⊖ *Knightsbridge.*
◯ 10 h à 18 h lun., mar. et sam., de 10 h à 19 h du mer. au ven. ⓖ voir
Boutiques et marchés *p. 122-123.*

En 1849, Henry Charles Harrod ouvrait une petite épicerie sur Brompton Road. La boutique connut rapidement un grand succès et le magasin, considérablement agrandi, s'installa en 1905 dans ses nouveaux locaux de Knightsbridge.

Le Brompton Oratory ❷

Brompton Rd SW7. **Plan** 2 F5. ☎
020-7589 4811. ⊖ *South Kensington.*
◯ de 6 h 30 à 20 h t.l.j. ⓖ

L'oratoire de Londres a été édifié à la fin du XIXᵉ siècle à l'instigation du cardinal Newman, qui avait fait venir en Angleterre une communauté de prêtres catholiques de la congrégation des oratoriens, fondée à Rome au XVIᵉ siècle. L'église a été consacrée en 1884, la façade et le dôme furent ajoutés quelque dix ans plus tard.

L'intérieur néo-baroque regorge d'œuvres d'art, dont douze statues d'apôtres du XVIIᵉ siècle provenant de la cathédrale de Sienne et un très beau retable de 1693, autrefois dans l'église dominicaine de Brescia. Le retable de la chapelle Saint-Wilfred, du XVIIIᵉ siècle, vient de Belgique.

Le Victoria and Albert Museum ❸

**Glass Gallery,
salle 131**

Le Victoria and Albert Museum abrite l'une des plus vastes et des plus éclectiques collections d'arts décoratifs, dont le fonds se compose tant d'objets cultuels du début du christianisme que d'œuvres religieuses du Sud-Est asiatique ou de design contemporain. Initialement Museum of Manufactures, fondé en 1852 pour promouvoir le design, il fut rebaptisé en 1899 par la reine Victoria en mémoire du prince Albert. Le musée a entrepris une vaste réorganisation de la majeure partie de ses collections dans une démarche qu'illustrent à merveille les splendides galeries britanniques ouvertes en 2002.

Argenterie
De superbes pièces comme la Burgess Cup (Grande-Bretagne, 1863) sont exposées dans ces salles.

★ Galeries britanniques
Mentionné par Shakespeare dans La Nuit des rois, *le grand lit de Ware est une œuvre admirable, célèbre depuis 1601.*

★ Salle des costumes
Des costumes européens du milieu du XVIᵉ siècle à nos jours y sont présentés, comme cette robe de 1880.

**Entrée par
Exhibition Road**

LÉGENDE

▨	Niveau 0
☐	Niveau 1
☐	Niveau 2
▨	Niveau 3
☐	Niveau 4
▨	Niveau 6
☐	Aile Henry Cole
☐	Salles sans expositions

À NE PAS MANQUER

★ Galeries britanniques

★ Salle des costumes

★ Art médiéval

**★ Galerie Nehru
(art indien)**

SUIVEZ LE GUIDE

Le V&A est un labyrinthe de 11 km de salles réparties sur six niveaux. Le niveau principal (niveau 1), au rez-de-chaussée, présente l'art asiatique et islamique, mais aussi l'art médiéval et celui de la Renaissance. Les galeries britanniques sont situées aux niveaux 2 et 4. Le niveau 3 est consacré à l'art du XXᵉ siècle, à l'argenterie, au travail du métal, aux armes et à l'orfèvrerie. Les textiles occupent l'angle nord-est de cet étage. Céramique et verrerie sont exposées aux niveaux 4 et 6. L'aile Henry Cole, située à l'angle nord-ouest du bâtiment et accessible uniquement depuis le rez-de-chaussée, abrite une exposition consacrée à Frank Lloyd Wright et des miniatures.

MODE D'EMPLOI

Crownwell Rd SW 7. **Plan** 2 F5.
020-7942 2000
08704 420 808
South Kensington.
14, 74, C1. de 10 h à
17 h 45 t.l.j. (de 10 h à 22 h mer.
et dernier ven. de chaque mois).
du 24 au 26 déc.
www.vam.ac.uk

Vitraux
Les vitraux européens, comme
Suzanne et les vieillards
(vers 1520), se trouvent dans
les salles 111, 116 et 117.

L'espace contemporain
présente toutes les facettes
du design, de la mode
au numérique.

**Art chinois,
galerie T T Tsui**
Ce magnifique portrait
compte parmi les
nombreuses merveilles
exposées dans cette salle.

★ L'art médiéval
Cette châsse allemande,
le reliquaire
d'Eltenbourg
(vers 1180),
est l'un des
chefs-d'œuvre
du musée.

La façade d'**Aston Webb** (1909)
est ornée de 32 sculptures réalisées
par des artistes britanniques.

**Entrée
principale**

★ Art indien, galerie Nehru
Considérée comme la plus grande collection
hors de l'Inde, elle comprend le Tigre
de Tippoo (1795), un orgue mécanique
représentant un soldat dévoré par un tigre.

Le Science Museum ❹

Exhibition Rd SW7. **Plan** 2 E5.
📞 020-7938 8000. 🚇 South Kensington. 🕐 de 10 h à 18 h t.l.j. ●
du 24 au 26 déc. 🍴 📷 ♿ 🅿

Des technologies antiques à l'exploration de l'espace, de la médecine romaine à la fission de l'atome, le musée des Sciences explore toutes les facettes de la découverte scientifique. Les collections proposent une approche de la découverte scientifique, grâce à des séquences interactives qui

Une machine à vapeur de 1712, au musée des Sciences

permettent au visiteur de refaire lui-même de nombreuses expériences.

La section la plus spectaculaire est sans doute l'aéronautique : des séquences adaptées aux enfants de 7 à 13 ans leur permettent d'expérimenter par eux-mêmes les principes scientifiques de base. Dans la section Exploration de l'espace est exposé un objet quasi mythique, la capsule Apollo 10 qui emporta trois hommes vers la Lune en mai 1969. On verra aussi une vidéo de l'alunissage qui eut lieu quelques semaines plus tard avec Apollo 11. Plus terre à terre, mais tout aussi instructive, la section *Food for Thought* révèle l'importance grandissante de la recherche et de la science dans notre façon de nous nourrir. Ici encore, des séquences assistées par ordinateur retracent l'évolution de nos habitudes alimentaires depuis un

siècle. Des départements comme les Transports et l'Énergie *(Power and Land Transport)* – évolution des engins à vapeur, des trains, des voitures et des autres moyens de locomotion – ou celui de l'optique – hologrammes, lasers, expériences sur les couleurs – connaissent également un grand succès.

L'aile consacrée au musée historique de la Médecine a été agrandie pour le nouveau millénaire. Elle retrace le parcours de la médecine : de la prothèse dentaire étrusque en passant par la tête égyptienne momifiée jusqu'aux dernières découvertes en biotechnologie.

Le Natural History Museum ❺

Cromwell Rd SW7. **Plan** 2 E5. 📞 020-7938 9123. 🚇 South Kensington. 🕐 de 10 h à 17 h 50 du lun. au sam., de 11 h à 17 h 50 dim. et jours fériés. ● du 23 au 26 déc. 🍴 📷 ♿ 🅿

Le bâtiment néo-roman qui abrite le Muséum d'histoire naturelle date de 1881. Très novateur à l'époque, il témoigne de l'éclectisme du XIXᵉ siècle et des nouvelles techniques de construction mises au point à l'ère victorienne : les animaux et les plantes sculptés sur les arcs et les colonnes dissimulent une armature de fer et d'acier.

Les collections abordent l'écologie, l'histoire de la Terre, l'origine des espèces, l'évolution morphologique de l'homme ; elles utilisent autant les présentations traditionnelles que les technologies

Cet oiseau préhistorique sculpté orne le Muséum d'histoire naturelle

les plus récentes comme l'interactivité.

Le musée est divisé en deux grands départements, la galerie de l'Évolution *(Life Gallery)* et la galerie de la Terre *(Earth Gallery)*. Le premier traite de l'écologie au sens large et de l'influence de l'homme sur les différents écosystèmes. Des reconstitutions étonnantes, comme la forêt tropicale, toute bruissante d'insectes, ou les dinosaures s'entre-dévorant, rendent le parcours encore plus passionnant. La galerie de la Terre présente la lente évolution de la planète et l'étendue insoupçonnée de ses richesses naturelles. La simulation d'un tremblement de terre plaira aux amateurs de sensations fortes.

Squelette de dinosaure vieux de 150 millions d'années, au Muséum d'histoire naturelle

Statue de la reine Victoria, sculptée par sa fille la princesse Louise, devant Kensington Palace

Hyde Park et Kensington Gardens ❻

W2. **Plan** 2 F2. ☎ 020-7298 2100.
Hyde Park ⊖ Hyde Park Corner, Knightsbridge, Lancaster Gate, Marble Arch. ◐ de 5 h à minuit t.l.j. ♿
Kensington Gardens ⊖ Queensway, Lancaster Gate. ◐ de 5 h à la tombée de la nuit. ♿ Voir **Parcs et jardins** p. 76-77.

Hyde Park doit son nom au manoir de Hyde, autrefois situé sur des terres appartenant à l'abbaye de Westminster et réquisitionnées par Henri VIII en 1536, lors de la dissolution des ordres monastiques (p. 50-51). Jacques Ier ouvrit le parc au public au début du XVIIe siècle ; Hyde Park devint un des lieux de promenade préférés des Anglais… et des brigands de tout poil. Les vols et les duels devinrent si nombreux que

Guillaume III y fit installer 300 réverbères ; Rotten Row fut ainsi la première rue d'Angleterre à bénéficier d'un éclairage nocturne. En 1730, la reine Caroline fit construire un barrage sur un affluent de la Tamise, la Wesbourne, pour créer un lac artificiel, la Serpentine. Hyde Park est aujourd'hui un lieu de détente : barque ou natation dans la Serpentine, promenade à cheval le long de Rotten Row. C'est aussi le cadre d'activités moins sportives : au nord-est du parc, à Speaker's Corner (le « coin des orateurs ») une loi de 1872 autorise chacun à prendre la parole en public. Les orateurs plus ou moins illuminés, plus ou moins convaincants, sont particulièrement nombreux le dimanche.

Tout près de Hyde Park, les anciens jardins du palais de Kensington ont été ouverts au public en 1841. Tous les petits Londoniens connaissent la statue de Peter Pan, dont le socle est orné de petits lapins et de fées de bronze, et le Round Pond, où ils font voguer des maquettes de bateaux.

L'Orangerie de 1704 était autrefois la salle à manger d'été de la reine Anne. C'est aujourd'hui un café.

Détail des grilles de Kensington Gardens

Le palais de Kensington ❼

Kensington Palace Gdns W8.
Plan 2 D3. ☎ 020-7937 9561.
⊖ High St Kensington, Queensway.
◐ été : de 10 h à 18 h t.l.j. ; hiver : de 10 h à 17 h du mer. au dim. ◑ du 24 au 26 déc., 1er janv., ven. saint. 🎫
♿ rez-de-chaussée uniquement.

Le palais de Kensington a été la résidence principale de la famille royale entre 1690 et 1760, date à laquelle George III préféra s'installer à Buckingham Palace.

C'est à Kensington que la princesse Victoria apprit, en juin 1837, la mort de son oncle Guillaume IV, qui faisait d'elle la nouvelle reine d'Angleterre. Son long règne (64 ans) commençait alors.

La moitié du palais est occupée par les membres de la famille royale, l'autre partie se visite. Les salles d'apparat du XVIIIe siècle avec leurs plafonds et peintures murales réalisées par William Kent (p. 24) sont à voir absolument. Les jours qui ont suivi la mort de la princesse Diana en 1997, le palais est devenu le point de ralliement de ses admirateurs, rassemblés par milliers devant les grilles et faisant de l'espace alentour un immense champ de bouquets de fleurs.

REGENT'S PARK ET BLOOMSBURY

À la limite sud de Regent's Park se trouvent les plus belles maisons georgiennes de la ville, construites au début du XIXᵉ siècle par John Nash *(p. 107)*. C'est lui aussi qui a dessiné le parc, point d'aboutissement d'une perspective qui part de Saint-James *(p. 86-87)*. Ce parc est aujourd'hui le plus animé de la ville. On y trouve un zoo, un théâtre en plein air, une roseraie, un lac, des cafés et la plus grande mosquée de la ville. Au nord-est s'étend Camden Town *(p. 132)*, accessible à pied ou en bateau par Regent's Canal, avec son marché très achalandé, de nombreuses boutiques et des cafés.

Vase grec antique, British Museum

Bloomsbury a gardé ses petits squares et ses maisons georgiennes en brique. Ce quartier est resté l'un des plus élégants de Londres jusqu'en 1850 environ ; la construction d'hôpitaux et de gares en a peu à peu délogé les habitants les plus fortunés, qui sont partis s'installer du côté de Mayfair, de Knightsbridge ou Kensington. Le British Museum est à Bloomsbury depuis 1753 et l'université de Londres depuis 1828. Dans ce quartier très marqué par les arts – peintres, écrivains et intellectuels, comme George Bernard Shaw, Karl Marx, Charles Dickens ou le Bloomsbury Group *(p. 151)* ont longtemps arpenté ses rues –, on trouve encore de nombreux bouquinistes.

LE QUARTIER D'UN COUP D'ŒIL

Rue historique
Bloomsbury ❺

Musées et galeries
British Museum p. 108-109 ❹

Madame Tussaud's et le Planetarium ❶
Sherlock Holmes Museum ❷
Wallace Collection ❸

COMMENT Y ALLER ?
Les stations de métro les plus proches sont Regent's Park, Great Portland Street et Baker Street. Les lignes de bus 13, 139 et 159 partent de Trafalgar Square et passent à proximité de Baker Street. En métro, la station la plus proche du zoo est Camden Town ; Russell Square est au cœur même de Bloomsbury.

LÉGENDE

🚇 Station de métro

🅿 Parc de stationnement

0   500 m

◁ **La place Saint-Andrew, à Regent's Park**

Madame Tussaud's et le Planétarium ❶

Marylebone Rd NW1. **Plan** 3 B3.
📞 020-7935 6861. 🚇 Baker St.
🕐 de 10 h à 17 h 30 du lun. au ven.,
de 9 h 30 à 17 h 30 sam. et dim.
⬤ 25 déc. 📷 ♿

Madame Tussaud a commencé sa carrière en réalisant en cire le masque mortuaire de victimes de la Révolution française. Installée en Angleterre, elle exposa ses œuvres en 1835 à Baker Street, près du musée actuel. Les techniques les plus traditionnelles sont encore utilisées aujourd'hui pour réaliser le portrait des nouveaux pensionnaires du musée, divisé en plusieurs sections : la Garden Party, avec les plus grandes célébrités, les Super Stars, avec des figures du show-business, et le Grand Hall, où le visiteur croise des membres de la famille royale, des hommes d'État, écrivains ou artistes, de Lénine à Martin Luther King en passant par Shakespeare ou Picasso.

Sherlock Holmes, le célèbre détective imaginé par Sir Arthur Conan Doyle

Le Cabinet des horreurs a toujours beaucoup de succès. On y voit les masques mortuaires originaux sculptés par Madame Tussaud et la reconstitution de crimes célèbres

Effigie de cire de la reine Elizabeth II

dans leurs moindres détails. Le *Spirit of London*, permet de revivre les événements qui ont marqué la capitale, depuis le Grand Incendie de 1666 jusqu'au *Swinging London* des années soixante.

Tout près, le Planétarium, construit en 1958, présente un spectacle laser étonnant et permet de tout découvrir du système solaire et des étoiles.

Le Sherlock Holmes Museum ❷

221b Baker St NW1. **Plan** 3 A4.
📞 020-7935 8866. 🚇 Baker St.
🕐 de 9 h 30 à 18 h t.l.j. ⬤ 25 déc. 📷

Le célèbre détective créé par Sir Arthur Conan Doyle est censé habiter au 221 B Baker Street, un numéro qui n'existe pas mais que l'on a attribué au musée : le 221 est inséré entre les numéros 237 et 239 de la rue… Les fans de Sherlock Holmes y trouveront la reconstitution du salon du détective, et dans la librairie-boutique des objets relatifs à ses aventures, son célèbre chapeau et des pipes en écume de mer.

La Wallace Collection ❸

Hertford House, Manchester Sq W1.
Plan 3 B4. 📞 020-7935 0687.
🚇 Bond St. 🕐 de 10 h à 17 h du lun. au sam., de 14 h à 17 h dim. ⬤ du 24 au 26 déc., 1ᵉʳ janv., ven. saint, May Day (1ᵉʳ lun. de mai). ♿ téléphoner avant.

En 1990, Luciano Pavarotti entrait chez Madame Tussaud's

La Wallace Collection est l'une des plus belles collections privées d'œuvres d'art. Elle a été réunie par quatre générations de collectionneurs passionnés, les marquis de Hertford, qui ont légué en 1897 l'ensemble de la collection à l'État. Les 25 galeries regorgent de tableaux, mais aussi d'armes, d'armures de la Renaissance, de porcelaines de Sèvres et de majoliques italiennes.

Le troisième marquis de Hertford, grande figure du Tout-Londres au début du XIXᵉ siècle, acheta grâce à la fortune de sa femme plusieurs toiles de Titien, Canaletto ou Van Dyck, qui vinrent compléter une collection de portraits de famille. Mais le point fort de l'exposition est constitué par un très bel ensemble d'œuvres d'art français du XVIIIᵉ siècle, acquises en France par le quatrième marquis de Hertford (1800-1870) et son fils naturel, Sir Richard Wallace (1818-1890).

Majolique italienne du XVIᵉ siècle, à la Wallace Collection

Les goûts du marquis allaient à l'encontre de ceux des collectionneurs de la période post-révolutionnaire, peu enclins à acquérir des toiles peintes sous la monarchie. Le marquis put donc acheter à moindres frais des tableaux de Watteau, Boucher ou Fragonard, qui figurent aujourd'hui parmi les chefs-d'œuvre de la collection, avec le portrait de *Titus, fils de l'artiste*, de Rembrandt (vers 1650), le *Persée et Andromède* de Titien (1554-1556), et le célèbre *Rieur* de Franz Hals (1624).

Le Londres de John Nash

John Nash
(1752-1835)

John Nash est le fils d'un constructeur de moulins du Lambeth. Architecte dès les années 1780, il se fit aussi une belle réputation d'urbaniste vers 1820, quand il fit percer la « route royale » qui part de Pall Mall, passe par Piccadilly Circus pour aboutir sur Regent's Park – Regent's Park où Nash construisit de très belles maisons néo-classiques, comme Park Crescent et Cumberland Terrace. Sur ce plan de 1851, qui place curieusement le sud en haut de l'image, on mesure l'importance des travaux d'urbanisme entrepris par Nash dans Londres, où il construisit aussi des théâtres, des églises, et s'occupa de remanier le palais de Buckingham *(p. 88-89).*

Pall Mall

Piccadilly Circus
(p. 83)

St James's Park
(p. 76-77)

Le Théâtre royal Haymarket conserve le portique corinthien voulu par John Nash, mais l'intérieur a été entièrement refait en 1905.

Oxford Circus

Tottenham Court Road

Caricature de 1824 fustigeant l'architecture de l'église All Souls, construite par Nash sur Langham Place.

Regent Street

Regent's Park
(p. 105)

Cumberland Terrace, le plus grand et le plus orné des bâtiments qui entourent Regent's Park, devait faire face à un palais qui ne fut jamais construit.

Les bâtiments de Park Crescent devaient dessiner un vaste cercle, mais seule la moitié sud du projet de Nash a été réalisée. Les intérieurs ont été remis à neuf mais la façade est restée intacte.

Le British Museum ❹

Casque (VIIᵉ siècle) provenant du bateau funéraire de Sutton Hoo

Le British Museum est le plus ancien musée public du monde. Il fut constitué en 1753 pour abriter les collections d'un médecin, sir Hans Sloane (1660-1753). Au fil des années, les collections du docteur Sloane se sont enrichies et le musée possède aujourd'hui des trésors venus du monde entier. La plus grande partie de l'édifice actuel (1823-1850) a été construite par Robert Smirke, mais le joyau architectural du site est la Grande Cour moderne qui accueille en son centre la célèbre salle de lecture.

★ Momies égyptiennes
Les êtres humains, mais aussi certains animaux sacrés, comme les chats, avaient droit aux rites de l'embaumement.

Étages supérieurs

Statue en bronze de Shiva Nataraja
Ce dieu hindou (vers 1100) est originaire de l'Inde du Sud. Cette œuvre fait partie des collections d'art oriental.

Les antiquités égyptiennes
à l'étage principal, renferment la pierre de Rosette qui permit le déchiffrement des hiéroglyphes.

Entrée nord

Suivez le guide !

Les collections grecque et romaine et les antiquités orientales occupent trois étages du musée, essentiellement dans la partie ouest. La collection africaine est installée à l'étage inférieur, tandis que les pièces asiatiques se trouvent à l'étage principal et à l'étage supérieur, à l'arrière du musée. Quant à la collection américaine, elle est située à l'angle nord-est de l'étage principal. Les objets égyptiens se trouvent à l'ouest de la Grande Cour à l'étage supérieur.

★ La frise du Parthénon
Cette frise sculptée qui ornait le Parthénon, sur l'Acropole d'Athènes (Vᵉ siècle av. J.-C.), a fait couler beaucoup d'encre. Lord Elgin l'a rapportée de Grèce en 1802.

Étage principal

Étage inférieur

À NE PAS MANQUER

★ Les momies égyptiennes

★ La frise du Parthénon

★ L'homme de Lindow

LÉGENDE

☐ Collection asiatique	☐ Collection d'antiquités orientales
☐ Collection américaine	☐ Collection préhistorique
☐ Pièces, médailles, gravures et dessins	☐ Collection européenne
☐ Collections grecque et romaine	☐ Collection africaine
☐ Collection égyptienne	☐ Expositions temporaires
	☐ Salles sans expositions

La Grande Cour
est la plus grande galerie marchande de Londres avec magasins, lieux d'expositions et activités diverses.

Premier étage

MODE D'EMPLOI

Great Russell St WC1. **Plan** 4 E4.
(020-7323 8000. **((** 020-7580 1788. **⊖** Holborn, Russell Sq., Tottenham Court Rd. **▭** 7, 8, 10, 14, 19, 24, 25, 29, 30, 38, 55, 134, 188. **⊒** Euston, King's Cross. **○** de 10 h à 17 h 30 t.l.j. (certaines galeries jusqu'à 20 h 30 jeu. et ven.) **●** du 24 au 26 déc., 1ᵉʳ janv., ven. saint. **🎫 & ✓ ¶ ▯**
W www.thebritishmuseum.ac.uk

Jardins privés à Bedford Square

Bloomsbury ❺

WC1. **Plan** 4 F4. **⊖** Russell Sq, Tottenham Court Rd. **Dickens House Museum** 48 Doughty St WC1.
(020-7405 2127. **○** de 10 h à 17 h du lun. au sam., de 11 h à 17 h dim. (der. ent. 16 h 30).

Le trésor de Mildenhall
Ce plat fait partie d'un trésor de 34 pièces d'orfèvrerie du IVᵉ siècle, mis au jour dans le Suffolk en 1942.

L a présence du British Museum et de l'Université de Londres influence toute la vie de ce secteur où vivent de nombreux artistes et écrivains. On trouve encore beaucoup de librairies dans ce quartier qui a su conserver de charmantes petites places georgiennes : **Russell Square**, qui faisait autrefois partie des terres du duc de Bedford, **Queen Square**, orné d'une statue de la reine Charlotte, épouse de George III, ou **Bloomsbury Square**, tracé dès 1661. Une plaque y rappelle le souvenir du Bloomsbury Group *(p. 151)*, un cénacle artistique et littéraire qui se réunissait au début du siècle.
Bedford Square est l'un des ensembles d'architecture du XVIIIᵉ siècle les mieux préservés de Londres. Charles Dickens *(p. 177)* a vécu au 48 Doughty Street ; sa dernière résidence est devenue le **Dickens House Museum**, où son appartement a été reconstitué grâce à des objets provenant de ses autres demeures londoniennes ; on y a réuni aussi de nombreuses éditions originales de ses œuvres.

Statue de la reine Charlotte (1744-1818)

Salle de lecture

Entrée principale

★ L'homme de Lindow
La peau de cet homme âgé de 2 000 ans a été trouvée dans le Cheshire. Il a probablement été tué selon un rituel élaboré.

LA CITY ET SOUTHWARK

Dominée aujourd'hui par des immeubles de bureaux, la City est en fait le plus vieux quartier de Londres. Le secteur a été presque entièrement détruit par le Grand Incendie de 1666, reconstruit par Christopher Wren et sérieusement touché au cours de la Deuxième Guerre mondiale (p. 58-59). La City a toujours été un quartier d'affaires, où banquiers et marchands bénéficiaient d'une réelle autonomie vis-à-vis du pouvoir royal. D'une activité fébrile pendant la journée, la City se vide presque entièrement le soir venu. Southwark, sur la rive droite,

était au Moyen Âge un quartier mal famé, rendez-vous des prostituées, des joueurs et des criminels. Il passa en 1550 sous la juridiction de la City, ce qui n'empêcha pas les hôtels borgnes et les tavernes de se multiplier. Dans de petites arènes, on donnait des combats d'ours et de chiens, parfois aussi des pièces de théâtre, jusqu'à la construction de salles comme le Globe (1598), où plusieurs pièces de Shakespeare ont été créées. Le quartier, restructuré, a conservé les maisons du bord du fleuve, où une belle promenade a été aménagée.

LE QUARTIER D'UN COUP D'ŒIL

Bâtiments historiques
HMS *Belfast* **12**
Lloyd's **7**
Monument **8**
The Old Operating
    Theatre **14**
Temple **3**
Tower Bridge **10**
La Tour de Londres
p. 120-121 **9**

Musées et galeries
Design Museum **11**
London Dungeon **13**
Museum of London **6**
Le Globe **18**
Sir John Soane's Museum **4**
Tate Modern **19**

Marché
Borough Market **16**

Églises et cathédrales
St Bartholomew-the-Great **5**
Cathédrale Saint-Paul
p. 116-117 **2**
St Stephen Walbrook **1**
Southwark Cathedral **17**

COMMENT Y ALLER ?
La City est desservie par les lignes de métro Circle, Central, District, Northern et Metropolitan, et par de nombreux autobus. Pour Southwark, s'arrêter à London Bridge, à la fois station de métro (Northern) et gare de chemin de fer (trains venant de Charing Cross, Cannon Street et Waterloo).

LÉGENDE
Plan du quartier pas à pas
p. 112-113

Station de métro

Gare

Parc de stationnement

Embarcadère

0   500 m

◁ **La cathédrale Saint-Paul, au cœur de la City ; à gauche, la tour de la NatWest (1980)**

La City pas à pas

L a City, centre des affaires de la capitale, était déjà un important comptoir commercial du temps des Romains. Longtemps résidentiel, le quartier comprend à présent surtout des bureaux. La City a beaucoup souffert des bombardements de la Deuxième Guerre mondiale ; seuls les noms des rues gardent le souvenir des places ou des marchés détruits. Les églises édifiées par Wren après le Grand Incendie de 1666 *(p. 116)* sont aujourd'hui quelque peu écrasées par les banques et les constructions récentes.

Sculpture de la cathédrale Saint-Paul

St Mary-le-Bow doit son nom aux arcs *(bows)* de la crypte. Quiconque est né assez près de l'église pour entendre son carillon peut se vanter d'être un véritable « cockney ».

New Change remplace aujourd'hui Old Change, une rue du XIIIe siècle détruite pendant la dernière guerre.

Saint Paul

Statue de la reine Anne

ST PAUL'S CHURCHYARD

NEW CHANGE STREET

WATLING STREET

BREAD STREET

CANNON STREET

FRIDAY ST

QUEEN VICTORIA

QUEEN

N

St Nicholas Cole est la première église construite par Wren dans la City (1677). Comme la plupart de ces édifices, elle fut restaurée après les bombardements de la dernière guerre.

Mansion House

St James Garlickhythe, par Wren, possède sous son élégant clocher (1717) des porte-épées et des porte-manteaux peu communs.

★ **La cathédrale Saint-Paul**
Le chef-d'œuvre de Wren a pu être édifié grâce à une taxe prélevée sur le charbon ❷

À NE PAS MANQUER
★ **La cathédrale Saint-Paul**
★ **L'église St Stephen**

COLLEGE·OF·ARMS

Le College of Arms conserve les armoiries et la généalogie des familles anglaises *(p. 26)*. Détruit lors de l'incendie de 1666, il a été reconstruit au même emplacement dans les années 1670.

Mansion House, conçue en 1753 par George Dance l'Ancien, est la résidence officielle du lord-maire. Sa façade néopalladienne est une des plus familières de la City.

CARTE DE SITUATION
Voir l'atlas des rues, plans 7 et 8

REGENT'S PARK ET BLOOMSBURY

LA CITY ET SOUTHWARK

WEST END ET WESTMINSTER

Tamise

Le temple de Mithra, vestige de l'époque romaine dont les fondations ont été découvertes en 1940.

Musée de la Banque d'Angleterre

Le Royal Exchange, fondé en 1565 par sir Thomas Gresham, est la Bourse de commerce. Le bâtiment actuel date de 1844.

Bank

IRONMONGER LANE

OLD JEWRY

PRINCES STREET

THREADNEEDLE ST

CORNHILL

LOMBARD ST

STREET

WALBROOK

ST SWITHIN S

KING WILLIAM ST

15·TG·63

Lombard Street doit son nom aux banquiers italiens, originaires de Lombardie, qui s'y installèrent dès le XIIIᵉ siècle.

LÉGENDE

- - - Itinéraire conseillé

St Mary Abchurch semble spacieuse en raison du vaste dôme de Wren. Les sculptures de l'autel sont de Grinling Gibbons.

0   100 m

★ **St Stephen Walbrook**
Cette belle église construite par Wren abrite un étonnant autel de pierre blanche sculpté par Henry Moore ❶

Skinner's Hall, construit au XVIIIᵉ siècle dans un style italianisant, était le siège de la corporation des pelletiers.

St Stephen Walbrook ❶

39 Walbrook EC4. **Plan** 8 D3. 📞
020-7626 8242. 🚇 *Bank, Cannon St.*
⭘ *de 10 h à 16 h du lun. au jeu.,*
de 10 h à 15 h le ven. ⬤ *jours fériés.*

L'église paroissiale du lord-maire a été construite par sir Christopher Wren dans les années 1670. C'est l'une des plus belles églises de la City. L'intérieur, très aéré, est inondé de lumière par un dôme gigantesque qui semble flotter au-dessus des colonnes et des arcades qui le supportent. La coupole à caissons annonce celle de Saint-Paul. Les fonts baptismaux et le dais de la chaire, très ornés, contrastent avec le dépouillement de l'autel de pierre, sculpté par Henry Moore en 1987. Les récitals d'orgue gratuits (le vendredi) et les concerts à l'heure du déjeuner donnés dans l'église seront aussi l'occasion d'en admirer l'architecture.

St Paul's ❷

Voir p. 116-117

Gisants de chevaliers, Temple Church

Temple ❸

Middle Temple Lane EC4. **Plan** 7 A3.
🚇 *Temple.* **Middle Temple Hall** 📞
020-7427 4800. ⭘ *de 10 h à 11 h 30,*
15 h à 16 h du lun. au ven. (parc
seulement). ♿ *vacances scolaires.* 📷
téléphoner avant. **Temple Church** 📞
020-7353 8559. ⭘ *de 11 h à 16 h t.l.j.*
(fermé lors des réceptions).

D eux des quatre collèges d'avocats de Londres, Inner Temple et Middle Temple, se trouvent ici.

Le nom du collège rappelle celui des Templiers, un ordre religieux fondé en 1118 et chargé d'assurer la sécurité des pèlerins se rendant en Terre sainte. Les Templiers sont restés propriétaires des lieux jusqu'en 1312, date à laquelle l'ordre fut supprimé par la Couronne. La nef circulaire de l'église abrite des gisants de chevaliers ; certains remontent au XIIe siècle. Middle Temple Hall a conservé son intérieur d'époque élisabéthaine.

St Bartholomew-the-Great ❺

West Smithfield EC1. **Plan** 7 B1.
📞 *020-7606 5171.* 🚇 *Barbican,*
St Paul's. ⭘ *de 8 h 30 à 17 h du*
mar. au ven. (de mi-nov. à mi-fév. : de
8 h 30 à 16 h), de 10 h 30 à 13 h 30
sam. ⬤ *25, 26 déc., 1er janv.* ♿ 📷
🌐 *www.greatsbarts.com*

L e quartier de Smithfield a été le témoin de bien des événements dramatiques, parmi lesquels l'exécution en 1381 de Wat Tyler, chef des paysans révoltés, et de nombreux martyrs protestants. Cette église

Sir John Soane's Museum ❹

13 Lincoln's Inn Fields WC2. **Plan** 4 F4.
📞 *020-7405 2107.* 🚇 *Holborn.*
⭘ *de 10 h à 17 h du mar. au sam.,*
de 18 h à 21 h le 1er mardi du mois.
⬤ *jours fériés, 24 déc.* 📷 *sam.*
🌐 *www.soane.org*

C ette maison abrite l'un des musées les plus étonnants de Londres. Elle a été léguée à l'État par Sir John Soane en 1837, à la condition que rien ne serait changé aux collections. Fils de maçon, Soane fut l'un des plus grands architectes anglais du XIXe siècle, partisan d'un style néo-classique très mesuré. Grâce à la fortune de sa femme, il acheta et fit reconstruire le 12 Lincoln's Inn Fields. En 1813, il emménagea au n° 13 et fit reconstruire le 14 en 1824, en ajoutant une galerie de peintures et un parloir de couvent néo-médiéval. Aujourd'hui, selon le vœu

de Soane, les collections – des objets hétéroclites rassemblés pour leur beauté, leur caractère instructif ou leur étrangeté – sont encore dans l'état où il les laissa. On y trouve aussi bien des bronzes, des fragments de sculptures antiques, des peintures et des objets étonnants, dont un champignon géant de Sumatra et un étrange dispositif destiné à réduire au silence les épouses trop bavardes… Parmi les pièces les plus intéressantes, le sarcophage du pharaon Séthi Ier, les plans de Soane pour la banque d'Angleterre, des projets de sculptures d'artistes néo-classiques comme Banks ou Flaxman, et la fameuse série de peintures de Hogarth (1734) intitulée *Rake's Progress* (la *Carrière d'un débauché*).

Le bâtiment lui-même réserve bien des surprises au visiteur : dans la salle principale du rez-de-chaussée, des miroirs créent des effets de trompe-l'œil, un dôme vitré couronne le gigantesque atrium.

Un dôme vitré permet d'éclairer tous les étages.

Un énorme sarcophage (1300 av. J.-C.) repose sur le sol de la crypte.

est l'une des plus anciennes de la ville. Cachée derrière le marché de Smithfield, le seul marché de gros qui subsiste dans le centre de Londres, elle faisait autrefois partie d'un vaste ensemble monastique fondé en

L'ancien porche de St Bartholomew

1123 par le moine Rahère. Celui-ci était le bouffon du roi Henri Ier, jusqu'à ce qu'en rêve il voie saint Barthélemy le tirer des griffes d'un monstre ailé. Devenu prieur, Rahère ne renonça pas tout à fait à son ancien état : il divertissait quelquefois de ses bons tours la foule réunie pour la foire de la Saint-Barthélemy.

Une arcade du XIIIe siècle, aujourd'hui surmontée d'une construction de l'époque Tudor, donnait accès à l'église, détruite sur l'ordre d'Henri VIII avec tous les bâtiments monastiques du pays *(p. 50-51)*.

Museum of London ⑥

London Wall EC2. **Plan** 7 C2.
☎ *020-7600 3699.* ⊖ *Barbican, St Paul's.* ◯ *de 10 h à 17 h 50 du lun. au sam. et jours fériés, de 12 h à 17 h 50 dim.* ● *24 au 26 déc., 1er janv.* ♿
Ⓦ *www.museumoflondon.org.uk*

L e musée retrace l'histoire de Londres, de la préhistoire à nos jours. On y trouve des objets provenant de fouilles archéologiques ou des

Plat de céramique fait à Londres en 1602, Museum of London

reconstitutions de scènes de rue et d'intérieurs. Les nouvelles galeries de World City racontent la naissance du Londres moderne, de la Révolution française à la Première Guerre mondiale. Le passé romain est représenté par une fresque du IIe siècle, provenant d'un établissement de bains de Southwark et la période Tudor par de la céramique, dont un plat de Delft. Le département consacré au XVIIe siècle conserve la chemise que Charles Ier portait lors de son exécution *(p. 52-53)*.

Le carrosse doré du lord-maire, qui date de 1757, sert encore chaque année pour la procession de novembre.

Toutes les pièces sont remplies d'objets du sol au plafond.

Dans la galerie de peintures, les panneaux mobiles où sont accrochés les tableaux cachent d'autres œuvres.

Le parloir des moines conserve des objets d'art de style gothique.

La cathédrale Saint-Paul ❷

L e Grand Incendie de 1666 réduisit en cendres la première cathédrale médiévale. On s'adressa pour la reconstruction à Christopher Wren, mais le projet en croix grecque (à quatre bras d'égale longueur) proposé par l'architecte fut rejeté. Les autorités insistèrent pour revenir au plan classique en croix latine, avec une longue nef et deux bras de transept plus courts, censé mieux ramener l'attention des fidèles vers l'autel. Wren dut céder sur ce point, mais imposa le style baroque qui fait de la cathédrale, construite de 1675 à 1710, le cadre idéal des grandes cérémonies.

★ Le dôme
Culminant à 113 m, c'est l'un des plus importants du monde.

La balustrade qui couronne l'édifice a été rajoutée en 1718 contre l'avis de Wren.

★ La façade occidentale et les tours
Inspirées de l'architecte baroque italien Borromini, les tours ont été ajoutées par Wren en 1707.

Le porche ouest consiste en une double rangée de colonnes corinthiennes surmontée d'un fronton où figure la conversion de saint Paul.

La nef
Une succession d'arcades à la fois massives et majestueuses entraîne le visiteur sous l'immense dôme de la cathédrale.

CHRISTOPHER WREN

Après une formation scientifique, Christopher Wren (1632-1723) ne commença sa carrière d'architecte qu'à l'âge de 31 ans. Il devint l'un des principaux architectes de la reconstruction de Londres après le Grand Incendie de 1666 : on ne lui doit pas moins de 52 églises. Wren n'est jamais allé en Italie, mais son œuvre est influencée par l'architecture romaine Renaissance et baroque, qu'il connaissait par des gravures.

Porche ouest

Entrée principale, du côté de Ludgate Hill

La lanterne pèse 850 tonnes.

La galerie dorée offre un splendide panorama de Londres.

L'oculus percé dans la coupole ouvre sur la lanterne.

La galerie de pierre

MODE D'EMPLOI

Ludgate Hill EC4. **Plan** 7 C2.
📞 020-7236 4128. 🚇 St Paul's,
Mansion House. 🚌 4, 11, 15, 17,
23, 76, 172. 🚆 City Thameslink.
Cathédrale et crypte ◯
de 8 h 30 à 16 h 30 du lun. au sam.
(der. ent. : 16 h) ; pour les messes
le dim., les 25 déc. et ven. saint. 🚫
Galeries ◯ de 9 h 30 à 16 h 15.
(der. ent. : 16 h). 🚫 🚹 vêpres :
17 h du lun. au sam., 15 h 15 dim.
📷 🚻 ♿ W www.stpauls.co.uk

Le baldaquin du grand autel a été réalisé dans les années cinquante.

★ La galerie des murmures
L'acoustique exceptionnelle de la cathédrale permet d'entendre d'un côté à l'autre du dôme des paroles chuchotées.

Le chœur
Jean Tijou, réfugié protestant, créa à la fin du XVIIe siècle la plupart des œuvres de ferronnerie qui ornent la cathédrale, dont ces grilles de chœur.

Entrée de la crypte, panthéon des grands hommes anglais.

Entrée des galeries dorée, de pierre et des murmures

À NE PAS MANQUER

★ **La façade occidentale et les tours**

★ **Le dôme**

★ **La galerie des murmures**

Le porche sud, semi-circulaire, est inspiré de celui de l'église baroque Santa Maria della Pace à Rome, que Wren connaissait dans ses moindres détails grâce à des gravures.

Les stalles du chœur
Les stalles et le buffet d'orgue ont été sculptés par Grinling Gibbons (1648-1721). La réalisation de ces sculptures très élaborées demanda deux ans de travail au sculpteur et à son équipe.

Le Lloyd's Building de Richard Rogers

Lloyd's Building ❼

1 Lime St EC3. **Plan** 8 E2.
📞 020-7327 1000. ⊖ Monument,
Bank, Aldgate. 👁 au public.

Fondée à la fin du XVIIe siècle et spécialisée dans l'assurance navale, la Lloyd's devint rapidement la principale compagnie d'assurances mondiale. Conçu en 1986 par Richard Rogers, l'architecte du Centre Georges-Pompidou à Paris, l'édifice actuel est un immeuble d'acier et de verre aux énormes tuyaux d'acier rappelant le bâtiment parisien. La nuit, cette fascinante réalisation high-tech, l'une des plus originales de Londres, est fort bien éclairée.

Le Monument ❽

Monument St EC3. **Plan** 8 D3.
📞 020-7626 2717. ⊖ Monument.
◯ de 9 h 30 à 17 h t.l.j.
(dern. entrée 16 h 40).
● 25 et 26 déc., 1er jan. 📷

Suite au grand incendie de septembre 1666 qui détruisit la quasi-totalité de la ville originelle, Christopher Wren, chargé de la reconstruction du quartier, réalisa cette colonne dorique en pierre pour commémorer la catastrophe. Haute de 62 m, soit la distance exacte la séparant de Pudding Lane où débuta l'incendie, elle est coiffée d'une flamme de bronze. Sur le socle, les bas-reliefs représentent Charles II restaurant la ville après la tragédie.

Un étroit escalier en spirale de 311 marches conduit à une plate-forme panoramique minuscule. (En 1842, elle fut entourée de grilles pour éviter les suicides.) La montée est raide mais la vue du sommet est spectaculaire et un certificat récompense les visiteurs.

Tower of London ❾

Voir p.120-121.

Tower Bridge ❿

SE1. **Plan** 8 F4. 📞 020-7940 3985.
⊖ Tower Hill. **The Tower Bridge
Experience** ◯ d'avr. à oct. : de 10 h
à 18 h 30 t.l.j. ; de nov. à mars :
9 h 30 à 18 h t.l.j. (der. ent. : 17 h).
du 24 au 26 déc., 1er janv. 📷 ♿ 📷
🆆 www.towerbridge.org.uk

Tower Bridge est une réussite de la technologie de l'ère victorienne. Achevé en 1894 d'après les plans de sir Horace Jones, il est devenu l'un des symboles de la capitale. Les tours abritent un mécanisme qui permet de relever le pont pour laisser le passage aux navires. L'appareil néogothique en pierre cache une solide armature métallique. Entre les deux tours, le pont routier, en bas, et une passerelle pour les piétons, en haut. Cette dernière est restée fermée de 1909 à 1982, car on y croisait beaucoup de prostituées et de candidats au suicide. Le pont abrite un musée, le Tower Bridge Experience, qui illustre son histoire. On y verra aussi la machine à vapeur qui, jusqu'en 1976, actionnait le mécanisme de levage.

La passerelle, accessible aux piétons, offre de très beaux panoramas de la Tamise et de toute la ville.

Le pont routier une fois ouvert libère un espace de 40 m de haut sur 60 de large, de quoi livrer passage aux plus gros cargos.

Salle des machines

Rive gauche

300 marches et des ascenseurs permettent aux visiteurs d'accéder en haut des tours.

Le premier système de levage utilisait la vapeur.

Entrée

Rive droite

Design Museum ⓫

Butlers Wharf, Shad Thames SE1.
Plan 8 F4. 020-7940 8790.
Tower Hill, London Bridge.
de 10 h à 17 h 45 t.l.j. (dern.
entrée 17 h 15). du 24 au 26 déc.
020-7378
7031 (réservation conseillée).
www.designmuseum.org

Premier musée britannique à être uniquement consacré au design des XXᵉ et XXIᵉ siècles, sa collection est éclectique et illustre tant l'évolution des modes que l'architecture et les innovations techniques. Des objets de tous les jours y sont exposés, tels que mobilier, matériel de bureau, voitures, radios, télévisions et ustensiles ménagers. Le musée présente également des prototypes emblématiques comme la voiture de Le Corbusier ou le fauteuil « Paimio » d'Alvar Aalto. La richesse de la collection est telle qu'il est impossible de tout présenter et des expositions thématiques sont régulièrement organisées dans des domaines comme les nouveaux matériaux ou les effets du design sur la vie quotidienne. Cette démarche permet de découvrir l'ensemble de la collection.

Le musée s'étend sur deux niveaux, le premier accueillant les grandes expositions et la galerie du design contemporain du second différentes expositions plus petites. À l'extérieur, le long de la Tamise, le Design Museum Tank est consacré aux installations d'artistes et designers contemporains de premier plan. Au premier étage se trouve le Blueprint Café, un restaurant offrant de splendides vues sur la Tamise, notamment le soir.

Austin Mini, Design Museum

Le croiseur *Belfast* sur la Tamise

HMS Belfast ⓬

Morgan's Lane, Tooley St SE1.
Plan 8 E4. 020-7940 6328.
London Bridge, Tower Hill.
de mars à oct. : de 10 h à 18 h
t.l.j. ; de nov. à fév. : de 10 h à 17 h
t.l.j. du 24 au 26 déc.
limité. www.iwm.org.uk

Mis en service par la Royal Navy en 1938, le HMS *Belfast* est un croiseur de 11 500 tonnes qui joua un rôle déterminant dans la bataille navale du Cap Nord, en 1943, quand il participa à la destruction du croiseur allemand *Scharnhorst*. Il joua également un rôle primordial lors du débarquement en Normandie en 1944.

Après la Seconde Guerre mondiale, ce navire conçu pour l'offensive et pour soutenir les opérations amphibies fut envoyé sous mandat des Nations unies en Corée. Rentré en 1952, il fut restauré avant d'être désarmé en 1965.

Depuis 1971, il a été transformé en musée naval dont une partie reconstitue l'atmosphère à bord en 1943, lors de la bataille du Cap Nord. D'autres expositions présentent plus généralement la vie à bord pendant le conflit mondial. On y trouve aussi des objets liés à l'histoire de la Royal Navy.

Cette visite constitue une sortie en famille idéale, d'autant que le week-end les enfants peuvent prendre part à des activités éducatives qui se déroulent à bord.

London Dungeon ⓭

Tooley St SE1. **Plan** 8 D4. 020-
7403 7221. London Bridge.
de juil. à sept. : de 9 h 30 à 20 h t.l.j. ;
d'oct. à juin : de 10 h à 17 h 30 t.l.j.
(dern. entrée 30 min avant la
fermeture). 25 déc.
www.thedungeons.com

Version sophistiquée de la chambre des Horreurs de Madame Tussaud's (p. 106), ce musée illustre les événements les plus sanguinaires de l'histoire britannique. Sa scénographie macabre se double d'une ambiance sonore de cris de terreur. On y assiste à un sacrifice humain accompli par des druides à Stonehenge, à l'exécution d'Anne Boleyn sur les ordres de son mari Henri VIII ou à l'agonie des Londoniens lors de la Grande Peste de 1665. Torture, meurtre et sorcellerie complètent ce sinistre tableau.

Instruments de chirurgie du XIXᵉ siècle

The Old Operating Theatre ⓮

9a St Thomas St SE1. **Plan** 8 D4.
020-7955 4791. London
Bridge. de 10 h à 17 h t.l.j.
du 15 déc. au 5 jan.
www.thegarret.org.uk

Fondé au XIIᵉ siècle, c'est ici que s'élevait St Thomas Hospital, en grande partie démoli en 1862 et déplacé vers l'ouest pour laisser place au chemin de fer. La salle d'opération des femmes (The Old Operating Theatre Museum and Herb Garret), créée en 1822 dans les combles de l'église de l'hôpital, n'a survécu que parce qu'elle se trouvait à bonne distance des bâtiments principaux. Elle demeura donc murée et oubliée jusqu'aux années 1950. Restaurée, la plus ancienne salle d'opération britannique a retrouvé son aspect original du début du XIXᵉ siècle.

La Tour de Londres ❾

En 1066, à peine monté sur le trône, Guillaume le Conquérant fit bâtir à l'emplacement actuel de la Tour de Londres une forteresse pour protéger l'entrée de Londres du côté de l'estuaire de la Tamise. En 1097, la Tour blanche fut élevée au cœur de la forteresse ; d'autres bâtiments vinrent s'y ajouter au cours des siècles. La Tour a servi de résidence royale, d'armurerie, de trésor et de prison pour les opposants au régime monarchique. Parmi les nombreux prisonniers qui y furent exécutés figurent les « princes de la tour », les deux fils d'Édouard IV. Aujourd'hui, la Tour de Londres abrite les joyaux de la Couronne. Elle est fréquentée aussi par sept corbeaux particulièrement choyés, car une légende veut que la monarchie disparaisse le jour où ils quitteront la Tour.

La tour Beauchamp
Elle fut construite vers 1281 par Édouard Ier. Les prisonniers de haut rang y étaient incarcérés, parfois avec leurs domestiques.

Un « Beefeater »
Quarante « Yeomen » gardent la Tour et vivent sur place. Leur uniforme remonte aux Tudors.

Deux murs d'enceinte
du XIIIe siècle protègent la Tour.

Sur la pelouse de Tower Green ont été exécutés plusieurs prisonniers de marque, dont deux des femmes d'Henri VIII, Anne Boleyn et Catherine Howard ; les prisonniers moins importants mouraient en public, à Tower Hill.

Queen's House
Ce bâtiment Tudor est la résidence du souverain à la Tour.

Entrée principale en venant de Tower Hill

LES JOYAUX DE LA COURONNE

Ce trésor rassemble les couronnes, les sceptres, les globes et les épées utilisés pour le couronnement des rois et quelques autres grandes cérémonies. La plupart de ces objets datent de 1661, quand Charles II fit remplacer les symboles monarchiques détruits par le Parlement après l'exécution de Charles Ier *(p. 52-53)*. Les rares pièces antérieures conservées avaient été cachées par les membres du clergé jusqu'à la Restauration. Parmi elles, le saphir d'Édouard le Confesseur, qui orne maintenant la couronne impériale d'État *(p. 73)*, réalisée pour la reine Victoria en 1837 et utilisée depuis pour le couronnement de tous ses successeurs.

L'anneau du Souverain (1831)

Le globe du Souverain (1661), sphère d'or incrustée de pierres précieuses

★ Jewel House
ou la « maison
des joyaux » abrite
les joyaux de la
Couronne, dont
ce sceptre de 1660
où est enchâssé
le plus gros
diamant du monde.

★ La Tour blanche
Quand elle fut achevée en
1097, c'était le bâtiment le plus
élevé de la ville (27 m).

MODE D'EMPLOI

Tower Hill EC3. **Plan** 8 E3.
📞 020-7709 0765. 🚇 Tower Hill,
Tower Gateway (DLR). 🚌 15, X15,
25, 42, 78. 100, D1, D9, D11.
🚆 Fenchurch Street. ⛴ de
Westminster à Tower Pier. ⬜ mars-
oct. : de 9 h à 18 h lun.-sam., de
10 h à 18 h dim. ; nov.-fév. : de 9 h à
17 h lun.-sam., de 10 h à 17 h dim.
(der. ent. 1 h av. la ferm.). ⬤
24-26 déc., 1er janv. 🎫 ♿ limité,
sauf pour les joyaux de la Couronne.
📷 **Cérémonie des clefs** : 21 h 30
t.l.j. 🌐 www.hrp.org.uk

★ Chapelle Saint-Jean
Cette chapelle romane d'une
austère beauté est un très
bel exemple de l'architecture
normande.

La porte des Traîtres
Après un procès à Westminster
Hall, les prisonniers entraient
par cette porte.

TAMISE

La Tour sanglante
Après la mort d'Édouard IV en
1483, ses deux fils furent
enfermés dans la Tour
par leur oncle, Richard
de Gloucester, couronné plus
tard sous le nom de
Richard III. Les deux princes,
représentés ici par John Millais
(1829-1896), disparurent
mystérieusement ; en 1674,
on déterra près de la Tour
les squelettes de deux enfants.

À NE PAS MANQUER

★ Jewel House

★ La Tour blanche

★ La chapelle Saint-Jean

George Inn, désormais propriété du National Trust

George Inn ⑮

77 Borough High St SE1. **Plan** 8 D4.
📞 020-7407 2056. 🚇 *London Bridge, Borough.* 🕐 *de 11 h à 23 h du lun. au sam. ; de 12 h à 22 h 30 le dim.* 🔟

Cette auberge du XVIIᵉ siècle est l'unique bâtiment de Londres doté d'une galerie de bois qui ait survécu. Mentionnée dans *Little Dorrit* de Dickens, elle fut reconstruite dans un style médiéval après l'incendie de Southwark en 1676. À l'origine, trois corps de bâtiments encadraient une cour où, au XVIIᵉ siècle, étaient données des pièces de théâtre. Les ailes nord et est ayant été démolies en 1889, il n'en subsiste qu'un seul.

L'auberge abrite toujours un restaurant et un pub dont l'atmosphère confortable est bienvenue par temps froid. En été, des tables sont installées dans la cour où sont parfois présentés divers spectacles. Ne manquez pas la bière brune *(bitter)* maison.

Borough Market ⑯

8 Southwark St SE1. **Plan** 8 D4.
🚇 *London Bridge.* **Marché** 🕐 *ven. de 12 h à 18 h, sam. de 9 h à 16 h.*

Encore récemment, ce marché né au Moyen Âge était spécialisé dans la vente en gros de fruits et légumes. Installé sous la voie ferrée, il fut transféré à cet endroit insolite en 1756. C'est désormais un marché très fréquenté et réputé. On y trouve des produits gastronomiques du monde entier mais aussi des fruits et des légumes de grande qualité.

Vitrail en hommage à Shakespeare (1954), Southwark Cathedral

Southwark Cathedral ⑰

Montague Close SE1. **Plan** 8 D4.
📞 020-7367 6712. 🚇 *London Bridge.* 🕐 *de 8 h à 18 h t.l.j.* 🖥
ⓦ www.dswark.org.uk

Élevée au rang de cathédrale en 1905, cette ancienne église date du XIIᵉ siècle comme en témoignent certaines parties. Elle conserve de nombreux éléments médiévaux, notamment le superbe chœur gothique et la tombe du poète John Gower (vers 1325-1408), contemporain de Chaucer *(p. 172)*. Shakespeare y est honoré par un monument sculpté en 1912 et par un vitrail *(ci-dessus)* installé en 1954.

Shakespeare's Globe ⑱

New Globe Walk SE1. **Plan** 7 C3.
📞 020-7902 1500. *Réservations :* 020-7401 9919. 🚇 *London Bridge, Mansion House.* **Exposition** 🕐 *de mai à sept. : de 9 h à 16 h t.l.j. ; d'oct. à avr. : de 10 h à 17 h t.l.j.* ⬤ *24 et 25 déc.* 🎫 🏷 ♿ 📷 *toutes les 30 min.* 🎭 **Spectacles** *de mai à sept.* ♿ *limité.*
ⓦ www.shakespeares-globe.org

Ouvert en 1997, cet édifice circulaire est une réplique exacte d'un théâtre de la fin du XVIᵉ siècle, proche de l'endroit qu'occupait l'ancien Globe, le théâtre dont Shakespeare devint propriétaire en 1609. Sa structure de brique et de chêne, maintenue par des chevilles de bois, est coiffée du premier toit de chaume autorisé à Londres depuis le grand incendie de 1666. Il a été édifié grâce à la ténacité de l'acteur-réalisateur américain Sam Wanamaker qui soutint le projet pendant plus de vingt ans. Conçu pour des spectacles à ciel ouvert, il ne fonctionne qu'en été, mais les places sont toutefois protégées. Les représentations peuvent se révéler mouvementées car les spectateurs qui se trouvent debout face à la scène n'hésitent pas à acclamer ou à huer.

Au sous-sol, dans l'Underglobe, une exposition présente toute l'année différents aspects de l'œuvre de Shakespeare et du théâtre élisabéthain. Les groupes peuvent y réserver pour une exposition sur le Rose Theatre voisin, le tout premier théâtre de Bankside.

***Henri IV* de Shakespeare (représenté au Globe Theatre vers 1600)**

Tate Modern ⓲

Holland St, SE1. **Plan** 7 C3.
📞 020-7887 8000. 🚇 Blackfriars,
Mansion House, Southwark. 🕐 du
dim. au jeu. de 10 h à 18 h ; ven. et sam.
de 10 h à 22 h. ⬛ du 24 au 26 déc.
🎫 grandes expositions seul. ♿ 🍴
⬛ 📷 🚫 🌐 www.tate.org.uk

N ichée sur la rive sud de
la Tamise, la Tate Modern
est aménagée dans l'ancienne
centrale électrique de Bankside,
un espace dynamique
présentant l'une des toutes
premières collections d'art
moderne et contemporain.
Ses nombreuses œuvres
proviennent de l'immense
collection de la Tate, puisées
dans les fonds des Tate St Ives
(p. 265), Tate Liverpool *(p. 363)*
et Tate Britain *(p. 93).* Le
changement régulier des œuvres
présentées et l'organisation
de nombreuses expositions
temporaires en font un lieu
en perpétuel mouvement.

L'entrée ouest du musée
conduit directement à
l'immense Turbine Hall, la salle
des machines, qui accueille
chaque année un artiste
pouvant laisser libre cours à son
imagination. Louise Bourgeois
fut la première à y exposer,
créant trois tours géantes et une
araignée gargantuesque de 9 m
de haut, *Maman* (2000).
Juan Muñoz puis Anish Kapoor
lui ont succédé.

Un escalier mécanique sur
deux niveaux permet d'accéder
rapidement au niveau 3 où sont
situées les salles principales.
Hors de toute convention,
les collections
sont présentées
par thèmes
plutôt que par
chronologie
ou par école,
une démarche qui
transcende les mouvements
artistiques et mélange
les moyens d'expression.
Quatre thèmes révèlent ainsi
comment les traditions ont
été défiées, approfondies
ou rejetées par les artistes
des XXᵉ et XXIᵉ siècles.

Au niveau 3, nature
morte/objet/vie réelle
présente des œuvres très
différentes, des tableaux de
Cézanne aux objets insolites
de Claes Oldenburg.
Également
au niveau 3,
paysage/matière/
environnement
permet d'appréhender comment
les artistes ont relevé le défi
de représenter notre
environnement. Dans l'une des
salles, un représentant du land

***Standing by the Rags* (1988-1989)
de Lucian Freud**

art, Richard Long, voisine avec
l'impressionniste Claude Monet,
offrant un
aperçu
saisissant
des points
communs
qui les unissent
malgré des
approches qui semblent
radicalement différentes.
Au niveau 5, nu/action/
corps présente
les artistes qui, comme
Lucian Freud, se sont
attachés au corps.
Également au niveau 5,
les salles histoire/
mémoire/société
abritent des artistes
du XXᵉ siècle, tels Piet
Mondrian et Joseph
Beuys, ayant abordé
réalités sociale
et politique.
Cette collection
permanente est
complétée par un programme
dynamique d'expositions
temporaires avec
trois manifestations
de grande envergure par an.

***Death* de *Death Hope Life Fear*
(1984) de Gilbert et George**

***Soft Drainpipe-Blue (Cool)*
(1967) de Claes Oldenburg**

LA CENTRALE ÉLECTRIQUE DE BANKSIDE

Cette imposante forteresse a été réalisée en 1947 par
sir Giles Gilbert Scott, l'architecte de Battersea Power Station,
de Waterloo Bridge et le concepteur des célèbres cabines
téléphoniques rouges. La structure de cette centrale électrique
est revêtue de plus de 4,2 millions de briques cerclées d'acier.
La salle des machines (Turbine Hall) fut conçue pour abriter
d'immenses générateurs ; trois vastes cuves à pétrole existent
toujours, enterrées juste au sud de l'édifice. Elles doivent être
utilisées lors d'une étape ultérieure du développement de la
Tate Modern. La centrale électrique elle-même a été reconvertie
par les architectes suisses Herzog et de Meuron qui ont conçu
la verrière du toit sur deux niveaux. Celle-ci éclaire les galeries
supérieures et offre de magnifiques vues de Londres.

Façade, cheminée et verrière de la Tate Modern

BOUTIQUES ET MARCHÉS

Sacs de deux boutiques célèbres du West End

Londres est une des grandes capitales mondiales du shopping. On y trouve toutes sortes de boutiques *(p. 627)*, des grands magasins connus dans le monde entier et des petits marchés de quartier. Il y en a vraiment pour tous les goûts, des boutiques haut de gamme de Knightsbridge vendant porcelaine, bijoux, vêtements de marque, aux magasins plus abordables d'Oxford Street, en passant par les marchés bruyants et colorés de Covent Garden *(p. 81)*, Berwick Street ou Brick Lane. À Londres, on trouve surtout une incroyable diversité de vêtements, des tweeds les plus traditionnels aux tenues les plus colorées et les plus excentriques.

LES GRANDS MAGASINS

Façade de Liberty (1925)

Avec 300 rayons et 4 000 employés, **Harrods** est le plus connu des grands magasins de Londres. Le décor édouardien du département alimentation vaut à lui seul le détour. Tout près, **Harvey Nichols** peut se vanter d'avoir le rayon alimentaire le plus chic de la ville. L'épicerie fine **Fortnum and Mason** existe depuis près de 300 ans. On y trouve aussi un salon de thé.

   Selfridges vend à peu près de tout, des grandes marques de prêt-à-porter internationales jusqu'aux gadgets pour la maison ; **John Lewis** et **Peter Jones** proposent des tissus, des porcelaines, de la verrerie et des objets de décoration. **Liberty** est le dernier grand magasin privé ; on y trouve encore les soieries et les tissus orientaux qui ont fait la réputation de la maison dès son ouverture en 1875. **Marks and Spencer**, renommé pour la qualité de sa ligne de vêtements, possède aussi de nombreux magasins d'alimentation. **Virgin Megastore**, **Tower Records** et **HMV** sont les trois plus grands magasins de disques de la ville.

VÊTEMENTS ET CHAUSSURES

Les stylistes anglais les plus connus sont **Jasper Conran**, le plus élégant, **Vivienne Westwood**, la doyenne, **Margaret Howell** et **Paul Smith**. Une foule de créateurs s'essaient aux tenues les plus extravagantes, destinées aux jeunes branchés de la capitale ; **Urban Outfitters** est leur magasin de prédilection. Les stylistes moins outranciers et les grands noms de la mode internationale sont présents chez **Browns** et les grands magasins Harvey Nichols, Liberty et Selfridges.

   Les vêtements plus traditionnels – vestes Barbour, imperméables Burberry – s'achètent à **The Scotch House**, chez **Burberry** ou **Gieves & Hawkes**.

   Au rayon chaussures, **Church's** et **John Lobb** représentent le haut de gamme ; on trouvera des modèles originaux chez **Emma Hope**, plus abordables chez **Hobbs** ou **Pied à Terre**.

MARCHÉS

Sur les marchés de Londres, on trouve vraiment de tout, des vêtements neufs ou d'occasion aux denrées alimentaires, antiquités ou articles de maison.

   Les marchés les plus courus sont **Camden Lock, Greenwich, Portobello Road** et **Covent Garden**, où l'on trouve pêle-mêle artisanat, brocante et vieux vêtements.

La nuit venue, 11 500 ampoules illuminent la façade de Harrods

Les chineurs avertis préfèrent se rendre, le vendredi matin de bonne heure, au marché de **Bermondsey**, dans le sud de Londres.

Le marché de **Petticoat Lane** est renommé pour ses articles de cuir. À **Brick Lane**, un autre authentique marché de l'East End, les étals et appentis croulent sous un bric-à-brac de vieux meubles, livres, fripes… Des deux côtés de **Berwick Street** alternent marchands des quatre saisons, tissus et articles de maison.

Borough Market est un marché très fréquenté où l'on trouve des produits de la ferme (p. 122).

La foule du marché de Petticoat Lane, dans Middlesex Street

GRANDS MAGASINS

Fortnum and Mason
181 Piccadilly W1.
Plan 6 D1.
020-7734 8040.

Harrods
87-135 Brompton Rd SW1.
Plan 5 A3.
020-7730 1234.

Harvey Nichols
109-125 Knightsbridge SW1.
Plan 5 B2.
020-7235 5000.

HMV
150 Oxford St W1.
Plan 4 D4.
020-7631 3423.

John Lewis
278-306 Oxford St W1.
Plan 3 C5.
020-7629 7711.

Liberty
210-220 Regent St W1.
Plan 3 C5.
020-7734 1234.

Marks & Spencer
173 et 458 Oxford St W1.
Plan 3 C5 / 3 B5.
020-7935 7954.
Deux des nombreuses succursales.

Peter Jones
Sloane Square SW1.
Plan 5 A4.
020-7730 3434.

Selfridges
400 Oxford St W1.
Plan 3 B5.
020-7629 1234.

Tower Records
1 Piccadilly Circus W1.
Plan 6 D1.
020-7439 2500.

Virgin Megastore
14-16 Oxford St W1.
Plan 4 E4.
020-7631 1234.

VÊTEMENTS ET CHAUSSURES

Browns
23-27 South Molton St W1.
Plan 3 B5. 020-7514 0000. *Une des nombreuses succursales.*

Burberry
18-22 Haymarket SW1.
Plan 6 D1.
020-7930 3343.
Une des deux succursales.

Church's Shoes
163 New Bond St W1.
Plan 3 C5. 020-7499 9449. *Une des nombreuses succursales.*

Gieves & Hawkes
1 Savile Row W1.
Plan 3 C5.
020-7434 2001.

Hobbs
47 South Molton St W1.
Plan 3 C5. 020-7629 0750. *Une des nombreuses succursales.*

Emma Hope
53 Sloane Sq W1
Plan 5 B4.
020-7259 9566.
Une des trois succursales.

Jasper Conran
6 Burnsall St SW3.
Plan 5 B4.
020-7532 3572.

John Lobb
9 St James's St SW1.
Plan 6 D3.
020-7930 3664.

Margaret Howell
34 Wigmore St W1.
Plan 3 B4.
020-7009 9006.

Paul Smith
40-44 Floral St WC2.
Plan 4 E5.
020-7379 7133.
Une des nombreuses succursales.

Pied à Terre
19 South Molton St W1
Plan 3 B5. 020-7629 1362. *Une des nombreuses succursales.*

The Scotch House
2 Brompton Rd SW1.
Plan 5 A2. 020-7581 2151. *Une des nombreuses succursales.*

Urban Outfitters
36-38 Kensington High St W8. **Plan** 1 C4.
020-7761 1001.

Vivienne Westwood
6 Davies St W1.
Plan 3 B5.
020-7629 3757.

MARCHÉS

Bermondsey
Long Lane et Bermondsey St SE1. **Plan** 8 E5.
de 5 h à 14 h ven.

Berwick Street
Berwick St W1.
Plan 4 D5. de 9 h à 18 h du lun. au sam.

Borough
8 Southwark St SE1. **Plan** 8 D4. de midi à 18 h ven., de 9 h à 16 h sam.

Brick Lane
Brick Lane E1.
Liverpool St, Aldgate East.
de l'aube à 13 h dim.

Camden Lock
Chalk Farm Rd NW1.
Camden Town, Chalk Farm. de 9 h 30 à 17 h 30 t.l.j.

Covent Garden
The Piazza WC2.
Plan 4 F5. de 9 h à 17 h t.l.j. (antiquités : lun.).

Greenwich
College Approach SE10.
Greenwich. de 9 h à 18 h le sam. et dim.

Old Spitalfields
Commercial St E1.
Liverpool St
de 9 h 30 à 17 h 30 dim.

Petticoat Lane
Middlesex St E1. **Plan** 8 E2. Liverpool St.
de 9 h à 14 h dim.

Portobello Road
Portobello Rd W10.
Notting Hill Gate.
de 7 h à 17 h 30 sam.

SE DISTRAIRE À LONDRES

Londres propose un très vaste éventail de distractions. Ici comme dans toutes les autres grandes métropoles, on peut choisir de passer la nuit dans une discothèque à la mode ou d'aller au spectacle ou au concert. On ne saurait s'arrêter à Londres sans consacrer une soirée au théâtre, pour assister à un spectacle prestigieux dans le West End ou à quelque pièce expérimentale. Côté ballet ou opéra, Sadler's Wells et le Royal Opera House ont toujours une programmation d'excellente qualité.

En musique aussi, vous n'aurez que l'embarras du choix : classique, jazz, rock, dans de petits clubs en sous-sol, en plein air comme à Wembley ou dans d'ancien-

De nombreux cafés proposent des concerts gratuits

nes salles de cinéma reconverties.

Les cinéphiles peuvent hésiter chaque soir entre plusieurs centaines de films. Les amateurs de sport préféreront assister à un match de cricket au Lord's ou pratiquer leur sport préféré, des sports nautiques au patin à glace. Tous les mercredis paraît *Time Out*, le guide qui recense tous les spectacles de la capitale. Des quotidiens comme *The Evening Standard* et *The Independent*, l'hebdomadaire *The Guardian* (le samedi) publient eux aussi le programme des spectacles. Si vous achetez vos billets dans une agence de location et non au guichet de la salle, comparez toujours les prix. N'ayez recours au marché noir qu'en dernière extrémité.

WEST END ET THÉÂTRES NATIONAUX

Affiche du Palace Theatre (1898)

Les théâtres du West End peuvent s'enorgueillir d'avoir vu passer une galerie impressionnante d'acteurs prestigieux. Le coût des productions de ces théâtres (voir les adresses à la page suivante) est supporté par les bénéfices réalisés et grâce à l'aide d'une armée de mécènes, les « anges ». La programmation cherche à toucher tous les publics : comédies musicales,

classiques, comédies, pièces d'auteurs contemporains qui peuvent rester à l'affiche des années entières si le succès est au rendez-vous.

Le **Royal National Theatre**, subventionné, fait partie du South Bank Centre *(p. 128)*, au bord de la Tamise. Il dispose de trois salles – la grande salle Olivier, la salle Lyttelton, dotée d'une importante avant-scène, et la petite salle Cottesloe, facilement modulable – qui permettent de présenter des mises en scène très différentes.

La **Royal Shakespeare Company** a inclus dans son répertoire, outre les pièces de Shakespeare, des tragédies grecques, des œuvres de la Restauration ou du XXᵉ siècle. La compagnie est basée à Stratford-upon-Avon *(p. 313-315)*, mais les principales productions sont montées aussi à Londres. Elles se donnaient auparavant au Barbican Centre *(p. 128)*, mais la RSC se produit désormais dans le West End.

Le prix des places varie de 5 à 30 livres. On peut se les procurer directement aux guichets des théâtres, les réserver par téléphone ou se les faire envoyer par la poste. Le kiosque de Leicester Square, ouvert du lundi au samedi de 14 h 30 à 18 h 30

(à partir de midi pour les représentations en matinée) vend des billets moins chers pour le jour même.

THÉÂTRES « OFF »

Les théâtres « off West End » offrent aux directeurs de compagnies et aux acteurs l'occasion de participer à des productions différentes, où l'on peut se montrer plus soucieux de création et d'innovation que de rentabilité. Les « fringe theatres » – de « fringe », limite, parce que ces théâtres sont implantés à la limite de la ville – sont en général loués à des compagnies de passage. Dans ces théâtres « off » sont montées les œuvres d'auteurs peu connus. Ces endroits sont beaucoup trop nombreux

L'Old Vic abrite le National Theatre depuis 1963

Théâtre en plein air à Regent's Park

pour que l'on puisse tous les répertorier ici ; il faut se reporter aux listes publiées dans les journaux. Il peut s'agir de salles minuscules, parfois situées tout simplement au-dessus d'un pub, comme le Gate, ou de grandes salles comme le Donmar Warehouse, qui a vu passer des acteurs et des metteurs en scène de talent.

THÉÂTRES EN PLEIN AIR

L'été, c'est un véritable enchantement d'assister à la représentation d'une comédie de Shakespeare comme *Le Songe d'une nuit d'été* au milieu des frondaisons de Regent's Park (020-7935 5756) ou Holland Park (020-7602 7856). D'autres pièces de théâtre sont aussi jouées en plein air au Globe *(p. 122)*, reconstitution d'un théâtre élisabéthain.

CINÉMAS

Dans le West End, on trouve nombre de complexes multisalles (MGM, Odeon, UCI) où sont projetées notamment toutes les grandes productions hollywoodiennes, bien avant leur distribution dans le reste du pays. L'Odeon Marble Arch possède le plus grand écran d'Europe ; la plus grande salle de la ville (2 000 places) est l'Odeon Leicester Square .

Les Londoniens sont en général très friands de cinéma, et les plus grands circuits de distribution introduisent dans leur programme des films à petit budget ou provenant d'autres pays. La plupart des films étrangers sont sous-titrés, et non doublés. Les cinémas indépendants, comme le Metro, le Renoir, le Prince Charles dans le centre-ville, ou le Curzon dans Mayfair, diffusent des films d'art et d'essai et des œuvres en version originale.

Il n'y a pas de quartier sans cinéma, mais la plupart des salles sont concentrées dans le district de Leicester Square. Juste à côté, le Prince Charles est le cinéma le moins cher du West End. Ailleurs, le prix des places varie entre 6 et 9 livres en soirée. Le lundi et en matinée, les séances sont souvent moins chères.

Le NFT (National Film Theatre) est le fer de lance du cinéma de répertoire. Subventionné par le British Film Institute, il possède un fonds très important de films anciens ou plus récents provenant du monde entier. À proximité, à Waterloo, le cinéma IMAX possède l'un des plus grands écrans au monde.

Le cinéma IMAX, à Waterloo

CARNET D'ADRESSES			
Adelphi Strand. **Plan** 4 F5. 020-7344 0055.	**Duchess** Catherine St. **Plan** 4 F5. 020-7494 5075.	**New London** Drury Lane. **Plan** 4 E5. 020-7405 0072.	**Royal Shakespeare Company** 0870 609 1110.
Albery St Martin's Lane. **Plan** 4 E5. 020-7369 1730.	**Duke of York's** St Martin's Lane. **Plan** 4 E5. 020-7836 5122.	**Palace** Shaftesbury Ave. **Plan** 4 E5. 020-7434 0909.	**Shaftesbury** Shaftesbury Ave. **Plan** 4 E4. 020-7379 5399.
Aldwych Aldwych. **Plan** 4 F5. 020-7416 6003.	**Fortune** Russell St. **Plan** 4 F5. 020-7836 2238.	**Phoenix** Charing Cross Rd. **Plan** 4 E5. 020-7369 1733.	**Strand** Aldwych. **Plan** 4 F5. 020-7930 8800.
Apollo Shaftesbury Ave. **Plan** 4 E5. 020-7494 5070.	**Garrick** Charing Cross Rd. **Plan** 4 E5. 020-7494 5085.	**Piccadilly** Denman St. **Plan** 4 D5. 020-7369 1734.	**St Martin's** West St. **Plan** 4 E5. 020-7836 1443.
Cambridge Earlham St. **Plan** 4 E5. 020-7494 5054.	**Gielgud** Shaftesbury Ave. **Plan** 4 D5. 020-7494 5065.	**Prince Edward** Old Compton St. **Plan** 4 D5. 020-7447 5400.	**Theatre Royal :** **–Drury Lane** Catherine St. **Plan** 4 F5. 020-7494 5062.
Comedy Panton St. **Plan** 6 E1. 020-7369 1731.	**Her Majesty's** Haymarket. **Plan** 6 E1. 020-7494 5400.	**Prince of Wales** Coventry St. **Plan** 4 D5. 020-7839 5987.	**–Haymarket** Haymarket. **Plan** 6 E1. 020-7930 8800.
Criterion Piccadilly Circus. **Plan** 4 D5. 020-7369 1747.	**Lyceum** Wellington St. **Plan** 4 F5. 0870 243 9000.	**Queen's** Shaftesbury Ave. **Plan** 4 E5. 020-7494 5040.	**Vaudeville** Strand. **Plan** 4 F5. 020-7836 9987.
Dominion Tottenham Court Rd. **Plan** 4 E4. 020-7413 1713.	**Lyric** Shaftesbury Ave. **Plan** 4 D5. 020-7494 5045.	**Royal National** (Olivier, Lyttelton, Cottesloe) South Bank. **Plan** 7 A4. 020-7452 3000.	**Wyndham's** Charing Cross Rd. **Plan** 4 E5. 020-7369 1736.

Le Royal Festival Hall, South Bank Centre

MUSIQUE CLASSIQUE, OPÉRA ET DANSE

Londres est l'une des grandes capitales mondiales de la musique classique, avec cinq orchestres symphoniques, des orchestres de chambre de renommée internationale comme l'Académie de St-Martin-in-the-Fields ou l'English Chamber Orchestra, et une infinité de petits orchestres. Des concerts prestigieux ont lieu pratiquement toutes les semaines ; l'été est une période encore plus faste, avec la saison du **Royal Albert Hall** *(p. 62-66)*. L'excellente acoustique du **Wigmore Hall**, récemment restauré, permet d'y donner des concerts de musique de chambre, tout comme dans l'église baroque **St John's, Smith Square**.

Les spectacles produits par le **Royal Opera House** (en travaux jusqu'à l'an 2000) sont souvent somptueux, mais les places sont chères (entre 5 et 200 livres) et généralement réservées très longtemps à l'avance. L'English National Opera, basé au **London Coliseum**, a une programmation plus éclectique et s'adresse à des spectateurs plus jeunes. La plupart des œuvres sont représentées en anglais.

Le Royal Opera House abrite le Royal Ballet et le London Coliseum l'English National Ballet, les deux plus grandes compagnies de danse de Grande-Bretagne. Les deux établissements accueillent aussi des troupes extérieures. **The Place**, théâtre consacré à la danse contemporaine accueille les nombreuses compagnies qui se sont créées ces dernières années.

D'autres spectacles de danse ont lieu à **Sadler's Wells**, à l'**ICA**, au **Peacock Theatre** et au **Chisenhale Dance Space**.

Des concerts et des opéras sont donnés aussi au **Barbican** et au **South Bank Centre**, qui comprend le Royal Festival Hall, le Queen Elizabeth Hall et la Purcell Room.

Pendant l'été, de nombreux concerts en plein air se tiennent dans toute la ville *(p. 62-63)*, notamment à **Kenwood House**. Les plus intéressants sont le Royal Opera Festival, en juin, qui réunit des chanteurs venus du monde entier, le City of London Festival, en juillet, avec des concerts très variés, enfin les festivals de danse contemporaine comme Spring Loaded (de février à avril) et Dance Umbrella (octobre). Le magazine *Time Out* et les journaux publient les programmes complets.

Kenwood House à Hampstead Heath *(p. 132)*

CARNET D'ADRESSES

MUSIQUE CLASSIQUE, OPÉRA ET DANSE

Barbican
Silk St EC2. **Plan** 7 C1.
📞 020-7638 8891.

Chisenhale Dance Space
64-84 Chisenhale Rd E3.
🚇 Bethnal Green, Mile End. 📞 020-8990 2584.

ICA
The Mall SW1. **Plan** 6 E1.
📞 020-7930 3647.

Kenwood House
Hampstead Lane NW3.
🚇 Archway.
📞 020-8233 7435.

London Coliseum
St Martin's Lane W2. **Plan** 4 E5. 📞 020-7632 8300.

Peacock Theatre
Portugal St WC2. **Plan** 4 F5. 📞 020-7863 8000.

The Place
17 Duke's Rd WC1.
Plan 4 E2.
📞 020-7387 0031.

Royal Albert Hall
Kensington Gore SW7.
Plan 2 E4.
📞 020-7589 3203.

Royal Opera House
Bow St WC2. **Plan** 4 F5.
📞 020-7304 4000.

Sadler's Wells
Rosebery Ave EC1. 🚇
Angel. 📞 020-7278 8916.

St John's, Smith Square
Smith Sq SW1. **Plan** 6 E3.
📞 020-7222 1061.

South Bank Centre
South Bank SE1. **Plan** 6 F1. 📞 020-7921 0600.

Wigmore Hall
Wigmore St W1. **Plan** 3 B4. 📞 020-7935 2141.

ROCK, POP, JAZZ ET CLUBS

100 Club
100 Oxford St W1. **Plan** 4 D5. 📞 020-7636 0933.

Brixton Academy
211 Stockwell Rd SW9.
🚇 Brixton.
📞 020-7924 9999.

Fridge
Town Hall Parade, Brixton Hill SW2. 🚇 Brixton.
📞 020-7326 5100.

Forum
9-17 Highgate Rd NW5.
🚇 Kentish Town.
📞 020-7284 1001.

Gossips
69 Dean St W1. **Plan** 4 D4. 📞 020-7434 4480.

Heaven
Sous les Arches, Villiers St WC2. **Plan** 6 E1.
📞 020-7930 2020.

L'Hippodrome, Leicester Square

ROCK, POP, JAZZ, CLUBS

Toute la semaine, on peut assister à Londres à un grand nombre de concerts très différents ; rock, pop, jazz, musiques latino-américaines ou traditionnelles, folk et reggae, tous les styles sont représentés. Les plus grands artistes se produisent dans des lieux comme **Wembley Arena** ou le **Royal Albert Hall**. Certains préfèrent la **Brixton Academy** ou le **Forum**, anciens cinémas transformés.

Les clubs de jazz se sont multipliés ces dernières années. Parmi les valeurs sûres, on peut citer **Ronnie Scott's** ; au rang des nouveaux venus, figurent le **100 Club**, le **Jazz Café** et **Pizza on the Park**.

La vie nocturne de Londres est particulièrement intense, surtout depuis 1990 : la loi autorise l'ouverture des discothèques toute la nuit. Les heures d'ouverture vont généralement de 22 h à 3 h du matin, mais le week-end la plupart des clubs sont ouverts jusqu'à 6 h. Ils sont animés par des DJ célèbres ; certains, comme le **Stringfellows**, le **Limelight** ou l'**Hippodrome**, font désormais partie des circuits touristiques. Il y a aussi le **Ministry of Sound**, qui a introduit à Londres le style new-yorkais, le cabaret **Madame Jojo's**, le club branché **333** à Shoreditch, les spectacles laser du

Agence de spectacle sur Shaftesbury Avenue

Heaven, le prestigieux **Pacha London** ou le **Gossips** (ska, soul et rythm and blues le jeudi). Le Heaven et le **Fridge** comptent parmi les plus populaires des boîtes gay de Londres.

SPORTS

À Londres, les installations sportives sont très nombreuses et en général bon marché. La plupart des quartiers de la ville bénéficient d'une piscine, de courts de squash, de salles de gymnastique ; presque tous les parcs possèdent des courts de tennis. On peut aussi faire du canotage ou du patin à glace, ou assister en simple spectateur à des matches de football ou de rugby à **Wembley Stadium**, voir du cricket au **Lord's** ou à l'**Oval**, du tennis à l'**All England Lawn.Tennis Club** de Wimbledon.

Autres sports britanniques traditionnels : le polo à **Guards**, le croquet à **Hurlingham** et le jeu de paume au **Queen's Club Real Tennis**. Il est difficile de se procurer des billets pour les manifestations les plus populaires *(p. 67)*. Pour des informations complémentaires, voir pages 630 et 631.

Hippodrome
Leicester Square WC2.
Plan 4 E5.
☎ 020-7437 4311.

Jazz Café
3-5 Parkway NW1.
🚇 Camden Town.
☎ 020-7916 6060.

Limelight
136 Shaftesbury Ave,
WC2. **Plan** 4 E5.
☎ 020-7434 0572.

Madame Jojo's
8-10 Brewer St W1.
Plan 4 D5.
☎ 020-7734 3040.

Ministry of Sound
103 Gaunt St SE1.
Plan 7 C5.
☎ 020-7378 6528.

Pacha London
Terminus Place SW1.
Plan 5 C3.
☎ 020-7834 4440.

Pizza on the Park
11 Knightsbridge SW1.
Plan 5 B2.
☎ 020-7235 5550.

Ronnie Scott's
47 Frith St W1.
Plan 4 D5.
☎ 020-7439 0747.

Stringfellows
16-19 Upper St Martin's
Lane SW2. **Plan** 4 E5.
☎ 020-7240 5534.

333
333 Old St EC1.
☎ 020-7739 5949.

**Wembley Stadium,
Wembley Arena**
Empire Way, Wembley,
Middlesex. 🚇 Wembley
Park. ☎ 020-8900 1234.

SPORTS

**All England Lawn
Tennis Club**
Church Rd, Wimbledon
SW19. 🚇 Southfields.
☎ 020-8946 2244.

Guards Polo Club
Windsor Great Park,
Englefield Green, Egham,
Surrey. 🚆 Egham.
☎ 01784 434212.

**Hurlingham
Club**

Ranelagh Gdns SW6.
Plan 5 B5.
☎ 020-7736 8411.

**Lord's Cricket
Ground**
St John's Wood NW8.
🚇 St John's Wood.
☎ 020-7289 1611.

**Oval Cricket
Ground**
Kennington Oval SE11.
🚇 Oval.
☎ 020-7582 6660.

**Queen's Club Real
Tennis**
Palliser Rd W14.
🚇 Barons Court.
☎ 020-7385 3421.

EN DEHORS DU CENTRE

Au fil du temps, Londres s'est peu à peu étendue jusqu'à annexer toute la ceinture de petits villages qui l'entourait à l'origine ; les limites de ville initiale sont aujourd'hui celles de la City. Toute la périphérie est urbanisée de façon très homogène, mais certains endroits ont su conserver l'atmosphère des anciens villages. Hampstead et Highgate, par exemple, sont des enclaves bien distinctes, Chelsea est marqué par les arts, Islington par la littérature. Greenwich, Chiswick et Richmond témoignent encore du temps où la Tamise était une voie de commerce et de transport essentielle, alors qu'à l'est de la City les docks ont fait place depuis une vingtaine d'années à un nouveau quartier de commerces et d'habitations.

LE QUARTIER D'UN COUP D'ŒIL

Camden et Islington **7**
Chelsea **1**
Chiswick **10**
East End et les Docklands **8**

Greenwich **9**
Hampstead **4**
Hampstead Heath **5**
Highgate **6**

Holland Park **2**
Notting Hill et
     Portobello Road **3**
Richmond et Kew **11**

LÉGENDE

	Quartiers les plus intéressants
	Le Grand-Londres
	Parcs
	Autoroute
	Route principale
	Route secondaire

Chelsea **1**

SW3. Sloane Square.

Le quartier a pris son essor à l'époque des Tudors ; c'est là qu'habitait Thomas More, le grand chancelier d'Henri VIII

Statue de Sir Thomas More (1478-1535) sur Cheyne Walk

(p. 50). Dans les années 1830, l'arrivée de l'historien Thomas Carlyle et de l'essayiste Leigh Hunt conféra à Chelsea une réputation de quartier littéraire. Des plaques apposées sur certaines façades de **Cheyne Walk** rendent hommage à des résidents célèbres comme le peintre Turner (p. 93), les écrivains George Eliot, Henry James et T. S. Eliot.

Aujourd'hui, la tradition artistique de Chelsea se perpétue : magasins d'antiquités et galeries alternent avec des boutiques de mode dans **King's Road**. **Sloane Square** doit son nom au physicien Sir Hans Sloane, qui acheta le manoir de Chelsea en 1712. Il fit aménager le **Chelsea Physic Garden** le long de Swan Walk pour cultiver des plantes médicinales.

L'**Hôpital royal**, construit par Wren en 1692, accueille encore des soldats à la retraite.

Le salon arabe de Leighton House (1866)

Holland Park **2**

W8, W14. Holland Park.

Ce parc très agréable, beaucoup moins étendu que les grands parcs royaux comme Hyde Park (p. 103), a ouvert ses portes en 1952 sur l'ancien domaine de **Holland House**, qui était un foyer de contestation politique au XIXe siècle.

Le parc est entouré de très belles maisons victoriennes. **Linley Sambourne House**, par exemple, date de 1870 et est encore décorée suivant le goût très chargé de l'époque : nombreux meubles, porcelaines, lourdes tentures de velours. Le premier propriétaire était illustrateur à la revue satirique *Punch* ; certains de ses dessins sont exposés.

Leighton House, construite en 1866 pour le peintre néo-classique Lord Leighton, est un témoin précieux de l'esthétique victorienne. La pièce la plus spectaculaire est le salon arabe, construit en 1879 pour abriter une très belle collection de céramiques du Moyen-Orient. Les peintures exposées sont dues à Lord Leighton lui-même ou à ses contemporains, Edward Burne-Jones et John Millais.

🏛 **Linley Sambourne House**
18 Stafford Terrace W8. 📞 020-7602 3316. 🚇 *High St Kensington.*
🕐 *de 10 h à 17 h 30 sam. et dim..*
📷 📹 *obligatoire ; toutes les heures, dernière vis. à 16 h.*
🏛 **Leighton House**
12 Holland Park Rd W14. 📞 020-7602 3316. 🚇 *High St Kensington.*
🕐 *du lun. au sam.* ⬤ *jours fériés.*

Notting Hill et Portobello Road ➌

W11. 🚇 *Notting Hill Gate.*

Dans les années cinquante et soixante, une communauté antillaise s'est installée dans cette partie de la ville, aujourd'hui largement cosmopolite. Depuis 1966, c'est ici que se déroule le plus grand carnaval d'Europe *(p. 63)*, le dernier week-end d'août ; la foule des danseurs costumés envahit alors le quartier tout entier. Tout près, le marché de Portobello Road *(p. 124-125)* regorge de petits stands et de boutiques de brocanteurs.

Hampstead ➍

NW3, N6. 🚇 *Hampstead.*
🚇 *Hampstead Heath.*

Hampstead, installé sur une colline au nord de la ville, s'est toujours tenu à l'écart de la capitale. Ce petit village georgien resté presque intact est l'un des quartiers résidentiels les plus prisés de la ville. Depuis le XIXᵉ siècle, les artistes et les écrivains en ont fait leur quartier de prédilection.

Dans une rue tranquille, la **maison de Keats** (1816) permet d'évoquer la vie et l'œuvre du grand poète et de Fanny Brawne, sa fiancée, à travers de nombreux manuscrits et objets.

Une maison XIXᵉ de Hampstead

John Keats (1795-1821) vécut ici deux ans ; c'est sous un prunier du jardin qu'il écrivit l'*Ode à un rossignol*, son poème le plus célèbre.

Le **Freud Museum**, qui a ouvert ses portes en 1986, est consacré à la vie de Sigmund Freud (1856-1939), le père de la psychanalyse. À l'âge de 82 ans, fuyant les persécutions nazies, Freud vint se réfugier à Hampstead, où il passa la dernière année de sa vie. On voit encore le célèbre divan où il faisait allonger ses patients, dans son cabinet de consultation meublé dans le style viennois. Sa fille Anna, qui a beaucoup travaillé sur la psychanalyse des enfants, a vécu dans la maison jusqu'à sa mort en 1982. Un montage de films de famille, où l'on voit notamment les nazis investissant sa maison de Vienne, montre la vie de Freud sous un jour méconnu.

🏛 **Keats House**
Keats Grove NW3.
📞 *020-7435 2062.*
🚇 *Hampstead, Belsize Park.*
🕐 *de 12 h à 17 h du mar. au dim.*
🌐 *www.keatshouse.org*
🏛 **Freud Museum**
20 Maresfield Gdns NW3.
📞 *020-7435 2002.*
🚇 *Finchley Rd.* 🕐 *du mer. au dim.*
♿ *limité.* 🌐 *.www.freud.org.uk*

Antiquaire dans Portobello Road

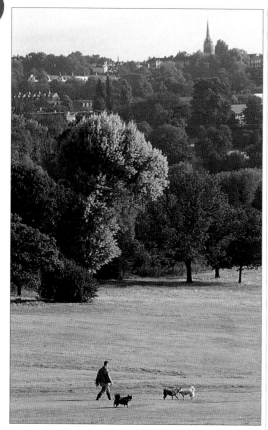

Hampstead Heath : la campagne en pleine ville

Highgate **6**

N6. 🚇 *Highgate, Archway.*

L e site de Highgate est
habité depuis le Moyen
Âge. Comme Hampstead, ce
quartier était déjà à la mode
sous les Tudors. Avec ses
belles demeures du siècle
dernier, Highgate a conservé
quelque chose de très rural,
et semble à mille lieues
de la grande ville.

Les beaux monuments
funéraires du **cimetière
de Highgate**, ouvert en 1839
(p. 77), créent une
atmosphère très particulière.
Des visites guidées (tous les
jours en été, le week-end
pendant l'hiver) expliquent
l'histoire du cimetière,
intrigues, récits de vandalisme
et mystères. Dans la partie est
du cimetière sont inhumés
la romancière George Eliot
(1819-1880) et Karl Marx
(1818-1883).

⚰ Highgate Cemetery
Swains Lane N6. 📞 *020-8340 1834.*
🚇 *Archway, Highgate.* 🕐 *t.l.j.*
⬤ *25 et 26 déc.* 📷

Camden et Islington **7**

N1, NW1. 🚇 *Angel, Highbury &
Islington.*

C amden fourmille
de restaurants et
de boutiques ; il s'y tient aussi
un **marché** très animé
(p. 124-125). Des milliers de
personnes s'y rendent tous les
week-ends pour flâner le long
des stands ou tout simplement
pour renifler l'atmosphère du
charmant secteur pavé proche
du canal, rendez-vous des
musiciens et des artistes de
rue. Islington était autrefois
une station thermale très en
vogue, mais la région déclina
rapidement dès la fin
du XVIIIᵉ siècle. Au XXᵉ siècle,
des écrivains comme Evelyn
Waugh, George Orwell et
Joe Orton y ont vécu. Depuis
quelques années, Islington
est redevenue à la mode
et s'est « embourgeoisée » ;
les maisons anciennes,
rachetées puis restaurées,
ont toutes repris vie.

Hampstead Heath **5**

N6. 🚇 *Hampstead, Highgate.*
🚆 *Hampstead Heath.*

S éparant les villages de
Hampstead et de Highgate,
les larges espaces dégagés de
Hampstead Heath proposent
une rupture très appréciée
avec le rythme de la ville.
Il y a des prairies, des lacs
et des étangs où se baigner
et pêcher ; à l'est, **Parliament
Hill** offre de beaux
panoramas de la capitale.

Sur un terrain paysager
au-dessus de Hampstead
Heath se dresse **Kenwood
House**, une splendide
demeure transformée par
Robert Adam *(p. 24)* en 1764
et restée depuis pratiquement
intacte. La plus belle pièce de
la maison est la bibliothèque,
mais sa collection de peintures
est célèbre aussi : Van Dyck,

Vermeer, Turner *(p. 93)*,
Romney et le chef-d'œuvre
de la galerie, un autoportrait
de Rembrandt (1663).
L'été, des concerts de musique
classique sont donnés
au bord du lac *(p. 128)*.

⚰ Kenwood House
Hampstead Lane NW3. 📞 *020-8348
1286.* 🕐 *t.l.j.* ⬤ *24-26 déc.* ♿

**Artisanat et antiquités au marché
couvert de Camden Lock**

East End et les quartiers des docks ❽

E1, E2, E14. 🚇 *Aldgate East, Bethnal Green.* **Docklands Light Railway** : *Canary Wharf.*

Les deux bâtiments du Royal Naval College ; au fond, Queen's House

Au Moyen Âge, on ne pouvait pratiquer dans la City des activités nocives ou gênantes pour la communauté. C'est ainsi que le brassage de la bière, la teinture des textiles ou la fabrication du vinaigre étaient relégués dans l'East End. Dès le XVIIᵉ siècle, le quartier accueillait aussi de nombreux immigrants, dont les huguenots français fuyant les persécutions. Ils installèrent dans Spitalfields des filatures de soie. Le textile est resté l'activité essentielle du quartier, avec l'arrivée de tailleurs et de fourreurs juifs dans les années 1880, et l'installation de tisserands bengalis depuis les années cinquante.

Pour goûter l'atmosphère si particulière de l'East End, rien ne vaut une promenade sur les marchés du dimanche matin *(p. 125)*. Les amateurs de contrastes pourront visiter aussi le quartier des docks **(Docklands)**, un ensemble de bâtiments contemporains édifiés à l'emplacement de docks désaffectés, dominé par **Canada Tower**, le plus haut bâtiment de Londres, avec ses 250 m de haut. Une visite s'impose aussi au musée de l'Enfant **(Bethnal Green Museum of Childhood)** à l'étonnante collection de jouets et de maisons de poupée, et à la maison de

Canada Tower, à Canary Wharf

Dennis Severs **(Dennis Severs' House)**, où cet acteur et créateur de décors a reconstitué des intérieurs des XVIIᵉ, XVIIIᵉ et XIXᵉ siècles.

🏛 **Bethnal Green Museum of Childhood**
Cambridge Heath Rd E2.
📞 020-8980 5200. 🕐 *du sam. au jeu.* ⬤ *24 et 25 déc., 1ᵉʳ janv.*
🏠 **Dennis Severs' House**
18 Folgate St E1. 📞 *020-7247 4013.*
🕐 *1ᵉʳ lun. du mois (sur rdv).* 🖼

Greenwich ❾

SE10. 🚆 *Greenwich, Maze Hill.*
🚇 *Cutty Sark (DLR).*

Depuis 1884, c'est le **Royal Observatory Greenwich**, aujourd'hui devenu un musée, qui donne l'heure exacte au monde entier. Le passé maritime et royal de la région est omniprésent. La ville possède de très belles demeures néoclassiques et un parc ; on y trouve aussi des boutiques d'antiquités et de livres anciens, des marchés *(p. 124-125)*.

Queen's House, la Maison de la reine, a été dessinée par Inigo Jones pour l'épouse de Jacques Iᵉʳ, mais elle ne fut achevée qu'en 1637 pour Henriette-Marie de France, épouse de Charles Iᵉʳ. On y admirera surtout le hall carré et l'escalier en spirale. Tout près est situé le **National Maritime Museum**, qui illustre toute l'histoire de la marine anglaise. En remontant vers la Tamise,

Boussole du XVIIIᵉ siècle, National Maritime Museum

on rencontre, le **Old Naval College**, conçu par Wren *(p. 116)* en deux parties afin de préserver la perspective sur la rivière depuis Queen's House. Palais royal, hôpital et enfin collège naval depuis 1873, le bâtiment abrite une chapelle rococo et un splendide salon peint en trompe-l'œil.

🏛 **Royal Observatory Greenwich**
Greenwich Park SE10.
📞 *020-8858 4422.* 🕐 *t.l.j.*
⬤ *24-26 déc.*
🏛 **Queen's House et National Maritime Museum**
Romney Rd SE10. 📞 *020–8858 4422.*
🕐 *t.l.j.* ⬤ *du 24 au 26 déc.*
🖼 ♿ *limité.*
🏠 **Old Royal Naval College**
King William Walk, Greenwich SE10.
📞 *020-8269 4747.* 🕐 *de 10 h à 17 h lun.-sam., de 12 h 30 à 17 h dim.* ⬤ *jours fériés.*

Chiswick ❿

W4. ⬇ *Chiswick.*

Chiswick est le plus bucolique des faubourgs de Londres, avec des pubs, des cottages, une rivière dont les bords abritent toutes sortes d'oiseaux, comme les hérons. Le promeneur pourra aussi y visiter **Chiswick House**, une splendide demeure inspirée de l'architecture palladienne. Elle a été conçue au XVIIIᵉ siècle par le troisième comte de Burlington, comme une annexe de la grande demeure préexistante, afin de pouvoir recevoir ses amis. C'est le bâtiment principal qui fut détruit en 1758. Les beaux jardins de la maison, ouverts au public, ont retrouvé leur tracé initial.

Héron

🏠 **Chiswick House**
Burlington Lane W4. 📞 020-8995 0508. ◯ *d'avr. à oct. : t.l.j.* 🖼

Richmond et Kew ⓫

SW15. ⬇ 🚆 *Richmond.*

Le charmant village de Richmond doit son nom à un palais construit en 1500 par Henri VII, alors comte de Richmond, dans le Yorkshire. On voit encore quelques ruines de ce château. Tout près s'étend le vaste **parc de Richmond** *(p. 76)*,

où Charles Iᵉʳ donnait des chasses. L'été, on peut y venir en bateau depuis Westminster Millenium Pier ; c'est l'occasion de quitter Londres pour passer une journée à la campagne *(p. 74-75)*.

La noblesse a continué de fréquenter Richmond après le départ des rois, comme en témoignent plusieurs belles demeures qui nous sont parvenues : **Marble Hill House**, par exemple, construite en 1729 pour la maîtresse de George II, ou **Ham House**, sur l'autre rive de la Tamise. Cette belle bâtisse de 1610 a une curieuse origine. La comtesse de Laudersdale hérita cette demeure de son père, qui avait été le « whipping boy » du roi Charles Iᵉʳ : c'est lui qui était puni à la place du futur roi quand ce dernier avait commis quelque méfait. À l'âge adulte, Lauderdale reçut Ham et un titre de pair en récompense de son dévouement…

Un peu plus au nord, se situe **Syon House**, où les ducs de Northumberland ont vécu pendant quatre siècles. On peut y voir une collection de voitures anciennes, une serre à papillons et une serre spectaculaire de 1830. L'intérieur de la demeure est superbe, avec les pièces néo-classiques décorées par Robert Adam dans les années 1760 *(p. 24)*.

Une ruelle de Richmond

La rivière est bordée au sud par le **jardin botanique de Kew** *(p. 76)*, le plus complet du monde, avec près de 40 000 plantes différentes. Les immenses serres de verre et de fer construites au siècle dernier abritent les espèces exotiques.

🏠 **Marble Hill House**
Richmond Rd, Twickenham.
📞 *020-8892 5115.* ◯ *d'avr. à sept. : t.l.j. ; oct : du mer. au jeu.* ♿ *limité.*

🏠 **Ham House**
Ham St, Richmond.
📞 *020-8940 1950.* ◯ *d'avr. à oct. : du sam. au mer.* 🖼 ♿

🏠 **Syon House**
London Rd, Brentford.
📞 *020-8560 0881.*
Maison ◯ *de mi-mars à oct. : mer., jeu., dim.* **Jardins** ◯ *t.l.j.*
● *de nov. à mi-mars.*
📷 🖼 ♿ *jardins seulement.* ▯

🌿 **Kew Gardens**
Kew Rd, Richmond. 📞 *020-8332 5655.* ◯ *t.l.j.* ● *25 déc., 1ᵉʳ janv.*
🖼 ♿ Ⓦ *www.kew.org*

Chiswick House

ATLAS DES RUES

L es références données pour chaque site, hôtel, restaurant, magasin ou salle de spectacle du centre de Londres se rapportent aux quatre plans des pages suivantes. Les principaux centres d'intérêt sont indiqués sur les plans, de même que les moyens d'accès, gares ferroviaires ou routières, stations de métro. Les différentes zones qui font l'objet d'un plan détaillé sont définies sur la carte ci-dessous. Le centre-ville (en rose sur la carte) est présenté plus largement sur la couverture intérieure, en fin de volume.

LÉGENDE

Monument important	ℹ Information touristique	→ Rue à sens unique
Autre monument	✚ Hôpital de garde	Rue piétonnière
Édifice	🚓 Poste de police	#56 Numéro (rue principale)
⊖ Station de métro	✝ Église	
⊞ Gare de chemin de fer	✡ Synagogue	
🅿 Gare routière	⊠ Bureau de poste	
🚌 Bus	⸗ Voie ferrée	**ÉCHELLE DES PLANS**
🛳 Embarcadère	═ Autoroute	0 250 m

0   1 km

LE SUD-EST DE L'ANGLETERRE

Le sud-est de l'Angleterre d'un coup d'œil

Les régions qui entourent Londres aujourd'hui correspondent au tracé des anciens royaumes saxons. Chacune bénéficie de la proximité de la capitale, tout en ayant à cœur de préserver ses particularités. C'est dans cette partie du pays que se trouvent les universités, les palais, les châteaux, les demeures et les cathédrales qui ont été le théâtre des événements marquants de l'histoire du pays. Le paysage alentour est harmonieux et calme – collines verdoyantes et arrondies, plaines fertiles de l'East Anglia, longues plages sablonneuses du bord de la Manche.

Blenheim Palace (p. 216-217) *est un chef-d'œuvre d'architecture baroque encadré de très beaux jardins.*

Les bâtiments de l'université d'Oxford (p. 210-215) *sont une sorte d'anthologie de l'architecture anglaise du Moyen Âge à nos jours. Christ Church College (1525) est l'édifice le plus important.*

Bedfordshire

Hertfordsh

Buckinghamshire

VALLÉE DE LA TAMISE
(p. 204-225)

Oxfordshire

Berkshire

Surrey

Hampshire

West Sussex

Le château de Windsor (p. 224-225) *est la plus ancienne résidence royale de Grande-Bretagne. La tour ronde date du XIIe siècle ; elle surveillait alors les abords de Londres par l'ouest.*

La cathédrale de Winchester (p. 158-159) *a été édifiée en 1097 sur les ruines d'une église saxonne, mais la ville elle-même était déjà un bastion important de l'Église chrétienne depuis le VIIe siècle. Le porche nord est typique du gothique anglais.*

◁ **Les falaises blanches de Douvres, dans le Kent**

La cathédrale d'Ely (p. 182-183) *abrite quelques-unes des plus belles sculptures de toute la Grande-Bretagne. La coupole octogonale actuelle a été édifiée au XIVe siècle, après l'écroulement d'une première tour normande ; elle domine la plaine marécageuse alentour.*

Norfolk

ambridgeshire

EAST ANGLIA
(p. 178-203)

Suffolk

Essex

LONDRES
(p. 70-143)

Kent

LES DOWNS ET LES
CÔTES DE LA MANCHE
(p. 152-177)

East Sussex

Sur le campus de Cambridge, *les bâtiments de l'université (p. 198-203) alternent avec des jardins et des pelouses. La chapelle de King's College est un chef-d'œuvre de l'architecture de la fin du Moyen Âge .*

La cathédrale de Canterbury (p. 174-175) *est le centre spirituel de l'Église anglicane. Elle abrite des vitraux – notamment ceux de la partie ouest de la nef – qui comptent parmi les plus beaux du pays et des fresques du XIIe siècle admirablement conservées.*

Le Pavillon royal de Brighton (p. 166-167) *a été édifié pour le Prince Régent ; c'est l'un des plus beaux monuments du pays. Les coupoles et les minarets dessinés par John Nash (p. 107) sont inspirés par l'architecture des Indes. Le pavillon récemment restauré a retrouvé sa splendeur d'antan.*

0   25 km

Le jardin de l'Angleterre

Vin blanc produit dans le Sud-Est

Un sol fertile régulièrement arrosé par les pluies et un climat tempéré font du Kent une région idéale pour les cultures. Ce sont les Romains qui y ont planté les premiers vergers. La viticulture a pris un essor extraordinaire, comme en témoignent les collines couvertes de ceps autour de Lamberhurst. Les cultures créent aussi de merveilleux paysages : au printemps, les vergers en fleur sont un enchantement, à l'automne, les branches croulent sous le poids des fruits magnifiques du « jardin de l'Angleterre ». Près de Faversham se trouve l'institut de recherche sur les fruits de Brogdale ; ouvert au public, il permet de se familiariser avec les différents fruits, leurs goûts et la façon de les cultiver.

LE HOUBLON

La récolte du houblon, une affaire de famille

Les séchoirs à houblon, que l'on repère de loin dans les campagnes grâce aux abat-vent qui surmontent leur toit, sont des bâtiments

LA SAISON DES FRUITS

Ce calendrier montre comment la récolte des principaux fruits du verger se répartit au fil des saisons. Les premiers bourgeons apparaissent parfois alors que les champs sont encore couverts de neige. Les fruits mûrissent au soleil de l'été et sont récoltés l'automne venu.

Les pêchers *sont souvent cultivés le long des façades plein sud, car leurs fruits ont besoin de chaleur.*

Dans les vergers *du Kent, on cultive les prunes, les poires et surtout, comme ici, les pommes.*

Les framboises, *savoureuses et légèrement acides. Certains récoltants laissent au public le soin de cueillir lui-même ses framboises on les paye ensuite au poids.*

MARS	AVRIL	MAI	JUIN	JUIL

Les fraises *sont les fruits préférés des Anglais. Les variétés remontantes permettent d'en cueillir pendant tout l'été.*

Les fleurs des cerisiers *sur sont les premières à éclore.*

Les fleurs blanc crème *des poiriers éclosent deux ou trois semaines avant celles des pommiers.*

Le prunus *est cultivé pour ses fleurs pleines de délicatesse.*

Les groseilles à maquereau *sont souvent trop acides pour être mangées crues ; on en fait des tartes délicieuses.*

ricoles fréquents dans le Kent.
eaucoup d'entre eux servent
ncore aujourd'hui, car les
ritanniques sont de grands
nateurs de bière *(p. 34-35)*.
la Grande-Bretagne importe
ne grande partie de
consommation, elle produit
aque année quatre millions
e tonnes de houblon.
L'été, les plants de houblon
rimpent sur des claies
ctangulaires. Jusqu'au milieu
u XXᵉ siècle, des milliers
e familles originaires de l'est
e Londres venaient chaque
nnée à l'automne pour
s récolter. Cette tradition
t tombée en désuétude avec
mécanisation des procédés.

Les abat-vent assurent la ventilation des séchoirs. L'apport d'air est contrôlé par des trappes.

SÉCHOIR À HOUBLON

Le houblon est mis à sécher au-dessus d'un radiateur qui souffle l'air chaud vers le haut.

Une fois sec, le houblon est mis à refroidir puis stocké.

Le houblon conditionné part à la brasserie.

Les prunes peuvent se servir en compote, sur des tartes, ou sous la forme de pruneaux secs. *La Victoria (à gauche) se mange de préférence crue. La Purple est elle aussi très prisée.*

La reine-claude, au parfum caractéristique, fait d'excellentes confitures.

Les cerises *sont parmi les plus beaux fruits du Kent. Variétés très appréciées, l a Stella et la Duke.*

La Bramley Seedling, *une des meilleures pommes à cuire, n'est pas assez sucrée pour être mangée crue.*

Les poires, *comme la William, se mangent très mûres. La Conférence se conserve longtemps.*

AOÛT	SEPTEMBRE	OCTOBRE	NOVEMBRE

La noisette du Kent, longtemps éclipsée par d'autres variétés européennes, est à nouveau cultivée.

Les pommes, *comme la Cox's Orange Pippin (à droite), ont toujours beaucoup de succès. Certaines variétés, comme la Discovery, sont faciles à cultiver.*

La saveur un peu *cide des groseilles et des cassis est particulièrement goûtée.*

s pêches, cultivées en Chine *epuis 4 000 ans, apparurent en Angleterre au XIXᵉ siècle.*

Les vignobles font partie des paysages du Kent, du Sussex et du Hampshire. Le vin, comme le Lamberhurst, est en général du blanc.

Les hôtes célèbres de la région

L es maisons où ont habité certains grands noms du monde politique, artistique ou littéraire reflètent la personnalité de leurs occupants et permettent souvent de deviner bien des choses de leur vie et de leur caractère, à travers les meubles et les objets dont ils ont choisi de s'entourer. Dans le sud-est de l'Angleterre, on peut visiter plusieurs de ces maisons historiques, de la grande demeure au simple cottage, pleines du souvenir de leurs hôtes illustres.

Florence Nightingale
(1820-1910), la « dame à la lampe », était infirmière pendant la guerre de Crimée (p. 56). Elle vivait à Clayton avec sa sœur, Lady Verney.

Nancy Astor *(1879-1964) fut en 1919 la première femme à siéger au Parlement. Jusqu'à sa mort, elle tint à Cliveden un cénacle politique.*

Claydon House, Winslow, près de Milton Keynes

Le duc de Wellington
(1769-1852) se vit offrir cette maison par la nation en 1817, pour le récompenser d'avoir mené les troupes anglaises à la victoire à Waterloo (p. 55).

VALLÉE DE LA TAMISE
(p. 204-225)

Cliveden House, près de Maidenhead

Stratfield Saye, Basingstoke, près de Windsor

Jane Austen
(1775-1817) a passé les huit dernières années de sa vie dans cette maison. Elle y a écrit et corrigé plusieurs de ses romans (p. 160).

Broadlands, Southampton

Maison de Jane Austen, Chawton, près de Winchester

Osborne House, île de Wight

Lord Mountbatten (1900-1979), homme d'État et chef de guerre, fut le dernier vice-roi des Indes. Il vécut très longtemps dans sa demeure de Broadlands, qu'il fit considérablement remanier.

La reine Victoria (1819-1901) et son époux, le prince Albert, firent construire Osborne House (p. 156) en 1884. Tous deux préféraient nettement cette résidence en bord de mer au pavillon royal de Brighton.

LE GROUPE DE BLOOMSBURY

Ce cercle d'artistes et d'écrivains avant-gardistes, dont la plupart des membres s'étaient rencontrés au cours de leurs études supérieures, commença à se réunir en 1904 dans une maison du quartier de Bloomsbury, à Londres. On y rencontrait Virginia Woolf, Aldous Huxley, T. S. Eliot, E. M. Forster ou Bertrand Russell. Aujourd'hui, de nombreuses maisons d'édition sont installées dans ce quartier de la capitale. En 1916, le peintre Duncan Grant et Vanessa Bell s'installèrent à Charleston, dans le sud du pays ; leur maison devint une sorte d'annexe pour le groupe de Bloomsbury.

Vanessa Bell à Charleston, par Duncan Grant (1885-1978)

Maison de Gainsborough, Sudbury, près d'Ipswich

EAST ANGLIA
(p. 178-203)

Le peintre Thomas Gainsborough
(1727-1788), l'un des plus grands artistes anglais du XVIIIe siècle, est né dans cette maison (p. 194). Voici son double portrait de Mr et Mrs Andrews.

Charles Darwin *(1809-1882) écrivit son fameux traité* De l'origine des espèces *dans cette maison où il s'était installé pour raisons de santé ; il y était en relation avec de nombreux savants.*

Down House, Downe, près de Sevenoaks

LES DOWNS ET LES CÔTES DE LA MANCHE
(p. 152-177)

Bleak House, Broadstairs, près de Margate

Charles Dickens (1812-1870), le plus célèbre et le plus prolifique des romanciers de l'époque victorienne *(p. 177)*, passait régulièrement ses vacances à Bleak House, qui porte le nom d'un de ses romans.

Chartwell, Westerham, près de Sevenoaks

Batemans, Burwash, près d'Hastings

Winston Churchill (1874-1965), qui fut Premier ministre pendant la Seconde Guerre mondiale *(p. 177)*, a vécu 40 ans dans cette maison où il bricolait beaucoup pour se détendre.

Rudyard Kipling *(1865-1936), poète et romancier, est né aux Indes, mais il a passé 34 ans en Angleterre. Parmi ses œuvres les plus célèbres,* Le Livre de la jungle, Capitaines courageux *et les* Histoires comme ça.

Charleston, Lewes

Vanessa Bell (1879-1961), artiste et membre du groupe de Bloomsbury, a vécu ici jusqu'à sa mort. Les murs et les meubles peints de sa ferme du XVIIIe siècle reflètent son sens très personnel de la décoration.

LES DOWNS ET LES CÔTES DE LA MANCHE

HAMPSHIRE · SURREY · EST DU SUSSEX · OUEST DU SUSSEX · KENT

Le Sud-Est est la première terre atteinte par les immigrants, les envahisseurs ou les missionnaires venus d'Europe. Les plaines fertiles qui s'étendent derrière les falaises de craie se sont avérées des sites propices à l'établissement de villages ou de cités.

Les Romains ont été les premiers à élever le long des côtes de la Manche des fortifications propres à décourager des envahisseurs potentiels venus du continent. On voit aujourd'hui encore des vestiges de ces murailles, qui ont parfois, comme à Portchester Castle, près de Portsmouth, été intégrées à d'autres remparts élevés postérieurement. Sur les côtes comme à l'intérieur des terres, on trouve aussi trace de constructions romaines civiles, comme Fishbourne Palace.

Les immenses cathédrales de Canterbury ou Winchester témoignent du rôle majeur que jouait au Moyen Âge l'Église, presque aussi puissante que l'État. Le commerce avec le continent a fait la fortune des ports – et des contrebandiers – du Sussex et du Kent. À l'époque des Tudors déjà, les rois, les nobles et les courtisans achetaient des domaines et se faisaient construire des demeures entre Londres et la côte, profitant à la fois de la douceur du climat et de la proximité de la capitale. Plusieurs de ces vastes maisons de campagne existent encore et se visitent. De nos jours, le sud-est de l'Angleterre est la région la plus prospère et la plus peuplée du pays. Une partie du Surrey et du Kent, jusqu'à environ 32 km de Londres, est connue sous le nom de « Stockbroker Belt », ou « banlieue des agents de change », car de nombreux hommes d'affaires d'aujourd'hui, comme déjà les riches familles sous les Tudors, sont venus s'y installer.

Le Kent, particulièrement fertile, est considéré comme le jardin de l'Angleterre. Malgré les constructions récentes, c'est une région essentielle pour la culture des fruits *(p. 148-149)*, tout près des grands marchés de la métropole.

Vue aérienne de Leeds Castle

◁ Un parterre de jacinthes sauvages dans un sous-bois du Kent

À la découverte des Downs et des côtes de la Manche

L e nord et le sud des Downs sont des régions particulièrement agréables à parcourir à pied. On y trouve aussi nombre de belles demeures anciennes, car dès l'époque des Tudors, les riches marchands de Londres ont fait construire des résidences dans le Kent, à une journée de cheval de la capitale. Beaucoup de ces demeures sont ouvertes au public. La côte est parsemée des ruines de forteresses édifiées là pour repousser les envahisseurs. Aujourd'hui, le littoral s'est trouvé une vocation plus pacifique avec les plus anciennes stations balnéaires de Grande-Bretagne ; les bains de mer auraient même été inventés à Brighton.

Le Palace Pier de Brighton, vu depuis la promenade

Séchoirs à houblon à Chiddingstone, près de Royal Tunbridge Wells

Heathrow

Oxford

HAMPTON COURT ⓫

Basingstoke Canal

BASINGSTOKE ●

A31

⓾ **GUILDFORD**

S U R R E Y

M3

A34

A31

Test

Wey

A3

A272

Salisbury

A272

⓺ **WINCHESTER**

PETWORTH HOUSE ⓽

Arun

A272

A24

M3

S O U T H   D O W N S

A272

South Downs Way

M27

⓸ **SOUTHAMPTON**

M27

A3 (M)

A27

ARUNDEL ⓼

A24

⓬

M271

STEYN

A35

⓷

⓶ **BEAULIEU**

Solent

● **COWES**

⓹ **PORTSMOUTH**

⓻

CHICHESTER

A259

Bournemouth

Avon

NEEDLES

⓵

A3055

ISLE OF WIGHT

| 0 | 20 km |

Voir aussi

- **Hébergement** p. 545-547
- **Restaurants et pubs** p. 582-584

Circuler

La région est très bien desservie par un réseau de routes et d'autoroutes qui relient toutes les villes entre elles et à la capitale. L'itinéraire que suit la A 259, le long des côtes, est particulièrement agréable et pittoresque. L'infrastructure ferroviaire est très bonne, tout comme le réseau de cars de tourisme qui proposent des circuits entre les principaux sites de la région.

LA RÉGION D'UN COUP D'ŒIL

LÉGENDE

▬▬	Autoroute
▬▬	Route principale
▬▬	Route secondaire
▬▬	Route pittoresque
▬ ▬	Chemin pittoresque
〰	Cours d'eau
☆	Point de vue

Le clocher de la cathédrale de Canterbury, dominant le paysage alentour

Osborne House, où la reine Victoria prenait ses vacances

L'île de Wight ❶

Isle of Wight. 🏃 135 000.
🚢 au départ de Lymington,
Southampton, Portsmouth.
ℹ️ Westridge Centre, Brading Road,
Westridge (01983 813800).

La visite d'**Osborne House**,
la résidence balnéaire
préférée de la reine Victoria et
du prince Albert, justifie à elle
seule le petit voyage en ferry
entre le continent et l'île. Elle
a conservé pratiquement intacts
tout son mobilier et sa
décoration intérieure d'époque.
Des portraits, des souvenirs
et des photos y évoquent
les fréquents séjours
de la famille royale.

Le **Swiss Cottage** (la ferme
suisse) était en quelque sorte la
salle de jeu des enfants royaux ;
c'est aujourd'hui un musée
qui dépend d'Osborne House.
Tout près, on verra l'étrange
construction de bois sur roues
qui permettait à la reine
de prendre ses bains de mer
à l'abri des regards (p. 383).

Sur l'île de Wight se trouve
aussi **Carisbrooke Castle**, une
forteresse édifiée au XIᵉ siècle.
Les remparts, dominent
l'extraordinaire panorama des
côtes rocheuses de l'Angleterre.
C'est dans ce château que
Charles Iᵉʳ (p. 52-53) fut
emprisonné en 1647.
Sa tentative d'évasion échoua :
le roi resta coincé entre
deux barreaux de la fenêtre.

L'île est réputée pour ses
plages, et les randonneurs sont
très friands des belles balades

à pied que l'on peut y faire ;
c'est de l'île de Wight aussi que
partent les régates, notamment
pendant la Cowes Week (p. 67).
A l'ouest se dressent les
Needles – les aiguilles –, trois
pointes rocheuses jaillissant de
la mer, à quelques encablures
des impressionnantes falaises
d'Alum Bay.

🏛 Osborne House
(EH) East Cowes. 📞 01983 200022.
🕐 d'avr. à oct. : t.l.j., de nov. à mars :
certains jours. 💷 seulement,
tél. avant. 📷 🎦 ♿ limité.
🎦 (aussi au Swiss Cottage d'avr. à oct.).

🏰 Carisbrooke Castle
Newport. 📞 01983 522107.
🕐 t.l.j. ● du 24 au 26 déc., 1ᵉʳ janv.
🎦 ♿ limité 📷 🍴 🛍

Beaulieu ❷

Brockenhurst, Hampshire.
📞 01590 612345. 🚂 prendre un taxi
à Brockenhurst. 🕐 t.l.j. ● 25 déc.
📷 🎦 ♿ 🍴 sur rendez-vous. 🛍
Ⓦ www.beaulieu.co.uk

Cette ancienne résidence
seigneuriale abrite
le **National Motor Museum**,
la plus belle collection
de voitures anciennes
du pays.

L'**abbaye cistercienne**
fondée en 1204 par le roi Jean
(p. 48) est à présent ruinée ;
on peut y voir une évocation
de la vie des moines. L'église
conventuelle est aujourd'hui
une simple église paroissiale.

Aux environs
Au sud de Beaulieu se trouve
le musée maritime de
Buckler's Hard, qui retrace
l'aventure de la construction
navale au XVIIIᵉ siècle. C'est ici
qu'ont été construits trois des
vaisseaux de la flotte conduite
par Nelson. Au meilleur de
leur productivité, les chantiers
navals employaient
4 000 personnes ; ils ont
commencé à décliner quand
l'acier a supplanté le bois
dans la construction navale.

🏛 Buckler's Hard
Beaulieu. 📞 01590 616203.
🕐 t.l.j. ● 25 déc. 🎦 ♿ limité.

New Forest ❸

Hampshire. 🚉 Brockenhurst.
🚌 prendre le bus à Lymington.
ℹ️ parc de stationnement à Lyndhurst
(023 8028 2269).

Un espace immense
(375 km²) de landes et de
bois, le plus vaste de tout le sud
de l'Angleterre. Malgré son nom,
qui signifie « forêt nouvelle », ce
terrain boisé est en fait l'une des
grandes chênaies primitives du
pays. C'était le terrain de chasse
favori des rois normands ;
en 1100, Guillaume II y fut
mortellement blessé lors
d'une partie de chasse.

Aujourd'hui, près de sept
millions de promeneurs
parcourent chaque année la
forêt en compagnie des poneys
à poils longs de New Forest,
typiques de la région, et
d'environ 1 500 daims en liberté.

Une Rolls-Royce Siver Ghost de 1909 au National Motor Museum

Southampton ❹

Hampshire. 🚶 *200 000.* ✈ 🚆 🚌
🚢 ℹ *9 Civic Centre (023 808 3333).*
🌐 *du mer. au sam.*

Southampton est un port très actif depuis des siècles. D'ici sont partis en 1620 le *Mayflower*, qui fut l'un des premiers bateaux d'émigrants à faire route vers l'Amérique, et en 1912 le *Titanic*, qui fit naufrage au cours de sa première traversée.

Le **Maritime Museum** présente, bien sûr, ces deux navires mythiques, ainsi que les fameux transatlantiques.

Le *Titanic*, qui heurta un iceberg et coula en 1912

Une promenade sur les vestiges du mur d'enceinte de la cité médiévale conduit à **Bargate**, une ancienne porte de la ville. Cette entrée monumentale conserve ses deux tours du XIIIᵉ siècle et porte un décor d'armoiries sculptées très fouillé datant du XVIIᵉ siècle.

Le **Tudor House Museum**, installé dans l'ancienne demeure d'un riche marchand, expose des objets de la vie quotidienne au XIXᵉ siècle.

🏛 **Maritime Museum**
Town Quay. 📞 *023 8063 5904.*
🕐 *du mar. au dim. (fermé de 13 h à 14 h).* ⬤ *25 et 26 déc., 1ᵉʳ janv. et jours fériés.* ♿ *limité.* 📷
🏛 **Tudor House Museum**
St Michael's Sq. 📞 *023 8033 2513.*
⬤ *pour réaménagement jusqu'à mi-2003.* 📷 ♿ *limité.*

Portsmouth ❺

Hampshire. 🚶 *190 000.* 🚆 🚌 ℹ
The Hard (023 9282 6722). 🚢 *du jeu. au sam.* 🌐 *www.portsmouth.co.uk*

Portsmouth est une ville tranquille qui reste cependant profondément marquée par son passé maritime : c'était autrefois l'un des ports les plus importants d'Angleterre.

Les anciens docks du port abritent les **Portsmouth Historic Ships**, qui évoquent les fastes de la marine anglaise des siècles passés. On y voit notamment la coque de la **Mary Rose**, le vaisseau-amiral d'Henri VIII *(p. 50)* qui en 1545 coula sous ses yeux à peine mis à flot. Le vaisseau a été renfloué en 1982. Les milliers d'objets du XVIᵉ siècle exposés alentour proviennent de l'épave.

Tout près, le H.M.S. **Victory**, le trois-mâts amiral à bord duquel l'amiral Nelson trouva la mort pendant la bataille de Trafalgar *(p. 27)*, restauré dans sa splendeur originelle. Le **Royal Naval Museum** est consacré à l'histoire de la Royal Navy depuis 1485 ; il permet aussi de découvrir le H.M.S. **Warrior**, le premier navire de guerre à coque de métal (1860).

La figure de proue du H. M. S. *Victory* à Portsmouth

À voir aussi, le **D-Day Museum (**Musée du Jour J), consacré au débarquement de Normandie. La tapisserie d'Overlord, une sorte de pendant moderne de la tapisserie de Bayeux, présente en 34 panneaux le détail du débarquement allié de 1944.

Portchester Castle, au nord de la ville, est une place forte du IIIᵉ siècle, le meilleur exemple de défense portuaire édifiée par les Romains dans le nord de l'Europe. Les Normands se sont ensuite servi des murailles romaines pour en ceindre un château, dont seul le donjon subsiste, et une église. C'est là qu'Henri V réunit son armée avant la bataille d'Azincourt *(p. 49)*. Aux XVIIIᵉ et XIXᵉ siècles, des prisonniers de guerre ont été enfermés au château. Le **Charles Dickens Museum** *(p. 177)* est installé dans la maison natale du romancier.

🏛 **Portsmouth Historic Ships**
The Hard. 📞 *023 9286 1512.*
🕐 *t.l.j.* ⬤ *25 et 26 déc.* 📷 ♿ 📷
🏛 **D-Day Museum**
Clarence Esplanade. 📞 *023 9282 7261.* 🕐 *t.l.j.* ⬤ *24 et 26 déc., 31 déc. et 1ᵉʳ janv.* 📷 ♿ 📷 📷 📷
⛪ **Portchester Castle**
Castle St, Porchester.
📞 *023 9237 8291.* 🕐 *t.l.j.*
⬤ *24-26 déc., 1ᵉʳ janv.*
📷 *sur rendez-vous.*
🏛 **Charles Dickens Museum**
393 Old Commercial Rd.
📞 *023 9282 7261.* 🕐 *d'avril à oct., du 1ᵉʳ au 21 déc. : t.l.j.* 📷

Un poney sauvage et son poulain en liberté dans New Forest

Winchester ❻

Hampshire. 🏠 *34 000.* 🚆 🚌
ℹ️ *Guildhall, The Broadway
(01962 840500).* 🗓️ *de mer. à sam.*
W www.visitwinchester.com

Capitale de l'ancien royaume de Wessex, Winchester a été aussi le quartier général des rois anglo-saxons jusqu'à la conquête des Normands *(p. 47).*

Guillaume le Conquérant y fit construire l'une de ses premières forteresses. Il n'en reste qu'une grande salle, le **Great Hall**, reconstruite en 1235. Aujourd'hui, on peut y voir la fameuse Table ronde, dont l'histoire comporte une bonne part de légende, puisqu'on la dit faite par l'enchanteur Merlin lui-même. Elle ne date en réalité que du XIIIᵉ siècle. C'est le roi Arthur *(p. 269)* qui décida de sa forme, pour qu'aucun des chevaliers assemblés ne puisse prétendre avoir la moindre préséance sur les autres. Le **Westgate Museum** est installé dans l'une des quatre portes du XIIᵉ siècle percées dans les remparts de la ville. Le plafond de la pièce qui la surmonte est orné de belles peintures du XVIᵉ siècle ; il provient du collège

La Table ronde remonte au XIIIᵉ siècle

de Winchester, le plus ancien d'Angleterre puisqu'il fut fondé en 1382 par Guillaume de Wykeham. **Wolvesey Castle**, aujourd'hui en ruines, était la résidence des puissants évêques de Winchester.

STUDY TO BE QUIET

Le transept sud *est orné de très beaux vitraux qui datent de 1914.*

Les stalles du chœur (vers 1308) sont les plus anciennes d'Angleterre.

La chapelle Notre-Dame (Lady Chapel) fut reconstruite par Élisabeth d'York après le baptême de son fils dans la cathédrale.

La nef principale, dont les colonnes soutiennent de gracieux arcs gothiques.

Tombeau de Jane Austen

Entrée principale

LA CATHÉDRALE DE WINCHESTER

The Close 📞 *01962 857202.*
🕐 *t.l.j.* ♿ **Offrandes.**
W www.winchestercathedral.org.uk
Une première église a été construite ici en 648, mais l'édifice actuel remonte au XIᵉ siècle. L'essentiel de l'architecture originelle de ce monastère bénédictin a été conservé, malgré les transformations qui se sont succédé jusqu'au XVIᵉ siècle.

Fonts baptismaux en marbre noir

L'**hôpital Sainte-Croix**
est un ancien hospice de 1446.
Depuis le Moyen Âge,
une tradition d'assistance
aux voyageurs s'y maintient.

Great Hall
Castle Ave. 01962 846476.
t.l.j. 25 et 26 déc.
Westgate Museum
High St. 01962 869864.
fév., mars, oct. : du mar. au dim. ;
avr.- sept. : du lun. au dim.
Hospital of St Cross
St Cross Rd. 01962 851375.
du lun. au sam.
25 déc., ven. saint.

*La bibliothèque
est riche de plus
de 4 000
manuscrits ;
cette splendide
lettrine
enluminée
orne la
célèbre Bible
de Winchester,
du XIIe siècle.*

*La salle
capitulaire*
normande
est désaffectée
depuis le
XVIe siècle.

*Le
prieuré*

L'enceinte
abritait autrefois
tous les bâtiments
annexes, nécessaires à la
vie des moines. La plupart
des constructions, comme
le réfectoire et le cloître,
ont été détruits au
XVIe siècle lors de la
dissolution des ordres
monastiques *(p. 50)*.

Chichester ❼

West Sussex. 26 000.
29A South St (01243 775888).
mer., sam.

Cette ville de marché
préservée conserve en son
centre une croix (Market Cross)
du début du XVIe siècle.
La **cathédrale**, consacrée
en 1108, est l'un des plus
importants bâtiments
normands du pays ; sa flèche
est paraît-il la seule
d'Angleterre visible depuis la
mer. Ravagé par la guerre civile
(p. 52), l'édifice abrite encore
de belles colonnes romanes
et une clôture de chœur
du XVe siècle. La tour d'horloge
séparée est l'un des rares
monuments de ce type en
Angleterre. On verra aussi des
stalles du XIVe siècle, des dalles
sculptées du XIIe siècle, des peintures
de Graham Sutherland (1903-
1980) et un vitrail de Chagall.

Aux environs
À l'ouest, à Bosham, se trouve
l'église saxonne de
la Sainte Trinité **(Holy Trinity
Church)**. Le roi Canut aurait
perdu ici de son prestige en
s'avérant incapable de maîtriser
la marée montante.
Cette église figure sur
la *Tapisserie de Bayeux*, car
en 1064 le roi Harold
y entendit la messe *(p. 47)*.
Fishbourne Palace
(p. 44-45), entre Bosham et
Chichester, est la plus grande
villa romaine d'Angleterre.
Elle date du Ier siècle de notre
ère et a été mise au jour en
1960. La villa couvre une
surface de 3 ha et comporte
plus de 100 pièces distribuées
autour d'un jardin ; elle fut
détruite par un incendie en
285, peut-être à la suite d'un

**Le vitrail de Chagall (1978)
dans la cathédrale de Chichester**

raid saxon. L'aile nord abrite
certaines des plus belles
mosaïques romaines jamais
découvertes en Angleterre.
Au nord, **Goodwood House**
est une demeure aménagée
au XVIIIe siècle pour le duc
de Richmond, fils illégitime
de Charles Ier. Elle abrite
une collection de tableaux
– Canaletto, Van Dyck, Romney,
Stubbs –, des tapisseries
des Gobelins et des meubles
français et anglais. Des courses
de chevaux ont lieu toute
l'année dans le domaine.

Chichester Cathedral
West St. 01243 782595. t.l.j.
pendant les offices.
Fishbourne Palace
Fishbourne. 01243 785859.
de mi-fév. à mi-déc. : t.l.j. ; de mi-déc.
à mi-fév. : dim.
Goodwood House
Goodwood. 01243 755048.
01243 755040 de Pâques à sept. :
dim., lun. ; août : du dim. au jeu. (après-
midi). occasions spéciales.

WILLIAM WALKER

Au début du XXe siècle, la partie est
de la cathédrale de Winchester, bâtie sur
des marécages, commença à s'enfoncer.
La nappe d'eau étant très proche des fondations,
les travaux de soutènement durent être effectués
sous l'eau. De 1906 à 1911, le plongeur William
Walker travailla six heures par jour à remplacer
le bois des fondations par du ciment.

William Walker dans son scaphandre

La silhouette impressionnante d'Arundel Castle, dans le West Sussex

Arundel Castle ❽

Arundel, West Sussex. **☎** 01903 883136. **🚆** Arundel. **◯** d'avr. à oct. : du dim. au ven. **●** ven. saint, de nov. à mars. **🖼 ▣ 🍴 🚻**

Cette citadelle impressionnante en pierre grise, ceinturée de remparts crénelés, domine la petite ville d'Arundel ; du premier château construit sur la colline du temps des Normands ne subsiste que le donjon.

Le château fut acquis au XVIe siècle par les ducs de Norfolk, la plus grande famille catholique du pays ; ses descendants y habitent toujours. Presque entièrement détruit par les Parlementaristes en 1643 (p. 52), il fut reconstruit à l'identique par les ducs de Norfolk et restauré au XIXe siècle.

Sur la propriété se dresse l'**église Saint-Nicolas**, dont le chœur abrite la petite Fitzalan Chapel, construite vers 1380 pour les premiers propriétaires du château et séparée du reste de l'édifice par une grille du XIVe siècle.

Petworth House ❾

(NT) Petworth, West Sussex. **☎** 01798 342207. **🚆** bus depuis Pulborough. **Maison ◯** de mars à nov. : de sam. à mer., ven. **●** fin juin pour les concerts. **Parc ◯** t.l.j. **🚻 🖼 ♿** limité. **🍴**

Cette demeure de la fin du XVIIe siècle a été peinte à plusieurs reprises par Turner (p. 93). Certaines de ses plus belles toiles sont exposées ici.

La collection rassemble aussi des toiles de Titien, Van Dyck ou Gainsborough (p. 151), des sculptures antiques romaines et grecques, comme l'*Aphrodite Leconfield*, du IVe siècle avant notre ère, qui serait l'œuvre de Praxitèle.

La Carved Room est réputée pour son décor de panneaux sculptés où Grinling Gibbons (1648-1721) a figuré des oiseaux, des fleurs et des instruments de musique.

Le parc est l'une des premières réalisations du grand paysagiste Capability Brown (p. 22).

Cette horloge du XVIIe siècle orne le Guildhall de Guildford

Guildford ❿

Surrey. **👥** 63 000. **🚆 ▣** **ℹ** 14 Tunsgate (01483 444333). **🛒** ven., sam.

L'ancienne capitale du Surrey, habitée déjà du temps des Saxons, abrite aujourd'hui les vestiges d'un petit **château** normand. La rue principale, High Street, est bordée de maisons à colombage du XVIIe siècle, comme la **Guildhall** (1683). Au nord-ouest de la ville s'élève la nouvelle cathédrale, construite entre 1936 et 1964.

Aux environs

Guildford est bâtie aux confins des North Downs, une chaîne de collines calcaires prisée des randonneurs (p. 33). Très beaux panoramas, dont **Leith Hill**, le point le plus élevé du sud-est de l'Angleterre, et **Box Hill** ; la vue que l'on découvre alors justifie largement la petite escalade pour y arriver.

Au sud de la ville se dresse **Clandon Park**, une des plus belles demeures en brique rouge du XVIIIe siècle anglais. L'intérieur est particulièrement somptueux : le Marble Hall, ou Salon de marbre, est coiffé d'un beau plafond baroque et éclairé par des luminaires en forme de bras porteurs de torches surgissant des parois.

Au sud-ouest, à Chawton, se trouve la **maison de Jane Austen** (p. 150). La célèbre romancière y écrivit nombre de ses livres, dont *Orgueil et préjugés*, publié en 1813.

🏛 Clandon Park
(NT) West Clandon, Surrey. **☎** 01483 222482. **◯** d'avr. à oct. : mar., jeu., dim. ; ven. saint et jours fériés. **●** de nov. à mars. **🖼 ♿** limité. **🍴**
🏛 Jane Austen's House
Alton, Hants. **☎** 01420 83262. **◯** de janv. à fév. : sam., dim. ; de mars à déc. : t.l.j. **●** 25 et 26 déc. **🖼 ♿** limité. **🍴**

Hampton Court ⓫

East Molesey, Surrey. 📞 *020-8781 9500.* 🚂 *Hampton Court.* ⭘ *t.l.j.* ⬤ *du 24 au 26 déc.* 🏛🏤🛏🛒🍴
🅦 *www.hampton-court-palace.org.uk*

L e cardinal Wolsey, homme d'Église très influent sous le règne d'Henri VIII *(p. 50-51)*, fit de Hampton Court sa résidence campagnarde en 1514. En 1528, il l'offrit au roi dans l'espoir de se gagner ses bonnes grâces. Une fois entré

dans le domaine royal, Hampton Court fit l'objet de deux campagnes d'agrandissement ; la première fut le fait d'Henri VIII lui-même, la seconde fut entreprise dans les années 1690 par Guillaume III, qui confia le chantier à Christopher Wren *(p. 116).* Vu de l'extérieur, le palais marie harmonieusement le style Tudor et le baroque

Allégorie peinte sur un plafond d'Hampton Court

anglais. À l'intérieur en revanche, le classicisme des salles de Wren rompt nettement avec le style Tudor des autres. Les meubles et les tableaux qui décorent les appartements d'apparat proviennent en majorité des collections royales. Les jardins baroques ont été soigneusement restaurés.

Les labyrinthes de buis *sont un élément presque obligé des grands jardins baroques.*

Les appartements de la reine, comprenant salles de réception et pièces privées, sont distribués sur les côtés nord et est de la Cour du jet d'eau.

Cour du jet d'eau

Certains des ifs qui délimitent le tracé des jardins ont été plantés sous Guillaume III *(p. 55).* Aujourd'hui ne subsiste qu'une seule des 13 fontaines qui animaient les jardins autrefois.

Grande salle

Entrée principale

La porte dite d'Anne Boleyn conduit à la cour de l'Horloge.

Tamise

La galerie Mantegna abrite 9 toiles du maître italien sur le thème du *Triomphe de Jules César* (1490).

Le grand canal

La grande allée

Le tracé régulier *de ces jardins en parterres, agrémentés d'une petite pièce d'eau, fait partie des importants remaniements décidés par Henri VIII.*

La chapelle royale *elle-même, de style Tudor, date de l'époque d'Henri VIII. Les sculptures sur bois, dont l'imposant retable de Grinling Gibbons, datent, elles, de transformations entreprises vers 1711.*

Steyning ⑫

West Sussex. 🚉 *5 000.* 🚌 🛈 *9 The Causeway, Horsham (01403 211661).*

Cette charmante petite ville des Downs recèle de nombreuses maisons à colombage du XVIIᵉ siècle.

Steyning, à la fois sur la mer et la rivière, était à l'époque des Saxons une cité importante, avec un port et un chantier naval. C'est ici que le roi Ethelwulf, père du roi Alfred *(p. 47)*, fut enterré en 858 ; son corps fut transporté plus tard à Winchester. D'après le *Domesday Book (p. 48)*, Steyning comptait au XIᵉ siècle 123 maisons, ce qui en faisait l'une des plus grandes villes du sud du pays. Une belle et vaste église du XIIᵉ siècle témoigne aujourd'hui encore de cette ancienne prospérité. La rivière s'est envasée au XIVᵉ siècle et son cours a changé de direction : c'en était fini des activités portuaires de Steyning. La ville devint plus tard un relais de diligence très fréquenté ; l'auberge **Chequer Inn**, avec sa façade du XVIIIᵉ siècle, date de cette époque.

Aux environs

Il y a à Bramber, à l'est de Steyning, les vestiges d'un **château normand**. À voir aussi dans ce petit village la façade à colombage de **St Mary's House** (1470) ; l'intérieur est décoré de belles peintures de l'époque élisabéthaine. Le jardin abrite un *Ginkgo biloba* qui est l'un des plus vieux arbres du pays.

Chanctonbury Ring et **Cissbury Ring**, sur les collines à l'ouest de Steyning, sont d'anciens forts de l'âge du fer ; à Cissbury Ring se trouvent les vestiges d'une mine de silex exploitée au Néolithique.

🏛 **St Mary's House**
Bramber. ☎ *01903 816205.*
🕐 *de Pâques à sept. : dim. et jeu. (après-midi), jours fériés.* 📷 🎫

Brighton pas à pas ⑬

Souvenir de Brighton

Brighton est la station balnéaire la plus proche de Londres ; elle a toujours été très fréquentée, tout en ayant su garder un tout autre cachet que Margate *(p. 171)* ou Southend, ses rivales plus tapageuses. Le souvenir un peu canaille du prince régent *(p. 167)* semble flotter encore sur la ville, à cause, bien sûr, du splendide Pavillon royal, mais aussi des hôtels où, dit-on, se retrouvent les couples illégitimes. Brighton a toujours attiré les artistes ; Laurence Olivier, par exemple, y possédait une maison.

Old Ship Hotel
Il fut acheté par Nicholas Tettersells avec l'argent que Charles II lui donna pour le remercier de l'avoir emmené en France pendant la guerre civile (p. 52).

★ **Palace Pier**
Construite à la fin du XIXᵉ siècle, la jetée principale accueille des espaces de divertissement.

LÉGENDE

– – – Itinéraire conseillé

À NE PAS MANQUER

★ **Palace Pier**

★ **Le Pavillon royal**

★ Le Pavillon royal
Ce petit palais extravagant, résidence de villégiature du prince de Galles, a largement contribué à faire de Brighton une station balnéaire en vue.

Voir encadré

MODE D'EMPLOI

East Sussex. 🚶 *154 000.* 🚆
Brighton Central. 🚌 *Pool Valley.*
ℹ️ *10 Bartholomew Sq (0906 711
2255).* 🅰️ *du lun. au sam.* 🎭
Festival international des arts : mai.

Avant d'être montées à Londres, dans le West End, de nombreuses pièces de théâtre sont d'abord représentées au Théâtre royal de Brighton.

Le Dôme est un bâtiment de style anglo-indien qui abritait au XIXᵉ siècle les écuries royales ; il a été réaménagé en salles de spectacles.

NEW ROAD

NORTH STREET

CHURCH STREET

PRINCE ALBERT STREET

STREET

GRAND PARADE

Art déco
Lampe de bronze des années vingt exposée au Brighton Museum and Art Gallery.

OLD STEINE

OLD STEINE

0   100 m

MARINE PARADE

MADEIRA DRIVE

Eastbourne

Aquariums
Une ménagerie de 1872 transformée en 1929 en aquarium. Ne manquez pas les requins !

LES LANES

BLACK LION ST

PRINCE ALBERT ST

UNION ST

MEETING HOUSE LA

MEETING HOUSE LA

NILE ST

MEETING HOUSE LA

BRIGHTON PL

BARTHOLOMEWS

REGENCY ARCADE

MARKET ST

NORTH ST

EAST ST

THE LANES

Les Lanes
Ces ruelles médiévales étroites étaient le cœur du village de Brighthelmstone. On y trouve des magasins d'antiquités.

Le Pavillon royal de Brighton

Avec la mode des bains de mer qui se développa dès le milieu du XVIIIe siècle, Brighton devint rapidement la principale station balnéaire d'Angleterre. L'atmosphère de fête qui y régnait eut tôt fait d'attirer le prince de Galles, futur George IV *(p. 55)*. C'est ici que le prince épousa secrètement Maria Fitzherbert en 1785 ; il s'installa avec elle dans une maison du bord de mer qu'il fit agrandir par Henry Holland *(p. 24)*. Il demanda plus tard à John Nash *(p. 107)* de transformer cette demeure en un somptueux palais à l'orientale ; les travaux durèrent de 1815 à 1822. Le palais n'a guère changé depuis cette époque ; il fut vendu en 1850 à la ville de Brighton par la reine Victoria.

Le dôme central
S'inspirant de l'art moghol, Nash a créé les délicates ouvertures qui ornent le dôme principal du pavillon.

★ La Salle des festins
Le dragon est l'un des thèmes récurrents de la décoration du pavillon. Celui-ci, au centre du plafond de la Salle des festins (Banqueting Room), soutient un énorme lustre de cristal.

L'extérieur est construit en pierre de Bath.

Galerie de la Salle des festins

Galeries sud

24 convives peuvent prendre place autour de la table.

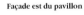
Façade est du pavillon

Éclairage
La Salle des festins est éclairée par huit lampadaires de porcelaine et de bois doré, ornés de dragons, de dauphins et de fleurs de lotus.

À NE PAS MANQUER

★ La Salle des festins

★ Les cuisines

★ Les cuisines
Les banquets mémorables que donnait le prince nécessitaient des cuisines de vastes proportions. Les meilleurs chefs du moment venaient y officier. Remarquez les ustensiles de cuivre.

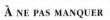
◁ **La façade principale du Pavillon royal de Brighton**

Le Salon
*Ou l'exotisme sans frontière :
motifs indiens pour la
décoration sculptée des murs,
papier peint chinois, témoignant
du goût du XVIIIe siècle pour
l'Extrême-Orient, divan en forme
d'embarcation égyptienne…*

MODE D'EMPLOI

Old Steine, Brighton. 📞 01273
290900. 🕐 d'avr. à sept. : de 10 h
à 17 h 15 ; d'oct. à mars : de 9 h 30
à 17 h 45 (der. ent. 45 min. avant
la fermeture) ; t.l.j. ● 25 et 26 déc.
🔲 🅿️ ♿ limité. 🎥 📷
Ｗ www.royalpavilion.brighton.co.uk

La Grande Galerie
*Des magots
chinois à la
tête mobile
sont alignés
le long des
murs roses
et bleus de
cette
longue
galerie
(49 m).*

La chambre à coucher de la reine Victoria
*Ce lit fait partie du mobilier
des appartements où la reine
Victoria a séjourné (p. 56-57).*

Le salon de musique,
tendu de pourpre et d'or,
accueillait
l'orchestre de
70 musiciens
qui jouait pour
les invités.

Les dômes
sont en fonte.

**Galerie du salon
de musique**

**Pièces
en saillie**

Sortie **Entrée** **Vers le
premier
étage** **Appartements
du roi**

Boutique
et café **Hall octogonal**

Cuisines

**Salle des
festins** **Salon** **Grande
galerie** **Galerie du
salon de
musique** **Salon de
musique**

Anti-
chambre **Galerie de la
Salle des festins**

PLAN DU PAVILLON ROYAL
Les architectes Holland et Nash ont tous
deux considérablement remanié et agrandi
le bâtiment original. Au premier étage
se trouvent les chambres, où ont dormi
notamment les frères du roi George.

LE PRINCE DE GALLES ET MRS FITZHERBERT

Le prince de Galles
n'avait que 23 ans
quand il tomba
amoureux de Maria
Fitzherbert, qu'il
épousa en secret.
Ils vécurent ensemble
à Brighton jusqu'au
mariage officiel du
prince, devenu le roi
George, avec Caroline
de Brunswick (1795).
Mrs Fitzherbert
emménagea alors
dans une petite maison
tout près de là.

Intérieur de la maison dite d'Anne de Clèves, à Lewes

Lewes ⑭

East Sussex. 🏘 16 000. 🚉 🛈 187
High St (01273 483448). 🛒 mar.
🌐 www.lewes.gov.uk

L'ancienne capitale du
Sussex avait une grande
importance stratégique à
l'époque troublée des Saxons,
car elle est située au sommet
d'une colline d'où l'on
embrasse une très vaste
portion de la côte.

En 1067, Guillaume le
Conquérant fit construire ici
un premier château de bois,
rapidement remplacé par
le bâtiment de pierre dont on
visite les vestiges aujourd'hui.

En 1264, Lewes fut le théâtre
d'une bataille épique au terme
de laquelle Henri III fut vaincu
par Simon de Montfort et
ses barons, qui établirent
le premier Parlement.

La **maison dite d'Anne de
Clèves**, où la quatrième femme
d'Henri VIII n'a pourtant jamais
habité, abrite aujourd'hui un
musée d'histoire locale.

Au cours de la Guy Fawkes
Night, qui célèbre l'échec d'une
tentative pour faire sauter
le Parlement *(p. 64)*, on roule

vers la rivière des tonneaux
enflammés et on brûle le pape
en effigie, en mémoire
des 17 protestants condamnés
au bûcher sur ordre
de Marie Iʳᵉ *(p. 52)*.

Aux environs
Tout près de Lewes
se trouve une belle demeure
du XVIᵉ siècle, **Glynde Place**,
où sont exposés des travaux
d'aiguille datant du XVIIIᵉ siècle
et de la faïence de Derby.

🏛 **Anne of Cleves House**
Lewes. 📞 01273 474610.

☐ de mi-fév. au 9 nov. : t.l.j. ;
du 10 nov. au 23 déc. : du mar. au sam. ;
du 28 déc. à mi-fév. : mar., jeu., sam.
🔲 📷 📷 sur rendez-vous.

🏛 **Glynde Place**
Lewes. 🛈 01273 858224. ☐ mai :
dim. ; juin, sept. : mer., dim. ; juil., août :
mer., jeu., dim., lun. férié 🔲 📷 📷

Eastbourne ⑮

East Sussex. 🏘 93 000. 🚉 🚌 🛈
Cornfield Rd (01323 411400). 🛒
mer., sam. 🌐 www.eastbourne.org

C ette station balnéaire mise
à la mode au siècle dernier
est aujourd'hui une ville où
les Anglais prennent volontiers
leur retraite, et un très bon
point de départ pour découvrir
la région. Le South Downs Way
(p. 33) part de **Beachy Head**,
une falaise de craie
spectaculaire (163 m de haut)
juste aux portes de la ville ;
une promenade tonifiante
mène jusqu'au sommet, Birling
Gap, avec vue sur les **Seven
Sisters** (les Sept Sœurs), qui
plongent à pic dans la mer.

Aux environs
À l'est d'Eastbourne se trouve
le **Seven Sisters Country Park**,
285 ha de falaises et de
marécages. Au **Park Visitor's
Centre**, une exposition décrit
la géologie de la région
et la faune locale.

Un peu au nord, **Alfriston**,
petit village de carte postale,
avec une ancienne place
du marché, une auberge du
XVᵉ siècle, **The Star**, et **Clergy
House**, maison du XIVᵉ siècle,
premier achat du National Trust
(p. 25). À l'est, se trouve une
gravure préhistorique, l'**homme
de Wilmington** *(p. 209)*.

Le phare de Beachy Head, à Eatsbourne, construit en 1902

Le paysage paisible des Downs du Sud, traversé par la Cuckmere

🛈 Park Visitor's Centre
Exceat, Seaford. **☎** 01323 870001.
◯ d'avr. à oct. : t.l.j. ; de nov. à mars :
sam., dim. **●** 25 déc. **🔲** **♿** **🔲**
🏛 Clergy House
(NT) Alfriston. **☎** 01323 870001.
◯ mars : sam., dim. ; d'avr. à oct. :
du sam. au lun., mer., jeu. ; de nov.
à déc. : du mer. au dim. **🔲** **🔲**

Les Downs **⑯**

East Sussex. **🚃** **✈** Eastbourne.
🛈 Cornfield Rd, Eastbourne
(01323 411400).

L es Downs du Nord et
du Sud sont deux bancs
de craie parallèles qui traversent
d'est en ouest le Kent, le Sussex
et le Surrey. Ils sont séparés
par une bande de terre fertile.
Depuis les collines au-delà
de **Devil's Dyke** (la Digue
du Diable), au nord
de Brighton, on embrasse toute
la région des Downs. Selon
la légende, le Diable aurait
tout fait pour que la mer vienne
inonder les terres, mais son
dessein aurait été déjoué par
une intervention divine.

Uppark House est située au
point le plus élevé des Downs.
Ce bâtiment aux lignes
très strictes a été restauré
dans son état du XVIIIe siècle
après un incendie en 1989.

🏛 Uppark House
(NT) Petersfield, West Sussex.
☎ 01730 825857. **◯** d'avr. à oct. :
du dim. au jeu. **🔲** **🔲** **♿** **🔲**

Hastings **⑰**

East Sussex. **👥** 83 000. **🚃** **✈**
🛈 Queens Square, Priory Meadow
(01424 781111).
W www.hastings.gov.uk

C ette cité était l'un
des cinq ports défensifs
(p. 170) de la côte sud ;
c'est encore un port de pêche
très actif. Voir les grandes
cabanes de bois sur la plage, où
depuis des siècles les pêcheurs
mettent leurs filets à sécher. Au
XIXe siècle, une station balnéaire
s'est développée à l'ouest
de la ville, laissant intact
l'ancien quartier des pêcheurs.

**Séchoirs à filets en bois
sur la plage d'Hastings**

À voir aussi, le chemin
de fer des falaises et le réseau
de grottes qui servaient
à la contrebande (p. 268).

Aux environs
À 11 km d'Hastings se trouve
la petite ville de Battle
où l'on peut voir le portail
de **Battle Abbey**, construite
par Guillaume le Conquérant
sur le site de sa victoire.
Selon la légende, il aurait
établi l'autel à l'endroit même
où Harold trouva la mort.
L'abbaye fut détruite
au XVIe siècle (p. 50).

♜ Battle Abbey
High St, Battle.
☎ 01424 773792.
◯ de Pâques/avr. à sept. : de 10 h
à 18 h ; oct. : de 10 h à 17 h ; de nov.
à mars/Pâques : de 10 h à 16 h ; t.l.j.
● du 24 au 26 déc., 1er janv. **🔲** **♿**

LA BATAILLE D'HASTINGS

En 1066, les Normands conduits par Guillaume le Conquérant
débarquent en Angleterre pour assiéger Winchester et Londres.
Ayant appris que le roi Harold et son armée étaient basés près
d'Hastings, Guillaume le Conquérant les défia et remporta la
victoire après la mort d'Harold, atteint d'une flèche dans l'œil.

Cette invasion
de l'Angleterre, la
dernière qui ait abouti,
est représentée sur
la célèbre tapisserie
(en fait une broderie)
conservée à Bayeux.

**La mort du roi Harold,
*Tapisserie de Bayeux***

Le château de Bodiam (XIVᵉ siècle), entouré de douves

Le château de Bodiam ⑱

(NT) Prés de Robertsbridge, East Sussex. ☎ *01580 830436.* ⊟ *taxi depuis Robertsbridge.* ○ *de mi-fév. à oct. : t.l.j. ; de nov. à déc. : du mar. au dim.* ● *du 24 au 26 déc.* ⬛ ♿ *limité.* ⬛ ⬛

Ce château de la fin du XIVᵉ siècle est entouré de douves profondes ; il est considéré comme l'un des plus romantiques d'Angleterre. Longtemps supposé avoir été érigé pour se défendre d'une invasion française, on pense maintenant qu'il était la demeure d'un chevalier. Le chateau fut cependant pris d'assaut par les Parlementaristes pendant la guerre civile.

Resté depuis lors inhabité, ce robuste édifice de pierre grise n'a pas eu trop à souffrir de cette désaffectation. Il a été restauré en 1919 par lord Curzon qui le légua à l'État.

Aux environs

À l'est, **Great Dixter**, un beau manoir du XVᵉ siècle que sir Edwin Lutyens restaura en 1910 pour la famille Lloyd. L'écrivain Christopher Lloyd y fit aménager un jardin où alternent les terrasses et les parterres *(p. 22-23)*.

🏠 Great Dixter
Northiam, Rye. ☎ *01797 252878.* ○ *d'avr. à oct. : du mar. au dim. et jours fériés.* ⬛

Rye ⑲

P. 170-171.

Romney Marsh ⑳

Kent. ⊟ *Ashford.* 🚌 *Ashford, Hythe.* ⬜ *Civic centre (01233 637311).*

Jusqu'à l'époque romaine, Romney Marsh et Walland Marsh, plus au sud, étaient régulièrement recouverts par la mer à la marée montante. Les Romains creusèrent des canaux et Walland Marsh put être progressivement asséché au cours du Moyen Âge. De nombreuses cultures et les gros moutons de Romney Marsh, réputés pour la qualité et la quantité de la laine qu'ils fournissent, se partagent aujourd'hui un sol très fertile.

Le paysage de **Dungeness**, un endroit perdu au sud-est de la région, est dominé par un phare et une centrale nucléaire.

LA DÉFENSE CÔTIÈRE ET LES « CINQUE PORTS »

En cas d'invasion par la mer, il était de la première importance pour les rois saxons d'avoir de bonnes relations avec les ports de la Manche. Les ports d'Hastings, Romney, Hythe, Sandwich et Douvres furent créés ; ils avaient le droit de lever des impôts, mais devaient en échange fournir à la marine royale des navires tout équipés. Leur nom de « Cinque Ports » vient de l'ancien français. Les privilèges de ces ports – et d'autres construits par la suite – furent abolis au XVIIᵉ siècle. En 1803, en réponse aux menaces d'invasion française, 74 postes de défense furent construits le long des côtes ; 24 de ces tours Martello subsistent encore.

La position dominante de l'ancienne citadelle de Douvres

Une des tours dressées sur les côtes de la Manche

C'est ici que se termine la ligne de chemin de fer **Romney-Hythe-Dymchurch**, ouverte en 1927. En été, ce train miniature (un tiers de la taille habituelle) promène ses passagers tout le long de la côte.

Au nord de Romney Marsh, alors que Napoléon projetait d'envahir le pays *(p. 55)*, on creusa un canal à la fois pour l'arrêter et pour permettre le ravitaillement des troupes.

Douvres ㉑

Kent. ⌂ *30 000*. 🚉 ▢ ⛴ 🚢 🛈 *Old Town Jail, Biggin St (01304 205108).* 🌐 *sam.* Ⓦ *www.dover.gov.uk*

Douvres et Folkestone (où débouche le tunnel sous la Manche, *p. 632*) sont les deux ports par lesquels arrivent en Angleterre les touristes venus du continent. La position de Douvres, face à l'Europe, et son vaste port ouvert sur la Manche ont toujours conféré à la ville un rôle capital dans la protection du pays. **Dover Castle**, la citadelle de Douvres, a d'ailleurs été édifié sur le site d'anciennes fortifications saxonnes ; son rôle défensif capital, depuis le lointain XIe siècle jusqu'à la Deuxième Guerre mondiale, est évoqué par une exposition installée dans la citadelle, ainsi que dans le labyrinthe de tunnels creusés par des prisonniers au cours des guerres napoléoniennes *(p. 55)*.

Aux environs
Richborough Roman Fort est un des sites historiques les plus importants de toute l'Angleterre. C'est ici qu'ont débarqué en l'an 43 les premières troupes romaines de l'empereur Claude *(p. 44)*. Pendant plusieurs siècles, le port de Rutupiae, comme on l'appelait alors, est resté une base militaire de première importance. Aujourd'hui, Richborough Castle, tout comme Aigues-Mortes en France, se trouve loin à l'intérieur des terres.

♣ Dover Castle
Castle Hill. 【 *01304 211067.*
◯ *t.l.j.* ● *du 24 au 26 déc.,1er janv.* 🌐

⋔ Richborough Roman Fort
Richborough. 【 *01304 612013.*
◯ *d'oct. à mars : sam., dim. ; d'avr. à sept. : t.l.j.* ● *du 24 au 26 déc.*

Margate ㉒

Kent. ⌂ *39 000*. 🚉 ▢
🛈 *17 Albert St (01843 583334).*

Margate a toujours été la plus animée des trois stations balnéaires (les autres sont Ramsgate et Broadstairs) que comprend l'île de Thanet. En bateau à vapeur à l'époque victorienne, ou aujourd'hui en train, c'est depuis longtemps une des destinations préférées des Londoniens qui viennent y passer la journée. La ville possède plusieurs parcs d'attractions.

Aux environs
Au sud se trouve **Quex House**, une gentilhommière du XIXe siècle. Dans le domaine, un musée présente une belle collection d'art d'Afrique et d'Orient, et des dioramas exceptionnels sur la vie sauvage des tropiques.

Détente l'été sur la plage de Margate

À l'ouest, une église saxonne construite sur les ruines du fort romain de **Reculver**. Les deux tours jumelles, les Deux Sœurs (Two Sisters), sont un ajout du XIIe siècle ; elles servaient de repère aux navigateurs, ce qui les a sauvées de la destruction. Autour de l'église s'étend aujourd'hui un vaste parc, balayé par les vents.

⊞ Quex House
Birchington. 【 *01843 842168.*
◯ *d'avr. à oct. : du mar. au jeu., dim. et jours fériés (musée seul, en nov., déc. et mars, le dim.).* 🅿 🌐
♿ 📷 *pour les groupes.* 🔢
⋔ Reculver Fort
Reculver. 【 *01227 361911 (syndicat d'initiative d'Herne Bay).*
◯ *t.l.j.*

Les plaines fertiles de Romney Marsh sont sillonnées de canaux de drainage

Rye pas à pas ⓭

L'enseigne de l'auberge de la Sirène

La ville faisait partie au XIᵉ siècle de la ceinture de ports fortifiés établis sur la côte sud du pays. En 1287, un ouragan détourna la Rother de son cours et la fit se jeter dans la mer à Rye même, qui devint une ville portuaire très active, jusqu'à ce qu'au XVIᵉ siècle le sable envahisse le port ; la localité se trouve aujourd'hui à 3 km de la côte. Rye a fréquemment été attaquée par les troupes françaises ; en 1377, elle fut même complètement détruite par le feu.

★ **Mermaid Street**
La « rue de la Sirène », petite rue pavée pittoresque dont les maisons ne suivent aucun alignement strict, n'a guère changé depuis le XIVᵉ siècle.

The Mint
Dans cette rue on battait autrefois monnaie (mint).

L'auberge de la Sirène
(The Mermaid Inn) date du XIᵉ siècle. C'est la plus grande bâtisse médiévale de la ville. Dans les années 1750, c'était le repaire d'une bande de contrebandiers sanguinaires.

Vue sur la Tillingham

Le quai
Les entrepôts de brique et de bois témoignent de l'époque où Rye était encore un port prospère.

À NE PAS MANQUER
★ Mermaid Street
★ La tour d'Ypres

Lamb House
La « maison de l'Agneau » fut construite en 1722. George Iᵉʳ, surpris par une tempête, s'y arrêta. L'écrivain Henry James (1843-1916) y vécut.

St Mary's Church
La tourelle (XVIe siècle) abrite la plus ancienne horloge d'Angleterre en état de marche.

Vers Hastings et la gare de chemin de fer

Land Gate
Cette porte fortifiée du XIVe siècle est la seule des quatre entrées de la ville qui subsiste.

Flushing Inn, qui date du XVIe siècle

Cette citerne a été construite en 1735 ; un système acheminait l'eau jusqu'aux parties les plus hautes de la ville.

Gun Garden et la tour d'Ypres

MODE D'EMPLOI

East Sussex. 🏠 4 500. 🚉 Station Approach. 🚌 Station Approach. ℹ️ Strand Quay (01797 226696). 🐟 mer., jeu. 🎉 Festival de Rye en sept. ; week-end médiéval en août (biennal). 🅦 www.ryetourism.co.uk

★ La tour d'Ypres
Cet ancien fort de 1250 a été aménagé en habitation au XVe siècle. Il a servi aussi de prison et de morgue.

LÉGENDE

— — — Itinéraire conseillé

0   50 m

Aux environs

À 3 km au sud de Rye se trouve la petite ville de **Winchelsea** qui fut transférée sur son site actuel en 1288 sur l'ordre d'Édouard Ier ; le fameux ouragan de 1287, qui avait détourné la Rother de son cours, avait aussi inondé une bonne partie de la vieille ville.

Winchelsea est sans doute la première ville d'Angleterre à suivre un véritable schéma urbanistique. Tous les projets de construction n'ont pas été menés à bien, mais le tracé rectangulaire de la ville, avec au centre l'**église Saint-Thomas-Becket** (commencée vers 1300), est encore sensible. Au cours du XIVe siècle, plusieurs raids français ont détruit de nombreuses maisons et endommagé l'église. Celle-ci abrite plusieurs tombes antérieures à l'inondation de la ville ancienne. Les trois vitraux (1928-1933) de la chapelle Notre-Dame (Lady Chapel) ont été dessinés par Douglas Strachan ; ils rendent hommage aux victimes de la Première Guerre mondiale. Au-delà des murs de la ville actuelle, on voit les vestiges de trois entrées monumentales qui donnent une idée de la taille de la ville projetée. La plage en contrebas est l'une des plus belles de la côte sud-est de Grande-Bretagne.

Les plaisanciers et les pavillons de vacances ont remplacé les pêcheurs sur la plage de **Camber Sands**, à l'est de l'estuaire de la Rother.

À l'ouest des plages, entre Rye et Winchelsea, se trouvent les ruines de **Camber Castle**, l'un des forts construits par Henri VIII le long des côtes en prévision d'une attaque française. Initialement situé en bord de mer, le fort fut abandonné en 1642 : la rivière en s'ensablant l'avait comme laissé échoué sur le rivage.

🏰 Camber Castle
(EH) Camber, Rye. 📞 01797 223862. ⬜ de juil. à sept. : sam., dim. après-midi. 📷 seulement.

**Détail de Christ Church Gate,
cathédrale de Canterbury**

Canterbury ㉓

Kent. 🏘 *50 000.* 🚂 🚌 🛈 *The
Buttermarket, Sun St (01227 455600).*
🛍 *mer., ven.*

O ccupant une position clé
entre Londres et Douvres,
Canterbury était déjà une ville
romaine importante. En 597,
saint Augustin, envoyé par
le pape pour convertir le pays
au christianisme, arriva dans
la ville, qui devint la capitale de
l'Église chrétienne d'Angleterre.

La construction de
la **cathédrale** et l'assassinat
de Thomas Becket *(p. 48)*
assurèrent sa position de grand
centre religieux.

Tout près des ruines de
St Augustine's Abbey, détruite
lors de la Dissolution *(p. 50)*,
se dresse **St Martin's Church**,
l'une des plus anciennes
d'Angleterre. Saint Augustin
y a souvent officié.

Les collections d'armures
et d'armes anciennes du **West
Gate Museum** sont installées
dans un corps de garde de 1381.

Le bâtiment du XIIᵉ siècle où
l'on soignait les prêtres indigents
accueille un musée consacré
au rayonnement de Canterbury,
le **Museum of Canterbury**.

🏛 **West Gate Museum**
St Peter's St. 📞 *01227 452747.*
◯ *du lun. au sam.*
⬤ *du 23 au 27 déc., ven. saint.*
📷 🚫
🏛 **Museum of Canterbury**
Stour St. 📞 *01227 452747.*
◯ *de juin à oct. : t.l.j. ; de nov. à mai :
du lun. au sam.* ⬤ *semaine de Noël,
ven. saint.* 📷 🚫

La cathédrale de Canterbury

L e premier archevêque de Canterbury, Lanfranc,
décida en 1070 de faire bâtir une cathédrale digne de
l'importance grandissante de la ville. L'édifice, construit
sur les ruines d'une première cathédrale anglo-saxonne,
fut à plusieurs reprises agrandi et remanié ; on y retrouve
aujourd'hui tous les styles architecturaux du Moyen Âge.
Quatre ans après le meurtre de Thomas Becket en 1170
(p. 48), la cathédrale fut ravagée par un incendie et l'on
construisit la chapelle de la Trinité pour abriter une châsse
contenant les restes de Becket. Elle attira très vite de
nombreux fidèles, et jusqu'à la Dissolution
(p. 50) la cathédrale est demeurée l'un
des plus grands centres
de pèlerinage de toute
la chrétienté.

La nef de la cathédrale
mesure 100 m ; Canterbury
est la plus longue église
médiévale d'Europe.

Le porche sud-ouest (1426)
a peut-être été construit
pour commémorer la
victoire d'Azincourt *(p. 51).*

**Entrée
principale**

★ **Vitraux**
*Cette représentation
de Mathusalem
est un détail de la
verrière du transept
sud-ouest
de la cathédrale.*

GEOFFREY CHAUCER

Celui que l'on considère
comme le premier grand poète
anglais était douanier de
profession. Geoffrey Chaucer
(v. 1345-1400) dépeint dans les
Contes de Canterbury (Canterbury
Tales) la rencontre pleine de verve
de pèlerins se rendant à la
cathédrale. Tous les types sociaux
sont représentés dans le groupe,
véritable peinture de la société ;
les *Contes* sont un des chefs-d'œuvre
de la littérature anglaise médiévale.

**Miniature
illustrant les *Contes***

Bell Harry Tower
La tour centrale fut construite en 1496 pour abriter une cloche offerte à la cathédrale. Le tracé en éventail s'épanouissant au sommet des colonnes est un magnifique exemple du gothique anglais.

MODE D'EMPLOI

11 The Precincts, Canterbury. ☎ 01227 762862. ◯ de 9 h à 18 h 30 du lun. au sam. (17 h d'oct. à mars) ; de 12h 30 à 14 h 30 et de 16 h 30 à 17 h 30 le dim. ⬤ pendant les offices et concerts ; 25 déc. 🎵 ✝ 8 h t.l.j. ; 11 h dim., 15 h 15 sam., dim., 17 h 30 du lun. au ven. ⬤ ✦ W www.canterbury-cathedral.org

★ Châsse de Thomas Becket
Cette illustration du XIXe siècle est un portrait idéalisé de Thomas Becket, assassiné dans la cathédrale sur l'ordre du roi Henri II. Becket fut canonisé en 1173 ; sa tombe dans la chapelle de la Trinité a été détruite en 1538. Son emplacement est indiqué par un cierge allumé.

Grand cloître

Salle capitulaire

★ La tombe du Prince Noir
Fils d'Édouard III, un des généraux de la guerre de Cent Ans.

La verrière sud
est ornée de quatre vitraux d'Erwin Bossanyi (1960).

À NE PAS MANQUER

★ **Les vitraux du Moyen Âge**

★ **L'emplacement de la châsse de saint Thomas Becket**

★ **La tombe du Prince Noir**

Chaire dite de saint Augustin

Le chœur, terminé en 1184, est l'un des plus longs d'Angleterre.

Chapelle de la Trinité

La Corona, chapelle circulaire

Le donjon du château de Rochester domine la ville et la vallée de la Medway

Leeds Castle ㉔

Maidstone, Kent. 📞 01622 765400.
🚌 *Prendre le bus à Bearsted.* ⏰ *t.l.j.*
⏰ *lors des concerts et le 25 déc.* 📷
📶 ♿ 🍴 🖥 🌐 www.leeds-castle.com

L e château de Leeds est
souvent considéré comme
le plus beau d'Angleterre.
Commencé au début du
XIIe siècle, il fut sans cesse
remanié au cours des siècles,
les dernières transformations
datant des années trente.
Le château fut offert en 1278
au roi Édouard Ier par
un courtisan qui cherchait
à s'attirer sa faveur.

Henri VIII y séjourna
fréquemment pour échapper
à la peste qui sévissait
à Londres. En 1552,
Édouard VI offrit le château
à Sir Anthony Saint Leger
qui l'avait aidé à pacifier
l'Irlande. Les jardins, dessinés
par Capability Brown *(p. 23)*,
comportent un labyrinthe
végétal.

Rochester ㉕

Kent. 🏛 145 000. 🚌 🚆 🛈 *95 High
Street (01634 843666).*

À l'embouchure de
la Medway, les villes
de Rochester, Chatham
et Gillingham ont toutes les
trois un riche passé maritime,
Rochester, détient
une position stratégique
entre Londres et Douvres.

Le **château de Rochester** a
le plus haut donjon normand
d'Angleterre, avec une superbe
vue sur la vallée de la Medway.
Les remparts médiévaux
de la ville, qui suivent le tracé
des anciennes fortifications
romaines, sont encore visibles
quand on se trouve dans
High Street ; la **cathédrale**,
construite en 1088, abrite
des fresques dans un état
de conservation remarquable.

Aux environs
L'**Historic Dockyard**
de Chatham est aujourd'hui
un musée de la construction
navale. Le **Fort Amherst**
fut construit en 1756 pour
protéger les chantiers navals
et l'embouchure de la rivière ;
1 800 m de tunnels y ont été
creusés par les prisonniers
des guerres napoléoniennes.

♟ Rochester Castle
L'Esplanade. 📞 01634 402276.
⏰ *t.l.j.* ⏰ *du 24 au 27 déc., 31 déc.,
1er janv.* 📷 📶 ♿ *limité.*

Un
gladiateur,
parc de
Knole

🏛 Historic Dockyard
Dock Rd, Chatham. 📞 01634 823800.
⏰ *d'avr. à oct. : t.l.j. ; nov., fév.-mars :
mer., sam., dim.* 📶 ♿
♟ Fort Amherst
Dock Rd, Chatham.
📞 01634 747747. ⏰ *de mai à sept. :
t.l.j. ; d'oct. à avr. : du mer. au dim.*
⏰ *24, 25 déc., 1er janv.* 📶 📶

Knole ㉖

(NT) Sevenoaks, Kent. 📞 01732
462100. 🚌 *prendre un taxi
à Sevenoaks.* **Maison** ⏰ *de mars
à nov. : du mer. au dim. (après-midi),
ven. saint et jours fériés.*
Jardin ⏰ *t.l.j.* 📷 📶 ♿ *limité.*
🅿 *sur rendez-vous.* 📶

C ette immense demeure
Tudor date de la fin
du XVe siècle. Propriété de
Thomas Cranmer, archevêque
de Canterbury, le domaine fut
réquisitionné par Henri VIII
quand il décida de saisir
les biens de l'Église *(p. 50)*.
En 1566, Élisabeth Ire l'offrit à
son cousin, Thomas Sackville ;
ses descendants
y habitent encore.
Si la décoration
intérieure de Knole
est remarquable,
c'est le mobilier qui est le plus
extraordinaire, en particulier
le splendide lit d'apparat de
Jacques II. Plus de 400 hectares
de parc entourent la demeure.

Aux environs
À l'est de Knole se trouve
l'un des plus beaux exemples

de l'architecture médiévale anglaise, **Ightham Mote**, petit manoir de pierre et de bois cerné de douves, disposé autour d'une cour centrale. Les jardins de **Sissinghurst Castle Garden** ont été créés par l'écrivain Vita Sackville-West et son mari Harold Nicolson dans les années 1930.

Ightham Mote
(NT) Ivy Hatch, Sevenoaks. 01732 810378. *d'avr. à oct. : du mer. au ven., dim., lun. et jours fériés.*

Sissinghurst Castle Garden
(NT) Cranbrook. 01580 710700. *d'avr. à oct. : de 11 h à 18 h 30 lun., mar., ven. ; de 10 h à 18 h 30 sam., dim., ven. saint.* *limité.*

Hever Castle ㉗

Edenbridge, Kent. 01732 865224. *Edenbridge Town.* *de mars à nov. : t.l.j.* *sur rdv.*

D ans ce petit château entouré de douves a vécu Anne Boleyn, une des femmes du roi Henri VIII.

CHARLES DICKENS

Charles Dickens (1812-1870) est aujourd'hui encore un auteur très populaire. L'écrivain naquit à Portsmouth, mais dès 1817 ses parents partirent s'installer à Chatham. Plus tard, Dickens vécut à Londres, mais il garda toute sa vie des liens étroits avec la région ; il prenait ses vacances à Broadstairs, au sud de Margate – c'est là qu'il écrivit *David Copperfield* –, et passa les dernières années de sa vie à Gad's Hill, près de Rochester.

La façade de Chartwell, où vécut Winston Churchill

Elle y passa une partie de sa jeunesse ; lorsqu'il résidait à Leeds Castle, le roi venait souvent lui rendre visite. En 1903, William Waldorf Astor acquit le domaine qu'il entreprit de restaurer ; il fit construire alentour un petit village néo-Tudor pour loger ses domestiques et ses invités. Le porche et les douves sont du XIIIᵉ siècle.

Aux environs
Au nord-ouest de Hever se trouve **Chartwell**, la maison de Winston Churchill *(p. 58)*. Elle a conservé son mobilier. Quelques-uns de ses tableaux sont exposés.

Chartwell
(NT) Westerham, Kent. 01732 866368. *d'avr. à juin, sept., oct. : de 11 h à 17 h du mer. au dim. et jours fériés ; juil.-août : de 11 h à 17 h du mar. au dim. et jours fériés.* *limité.*

Royal Tunbridge Wells ㉘

Kent. 55 000. *The Old Fish Market, The Pantiles (01892 515675).* *mer.* www.heartofkent.org.uk

E n 1606, on découvrit ici des sources d'eau minérale. Grâce au patronage de la famille royale, la ville devint une station thermale très en vogue aux XVIIᵉ et XVIIIᵉ siècles.

Aux environs
Tout près se trouve le manoir de **Penshurst Place** (années 1340). Le grand salon a 18 m de hauteur sous plafond.

Penshurst Place
Tonbridge, Kent. 01892 870307. *d'avr. à oct. : t.l.j. ; mars : sam., dim.* *limité.*

Un astrolabe du début du XVIIIᵉ siècle dans les jardins Hever Castle

L'EAST ANGLIA

CAMBRIDGESHIRE · ESSEX · NORFOLK · SUFFOLK

Entre l'estuaire de la Tamise et le pays de Galles s'étend un vaste territoire à l'originalité très marquée. L'East Anglia est décentrée par rapport au grand axe nord-sud qui traverse la Grande-Bretagne ; c'est ce qui l'a aidée à préserver sa culture et ses traditions, tant en ville qu'à la campagne.

Le nom de la région vient de celui des Angles, une tribu du nord de l'Allemagne installée ici aux Ve et VIe siècles de notre ère. La région a toujours tenu à son franc parler et surtout à son indépendance, comme en témoignent deux de ses enfants les plus célèbres, la reine Boadicée, au Ier siècle, et Oliver Cromwell, au XVIIe siècle. C'est d'East Anglia d'ailleurs que Cromwell a reçu le soutien le plus important pendant la guerre civile. Preuve du caractère farouche des habitants de la région, leur surnom de *Fen Tigers*, « Tigres des marais », car ils ont vécu longtemps de chasse et de pêche dans des zones marécageuses, qui ne furent drainées qu'au XVIIe siècle. Le sol s'avéra alors très propice au développement des cultures ; aujourd'hui, le tiers des légumes produits en Grande-Bretagne provient d'East Anglia. La rotation des cultures est mise en place dans le Norfolk depuis le XVIIIe siècle ; c'est à l'agriculture que de nombreuses villes de cette région, dont Norwich, doivent leur prospérité.

La mer joue aussi un grand rôle dans l'économie de la région : les villes et villages côtiers d'East Anglia sont les ports d'attache de la plupart des chalutiers qui sillonnent la mer du Nord. De nos jours, la région mise surtout sur la navigation de plaisance, tant le long des côtes que sur les nombreuses voies navigables des Norfolk Broads. Dernier point : c'est dans l'East Anglia que se trouve Cambridge, une des meilleures universités de toute la Grande-Bretagne.

Champs de lavande en fleur à Heacham, dans le Norfolk

◁ Les marécages de la côte nord du Norfolk sont ponctués de moulins à vent

À la découverte de l'East Anglia

Le visiteur qui quitte la conurbation londonienne,
découvre des paysages qui n'ont guère changé
depuis l'époque de Constable *(p. 192)*, semés
d'églises, de moulins à vent et de granges.
C'est une région bénie pour les amoureux
de la nature, l'une des plus ensoleillées
d'Angleterre. Le nord du Norfolk compte
plusieurs réserves d'oiseaux et des colonies
de phoques. Le visiteur ne pourra
qu'être séduit aussi par l'originalité
des constructions de la région,
des cottages roses du Suffolk
aux toits de chaume des fermes
du Norfolk.

THE
WASH

8 LE NORD DU NORFOLK

7 SANDRINGHAM

Norfolk Coast Path

Peddars Way

KING'S LYNN **6**

Grantham

Leicester

1 PETERBOROUGH

Nene

Twenty Foot River

Vermuden's Drain   *Old Bedford River*

Delph

5 FENS

SWAFFHAM **4**

3 GRIMES GRAVES

Little Ouse

ELY

2

THETFORD

26 HUNTINGDON

Great Ouse

Cam

ANGLESEY ABBEY **25**

27

CAMBRIDGE

Bedford,
London

24 NEWMARKET

23 BURY
ST EDMUNDS

Icknield Way

LAVENHAM **22**

Stour

28 AUDLEY END

Bishop's
Stortford

Colne

A120 COLCHESTER

COGGESHALL **21**

MALDON **30**

E P P I N G
F O R E S T

29

London

SOUTHEND-ON-SEA

Thames Estuary

Canotage sur la Cam,
à Cambridge

CIRCULER

Certains jolis coins un peu
perdus sont difficiles
à atteindre par le train ou le
car. Louer une voiture peut
s'évérer la solution la plus
rationnelle et la moins chère
pour découvrir la région.
L'autoroute M11 relie
Londres et Cambridge. Entre
Aldeburgh et King's Lynn,
la route côtière traverse
quelques-uns des plus beaux
sites de la région. Le réseau
ferroviaire n'est guère
étendu, mais Norwich,
Ipswich et Cambridge
sont bien desservies.
Norwich possède un
aéroport international.

VOIR AUSSI

- *Hébergement* p. 547-549

- *Restaurants et pubs*
p. 584-585

CROMER
A148
Bure
BLICKLING HALL 9
BROADS 11
10 **NORWICH**
GREAT YARMOUTH 12
A12
13 **LOWESTOFT**
A146
DISS
Waveney
SOUTHWOLD 14
DUNWICH 15
FRAMLINGHAM CASTLE 17
A1120
Deben
ALDEBURGH 16
B1084
18 **IPSWICH**
FELIXSTOWE
SUR LES PAS DE CONSTABLE
HARWICH
A120
A133
CLACTON-ON-SEA

La plage de Wells-next-the-Sea, dans le nord du Norfolk

0	10 km

LA RÉGION D'UN COUP D'ŒIL

Peterborough ●

Cambridgeshire. 🚶 156 000. 🚆 🚌
🛈 45 Bridge St (01733 452336).
🏛 du mar. au sam.
🌐 www.peterborough.gov.uk

Le site de Peterborough est habité depuis des temps immémoriaux, mais ce n'est qu'en 1967 que la ville est devenue une importante métropole régionale.

Le centre est dominé par **St Peter's Cathédral**. L'intérieur de cet édifice normand classique du XIIe siècle a été endommagé par les troupes de Cromwell (p. 52), mais par chance l'extraordinaire plafond, peint en 1220, nous est parvenu intact. Catherine d'Aragon, la première femme d'Henri VIII, a été enterrée ici ;

Les armes de Peterborough et sa devise : Sur ce Rocher

son tombeau fut jeté bas par les troupes de Cromwell.

Aux environs
Sur le site de Flag Fen **(Flag Fen Bronze Age Excavations)**, des objets datant de l'âge du bronze (1 300 ans avant notre ère) ont été trouvés dans la tourbe.

🏠 Flag Fen Bronze Age Excavations
The Droveway, Northay, Peterborough.
📞 01733 313414. ◯ t.l.j. de 10 h à 17 h. ● semaine de Noël.
🅿 ♿ 📷

Grimes Graves ●

(EH) Lynford, Norfolk.
📞 01842 810656.
🚆 Prendre un taxi à Brandon. ◯ t.l.j.
● du 24 au 27 déc. 🛈 📷

Grimes Graves est l'un des sites néolithiques les plus importants d'Angleterre. Il y a plus de 2 000 ans, c'était un grand centre d'exploitation du silex.

Avec comme seuls outils des bois de cerf et des pioches, les mineurs de l'âge de la pierre ont creusé la craie pour atteindre les veines de silex dont ils faisaient des haches, des armes et des outils, convoyés ensuite à travers le pays. Les galeries sont aujourd'hui ouvertes à la visite. Pendant les fouilles, les

Ely ●

Cambridgeshire. 🚶 14 000. 🚆
🛈 29 St Mary's St (01353 662062).
🏛 jeu., sam. (objets, antiquités).

Construite sur une colline crayeuse, cette petite ville doit peut-être son nom aux anguilles (eels) qui abondent dans l'Ouse toute proche.

La colline où la ville ancienne a été bâtie constituait une sorte d'île inaccessible au milieu d'une région alors couverte de marécages (p. 184) ; cette situation faisait d'Ely un site stratégique. La ville fut d'ailleurs le dernier bastion de la résistance anglo-saxonne aux Normands.

Aujourd'hui, la petite ville d'Ely, à l'ombre de sa **cathédrale**, doit sa prospérité à l'agriculture car la terre est particulièrement riche.

Les vitraux du lanternon éclairent le dôme

L'Octogone

Cet ange de bois peint du XIIIe siècle est l'une des centaines de statues qui ornent les deux bras sud et nord du transept.

Musée du vitrail

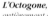

Ici se trouve le tombeau d'Alan de Walsingham, architecte de l'Octogone.

L'Octogone, entièrement en bois, a été construit en 1322 après l'effondrement de la première tour. Le toit et le lanternon demandèrent 24 ans de travail ; ils pèsent 200 tonnes.

Partie détaillée

LA CATHÉDRALE D'ELY
Ely. 📞 01353 667735.
◯ t.l.j. ● occasions spéciales. 🛈 📷 🍴 ♿ 📖
Commencée en 1083, la cathédrale ne fut achevée que 268 ans plus tard. Elle échappa aux destructions du XVIe siècle (p. 50), mais fut fermée pendant 17 ans sur l'ordre de Cromwell (p. 52).

archéologues ont mis au jour d'étranges statuettes de craie représentant des phallus ou des divinités de la fécondité *(p. 43).*

Aux environs
Au centre de la plaine autrefois fertile de Breckland se trouve la petite ville commerçante de **Thetford**.

Cette localité autrefois prospère a vu sa richesse décroître au XVIe siècle avec la destruction de son prieuré. Les terrains alentour ont été dévastés par des armées de moutons et sont devenus des pinèdes. Dans la ville, un tertre s'élève à l'emplacement d'un château antérieur à l'époque des Normands. Thetford est le berceau d'un écrivain révolutionnaire anglais du XVIIIe siècle, Tom Paine.

L'énorme tour de la cathédrale domine tout le paysage alentour.

Plafond peint du XIXe siècle

La Porte du Prieur (vers 1150)

L'aile sud est supportée par une galerie d'arcades composée de 12 arcs normands en plein cintre.

Oxburgh Hall, entouré de douves en eau

Swaffham ❹

Norfolk. 🏠 6 700. 🚉 🛈 *place du marché (01760 722255).* 🚌 *sam.* 🌐 *www.aroundswaffham.co.uk*

Swaffham est la mieux préservée des villes georgiennes de l'East Anglia. Elle s'anime surtout le samedi, quand les maraîchers s'installent sur la place du marché, aménagée en 1783.

Au centre de la ville se trouve l'**église Saint-Pierre-et-Saint-Paul** (*Church of St Peter and St Paul*), dont la très belle aile nord Tudor a, dit-on, été construite grâce à de l'argent donné par un simple colporteur, John Chapman. Lors d'un voyage à Londres, Chapman aurait rencontré un étranger qui lui aurait indiqué la cachette d'un trésor. L'information était bonne, et avec cet argent Chapman décida de faire embellir l'église. Il est représenté sur une enseigne à double face de la place du marché.

Aux environs
À Castle Acre, au nord de la ville, se trouvent les ruines massives d'un **prieuré** clunisien de 1090.

Tout près de là se dresse **Oxburgh Hall and Garden**, construit par sir Edmund Bedingfeld en 1482. Un imposant porche fortifié se dresse à 24 m de hauteur. À l'intérieur est conservée une tenture brodée par Marie Stuart *(p. 497).*

🏰 Castle Acre Priory
(EH) Castle Acre. 📞 *01760 755394.* ⏰ *d'avr. à oct. : t.l.j. ; de nov. à mars : mer. à dim.* ⊘ *24-26 déc., 1er janv.* 🅿 🈳 ♿ *limité.*

🏛 Oxburgh Hall
(NT) Oxborough. 📞 *01366 328258.* ⏰ *de mars à nov. : du sam. au mer. (jardins ouv. aussi en déc., sam. et dim.)* 🅿 🈳 ♿ *limité.* 🍴

Effigie de John Chapman

BOADICÉE ET LES ICÈNES

Quand les Romains envahirent la Grande-Bretagne, les Icènes, la plus importante tribu de l'East Anglia, décidèrent de combattre à leurs côtés. Mais les Romains se retournèrent ensuite contre les Icènes et leur reine, Boadicée, organisa en 61 de notre ère la révolte contre leur autorité. Ses partisans incendièrent Londres, Colchester et St-Albans, avant de baisser les armes. Boadicée préféra s'empoisonner plutôt que de se rendre. À Cockley Cley, un camp des Icènes a été mis au jour.

La reine Boadicée, illustration du XIXe siècle

Moulin au milieu des marécages

Les Fens ❺

Cambridgeshire/Norfolk. ⚟ *Ely.* ℹ
29 St Mary's St, Ely (01353 662062).
🆆 *www.eastcambs.gov.uk*

Le nom de Fens désigne les vastes plaines marécageuses de l'Angleterre de l'est, entre Lincoln, Cambridge, Bedford et King's Lynn. Jusqu'au XVIIᵉ siècle, il n'y avait là qu'un marais où il n'était possible de s'établir que sur des îles surélevées.

Au XVIIᵉ siècle, des spéculateurs se rendirent compte de la richesse du sol et firent venir des experts hollandais pour mettre en place un système de drainage. L'eau est aujourd'hui évacuée par de puissantes pompes électriques.

À 14 kilomètres d'Ely se trouve Wicken Fen, un marécage de 243 hectares qui n'a jamais été asséché et constitue une réserve naturelle pour la faune et la flore locales.

King's Lynn ❻

Norfolk. 🏠 *42 000.* ⚟ ❌ ℹ *sur la place du marché (01553 763044).* 🖵 *mar., sam.*

La premier nom de la ville, Bishop's (évêque) Lynn a été « laïcisé » en King's (roi) Lynn au XVIᵉ siècle *(p. 51)*. Au Moyen Âge, c'était l'un des plus grands ports du pays, d'où partaient pour l'Europe des bateaux chargés de la laine et du blé produits dans toute la région alentour. De cette époque subsistent quelques entrepôts et quelques maisons de négociants sur l'Ouse. Au nord-ouest de la ville se trouve **True's Yard**, qui faisait partie de l'ancien quartier des pêcheurs.

L'hôtel de ville de King's Lynn

Excursion sur la côte nord du Norfolk ❽

Ce circuit traverse une des plus belles régions de l'East Anglia. Pratiquement toute la côte nord du Norfolk est considérée par les Anglais comme une région d'une extraordinaire beauté naturelle. C'est la mer qui a façonné toute cette partie du Norfolk, élevant des dunes, ensablant peu à peu des ports florissants qui se retrouvent aujourd'hui loin à l'intérieur des terres. Les dunes abritent une faune d'une étonnante variété. Par endroits, la mer a profondément érodé la côte et créé des falaises impressionnantes.

CARNET DE ROUTE

Itinéraire : 45 km.
Où faire une pause ? Holkham Hall est l'endroit idéal pour s'arrêter déjeuner. Vous trouverez plusieurs pubs sympathiques à Wells-next-the-Sea. (Voir aussi p. 636-637.)

Les falaises de Hunstanton ②
La mer est à 18 m en contrebas de ces falaises spectaculaires, formées de trois strates successives de pierres.

Caley Mill ①
Caley Mill est le plus gros producteur anglais de lavande. En pleine saison, en juillet et août, les paysages y sont magnifiques.

Pub Lord Nelson ③
C'est ici que l'amiral Nelson a pris son dernier repas sur le sol anglais avant Trafalgar.

Trinity Guildhall, l'hôtel de ville, date de 1420. On y conserve une épée du début du XIIIe siècle, peut-être offerte à la ville par le roi Jean *(p. 48)* qui y vint à plusieurs reprises. Il s'y arrêta pour la dernière fois en 1216, fuyant la troupe des barons rebellés contre son autorité. Le lendemain, son navire chargé de trésors fit naufrage en mer du Nord. Des générations de plongeurs s'acharnent depuis sans succès à repérer l'épave.

Sur la place du marché, **St Margaret's Church** abrite de nombreuses œuvres d'art du XIIIe au XVIe siècle, dont un jubé d'époque élisabéthaine.

🚩 Trinity Guildhall

Saturday Market Place. 📞 *01553 774297.* ◯ *de Pâques à oct. : t.l.j. ; de nov. à mars : du ven. au mar.* ● *du 24 au 26 déc.* ♿ &

Sandringham House, où la famille royale vient passer les fêtes de Noël

Sandringham ❼

Norfolk. 📞 *01553 772675.* 🚌 *depuis King's Lynn.* ◯ *de Pâques à oct. : t.l.j.* ● *2 semaines en juil.-août.* 📷 ♿ & 🍴 🌐 *www.sandringhamestate.co.uk*

Sandringham House appartient à la famille royale d'Angleterre depuis 1862, date à laquelle elle fut achetée par le prince de Galles, futur Édouard VII. Cette belle demeure du XVIIIe siècle a été considérablement remaniée par le prince, qui lui a donné son allure du XIXe siècle.

Les vastes écuries abritent un musée où sont exposés les nombreux trophées remportés par la famille royale lors de parties de chasse ou de tir et de concours hippiques. À voir aussi, une collection d'automobiles embrassant près d'un siècle.

Holkham Hall ④
Cette magnifique demeure classique est entourée d'un vaste parc paysager. Elle abrite une belle collection d'objets d'art et de sculptures.

LÉGENDE

━━━ Circuit

┅┅┅ Autres routes

☀ Point de vue

The Run

Holkham Bay

Bob Hall's Sands

☀ ⑥ *Blakeney*

CROMER

⑦

Le moulin à vent de Cley ⑦
Il domine les marais de Cley, première réserve naturelle créée en Angleterre.

A149

B1388

B1105

Stiffkey

FAKENHAM

B1156

Glaven

HOLT

④

⑤

Les marais de Blakeney ⑥
Au XIIIe siècle, Blakeney était le troisième port du pays. On n'y trouve plus aujourd'hui qu'une colonie de phoques et des centaines d'oiseaux marins.

Wells-next-the-Sea ⑤
et port ensablé est aujourd'hui à 1,5 km de la mer. Sa longue plage de sable est ponctuée de cabines de couleurs vives.

0   5 km

La façade en brique rouge de Blickling Hall, construite au XVIᵉ siècle

Blickling Hall ❾

(NT) Aylsham, Norfolk. 📞 *01263
738030.* 🚇 *Norwich, puis bus.*
Maison 🕐 *d'avr. à oct. : de 13 h
à 17 h du mer. au dim. et jours fériés ;
août : de 13 h à 17 h du mar. au dim.*
Parc 🕐 *d'avr. à oct. : de 10 h 15
à 17 h 15 du mer. au dim. et jours
fériés ; août : t.l.j.* 🅿️ 🖼️ ♿ 🚻

La façade symétrique de cette
demeure du XVIᵉ siècle,
environnée d'arbres et flanquée
de deux haies de buis, a vraiment
fière allure. C'est ici qu'Anne
Boleyn, la deuxième femme
d'Henri VIII, a passé son enfance.

Mais la plus grande partie
de la construction que l'on visite
aujourd'hui date de 1628 ; la
maison appartenait alors à sir
Henry Hobart, président de la
Cour suprême sous Jacques Iᵉʳ.
En 1767, la demeure fut
remaniée par John Hobart,
deuxième duc du
Buckinghamshire, qui, en
hommage à Anne Boleyn la fit
représenter avec sa fille,
Élisabeth Iʳᵉ, dans le grand
salon.

Voilier sur l'un des petits lacs du Norfolk

La grande galerie est la plus
belle salle restée intacte depuis
le XVIIᵉ siècle. Son plafond est
décoré d'allégories du savoir.

La salle Pierre le Grand
a été aménagée en 1764
pour accueillir une immense
tapisserie représentant le tsar
à cheval, offerte par la Grande
Catherine au deuxième duc,
alors ambassadeur d'Angleterre
en Russie. Dans la même salle,
des portraits de l'ambassadeur et
de son épouse, peints en 1760
par Gainsborough *(p. 151)*.

Norwich ❿

P. 188-189

Les Broads ⓫

Norfolk. 🚇 *Hoveton, Wroxham.*
🚌 *Norwich, puis prendre le bus.* ℹ️
Station Rd, Hoveton (01603 782281).
🌐 *www.broads/authority.gov.uk*

On a longtemps pu croire
que ces petits lacs peu
profonds reliés par une demi-
douzaine de rivières (la Bure,
la Thurne, l'Ant, l'Yare,

la Waveney et le Chet) étaient
l'œuvre de la nature ; ils ne
sont en réalité apparus qu'au
XIIIᵉ siècle, quand les levées
de tourbe mises en place au
Moyen Âge ont été inondées.

L'été, ces quelque 200 km
de voies navigables font le
bonheur de tous les amateurs
de loisirs nautiques. On peut
louer un bateau pour partir
à l'aventure, ou suivre l'un
des nombreux circuits
qui permettent de découvrir
la faune et la flore de la région.
Avec un peu de patience,
on observera de magnifiques
machaons, les plus grands
papillons de toute la Grande-
Bretagne. La plupart de ces
excursions prennent leur départ
à Wroxham, qui est un peu la
capitale officieuse des Broads.

Les voies navigables
sont bordées de bouquets
de roseaux dont on se sert
pour recouvrir les toits *(p. 29)*.
Ils sont coupés en hiver et
acheminés dans des bateaux
à fond plat, caractéristiques
de la région, que l'on utilise
aussi pour la chasse au canard.

Une visite au **Norfolk
Wildlife Trust**, installé sur une
plate-forme flottante amarrée
sur Ranworth Broad, permet
de mieux comprendre
comment toute la région s'est
constituée et de découvrir en
détail la faune particulièrement
variée qu'elle abrite.

Dans le centre de Ranworth,
St Helen's Church abrite
un manuscrit enluminé
du XIVᵉ siècle dans un excellent
état de conservation ; du haut
de la tour, on a une vue
magnifique sur toute la région.

🌿 **Norfolk Wildlife Trust**
Ranworth. 📞 *01603 270479.*

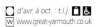

☐ *d'avr. à oct. : t.l.j.* 🚻 ♿
W *www.great-yarmouth.co.uk*

Great Yarmouth ⑫

Norfolk. 🏘 *89 000.* 🚉 🚌 🛈 *Town Hall (01493 846345) ; d'avr. à oct. : Marine Parade.* 🛒 *mer., ven. (en été), sam.*

Jusqu'à la Première Guerre mondiale, la pêche au hareng était la principale activité du port. Elle mobilisait alors un millier d'embarcations. Les bancs de poissons se raréfiant, les pêcheurs ont dû diversifier leurs activités ; beaucoup se consacrent aujourd'hui à la révision et à l'entretien des navires de fret et des plates-formes pétrolières de la mer du Nord.

Great Yarmouth est aussi la plus importante station balnéaire du Norfolk. Sa popularité a commencé quand les lecteurs de Dickens *(p. 177)* ont découvert qu'une partie de son *David Copperfield* se passe dans la ville.

Les collections de l'**Elizabethan House Museum** sont consacrées à l'histoire de la région. La vieille ville abrite encore quelques belles maisons

Chalutiers à quai à Lowestoft

anciennes, dont l'**Old Merchant's House**, du XVIIe siècle. La visite guidée inclut celle du cloître d'un ancien monastère du XIIIe siècle.

🏛 **Elizabethan House Museum**
(EH) 4 South Quay. 📞 *01493 855746.*
☐ *d'avr. à oct. : t.l.j.* 🚻 📷
🏛 **Old Merchant's House**
(NT) South Quay. 📞 *01493 857900.*
☐ *d'avr. à oct. : t.l.j.* 📷 📹
W *www.visit/lowestoft.co.uk*

LES MOULINS À VENT

Dans cette région de plaines marécageuses où souffle sans cesse la brise venue de la mer du Nord, les moulins à vent de l'East Anglia sont longtemps restés une source d'énergie appréciable. Aujourd'hui, ils font partie intégrante du paysage dans les Broads et les Fens. Certains d'entre eux servaient à pomper l'eau des marécages ; d'autres, comme celui de Saxtead Green, à moudre le grain. En terrain marécageux, les fondations des constructions ne peuvent être très profondes, et seuls quelques moulins ont survécu ; dans la région des lacs, quelques-uns ont été restaurés et fonctionnent encore. Le moulin le plus haut est celui de Berney Arms. Celui de Thurne Dyke abrite une exposition qui explique le fonctionnement des moulins.

Lowestoft ⑬

Suffolk. 🏘 *55 000.* 🚉 🚌
🛈 *East Point Pavilion, Royal Plain (01502 533600).* 🛒 *mar., ven., sam.*
W *www.visit/lowestoft.co.uk*

Lowestoft est la dernière ville à l'est de l'Angleterre. La pêche y garde aujourd'hui son importance ; le carrelet et d'autres poissons plats ont simplement remplacé le hareng. Dans les années 1840, l'arrivée du chemin de fer a donné un nouvel élan à la ville, comme en témoignent de nombreuses maisons datant de cette époque.

Le **musée municipal**, installé dans une maison du XVIIe siècle, présente de beaux échantillons de la porcelaine qui se fabriquait ici au XVIIIe siècle et des objets d'archéologie locale.

Aux environs
Au nord-ouest se trouve **Somerleyton Hall**, construit au siècle dernier, dans un style néo-Tudor, sur les vestiges d'une maison du XVIe siècle.

🏛 **Lowestoft Museum**
Oulton Broad. 📞 *01502 568560.*
☐ *de mars (dernier lun.) à oct. (1er dim.) : de 10 h 30 à 17 h du lun. au ven. ; de 14 h à 17 h sam. et dim.*
🚻 ♿ *limité.* 📷 *sur rendez-vous.*

🏛 **Somerleyton Hall**
Sur la B1074. 📞 *01502 730224.*
☐ *de Pâques à oct. : jeu., dim. et jours fériés (juil.-août : du mar. au jeu., dim. et jours fériés).*
🚻 📷 ♿ 📹 *sur rendez-vous.* 🍴
W *www.somerleyton.co.uk*

Le moulin de Saxtead Green, près de Framlingham

Le moulin de Herringfleet Smock, près de Lowestoft

Norwich ❿

Au cœur de la campagne fertile de l'East Anglia, Norwich a su conserver son allure tranquille et provinciale ; c'est en fait l'une des cités les mieux préservées de toute l'Angleterre. Norwich a été fortifiée par les Saxons dès le IXe siècle ; le tracé irrégulier de ses rues remonte à cette époque. Au début du XIIe siècle, des tisserands venus des Flandres ont établi dans la ville une industrie textile qui lui assura une telle prospérité qu'elle resta la deuxième ville d'Angleterre jusqu'à la révolution industrielle *(p. 56-57)*.

L'ancienne rue pavée d'Elm Hill

À la découverte de Norwich

Les parties les plus anciennes de la ville sont Elm Hill, une des plus jolies rues médiévales d'Angleterre, et Tombland, l'ancienne place du marché, près de la cathédrale. Dans l'un et l'autre endroits, on trouvera des bâtiments d'époque médiévale bien conservés, qui font aujourd'hui partie d'un quartier animé.

Dans cette ville très commerçante se tient depuis des siècles un marché particulièrement coloré qui vaut le détour ; à faire aussi, la visite à pied de ce qui subsiste des anciennes fortifications de la ville, édifiées au XIVe siècle.

🔒 Norwich Cathedral

Enceinte. 📞 *01603 218321*.
🕐 *t.l.j.* **Offrandes.** 🅿️ ♿ ✏️ 🍴
🌐 www.cathedral.org.uk
Ce splendide édifice a été bâti à partir de 1096 par l'évêque Losinga, qui fit spécialement venir par bateau de la pierre blanche de Normandie.

Il y avait autrefois près de la cathédrale un monastère, dont seul subsiste aujourd'hui le cloître, le plus grand d'Angleterre. La flèche de la cathédrale est un ajout du XVe siècle ; avec ses 96 m, c'est la plus haute du pays après celle de Salisbury *(p. 252-253)*. Les piliers normands et les arcs de la nef supportent un plafond sculpté du XVe siècle dont les ornements ont fait l'objet d'une restauration scrupuleuse.

Les sculptures du chœur et celles des miséricordes des stalles sont plus faciles à voir que celles du plafond ; elles fourmillent de petits détails réalistes et amusants. À voir aussi, le beau retable de la chapelle Saint-Luc, qui est resté caché pendant des années derrière un panneau de bois pour que les puritains ne le détruisent pas.

Il reste deux des accès

Une des nombreuses sculptures qui ornent le cloître de la cathédrale

monumentaux à l'entrée de la cathédrale : le **portail Saint-Ethelbert**, du XIIIe siècle, et le **portail Erpingham**, construit par Sir Thomas Erpingham, qui mena les archers anglais à la victoire lors de la bataille d'Azincourt en 1415 *(p. 49)*.

Au pied du mur ouest se trouve la tombe d'Edith Cavell, une infirmière originaire de Norwich qui fut exécutée par les Allemands en 1915 pour avoir aidé des soldats alliés à fuir la Belgique occupée.

🏛 Castle Museum

Castle Meadow. 📞 *01603 493625*.
🕐 *t.l.j. (dim. après-midi seul.).*
🚫 *25 et 26 déc., 1er janv.* 🅿️
Ce château du XIIe siècle a servi de prison pendant 650 ans ; sa façade a été refaite en 1834. Il abrite un musée depuis 1894 ; une des gloires des collections est une belle porte normande sculptée qui était autrefois l'entrée principale du château.

Parmi les objets exposés, des

La cathédrale de Norwich vue du sud-est

LA MOUTARDE COLMAN

Cette marque ne nous dit peut-être pas grand-chose, mais outre-Manche c'est un « must » pour de nombreux gastronomes. C'est en 1814 que Colman commença à fabriquer sa célèbre moutarde à Norwich. On trouve aujourd'hui ce condiment dans une boutique de Bridewell Alley ; un musée est consacré à l'histoire de la société.

It's nicer with
MUSTARD

Une réclame des années 1950 vantant la moutarde Colman

MODE D'EMPLOI

Norfolk. 🏠 125 000. ✈ 🚆
Thorpe Road. 🚍 Surrey St. 🛈
Millenium Plane (01603 727927)
🅦 www.visitnorwich-area.co.uk

Billets au Castle Museum (01603 493636).
Cette belle maison de négociants datant du XIVe siècle était autrefois habitée par les tisserands immigrés, les « strangers ». Les collections originales qu'elle abrite permettent de se faire une idée de l'évolution de la vie quotidienne en Angleterre.

🏛 The Sainsbury Centre for Visual Arts

Université d'East Anglia (sur la B1108). 📞 01603 593199. 🕐 du mar. au dim. ⬤ 23 déc. au 2 janv. 🅱 ♿ sur rendez-vous. 🅦 www.uea.ac.uk/scva

Cette importante galerie d'art a été aménagée en 1978 pour accueillir la belle collection d'œuvres d'art léguée à l'université d'East Anglia par Robert et Lisa Sainsbury.

L'art européen du XXe siècle constitue le point fort de la collection, avec des œuvres de Modigliani, Picasso ou Bacon et des sculptures de Giacometti et Moore ; on verra aussi des collections ethnographiques provenant d'Afrique, des îles du Pacifique et d'Amérique.

Le Sainsbury Centre, construit par Norman Foster, est l'un des premiers bâtiments qui donnent à voir l'intégralité de leur structure métallique.

armures médiévales, des poteries, de la porcelaine et la plus importante collection de théières en céramique du monde. Il y a aussi une belle série d'œuvres des peintres de l'école de Norwich, un groupe de paysagistes de la première moitié du XIXe siècle. John Crome (1768-1821), que d'aucuns comparent parfois à Constable *(p. 192)*, et John Sell Cotman (1782-1842), rendu célèbre par ses aquarelles, sont considérés comme les chefs de file de ce mouvement.

🛡 St Peter Mancroft

Place du marché. 📞 01603 610443. 🕐 de 10 h à 16 h du lun. au ven. ; de 10 h à 16 h sam. (été), de 10 h à 13 h (hiver) ; dim. offices seul. **Offrandes.** ♿

Le nom de Mancroft vient du latin *magna crofta*, qui signifie grande prairie ; de vastes prés s'étendaient en effet ici avant que les Normands n'y établissent une église et un bourg. Cet imposant édifice de 1455 domine à ce point le centre-ville que les visiteurs le prennent pour la cathédrale.

L'intérieur de St Peter Mancroft est inondé de lumière par toute une série de grandes fenêtres ; celle de l'est a conservé ses vitraux du XVe siècle. Sur le plafond de bois, très original, est sculpté le motif en éventail qui, traité en pierres de taille, recouvre habituellement la charpente des édifices religieux. En 1588, les 13 cloches du carillon de l'église annoncèrent à tout le pays la défaite de l'Invincible Armada *(p. 51)*.

🏛 Bridewell Museum

Bridewell Alley. 📞 01603 493625. 🕐 de 10 h à 17 h du lun. au sam. 🅿 🖼

Cette maison du XIVe siècle, l'une des plus anciennes de la ville, a longtemps servi de prison. C'est aujourd'hui un musée des traditions locales.

🏛 Guildhall

Gaol Hill. 🅿

La place du marché, vieille de 900 ans, est dominée par l'imposante silhouette de l'ancien hôtel de ville (aujourd'hui un café), en silex et en pierre et surmonté d'une flèche bicolore. Vous y verrez une belle épée offerte à la ville par l'amiral Nelson, prise de guerre de 1797.

🏛 Strangers' Hall

Charing Cross. 🕐 mer., sam. 🖼 seulement.

Ce paysage est une œuvre de John Crome (école de Norwich)

Bruyères en fleur tout le long de Dunwich Heath

Southwold ⓮

Suffolk. 🚶 3 900. 🚌 🚶 *place du marché (01502 724729).* 🛒 *lun., jeu.* 🌐 www.visitsouthwold.co.uk

Cette petite ville pittoresque en bord de mer a été préservée de l'invasion hebdomadaire des Londoniens par la fermeture providentielle de la ligne de chemin de fer qui la reliait à la capitale.

Southwold était autrefois une ville portuaire très peuplée, comme en témoigne la taille de **St Edmund King and Martyr Church**, qui abrite de belles peintures du XVIᵉ siècle. Sur la tour, remarquez la statue d'un soldat en costume du XVᵉ siècle : c'est un jacquemart connu sous le nom de Jack o' the Clock.

Le **Southwold Museum** est

Jack o'the Clock, Southwold

consacré à la sanglante bataille qui opposa en pleine mer les Anglais et les Hollandais en 1672.

Aux environs
La fermeture de la voie de chemin de fer a isolé le joli village de **Walberswick**, que l'on ne peut plus atteindre que par le ferry ou un long trajet en voiture. À Blythburgh, on verra une église du XVᵉ siècle, **Holy Trinity Church**. Les soldats de Cromwell *(p. 52)* en firent une écurie ; les murs extérieurs portent encore les anneaux métalliques où ils attachaient leurs chevaux. En 1944, une bombe américaine tomba sur l'église, tuant Joseph Kennedy Jr, frère du futur président des États-Unis d'Amérique.

🏛 **Southwold Museum**
9-11 Victoria St. ⭘ *de Pâques à oct. : de 14 h à 16 h t.l.j.* ♿

Dunwich ⓯

Suffolk. 🚶 1 400.

Il ne reste plus aujourd'hui que quelques maisons de cette ville qui fut autrefois la capitale des puissants rois d'East Anglia. Au XIIIᵉ siècle, Dunwich était encore le plus grand port du Suffolk, et pendant cette période de prospérité on n'y construisit pas moins de 12 églises. Mais la mer gagnait sans cesse du terrain (près d'un mètre par an), et la dernière des églises de la ville disparut dans les flots en 1919.

Dunwich Heath, au sud de la ville, est aujourd'hui une importante réserve naturelle. La **réserve de Minsmere** possède même quelques observatoires d'où l'on peut contempler une étonnante variété d'oiseaux, dont des avocettes, des butors et des busards.

🦌 **Dunwich Heath**
(NT) Près de Westleton. 📞 *01728 648505* ⭘ *rens. par tél.* 📷 📶
🦌 **Minsmere Reserve**
Westleton. 📞 *01728 648281.* ⭘ *du mer. au lun.* ⬤ *25 et 26 déc.* 🅿️ 📷 ♿ 📶 🌐 www.rspb.org.uk

Aldeburgh ⓰

Suffolk. 🚶 2 500. 🚌
🚶 *High St (01728 453637).*

La ville est aujourd'hui surtout connue parce qu'elle accueille le festival musical de Snape Maltings, mais c'est avant tout un port qui remonte au temps des Romains ; une partie de la ville antique est aujourd'hui engloutie par la mer.

La façade à colombage de Moot Hall, à Aldeburgh

C'est aussi à cause de l'érosion que **Moot Hall**, une belle demeure Tudor autrefois loin à l'intérieur des terres, se retrouve aujourd'hui presque en bord de mer ; le rez-de-chaussée de la maison accueille un musée. Tout comme autrefois, on ne peut accéder à la belle salle du premier étage que par un escalier extérieur.

L'**église**, du XVIe siècle également, abrite une belle verrière posée en 1979 à la mémoire de Benjamin Britten.

Moot Hall
Market Cross Pl. 01728 452730. mai, juin, sept., oct. : t.l.j. (après-midi) ; juil., août : t.l.j.

Le château de Framlingham ⓱

(EH) Framlingham, Suffolk. 01728 724189. Wickham Market, puis en taxi. t.l.j. du 24 au 26 déc., 1er janv.

En haut d'une colline, le petit village de Framlingham a de tout temps été considéré comme un site stratégique, bien avant même que le comte de Norfolk n'y fasse construire un château, en 1190. De cette époque, il ne reste pas grand-chose d'autre que l'imposant mur d'enceinte du haut duquel on a une vue splendide sur toute la ville.

C'est dans ce château que Marie Tudor apprit qu'elle allait devenir reine d'Angleterre.

Aux environs
Au sud-est, sur la côte, se trouve le donjon d'**Orford Castle**, construit comme avant-poste défensif par Henri II à peu près en même temps que le château de Framlingham. C'est le premier exemple connu en Angleterre de donjon pentagonal. Auparavant, les donjons étaient carrés ; plus tard ils furent circulaires. Du sommet, le panorama est extraordinaire.

Orford Castle
(EH) Orford. 01394 450472. d'avr. à oct. :

LE FESTIVAL MUSICAL D'ALDEBURGH

Le compositeur Benjamin Britten (1913-1976), né à Lowestoft, s'installa à Snape en 1937. C'est là qu'en 1945 fut créé son opéra *Peter Grimes*, inspiré par l'œuvre du poète George Crabbe (1754-1832). Depuis lors, la région n'a cessé d'attirer les musiciens. En 1948, Britten créa le festival musical d'Aldeburgh, qui se déroule chaque année en juin *(p. 63)* ; il acheta les malteries de Snape, dont il fit une salle de concert, inaugurée par la reine en 1967. Chaque année, de nombreux concerts y sont donnés, tout comme dans les églises et les autres salles de spectacle de la région.

Benjamin Britten au piano

t.l.j. ; de nov. à mars : de mer. à dim. 25 et 26 déc., 1er janv.

Ipswich ⓲

Suffolk. 120 000. St Stephen's Lane (01473 258070). mar., ven., sam. www.ipswich.gov.uk

Le centre de la capitale du Suffolk est en grande partie moderne, mais on y trouve aussi quelques bâtiments des siècles passés. Le port dut sa prospérité au commerce de la laine *(p. 195)* dès le XIIIe siècle, et après la révolution industrielle, à celui du charbon.

La façade d'**Ancient House** est ornée de très beaux motifs décoratifs moulés et sculptés. **Christchurch Mansion** abrite

le musée municipal et une galerie d'art. Élisabeth Ire y résida en 1561 ; on admirera la plus belle collection de peintures de Constable conservée en dehors de Londres *(p. 192)* et des toiles de Gainsborough *(p. 151)*, originaire du Suffolk.

Le **musée d'Ipswich** abrite des copies des objets du IVe siècle de notre ère mis au jour à Mildenhall ou Sutton Hoo et aujourd'hui conservés au British Museum *(p. 108-109)*.

Dans le centre-ville, l'**église St Margaret** est un bel édifice du XVe siècle avec une charpente double et un plafond décoré de panneaux peints du XVIIe siècle. Le cardinal Wolsey *(p. 161)*, né à Ipswich, avait projeté de construire dans sa ville un vaste collège ecclésiastique ; mais quand le cardinal tomba en disgrâce en 1527, seul un portique était sorti de terre.

Christchurch Mansion
Soane St. 01473 433554. de 10 h à 17 h du mar. au sam. et jours fériés ; de 14 h 30 à 16 h 30 dim. du 24 au 26 déc., 1er janv., ven. saint. limité sur rendez-vous.

Ipswich Museum
High St. 01473 433550. du mar. au sam. du 24 au 26 déc., 1er janv., ven. saint.

La façade d'Ancient House, à Ipswich

Sur les pas de Constable ⓭

Cet itinéraire suit la partie la plus pittoresque du cours de la Stour. Le père de John Constable (1776-1837) était un riche marchand, propriétaire du moulin de Flatford, dont la silhouette familière apparaît dans une dizaine des plus belles toiles du peintre. Le circuit suit les chemins qu'affectionnait le peintre, qui affirmait connaître tous les arbres et jusqu'au moindre sentier de la région d'East Bergholt.

La Stour apparaît à l'arrière-plan de ce tableau de Constable

CARNET DE ROUTE

Départ : Parc de stationnement de Flatford Lane, East Bergholt.
🚹 01206 299460 ; **(NT)** Bridge Cottage (01206 298260).
Comment y aller ? L'A 12 jusqu'à Ipswich, puis la B 1070 jusqu'à East Bergholt, suivre les panneaux jusqu'à Flatford Mill. **Où faire une pause ?** Dedham. **Itinéraire :** 5 km.
Difficulté : Parcours le long de la rivière jalonné de petites clôtures.

Point de vue ⑤
C'est d'ici que l'on découvre la plus belle vue sur la vallée.

Parc de stationnement ①
Suivre les panneaux jusqu'à Flatford, puis passer le pont.

Dedham Mill

Stour

A12

Dedham

④

COLCHESTER

EAST BERGHOLT

③

⑤ Gosnalls Farm

🅿 ①

Fen Bridge ③
Ce pont moderne a remplacé celui qui figure dans maintes toiles de Constable.

Ram Lock

Flatford Mill

②

L'église de Dedham ④
Le haut clocher de cette église apparaît dans nombre de toiles du peintre.

LÉGENDE

- − − Circuit
- ═ Route B
- ═ Route secondaire
- ☼ Point de vue
- 🅿 Parc de stationnement

0   500 m

Le cottage de Willy Lott ②
Il n'a pas beaucoup changé depuis que Constable l'a représenté dans *La Charrette de foin* (p. 85).

Colchester ⑳

Essex. 🏰 150 000. 🚉 🚌 🛈 *Queen St (01206 282920).* 🛒 *ven., sam.*

Colchester est la plus ancienne ville d'Angleterre ; elle était déjà capitale de tout le sud-est du pays à l'époque où les Romains l'ont envahie, en 43 avant notre ère. C'est ici que s'est établie la première colonie romaine.

La reine Boadicée *(p. 183)* incendia la ville en 60. Pour décourager toute nouvelle tentative, les Romains élevèrent un mur défensif de 3 km de long, 3 m d'épaisseur et 9 m de haut qui existe toujours.

Au Moyen Âge, l'industrie du tissu prit une grande importance dans la ville. Au XVIe siècle, des tisserands flamands vinrent s'installer à l'ouest du château, endroit encore connu sous le nom de **Dutch Quarter**, ou quartier hollandais. Il a conservé ses hautes maisons et ses rues étroites et escarpées.

Au cours de la guerre civile *(p. 52)*, Colchester soutint pendant 11 semaines le siège des troupes de Cromwell avant de capituler.

🏛 Tymperleys

Trinity St. 🕻 *01206 282943.* 🕐 *d'avr. à oct. : du mar. au sam.* 🛈 ♿
L'horlogerie était une activité autrefois très répandue à Colchester, comme on peut le constater dans cette maison à pans de bois du XVe siècle. À voir aussi, ses beaux jardins de l'époque Tudor.

🏛 Hollytrees Museum

Castle Park. 🕻 *01206 282940.* 🕐 *t.l.j.* 🔴 *du 24 au 26 déc., 1er janv.* 🛈 ♿
Cette élégante résidence georgienne fut édifiée en 1719. Transformée en charmant musée d'histoire sociale, la demeure permet de découvrir l'évolution de la vie des habitants de Colchester au cours des trois derniers siècles.

🏛 Castle Museum

High St. 🕻 *01206 282939.* 🕐 *t.l.j. ; de 11 h à 17 h dim.* 🔴 *du 24 au 27 déc.* 🛈 📷 ♿ 📷
W www.colchestermuseums.org.uk
Ce donjon normand est le plus ancien et le plus grand

Les impressionnants vestiges du donjon normand de Colchester

d'Angleterre. Deux fois plus important que la Tour blanche de Londres *(p. 120-121)*, il fut édifié en 1076 sur les fondations d'un temple romain dédié à Claude Ier *(p. 44)*. Les collections du musée retracent toute l'histoire de la ville, depuis la préhistoire jusqu'à la guerre civile.

🏯 Layer Marney Tower

Près de la B1022. 🕻 *01206 330784.* 🕐 *d'avr. à sept. : du dim. au ven. (l'après-midi).* 🛈 📷 ♿ *limité.* 📷 *sur rendez-vous.* 📷
W www.layermarney.co.uk
Cette belle porte monumentale Tudor est la plus grande de tout le pays. Ses deux tourelles hexagonales montent jusqu'à une hauteur de 24 m. Elle devait faire partie d'un complexe défensif beaucoup plus vaste qui ne fut jamais achevé. L'ornementation de briques et de terre cuite du toit et des fenêtres est un très bel exemple des arts décoratifs à l'époque des Tudors.

🌷 Beth Chatto Garden

Elmstead Market. 🕻 *01206 822007.* 🕐 *de mars à oct. : de 9 h à 17 h du lun. au sam. ; de nov. à fév. : de 9 h à 16 h du lun. au ven.* 🔴 *du 24 déc. au 6 janv., jours fériés.* 🛈 📷 📷
W www.bethchatto.co.uk
L'une des plus célèbres paysagistes d'Angleterre a dessiné ces jardins dans les années soixante pour prouver que l'on pouvait aménager un beau jardin même dans des conditions extrêmes. Elle s'est donc attachée à fleurir et à planter des surfaces particulièrement difficiles.

Coggeshall ㉑

Essex. 🏰 4 000. 🛒 *jeu.*

Cette petite ville abrite deux des plus beaux bâtiments du Moyen Âge et de l'époque Tudor de tout le pays. **Coggeshall Grange Barn**, datant de 1140, est la plus ancienne grange à pans de bois d'Europe. À l'intérieur sont exposées des machines agricoles anciennes. **Paycoke's** est une belle maison à pans de bois (v. 1550). L'intérieur est remarquablement conservé ; les dentelles fabriquées dans la région y sont présentées.

🏯 Coggeshall Grange Barn

(NT) Grange Hill. 🕻 *01376 562226.* 🕐 *d'avr. à oct. : mar., jeu., dim. et jours fériés (après-midi).* 🔴 *ven. saint.* 📷 ♿
🏯 Paycocke's
(NT) West St. 🕻 *01376 561305.* 🕐 *d'avr. à oct. : mar., jeu., dim. et jours fériés (après-midi).* 🔴 *ven. saint.* 📷 ♿

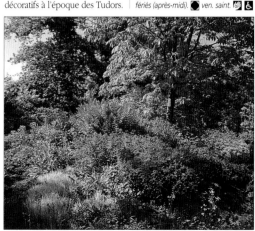
Le jardin de Beth Chatto, à Colchester, à la belle saison

Lavenham ⑳

Suffolk. 🏠 *1 700.* 🅸 *Lady St (01787 248207).*

Avec ses maisons bicolores à colombage et ses rues pittoresques dont le tracé n'a guère changé depuis le Moyen Âge, la petite ville de Lavenham est sans doute l'une des plus jolies de toute l'Angleterre. Entre le XIVᵉ et le XVIᵉ siècle, elle fut une plaque tournante très importante pour le commerce de la laine dans le Suffolk. De cette période prospère, elle conserve de très nombreux bâtiments, dont beaucoup, comme le splendide **Little Hall**, sont préservés.

Aux environs
La **maison de Gainsborough** est un musée dédié au peintre.

🏛 **Little Hall**
Market Place. 📞 *01787 247179.*
⬜ *d'avr. à oct. : mer., jeu., sam., dim. et jours fériés, l'après-midi seul.* 🅿

🏛 **Gainsborough's House**
Sudbury. 📞 *01787 372958.*
⬜ *du mar. au dim.* ⬤ *certains jours fériés, du 22 au 26 déc.* 🅿
🆆 *www.gainsborough.org*

LITTLE HALL

Cette chambre est la meilleure et la plus ensoleillée de la demeure.

Dortoir

La charpente témoigne de l'habileté des artisans du Moyen Âge.

Bronze égyptien
représentant la déesse Bastet.

Bibliothèque \ **Entrée**

Salle à manger

Le tracé en chevrons du colombage est un motif fréquent au XIVᵉ siècle.

Bury St Edmunds ㉓

Suffolk. 🏠 *33 000.* 🚇 🅿 🅸 *Angel Hill (01284 764667).* 🛒 *mer., sam.*
🆆 *www.stedmundsbury.gov.uk*

Saint Edmond, décapité par les Danois en 870, est le dernier roi saxon d'East Anglia. Selon une légende, un loup serait venu après sa mort récupérer la tête du saint. Le roi Edmond a été canonisé en 900 et enterré à Bury, où le roi Canut *(p. 159)* fit construire en 1014 une **abbaye** en son honneur. Cette abbaye était la plus riche du pays, jusqu'à ce qu'un incendie la détruise en 1347. On peut en voir les vestiges dans un jardin du centre-ville.

Tout près se dressent deux grandes églises construites au XVᵉ siècle, époque de prospérité pour la ville. **Saint-Jacques** a été érigé en cathédrale en 1914. À **Sainte-Marie**, on remarquera le porche nord et la belle charpente de la nef. Une dalle marque l'emplacement de la tombe de Marie Tudor *(p. 50-51)*.

Non loin de la **croix de la place du marché** à Cornhill, transformée en 1714 par Robert Adam *(p. 24)*, s'élève **Moyse's Hall**, une maison de négociant du XIIᵉ siècle qui abrite aujourd'hui le musée municipal. On peut y voir les objets retrouvés à West Stowe, un site de l'âge du fer.

Portrait de saint Edmond

Aux environs
À 5 km au sud-ouest de Bury se trouve **Ickworth House**, belle demeure du XVIIIᵉ siècle.

La rotonde centrale d'Ickworth House, à Bury St Edmunds

Ce bâtiment néo-classique entouré d'un parc se compose d'une rotonde flanquée de deux ailes. Il abrite une belle collection de peintures et d'œuvres d'art : toiles de Reynolds et Titien, argenterie, porcelaines, sculptures.

🏛 **Moyse's Hall**
Cornhill. 📞 01284 757069. 🕐 t.l.j.
⬤ du 24 au 26 déc., ven. saint.
🗓 📷 ♿

🏛 **Ickworth House**
Horringer. 📞 01284 735270.
🕐 d'avr. à oct. : mar., mer., ven.
à dim. ; jours fériés l'après-midi.
🗓 📷 ♿ 🍴

Newmarket ㉔

Suffolk. 🏛 17 000. 🚆 🅿 ℹ
Palace House, Palace St (01638 667200). 🗓 *mar., sam.*

Au National Stud de Newmarket, les écuries des étalons

Une simple promenade le long de la rue principale de la ville permet de comprendre très vite ce qui fait sa prospérité. Dans les boutiques, on trouve de la nourriture pour les chevaux et toutes sortes d'accessoires pour les cavaliers.

À Newmarket se déroulent de spectaculaires courses de chevaux depuis le jour où Jacques Ier, qui venait souvent chasser dans la région, jugea que ces landes immenses seraient un terrain idéal pour organiser des courses entre ses propres chevaux et ceux de ses amis. La première eut lieu en 1622. Charles II partagea la passion de son grand-père au point de venir avec toute sa cour passer toute la belle saison à Newmarket.

À Newmarket et dans les environs, il y a aujourd'hui plus de 2 500 chevaux à

Un cheval de course à l'entraînement à Newmarket

l'entraînement et deux courses célèbres s'y déroulent chaque année entre avril et octobre (p. 66-67). Quelques écuries sont ouvertes au public, et tôt le matin on peut assister à l'entraînement des chevaux.

On peut aussi visiter le **National Stud**, ou haras national, où sont élevés les étalons. Avec un peu de chance, surtout en avril et mai, vous verrez aussi quelques poulains nouveau-nés. Dans le National Stud se trouve Tattersall's, où les pur-sang sont vendus aux enchères.

Le **National Horseracing Museum**, musée national des courses de chevaux, est tout entier consacré à ce sport. On y voit de nombreuses œuvres d'art sur le thème du cheval et, plus inattendu, le squelette d'un cheval presque mythique, Eclipse, qui gagna 18 courses consécutives en 1769-1770. Eclipse est l'ancêtre de quelques-uns des meilleurs chevaux de course actuels.

🐎 **National Stud**
Newmarket. 📞 01638 663464.
🕐 de mars à sept. : t.l.j. 🗓 📷 ♿
📷 🖼 🌐 www.nationalstud.co.uk

🏛 **National Horseracing Museum**
99 High St, Newmarket.
📞 01638 667333. 🕐 d'avr. à oct. :
du mar. au dim. 🗓 📷 ♿ 📷 📷
🌐 www.nhrm.co.uk

LE COMMERCE DE LA LAINE

L'église Sainte-Marie de Stoke-by-Nayland, au sud-est de Bury St Edmunds

Depuis le XIIIe siècle, le commerce de la laine a une importance capitale pour l'économie anglaise. La Peste noire (*p. 48*), qui dévasta l'Angleterre en 1348, a été un des facteurs indirects du développement de cette industrie ; nombre de cultivateurs étaient morts, et sur leurs terres on mit de plus en plus de moutons… Vers 1350, Édouard III décida d'établir une véritable industrie nationale de la laine et fit venir en Angleterre des tisserands flamands. La plupart d'entre eux s'installèrent dans l'East Anglia, principalement dans le Suffolk. Pendant cette période de prospérité, de nombreuses églises ont été construites – il y en a près de 2 000 dans l'East Anglia. Le déclin de cette industrie s'amorça à la fin du XVIe siècle avec l'apparition des premiers métiers à tisser mus par l'énergie hydraulique, car sur les rivières de la région il était impossible d'installer ces nouveaux métiers. Aujourd'hui, ce sont les visiteurs qui bénéficient indirectement de ce déclin ; les magnifiques constructions Tudor que l'on voit aujourd'hui n'ont pu subsister parce que Lavenham et Bury St Edmunds n'ont jamais été assez riches pour les jeter bas et se moderniser.

Façade d'Anglesey Abbey

Anglesey Abbey ❷⑤

(NT) Lode, Cambridgeshire. ☎ *01223 811200.* ☲ *Cambridge, puis bus.* **Maison et Jardins** ◑ *d'avr. à oct. : du mer. au dim. (juil. à sept., jardins ouv. : t.l.j.).* ⬛ 🖼 🅰 *limité.* 🚻

L a première abbaye fondée ici en 1135 pour l'ordre des augustiniens a été presque entièrement détruite au XVIᵉ siècle (p. 50). Il n'en reste plus que la crypte, dite aussi parloir des moines, dont le plafond voûté est supporté par des colonnes de marbre.

Ces vestiges ont été intégrés à la construction d'une grande demeure qui abrite aujourd'hui de riches collections d'art : meubles de tous les styles, et une rare marine de Gainsborough (p. 194). Les beaux jardins qui l'entourent ont été dessinés dans les années trente pour Lord Fairhaven qui a supervisé l'agencement des statues et des parterres.

Huntingdon ❷⑥

Cambridgeshire. 🏠 *18 000.* ☲ 🚍 🅸 *Princes St (01480 388588).* ◷ *mer., sam.* W *www.huntsleisure.org*

P lus de 300 ans après sa mort, le souvenir d'Oliver Cromwell (p. 52) hante encore sa petite ville natale. Le registre des baptêmes d'**All Saints' and St John's Church** porte pour l'année 1599 son nom, barré d'une inscription ancienne : « La plaie de l'Angleterre pendant cinq ans ». Le **musée Cromwell**, installé dans l'école où il étudia, conserve de nombreux portraits et des souvenirs, tels que son masque mortuaire et sa trousse à pharmacie.

Cromwell reste l'une des figures les plus contestées de l'histoire britannique. Membre du Parlement très jeune, il fut vite impliqué dans les querelles qui opposaient Charles Iᵉʳ au Parlement au sujet des impôts et de la religion. Pendant la guerre civile, il se montra un général habile ; il fut nommé Lord Protecteur en 1653, après avoir refusé la couronne. Deux ans seulement après sa mort, la monarchie fut rétablie à la demande du peuple ; les restes de Cromwell quittèrent Westminster Abbey (p. 94-95) pour être accrochés à une potence.

Un pont du XIIIᵉ siècle franchit l'Ouse et relie Huntingdon et Godmanchester, établi à l'emplacement d'un camp romain sur la route entre Londres et York.

🏛 **Cromwell Museum**
Grammar School Walk.
☎ *01480 375830.* ◷ *du mar. au dim. (après-midi).* ● *du 24 au 27 déc., jours fériés.* ⬛ 🅰

Audley End ❷⑧

Saffron Walden, Essex. ☎ *01799 522842.* ☲ *Audley End, puis taxi.* ◷ *d'avr. à sept. : du mer. au dim. et jours fériés ; oct. : de 11 h à 15 h.* ⬛ 🖼 🅰 *limité.* 🎧 🚻 🅿

Cette demeure élevée pour Thomas Howard, ministre des Finances et Iᵉʳ comte de Suffolk, était à l'époque où elle fut construite la plus grande de tout le pays. Jacques Iᵉʳ disait en plaisantant qu'Audley End était trop vaste pour un roi, mais pas pour un ministre des Finances.

Ce ne fut pas l'avis de Charles II, qui l'acheta en 1667 ; aucun de ses successeurs n'y séjourna beaucoup, et en 1701 la demeure revint aux mains des Howard, qui en jetèrent bas les deux tiers.

Robert Adam (p. 24) a remanié plusieurs pièces dans les années 1760 ; aujourd'hui, on s'attache à leur redonner l'aspect qu'elles avaient à cette époque. Les jardins d'Audley End ont été dessinés par Capability Brown (p. 22).

La chapelle *a été construite en 1772 dans le style gothique. Les meubles ont été dessinés pour s'harmoniser avec les piliers et la voûte en bois, peints à l'imitation de la pierre.*

Cette verrière de 1768 représente la Cène.

Entrée principale

Le Grand Salon *décoré de portraits de famille est la plus belle pièce de la demeure. Les murs sont recouverts de lambris de chêne, la charpente sculptée date du XVIIIᵉ siècle.*

Cambridge ㉗

P. 198-203

Epping Forest ㉙

Essex. ⬱ *Chingford.* ⊖ *Loughton,
Theydon Bois.* ⓘ *High Beach,
Loughton (020-8508 0028).*

L es quelque 2 400 hectares
de ce massif forestier font
la joie des randonneurs. C'était
autrefois un des territoires

**Certains chênes et hêtres d'Epping
Forest ont plus de 400 ans**

Détail de la *Broderie de Maldon*

de chasse préférés des rois
et des courtisans.

En 1543, Henri VIII s'y fit
construire un pavillon
de chasse. Sa fille, la reine
Élisabeth Iʳᵉ, s'y rendait très
souvent. Le bâtiment finit par
devenir le pavillon de chasse
de la reine et s'appeler **Queen
Elizabeth's Hunting Lodge**.

Cet édifice de trois étages à
colombage abrite une exposition
présentant l'histoire du pavillon.
Tout autour, les bois sont
entrecoupés de petits lacs
où vivent une flore et une faune
variées. On y croise notamment
des daims noirs, introduits dans
la région par Jacques Iᵉʳ. Le
conseil municipal de Londres a
acquis tout le domaine d'Epping
Forest au début du XIXᵉ siècle
pour qu'il ne tombe jamais
entre les mains de particuliers.

♖ Queen Elizabeth's Hunting Lodge

Rangers Rd, Chingford. ⓘ *020-8529
6681.* ◯ *du mer. au dim.
(après-midi).* ● *du 24 au 26 déc.,
1ᵉʳ janv.* 🅿️ ⓰ *limité.* 🎫

Maldon ㉚

Essex. ⌂ *21 000.* ⬱ *Chelmsford, puis
bus.* ⓘ *Coach Lane (01621 856503).*
🗓 *jeu., sam.* Ⓦ *www.maldon.co.uk*

C ette petite ville pleine
de charme sur la Blackwater,
avec ses échoppes et
ses auberges dont certaines
remontent au XIVᵉ siècle, était
autrefois un port très important.
Une de ses sources de revenus
les plus connues est le sel marin,
encore récolté à l'ancienne.

Un des plus anciens poèmes
saxons qui nous soient
parvenus, *La Bataille de Maldon*,
raconte le féroce combat (991)
qui opposa dans la ville
les Saxons et les envahisseurs
vikings. La même bataille
est illustrée par la *Broderie
de Maldon*, conservée au
Maeldune Centre. Réalisée
par des habitants de la ville,
elle retrace l'histoire de Maldon
de 991 à 1991.

Aux environs
À l'est de Maldon, à Bradwell-
on-Sea, se trouve une robuste
église saxonne, **Saint-Peter's-
on-the-Wall**. Elle fut édifiée
en 654 en réutilisant les pierres
d'un fort romain. Elle servit
longtemps de cathédrale, puis
de hangar jusqu'au XVIIᵉ siècle.
Elle a été entièrement restaurée
dans les années 1920.

▥ Maeldune Centre

High St. ⓘ *01621 851628.* ◯ *d'oct.
à mars : du jeu. au sam. ; d'avr. à sept. :
du lun. au sam. ; l'après-midi seul.*
● *24-26 déc., 1ᵉʳ janv.* 🎫

Thomas Howard
*(1561-1626), que l'on
voit ici peint par
Biagio Rebecca,
dépensa des fortunes
pour Audley End.*

**Cloison en bois
sculpté de 1708**

**Le petit
salon**

Le grand cabinet,
chef-d'œuvre d'Adam.

Salon

Cambridge pas à pas ㉗

Statue, chapelle de King's College

Cambridge est une ville importante depuis l'époque romaine. Au XIe siècle, plusieurs ordres monastiques s'y établirent ; en 1209 vint s'y installer un groupe de théologiens qui avaient décidé de quitter l'université d'Oxford *(p. 210-215)* à la suite de discussions religieuses houleuses. La ville est fortement marquée par la présence des étudiants, mais c'est aussi un lieu d'échanges très important où circule la production agricole de la région.

Promenade à vélo dans Cambridge

Newmarket

BRIDGE STREET

ST JOHN'S STREET

Le Magdalene Bridge franchit la Cam entre Bridge Street, dans le centre-ville, et Magdalene College.

Les bâtiments de Saint John's College datent des XVe et XVIe siècles.

Kitchen Bridge

★ Le pont des Soupirs
Cette réplique du célèbre pont de Venise a été exécutée en 1831.

Trinity College

Trinity Avenue Bridge

Les Backs
C'est le nom donné aux vastes pelouses qui séparent les différents collèges de Cambridge. Ces espaces dégagés mettent particulièrement en valeur l'architecture des collèges.

Clare College

Clare Bridge

Grantchester

Légende

– – – Itinéraire conseillé

À NE PAS MANQUER

★ Le pont des Soupirs

★ La chapelle de King's College

0   75 m

Round Church,
*ou « église ronde », date
du XIIᵉ siècle. Son plan
circulaire, très rare en
Angleterre, reprend celui
de la basilique du Saint-
Sépulcre à Jérusalem.*

**Le collège de Gonville
et Caius,** *fondé en 1348,
est l'un des plus anciens
de Cambridge.*

Saint Mary's Church
*Cette horloge surmonte
le portail ouest de l'église, lieu
de culte officiel de l'université.*

MODE D'EMPLOI

Cambridgeshire. 120 000.
Stansted. Cambridge.
Station Rd. Drummer St.
Wheeler St (01223 322640).
t.l.j. Festival traditionnel :
juil. ; foire de la Fraise : juin.
www.tourismcambridge.com

★ **Chapelle de King's College**
*Ce chef-d'œuvre de l'architecture médiévale
fut construit en 70 ans (p. 200-201).*

Place du marché

**Gare
routière**

King's College
*La chapelle fut
construite sous le
règne d'Henri VIII
dont la statue
orne l'entrée
principale du
collège.*

**Queens'
College**
*Ce collège Tudor
est l'un des
plus beaux de
Cambridge. Un
cadran solaire
du XVIIᵉ siècle
décore un mur de
la salle de lecture.*

Collège de Corpus Christi

Vers la gare

Pont des Mathématiques
*Le premier pont reliant les deux
bâtiments de Queens' College
ne comportait ni clou ni vis.*

🏛 Fitzwilliam Museum

Trumpington St. 📞 01223 332900.
🕐 du mar. au sam. ; jours fériés 🕐
du 24 déc. au 1er janv., ven. saint, 1er mai.
Offrandes. ♿ limité. 📷 dim. après-
midi. 🏠 Ⓦ www.fitzmuseum.cam.ac.uk

Ce bâtiment d'architecture
classique est l'un des tout
premiers musées ouverts
au public en Grande-Bretagne.
Ses collections – céramiques,
peintures et manuscrits –
recèlent nombre de pièces
rares et de très grande qualité.

Fondé en 1816 grâce à un legs
du VIIe vicomte Fitzwilliam,
le musée n'a cessé de s'enrichir.

Parmi les peintures
anciennes, des œuvres de
Titien (1488-1576) et de maîtres
hollandais du XVIIe siècle
comme Hals, Cuyp et
Hobbema. Pour le XIXe siècle,
signalons de belles toiles
impressionnistes, dont
Le Printemps de Monet (1866)
ou *La Place Clichy* (1880)
de Renoir, pour le XXe siècle,
une *Nature morte* de Picasso
(1923). La plupart des grands
artistes britanniques sont
représentés, depuis Hogarth
pour le XVIIIe siècle jusqu'à Ben
Nicholson pour le XXe siècle,
en passant par Constable.

Le musée conserve aussi
de belles miniatures,
dont le premier portrait connu
d'Henri VIII, et plusieurs
manuscrits enluminés, dont
le *Pontifical de Metz* qui date
du XVe siècle. À voir aussi,
la bibliothèque de Haendel et
le manuscrit original de l'*Ode
à un rossignol* de Keats (1819).

La collection Glaisher de grès
et de céramiques européens
est l'une des plus importantes
du pays (bel ensemble
de céramiques anglaises
des XVIe et XVIIe siècles).

**Portrait de Richard James vers
1740, par William Hogarth**

Cambridge, King's College

**Les armoiries de
King's College**

C'est Henri VI qui fonda ce collège
en 1441. Sa chapelle est l'un des
plus beaux exemples de l'architecture
anglaise à la fin du Moyen Âge.
Les travaux commencés en 1446
ne furent achevés que 70 ans plus
tard. C'est le roi lui-même qui fixa
les dimensions de la chapelle :
88 m de long, 12 de large et 29 de haut. Le projet initial,
remanié au fil des années, serait l'œuvre d'un maître
tailleur de pierre nommé Reginald Ely.

★ Le plafond voûté
*Les éventails de pierre imbriqués
qui composent la voûte reposent
sur 22 piliers. Ils ont été construits
en 1515 par John Wastell, maître
tailleur de pierre.*

Le bâtiment des professeurs,
dessiné en 1724 par James Gibbs,
faisait partie d'un ensemble
plus vaste qui ne fut
pas réalisé.

La statue d'Henri VI
*Cette statue en bronze du fondateur
du collège a été mise en place en 1879.*

LE CHŒUR DE KING'S COLLEGE

En instituant la chapelle, Henri VI
stipula qu'un chœur de 6 frères lais
et 16 garçons membres du collège
serait formé pour chanter aux
offices. Aujourd'hui, le chœur de
King's College se produit dans le
monde entier. Son concert de Noël,
retransmis par la télévision, est
une tradition à laquelle les Anglais
sont très attachés.

Le chœur de King's College

La couronne et la rose Tudor
Détail de la sculpture foisonnante qui orne la porte ouest de la cathédrale.

Une des quatre flèches octogonales

MODE D'EMPLOI

King's Parade. 01223 331212.
d'oct. à juil. : 9 h 30 à 15 h 30 t.l.j. ; août-sept. : 9 h 30 à 16 h 30 t.l.j. (der. entrée : 30 min avant la ferm.). occasions spéciales.
17 h 30 du mar. au sam. ; 10 h 30 et 15 h 30 dim.

Vitraux du XVIe siècle
Tous les vitraux de la chapelle illustrent des scènes bibliques. Ici, le Christ baptisant les apôtres.

Les orgues
L'immense buffet d'orgue qui surmonte le jubé est orné de deux anges musiciens sculptés.

Chapelles latérales

Le jubé est un merveilleux exemple de la sculpture à l'époque Tudor ; il isole le chœur du reste de la chapelle.

Entrée monumentale néogothique (XIXe siècle)

Entrée principale

★ Retable de Rubens
Ce retable de l'Adoration des Mages a été peint en 1634 pour un couvent de Belgique ; il a été offert à King's College en 1961.

À NE PAS MANQUER

★ **La voûte en éventail**

★ **Le retable de Rubens**

À la découverte de l'université de Cambridge

L'université de Cambridge ne compte pas moins de 31 collèges *(p. 198-199)* ; le plus ancien est Peterhouse (1284), le plus récent Robinson (1979). La plupart des collèges rassemblés autour du centre-ville possèdent des jardins qui donnent sur la Cam. Dans l'architecture des collèges les plus anciens, on sent comme à Oxford *(p. 214-215)* l'influence des institutions religieuses, malgré les remaniements parfois radicaux opérés au siècle dernier. Les bâtiments se composent en général de quatre pavillons autour d'une cour centrale. Ils constituent un véritable florilège de l'architecture anglaise de la fin du Moyen Âge à nos jours.

La nef de la chapelle de Pembroke College (due à Christopher Wren)

La façade majestueuse d'Emmanuel College

Emmanuel College
La chapelle construite par Wren *(p. 116)* en 1677 est le chef-d'œuvre d'Emmanuel College. Certains détails décoratifs, comme les motifs du plafond ou la balustrade de l'autel (1734), sont de toute beauté. Il existe à Emmanuel College, fondé en 1584, une tradition puritaine. Parmi les anciens du collège, John Harvard quitta l'Angleterre pour l'Amérique en 1636 et laissa sa fortune au collège du Massachusetts qui porte son nom.

Senate House
Un bâtiment de style palladien construit sur King's Parade, où se déroulaient autrefois les grandes cérémonies. Dessinée par James Gibbs en 1732, Senate House devait faire partie d'un ensemble beaucoup plus vaste qui ne fut jamais construit.

Corpus Christi College
Il fut fondé en 1352 par les guildes des commerçants, qui ne voulaient pas que l'éducation ne fût accessible qu'aux nobles et aux membres du clergé. La Vieille Cour (Old Court) est remarquablement bien conservée ; son aspect actuel est très proche de celui qu'elle devait avoir au XIVe siècle.

Une galerie de briques rouges datant du XVe siècle relie le collège à l'église Saint-Benoît (St Benedict's Church), dont la grosse tour saxonne est le plus ancien bâtiment de Cambridge.

King's College
P. 200-201.

Pembroke College
La chapelle de Pembroke College est le premier monument construit par Wren *(p. 116-117)*. Sa structure classique remplace une chapelle du XIVe siècle désaffectée devenue une bibliothèque. Les jardins du collège se trouvent au-delà de Trumpington Street.

Jesus College
Le collège lui-même a été fondé en 1497, mais certains bâtiments qui le composent sont plus anciens, car il occupe le site du monastère de Sainte-Radegonde établi au XIIe siècle. On voit encore quelques colonnes normandes, des fenêtres et une charpente ancienne bien conservée dans le réfectoire.

La chapelle conserve l'essentiel de l'église originelle, mais ses vitraux sont modernes ; certains sont dus à William Morris *(p. 208-209)*.

Queens' College
Ce collège élevé en 1446 fut doté successivement par deux reines d'Angleterre, Marguerite

---

SUR LA CAM

Une des images les plus célèbres de Cambridge : une longue barque à fond plat menée nonchalamment à la perche par un étudiant, tandis que d'autres se détendent, allongés au fond de l'embarcation. Ces barques à fond plat ont toujours beaucoup de succès, tant auprès des visiteurs que des étudiants. On peut en louer au bord de la rivière – avec un pilote si nécessaire.

Canotage sur la Cam, le long des « Backs »

d'Anjou, épouse d'Henri VI, en 1448 et Élisabeth Woodville, épouse d'Édouard IV, en 1465. Queens' College est un merveilleux ensemble de bâtiments Tudor. Cloister Court et la galerie du Président formaient ensemble le premier cloître universitaire de

La bibliothèque de Magdalene College

Cambridge. La cour principale et la tour Érasme datent du XVe siècle. Le collège s'étend sur les deux rives de la Cam. Les bâtiments sont reliés par le pont des Mathématiques, construit en 1749 sans clou ni vis ; il a pourtant fallu planter quelques clous à l'occasion de réparations postérieures.

Magdalene College

Ce collège a été construit en 1482 dans Bridge Street. Samuel Pepys (1633-1703), auteur d'un journal étonnant et très vivant sur la vie en Angleterre au XVIIe siècle, a fait ses études ici ; il légua à sa mort toute sa bibliothèque au collège. Magdalene College est le dernier de Cambridge à avoir admis la mixité ;

celle-ci date de 1987.

St John's College

Un imposant porche de 1514 donne accès au deuxième plus grand collège de Cambridge, bel ensemble des XVIe et XVIIe siècles. Dans le hall, qui date en grande partie du XVIe siècle, sont accrochés les portraits des étudiants célèbres du collège, comme le poète William Wordsworth (p. 354) ou Lord Palmerston, un homme politique. St John s'étend aussi de l'autre côté de la Tamise ; on s'y rend grâce à deux ponts, une copie du pont des Soupirs de Venise (1831) et un pont construit en 1712.

Peterhouse

Peterhouse, construit dans Trumpington Street, est le collège le plus ancien de Cambridge, mais aussi un des plus petits. Le hall est encore en grande partie du XIIIe siècle, mais les plus beaux éléments décoratifs sont plus tardifs, comme la cheminée Tudor doublée de carreaux émaillés du XIXe siècle dus à William Morris (p. 208-209). Une galerie relie

Carreaux XIXe à Peterhouse

le collège à l'église St Mary the Less, du XIIIe siècle.

Trinity College

Trinity College, fondé en 1547 par Henri VIII, est le plus grand collège de Cambridge. Le pavillon d'entrée, où l'on reconnaît des statues d'Henri VIII et Jacques Ier, ajoutées postérieurement, a en fait été construit en 1529 pour le collège de King's Hall, aujourd'hui absorbé par Trinity College. Dans la Grande Cour, une fontaine de la fin du XVIe siècle a longtemps fourni presque toute l'eau du collège. Dans la chapelle de 1567, plusieurs statues grandeur nature d'anciens membres du collège, dont une effigie d'Isaac Newton sculptée en 1755.

Jardins botaniques

Ces jardins aménagés en 1846 près de Trumpington Street rassemblent de très beaux arbres d'essences différentes

MODE D'EMPLOI

Les collèges de Cambridge sont en général accessibles t.l.j. de 14 h à 17 h, mais il n'y a pas d'heures d'ouverture définies : consulter les panneaux placés à l'entrée. Quelques visites sont payantes.

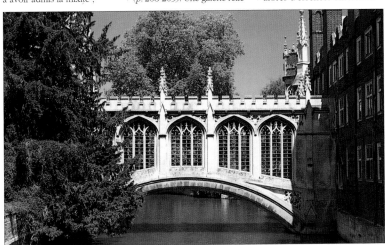

Au-dessus de la Cam, le pont des Soupirs relie deux bâtiments de St John's College

LA VALLÉE DE LA TAMISE

BEDFORDSHIR · BERKSHIREE · BUCKINGHAMSHIRE
HERTFORDSHIRE · OXFORDSHIRE

L*e puissant fleuve au bord duquel Londres a été fondée n'est à sa
naissance, dans les collines du Gloucestershire, qu'un ruisseau,
qui s'élargit en arrivant dans la luxuriante campagne qui entoure
la capitale. Essentiellement agricole au XIXe siècle, la vallée de la Tamise a
su conserver la plus grande part de son charme campagnard.*

Toute la région entretient des liens puissants avec la monarchie. Le château de Windsor, résidence royale depuis plus de 900 ans, a eu son rôle à jouer dans l'Histoire : c'est de là que le roi Jean est parti en 1215 pour aller signer la *Magna Carta* à Runnymede, sur la Tamise. Plus au nord, la reine Anne fit construire Blenheim Palace pour le commandant en chef de ses armées, le premier duc de Marlborough. Élisabeth Iʳᵉ passa une partie de son enfance à Hatfield House ; une partie des bâtiments qu'elle a connus existe encore.

Plusieurs villes de la vallée, comme Burford, dans l'Oxfordshire, étaient des relais de poste sur les grandes routes qui relient Londres à l'ouest du pays. Grâce au développement de nouveaux moyens de transport au début du XXe siècle, la région devint une sorte d'extension de la banlieue de Londres, et suscita d'intéressantes utopies urbanistiques, comme la « ville-jardin » de Welwyn et la ville des quakers à Jordons.

Oxford, la principale ville de la vallée, doit son importance à l'implantation dans la ville, en 1167, de la première université d'Angleterre ; la plupart des « collèges » sont des joyaux d'architecture médiévale. Au XVIIe siècle, de nombreux épisodes de la guerre civile *(p. 52)* se déroulèrent autour d'Oxford, qui fut quelque temps le quartier général de Charles Iᵉʳ, soutenu par les étudiants. Quand les royalistes furent contraints de quitter la cité, Oliver Cromwell se proclama chancelier de l'université.

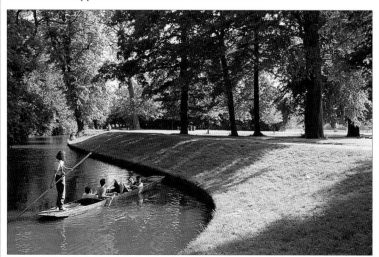

Canotage sur la Cherwell, à Oxford

◁ **Un escalier médiéval de Christchurch College, à Oxford**

À la découverte de la vallée de la Tamise

L es aristocrates qui ne voulaient pas trop s'éloigner de Londres ont peuplé de châteaux les collines de Chiltern et la vallée de la Tamise. La plupart de ces demeures, comme Hatfield House et Blenheim Palace, comptent parmi les plus somptueuses du pays. Autour de ces propriétés ont prospéré des villages pittoresques dont les maisons à colombage cèdent le pas, plus on va vers les Costwolds, à des maisons en pierre couleur de miel. De nombreux vestiges préhistoriques, dont la remarquable figure gravée sur un coteau crayeux connue sous le nom de Cheval blanc d'Uffington, attestent que la région est habitée depuis des milliers d'années.

LA RÉGION D'UN COUP D'ŒIL

Excursions

Birmingham

BANBURY

Stratford-upon-Avon

STOWE **7**

A361

GREAT TEW **1**

A44

Oxford Canal

Cherwell

M40

A421

BICESTER

WADDESDON MANOR **9**

Evenlode

6

BLENHEIM PALACE

Cheltenham   *Windrush*

A40

2

BURFORD

A361

Isis

OXFORD **5**

A40

A418

Thame

A329

M40

A34

3 *KELMSCOTT*

A420

A338

A4130

VAL DU CHEVAL BLANC **4**

A417

Swindon

Ridgeway

A34

HENLEY-ON-THAMES
LES RIVES DE
16 *LA TAMISE*

Thames

READING ●

M4

A4

NEWBURY

Kennet

Winchester

CIRCULER

La vallée de la Tamise étant une sorte de grande banlieue pour Londres, elle est bien desservie tant par les transports publics que par le réseau autoroutier et routier. Des trains relient les principales villes et il existe au départ de Londres de nombreuses excursions en autocar vers les principaux sites de la région.

Une chaumière d'Upper Swarford, à Banbury

0   10 km

Peterborough

ampton

Great Ouse   A428

BEDFORD

A1

Cam River

Le pont de Marlow traverse
la Tamise

A6

A5

8 WOBURN
ABBEY

A4012

M1

Grand Union Canal

Ickmield Way

A505

A418

LUTON

A6(M)

A10

11 KNEBWORTH
HOUSE

A602

RESERVE DE
WHIPSNADE 10

ESBERY

Ridgeway

C H I L T E R N   H I L L S

ST ALBANS 13

12 HATFIELD HOUSE

A10

JARDINS DE
LA ROSE 14

M25

A1

M1

A413

Dartford
tunnel

HUGHENDON
MANOR 15

M25

M1

A1

A401

HIGH WYCOMBE

M40

London

VOIR AUSSI

A4

B U R N H A M
B E E C H E S

M4

17 WINDSOR

- *Hébergement* p. 555-556

- *Restaurants et pubs* p. 591-593

LÉGENDE

▨	Autoroute
▤	Route principale
▨	Route pittoresque
▪▪	Chemin pittoresque
≈	Cours d'eau
☀	Point de vue

Devant la coupole de la Radcliffe Camera, les pinacles de l'université

Great Tew

Oxfordshire. 🏘 *250.* 🚌 *Oxford ou Banbury, puis taxi.* 🛈 *Spiceball Park Rd (01295 259855).*
ⓦ www.banburytown.co.uk

Ce village niché au creux d'une vallée boisée a été fondé dans les années 1630 par Lord Falkland pour accueillir le personnel de son domaine. Il a été largement restauré entre 1809 et 1811 dans le style néogothique. Les chaumières entourées de haies de buis bien taillées et le pub **Falkland Arms** du XVIIᵉ siècle ont le parfum de l'authenticité.

Aux environs
À 8 km à l'est se trouvent les **Rollright Stones**, trois monuments de l'âge du bronze. Il y a d'abord un cercle de 77 pierres, appelées les « King's Men » (les Hommes du roi) ; puis les vestiges d'un tumulus, « Whispering Knights » (les Chevaliers murmurants) ; et la solitaire Pierre du roi (« King Stone »). Plus au nord, le village de **Banbury** est célèbre par ses galettes croustillantes et sa croix de la place du marché.

La croix sur la place du marché de Banbury

🚇 **Falkland Arms**
Great Tew. 📞 *01608 683653.*
◯ *t.l.j.* ● *25 déc.* 🅿

Burford ❷

Oxfordshire. 🏘 *1 000.* 🛈 *Sheep St (01993 823558).*

Cette ravissante petite ville n'a guère changé depuis le XVIIIᵉ siècle ; c'était alors un important relais routier entre Oxford et l'ouest du pays. La rue principale est bordée de maisons de pierre, d'auberges et de boutiques qui datent pour la plupart du XVIᵉ siècle. À voir, **Tolsey Hall**, un manoir du XVIᵉ siècle qui a conservé ses écuries au rez-de-chaussée. Il est situé au coin de Sheep Street (rue des Moutons), qui rappelle l'importance du commerce de la laine au Moyen Âge *(p. 195)*.

Aux environs
À l'est de Burford, l'église de **Swinbrook** abrite les monuments Fettiplace, six figures sculptées des XVIᵉ et XVIIᵉ siècles. Trois kilomètres plus loin se dressent les ruines d'un manoir du XVᵉ siècle, **Minster Lovell Hall**, dont seul le pigeonnier est resté intact.

L'hôtel de ville de **Witney**, plus à l'ouest, date de 1730. Aux abords du village, on verra une ferme du XIIIᵉ siècle, **Cogges Manor Farm**, qui abrite aujourd'hui un musée de la vie rurale.

🚇 **Minster Lovell Hall**
Minster Lovell. ◯ *t.l.j.*
🚇 **Cogges Manor Farm**
Witney. 📞 *01993 772602.*
◯ *d'avr. à nov. : du mar. au dim. (sam. et dim. l'après-midi), jours fériés.* 🅿

Kelmscott ❸

Oxfordshire. 🏘 *100.* 🛈 *7a Market Place, Faringdon (01367 242191).*

William Morris, artiste et écrivain, a vécu dans ce joli village du bord de la Tamise de 1871 à sa mort en 1896. Très attiré comme ses amis du mouvement Arts and Crafts *(p. 25)* par l'atmosphère médiévale du village, il y partagea le manoir de **Kelmscott Manor** avec le peintre Dante Gabriel Rossetti (1828-1882), jusqu'à ce que ce dernier quitte la maison à la suite de sa liaison avec Jane, la femme de Morris, représentée dans de nombreuses peintures préraphaélites. Aujourd'hui, Kelmscott Manor expose des œuvres d'art des membres du

Maisons anciennes à Burford, dans l'Oxfordshire

L'austère entrée de Kelmscott Manor, demeure élisabéthaine

mouvement, dont des carreaux décoratifs de William de Morgan. Morris, dont le tombeau a été dessiné par Philip Webb, est enterré dans le cimetière du village.

À trois kilomètres vers l'est se trouve le pont de **Radcot**, le plus vieux pont sur la Tamise. Construit en 1160 dans la belle pierre de Taynton, c'était un point stratégique important. Il fut d'ailleurs sévèrement endommagé en 1387 lors d'une bataille entre Richard II et ses barons. Aux XVIIe et XVIIIe siècles, la pierre de Taynton était acheminée vers Londres par bateau pour faire face à la rage de bâtir qui s'était emparée de la ville.

✦ Kelmscott Manor

Kelmscott. ☎ 01367 252486.
◯ d'avr. à juin, sept. : mer., 3e sam. ; de juil. à août : mer., 1er et 3e sam.
🖼 ♿ limité.

Le Val du Cheval blanc ❹

Oxfordshire. 🚋 Didcot. ℹ 25 Bridge St, Abingdon (01235 522711) ; Church St. Wantage (01235 760176).

Cette jolie vallée doit son nom à l'immense cheval de craie, long de 100 m, gravé sur le coteau d'Uffington. Ce cheval est probablement la plus ancienne figure gravée d'Angleterre et fit naître de nombreuses légendes. Pour certains, il aurait été exécuté par le chef saxon Hengist, dont le nom signifie étalon en allemand ; pour d'autres, il aurait à voir avec Alfred le Grand qui serait né près d'ici. Il semble cependant que cette figure soit beaucoup plus ancienne encore et date d'environ 3000 avant notre ère. Non loin, les remparts celtiques de terre d'**Uffington Castle** et un grand tumulus de l'âge de la pierre, **Wayland's Smithy**, sur l'ancienne route commerciale de Ridgeway, donnent à cette région l'atmosphère mystérieuse et légendaire que Sir Walter Scott (p. 498) s'attachait à transcrire dans ses romans.

C'est depuis le village d'Uffington que l'on a la plus belle vue sur le cheval. Uffington abrite aussi un musée, le **Tom Brown's School Museum**. Dans cette ancienne école du XVIIe siècle sont réunis des documents sur l'écrivain Thomas Hughes (1822-1896) qui a situé dans les environs des passages entiers d'un roman très apprécié outre-Manche, *Tom Brown's Schooldays*. À voir aussi, les vestiges archéologiques provenant de fouilles sur la Colline du Cheval blanc.

🏛 Tom Brown's School Museum

Broad St, Uffington. ☎ 01367 820259.
◯ de Pâques à oct. : sam., dim. et jours fériés (l'après-midi). 🖼 ♿ limité.

LES FIGURES DE CRAIE

Ce sont les Celtes qui ont compris les premiers quel parti tirer du contraste entre des figures gravées sur la craie blanche et la végétation alentour. Les chevaux, tenus en haute estime par les Celtes et les Saxons, et parfois même objets de culte, étaient un de leurs thèmes favoris. Mais on connaît aussi des représentations humaines, comme à Cerne Abbas, dans le Dorset (p. 257), et à Wilmington (p. 168). Ces figures étaient peut-être des symboles religieux, ou des repères au sol permettant aux différents clans de marquer leurs territoires respectifs. Beaucoup se sont perdues, car si l'on n'y prend garde elles se recouvrent rapidement d'herbe. Le site d'Uffington est régulièrement « lessivé », ce qui donnait lieu autrefois à des festivités et à une foire. Au XVIIIe siècle, la tradition des figures gravées connut un regain d'intérêt. Quelquefois, comme à Bratton Castle, près de Westbury, une gravure du XVIIIe siècle se superpose à une autre, plus ancienne.

Le Cheval blanc d'Uffington

Oxford pas à pas ❺

Le nom d'Oxford signifie « gué pour les bœufs » ; on en déduit qu'il y avait ici un gué facile à franchir, qui faisait de la ville un point stratégique sur la route entre l'ouest du pays et Londres. Des clercs venus de France en 1167 y ont fondé une université, la première d'Angleterre, qui se développa rapidement et a modelé une bonne part du paysage architectural de la ville.

Old Ashmolean
Aujourd'hui musée de l'Histoire des sciences, ce splendide bâtiment fut construit en 1683 pour abriter la collection de curiosités d'Elias Ashmole, déplacée en 1845.

L'Ashmolean Museum
possède une des plus anciennes collections d'œuvres d'art du pays.

St John's College

Balliol College

ST GILES

MAGDALEN STREET

BEAUMONT STREET

Swindon

BROAD STREET

TURL

BRAS

Le Mémorial des Martyrs
Il commémore le martyre de trois protestants, Latimer, Ridley et Cranmer, qui furent condamnés au bûcher pour hérésie.

Gare routière

Trinity College

CORNMARKET STREET

MARKET STREET

STRE

Histoire d'Oxford

Jesus College

Lincoln College

0   100 m

Légende

– – – Itinéraire conseillé

Marché couvert

Gare ferroviaire

Lincoln College Library

ST ALD

Musée d'Oxford

Percy Bysshe Shelley

Shelley (1792-1822), célèbre poète romantique *(p. 354)*, étudia à Oxford, mais il fut renvoyé de l'université pour avoir écrit un pamphlet révolutionnaire, *De la nécessité de l'athéisme.* Le collège lui a cependant dédié un beau monument de marbre.

Sheldonian Theatre
Ce bâtiment conçu par sir Christopher Wren (p. 116) est le cadre de la traditionnelle cérémonie de la remise des diplômes universitaires.

À NE PAS MANQUER

★ **La Radcliffe Camera**

★ **Christ Church**

★ Radcliffe Camera
Cette rotonde classique est l'un des plus beaux bâtiments d'Oxford ; elle date de la première moitié du XVIIIᵉ siècle et abrite la Bibliothèque bodléienne (p. 215).

MODE D'EMPLOI

Oxfordshire. 🚶 130 000.
🚉 Botley Rd. 🚌 Gloucester Green.
ℹ️ 15-16 Broad St (01865 726871).
🏪 mer., jeu. (marché aux puces).
W www.visitoxford.org

Le pont des Soupirs
Construite en 1914, cette charmante copie d'un des ponts les plus célèbres de Venise relie les anciens et les nouveaux bâtiments d'Hertford College.

New College

Église Notre-Dame

Queen's College

All Souls College

Londres

University College

Monument à Shelley

Jardins botaniques et Magdalen College

Oriel College

Merton College

Corpus Christi College

QUEEN'S LANE

CATTE STREET

HIGH STREET

LOGIC LANE

ORIEL STREET

MAGPIE LANE

MERTON STREET

BEAR LANE

DEAD MAN'S WALK

★ Christ Church
Les étudiants prennent leurs repas dans ce réfectoire. Les professeurs sont à la table d'honneur ; le bénédicité est dit en latin.

Sculpture du
Sheldonian
Theatre

À la découverte d'Oxford

Oxford n'est pas seulement une ville universitaire ; on y trouve aussi une des plus importantes usines automobiles d'Angleterre, installée en banlieue, à Cowley. L'économie de la ville reste cependant très liée à la vie intellectuelle ; la librairie Blackwell, par exemple, a plus de 20 000 titres en stock. Il y a de jolies balades à faire le long des deux rivières, la Cherwell et l'Isis (c'est le nom que prend la Tamise quand elle traverse la ville), à pied ou en barque.

🏛 Ashmolean Museum

Beaumont St. 📞 01865 278000. ◯ du mar. au dim. (dim. l'après-midi seul.), jours fériés. ● du 25 au 28 déc., 1er janv., ven. saint. 🎫 🅿 🅰 mar., ven., sam. 🅿 🆆 www.ashmole.ox.ac.uk

Ce musée est le premier en Angleterre qui soit abrité dans un bâtiment spécialement construit pour lui. C'est aussi l'un des plus beaux du pays hors de la capitale. Il a ouvert ses portes en 1683, et proposait alors aux visiteurs la collection de curiosités des Tradescant, père et fils. Ils firent de nombreux voyages en Orient et en Amérique et rassemblèrent ainsi nombre d'objets étonnants, animaux empaillés, objets d'art primitif, toutes choses qui n'avaient encore jamais été montrées en Angleterre. À leur mort, leurs trésors furent acquis par l'antiquaire Elias Ashmole, qui les légua à l'université et fit construire pour les abriter

un bâtiment dans Broad Street, aujourd'hui le musée d'Histoire des sciences.

Au XIXe siècle, une partie des collections fut ajoutée à celles du musée de l'Université, abrité dans une magnifique bâtisse néoclassique de 1845, connue aujourd'hui sous le nom d'Ashmolean Museum.

Des œuvres d'art, notamment des peintures et des dessins, sont venues enrichir les collections initiales. Citons le *Saint Jérôme lisant* de Bellini (vers 1490), les *Deux têtes d'apôtres* de Raphaël (1519), *Le Grand Canal de Venise* de Turner (1840), *Saskia endormie* de Rembrandt (1635), une *Crucifixion* de Michel-Ange (1557), *Les Toits bleus* de Picasso (1901) et un bel ensemble de toiles pré-raphaélites de Rossetti, Millais et Hunt. On verra aussi des sculptures grecques et romaines, une collection d'instruments à cordes, des aquarelles de Rowlandson. Dans la superbe série de monnaies, la deuxième d'Angleterre par son importance, figure une couronne d'Oxford en argent qui fut frappée dans la ville en 1644, en pleine guerre civile *(p. 52)*, alors que Charles Ier y résidait.

Mais la perle du musée reste l'anneau d'or émaillé, vieux de plus de mille ans, dit le « Joyau du roi Alfred » *(p. 47).*

L'entrée de l'Ashmolean Museum

🌺 Botanic Gardens

Rose Lane. 📞 01865 286690. ◯ t.l.j. ● 25 déc., ven. saint. 🎫 d'avr. à août. 🅰

Ce sont les plus anciens jardins botaniques d'Angleterre. Ils furent aménagés en 1621 (il subsiste d'ailleurs un if de cette époque) pour le comte de Danby. Le portail d'entrée, très travaillé, a été dessiné par Nicholas Stone en 1633. Il s'orne des statues du comte de Danby, de Charles Ier et de Charles II. Avec ses parterres fleuris au dessin très précis, ses plates-bandes de plantes herbacées et son jardin de rocaille, ce petit jardin clos est un endroit idéal pour marquer une pause et flâner un peu.

Les jardins botaniques du XVIIe siècle

🏰 Carfax Tower

Carfax Sq. 📞 01865 792653. ◯ de mai à oct. t.l.j. 🎫 🅰

Cette tour est l'unique vestige de l'église Saint-Martin construite au XIVe siècle et démolie en 1896 pour permettre l'élargissement de la route. Sa belle horloge sonne tous les quarts d'heure ; du sommet, panorama exceptionnel de la ville. Carfax se trouvait à l'intersection des premières routes est-ouest et nord-sud ; le nom de Carfax vient du français « quatre voies ».

🎵 Holywell Music Room

Holywell St. ◯ concerts seulement. 🎫 🅰

C'est la première vraie salle de concert construite en Europe (1752). D'ordinaire, les concerts avaient lieu chez les particuliers et pour leurs seuls invités. Les deux superbes lustres qui éclairent la pièce décoraient Westminster Hall en 1820, pendant les cérémonies du couronnement de George IV. Ils furent offerts à Wadham College, dont dépend administrativement la salle de musique, par le roi lui-même. À Holywell ont lieu des concerts de musique classique ou contemporaine.

🏛 Museum of Oxford

St Aldate. 📞 *01865 815559.*
🕐 *du mar. au dim.* ⬤ *25 et 26 déc.,*
1er janv. 📷

Une présentation intelligente illustre, dans l'hôtel de ville du siècle dernier, la longue et passionnante histoire d'Oxford et de son université ; on découvre ainsi le four d'un potier romain, un sceau de la ville datant de 1191 et une série de pièces d'époque reconstituées.

✠ Martyrs' Memorial

Magdalen St.

Il commémore le martyre de trois protestants condamnés au bûcher dans Broad Street : les évêques Latimer et Ridley en 1555, et l'archevêque Cranmer en 1556. Quand, en 1553, la reine Marie monta sur le trône *(p. 51)*, ils furent emprisonnés à la Tour de Londres, puis envoyés à Oxford pour défendre leurs opinions religieuses devant un cénacle de théologiens, qui les condamnèrent pour hérésie.

Le mémorial a été réalisé en 1843 par George Gilbert Scott qui s'est fortement inspiré de l'architecture gothique.

🏛 Oxford Story

6 Broad St. 📞 *01865 728822.* 🕐
t.l.j. ⬤ *25 déc.* 📷 🎦 ♿ *limité*

L'histoire d'Oxford est évoquée à travers des présentations audiovisuelles bien conçues qui mettent en scène des effigies grandeur nature des grandes figures historiques de la ville.

✠ St Mary the Virgin Church

High St. 📞 *01865 279111.*
🕐 *t.l.j.* ⬤ *25 et 26 déc.,*
ven. saint. 📷 🖼

L'église officielle de l'université est, dit-on, la plus visitée d'Angleterre. Les parties les plus anciennes, dont la tour, datent du XIIIe siècle. La salle où les professeurs tiennent leurs assemblées générales, de la même époque, a abrité la première bibliothèque de l'université jusqu'à la fondation de la Bodléienne en 1488 *(p. 215)*. C'est dans cette église que les trois martyrs d'Oxford ont été déclarés hérétiques en 1555. Le joyau de l'église est son porche sud, baroque.

Statue de Thomas Cranmer, St Mary the Virgin Church

🏛 University Museum

Parks Rd. 📞 *01865 272950.* 🕐 *t.l.j.*
(l'après-midi). ⬤ *du 24 au 26 déc.,*
Pâques. 📷 ⓦ www.oum.ox.ac.uk

🏛 Pitt Rivers Museum

Parks Rd. 📞 *01865 270927.* 🕐 *t.l.j.*
(l'après-midi). ⬤ *du 24 au 26 déc.,*
Pâques. 📷 ⓦ www.prm.ox.ac.uk

Deux des plus intéressants musées d'Oxford sont côte à côte. Le premier est le Muséum d'histoire naturelle, qui abrite des squelettes de dinosaures et un dodo empaillé, cet oiseau qui ne pouvait voler et qui a disparu dès le XVIIe siècle. C'est peut-être celui-là que l'on retrouve dans *Alice au Pays des Merveilles (p. 387)* de Lewis Carroll (de son vrai nom Charles Dodgson, maître de conférences en mathématiques à Oxford). Le Pitt Rivers Museum est l'une des plus grandes collections ethnographiques du monde. On y trouve des masques, des objets tribaux d'Afrique et d'Extrême-Orient, et les trésors archéologiques collectés par le capitaine Cook.

✠ Sheldonian Theatre

Broad St. 📞 *01865 277299.*
🕐 *du lun. au sam.* ⬤ *du 20 déc. au*
2 janv., Pâques et jours fériés. 📷 ♿
ⓦ www.sheldon.ox.ac.uk

Le bâtiment a été élevé en 1669 par Sir Christopher Wren *(p. 116)*. C'est Gilbert Sheldon, archevêque de Canterbury, qui finança la construction, qui devait servir de cadre aux cérémonies de remise des diplômes. Le plan en forme de D du bâtiment est inspiré du théâtre de Marcellus à Rome. Depuis le lanternon de la coupole octogonale, on découvre une très belle vue sur la ville. Le plafond du théâtre est décoré de peintures allégoriques représentant le triomphe de la Religion, de l'Art et de la Science sur l'Envie, la Haine et la Méchanceté.

La belle façade régulière des musées de l'Université et Pitt Rivers

À la découverte de l'université d'Oxford

La plupart des 36 collèges qui composent l'université ont été fondés entre le XIIIe et le XVIe siècle, et sont groupés autour du centre-ville. L'enseignement n'était alors dispensé que par le clergé ; c'est ce qui explique que les collèges aient été dessinés comme des bâtiments monastiques. La plupart d'entre eux ont été quelque peu altérés au fil du temps, mais ils conservent pour l'essentiel leurs caractéristiques originales.

Vue d'ensemble d'All Souls College depuis St Mary's Church

All Souls College

La chapelle construite dans High Street en 1438 par Henri VI, le long de la façade nord du collège, présente une charpente classique mais d'étonnantes miséricordes *(p. 329)* et des vitraux du XVe siècle.

Christ Church College

C'est depuis la prairie de St Aldate que l'on découvre le mieux le plus grand des collèges d'Oxford. Il a été fondé en 1525 par le cardinal Wolsey qui voulait en faire un collège ecclésiastique pour la formation des cardinaux. Son clocher domine toute la ville ; il a été complété par Wren *(p. 116)* en 1682. Quand on y installa la cloche, Great Tom, en 1648, le collège avait 101 élèves, ce qui explique qu'elle sonne 101 fois à 21 h 05, pour signifier aux étudiants le couvre-feu (qui n'est plus appliqué depuis 1963). Cet horaire surprenant se comprend mieux quand on sait que la nuit tombe ici cinq minutes après Greenwich *(p. 133)*. En 200 ans, 16 Premiers ministres sont sortis de ce collège. À côté de la cour principale se trouve la plus petite cathédrale d'Angleterre (XIIe siècle).

Lincoln College

Fondé en 1427 dans Turl Street, c'est un des collèges médiévaux les mieux préservés. La cour d'honneur et la façade datent du XVe siècle. Le réfectoire a toujours son plafond d'origine, avec le trou pour l'évacuation de la fumée. La chapelle du XVIIe siècle abrite de beaux vitraux. John Wesley *(p. 267)* a étudié dans ce collège ; sa chambre a depuis été transformée en chapelle.

Magdalen College

Au bout de High Street se dresse le plus typique et peut-être le plus beau collège d'Oxford. Ses cours, de styles très différents, datent du XVe siècle. Le premier mai, à 6 heures du matin, le chœur du collège chante depuis le sommet du clocher, coutume du XVIe siècle marquant le début de l'été.

New College

C'est un des plus grands collèges d'Oxford, fondé en 1379 par William de Wykeham *(p. 156)*, pour former des prêtres destinés à remplacer

Le pont Magdalen sur la Cherwell

le clergé décimé par la Peste noire *(p. 49)*. Dans New College Lane, une magnifique chapelle restaurée au XIXe siècle abrite des miséricordes du XIVe siècle et un *Saint Jacques* du Greco (1541-1614).

Queen's College

Ce collège est un magnifique exemple de l'architecture du XVIIIe siècle à Oxford. Sa superbe bibliothèque a été construite en 1695 par Henry Aldrich (1647-1710). La grille de l'entrée, interrompue par un petit clocher, se reconnaît de loin dans High Street.

LA VIE ESTUDIANTINE

Les étudiants sont attachés à un collège et y vivent en général jusqu'à la fin de leur cursus. L'université organise conférences et examens et décerne les diplômes, mais l'essentiel de l'enseignement et de la vie sociale de l'étudiant tourne autour de son collège. La plupart des traditions sont très anciennes, comme la remise des diplômes en latin au Sheldonian Theatre.

Remise de diplômes au Sheldonian *(p. 212)*

Merton College vu depuis les prairies de Christ Church

St John's College

L'impressionnante façade donnant sur St Giles est de 1437, date de la fondation du collège par les cisterciens. L'ancienne bibliothèque abrite un mobilier et des vitraux du XVIIe siècle ; dans la Baylie Chapel sont exposés des costumes du XVe siècle.

Trinity College

En 1555, Trinity College a pris possession des locaux auparavant occupés par Durham Quad, un ancien collège monastique du XIIIe siècle. La chapelle du XVIIe siècle possède un remarquable retable et un beau jubé de bois sculpté.

Corpus Christi College

Ce charmant collège qui donne sur Merton Street date de 1517. Le cadran solaire de la cour, surmonté d'un pélican, l'emblème du collège, porte un calendrier du début du XVIIe siècle. Dans la chapelle, un rare lutrin sculpté du XVIe siècle en forme d'aigle.

Merton College

C'est le plus ancien (1264) des collèges d'Oxford. La plupart des salles de cours datent de cette époque. Le chœur de la chapelle est orné de reliefs allégoriques (la Musique, l'Arithmétique, la Rhétorique, la Grammaire).

LA BIBLIOTHÈQUE BODLÉIENNE

Fondée en 1320, la bibliothèque fut agrandie en 1426 par Humphrey, duc de Gloucester (1391-1447), le frère d'Henri VI. Sa collection de manuscrits ne tenait plus dans l'ancienne bibliothèque. La Bodléienne fut remaniée en 1602 par Thomas Bodley, un riche érudit qui édicta des règles strictes interdisant par exemple au bibliothécaire de se marier. Aujourd'hui, la Bodléienne est l'une des six bibliothèques d'Angleterre habilitées à recevoir le dépôt légal.

La Radcliffe Camera (1748), une rotonde surmontée d'un dôme baroque, fut construite par James Gibbs pour honorer la mémoire du physicien John Radcliffe (1650-1714).

Entrée principale

Cette aile construite en 1630 fut utilisée jusqu'en 1880 pour les examens.

La Divinity School de 1488 possède l'un des plus beaux intérieurs gothiques d'Angleterre. Son plafond voûté est orné de 455 sculptures représentant des scènes bibliques et des animaux réels ou fantastiques.

La bibliothèque du duc Humphrey (1602) est coiffée d'un plafond à caissons décoré des armoiries de l'université et de sa devise en latin : Dominus Illuminatio Mea *ou le Seigneur est ma lumière.*

Blenheim Palace ❻

Après sa victoire sur les Français lors de la bataille de Blenheim, en 1704, John Churchill, le premier duc de Marlborough, fut fort bien récompensé par la reine Anne qui lui offrit le manoir de Woodstock et fit construire pour lui Blenheim Palace. Cette demeure, conçue par Nicholas Hawksmoor et Sir John Vanbrugh (p. 384), est un chef-d'œuvre baroque. C'est ici que naquit, en 1874, Winston Churchill.

Winston Churchill et sa femme, Clementine

★ **La Grande Bibliothèque**
Cette pièce de 55 de long a été dessinée par Vanbrugh pour accueillir des peintures, dont u portrait de la rein Anne par Sir Godfrey Kneller (1646-1723).

Le Grand Pont fut construit en 1708. À l'intérieur de l'arche principale, plusieurs pièces sont ménagées.

La chapelle
Le monument en marbre au premier duc de Marlborough et à sa famille fut sculpté par Michael Rysbrack en 1733.

Les parterres d'eau
Ces splendides jardins ont été dessinés dans les années 1920 par un architecte français, Achille Duchêne, qui s'est inspiré des jardins de Versailles.

À NE PAS MANQUER

★ La Grande Bibliothèque

★ Le salon

★ Le parc et les jardins

Le Grand Salon
Le beau plafond peint par Thornhill en 1716 représente le duc de Marlborough exposant à la Grande-Bretagne son plan pour la bataille de Blenheim.

MODE D'EMPLOI

Woodstock, Oxfordshire. 01993 811091. depuis Oxford. Oxford. **La demeure et les jardins** de mi-mars à oct. : de 10 h 30 à 17 h 30 t.l.j. (der. ent. à 16 h 45). **Parc** de 9 h à 17 h t.l.j.

Dans le jardin italien, la Fontaine de la Sirène (1892) du sculpteur américain Waldo Story.

Cour des cuisines

Entrée

Porte est

Premier salon d'apparat

Location de barques

Cour d'honneur

Les lions de Grinling Gibbons (1709)

La Tour de l'horloge

Restaurant et café

Le Salon vert sert d'écrin au portrait en pied du IVe duc, par George Romney (1734-1802).

Le Salon rouge

Le Cabinet vert

Deuxième salon d'apparat

Troisième salon d'apparat

★ LE PARC ET LES JARDINS

Colonne de la Victoire

Grand Pont

La demeure

Les parterres d'eau

Temple de Diane

Roseraie

Arboretum

Arc de triomphe

Woodstock

Parking

Jardin à l'italienne

Voie ferrée

Parking

Serre des papillons

Labyrinthe Marlborough

Terrain de jeu

★ Le Salon
C'est un Français, Louis Laguerre (1663-1721), qui a peint les scènes qui ornent les murs et le plafond de la salle à manger d'apparat.

Une demeure conçue pour un général victorieux se devait d'être entourée d'un parc semé de monuments héroïques. Il fut donc redessiné en 1764 par Capability Brown *(p. 23)*, qui aménagea aussi le lac.

L'Entrée de l'Arsenal (1730) de Canaletto, à Woburn Abbey

Stowe ❼

(NT) Buckingham, Buckinghamshire.
📞 01280 822850. 🚆 Milton Keynes,
puis bus. ⭕ de mars au 22 déc. : du
mer. au dim., jours fériés. ● 25 mai. 🏠
🖼 ♿ limité. ▯

C'est le plus ambitieux des
jardins paysagers
d'Angleterre et un excellent
exemple de ce que l'art
des jardins a pu produire
au XVIIIᵉ siècle (p. 22-23).
En l'espace d'un siècle
environ, le jardin original
dessiné en 1680 a été agrandi
de façon à pouvoir y inclure des
monuments néogothiques, des
temples à l'antique, des grottes,
des statues, des ponts, des lacs
artificiels et des arbres implantés
« naturellement » pour mettre
ces constructions en valeur.
La plupart des grands
architectes du moment
ont travaillé à ce projet,
notamment Sir John Vanbrugh,
James Gibbs et Capability
Brown (p. 22) qui fut pendant
10 ans, au début de sa carrière,
jardinier en chef à Stowe.
De 1593 à 1921, l'immense
propriété de Stowe a
appartenu aux familles Temple
et Grenville, puis la grande
demeure palladienne a été
vendue et convertie en collège
privé pour les jeunes garçons
de la bonne société (des visites
peuvent être organisées
durant les vacances scolaires).
Les temples et les statues
du jardin reflètent des idéaux
de démocratie et de liberté.
On trouve ainsi des temples
dédiés aux Grands Hommes
de l'Angleterre, aux vertus
antiques, à la Concorde et à
la Victoire, à la Poésie pastorale
et aux Champs-Élysées.
Quelques-uns de ces
monuments furent détériorés
au cours du XIXᵉ siècle, car
les propriétaires n'avaient plus
les moyens d'entretenir
le domaine, et de nombreuses
statues furent vendues.
Un programme de rénovation
du domaine prévoit le rachat
des statues pour les remettre
à leur ancien emplacement ou
de leur substituer des copies.

Woburn Abbey ❽

Woburn, Bedfordshire. 📞 01525
290666. 🚆 Flitwick, puis taxi.
⭕ d'avr. à sept. : t.l.j. ; de janv.
à mars., oct. : sam., dim. 🏠 🖼
♿ tél. d'abord. 🎫 sur rendez-vous.
🍴 🌐 www.woburnabbey.co.uk

L es ducs de Bedford, qui
ont vécu ici pendant plus
de 350 ans, furent parmi
les premiers propriétaires
à ouvrir leur domaine au
public, il y a de cela 40 ans.
L'abbaye fut construite vers
1750 sur les fondations d'un
grand monastère cistercien du
XIIᵉ siècle. Le domaine est l'un
des sites les plus visités de la
région, en partie du fait de son
parc animalier de 142 hectares
et de sa réserve de cerfs, où
vivent pas moins de 9 espèces
différentes, dont des cerfs sika
originaires d'Asie.
Les appartements d'apparat,
particulièrement somptueux,
regorgent d'œuvres d'art
et de tableaux de maîtres,
dont Reynolds (1723-1792)
et Canaletto (1697-1768).

Waddesdon Manor ❾

Près de Aylesbury, Buckinghamshire.
📞 01296 653203. 🚆 Aylesbury, puis
taxi. **Maison** ⭕ du 28 mars au 4 nov. :
de 11 h à 16 h du mer. au dim., lun.
(jours fériés seul.). **Jardin** ⭕ du 28 fév.
au 23 déc. : de 11 h à 17 h du mer. au
dim., lun. (jours fériés seul.).
Bachelors'Wing ⭕ du 28 mars au
4 nov. : de 11 h à 16 h du mer. au ven.
🏠 🍴 🌐 www.waddesdon.org.uk

C onstruit entre 1874 et 1879
pour le baron Ferdinand
de Rothschild, Waddesdon
Manor est l'œuvre
de l'architecte français
Gabriel-Hippolyte Destailleurs
et les jardins ont été conçus
par le paysagiste français
Élie Lainé.
Bâtie dans le style
Renaissance, la demeure abrite
une des plus belles collections
d'art décoratif français du
XVIIIᵉ siècle, ainsi qu'un
important mobilier français, des
tapis de la Savonnerie,
des porcelaines de Sèvres et
des tableaux du XVIIᵉ siècle.
Le jardin est renommé pour
ses splendides parterres
de fleurs. Des dégustations
de vin ont également lieu
dans les caves, réalisées d'après
celles de Château-Lafite.

Pont palladien sur le lac octogonal du parc de Stowe

Hatfield House, une des plus grandes demeures xviiᵉ du pays

La réserve de Whipsnade ❿

Près de Dunstable, Bedfordshire. 📞 01582 872171. 🚉 Whipsnade (Victoria Station à Londres, de mai à oct.). 🕐 t.l.j. 🚫 25 déc. ♿ 🅿 🍴
🌐 www.whipsnade.co.uk

Dépendant du zoo de Londres, ce parc est l'un des premiers où l'on a cherché à minimiser l'usage des cages et imaginé des espaces où les animaux sauvages pourraient évoluer librement et en toute sécurité pour les visiteurs. Sur 240 hectares et regroupant plus de 3 000 espèces, cette réserve est la plus grande d'Europe. On peut y circuler en voiture ou en train à vapeur. Il y a aussi un terrain de jeu et un spectacle d'otaries.

Knebworth House ⓫

Knebworth, Hertfordshire. 📞 01438 812661. 🚉 Stevenage, puis taxi. 🕐 sam., dim. ; 2 sem. à Pâques : t.l.j. ; de juil. à sept. : t.l.j. 🚫 ♿ limité. 🍴
🅿 🌐 www.knebworthouse.com

À ce manoir Tudor, qui abrite une salle de banquet du xviiᵉ siècle, Lord Lytton, homme d'État, romancier et chef d'une des familles les plus originales de l'Angleterre victorienne, ajouta au xixᵉ siècle une façade néo-gothique. Le fils aîné de Lord Lytton fut vice-roi des Indes, et la maison abrite de nombreux objets indiens. Constance Lytton fut une des grandes figures du mouvement des suffragettes des années vingt (p. 58).

Hatfield House ⓬

Hatfield, Hertfordshire. 📞 01707 287010. 🚉 Hatfield. 🕐 du sam. de Pâques à sept. : t.l.j. 🚫 ♿ 🍴
🌐 www.hatfield-house.co.uk

Cette demeure, qui compte parmi les plus belles d'Angleterre, fut construite entre 1607 et 1611 pour Robert Cecil, un puissant homme politique ; elle appartient toujours à ses descendants. Le principal centre d'intérêt de Hatfield House est l'aile Tudor, vestige du premier palais, où Élisabeth Iʳᵉ (p. 50-51) a passé la plus grande partie de son enfance. Après son couronnement, en 1558, c'est là qu'elle tint son premier conseil d'État. Le palais fut en partie démoli en 1607 pour laisser place à de nouvelles constructions, mais on peut encore y évoquer les séjours de la reine, notamment grâce à un portrait peint aux environs de 1600 par Isaac Oliver. Le domaine s'enorgueillit d'un jardin du xviiᵉ siècle dessiné par Robert Cecil et John Tradescant, qui a été fidèlement restauré.

LES PURITAINS CÉLÈBRES

Trois figures importantes du mouvement puritain du xviiᵉ siècle ont partie liée avec la région. John Bunyan (1628-1688), qui écrivit le conte allégorique *The Pilgrim's Progress (Le Voyage du pèlerin)*, est né à Elstow, près de Bedford. Orateur passionné, ses convictions puritaines lui valurent 17 années de prison. Le Bunyan Museum de Bedford fut l'un des premiers lieux de culte des puritains. William Penn (1644-1718) a vécu à Jordans, près de Beaconsfield, où il est enterré. Plus au nord, à Chalfont St Giles, se trouve le cottage où le poète John Milton (1608-1674) a séjourné pour échapper à la peste de Londres. C'est là qu'il acheva sa plus grande œuvre, *Le Paradis perdu*. Sa maison abrite un musée qui lui est consacré.

John Bunyan, d'après une gravure du xviiiᵉ siècle

William Penn, qui donna son nom à la Pennsylvanie

John Milton, portrait par Pieter van der Plas

St Albans ⓭

Saint Alban, martyr

St Albans est aujourd'hui une ville animée où se retrouvent de nombreux Londoniens. Pendant des siècles, elle a été au cœur de quelques-uns des plus grands moments de l'histoire de l'Angleterre. Camp romain de première importance, elle devint un grand centre religieux qui fut pendant la guerre des Deux-Roses (p. 49) l'enjeu de deux batailles. En 1455, les partisans de la maison d'York en délogèrent Henri VI, et six ans plus tard les partisans des Lancastre la reprirent.

À la découverte de St Albans

Une partie du charme de cette ville ancienne et fascinante, qui se trouve à une heure de voiture de Londres, réside dans le fait que l'on peut retracer 2 000 ans de son histoire en visitant quelques sites très proches les uns des autres. Un grand parc de stationnement est installé à l'abri de l'enceinte romaine de Verulamium, entre le musée, St Michael's Church et le théâtre romain. Ici commence une belle promenade à travers le parc, pour découvrir en chemin d'autres sites romains, la vieille auberge Ye Olde Fighting Cocks, une cathédrale imposante et une rue ancienne, High Street. On y voit encore de nombreuses maisons du XVIᵉ siècle et une tour-horloge de 1412, qui sonnait le couvre-feu à 4 h du matin et 20 h 30.

⌂ Verulamium

À la sortie du centre-ville se dresse l'enceinte de Verulamium, une des premières villes que les Romains établirent sur le sol britannique à partir de 43 de notre ère. Boadicée (p. 183) l'avait fait raser quand elle s'était rebellée contre l'envahisseur romain en 62, mais la position stratégique de la ville, le long d'un axe commercial important, lui valut d'être aussitôt reconstruite et même agrandie. Elle devait prospérer jusqu'en 410.

🏛 Verulamium Museum

St Michael's. ☎ *01727 866100*
🕐 *t.l.j.* ⬤ *25 et 26 déc.* 🎟 ♿

Ce musée passionnant retrace toute l'histoire de la ville ; son point fort est la splendide collection romaine qui comprend, outre des urnes funéraires et des cercueils de plomb, de très belles mosaïques de pavement. L'une d'elles représente une tête de dieu marin, une autre une coquille Saint-Jacques dont le relief est suggéré par des nuances subtiles entre les petits cubes de pierre.

Entre le musée et la cathédrale, on trouve encore quelques vestiges romains : thermes décorés de mosaïques, fragments de l'enceinte et porte de la ville.

Une des mosaïques de pavement conservées au musée de Verulamium

♨ Ye Olde Fighting Cocks

Abbey Mill Lane. ☎ *01727 869152.*
🕐 *t.l.j.* ⬤ *25 déc.* ♿

Le Ye Ole Fighting Cocks est peut-être le plus ancien pub d'Angleterre ; de forme

Un des plus vieux pubs d'Angleterre

octogonale, il est en tout cas un des plus originaux puisque c'était le pigeonnier d'une abbaye médiévale ; il fut « recyclé » après la dissolution des ordres monastiques (p. 50).

♙ Roman Theatre

St Michael's. ☎ *01727 835035.*
🕐 *t.l.j.* ⬤ *25 et 26 déc.* 🎟 🖼

En face du musée subsistent les fondations d'un théâtre construit vers 160, mais agrandi à plusieurs reprises. Les Romains n'édifièrent que six théâtres sur le sol britannique.

Alentour, on peut repérer l'emplacement de quelques boutiques en enfilade et d'une maison. Des fouilles proviennent beaucoup des trésors exposés au musée, dont une statuette de Vénus en bronze.

⛪ St Michael's Church

St Michael's. ☎ *01727 835037.*
🕐 *d'avr. à sept. : téléphoner pour horaires*

Cette église fondée pendant la domination saxonne fut en partie construite avec des briques prises sur le site de Verulamium, alors sur le déclin. De nombreux éléments sont venus s'ajouter à l'église primitive, dont une splendide chaire du XVIᵉ siècle.

Du XVIIᵉ siècle date le monument à la mémoire de sir Francis Bacon, homme d'État et écrivain de l'époque

élisabéthaine. Son père
possédait dans la région une
belle demeure du XVIe siècle,
aujourd'hui en ruine.

St Albans Cathedral

Sumpter Yard. 01727 860780.
t.l.j. sur rendez-vous.
Ce joyau de l'architecture
médiévale abrite des peintures
murales (XIIIe-XIVe siècles).

Une première église a été
édifiée sur le site en 793 ;
le roi Offa de Mercie venait
de fonder une abbaye dédiée
à saint Alban, le premier martyr

Le porche ouest de St Albans
Cathedral

chrétien d'Angleterre,
mis à mort par les Romains
au IIIe siècle pour avoir protégé
un prêtre. Les parties les plus
anciennes datent de 1077. Elles
sont de style normand, aux arcs
et fenêtres en plein cintre.
La nef de 84 m est la plus
longue d'Angleterre.

Plus à l'est, la plupart des arcs
brisés datent du XIIIe siècle ;
d'autres ont été substitués
au XIVe siècle à des arcs
normands qui s'étaient
effondrés. À l'est de la
croisée du transept, on
peut voir les vestiges du
tombeau de saint Alban, un
piédestal de marbre composé
de plus de 2 000 fragments.

Une copie de la *Magna Carta*
(p. 48) est accrochée au mur.
C'est en effet ici que les barons
anglais rédigèrent le document
que le roi Jean dut ratifier.

Les Jardins de la Rose en pleine floraison

Les Jardins de la Rose ⑭

Chiswell Green, Hertfordshire.
01727 850461. St Albans, puis bus.
de juin à sept. : de 9 h à 17 h
du lun. au sam. ; de 10 h à 18 h dim.
et jours fériés.
W www.rosesociety.org.uk

La rose est l'emblème national
de l'Angleterre et la fleur
préférée des jardiniers anglais.
Les 5 hectares des jardins de
la Société Royale Nationale de
la Rose, avec leurs
30 000 rosiers de 1 700 variétés
différentes, sont un
enchantement à la fin du mois
de juin. Des variétés anciennes
y sont cultivées : la rose blanche
d'York, la rose rouge
des Lancastre *(p. 49)* et
la Rosa Mundi – ainsi baptisée
par Henri II en souvenir de sa
maîtresse, la belle Rosemonde,

empoisonnée par la reine
Aliénor en 1177. Mais
les religieuses qui l'enterrèrent
inscrivirent sur sa tombe que
la réputation de la dame n'avait
pas la fraîcheur des roses.

Hughenden Manor ⑮

High Wycombe, Buckinghamshire.
01494 755565. High Wycombe,
puis bus. mars : sam., dim. ; d'avr.
à oct. : du mer. au dim. et jours fériés.
ven. saint. limité.

Benjamin Disraeli, homme
politique et romancier qui
fut Premier ministre de 1874
à 1880, vécut jusqu'à sa mort
dans cette villa du XVIIIe siècle,
qu'il fit remanier en 1862 dans
le style néo-gothique. Le décor
permet de se représenter la vie
d'un gentleman aisé du siècle
dernier.

GEORGE BERNARD SHAW

Auteur controversé et personnage espiègle, l'Irlandais
George Bernard Shaw (1856-1950)
était pourtant un homme aux habitudes très
établies. Il vécut près de St Albans, à Ayot St
Lawrence, dans une maison appelée aujourd'hui
Shaw's Corner, pendant les 44 dernières
années de sa vie. Il s'installait tous les
jours pour travailler dans un pavillon
au fond de son jardin. Ses pièces,
qui distillent d'efficaces messages
politiques et sociaux, n'ont pas pris
une ride. Une des plus célèbres est
Pygmalion (1913), qui a inspiré la
comédie musicale *My Fair Lady*.
La maison et le jardin sont
un musée consacré à la vie
et à l'œuvre de Shaw.

Les rives de la Tamise ⑯

La vallée de la Tamise, entre Pangbourne et Eton, est romantique à souhait. Le meilleur moyen pour la connaître est le bateau. Mais si le temps vous manque, empruntez la route qui suit le fleuve sur une grande partie de son cours. C'est l'occasion de découvrir des paysages paisibles, des cygnes glissant sous de vieux ponts, d'élégants hérons impassibles sur le rivage. Sur les berges s'alignent de jolies maisons aux jardins descendant jusqu'à l'eau. Ce cours d'eau tranquille, qui a toujours inspiré les peintres et les écrivains, a longtemps été une voie essentielle.

Hambledon Mill ⑥
Ce moulin de bois, qui est resté en activité jusqu'en 1955, est à la fois l'un des plus grands et des plus anciens moulins installés sur la Tamise. Il subsiste quelques éléments du premier moulin, du XVIe siècle.

Beale Park ①
Le philanthrope Gilbert Beale (1868-1967) a créé sur 10 hectares une réserve pour protéger une large portion de la rivière et permettre ainsi à des espèces d'oiseaux menacées de vivre paisiblement.

Henley ⑤
Dans cette jolie ville ancienne, qui conserve de nombreuses maisons et églises des XVe et XVIe siècles, se déroulent tous les ans d'importantes régates (p. 66).

Pangbourne ②
L'écrivain Kenneth Grahame, auteur de *The Wind in the Willows*, a vécu ici jusqu'à sa mort. Quand Ernest Shepard illustra le livre, Pangbourne l'inspira tout naturellement.

Sonning Bridge ④
Ce pont du XVIIIe siècle est constitué de 11 arches en briques de différentes largeurs.

CARNET DE ROUTE

Itinéraire : 75 km.
Où faire une pause ? *Dans le village de Henley, vous trouverez de nombreux pubs, le long de la rivière, pour déjeuner. Si vous êtes en bateau, vous pouvez mouiller en plusieurs endroits de la rive.* (Voir aussi p. 636-637.)

Whitchurch Mill ③
Ce charmant village, relié à Pangbourne par un pont à péage du siècle dernier, s'enorgueillit de posséder une église pittoresque et l'un des nombreux moulins à eau qui utilisaient autrefois la force de la rivière.

Cookham ⑦

À Cookham se trouve la demeure de Stanley Spencer (1891-1959), l'un des meilleurs artistes anglais du XXe siècle. L'ancienne chapelle méthodiste de son enfance a été transformée en musée où sont exposés ses œuvres et son matériel de peintre. Ce tableau, *Le Recensement des cygnes* (1914-1919), illustre une ancienne coutume des rives de la Tamise.

Cliveden Reach ⑧

Ce coin du fleuve est embelli par les hêtres qui le bordent. Ils appartiennent au domaine de Cliveden House *(p. 150)*.

LÉGENDE

▬▬▬ Circuit

══ Autre route

�☆ Point de vue

```
0          10 km
```

Le collège d'Eton ⑨

Fondé par Henri VI en 1440, Eton est le plus célèbre des collèges privés d'Angleterre. Sa superbe chapelle de 1441 abrite un cycle de peintures murales (1479-1488).

PROMENADES EN BATEAU

En été, des services réguliers relient par la rivière Henley, Windsor, Runnymede et Marlow. Les bateaux peuvent être loués à l'heure, à la journée ou pour faire un séjour sur la Tamise de plusieurs jours, puisqu'il existe aussi des bateaux possédant une cabine *(voir aussi p. 641)*. Pour de plus amples informations, appeler Salter Bros au 01753 865 832.

Des bateaux en location prêts à quitter Henley

Windsor ⑰

Berkshire. 🏠 30 000. 🚉 🛈 *Central Station, Thames St (01753 743900).* ⓦ www.windsor.gov.uk

La ville de Windsor est dominée par son imposant château bâti sur une colline *(p. 224-225)*. En fait, la ville entière a été conçue dans le seul but de pourvoir aux besoins du château. Aujourd'hui, ses boutiques, ses maisons et ses auberges lui donnent un charme désuet. Le bâtiment le plus frappant est le **Guildhall**, maison des corporations, construite en 1689 par Wren *(p. 116)*. Le **musée de la Cavalerie** présente une vaste collection d'armes et d'uniformes. L'immense **parc de Windsor** (809 hectares) s'étend du château jusqu'à Snow Hill, où se dresse une statue de George III.

Aux environs

À 7 km au sud-est se trouve la fameuse prairie de **Runnymede,** un des plus célèbres sites historiques d'Angleterre, puisque c'est là qu'en 1215 le roi Jean fut contraint par ses barons rebelles de signer la *Magna Carta* qui limitait ses pouvoirs *(p. 48)*. Un monument le commémore depuis 1957.

🏛 Household Cavalry Museum

Leonard's Rd. 🎧 *01753 755112.* ⭘ *du lun. au ven.* ⬤ *jours fériés.* **Offrandes.**

Le roi Jean signant la *Magna Carta* à Runnymede

Le château de Windsor

Le roi Henri II

Le château de Windsor est la plus ancienne résidence royale d'Angleterre occupée de manière permanente. Un premier château de bois fut construit par Guillaume le Conquérant en 1070 pour prévenir toute tentative d'invasion de Londres par l'ouest. Le site de Windsor fut retenu parce qu'il y avait là une colline et qu'il se trouvait à peine à une journée de Londres. Les monarques successifs l'ont tous remanié, et le château garde la trace de tous les changements de goût des rois d'Angleterre à travers les siècles. De nos jours, le château est la résidence principale de la reine et de sa famille qui y séjournent fréquemment.

Albert Memorial Chapel
Cette chapelle construite en 1240, remaniée en 1485, abrite depuis 1863 le mémorial du prince Albert.

La Tour du couvre-feu a conservé son intérieur médiéval d'origine.

Porte Henri VIII et sortie principale

★ St George's Chapel
Cette chapelle est le plus beau morceau d'achitecture du château et figure parmi les trésors de l'art gothique en Angleterre. Elle fut construite entre 1475 et 1528. Dix monarques y sont enterrés.

Entrée

La Tour ronde
fut d'abord érigée par Guillaume le Conquérant, puis reconstruite en pierre en 1170 par Henri II *(p. 48)*. Elle abrite les Archives royales et les Archives photographiques.

Statue de Charles II

Albert Memorial Chapel (1485)

La Tour ronde (1080)

Waterloo Chamber (vers 1220)

St George's Hall (1362-1365)

Partie basse

Partie médiane

Partie supérieure

St George's Chapel (1475-1528)

LÉGENDE

☐ XIᵉ-XIIIᵉ siècle
☐ XIVᵉ siècle
☐ XVᵉ-XVIIIᵉ siècle
☐ XIXᵉ-XXᵉ siècles

HISTOIRE DU CHÂTEAU DE WINDSOR
Le château, à l'origine (1070) une simple motte fortifiée (p. 472), fut construit pour l'essentiel à l'initiative d'Henri II et d'Édouard III. George IV le fit remanier en 1823.

Les collections de la reine

Ce dessin à la pierre noire de Michel-Ange fait partie d'une série sur la Résurrection. La richesse des collections royales est telle que les tableaux sont présentés par roulement et que de nombreuses œuvres sont constamment prêtées à d'autres musées.

MODE D'EMPLOI

Castle Hill. ☎ 01753 869898. ◯ de mars à oct. : de 9 h 45 à 17 h 15 t.l.j. ; de nov. à fév. : de 9 h 45 à 16 h 15 (der. ent. : 1 h avant la ferm.). ● 25-26 déc., ven. saint. 🈲 🔊 🕆 chapelle Saint-Georges : 17 h 15 lun. au sam., 8 h 30, 10 h 45, 11 h 45, 17 h 15 dim.

La Salle des audiences est la pièce où la reine accueille les invités de marque.

La Salle de bal de la reine

La maison de poupée de la reine Marie a été dessinée par Sir Edwin Lutyens en 1924. Tous les éléments ont été réalisés à l'échelle de 1/12. Le cellier contient de vrais grands crus.

Waterloo Chamber

Les murs de cette salle de banquet, qui remonte au XIIIe siècle, sont ornés du portrait des principaux acteurs de la victoire anglaise à Waterloo (p. 55).

Brunswick Tower

Ces parterres furent aménagés à l'est du château vers 1820 par Sir Jeffry Wyatville.

★ Les appartements d'apparat
Ce lit d'apparat de la fin du XVIIIe siècle meuble la chambre à coucher aménagée pour la visite de Napoléon III en 1855.

À NE PAS MANQUER

★ St George's Chapel

★ Les appartements d'apparat

L'incendie de 1992
Il se déclara pendant des travaux d'entretien dans les appartements d'apparat. St George's Hall a été détruit, et reconstruit depuis.

L'OUEST DE LA
GRANDE-BRETAGNE

L'Ouest d'un coup d'œil

L'ouest de la Grande-Bretagne forme une longue péninsule, bordée au nord par l'Atlantique et au sud par la Manche, qui se termine à Land's End, le point le plus extrême de l'île. Tourisme culturel dans les grandes villes, promenades romantiques dans la solitude des landes et des monuments préhistoriques, ou simples balades le long des côtes d'une région au climat doux, quel que soit le type de séjour qu'ils ont choisi, tous les vacanciers sont sous le charme !

Exmoor (p. 238-239). *Les landes couvertes de bruyère et les vallées boisées où vivent en liberté des poneys sauvages et des cerfs s'arrêtent brusquement aux spectaculaires falaises du Devon.*

Wells (p. 240-241), *charmante ville nichée au pied des collines de Mendip, est réputée pour sa superbe cathédrale à trois tours dont la riche façade ouest s'orne d'une foule de statues. Non loin, vous pourrez voir le palais épiscop... entouré de douves et l'enceinte de la cathédrale, qui date du XVᵉ siè...*

À St Ives (p. 265), *une annexe de la Tate Gallery présente des artistes contemporains ayant choisi de travailler dans la région. Cette œuvre très colorée de Patrick Heron fait partie des collections permanentes.*

Devon

LE DEVON ET LES CORNOUAILLES
(p. 260-283)

Cornouailles

Dartmoor (p. 282-283) *est un lieu sauvage à la fois vaste (945 km²) et d'une grande beauté. Les paysages sont ponctués de ponts de pierre, de villages pittoresques et de rochers de granit déchiquetés.*

◁ **La côte sauvage qui marque la limite ouest de la Grande-Bretagne**

Bath (p. 246-249), « bain » en anglais, doit son nom aux anciens thermes romains situés au cœur de la vieille ville, tout près d'une splendide abbaye médiévale. Avec ses rangées de maisons du XVIIIe siècle aux façades couleur de miel, conçues par John Wood l'Ancien et John Wood le Jeune, Bath est l'une des plus agréables villes d'Angleterre.

Stonehenge (p. 250-251), aménagé en plusieurs fois à partir de 3000 avant notre ère, est un site préhistorique connu du monde entier. Il s'agirait d'un sanctuaire dédié au culte du soleil. Déplacer et lever les énormes pierres représentait un véritable exploit.

Avon

LE WESSEX (p. 234-259)

Wiltshire

Somerset

Dorset

0   25 km

Salisbury (p. 252-253) est fière de sa cathédrale, dont la flèche élancée a inspiré l'un des plus beaux tableaux de John Constable. L'enceinte compte de remarquables bâtiments médiévaux.

Les jardins de Stourhead (p. 254-255), inspirés des peintures du Lorrain et de Poussin, sont une véritable œuvre d'art. Les perspectives artificielles, les jeux d'ombre et de lumière, les petits monuments comme le Panthéon néo-classique qui se détache sur un fond de verdure très étudié constituent un ensemble d'une grande beauté.

La faune de la côte

Un long littoral découpé, depuis les falaises de granit de Land's End jusqu'aux étendues de galets de Chesil Bank, abrite une faune variée. Les plages sont parsemées de coquillages, les calanques grouillent de minuscules animaux marins. Les grottes, elles, sont le refuge d'animaux plus gros, comme les phoques gris ; les falaises offrent aux oiseaux des endroits où nicher en toute tranquillité. Au printemps et au début de l'été, des plantes d'une étonnante variété, qui attirent de nombreux papillons, croissent sur le bord de mer et la falaise ; le Southwest Coastal Path *(p. 32)* permet de les admirer de plus près.

Les corniches de Land's End,
où viennent nicher les oiseaux

Chesil Bank est une plage de galets (p. 256) de 29 km, tout le long de la côte du Dorset. Cette levée a été créée par les tempêtes, et la taille des galets augmente du nord-ouest au sud-est à cause des forces très différentes des courants côtiers. La levée de galets est interrompue par un lagon naturel, la Fleet, qui abrite les cygnes d'Abbotsbury et beaucoup d'oiseaux sauvages.

Ce beau papillon coloré qui butine les fleurs des falaises migre au printemps vers les terres.

Les marées rejettent branchages et coquilles.

Les sommets verdoyants des collines sont parsemés de fleurs sauvages.

Des touffes de fleurs mauves viennent égayer au printemps les falaises et les corniches.

Le bruant jaune se perche sur les buissons au sommet des falaises.

Les racines d'oyat retiennent le sable sur les dunes.

Les phoques gris apprécient les grèves tranquilles où ils donnent naissance à leurs petits.

LE GUIDE DU BATTEUR DE GRÈVE

Le moment propice pour observer la vie du rivage est le début du reflux, avant que les mouettes aient pêché les crabes, les poissons et autres puces de mer échoués sur la grève, et que les algues aient eu le temps de sécher. Plantes et animaux se réfugient dans de petits trous d'eau des rochers.

COLLECTIONNER LES COQUILLAGES

Beaucoup de mollusques comestibles sont des bivalves (Saint-Jacques, coques) ; d'autres des gastéropodes.

Coquille Saint-Jacques   **Coque commune**

Bulot commun   **Patelle**

Durdle Door. *Sur les tendres couches crayeuses de cette falaise du Dorset (p. 258), l'érosion a fini par créer cette belle arche qui n'est pas sans rappeler les falaises d'Étretat.*

Certaines algues, *comme le goémon, ressemblent une fois dans l'eau à du corail ou du lichen.*

Les rochers ont été colonisés par les bernacles, les moules et les patelles.

Les huîtriers *au bec orangé chassent sur le rivage, se nourrissant de toutes sortes de coquillages et crustacés.*

Les étoiles de mer *sont de redoutables prédateurs pour les crustacés. Les extrémités photosensibles de leurs bras leur permettent de se guider.*

Les moules, *très répandues, sont faciles à récolter et délicieuses.*

Les petites cuvettes entre les rochers accueillent crabes, moules, crevettes et végétaux.

La carapace du crabe *velouté, qui se dissimule dans les algues, est recouverte d'un fin duvet.*

Les mulets *à peine éclos se laissent observer dans les trous entre les rochers.*

Les jardins de l'Ouest

L'Ouest a toujours attiré les jardiniers ; son climat doux est idéal même pour les délicates plantes exotiques, dont beaucoup ont été importées d'Asie au XIXᵉ siècle. Les jardins de la région comptent parmi les plus beaux et les plus variés d'Angleterre ; ils illustrent toutes les tendances de l'art des jardins *(p. 22-23)*, de l'ordre rigoureux de Montacute House à l'exubérance d'East Lambrook Manor.

Lanbydrock (p. 272). *Des haies rigoureusement taillées, un feu d'artifice de fleurs.*

Trewithen (p.269) *est réputé pour ses camélias, ses rhododendrons et ses magnolias issus de graines récoltées en Asie. Ce jardin immense est spectaculaire en mars et en juin.*

Cotehele (p. 281), un joli jardin vallonné.

LE DEVON ET L CORNOUAILLE (p. 260-283)

Trellisick *(p. 269)* offre des points de vue extraordinaires sur une belle région boisée.

Glendurgan *(p. 269)*, niché dans une vallée encaissée, est un véritable paradis pour les amoureux des plantes.

Le mont Edgcumbe *(p. 280)* comporte des jardins à l'anglaise, à la française ou à l'italienne du XVIIIᵉ siècle.

Trengwainton (p. 264) *est un délicieux jardin animé d'un cours d'eau, sous une voûte luxuriante de fougères arborescentes de Nouvelle-Zélande.*

Overbecks *(près de Salcombe) est un site spectaculaire qui domine l'estuaire de Salcombe et abrite des jardins secrets, des terrasses et des vallons de rocailles.*

LE JARDINAGE CRÉATIF

Les jardins ne sont pas de simples alignements de plantes ; une grande part de leur charme vient de la façon dont ils sont aménagés. Une végétation taillée, des bâtiments rococo, une statuaire fantasque et des labyrinthes contribuent à transporter le promeneur dans un autre monde. De cet art, les jardins de la région offrent un superbe florilège.

Les labyrinthes *furent créés dans les monastères du Moyen Âge comme école de patience et de ténacité. Le labyrinthe de Glendurgan a été planté en 1833.*

Les **fontaines** *et les statues qui ornent les jardins depuis l'époque des Romains ajoutent grâce, poésie et élégance à la rigueur formelle de jardins comme celui du mont Edgcumbe.*

À Knightshayes Court (p. 277), les fleurs sont groupées en fonction de leur parfum ou de leur couleur.

LE WESSEX
(p. 234-259)

À East Lambrook Manor (près de South Petherton), les plantes poussent en toute liberté dans un foisonnement de couleurs.

Stourhead (p. 254-255) est un très bel exemple de l'art du paysage au XVIIIᵉ siècle.

Athelhampton (p. 257). Ses jardins font grand usage de fontaines, statues, pavillons et arbres taillés.

Montacute House (p. 256). Ses jardins ornés de pavillons sont célèbres par leur haie d'ifs centenaires et la collection de roses anciennes.

0   25 km

À Parnham (près de Beaminster), comme dans la plupart des jardins de la région, les parterres sont aménagés suivant un thème donné. Ici, l'allée d'ifs reprend le tracé de la balustrade. Ailleurs, un bois, un potager ou des jardins à l'italienne ombragés adoucissent le paysage.

Dans les jardins, l'architecture est souvent pleine de fantaisie, car, à l'inverse des maisons elles-mêmes, les petits pavillons qui les parsèment ne sont pas tenus d'être fonctionnels. Cette construction élisabéthaine particulièrement décorative, dans les jardins de Montacute House, a pourtant servi quelquefois d'habitation.

L'art de la taille remonte à l'époque des Grecs. Depuis, l'art de sculpter les arbustes pour leur donner des formes étonnantes n'a cessé de se perfectionner. Les ifs de Knightshayes Court, taillés dans les années vingt, représentent un renard pourchassé par une meute ; cet ensemble prend tout son relief en hiver, quand le buis encore vert se détache sur le reste du jardin.

LE WESSEX

DORSET · SOMERSET · WILTSHIRE

Cette belle région essentiellement rurale est parsemée de collines vallonnées et de charmants villages. Elle est riche aussi en sites et en monuments de toutes les époques, de l'alignement préhistorique de Stonehenge à la superbe ville georgienne de Bath, en passant par les vestiges de thermes romains.

L'expression médiévale *« as different as chalk and cheese »* (« comme le jour et la nuit ») prend tout son sens quand on découvre ces vastes étendues balayées par le vent, qui tout à coup deviennent des vallées luxuriantes. Des vaches y paissent ; leur lait servira à fabriquer le cheddar, une des fiertés de la région. Les moutons, eux, dont la laine partait autrefois pour l'Europe ou était transformée en vêtements dans les filatures de Bradford-on-Avon, broutent l'herbe qui recouvre les collines de craie. L'opulence de cette contrée y avait déjà retenu les hommes des premiers âges ; ils ont laissé les mystérieux alignements de Stonehenge ou Maiden Castle qui frappent aujourd'hui l'imagination du promeneur.

Cette région est aussi la terre natale des rois Arthur *(p. 273)* et Alfred le Grand, dont la vie est tout auréolée de légende. C'est le roi Arthur qui au VIe siècle conduisit la résistance britannique face à l'invasion saxonne. Les Saxons l'emportèrent, et c'est l'un d'eux, le roi Alfred, qui a forgé l'unité politique de l'Ouest, sous le nom de royaume du Wessex *(p. 47)*.

Wilton House et Lacock Abbey, autrefois des monastères, sont devenus au XVIe siècle, après la dissolution des ordres monastiques, de superbes demeures *(p. 50-51)*. Aujourd'hui, l'importance de leurs dépendances donne la mesure de leur magnificence passée. S'ajoutant aux splendeurs nées de la main de l'homme, la faune et la flore contribuent à faire du Wessex une région inoubliable.

Une halte dans les jardins élisabéthains de Montacute House, Somerset

◁ Des cottages du XVIIIe siècle tout le long de Gold Hill, Shaftesbury

À la découverte du Wessex

D es plaines onduleuses qui cernent Stonehenge aux falaises des gorges du Cheddar, en passant par les plateaux d'Exmoor couverts de bruyère, le Wessex est un véritable résumé de tous les paysages de l'Angleterre. Reflet de la richesse et de la diversité du sous-sol qui fournit les matériaux de construction, chaque partie du Wessex présente un style d'architecture propre, des demeures néo-classiques de Bath aux maisons de brique et de bois de Salisbury et aux cottages de chaume et de chaux typiques du Dorset.

Wales

Severn Estuary

BRISTOL ⑥

WESTON-SUPER-MARE ●

BRISTOL CHANNEL

South West Coast Path

● **MINEHEAD**

EXMOOR ①

A39

A39

⑤ **CHEDDAR GORGE**

③ **WELLS**

Brue

GLASTONBURY ④

A39

A358

② **TAUNTON**

Tone

A396

M5

Exeter ←

A372

Parrett

Yeo

A303

SHERBORNE ⑰

A30

Axe

Sidmouth

A35

● **LYME REGIS**

B3157

DORCHESTER

⑱

ABBOTSBURY

WEYMOUTH

0   20 km

LÉGENDE

⬜ Autoroute

⬜ Route principale

⬜ Route pittoresque

— — Chemin pittoresque

〰 Cours d'eau

☆ Point de vue

Vue générale de Bath

Le parc national d'Exmoor

VOIR AUSSI

• **Hébergement** p. 550-552

• **Restaurants et pubs** p. 587-589

LA RÉGION D'UN COUP D'ŒIL

Les énormes pierres de Stonehenge, mises en place il y a environ 5 000 ans

CIRCULER

Bath et Bristol sont desservies par un réseau ferroviaire très efficace, les autres grandes villes et les stations balnéaires par un réseau ferroviaire régional et par des autocars. Les sites touristiques comme Stonehenge figurent dans la plupart des programmes d'excursions en car. Le cœur du Wessex, plus rural, est moins bien servi ; vous aurez besoin d'une voiture, sauf si vous avez le temps de parcourir la région à pied.

Le Parc national d'Exmoor ●

Les majestueuses falaises qui plongent dans l'Atlantique tout le long des côtes de l'Exmoor ne s'interrompent que pour laisser la place à des vallées boisées où coulent des rivières poissonneuses.

À l'intérieur des terres, les collines sauvages servent de pâturage à des poneys robustes, **Curlew** à des moutons et à des cerfs. Il n'est pas rare aussi de voir des courlis, ou des busards tournoyant au-dessus des fougères à la recherche d'une proie.

Pour les marcheurs, plus de 1 000 km de sentiers pédestres traversent des paysages changeants. Aux alentours du parc national, on pourra au choix visiter des villages et des églises ou s'adonner aux plaisirs du bord de mer.

Panorama depuis le Southwest Coastal Path

À Combe Martin *(p. 274)* se trouve l'auberge du « Paquet de cartes » (Pack of Cards Inn).

L'église de Parracombe a conservé à l'intérieur son beau décor sculpté de style georgien.

Embouchure de l'Heddon
C'est dans ce paysage escarpé que l'Heddon se jette dans la mer, après avoir traversé bois et prairies.

La vallée des Rocs
L'érosion a sculpté dans la pierre de cette gorge naturelle des formes fantastiques.

Légende

▯	Information touristique
▭	Route A
▭	Route B
▭	Route secondaire
- -	Chemin côtier
	Point de vue

Lynmouth
Au sommet d'une colline, Lynton domine le village de pêcheurs de Lynmouth. Les deux villages sont reliés par une voie ferrée.

Watersmeet
L'East Lyn et l'Hoar Oak Water se rejoignent, en une tumultueuse cascade, au milieu d'une vallée boisée. On peut s'y reposer et prendre le thé dans un charmant petit jardin.

L'église de Culbone, qui n'a que 10,6 m de long, passe pour être la plus petite église paroissiale d'Angleterre.

MODE D'EMPLOI

Somerset/Devon. ⚏ 🚌 *Tiverton, puis bus.* 🛈 *Fore St, Dulverton (01398 323841).* **Muséum d'histoire naturelle**, Malmsmead. 📞 *01643 707624.* ⏱ *de mi-mai à sept. : de 13 h 30 à 17 h mer., jeu. ; août : du mar. au jeu.* ♿
Château de Dunster (NT), Dunster. 📞 *01643 821314.* ⏱ *d'avr. à oct. : du sam. au mer.* 🚻 ♿

Malmsmead possède un muséum d'histoire naturelle consacré à la faune locale.

L'église du village d'Oare est un bel édifice dont l'architecture et le décor sont typiques du dernier style gothique anglais.

Porlock
Ce village fleuri a conservé tout le charme de son église du XIIIᵉ siècle et de ses rues qui serpentent entre des chaumières.

Selworthy est une belle propriété qui date de 1810.

Minehead est une importante station balnéaire. Aujourd'hui encore, un train à vapeur relie régulièrement la ville à Bishop's Lydeard.

Dunster possède un vieux château, ainsi qu'un marché octogonal (1609) où l'on vendait autrefois la production textile locale.

Simonsbath est une très bonne base de départ pour les randonneurs. Les poneys d'Exmoor descendraient, dit-on, des chevaux qui vivaient dans la région aux temps préhistoriques

Tarr Steps est un ancien pont de pierre.

Dunkery Beacon
Culminant à 520 m, c'est le point le plus haut d'Exmoor.

(carte)
Malmsmead · Culbone · Oare · Porlock · A39 · Selworthy · Minehead · Dunster · A396 · A39 · DUNKERY BEACON 520 m 1,704 ft · BRENDON HILLS · Exford · B3224 · B3223 · Exe · Barle · A396 · B3223 · B3224 · Badgworthy Water · ...sbath · Dane's Brook · WIMBLEBALL LAKE · Barle · Dulverton · B3222 · TIVERTON · TAUNTON · TIVERTON · B3190

0   5 km

Taunton ❷

Somerset. 🏠 77 000. 🚉 🚌
ℹ️ Paul St (01823 336 344).
📅 mar. et sam. (bestiaux).
🌐 www.heartofsomerset.com

Taunton est au cœur d'une région fertile, réputée pour ses pommes et son cidre. La prospère industrie de la laine finança la construction de l'imposante église **Sainte-Marie-Madeleine** et de sa tour (1488-1514). Au **château** se déroulèrent les fameuses « Assises sanglantes » de 1685, au cours desquelles le juge Jeffreys, surnommé le « Pendeur » (« Hanging »), condamna le duc de Monmouth et ses partisans qui s'étaient soulevés contre le roi Jacques II (p. 52-53).

Ce château du XIIᵉ siècle abrite le **Somerset County Museum**, dont la pièce maîtresse est une mosaïque romaine représentant Didon et Énée.

Aux environs

Aménagés entre 1903 et 1908, les **jardins de Hestercombe** sont l'un des chefs-d'œuvre de sir Edwin Lutyens (p. 25) et Gertrude Jekyll (p. 23).

🏛 **Somerset County Museum**
Castle Green. 📞 01823 355504.
⭕ du mar. au sam. et jours fériés.
⬤ 25 et 26 déc., 1ᵉʳ janv, ven. saint.
♿ r-d.-c. seulement.
🌿 **Hestercombe Garden**
Cheddon Fitzpaine. 📞 01823
413923. ⭕ t.l.j. 🎫 📷 🛒

LE CIDRE DU SOMERSET

Le Somerset est l'un des rares comtés anglais où le cidre est toujours produit selon les méthodes traditionnelles. Autrefois, une partie du salaire des laboureurs leur était versée en nature, sous forme de cidre. Selon la légende, on **Cidre** y ajoute toutes **fermier** sortes de choses, comme des clous, pour lui donner sa force. On peut voir la fabrication du cidre à la ferme **Sheppy** sur l'A38 près de Taunton.

Wells ❸

Somerset. 🏠 10 000. 🚌 ℹ️ Place du marché (01749 672552). 📅 mer., sam.

C'est la source Saint-André (St Andrew's Well), jaillie à proximité du **palais épiscopal** (XIIIᵉ siècle), résidence de l'évêque de Bath et Wells, qui donna son nom à cette ville paisible. La cathédrale fut commencée dans les années 1100. Le « Penniless Porch », ou porche des sans-le-sou, où les mendiants demandaient l'aumône, sert de transition entre l'effervescence de la place du marché et le calme de l'enceinte de la cathédrale.

L'horloge de la cathédrale (1386-1392)

Le **musée** abrite des objets préhistoriques découverts à Wookey Hole.

Aux environs

Au nord-est de Wells, les grottes de **Wookey Hole** s'accompagnent d'attractions.

🏛 **Wells Museum**
8 Cathedral Green. 📞 01749
673477. ⭕ de Pâques à oct. : t.l.j. ;
de nov. à Pâques : du mer. au lun.
⬤ 24 et 25 déc. 🎫
🕳 **Wookey Hole**
Près de l'A371. 📞 01749 672243. ⭕
t.l.j. ⬤ du 17 au 25 déc. 🎫 📷 🎬 🍴

La façade ouest est ornée de 365 élégantes statues médiévales représentant des rois, des chevaliers et des saints, la plupart grandeur nature.

Le Vicars' Close, une des plus vieilles rues d'Europe dont les maisons furent construites au XIVᵉ siècle pour loger les choristes de la cathédrale.

Chain Gate (1460)

Le cloître

Chemin autour des douves

Cette superbe volée de marches mène à la salle capitulaire octogonale, ornée de délicates voûtes en éventail datant de 1306 ; leurs 32 arêtes, jaillissant de la colonne centrale, forment comme un palmier.

L'abbaye de Glastonbury, tombée en ruine au XVIᵉ siècle

Les tombes des évêques *entourent le jubé. Cette belle tombe de marbre, dans l'aile sud, est celle de Lord Arthur Hervey, qui fut évêque de Bath et Wells (1869-1894).*

Les douves *sont le refuge des cygnes qui ont appris à sonner la cloche quand ils veulent être nourris. Leurs repas sont servis à 11 h et 16 h.*

Le palais épiscopal (1230-1240)

LA CATHÉDRALE DE WELLS ET LE PALAIS ÉPISCOPAL

Le cloître. ☎ 01749 674483. ○ t.l.j. ☒ limité. **Le palais épiscopal** ☎ 01749 678691. ○ d'avr. à oct. : du mar. au ven., dim. et jours fériés (août : t.l.j.). ☒ ☒ Wells a su conserver sa physionomie médiévale grâce au groupe harmonieux que forment la cathédrale, le palais entouré de douves et les bâtiments monastiques. De la cathédrale, on retiendra surtout la belle façade ouest et l'imposante arche édifiée en 1338 pour consolider la tour qui menaçait ruine.

Ruines de la Grande Salle (XIIIᵉ siècle)

Glastonbury ❹

Somerset. 🏘 9 000. 🚉 🚌 *Tribunal, High St (01458 832954).* 🛒 mar. 🌐 www.glastonburytic@ukonline.co.uk

G lastonbury la magique, auréolée du mythe du roi Arthur, était autrefois l'une des villes de pèlerinage les plus importantes d'Angleterre. Aujourd'hui, des milliers de personnes viennent chaque année, au solstice d'été (21 juin), y assister à un festival de rock *(p. 63)*.

Au cours des siècles, l'histoire et la légende se sont mêlées inextricablement. Les moines fondateurs de l'**abbaye** (vers 700) ont encouragé l'assimilation de Glastonbury avec la mythique « île bénie », connue sous le nom d'Avalon, où gisent le roi Arthur et le Saint-Graal *(p. 273)*.

La majestueuse abbaye normande tomba en ruine après la dissolution des ordres monastiques *(p. 50)*, mais ses vestiges, comme les surprenantes cuisines au toit octogonal et la grange qui abrite aujourd'hui le **Somerset Rural Life Museum** (musée de la vie rurale du Somerset), valent le détour.

On dit de l'aubépine qui fleurit dans le domaine, à Noël comme au mois de mai, qu'elle a jailli miraculeusement du bâton de Joseph d'Arimathie, quand celui-ci fut envoyé en Angleterre en 60 apr. J.-C. pour convertir le pays au christianisme.

Le **Lake Village Museum** (musée du Village du lac) présente quelques découvertes intéressantes datant de l'âge du fer, quand des campements étaient installés en bordure des marais qui entourent la **Glastonbury Tor**. Visible à des kilomètres à la ronde, la Tor est une colline où subsistent les ruines d'une église du XIVᵉ siècle.

🏛 **Somerset Rural Life Museum**

Chilkwell St. ☎ 01458 831197. ○ de Pâques à oct. : du mar. au dim. ; de nov. à Pâques : du mar. au sam. et jours fériés. ● du 24 au 26 déc., 1ᵉʳ janv, ven. saint. ☒ ☒ limité. ☒ fermé en hiver.

🏛 **Lake Village Museum**

Tribunal, High St. ☎ 01458 832954. ○ t.l.j. ● 25 et 26 déc. ☒

Les gorges du Cheddar 🟢

Ce gouffre spectaculaire a été creusé au cours des dernières périodes glaciaires par des courants tumultueux et rapides qui entaillèrent le plateau du Mendip. Cheddar a aussi donné son nom à un fromage savoureux fabriqué dans la région et aujourd'hui mondialement connu. Il était autrefois entreposé et affiné dans les cavernes naturelles des gorges, dont la température constante et le taux d'humidité élevé créaient l'atmosphère idéale à la lente maturation des fromages.

MODE D'EMPLOI

B3135, Somerset. ⬛ *Cheddar Gorge (01934 744071).* 🚌 *depuis Wells.* 🅿 🚻 ⬛ ⬜ www.somersetbythesea.co.uk **Caves du cheddar, Échelle de Jacob et musée** ⬛ *01934 742343.* ⬜ *t.l.j.* ⬤ *24 et 25 déc.* 🅿 ⬛ *limité.* ⬜ **Cheddar Gorge Cheese Co.,** *Cheddar Gorge.* ⬛ *01934 742810.* ⬜ *t.l.j.* 🅿 ⬛ ♿ ⬜

La Cheddar Gorge Cheese Company se trouve dans le Cheddar Gorge Rural Village où l'on peut visiter une fromagerie des années 1920 et assister à la fabrication traditionnelle du cheddar.

La route B3135 serpente au fond de la gorge sur 5 km.

Le squelette de « l'homme du Cheddar », vieux de 9 000 ans, est exposé au musée.

Un sentier pédestre longe le sommet du versant sud de la gorge.

La grotte de Gough est de dimensions spectaculaires.

Information touristique

Des falaises impressionnantes, presque à pic, se dressent sur une hauteur de 120 m ; elles encadrent une gorge étroite et sinueuse.

La grotte de Cox est ornée de stalactites et de stalagmites aux formes inhabituelles.

L'Échelle de Jacob, avec ses 274 marches, conduit au sommet de la falaise.

La Prospect Tower offre un magnifique point de vue sur les alentours.

L'œillet du Cheddar *a trouvé refuge le long des parois hostiles des gorges.*

Bristol ❻

P. 244-245.

Bath ❼

P. 246-249.

Bradford-on-Avon ❽

Wiltshire. 🏘 9 500. �æ 🚹 St
Margaret St (01225 865797). 🚢 jeu.
Ⓦ www.bradfordonavon.com

Cette jolie ville aux ruelles
escarpées abrite plusieurs
demeures fastueuses construites
aux XVIIe et XVIIIe siècles pour
de riches marchands de textiles.
Abbey House, dans Church
Street, en est un bel exemple.
Un peu plus loin, **St Laurence
Church**, construite par
les Saxons en 705 *(p. 47)*, est
remarquablement conservée.
Elle a été transformée
au XIIe siècle en école, puis

**Construction typique en pierre
des Cotswolds, Bradford-on-Avon**

en cottage, et n'a été identifiée
qu'au XIXe siècle par un pasteur
qui a reconnu le toit
caractéristique, en forme
de croix, des églises saxonnes.
À une extrémité du pont
médiéval, **Town Bridge**,
se trouve un petit édicule
de pierre. C'était au XIIIe siècle
une chapelle ; au XVIIIe,
on y enfermait les ivrognes
et les vagabonds.
À un jet de pierre, près
des anciennes filatures et
de la partie navigable du canal
de l'Avon et du Kennet, se
trouve **Tithe Barn** *(p. 28-29)*,
une imposante grange dîmière.

🏚 **Tithe Barn**
Pound Lane. ⬭ t.l.j. ⬤ 25, 26 déc. 🦽

Corsham ❾

Wiltshire. 🏘 12 000. 🚹 High St
(02149 714660). 🚢 mar.

Les rues de Corsham sont
bordées de majestueuses
demeures georgiennes,
typiques de l'architecture
en pierre des Cotswolds.
St Bartholomew's Church
à l'élégante flèche abrite la
tombe sculptée de la dernière
Lady Methuen,
dont la famille
fonda une
importante
maison
d'édition
anglaise.
Cette même
famille
acquit en 1745
le manoir de
**Corsham
Court**, dont
la collection
de peintures
des écoles flamande, italienne
et anglaise présente
des œuvres de Van Dyck, Lippi
ou Reynolds. Des paons
se promènent librement
dans le domaine.

**Paon se pavanant
à Corsham Court**

🏚 **Corsham Court**
Près de l' A4. 🎦 01249 701610.
⬭ de mi-mars à sept. : du mar. au dim.
(après-midi), d'oct. à mi-mars : sam.,
dim. (après-midi). ⬤ déc. 🦽 & limité.

Lacock ❿

Wiltshire. 🏘 1 000.

Maintenu dans son état
originel par le National
Trust et n'ayant subi que très
peu de rajouts modernes,
Lacock est un village
très pittoresque.
D'étranges figures de pierre
vous observent depuis **St
Cyriac Church**, du XVe siècle,
dont la cour est bordée au
nord par les méandres
de l'Avon. L'intérieur
abrite le splendide
tombeau Renaissance
de Sir William
Sharington (1495-1553),
qui acheta l'**abbaye
de Lacock** après la
dissolution des ordres
monastiques *(p. 50)*.
Mais c'est un autre de ses
propriétaires, John Ivory
Talbot, qui fit remanier le

bâtiment dans le style gothique
très à la mode au XVIIIe siècle.
Un de ses descendants, Henry
Fox Talbot, pionnier de la
photographie, rendit l'abbaye
célèbre en prenant son
premier cliché (1835) d'une
des fenêtres de la galerie sud.
Une ancienne grange a été
transformée en un **musée**
qui présente les différentes
expériences de Fox Talbot.

Aux environs
Dessinée par
Robert Adam
(p. 24-25)
en 1769,
**Bowood
House** abrite
le laboratoire
dans lequel
Joseph
Priestley parvint
à identifier
l'oxygène en 1774,
ainsi qu'une belle
collection de sculptures,
de peintures et de costumes.
Des jardins à l'italienne
entourent la demeure ;
le domaine, ponctué de lacs
et dessiné par Capability Brown
(p. 22-23), comprend un
temple dorique, une grotte,
une cascade et un grand parc
d'attractions.

🏠 **Lacock Abbey**
(NT) High St. 🎦 01249 730227.
⬭ de mars à oct. : du mer. au lun.
(après-midi). ⬤ ven. saint. 🦽 &
limité à l'intérieur.

🏛 **Fox Talbot Museum**
(NT) High St. 🎦 01249 730459. ⬭ de
mars à oct. : t.l.j. ⬤ ven. saint. 🦽 &

🏚 **Bowood House**
Derry Hill, près de Calne. 🎦 01249
812102. ⬭ d'avr. à oct. : t.l.j. 🦽 &

**William Henry
Fox Talbot
(1800-1877)**

Bristol ❻

C'est en 1497 que l'explorateur John Cabot quitta Bristol pour l'Amérique du Nord. La ville, située à l'embouchure de l'Avon, devint ainsi le principal port anglais de commerce transatlantique. Avec la construction du *Great Britain* s'ouvrait l'ère des grands paquebots à vapeur. Bristol devint une ville commerçante prospère grâce au commerce du vin, du tabac et, au XVIIᵉ siècle, des esclaves. Ses docks et ses usines de moteurs d'avion lui valurent d'être sévèrement bombardée pendant la Deuxième Guerre mondiale, et la ville doit son aspect actuel aux urbanistes de l'après-guerre.

Le roi Brennus, St John's Gate

Les docks furent déplacés sur Avonmouth ; à leur place, un nouveau quartier a vu le jour, avec des cafés en bord de mer, des boutiques et des galeries d'art.

À la découverte de Bristol

La partie la plus intéressante de la cité, le Vieux Quartier, se trouve entre Broad Street, King Street et Corn Street. Le marché couvert animé s'abrite sous une halle au blé **(Corn Exchange)** construite par John Wood l'Ancien *(p. 246)* en 1743. À l'extérieur, les célèbres Clous de Bristol (Bristol Nails), quatre socles de bronze (XVIᵉ-XVIIᵉ s.), sur lesquels les marchands installaient la table où ils réglaient leurs transactions – d'où l'expression « *to pay on the nail* », c'est-à-dire « payer sur le clou », l'équivalent de notre « payer rubis sur l'ongle ». Au début de Broad Street, **St John's Gate** est une porte ornée des statues de Brennus et Benilus, les rois fondateurs de Bristol. Entre Lewins Mead et Colston Street, une jolie ruelle bordée de boutiques, **Christmas Steps**. Tout en haut, la **chapelle des Trois Rois**, fondée en 1504, est flanquée d'un hospice de style néogothique.

King Street offre de beaux exemples de maisons

La proue du *Great Britain*

Les Deux Sœurs (1889) de Renoir, au musée municipal de Bristol

anciennes, dont **Llandoger Trow**, une auberge du XVIIᵉ siècle. C'est ici que Daniel Defoe aurait rencontré Alexander Selkirk, dont la vie d'exil sur une île lui inspira son *Robinson Crusoe* (1719). Le **Théâtre Royal**, juste au-dessus, est une ancienne maison de jeu de 1766. Tout près se trouve la fameuse **Galerie Arnolfini**, véritable vitrine de l'art contemporain, du théâtre, de la danse et du cinéma. En face, la statue de John Cabot (1425-vers 1500) regarde avec nostalgie le vieux port, aujourd'hui bordé de cafés et de bars.

À l'ouest de la ville, l'impressionnante structure du **pont suspendu de Clifton** renforce la théâtralité des gorges escarpées de l'Avon. Construit en 1864, le pont témoigne de l'habileté de l'ingénieur Brunel. Le **parc zoologique** voisin se consacre à la sauvegarde des espèces menacées.

Monument funéraire de William Canynge le Jeune (1400-1474)

🔒 St Mary Redcliffe

Redcliffe Way. 📞 *0117 9291487.*
🕐 *t.l.j.* ♿ 📷 *sur rendez-vous.* 📷

Il n'y a dans Bristol que peu d'endroits aussi chargés d'histoire que cette magnifique église du XIVᵉ siècle, considérée par la reine Élisabeth Iʳᵉ comme la plus belle d'Angleterre. L'église doit beaucoup à la générosité de deux maires de Bristol, William Canynge père et fils. Les inscriptions sur les tombes des marchands et des marins parlent de vies consacrées au commerce avec l'Asie et l'Amérique. Les nervures de la voûte sont ornées d'une multitude de blasons dorés.

🏛 *Great Britain*

Gas Ferry Rd. 📞 *0117 9260680.*
🕐 *t.l.j.* ⬤ *24 et 25 déc.* 📷
♿ *limité.* 📷 *sur rendez-vous.* 📷 📷
🌐 *www.ss-great-britain.com*

Le *Great Britain*, dessiné par Isambard Kingdom Brunel, est le premier grand paquebot de fer du monde destiné à transporter des passagers. C'est aussi le prototype des bateaux d'aujourd'hui. Mis à l'eau en 1843, il fit 32 fois le tour du monde, avant d'être abandonné dans les Malouines en 1886. L'épave fut récupérée et ramenée à Bristol en 1970. Restauré, ce paquebot, qui porte témoignage de la véritable révolution apportée par Brunel dans la construction navale, se trouve actuellement dans le dock où il fut construit, à côté du Maritime Heritage Centre.

🏛 Georgian House

7 Great George St. 📞 *0117 9211362.*
🕐 *d'avr. à oct. : du sam. au mer.*

La vie dans les maisons des marchands aisés de Bristol à la fin du XVIIIᵉ siècle est illustrée côté salon par un beau mobilier de style Adam et côté cuisine par la diversité étonnante des pots, poêles et plats utilisés.

Entrepôts donnant sur le port

🏛 Bristol Industrial Museum

Prince's Wharf. 📞 *0117 9251470.*
⭕ *d'avr. à oct. : sam.-mer. ; de nov. à mars : sam., dim.* ⭘ *25, 26 déc.* 📱 ♿
Les collections de véhicules et de maquettes du musée industriel donnent un aperçu de l'étonnante variété des productions de Bristol depuis trois cents ans : voitures luxueuses ou bus de tous les jours, la première caravane de tourisme du monde et le Concorde dont la maquette du cockpit est présentée.

🏛 City Museum and Art Gallery

Queen's Rd. 📞 *0117 9223571.* ⭕ *t.l.j.* ⭘ *24-25 déc.* 📱 🎧 ♿ *limité.* 🖼
On y trouve à la fois des antiquités égyptiennes, des fossiles, la plus grande collection de verre de Chine en dehors de ce pays, et des peintures européennes parmi lesquelles des œuvres de Renoir et Bellini. Les artistes de Bristol sont représentés par sir Thomas Lawrence et Francis Danby.

⛪ Bristol Cathedral

College Green. 📞 *0117 9264879.*
⭕ *t.l.j.* ♿ *limité.* **Offrandes.**
La construction de la cathédrale débuta en 1140 et dura longtemps. Elle s'accéléra entre 1298 et 1330, au moment où le chœur fut reconstruit. Le transept et la tour furent terminés en 1515 ; 350 ans plus tard, l'architecte victorien G. E. Street construisit la nef. Des sculptures pleines d'humour et d'invention y abondent : escargot rampant sur un feuillage de pierre, singes musiciens dans l'ancienne chapelle de la Vierge, et dans le chœur un bel ensemble de miséricordes.

LE CENTRE DE BRISTOL

Cathédrale ③
Industrial Museum ⑤
City Museum and
  Art Gallery ①
Georgian House ②
St Mary Redcliffe ⑥
Great Britain ④

LÉGENDE

🅿 Parc de stationnement
ℹ Information touristique
⛪ Église

0   250 m

Bath pas à pas ❼

Bath doit sa prospérité à une petite source d'eau gazeuse autour de laquelle les Romains eurent tôt fait de construire des thermes. Bath devint ainsi la première station thermale d'Angleterre. Après une éclipse, elle fut à nouveau, au XVIIIᵉ siècle, une ville d'eau réputée. C'est à cette époque que deux brillants architectes nommés tous deux John Wood (l'Ancien et le Jeune) ont conçu la plupart des bâtiments de la ville dans un style inspiré de Palladio.

Le Circus
Son architecture, d à John Wood l'Anci (1705-1754), romp avec le style de la pl georgienne classiqu

Royal Crescent

Au 17 vivait Thomas Gainsborough *(p. 151)*, grand peintre du XVIIIᵉ siècle.

Salles de réunion et musée du Costume

★ Le Royal Crescent
Salué comme la rue la plus majestueuse de Grande-Bretagne, cet arc de trente maisons (1767-1774) est le chef-d'œuvre de John Wood le Jeune. Le Royal Victoria Park, aménagé en 1830, est le plus grand espace vert de la ville.

Jane Austen
(p. 150)
demeurait au 13 Queen's Square à chaque fois que, dans sa jeunesse, elle venait à Bath.

Milsom Street
et New Bond Street rassemblent les boutiques les plus chic de Bath.

Le Théâtre royal (1805)

LÉGENDE

– – –   Itinéraire conseillé

0   100 m

À NE PAS MANQUER

★ **Royal Crescent**

★ **Les thermes romains**

★ **L'abbaye de Bath**

Les Pump Rooms
Ces salons de thé étaient autrefois au cœur de la vie sociale de Bath. On peut y voir cette belle fontaine.

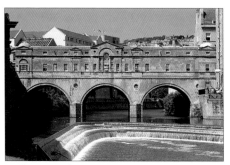

Pulteney Bridge

Ce joli pont (1769-1774) conçu par Robert Adam est bordé de boutiques ; il relie le centre-ville à la magnifique Great Pulteney Street. Ne manquez pas la boîte aux lettres victorienne sur la rive est.

Le musée de Bath

★ Les thermes romains

Ce complexe (1er siècle) est l'un des plus importants vestiges romains sur le sol britannique.

★ L'abbaye de Bath

Cette splendide abbaye se trouve au cœur de la vieille ville, sur une grande place pavée animée par des musiciens. Sur une façade unique en son genre sont sculptés des anges escaladant l'Échelle de Jacob vers le paradis.

Holburne Museum et Crafts Study Centre

Parade Grounds

Au XVIIIᵉ siècle, les couples venaient abriter leurs amours secrètes dans ce parc.

La maison de Sally Lunn (1482) est l'une des plus vieilles de la ville.

Gares ferroviaires et routières

À la découverte de Bath

Musicien de rue

Cette belle ville animée, nichée dans les vertes collines onduleuses de la vallée de l'Avon, offre au visiteur de splendides points de vue sur la campagne environnante. Le centre piétonnier, animé par les musiciens de rue, regorge de musées, de cafés et de boutiques attrayantes ; cette animation a pour toile de fond les élégantes maisons georgiennes de la ville, aux façades couleur de miel.

La construction de l'abbaye de Bath a commencé en 1499

🔒 Bath Abbey

13 Kingston Bldgs, Abbey Churchyard.
📞 01225 422462. ○ t.l.j. ●
pendant les offices. **Offrandes.** 🔋 &
La légende raconte que cette splendide abbaye serait une œuvre divine ; sa forme aurait été dictée par Dieu à l'évêque Oliver King, au cours d'un rêve immortalisé dans les belles sculptures de la façade ouest. L'évêque aurait entrepris sa construction en 1499 sur les vestiges d'une église du XVIIIe siècle. Des inscriptions commémoratives couvrent les murs ; celles qui datent du XVIIIe siècle constituent un témoignage précieux sur la société. À l'intérieur de l'église, la nef est ornée de délicates voûtes en éventail, véritable dentelle de pierre, ajoutées par Sir George Gilbert Scott en 1874.

🏛 Assembly Rooms et Museum of Costume

Bennett St. 📞 01225 477789.
○ t.l.j. ● 25 et 26 déc. 🔋 📷 &
W www.museumofcostume.co.uk
Les salles de réunion (Assembly Rooms), construites par John Wood le Jeune en 1769, devaient être un lieu de rencontre pour l'élite et un décor élégant pour les bals, dont Jane Austen, dans un roman de 1818 intitulé *L'Abbaye de Northanger*, a décrit l'ambiance faite d'intrigues. Les sous-sols abritent une collection de costumes qui retrace l'histoire de la mode depuis le XVIe siècle jusqu'à nos jours.

🏛 No. 1 Royal Crescent

Royal Crescent. 📞 01225 428126.
○ du mar. au dim. et jours fériés.
● déc., janv., ven. saint. 🔋 📷
W www.bath-preservation-trust.co.uk
Ce musée, dans une des belles demeures du Croissant royal, permet d'imaginer la vie d'aristocrates du XVIIIe siècle. La maison est pleine d'objets d'époque ; ainsi dans la cuisine, devant la cheminée une broche actionnée autrefois par un chien.

🏛 Holburne Museum of Art

Great Pulteney St. 📞 01225 466669.
○ t.l.j. (de nov. à Pâques : du mar. au sam., dim. après-midi). ● de mi-déc. à mi-fév. 📷 &
Ce bâtiment doit son nom à Thomas Holburne de Menstrie (1793-1874), dont les trésors forment le noyau de l'impressionnante collection du musée (beaux-arts et arts décoratifs). On peut y voir aussi bien des tableaux de Gainsborough et de Stubbs que des objets d'art contemporains.

LE MUSÉE DES THERMES ROMAINS

Entrée dans Abbey Churchyard.
🔋 01225 477784. ○ t.l.j.
● 25 et 26 déc. 📷 & limité.
W www.romanbaths.co.uk
Selon la légende, Bath doit son origine au roi celte Bladud, qui découvrit, en 860 av. J.-C., les vertus curatives des sources chaudes. En effet, condamné à l'exil parce qu'il était lépreux, il aurait suivi l'exemple d'un porc sorti tout guilleret d'un bain dans la boue chaude de Bath.

Au Ier siècle, les Romains construisirent des thermes et un temple dédié à Sulis Minerve, synthèse entre la déesse celte des eaux Sulis et la déesse romaine de la guerre. Une tête en bronze doré de la déesse figure au musée. Au Moyen Âge, les moines de l'abbaye exploitèrent les sources, mais ce n'est qu'en 1702-1703, avec la visite de la reine Anne, que Bath devint une ville d'eau à la mode.

Tête de Sulis Minerve en bronze doré

🏛 Buildings of Bath Museum

The Vineyards.
📞 01225 333895.
🕐 du mar. au dim. et jours fériés.
⬤ de fin nov. à mi-fév.
♿ limité.
🌐 www.bath-preservation-trust.co.uk

Situé dans une vieille chapelle méthodiste, ce musée est un bon point de départ pour visiter la ville.

Il montre comment Bath, dont l'économie était basée au Moyen Âge sur la laine, devint au XVIIIᵉ siècle une des plus élégantes stations thermales d'Europe. John Wood et son fils dessinèrent les façades classiques du Royal Crescent et du Circus, laissant aux spéculateurs immobiliers le soin de concevoir ce qu'il fallait mettre derrière. Les façades parlent d'ordre et d'harmonie, mais les habitations, toutes différentes, témoignent d'un esprit plus individualiste.

🏛 American Museum

Claverton Manor, Claverton Down.
📞 01225 460503.
🕐 août : t.l.j.(après-midi); de mars à oct., de mi-nov. à mi-déc. (après-midi) : du mar. au dim. 🖬 🖾 ♿ 🖵
🌐 www.americanmuseum.org

Installé dans un manoir de 1820, ce premier musée américain d'Angleterre fut fondé en 1961.

Des habitations rudimentaires des premiers pionniers aux foyers opulents du XIXᵉ siècle, les différentes salles donnent un bon aperçu de la diversité du nouveau continent, complété par des meubles des quakers, des patchworks et de l'art indien.

Une girouette du XIXᵉ siècle

RICHARD « BEAU » NASH (1674-1762)

Élu en 1704 maître des cérémonies, « Beau » Nash joua un rôle crucial dans la transformation de Bath en station à la mode du XVIIIᵉ siècle. Il imagina, pour assurer à la ville un afflux constant de visiteurs et y retenir de riches oisifs, une ronde sans fin de jeux – dont des jeux d'argent –, de bals et de divertissements.

Le dôme (1897) est inspiré de l'église St Stephen Walbrook de Londres (p. 114).

Le Grand Bain

Le Grand Bain à ciel ouvert, au cœur du complexe thermal romain, ne fut découvert que dans les années 1870. Ce magnifique bassin est entouré de nombreuses salles d'eau, qui devinrent de plus en plus sophistiquées au cours des 400 ans que dura l'occupation romaine. Les thermes sont tombés en ruine, mais des fouilles archéologiques minutieuses ont révélé l'extraordinaire maîtrise des constructeurs de l'époque.

Autour du bain se trouvent des bases de colonnes qui supportaient autrefois une voûte en berceau.

York Street

Une terrasse édifiée à la fin du XIXᵉ siècle supporte des statues de Romains célèbres, dont Jules César.

La source sacrée, entourée d'un réservoir appelé le Bain du roi (King's Bath).

L'eau qui coule de la source au bain est à la température constante de 46 °C.

Le bain bordé de plomb, les marches, les pieds de colonnes et les pavements datent tous de l'époque romaine.

Stonehenge ⑪

Construit en plusieurs étapes à partir de 3000 av. J.-C., Stonehenge est l'ensemble mégalithique le plus connu d'Europe. Nous ne pouvons qu'imaginer les rituels qui s'y déroulaient, mais il est fort probable que l'alignement des pierres a un lien avec le soleil et l'enchaînement des saisons ; il est certain aussi que ses bâtisseurs possédaient une compréhension élaborée de l'astronomie et de l'arithmétique. En dépit d'une croyance populaire, le cercle de Stonehenge n'a pas été élevé par des druides, car ces prêtres de l'âge du fer officiaient en 250 av. J.-C., soit plus de 1 000 ans après l'achèvement de Stonehenge.

Stonehenge aujourd'hui

La Pierre magique étend une ombre immense jusqu'au centre du cercle le jour du solstice d'été.

L'Avenue permet d'accéder au site.

La Pierre des Massacres (Slaughter Stone), ainsi nommée au XVIIe siècle car on croyait alors que des sacrifices humains avaient eu lieu à Stonehenge, était en fait une des deux pierres formant l'entrée.

Ce remblai (Outer Bank), creusé vers 3000 av. J.-C., est la partie la plus ancienne de Stonehenge.

Objets découverts dans un tumulus près de Stonehenge (musée de Devizes)

LA CONSTRUCTION DE STONEHENGE

La monumentalité de Stonehenge est encore plus impressionnante quand on sait que les seuls outils disponibles alors étaient en pierre, en bois ou en os. Le travail fourni pour extraire, transporter et ériger ces énormes pierres exigeait des concepteurs une vue d'ensemble de toutes les opérations et une autorité exercée sur un grand nombre d'hommes.

RECONSTITUTION DU SITE DE STONEHENGE

Voici à quoi ressemblait vraisemblablement Stonehenge il y a environ 4 000 ans.

Un monolithe était déplacé sur des cylindres de bois.

Grâce à des leviers, il était peu à peu soulevé.

La pierre était tirée à la verticale par 200 hommes s'aidant de cordes.

La fosse à la base était comblée une fois la pierre en place.

LES AUTRES SITES PRÉHISTORIQUES DU WILTSHIRE

Le relief dégagé de la plaine de Salisbury a fait de cette région un site préhistorique important riche en vestiges. Ainsi tout autour de Stonehenge se trouvent un grand nombre de tumulus ; les membres de la société dirigeante avaient le privilège d'être inhumés près du sanctuaire.

Des armes cérémonielles en bronze, des bijoux et autres objets découverts au cours de fouilles dans la région sont présentés aux musées de Salisbury (p. 252-253) et Devizes.

Silbury Hill, le plus grand tertre fortifié préhistorique

La colline de Silbury

d'Europe, a été construit en blocs crayeux aux alentours de 2750 av. J.-C. Il couvre 2 hectares de collines et s'élève à une hauteur de 40 m. On se perd encore en conjectures sur sa signification réelle.

Non loin de là, le **West**

cercle de monolithes (Sarsen Circle), [éri]gé vers 1500 av. J.-C., est coiffé de pierres [h]orizontales maintenues par mortaises et tenons.

Le cercle de pierres bleues (Bluestone Circle), réalisé en 2000 av. J.-C. avec 80 pierres provenant du sud du pays de Galles, ne fut jamais achevé.

Fer à cheval de pierres bleues

Fer à cheval de dolmens

Les extrémités du linteau étaient soulevées alternativement

Le poids du linteau était supporté par une plate-forme.

Le linteau venait latéralement coiffer les pierres debout.

MODE D'EMPLOI

(EH) Près de l'A303, Wiltshire. 01980 624715. Salisbury, puis bus n° 3. avr.-mai : de 9 h 30 à 18 h t.l.j. ; de juin à août : de 9 h à 19 h t.l.j. ; sept., oct. : de 9 h 30 h à 18 h t.l.j. ; de nov. à mars : de 9 h 30 à 16 h t.l.j. du 24 au 26 déc., 1er janv.

Un monolithe du cercle de pierres d'Avebury

Avebury ⑫

Wiltshire. 600. Swindon, puis bus. Alexander Keiller Museum (01672 539250).

Élevé aux alentours de 2500 avant notre ère, l'**Avebury Stone Circle** qui entoure le village d'Avebury était probablement autrefois un site sacré. Bien que les monolithes utilisés ici soient plus petits que ceux de Stonehenge, le cercle lui-même est plus grand. Au XVIIIe siècle, les villageois superstitieux ont fracassé la plupart des pierres, pensant que ce cercle avait été témoin de sacrifices païens. Le **musée Alexander Keiller** retrace la construction du cercle de pierres et ses corrélations avec les autres monuments de la région. Une intéressante exposition intitulée « Six mille ans de mystère » explique l'évolution du paysage d'Avebury. **St James's Church** possède des fonts baptismaux normands sculptés de monstres marins et un étonnant jubé du XVe siècle.

Kennet Long Barrow (grand tumulus de l'ouest du Kennet) est le complexe funéraire le plus important d'Angleterre, avec ses nombreuses chambres bordées de pierres et son entrée monumentale. Construit aux alentours de 3250 av. J.-C., il fut utilisé comme cimetière communal pendant des siècles ; on retirait les corps pour faire place aux nouveaux venus.

C'est à l'intérieur des massifs remparts d'un fort bâti sur la colline au Ier siècle par les Romains que les fondateurs normands d'**Old Sarum** ont construit un château fortifié sur un tertre. On en voit aujourd'hui les ruines, ainsi que les fondations

de l'immense cathédrale de 1075. Mais il ne reste rien de la ville intérieure aux remparts.

Old Sarum
(EH) Castle Rd. 01722 335398. t.l.j. du 24 au 26 déc., 1er janv.

Complexe funéraire de West Kennet Long Barrow (v. 3250 av. J.-C.)

Aux environs
À quelques minutes à l'est, **Marlborough** est une ville attrayante dont la rue principale est bordée de boutiques XVIIIe ornées de colonnes.

Alexander Keiller Museum
(NT) Près de High St. 01672 539250. t.l.j. du 24 au 26 déc., 1er janv.

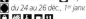

Salisbury ⑱

S alisbury a été fondée en 1220, après que les habitants eurent décidé de quitter les environs arides et désolés du village d'Old Sarum *(p. 251)* pour les prairies luxuriantes où convergent l'Avon, la Nadder et la Bourne. Pour bâtir la cathédrale, on fit venir par flottage sur la Nadder la belle pierre calcaire de Chilmark, à 20 km à l'ouest de Salisbury. Commencée dans les premières années du XIIIᵉ siècle, la cathédrale fut édifiée en un temps record : 38 ans. Sa flèche est la plus haute d'Angleterre ; elle a été ajoutée entre 1280 et 1310.

La maison de John A' Port dans Queen's Street (XVᵉ siècle)

à colombage. Sur la **place du Marché**, très animée, le **Guildhall** (hôtel de ville) est une étonnante construction en brique grise de la fin du XVIIIᵉ siècle. Plus attrayantes sont les maisons de brique et de bois alignées sur le côté nord du square ; leurs façades georgiennes sont plaquées sur des demeures datant du Moyen Âge.

Vue de l'enceinte de la cathédrale avec une sculpture d'Élisabeth Frink

À la découverte de Salisbury

La vaste **enceinte**, qui renferme écoles, hôpitaux, collèges de théologie et logements pour le clergé, forme un bel écrin à la cathédrale. Parmi les bâtiments les plus intéressants, citons le **Matrons' College** (collège des Matrones), construit en 1682 pour les veuves des membres du clergé, la **Malmesbury House**, du XIIIᵉ siècle, avec ses jolies portes en fer forgé et une belle façade de 1719, le **Deanery** (doyenné), construit au XIIIᵉ siècle, la **Wardrobe** (garde-robe), du XVᵉ siècle, aujourd'hui un musée militaire, et la **Cathedral School**, dans le palais épiscopal du XVIIIᵉ siècle.

Au-delà de l'enceinte, la ville de Salisbury s'ordonne comme un échiquier dont chaque case serait dévolue à un corps de métier ; on peut ainsi

se retrouver « rue du Poisson » (Fish Row) ou « rue du Boucher » (Butcher Row). Quittant l'enceinte par la **High Street Gate**, on rejoint High Street, la Grand-Rue, conduisant à l'**église Saint-Thomas** (XIIIᵉ siècle), qui a une belle charpente sculptée de 1450. Elle abrite un saisissant Jugement dernier du début du XVIᵉ siècle. Non loin, dans Silver Street, se trouve **Poultry Cross**, un marché aux volailles (poultry) couvert du XVᵉ siècle. De là se déploie tout un réseau de ruelles aux charmantes maisons

Le cloître de la cathédrale est le plus grand d'Angleterre ; il a été ajouté entre 1263 et 1284.

FISH ROW

La « rue du Poisson », dans le vieux quartier de Salisbury

Dans la salle capitulaire est présentée une copie de la Grande Charte *(Magna Carta)*. Les murs sont ornés de scènes de l'Ancien Testament.

La chapelle de la Trinité abrite le tombeau de saint Osmund, évêque d'Old Sarum entre 1078 et 1099.

Stalles du chœur

Bishop Audley's Chantry, magnifique réalisation du XVIᵉ siècle, est l'une des nombreuses chapelles groupées autour de l'autel.

🏠 Mompesson House

(NT) Enceinte. 📞 01722 335659. 🕐 d'avr. à oct. : du sam. au mer. de 12 h à 17 h 30. 🅿 ♿ limité. 🖥

Construite en 1701 pour une famille aisée du Wiltshire, cette maison agréablement meublée nous renseigne sur la façon dont on vivait au XVIIIe siècle à l'intérieur de l'enceinte de la cathédrale. Le mur nord de l'enceinte sert de limite à un joli jardin.

🏛 Salisbury and South Wiltshire Museum

Enceinte. 📞 01722 332151. 🕐 du lun. au sam. (juil.-août : t.l.j.). 🔴 du 24 au 26 déc. 🅿 ♿ 🖥 🛍

Installées dans King's House, les collections sont consacrées aux bâtisseurs de Stonehenge et d'Old Sarum *(p. 251)*.

MODE D'EMPLOI

Wiltshire. 🏠 40 000. 🚉 South Western Rd. 🚌 Endless St. 🛈 Fish Row (01722 334956). 🔷 mar., sam. 🎭 Festival de Salisbury : mai. 🔗 www.visitsalisbury.com

La flèche de la cathédrale a 123 m de haut.

La façade ouest est décorée de rangées de sculptures symboliques ou représentant des saints.

Une promenade sur le toit permet d'accéder à une galerie externe située à la base de la flèche, d'où l'on voit toute la ville et Old Sarum.

L'horloge de 1386 est la plus vieille d'Angleterre en état de marche.

La nef est divisée en dix travées par des colonnes en marbre de Purbeck poli.

Transept nord-ouest

Les nombreuses fenêtres renforcent la luminosité de la cathédrale.

LA CATHÉDRALE DE SALISBURY

Enceinte. 📞 01722 555120. 🕐 t.l.j. **Offrandes.** ♿ 🖥

La cathédrale a été construite pour l'essentiel entre 1220 et 1258. Très uniforme d'un point de vue stylistique, c'est un excellent exemple du premier art gothique anglais, caractérisé par de hautes fenêtres terminées par un arc en ogive acéré.

Aux environs

La ville de Wilton, connue pour son industrie du tapis, fut fondée par le huitième comte de Pembroke qui employait des tisserands français, huguenots réfugiés. L'**église** de la ville (1844), très ornée, est un brillant exemple d'architecture éclectique, réutilisant des colonnes d'époque romaine, des travaux d'ébénisterie flamands, des vitraux hollandais et allemands, et des mosaïques italiennes.

Wilton House est un ancien couvent transformé au XVIe siècle en maison d'habitation par les comtes de Pembroke. Remaniée par Inigo Jones au XVIIIe siècle, la demeure possède une tour de l'époque des Tudors, une belle collection d'œuvres d'art et un parc paysager avec un pont inspiré de Palladio (1737). Les somptueuses salles d'apparat (Single et Double Cube State Rooms) sont la fierté du domaine. Elles accueillent une série de portraits de famille peints par Van Dyck.

🏠 Wilton House

Wilton. 📞 01722 746729. 🕐 de Pâques à oct. : t.l.j. 🛍 🅿 ♿ 🍴

Un des salons d'apparat dessinés par Inigo Jones en 1653

**Cette belle tapisserie à la gloire de
Longleat House a été tissée en 1980**

Longleat House ⓮

Warminster, Wiltshire. 📞 *01985
844400*. 🚆 *Warminster, puis taxi.*
Maison ⭕ *t.l.j.* **Safari Parc**
⭕ *de janv. à mars : sam. et dim. ; d'avr.
à oct. : t.l.j.* 📷 ♿ 🍴 🏪
🌐 *www.longleat.co.uk*

La « maison du prodige » :
c'est ainsi que l'historien
de l'architecture John
Summerson qualifie la maison
de Longleat, merveilleux
exemple de la grandeur et de
l'exubérance de l'architecture
élisabéthaine. Sa construction
débuta en 1540, lorsque
John Thynn acheta pour
53 livres les ruines d'un
prieuré situé sur le domaine.
Les propriétaires successifs
de la maison, génération
après génération, ont apporté
leur propre touche. Les salles
à manger ont ainsi été
décorées dans les années
1870 dans un style proche
du palais des Doges de
Venise ; le propriétaire actuel,
septième marquis de Bath,
a lui-même peint des fresques
érotiques. Seul le Great Hall
date du XVIᵉ siècle.

En 1948, le sixième marquis
fut le premier aristocrate
anglais à ouvrir son château
au public, pour pouvoir
continuer à assurer l'entretien
de la demeure et du domaine.
Le parc, dessiné par
Capability Brown *(p. 23)*, a
été aménagé en 1966 en une
vaste réserve où des animaux
sauvages vivent en semi-
liberté. La réserve, et d'autres
attractions du domaine,
comme le grand labyrinthe
et l'Adventure and Blue Peter
Castle, attirent aujourd'hui
plus de visiteurs que
la demeure elle-même.

Stourhead ⓯

Les jardins de Stourhead sont l'un des sommets de l'art
paysager anglais au XVIIIᵉ siècle *(p. 22-23)*. Henry Hoare
(1705-1785) transforma dans les années 1740 le domaine
qu'il avait reçu en héritage en une véritable œuvre d'art.
Il fit aménager un lac, planter tout autour des essences
rares et construire des temples néoclassiques
à l'italienne, des grottes et des ponts. La
maison, de style palladien, a été construite
par Colen Campbell *(p. 24)* en 1724.

Le Panthéon
*Cet Hercule de pierre
est l'un des personnages
mythologiques qui ornent
le Panthéon (1753).*

**Le cottage
gothique (1806)**

**Le pont
de fer**

Une promenade
de 3 km autour
du lac permet
d'apprécier de
nombreuses
perspectives
habilement
ménagées.

Le lac fut constitué
en réunissant plusieurs étangs.
Hoare fit endiguer la vallée pour
former une seule retenue d'eau.

**Le pont
de gazon**

**Le temple de
Flore (1744)**

**★ Le temple
d'Apollon**
*Les temples à
l'antique qui
parsèment les jardins
ont tous été dessinés
par l'architecte
Henry Flitcroft
(1679-1769).*

La grotte
Des tunnels conduisent à une caverne artificielle où se trouvent un bassin et une statue grandeur nature d'un dieu fluvial sculpté par John Cheere en 1748.

MODE D'EMPLOI

(NT) Stourton, Wiltshire. ☎ 01747 841152. ◻ 0891 335205
▣ Gillingham, puis taxi. **Maison** ◻ d'avr. à oct. : de 12 h à 17 h 30, du sam. au mer. (der. ent. à 17 h). **Jardins** ◻ de 9 h à 19 h (au crépuscule si plus tôt) : t.l.j.

★ **Stourhead House**
Reconstruite après un incendie en 1902, la demeure abrite un beau mobilier Chippendale. Dans la collection d'œuvres d'art, qui reflète le goût très classique d'Henry Hoare, Le Choix d'Hercule de Nicolas Poussin (1637).

Des rhododendrons
et d'autres arbustes aux couleurs variées entourent la maison.

Le village de Stourton a été inclus dans le vaste dessein d'Henry Hoare.

Pelargonium House
abrite une centaine d'espèces et variétés de géraniums.

Dans ce bâtiment
se déroulent des expositions sur l'histoire de Stourhead.

Entrée et parc de stationnement

St Peter's Church
L'église paroissiale abrite les tombes de la famille Hoare. Le monument médiéval voisin fut rapporté de Bristol en 1765.

À NE PAS MANQUER

★ **Le temple d'Apollon**

★ **Stourhead House**

Shaftesbury ⑯

Dorset. 🏘 *8 000.* 🚌 🛈 *8 Bell St (01747 853514).* 🛍 *jeu.*
ⓦ www.shaftesburydorset.co.uk

La ville de Shaftesbury occupe le sommet d'une colline. Ses rues pavées et ses cottages du XVIIIe siècle ont souvent servi de décor à des films. La pittoresque **Gold Hill** est flanquée par l'ancien mur d'enceinte d'une **abbaye** fondée par le roi Alfred en 888. Il n'en reste plus aujourd'hui que des ruines et quelques fragments conservés au musée d'histoire locale.

L'hospice de 1437 attenant à l'église abbatiale de Sherborne

Sherborne ⑰

Dorset. 🏘 *9 500.* 🚉 🚌 🛈 *Digby Rd (01935 815341).* 🛍 *jeu., sam.*

Peu de villes d'Angleterre possèdent autant de constructions médiévales intactes. Édouard VI *(p. 40)* a fondé en 1550 la fameuse école de Sherborne, préservant ainsi la splendide **Abbey Church**, l'hospice et d'autres bâtiments monastiques qui sans-cela auraient été détruits par Henri VIII *(p. 50)*. La façade inclut quelques vestiges de la première église saxonne, mais son morceau de bravoure est le plafond du XVe siècle, avec ses voûtes en éventail.

Sherborne Castle, construit pour Sir Walter Raleigh *(p. 50-51)* en 1594, préfigure la virtuosité et le sens du décor du style XVIIe. Raleigh vécut aussi quelque temps à **Old Castle** (XIIe s.), démoli par les partisans de Cromwell lors de la guerre civile *(p. 52)*.

Aux environs
À l'ouest, après Yeovil, se trouve une belle maison élisabéthaine, **Montacute House** *(p. 233)*, au milieu d'un domaine de 120 hectares. Elle abrite des tapisseries, des modèles de broderie du XVIIe siècle ; dans la Grande Galerie, une belle série de portraits du XIVe au XVIIe siècle.

🏰 **Sherborne Castle**
Près de l'A30. ☎ *01935 813182.*
Château ⭕ *d'avr. à oct. : du mer. au jeu., sam., dim. et jours fériés (l'après-midi).* **Parc** ⭕ *du jeu. au mar.* 🅿 📷 🛒
🏰 **Old Castle**
Près de l'A30. ☎ *01935 812730.*
⭕ *de Pâques à oct. : t.l.j. ; de nov. à Pâques : du mer. au dim.*
⚫ *25 et 26 déc., 1er janv.* 🅿 📷 ♿
🏛 **Montacute House**
(NT) Montacute. ☎ *01935 823289.*
Parc ⭕ *d'avr. à oct. : du mer. au lun.*
🍴 🅿 📷

Abbotsbury ⑱

Dorset. 🏘 *400.* 🛈 *West St (01305 871130).* ⓦ www.abbotsbury.co.uk

Le nom d'Abbotsbury (*abbot* signifie *père supérieur*) rappelle qu'au XIe siècle se dressait ici une abbaye bénédictine, dont il ne reste qu'une énorme grange dîmière construite vers 1400.
On ne sait quand le **Swannery** (élevage de cygnes) fut fondé, mais la « colonie » d'Abbotsbury est mentionnée dès 1393. Ils trouvent refuge dans les roseaux du

La colonie de cygnes d'Abbotsbury

Fleet, une lagune saumâtre protégée de la mer par un haut rempart de pierres, le **Chesil Bank** *(p. 230)*. Des courants très forts rendent la baignade dangereuse, mais l'aspect sauvage de cette région a quelque chose de fascinant. Dans les serres des **Abbotsbury Sub-Tropical Gardens** sont cultivées de nombreuses plantes d'Amérique du Sud ou d'Asie découvertes ces 30 dernières années.

🦢 **Swannery**
New Barn Rd. ☎ *01305 871684.*
⭕ *d'avr. à oct. : t.l.j.* 🅿 📷 ♿ 🛒
🌺 **Abbotsbury Sub-Tropical Gardens**
Près de la B3157 ☎ *01305 871387.*
⭕ *t.l.j.* ⚫ *25 et 26 déc., 1er janv.*
📷 ♿ 🛒

Weymouth ⑲

Dorset. 🏘 *62 000.* 🚉 🚌 ⛴
🛈 *King' Statue, The Esplanade (01305 785747).* 🛍 *jeu.*
ⓦ www.jurassiccoast.com

Weymouth est l'une des plus anciennes stations balnéaires d'Angleterre. Elle

Le quai de Weymouth, sur la côte sud du Dorset

devint populaire dès l'été 1789, quand le roi George III fit ici le premier d'une longue série de séjours. La cabine de bains roulante du roi est exposée à **The Esplanade**. Les façades des hôtels et des élégantes maisons georgiennes sont tournées vers la magnifique baie de Weymouth. La vieille ville, centrée sur le quai de la Douane (Custom House Quay), est très différente : bateaux de pêcheurs, anciennes auberges à matelots à colombage.

The Esplanade
Hope Sq. ☎ 01305 777622. ○ t.l.j. ● 25 et 26 déc., 2 sem. en jan. ✍

Dorchester ⑳

Dorset. 🏘 16 000. 🚌 🚃 Antelope Walk (01305 267992). 🅿 mer.

Dorchester, le chef-lieu du Dorset, est encore tel que l'a dépeint l'écrivain anglais Thomas Hardy dans *Le Maire de Casterbridge* (1886). Parmi les maisons des XVIIe et XVIIIe siècles qui bordent High Street, on trouvera le **Dorset County Museum** où sont présentés le manuscrit du roman et une reconstitution du bureau de l'écrivain. Des objets de l'âge du fer et de l'époque romaine ont été retrouvés dans les faubourgs. **Maumbury Rings**, dans Weymouth Avenue, est un site néolithique où les Romains ont construit

Le mystérieux géant de 55 m gravé dans le calcaire de Cerne Abbas

un amphithéâtre. À l'ouest de la ville, une nécropole romaine a été mise au jour en contrebas de **Poundbury Camp**, un ancien camp fortifié de l'âge du fer situé sur une colline.

Aux environs
Au sud-ouest de Dorchester, **Maiden Castle** *(p. 43)*, une impressionnante construction du premier siècle avant notre ère, a été en 43 le théâtre d'une bataille féroce entre les Romains et les premiers occupants de cette partie de l'Angleterre.

Au nord s'étend le charmant village de **Cerne Abbas**, avec une très belle grange dîmière médiévale et des bâtiments monastiques. L'immense figure de géant gravée dans le calcaire crayeux du coteau est un symbole de fertilité, qui passe pour représenter Hercule

ou un guerrier de l'âge du fer. On retrouve à l'est de Dorchester les églises, les chaumières et les collines onduleuses que Thomas Hardy décrit dans ses œuvres. L'église saxonne de **Bere Regis**, qui inspira le Kingsbere de *Tess d'Urberville*, abrite les tombes de la famille que l'écrivain met en scène dans son roman.

Hardy's Cottage est la maison natale du romancier. Il vécut de 1885 à sa mort à **Max Gate**, dont il avait tracé lui-même les plans. Son cœur est enterré dans le cimetière de **Stinsford**

Statue de Thomas Hardy à Dorchester

où repose sa famille ; après des obsèques nationales, son corps a été inhumé dans Westminster Abbey *(p. 94-95)*.

Athelhampton House (XVe s.), qui abrite une belle salle médiévale, est entourée de charmants jardins *(p. 233)* des années 1890.

Dorset County Museum
High West St. ☎ 01305 262735. ○ du lun. au sam. (mai-oct : t.l.j.). ● 25 et 26 déc. 🅿 ✍ ♿ limité.

Hardy's Cottage
(NT) Higher Bockhampton. ☎ 01305 262366. ○ d'avril à oct. : du dim. au jeu. ✍ ♿ jardins seul.

Max Gate
(NT) Arlington Ave, Dorchester. ☎ 01305 262538. ○ d'avr. à sept. : dim., lun. et mer. (après-midi). 🅿 ✍ ♿ limité.

Athelhampton House
Athelhampton. ☎ 01305 848363. ○ de mars à oct. : du dim. au ven. 🅿 ✍ ♿ jardins. ✔ 🍴

THOMAS HARDY (1840-1928)

Les romans et les poèmes de Thomas Hardy, un écrivain peu connu en France mais extrêmement populaire en Angleterre, se déroulent dans son Dorset natal. La campagne du Wessex est la toile de fond familière devant laquelle le romancier fait évoluer ses personnages. Les descriptions du monde rural sont un témoignage sur un moment clé de l'histoire du pays, juste avant que la mécanisation ne vienne remplacer les méthodes de travail ancestrales — ce qu'avait fait dans les villes, un siècle plus tôt, la révolution industrielle *(p. 54-55)*. Le style très imagé d'Hardy ne pouvait manquer d'intéresser les metteurs en scène ; il incite aussi nombre de passionnés de littérature à venir parcourir les villages et les paysages qui lui ont inspiré ses plus beaux écrits.

Nastassja Kinski dans le film *Tess* de Roman Polanski (1979)

Corfe Castle ㉑

(NT) Corfe Castle, Dorset. ☎ 01929
481294. ᕱ Wareham puis bus.
◯ t.l.j. ● 25 et 26 déc. ▮ ◪ ⴲ
limité. ▮ de mars à oct. : gratuit ;
de nov. à fév. : sur rendez-vous. ▯

Les ruines spectaculaires
du château de Corfe
couronnent, de façon
très romantique, la cime
déchiquetée d'un promontoire
rocheux. Au dessous, le petit
village qui a donné son nom
au château. Le château
en ruine domine le paysage
alentour depuis le XIᵉ siècle.
En 1635, il fut acquis par
sir John Bankes. Pendant
la guerre civile (p. 52-53), son
épouse et les domestiques –
en majorité des femmes –
soutinrent pendant six semaines
le siège de 600 soldats
des troupes parlementaires. Le
château fut finalement pris par
trahison ; en 1646, le Parlement,
ulcéré de la longue résistance
des habitants, décida
de le faire sauter. Les ruines
de Corfe Castle dominent l'île
de Purbeck ; la vue découvre
toute la côte alentour.

Les ruines du château de Corfe, qui remonte au temps des Normands

L'île de Purbeck ㉒

Dorset. ᕱ Wareham. ᕱ Shell Bay.
▮ Swanage (01929 422885).
ⓦ www.swanage.gov.uk

L'île de Purbeck est en
réalité une péninsule ; c'est
ici que se trouvent les carrières
de calcaire coquillier gris
connu sous le nom de marbre
de Purbeck. Au sud-ouest, à
Kimmeridge, la nature du sol
est différente, et on trouve en
abondance du schiste constellé
de fossiles ; on y a récemment

découvert du pétrole. L'île est
entourée de belles plages
préservées. Le sable blanc
de la **baie de Studland** se
déploie sur un arc immense ;
les dunes où viennent nicher
des oiseaux ont été classées
parmi les plus beaux paysages
côtiers d'Angleterre. La petite
baie de Lulworth est presque
entièrement encerclée
de falaises ; en suivant la ligne
de crête, on arrive à Durdle
Door (p. 231), une arche
naturelle crayeuse érodée par
les flots. Du port de **Swanage**
partaient pour Londres
les marbres taillés de Purbeck,
qui servaient aussi bien
à paver les rues qu'à édifier
des églises. Les pierres
inutilisées ou récupérées sur
des chantiers de démolition
revenaient parfois sur l'île ;
c'est ainsi que la **mairie**
de Swanage a pu s'orner d'une
superbe façade dessinée par
Christopher Wren vers 1668.

Poole ㉓

Dorset. ⌂ 142 000. ᕱ ▯ ▯
▮ High St. (01202 253253).
ⓦ www.pooletourism.com

Situé dans une des plus
grandes baies du monde,
Poole est un port de mer
ancien mais toujours florissant.
Le quai est bordé de vieux
entrepôts et d'appartements
modernes donnant sur la baie
tranquille et protégée.
Le **Waterfront Museum**
est installé sur le quai, dans
des caves du XVᵉ siècle. Ses
collections retracent l'histoire
de la ville et du port.
L'île voisine de **Brownsea**

La plage de Lulworth Cove, sur l'île de Purbeck

est une réserve naturelle boisée qui accueille de nombreuses espèces d'oiseaux et qui offre une belle vue sur la côte du Dorset.

🏛 Waterfront Museum
High St. 📞 *01202 262600.*
🔵 *t.l.j.* ⬤ *25 et 26 déc., 1er janv.* ♿
🦌 Brownsea Island
(NT) Poole. 📞 *01202 707744.*
🔵 *d'avr. à sept. : t.l.j. (départs toutes les 30 min. en saison).*
🎫 🖼 ♿ 🎫 🛍

Bateaux amarrés dans le port de Poole

Wimborne Minster ㉔

Dorset. 👥 *6 500.* 🚉 ℹ *29 High St (01202 886116).* 🛍 *du ven. au dim.* 🌐 *www.visitdorset.com*

La collégiale du **monastère** de Wimborne a été fondée en 705 par Cuthburga, sœur du roi du Wessex. L'église fut dévastée au Xe siècle par des pillards danois ; l'édifice actuel en pierre grise a été construit en 1043 par Édouard le Confesseur *(p. 47).* Les bâtisseurs de l'époque ont sculpté dans le marbre de Purbeck des monstres, des scènes bibliques et des motifs géométriques. Le **Priest's House Museum**, installé dans des bâtiments du XVIe siècle où logeaient les prêtres, abrite des salles meublées dans différents styles. On y découvrira aussi un ravissant jardin.

Aux environs
Construit pour la famille Bankes après la destruction du château de Corfe, **Kingston Lacy** fut acquis par le National

Trust en 1981. Le domaine est toujours exploité suivant les méthodes traditionnelles ; les animaux sauvages, les fleurs protégées et les papillons y sont nombreux. Dans ce coin tranquille et oublié du Dorset, le bétail se rend dans les pâturages en empruntant des chemins dont le tracé remonte au temps des Romains ou des Saxons. Sur le domaine, une jolie demeure du XVIIIe siècle abrite une collection de peintures exceptionnelle, avec des toiles de Rubens, Titien ou Velázquez.

🏛 Priest's House Museum
High St. 📞 *01202 882533.*
🔵 *d'avr. à oct. : du lun. au sam. ; de juin à sept. : t.l.j. (dim. après-midi seul.).*
🎫 🖼 ♿ *limité.* 🛍
🏰 Kingston Lacy
(NT) B3082. 📞 *01202 883402.*
🔵 *d'avr. à oct. : du sam. au mer.*
🎫 🖼 ♿ *jardins seulement.* 🍴

Bournemouth ㉕

Dorset. 👥 *165 000.* 🛬 ✈ 🚉
ℹ *Westover Rd (0906 802 80234).*
🌐 *www.bournemouth.co.uk*

La popularité de Bournemouth, une des stations balnéaires préférées des Anglais, est due à sa longue plage, qui s'étend d'une traite de Poole Harbour à Hengistbury Head. La majeure partie du front de mer est couverte de grandes villas et d'hôtels. À l'ouest, le sommet des falaises, où des jardins ont été aménagés, est interrompu parfois par des ravines boisées. À **Compton Acres** sont reconstitués tous les types de jardins possibles. Au centre de Bournemouth, attractions, casinos, discothèques et boutiques sont implantés pour distraire

Le train miniature qui longe le bord de mer à Bournemouth

La Marquise Maria Grimaldi, **par Rubens (1577-1640), Kingston Lacy**

les vacanciers. L'été, des groupes de rock et le fameux orchestre symphonique de Bournemouth se produisent dans différents théâtres de la ville. Le **Russell-Cotes Art gallery and Museum** conserve une belle collection d'objets d'art oriental et de l'époque victorienne.

Aux environs
Le magnifique **prieuré de Christchurch**, à l'est de Bournemouth, est, avec ses 95 m, l'église la plus longue d'Angleterre. Il a été reconstruit entre les XIIIe et XVIe siècle, et on y reconnaît différents styles. La nef, de 1093, est un bon exemple d'architecture normande, mais on retiendra surtout un retable de pierre où figurent l'Arbre de Jessé et la lignée des ancêtres du Christ. À côté du prieuré se trouvent les ruines d'un **château** normand. Entre Bournemouth et Christchurch, les hauteurs de **Hengistbury Head** offrent de magnifiques points de vue sur la mer ; la faune ailée de **Stanpit Marsh**, à l'ouest de Bournemouth, enchantera les amoureux des oiseaux.

🌿 Compton Acres
Canford Cliffs Rd. 📞 *01202 700778.*
🔵 *t.l.j.* 🎫 🖼 ♿ 🍴
🏛 Russell-Cotes Art Gallery and Museum
Eastcliff. 📞 *01202 451800.*
🔵 *du mar. au dim.* ⬤ *25 déc.*
🎫 ♿ 🍴 🛍

LE DEVON ET LES CORNOUAILLES

CORNOUAILLES · DEVON

L*e sud-ouest de la Grande-Bretagne offre sur des kilomètres de côtes une succession de paysages variés. Là, les villes de vacances alternent avec de petites criques et des villages de pêcheurs. À l'intérieur des terres, changement de décor : des jardins exotiques, des landes parsemées de buttes rocheuses et les vestiges d'un riche passé.*

Voisins sur la carte, le Devon et les Cornouailles ont cependant des personnalités très différentes. Dans les Cornouailles celtiques, dont de nombreux villages portent le nom des premiers missionnaires chrétiens venus évangéliser, les arbres sont plutôt rares ; la région porte encore comme des cicatrices la marque des mines d'étain et de cuivre qui ont joué un rôle important dans son économie pendant quelque 4 000 ans. Cela n'altère en rien la beauté et la variété de toute la ligne côtière, avec ses phares et ses baies où se jettent des rivières profondes.

Le Devon, au contraire, est une terre de prairies, divisée en une mosaïque de petits champs où se faufilent d'étroits chemins fleuris, au printemps, de primevères, en été de digitales, de marguerites et de bleuets. L'atmosphère rurale et paisible que l'on retrouve tant ici que dans les Cornouailles contraste avec l'agitation des villes : Exeter et sa célèbre cathédrale, Plymouth, ville historique, l'élégante Truro et Totnes, la cité élisabéthaine. Tous ces centres urbains sont débordants de vie et de caractère.

La beauté de la côte et le climat tempéré de la région attirent les familles, les surfers et les passionnés de voile. Pour les amateurs de solitude, le Southwest Coastal Path permet de découvrir des endroits plus tranquilles. Les villages de pêcheurs et les ports ont connu leur apogée à l'époque des boucaniers, de Drake et Raleigh *(p. 51)*. À l'intérieur des terres court la lande sauvage de Bodmin et de Dartmoor, qui a inspiré nombre de légendes mettant en scène le roi Arthur *(p. 273)*, qui serait né en effet à Tintagel, sur la côte nord des Cornouailles.

Cabines de plage multicolores à Torquay

◁ **Bateaux de pêche à Port Isaac, sur la côte nord des Cornouailles**

À la découverte du Devon et des Cornouailles

L'intérieur du Devon et des Cornouailles, couvert d'une lande romantique, est un terrain d'exploration idéal pour les randonneurs ; la vue s'y étend de toutes parts sur des kilomètres. La côte en revanche est entaillée par des centaines de petites criques qui semblent totalement coupées du monde ; c'est une des raisons pour lesquelles la région donne toujours l'impression d'être quasi déserte, même en pleine saison. Si vous disposez d'une semaine au plus pour visiter le Devon et les Cornouailles, ne cherchez pas à tout voir ; explorez plutôt à fond une petite partie de la région.

LÉGENDE

	Autoroute
	Route principale
	Route secondaire
	Route pittoresque
	Chemin pittoresque
	Cours d'eau
☀	Point de vue

LA RÉGION D'UN COUP D'ŒIL

Appledore ⑯
Barnstaple ⑰
Bideford ⑮
Bodmin ⑪
Buckfastleigh ㉓
Buckland Abbey ㉖
Bude ⑬
Burgh Island ㉔
Clovelly ⑭
Cotehele ㉗
Dartmoor p. 282-283 ㉙
Dartmouth ㉑
Eden Project *p. 270-271* ⑨
Exeter ⑲
Falmouth ⑥
Fowey ⑩
Helston et le cap Lizard ⑤
Lynton et Lynmouth ⑱
Morwellham Quay ㉘
Penzance ③
Plymouth ㉕
St Austell ⑧
St Ives ②
St Michael's Mount p. 266-267 ④
Tintagel ⑫
Torbay ⑳
Totnes ㉒
Truro ⑦

Excursion
Le Penwith ①

Les falaises spectaculaires de Land's End :
le Finistère à l'anglaise

VOIR AUSSI

- *Hébergement* p. 553-555
- *Restaurants et pubs* p. 589-591

Jardins subtropicaux à Torquay, une ville balnéaire très populaire

CIRCULER

De mi-juillet à début septembre, l'autoroute M5 et les grandes routes telles que l'A30 risquent d'être encombrées et le trafic très ralenti, surtout le samedi. Une fois que vous serez dans la région, empruntez de préférence les routes secondaires.

L'infrastructure ferroviaire est bonne. Entre Paddington et Penzance, le train dessert la plupart des grandes villes, en suivant le Brunel's Great Western Railway. Quelques rares bus sillonnent aussi la région.

Petits cottages typiques de la région du Dartmoor

0   15 km

Excursion dans le Penwith ❶

Ce circuit traverse les paysages spectaculaires des Cornouailles, où l'on peut découvrir les traces des anciennes exploitations d'étain, de pittoresques villages de pêcheurs et de nombreux monuments préhistoriques. La côte offre des aspects très variés, depuis la lande à peine ondulée du nord jusqu'aux falaises escarpées du sud. La beauté des paysages et la qualité de la lumière attirent depuis près d'un siècle de nombreux artistes, dont les œuvres sont exposées dans les musées de Newlyn, St Ives et Penzance.

CARNET DE ROUTE

Itinéraire : 50 km.
Où faire une pause ? Il y a des pubs et des cafés dans la plupart des villages. À mi-parcours, Sennen Cove sera une halte très agréable. (Voir aussi p. 636-637.)

Zennor ①
Dans l'église, un bas-relief rappelle l'histoire d'une sirène qui séduisit un jour le fils du châtelain et l'entraîna avec elle dans l'océan.

Lanyon Quoit ②
Le dolmen, à gauche de la route qui mène à Madron, est l'un des nombreux monuments préhistoriques de la région.

Botallack Mine ⑧
Des bâtiments abandonnés accrochés aux falaises témoignent de l'ancienne activité minière de la région.

Trengwainton ③
Ses jardins luxuriants sont renommés (p. 232).

Land's End ⑦
La pointe la plus occidentale de la Grande-Bretagne est remarquable par ses falaises déchiquetées et ses paysages spectaculaires.

ST IVES

B3306

Morvah •

B3306

B3318

② *Madron* •

A3071

St Just •

B3306

A30

Sennen Cove

A30

B3315

B3283

⑦

④

B3283

B3315

Mousehole •

⑤

B3315

Lamorna

PENZANCE

A30

Newlyn ④
Le plus grand port de pêche des Cornouailles a donné son nom à une école de peinture fondée dans les années 1880 *(p. 266)*.

Minack Theatre ⑥
Cet amphithéâtre de 1923, construit suivant le modèle antique, domine la magnifique baie de Porthcurno. L'été, il sert de cadre à des spectacles.

Porthcurno
⑥

Merry Maidens ⑤
D'après la légende, 19 jeunes filles auraient été changées en rochers pour avoir dansé un dimanche.

LÉGENDE

▓▓▓ Circuit

═══ Autres routes

☼ Point de vue

0   3 km

St Ives ❷

Cornouailles. 👥 *11 000.* 🚆 🚌 ❘
Street-an-Pol (01736 796297).

La ville est connue des amateurs d'art à cause du **Barbara Hepworth Museum and Sculpture Garden** et de la **Tate St Ives** ; ils présentent les œuvres d'un groupe de peintres, céramistes et sculpteurs qui fondèrent ici une colonie d'artistes dans les années vingt. L'architecture de la Tate St Ives a été conçue de manière à privilégier une large vue panoramique sur la plage de Pothmeor. Le musée Barbara Hepworth est installé dans la maison et le jardin où l'artiste a vécu et travaillé pendant de nombreuses années. À l'intérieur, on retrouve l'atmosphère de l'atelier ; les jardins subtropicaux, eux, sont

La terrasse de la Tate St Ives

organisés comme une galerie d'art où sont présentées les œuvres de Barbara Hepworth. La ville de St Ives elle-même est une cité balnéaire anglaise très courue, où l'art joue un grand rôle ; de nombreuses galeries se sont ouvertes le long des rues de la ville. Certaines d'entre elles se sont installées dans d'anciennes caves ou dans les greniers où l'on salait autrefois le poisson. À St Ives, on verra aussi nombre de jolis cottages blanchis à la chaux. Leurs petits jardins sont pleins de fleurs aux couleurs éclatantes.

🏛 **Barbara Hepworth Museum and Sculpture Garden**
Barnoon Hill. ☎ *01736 796226.* ⬤
*de juil. à août : t.l.j. ; de sept. à juin :
du mar. au dim. et jours fériés.* ⬤ *du
24 au 26 déc.* ☐ 📷 ♿ *tél. avant.* 📷

🏛 **Tate St Ives**
Porthmeor Beach. ☎ *01736 796226.*
⬤ *de juil. à août : t.l.j. ; de sept.
à juin : du mar. au dim. et jours fériés.*
⬤ *du 24 au 26 déc.* ☐ 📷 ♿ ❘❘
Ⓦ *www.tate.org.uk*

LES ARTISTES DU XXᵉ SIÈCLE À ST IVES

C'est autour du peintre Ben Nicholson et du sculpteur Barbara Hepworth que s'est formé le groupe de St Ives, dont l'importance est considérable dans le développement de l'art abstrait européen. Dès les années 1920, les villes de St Ives et de Newlyn *(p. 264)* ont été le point de ralliement de jeunes artistes. Parmi les plus grands, le potier Bernard Leach (1887-1979) et le peintre Patrick Heron (1920-1999), à qui l'on doit la verrière qui orne l'entrée de la Tate St Ives *(p. 228)*. La plupart des œuvres présentées relèvent de l'art abstrait, mais on y décèle l'influence des vigoureux paysages de la région et des couleurs changeantes du bord de mer.

Barbara Hepworth *(1903-1975) compte parmi les premiers sculpteurs abstraits de sa génération. Cette* Vierge à l'Enfant *de 1953 est conservée dans l'église St Ia.*

John Wells *(né en 1907) s'intéresse à la lumière, à des formes souples inspirées du vol des oiseaux.* Aspiring Forms *date de 1950.*

Ben Nicholson *(1894-1982), l'un des plus grands peintres anglais de ce siècle, a peu à peu évolué vers l'abstraction. Cette toile de 1943-1945,* St Ives, Cornouailles, *marque une transition : le thème est encore reconnaissable, mais le peintre procède déjà par grandes masses géométriques.*

Penzance ❸

Cornouailles. 🚶 15 000. 🚆 🚍 🛥
ℹ Station Rd (01736 362207).

La petite ville de Penzance bénéficie d'un climat si doux que des palmiers et des plantes subtropicales se sont très bien acclimatés dans les luxuriants **Morrab Gardens**. On a depuis la ville, environnée d'une vaste plage de sable, une vue splendide sur St Michael's Mount.

La rue principale est Market Jew Street, qui mène à Market House, une magnifique construction de 1837.

Juste en face, la statue de Sir Humphrey Davy (1778-1829), originaire de Penzance, qui inventa pour les mineurs une lampe de sécurité qui permettait de détecter les gaz mortels.

Chapel Street est bordée de curieux édifices, dont le plus spectaculaire est sans doute l'**Egyptian House** (maison égyptienne) de 1835. À voir aussi, **Admiral Benbow Inn**, auberge de 1696, avec sa figure de pirate scrutant la mer depuis le haut du toit. **Penlee House Gallery and Museum**, musée de la ville, abrite des œuvres de l'école de Newlyn.

Aux environs

Tout près de Penzance, **Newlyn** (p. 264) est le plus grand port de pêche des Cornouailles. La ville a donné son nom à une école de peinture fondée par Stanhope Forbes (1857-1947), dont les représentants préféraient peindre en plein air les effets changeants du vent, du soleil et de la mer. Plus au sud, la route côtière se termine

Maison égyptienne (1835)

à **Mousehole**, un village plein de charme avec un petit port, des rangées de chaumières et des ruelles étroites.

Au nord de Penzance, dominant la splendide côte des Cornouailles, **Chysauster** est un bel exemple de

St Michael's Mount ❹

(NT) Marazion, Cornouailles.
📞 01736 710507. 🛥 depuis Marazion (d'avr. à oct.) ou à pied à marée basse. ⭕ d'avr. à oct. : du lun. au ven. ; de nov. à mars : visites guidées seulement (tél. avant). 🖼 🍴 🎁

La masse de St Michael's Mount émerge en face du petit village de Marazion.

Au temps des Romains, le mont s'appelait Ictis ; c'était depuis l'âge du fer une plaque tournante pour le commerce de l'étain. Le mont est dédié à saint Michel, qui y serait apparu en 495.

Quand les Normands envahirent l'Angleterre en 1066 (p. 46-47), ils furent frappés de la ressemblance de l'île avec « leur » Mont-Saint-Michel et demandèrent aux bénédictins de l'abbaye normande d'édifier ici une seconde abbaye, plus petite. Lors de la dissolution des monastères (p. 50), l'édifice devint une forteresse, car Henri VIII s'employait à construire sur toute la côte une chaîne de fortifications capable de repousser d'éventuelles attaques françaises.

En 1659, St Michael's Mount fut acheté par Sir John St Aubyn. Ses descendants en firent une demeure somptueuse.

St Michael's Mount vu depuis Marazion

Le village d'Harbourside

On accède à l'île par bateau ou à pied, à marée basse, grâce à une jetée.

Les pentes rocheuses ont été plantées d'arbustes subtropicaux par la famille St Aubyn.

PLAN DU NIVEAU PRINCIPAL

Sortie
Entrée
Sir John's Room
Armurerie
Bibliothèque
Accès au musée et sortie
Chevy Chase Room

Église du prieuré
Terrasse nord

Chœur
Blue Drawing Room
Hall
Salle des cartes
Couloir
Terrasse sud
Fumoir

village romano-britannique
au début de notre ère.
Le site est resté pratiquement
inchangé depuis qu'il a été
abandonné au IIIᵉ siècle.
Des liaisons maritimes et
par hélicoptère régulières
relient Penzance aux **îles
Scilly** (Sorlingues),
un archipel granitique
au large de Land's End.
Le tourisme et l'horticulture
sont les principales ressources
de ces îles.

🏛 Penlee House Gallery and Museum

Morrab Rd. 📞 *01736 363625.*
⬜ *de mai à sept. : de 10 h à 17 h
du lun. au sam. ; d'oct. à avr. :
de 10 h 30 à 16 h 30 du lun. au sam.*
🔴 *25 et 26 déc., 1ᵉʳ janv.* 🏠 🍴 ♿
📧 W www.penleehouse.org.uk
🏠 **Chysauster**
Près de la B3311. 📞 *01736 757934.*
⬜ *d'avr. à oct. : t.l.j.* 📷

LE DÉVELOPPEMENT DU MÉTHODISME

Les mineurs et
les pêcheurs de
la région travaillaient
dur et n'avaient guère
de temps à consacrer
à la religion, mais
ils furent séduits par
les rites méthodistes,
les prêches en plein air,
les hymnes et leur lecture
approfondie,
« méthodique », de la
Bible. Quand John Wesley,
fondateur du méthodisme,
vint pour la première fois

John Wesley (1703-1791)

dans la région en 1743, il fut accueilli par des jets
de pierres. Sa persévérance porta cependant ses fruits,
et en 1762 il prêchait parfois devant 30 000 personnes.
Des lieux de culte furent établis dans tout le comté,
notamment dans l'amphithéâtre de **Gwennap Pit**,
à Busveal. Le musée de Truro *(p. 269)* conserve
de nombreux objets liés au courant méthodiste.

**Entrée
du château**

La terrasse sud coiffe
l'aile XIXᵉ de l'édifice, qui
abrite des appartements
privés sur cinq étages.

*Le Cabinet bleu a été aménagé
au XVIIIᵉ siècle dans l'ancienne
Lady Chapel. Dans un décor
néo-gothique sont présentées
notamment des peintures
de Gainsborough et Thomas
Hudson.*

Dans l'armurerie sont
exposés des armes et
des trophées rapportés
par la famille St Aubyn
de différentes guerres.

*La chapelle du
prieuré, reconstruite
à la fin du XIVᵉ siècle,
couronne tout l'édifice.
Elle est éclairée par deux
magnifiques verrières.*

*La Chevy Chase Room est
décorée d'une frise sculptée
de 1641 représentant
des scènes de chasse.*

Rochers de serpentine émergeant à Kynance Cove, cap Lizard

Helston et le cap Lizard ❺

Cornouailles. 🚌 *depuis Penzance.*
ℹ️ *79 Meneage St (01326 565431).*
🌐 *www.helston-online.co.uk/800*

La charmante ville de Helston est une excellente base de départ pour explorer le cap Lizard (Lizard Peninsula), déchiqueté à souhait et battu par les vents. À Helston se déroule chaque année, au printemps, un festival de danse très apprécié, le Furry Dance *(p. 62)* ; le **Folk Museum**, consacré aux traditions locales, explique tout de cette ancienne coutume. La ville était autrefois une cité prospère où les lingots d'étain étaient dûment pesés, contrôlés et certifiés avant d'être vendus. De cette époque datent les élégantes maisons georgiennes et les auberges de Coinagehall Street. On acheminait l'étain provenant des mines locales vers la mer par la rivière ; au XIIIe siècle, une barre de sable condamna le port et créa un lac d'eau douce, Loe Pool. En 1880, un nouveau port fut créé plus à l'est sur l'Helford, à Gweek. La ville accueille aujourd'hui le **Cornish Seal Sanctuary**, où les phoques malades ou blessés sont soignés avant d'être remis en liberté.

La **Poldark Mine** présente les activités minières des Cornouailles depuis l'époque romaine jusqu'à nos jours ; la visite des galeries souterraines, très impressionnante, évoque les conditions de travail effroyables des mineurs au XVIIIe siècle. À voir aussi, le **Flambards Village Theme Park**, pour sa reconstitution d'un village du siècle dernier et son évocation de la vie en Grande-Bretagne pendant la dernière guerre.

Plus au sud, les structures modernes d'une station satellite émergent de la lande ; c'est le **Goonhilly Earth Station**, qui présente aussi au public les données de la communication par satellite.

Dans les boutiques, vous trouverez toutes sortes d'objets sculptés en serpentine, une pierre verte très répandue dans la région et notamment dans la baie de **Kynance Cove**.

🏛 **Folk Museum**
Market Place, Helston. 📞 *01326 564027.* 🕐 *du lun. au sam.* 🔵 *sem. de Noël.* 🚫 🖼 ⚙ ♿ *limité.*

🦭 **National Seal Sanctuary**
Gweek. 📞 *01326 221361.*
🕐 *t.l.j.* 🔵 *25 déc.* 🚫 🖼 ♿ ⚙ 🔲

🏛 **Poldark Mine**
Wendron. 📞 *01326 573173.*
🕐 *de mars à oct. : t.l.j.* 🚫 🖼 ⚙ 🔲

🏛 **Flambards Village Theme Park**
Culdrose Manor, Helston. 📞 *01326 573404.* 🕐 *de Pâques à oct. : t.l.j.*
🚫 🖼 ♿ 🍴

🏛 **Goonhilly Earth Station**
Près de Helston et de la B3293.
📞 *0800 679593.* 🕐 *d'avr. à oct. : t.l.j.*
🚫 🖼 ♿ ⚙ 🔲

Falmouth ❻

Cornouailles. 👥 *18 000.* 🚆 🚌 ⛴
ℹ️ *28 Killigrew St (01326 312300).*
🌐 *www.falmouth.cornwall.org*

Falmouth est construite tout près des **Carrick Roads**, une large entaille dans la côte où confluent sept rivières. L'estuaire est si profond que des transatlantiques peuvent remonter presque jusqu'à Truro. Les criques semées tout au long de la côte sont idéales pour faire du bateau ou observer les oiseaux. Falmouth est une jolie station balnéaire très populaire, au port pittoresque. La ville possède encore de nombreuses maisons anciennes, comme **Customs House** ; tout près de là se trouve King's Pipe (la pipe du roi), où l'on brûlait au XIXe siècle le tabac de contrebande.

LES CONTREBANDIERS

Avant la création de l'impôt sur le revenu, les finances de l'État étaient alimentées principalement par les taxes prélevées sur les produits de luxe importés. En ne payant pas ces taxes, qui atteignirent des sommets entre 1780 et 1815, on pouvait réaliser des bénéfices substantiels. Les Cornouailles, à l'écart du reste du pays, parcourues de rivières faciles à remonter, étaient un terrain d'action idéal pour les contrebandiers. On estime à 100 000 le nombre de personnes, femmes et enfants inclus, concernés par cette activité parallèle. Des naufrageurs allumaient aussi des fanaux trompeurs sur les côtes rocheuses. Les navires qui venaient s'y échouer étaient alors pillés.

En face de Falmouth, **Pendennis Castle** et St Mawes Castle furent construits par Henri VIII.

Aux environs

Au sud, les jardins de **Glendurgan** *(p. 232)* et de **Trebah** sont plantés dans des vallées protégées qui descendent en pente douce vers les baies de l'Helford.

Figure de proue, Falmouth

⚜ Pendennis Castle

(EH) The Headland. ☎ 01326 316594. ◯ t.l.j. ● du 24 au 26 déc. 1er janv. 🎫 📷 ⚿ limité. 🎫 🅿

⚘ Glendurgan

(NT) Mawnan Smith. ☎ 01326 250906. ◯ de mars à oct. : du mar. au sam. et jours fériés. ● ven. saint. 🎫 📷 🅿

⚘ Trebah

Mawnan Smith. ☎ 01326 250448. ◯ t.l.j. 🎫 📷 ⚿ 🅿 ⓦ www.trebah-garden.co.uk

Truro ❼

Cornouailles. 🏘 19 000. 🚆 🅿 🛈 Boscawen St (01872 274555). 🅰 mer. (bétail), mer. et sam. (marché paysan). ⓦ www.truro.gov.uk

Truro était autrefois une ville commerçante et un port ; elle est aujourd'hui la capitale administrative des Cornouailles. Les nombreuses maisons georgiennes témoignent de sa prospérité pendant le « boom » minier du début du XIXe siècle. En 1876, Truro devint un diocèse ; l'église du XVIe siècle fit place à une **cathédrale**, la première construite en Angleterre depuis l'achèvement de Saint-Paul de Londres *(p. 116-117)* par sir Christopher Wren. Avec ses tours et ses fenêtres lancéolées, la cathédrale de Truro ressemble plus aux édifices gothiques de France qu'aux autres cathédrales d'Angleterre. Les ruelles pavées bordées de boutiques sont pittoresques. Le **Royal Cornwall Museum** éclaire toutes les particularités du comté, la mine, le méthodisme *(p. 267)*, l'archéologie et la contrebande.

Aux environs

Dans les faubourgs de la ville, jardins de **Trewithen** et **Tressilick** *(p. 232)* ; le premier a de nombreuses variétés de plantes asiatiques.

🏛 Royal Cornwall Museum

River St. ☎ 01872 272205. ◯ du lun. au sam. ● jours fériés. 🎫 📷 ⚿ 🅿

⚘ Trewithen

Grampound Rd. ☎ 01726 883647. ◯ de mars à sept. : du lun. au sam. ; d'avr. à mai : t.l.j. 🎫 ⚿ 🚗 sur rendez-vous. 🅿 ⓦ www.trewithengardens.co.uk

⚘ Trelissick

(NT) Feock. ☎ 01872 862090. ◯ de mi-fév. à oct. : t.l.j. 🎫 ⚿ 🚻

Les « Alpes des Cornouailles », au nord de St Austell

St Austell ❽

Cornouailles. 🏘 20 000. 🚆 🅿 🛈 Station-service BP, Southbourne Rd (01726 879500). 🅰 du ven. au dim. ⓦ www.cornish-riviere.co.uk

Cette ville doit sa prospérité aux gisements de kaolin qui suscitèrent une véritable industrie au XVIIIe siècle. C'est aujourd'hui encore un facteur essentiel de l'économie locale, car jusqu'à récemment, seule la Chine possédait des gisements comparables. Les monticules de kaolin blanc qui ponctuent le paysage brillent au soleil comme des pics enneigés ; ils ont valu à la région le surnom de « Cornish Alps », ou Alpes des Cornouailles.

Aux environs

Le **Wheal Martyn China Clay Museum** explique l'extraction et le raffinage du kaolin jusqu'à sa transformation en porcelaine. Les moulins à eau et les pompes ont été restaurés ; les tunnels d'exploitation sont aujourd'hui colonisés par toute une faune sauvage.

🏛 Wheal Martyn China Clay Museum

Carthew. ☎ 01726 850362. ◯ d'avr. à oct. : du dim. au ven. ; de mai à sept. : t.l.j. 🎫 📷 ⚿ limité. 🅿

La cathédrale de Truro, dessinée par J. I. Pearson et construite en 1910

Eden Project ❾

Construit dans l'enceinte d'une carrière de kaolin abandonnée, Eden Project est un jardin planétaire du XXIᵉ siècle, un cadre spectaculaire pour raconter l'histoire fascinante du rapport de l'être humain aux plantes. Deux biomes, des serres futuristes, ont été conçus pour reproduire les milieux naturels des climats chauds : l'un chaud et humide, l'autre chaud et sec. Aux abords de la carrière, des espèces adaptées au climat des Cornouailles ont été plantées. Contrairement aux serres classiques où les plantes sont présentées par espèces, l'approche de l'Eden Project se veut éducative et présente les plantes dans leur milieu. La relation entre l'être humain et la nature est exposée par des conteurs et des artistes dans tout le site.

④ Amérique du Sud tropicale
En Amazonie, certaines plantes atteignent des proportions gigantesques. Le nénuphar géant (Victoria cruziana) peut mesurer 2 m.

③ Afrique de l'Ouest
Hautement hallucinogène, l'iboga joue un grand rôle dans la religion bwiti, notamment lors des cérémonies initiatiques.

② Malaisie
Dans cette forêt tropicale pousse l'arum titan qui peut atteindre 1,5 m de haut et dont l'odeur évoque la chair en décomposition.

① Îles océaniques
À l'écart du monde, ces îles abritent de nombreuses plantes fascinantes. On attribue à la pervenche de Madagascar (Catharanthus roseus) des vertus curatives contre la leucémie.

LE SITE

L'accès aux jardins extérieurs et aux biomes se fait par le Visitor Centre.

Biome tropical humide
① Îles océaniques
② Malaisie
③ Afrique de l'Ouest
④ Amérique du Sud tropicale
⑤ Récoltes et cultures
Biome tempéré chaud
⑥ Méditerranée
⑦ Afrique du Sud
⑧ Californie
⑨ Récoltes et cultures

Mode d'emploi

Bodelva, St Austell, Cornouailles.
01726 811911. St Austell.
service de navette au départ
de St Austell. d'avr. à oct. :
de 10 h à 18 h t.l.j. (dern. entrée
17 h) ; de nov. à fév. : de 10 h à
16 h 30 t.l.j. (dern. entrée 15 h).
25 et 26 déc.
W www.edenproject.com

Construction de l'Eden

*Le déclin du kaolin de Cornouailles a laissé de nombreuses
carrières abandonnées. L'Eden Project utilise de façon
ingénieuse ce paysage industriel. Une carrière a été
partiellement comblée, puis les immenses biomes y ont été
aménagés.*

**Hexagones transparents
faits de plastique
high-tech ultraléger**

⑤ **Récoltes et cultures**
Le plant de café (Coffea
arabica) *est l'une
des nombreuses plantes
présentées qui entrent dans
la fabrication de produits
de consommation courante.*

L'entrée pour les
deux biomes, tempéré
et tropical humide,
s'effectue par le Link
où se trouvent
deux restaurants.

BIOME TROPICAL HUMIDE
Cette immense serre abrite une jungle luxuriante
de 8 000 plantes et arbres. Le dôme est suffisamment
haut pour permettre aux arbres de croître normalement.

Paysage extérieur
① Plantes et pollinisateurs
② Plantes et cultures
  des Cornouailles
③ Plantes et saveurs
④ Pommes de terre
⑤ Tournesols
⑥ Plantes et textiles
⑦ Chanvre
⑧ Steppe et prairie
⑨ Éco-ingénierie
⑩ Bière et brassage
⑪ Thé
⑫ Lavande
⑬ Blé
⑭ Pommes

㉔ Plantes et combustibles
㉕ Plantes : mythes et
  folklore
㉖ Cornouailles
  sauvages
㉗ Indigo
㉘ Fleurs des jardins
㉙ Plantes et industries
  du futur
㉚ Jardins
  sans fleurs
㉛ Plantes
  fourragères
㉜ Histoire de
  l'Eden Project
㉝ Chili sauvage

Légende
Train

0   150 m

Depuis Fowey, vue de Polruan, de l'autre côté de l'estuaire

Fowey ⓾

Cornouailles. 🏘 2 000. 🚂 🅸
4 Custom House Hill (01726 833616).
🆆 www.fowey.co.uk

La ville de Fowey apparaît
sous le nom de Troy Town
dans les romans pleins
d'humour de l'écrivain anglais
sir Arthur Quiller-Couch
(1863-1944), qui a vécu à **The
Haven**. Fowey est fréquentée
par de nombreux Londoniens
fortunés qui viennent y faire du

DAPHNÉ DU MAURIER

Dans les romans historiques
de Daphné du Maurier
(1907-1989) on retrouve les
paysages des Cornouailles
où l'écrivain a grandi.
C'est avec *L'Auberge de
la Jamaïque* qu'elle s'est
fait connaître dès 1936 ;
avec la publication deux ans
plus tard de *Rebecca* elle
devenait l'un des écrivains
anglais les plus populaires
de son temps. *Rebecca*
a été adapté au cinéma
par Hitchcock, avec
Joan Fontaine et
Laurence Olivier.

bateau. Avec ses restaurants
de luxe, c'est l'une des villes
les plus huppées des
Cornouailles. Elle a un charme
indéniable : petites rues
fleuries, vues panoramiques
sur la mer et Polruan, de l'autre
côté de l'estuaire. Saint's Way,
ainsi appelé en hommage
aux missionnaires celtes venus
évangéliser les Cornouailles,
aboutit à l'église
St Fimbarrus, qui
possède un porche
majestueux et une
splendide tour
sculptée. À l'intérieur,
plusieurs tombeaux
XVIIᵉ des Rashleigh,
une grande famille
de la région. Leur
propriété, Menabilly,
fut habitée
longtemps par Daphné
du Maurier ; c'est
le Manderley de
son célèbre roman
Rebecca, paru en 1938.

Aux environs
Des circuits sur la rivière
au départ de petites criques
permettent d'aborder
Polruan, une ville portuaire
à l'activité incessante.
À l'entrée de l'estuaire,
on voit encore les deux tours
jumelles entre lesquelles
on accrochait autrefois une
énorme chaîne pour arrêter
les envahisseurs venus
par la mer. En suivant la côte
par l'est, on parvient
à **Polperro**, village de
pêcheurs blotti au fond d'un
ravin verdoyant, tout près de
Looe. En remontant la rivière,
on arrive à **Lostwithiel**.
Sur une colline toute proche,
les ruines d'un château
normand, **Restormel Castle**.

♟ **Restormel Castle**
(EH) Lostwithiel. 📞 01208 872687.
⭕ d'avr. à oct. : t.l.j. 🅰

Bodmin Moor ⓫

Cornouailles. 🚂 Bodmin Parkway.
🚌 Bodmin. 🅸 Mount Folly Sq,
Bodmin (01208 76616).
🆆 www.bodminmoor.co.uk/bodmintic

La ville de Bodmin, au cœur
d'une lande immense, est
la capitale des Cornouailles.
Le **Bodmin Town Museum**
retrace toute son histoire.
Bodmin Jail, où des exécutions
capitales ont eu lieu jusqu'en
1909, n'est plus qu'un endroit
touristique, qui remporte
un certain succès auprès
des amateurs de frissons. Il y a
dans le cimetière une source
miraculeuse près de laquelle
saint Guron, au VIᵉ siècle,
établit son ermitage. L'**église**
elle-même est dédiée à saint
Petroc, un grand missionnaire
gallois qui fonda de nombreux
monastères, ici et
dans toute la région.
Quelques reliques
du saint sont
abritées dans une
splendide châsse
d'ivoire sculpté du
XIIᵉ siècle, conservée
dans l'église.
Au sud de
Bodmin se dresse
Lanhydrock,
une demeure massive
entourée d'étendues
boisées et de jardins
(p. 232). Le manoir
a été reconstruit en 1881 après
un incendie, mais conserve
quelques éléments du
XVIIᵉ siècle. Dans ses grandes
pièces et le labyrinthe règne
encore l'atmosphère des vastes
demeures anglaises du siècle
dernier. Le chef-d'œuvre
de Lanhydrock est sans doute
le plafond de la Grande
Galerie, orné de sculptures
du XVIIᵉ siècle représentant
des scènes bibliques.
Bodmin Moor, la lande
alentour, porte encore la trace
de tout un réseau de champs
préhistoriques, mais
on y trouve surtout la célèbre
Jamaica Inn (Auberge
de la Jamaïque) immortalisée
par Daphné du Maurier.
Aujourd'hui, elle abrite un
restaurant, un bar et un musée.
À une demi-heure de marche
de l'auberge se trouve
Dozmary Pool, un puits
réputé sans fond, mais qui

**L'Auberge
de la Jamaïque,
à Bodmin Moor**

Les ruines du château de Tintagel, sur la côte nord des Cornouailles

a fini par se tarir au cours de la sécheresse de 1976. D'après la légende, c'est dans ce puits que l'épée Excalibur aurait été jetée.

À l'est se trouve le charmant village d'**Altarnun**. Sa vaste église du XVe siècle, **St Nonna**, est parfois appelée la « cathédrale de la lande ».

🏛 Bodmin Town Museum
Mt Folly Sq, Bodmin. 📞 01208 77067. ⭕ de Pâques à oct. : du lun. au sam., ven. saint. ● jours fériés. ♿ limité.

🏛 Bodmin Jail
Berrycombe Rd, Bodmin. 📞 01208 76292. ⭕ t.l.j. ● 25 déc. 🅿 📷 🍴

🏛 Lanhydrock
(NT) Bodmin. 📞 01208 73320. **Maison** ⭕ d'avr. à oct. : du mar. au dim. et jours fériés. **Jardins** ⭕ t.l.j. 🅿 📷 🍴 ♿

Tintagel ⑫

Cornouailles. 👥 1 700. 🎪 jeu. (l'été).

Les ruines romantiques et mystérieuses de **Tintagel Castle**, château construit vers 1240 par le comte Richard de Cornouailles, dominent un paysage de falaises d'ardoise et de grottes béantes. On accède au château par deux escaliers très raides, accrochés à la falaise et bordés de lavande.

Le comte Richard choisit de faire construire une forteresse dans cet endroit escarpé et battu par les vents sur la foi de l'*Histoire des rois d'Angleterre* de Geoffrey de Monmouth, qui en faisait le lieu de naissance du roi Arthur.

On a découvert sur le site de grandes quantités de beaux vases méditerranéens du Ve siècle environ, qui témoignent d'une intense activité économique bien avant la construction du château médiéval. Les habitants de l'époque, peut-être les rois de Cornouailles, avaient, semble-t-il, un train de vie fastueux.

Le chemin qui suit le haut des falaises mène du château à l'**église** de Tintagel, d'architecture normande et saxonne. À Tintagel, même l'ancien bureau de poste **(Old Post Office)** est une belle salle du XIVe siècle très bien restaurée et qui conserve un mobilier de chêne du XVIIe siècle.

Aux environs
À l'est, on rencontre le joli village de **Boscastle**. La Valency traverse la rue principale, avant de se jeter dans le port de pêche de la ville, protégé de la pleine mer par de hautes falaises d'ardoise. On accède à la mer par un défilé taillé dans le rocher.

🏛 Tintagel Castle
Près du High St. 📞 01840 770328. ⭕ t.l.j. ● du 24 au 26 déc., 1er janv. 📷

🏛 Old Post Office
(NT) Fore St. 📞 01840 770024. ⭕ d'avr. à oct. : t.l.j. 🅿 📷

Bude ⑬

Cornouailles. 👥 9 000. 🅿 parking The Crescent (01288 354240). 🎪 ven. (l'été). 🌐 www.bude.co.uk

Les magnifiques plages de Bude sont un lieu de vacances familiales idéal. Ces étendues de sable faisaient autrefois de la ville un port animé. Riche en coquillages et en chaux, le sable était transporté le long d'un canal jusqu'aux fermes de l'intérieur ; il servait à neutraliser l'acidité du sol. Le canal est abandonné depuis les années 1880, mais une petite partie subsiste, véritable paradis pour les oiseaux.

Le roi Arthur, d'après un manuscrit du XIVe siècle

LE ROI ARTHUR
Les historiens considèrent que le roi Arthur a réellement existé. Il s'agissait probablement d'un chef d'armée ou d'un guerrier romano-britannique du VIe siècle qui se serait placé à la tête de la résistance anglaise face aux envahisseurs saxons *(p. 46-47)*. L'*Histoire des rois d'Angleterre* de Geoffrey de Monmouth (1139) a fait du roi Arthur une figure quasi mythique en accréditant de nombreuses légendes : comment il devint roi après avoir dégagé Excalibur du rocher qui l'emprisonnait, l'histoire des Chevaliers de la Table ronde *(p. 158)*... Depuis lors, la figure du roi Arthur n'a cessé d'inspirer les écrivains et les artistes.

Martin-pêcheur

Clovelly ⑭

Devon. 👥 350. 📞 01237 431781. **La ville et le centre d'information** ⏰ t.l.j. ⚫ 25 déc. 🚫 ♿ Visitors' Centre.
🌐 www.clovelly.co.uk

Clovelly est un petit village côtier plein de charme, avec des rues pavées qui montent à l'assaut de la falaise, des maisonnettes blanchies à la chaux entourées de jardins pleins de fleurs. Le village est devenu un site touristique très fréquenté, où la pêche, jadis florissante, ne joue plus qu'un rôle secondaire. Depuis le haut du village, on a une vue superbe sur toute la côte alentour. Des sentiers de randonnée permettent de faire connaissance avec la région, qu'un centre d'information présente en détail.

Une route à péage, le Hobby Drive (à partir de l'A39, près de Bucks Cross), est le chemin le plus agréable pour arriver à Clovelly, car elle longe la côte en passant à travers bois. Le Hobby Drive a été construit entre 1811 et 1829 pour donner du travail aux hommes de la région, qui avaient perdu leur

Le pont médiéval de Bideford, aux 24 arches, a 203 mètres de long

emploi à la suite des guerres napoléoniennes *(p. 54-55)*.

Bideford ⑮

Devon. 👥 13 000. 🚌 ℹ️ Victoria Park (01237 477676). 🛍️ mar., sam.

Le village de Bideford, dont les maisons s'égrènent tout le long de l'estuaire de la Torridge, s'est développé dès le XVIe siècle grâce au commerce du tabac, importé du Nouveau Monde. Plusieurs demeures du XVIIe siècle qui appartenaient autrefois à de riches marchands subsistent dans Bridgeland Street, notamment la belle maison du n° 28, avec ses baies vitrées en encorbellement (1693).

Tout près de là, Mill Street, bordée de boutiques, mène à l'église et à un pont du XVe siècle. Dans un parc, la statue de Charles Kingsley à qui la région doit beaucoup ; c'est dans ses livres qu'au siècle dernier le grand public a découvert le charme de cette partie de la côte.

Aux environs

À l'ouest de Bideford se trouve le village de **Westward Ho !** construit à la fin du XIXe siècle. Il doit son nom à l'une des plus célèbres nouvelles de Kingsley. Le village fait aujourd'hui partie d'un vaste complexe de vacances. La région est décidément très marquée par la littérature : une colline au sud du village porte le nom de **Kipling Tors** en hommage à Rudyard Kipling *(p. 151)*, qui a fait de la campagne alentour le décor de son roman *Stalky & Co* (1899).

À l'ouest, **Hartland Abbey**, un ancien monastère (vers 1157) devenu résidence privée, présente aujourd'hui un musée avec des collections d'art et d'antiquités ainsi qu'un agréable jardin.

Le chef-d'œuvre d'Henry Williamson, *Tarka la loutre* (1927), décrit la vie des loutres de la **vallée de la Torridge**. Le Tarka Trail (circuit de Tarka), aménagé le long de la rivière, passe tout près des magnifiques jardins de **Rosemoor Garden**. Pour le suivre, on peut louer des bicyclettes à la gare de Bideford.

Des excursions au départ de Bideford mènent à l'île de **Lundy**. La faune et la flore sauvages y sont variées.

🌸 **RHS Rosemoor Garden**
Great Torrington. 📞 01805 624067.
⏰ t.l.j. ⚫ 25 déc. 📷 🚫 ♿ 🍴
🌐 www.rhs.org.uk

Barques de pêche sur la grève à Clovelly

Maisons de pêcheurs à Appledore

⚜ Hartland Abbey

Près de Bideford. 【 01237 441264.
◯ d'avr. à oct. : de 14 h à 17 h 30
mar. (en juil. août seul.), mer., jeu.,
dim., jours fériés. 🦽 ☐

Appledore ⑯

Devon. 🏠 3 000.
🚺 Bideford (01237 477676).

C'est grâce à sa situation
retirée, à l'extrémité
de l'estuaire de la Torridge,
qu'Appledore a pu conserver
tout son charme. Le bord de
la rivière est toujours très animé ;
de là partent aussi bien
les pêcheurs que les vacanciers
qui se rendent de l'autre côté
de l'estuaire, sur les plages
de Braunton Burrows.
La rue principale est bordée
de très belles bâtisses anciennes,
derrière lesquelles se développe
tout un réseau de ruelles pavées
qui mènent à des maisons
de pêcheurs du XVIIIe siècle.
Certaines boutiques ont conservé
la structure originale de leur
vitrine en avancée sur la rue.

Le **North Devon Maritime
Museum**, musée maritime,
évoque l'histoire locale, dont

l'épopée des habitants du comté
partis coloniser l'Australie, et
le travail sur les chantiers navals.
La **Victorian Schoolroom**
présente une série
de documentaires vidéo sur la
pêche, la charpenterie de navire.

🏛 North Devon Maritime Museum

Odun Rd. 【 01237 474852. ◯
de mai à sept. : t.l.j. ; avr., oct. l'après-
midi seulement. ☐ 🦽 ☐ limité.

Barnstaple ⑰

Devon. 🏠 33 000. 🚃 🚌 🚺 Tuly St
(01271 375 000). 🛒 du lun. au sam.
🆆 www.barnstapletic/visit.org.uk

B arnstaple joue un rôle
central dans l'économie de
la région, mais le centre-ville,
interdit à la circulation, reste
calme. Un grand marché
couvert, **Pannier Market**
(1855), propose toutes sortes
de primeurs, des œufs et du
miel produits dans les fermes
de la région. Tout près de là,
St Peter's Church, dont
le clocher a été tordu par
la foudre qui faussa toute
la charpente en 1810.

Près de la grève s'élève
un bâtiment surmonté
d'une statue de la reine
Anne ; les commerçants
venaient y vendre
la cargaison de leurs
navires amarrés sur
la rivière. Plus loin,
se trouvent un pont du
XVe siècle et le **Museum
of North Devon**, musée
consacré à l'histoire
régionale ; on y
évoque la tradition
du travail de l'argile et
la faune locale, dont les loutres,
qui colonisent à nouveau les
rivières. Le circuit du Tarka
Trail (290 km) décrit un 8
autour de Barnstaple.

Aux environs
À l'ouest de Barnstaple,
**Braunton "Great
Field"** (le Grand Champ
de Braunton) est le
témoin
d'anciens
modes
de culture
remontant
au Moyen Âge.
**Braunton
Burrows** est

**Statue de la reine
Anne (1708)**

l'un des plus vastes
ensembles de dunes
protégés de toute
l'Angleterre. Tout près
de là à Croyde et
Woolacombe,
les grandes plages
de sable où viennent
s'écraser les vagues
sont le paradis
des surfers, mais il y
a aussi des coins plus
tranquilles, des creux
dans les rochers et
des endroits où l'eau
est peu profonde.

À **Arlington
Court**, au nord
de Barnstaple, est
conservée une belle collection
de maquettes de bateaux
du début du XIXe. L'endroit
plaira surtout aux passionnés
de chevaux : les écuries abritent
toute une série d'équipages
hippomobiles ; des promenades
en calèche permettent
de découvrir les puissants
chevaux de trait de la région.

🏛 Museum of North Devon

The Square. 【 01271 346747.
◯ du mar. au sam. ● du 24 déc.
au 1er janv. 🦽 limité

⚜ Arlington Court

(NT) Arlington. 【 01271 850296.
◯ d'avr. à oct. : du mer. au lun. ☐ 🦽
🦽 limité. ☐

Au marché couvert de Barnstaple

Le village de Lynmouth

Lynton et Lynmouth ⑱

Devon. 🚶 *2 000.* 🚌 ℹ️ *Town Hall, Lee Rd (015987 52225). Voir p. 238-239.* 🌐 *www.lyntourism.co.uk*

Situé à l'embouchure de la Lyn, Lynmouth est un village de pêcheurs pittoresque, même s'il est très touristique. La rue principale, piétonnière, est bordée de boutiques où l'on trouve la fameuse crème caillée et des souvenirs. Elle est parallèle à la Lyn, canalisée aujourd'hui par de hauts murs à cause des inondations ; l'une d'elles a dévasté la ville au cours de l'été 1952. Les traces de ce désastre, dû à des pluies diluviennes tombées sur Exmoor, disparaissent aujourd'hui sous les arbres de **Glen Lyn Gorge**, au nord du village. Lynton est le village jumeau de Lynmouth. Perché tout en haut d'une falaise de 130 m, d'où la vue porte jusqu'à la côte galloise, Lynton date en grande partie du XIXe siècle. On peut l'atteindre depuis le port par le train ou par un sentier escarpé à flanc de falaise.

Aux environs
Lynmouth constitue une excellente base de départ pour découvrir Exmoor à pied. Un circuit long de 3 km mène à **Watersmeet** *(p. 239)*.
Sur la côte ouest d'Exmoor se trouve **Combe Martin** *(p. 238)*, blotti au creux d'une vallée protégée. Dans la rue principale, bordée de villas victoriennes, se trouve Pack of Cards Inn, construite au XVIIIe siècle par un joueur. Elle comporte 52 fenêtres, autant qu'il y a de cartes dans un jeu.

Exeter ⑲

Exeter est la capitale du Devon, une cité affairée et très vivante qui a su conserver tout son cachet malgré les bombardements de la Deuxième Guerre mondiale qui ont détruit la plus grande partie du centre-ville. Construite sur un haut plateau qui domine l'Exe, la ville est encore entourée d'importants vestiges de remparts romains et médiévaux ; le tracé des rues, lui, n'a guère changé depuis l'époque romaine. L'enceinte de la cathédrale est un véritable havre de paix ; alentour, tout un réseau d'allées étroites et de ruelles pavées bordées de boutiques pleines de spécialités locales.

À la découverte d'Exeter
L'enceinte de la cathédrale d'Exeter englobe de vastes pelouses où la foule se presse tout l'été pour écouter des musiciens ambulants. Les bâtiments de l'enceinte juxtaposent harmonieusement plusieurs styles architecturaux. L'un des plus beaux est **Mol's Coffee House**, d'époque élisabéthaine. Parmi les autres constructions anciennes qui ont échappé aux bombardements de la Deuxième Guerre mondiale, on peut citer le **Guildhall** (hôtel de ville) de 1330, dans High Street, **Custom House**, construite en 1681 près du quai, et **Rougement House**, une élégante maison du XVIIIe siècle qui se dresse tout près des vestiges d'un **château** normand bâti par Guillaume le Conquérant *(p. 46-47)*.
La zone portuaire est devenue très touristique ; tous les entrepôts du début du XIXe siècle ont été convertis en boutiques, magasins d'antiquités ou cafés. Sur le port, on peut louer des bateaux pour remonter le canal.

Le Mol's Coffee House, construit en 1596 près de la cathédrale

La façade ouest et l'une des tours de la cathédrale Saint-Pierre d'Exeter

Le **Quay House Interpretation Centre**, ouvert d'avril à octobre, présente l'histoire de la ville.

🔒 Cathedral Church of St Peter
Enceinte de la cathédrale. 📞 *01392 255573.* 🕐 *t.l.j.* 🚫 ♿ 🍴
La cathédrale d'Exeter est l'une des plus belles d'Angleterre. Les deux tours sont normandes, mais elle date pour la plus grande partie du XIIIe siècle. Son style orné d'une très grande richesse est illustré par les motifs tournoyants de la grande rosace centrale.
La façade, décorée de statues de pierre, ressemble à une vaste salle d'audience où seraient assemblés, assis sous un dais, des centaines de chevaliers et de nobles. À l'intérieur, la voûte gothique, ponctuée çà et là de motifs sculptés peints de couleurs vives, est d'une homogénéité remarquable. Le chœur abrite de nombreuses tombes, parmi lesquelles celle de Walter de Stapledon (1261-1326), trésorier d'Édouard II, tué lors d'une émeute à Londres. Stapledon a réuni presque tout l'argent nécessaire à la construction de cette cathédrale et du collège d'Exeter à Oxford *(p. 210-215)*.

Les coquillages et le bric-à-brac poétique de la maison A La Ronde

MODE D'EMPLOI

Devon. 111 000. 8 km
à l'est. Exeter St David's,
Bonhay Rd ; Exeter Central,
Queen St. Paris St. Paris
St (01392 265700). t.l.j.
www.exeter.gov.uk

Passages souterrains
Roman Gate Passage. 01392 665887. de juil. à sept. : du lun. au sam. ; d'oct. à juin : du mar. au ven. (après-midi), sam. 25 et 26 déc., 1er janv.
Près du centre-ville se trouvent les vestiges du système qui alimentait la ville en eau au Moyen Âge. Une visite guidée explique comment aux XIVe et XVe siècles on a construit des tunnels de pierre en pente très douce pour acheminer l'eau des sources avoisinantes.

St Nicholas Priory
The Mint. 01392 265858. de Pâques à oct.
Le bâtiment qui fut construit au XIIe siècle a conservé plusieurs pièces et éléments d'origine. Ceux-ci permettent de reconstituer la fascinante histoire de cet austère monastère qui servit sous les Tudors de résidence à des marchands fortunés et abrite aujourd'hui cinq locaux commerciaux.

Royal Albert Memorial Museum and Art Gallery
Queen St. 01392 265858. du lun. au sam. du 24 au 26 déc., 1er janv, ven. saint.

Tête africaine du XIXe siècle, au Royal Albert Museum

Les collections de ce musée sont très variées. Elles vont des vestiges d'époque romaine à une galerie d'animaux empaillés, en passant par l'art extrême-oriental et une section ethnographique très intéressante. L'argenterie et l'horlogerie sont deux sections particulièrement riches.

Aux environs
Au sud d'Exeter sur l'A376 se trouve **A La Ronde**, une étrange maison à 16 côtés construite en 1796 pour deux sœurs qui la décorèrent de coquillages et de souvenirs rapportés de leurs voyages.
Plus à l'est, la ville Regency de **Sidmouth** est abritée dans une baie. Ses bâtiments les plus anciens remontent aux années 1820 ; la ville était alors une station balnéaire très en vogue. Les chaumières y côtoient les villas édouardiennes ; de belles maisons s'alignent sur le front de mer. En été, la ville accueille un festival international des arts traditionnels (p. 63).
Au nord de Sidmouth se trouve la magnifique église d'**Ottery St Mary**. Construite

entre 1338 et 1342 par l'évêque Grandisson, c'est une réplique à échelle réduite de la cathédrale d'Exeter. Dans le cimetière, une plaque rappelle que le poète anglais Samuel Taylor Coleridge est né dans la ville en 1772.
Tout près de là, se situe le village de **Honiton**, où l'on fabrique depuis l'époque élisabéthaine une dentelle délicate.
Plus au nord, juste après la M5, **Killerton** accueille la collection de vêtements anciens du National Trust ; des scènes illustrent la mode et l'art de vivre de l'aristocratie du XVIIIe siècle à nos jours.
Plus au nord, près de Tiverton, se trouve **Knightshayes Court**, une demeure néogothique du XIXe siècle aux jardins magnifiques (p. 233).

A La Ronde
(NT) Summer Lane, Exmouth. 01395 265514. d'avr. à oct. : du dim. au jeu.
Killerton
(NT) Broadclyst. 01392 881345. pour restauration jusqu'en mai 2003.
Knightshayes Court
(NT) Bolham. 01884 254665. d'avr. à nov. : du sam. au jeu., ven. saint (jardins ouverts t.l.j. d'avr. à nov.). limité.

Danseuse mexicaine au festival des arts traditionnels de Sidmouth

Torbay ⑳

Torbay. 🚆 🚌 *Torquay, Paignton.*
ℹ️ *Vaughan Parade, Torquay (01803
297428).* 🌐 *www.theenglishriviera.co.uk*

Torquay, Paignton
et Brixham forment
aujourd'hui une seule et même
ville balnéaire baignée par
les eaux de Torbay. La douceur
de son climat, ses jardins
subtropicaux et ses grands
hôtels du siècle dernier ont valu
à la région le surnom de Riviera
anglaise. Torbay a connu son
apogée au début du XIXᵉ siècle,
notamment durant les guerres
napoléoniennes *(p. 54)* ; elle
était fréquentée par tous les
Anglais fortunés, car se rendre
en villégiature sur le continent
n'était alors ni patriotique ni
prudent. Aujourd'hui, Torquay
est une ville balnéaire
importante et très vivante.

Torre Abbey inclut les
vestiges d'un monastère fondé
en 1196 et transformé
aujourd'hui en galerie d'art.
Dans une très belle grange
furent enfermés les soldats
de l'Invincible Armada capturés
en 1588. Le musée de Torquay
(**Torquay Museum**) est
consacré à l'histoire naturelle et
à l'archéologie, avec des objets
trouvés lors des fouilles menées
aux **Kents Cavern Showcaves**,
dans les faubourgs de la ville.
Ce site préhistorique est l'un des
plus importants d'Angleterre ;
dans ces grottes spectaculaires
est évoquée la vie des hommes
et des animaux qui vivaient ici
il y a 350 000 ans.

La ville miniature du
Babbacombe Model Village
se trouve au nord de Torquay ;
à environ 1,5 km à l'intérieur
des terres, on rencontre
le charmant village
de **Cockington**. Un circuit
en calèche permet de voir son
beau manoir Tudor, l'église,
les chaumières et une forge.

Le **zoo de Paignton**
explique tout aux enfants sur
la vie sauvage ; de là, un train
à vapeur permet de visiter
Dartmouth.

En continuant vers le sud
depuis Paignton, on arrive
à Brixham qui était autrefois
le plus important port
de pêche du pays.

Bayards Cove, Dartmouth

🏠 **Torre Abbey**
King's Drive, Torquay. 📞 *01803 293593.*
⏰ *d'avr. à oct. : t.l.j.* 🦽 🅿️
🏛️ **Torquay Museum**
Babbacombe Rd, Torquay. 📞 *01803
293975.* ⏰ *t.l.j. (de nov. à Pâques : du lun.
au ven.).* ● *une sem. à Noël.* 🅿️ 🦽
🏠 **Kents Cavern**
Ilsham Rd, Torquay. 📞 *01803 294059.*
⏰ *t.l.j.* ● *25 déc.* 🦽 🅿️
🏛️ **Babbacombe Model
Village**
Hampton Ave, Torquay.
📞 *01803 328669.* ⏰ *t.l.j.* 🦽 🅿️
🐾 **Paignton Zoo**
Totnes Rd, Paignton. 📞 *01803 557479.*
⏰ *t.l.j.* 🦽 🅿️ 🍴

Dartmouth ㉑

Devon. 🚶 *5 500.* 🚆 ℹ️ *Mayors Ave
(01803 834224).* 🅿️ *du mar. au ven.*
🌐 *www.dartmouth-information.co.uk*

C'est au **Royal Naval College**,
haut perché sur une colline
dominant la Dart, que se déroule
depuis 1905 l'instruction des
officiers de la Marine anglaise.
Bien avant cette date, Dartmouth
était un port important, d'où
la flotte anglaise partit pour les
deuxième et troisième croisades.
Des maisons du XVIIIᵉ siècle
s'alignent sur le quai pavé
de Bayards Cove ; Butterwalk
est bordé de bâtiments XVIIᵉ
ornés de bois sculpté ; au nᵒ 6 se
trouve le **Dartmouth Museum**.
Au sud, **Dartmouth Castle**
est un pittoresque château.

🏛️ **Dartmouth Museum**
Butterwalk. 📞 *01803 832923.*
⏰ *du lun. au sam.* ● *25 et 26 déc.,
1ᵉʳ janv.* 🅿️ 🦽
⚓ **Dartmouth Castle**
(EH) Castle Rd. 📞 *01803 833588.*
⏰ *t.l.j. (de nov. à Pâques : du mer.
au dim.).* ● *24 au 26 déc., 1ᵉʳ janv.*
🅿️ 🦽 🅿️

Les jardins de Torquay, sur la « Riviera anglaise »

Ce vitrail orne l'une des chapelles de l'abbaye de Buckfast

Totnes ㉒

Devon. 🏘 7 500. 🚆 🚌 ⛴ 🛈
Coronation Road (01803 863168). 🄰
mar. matin (mai à sept.), ven., sam.
🅦 www.totnesinfo.org.uk

Totnes, avec son **château** normand, est situé au bout de la partie navigable de la Dart. Entre la ville et le château se trouve High Street, bordée de maisons élisabéthaines. **Eastgate**, une porte vestige des remparts médiévaux, barre la rue. Le musée local, **Totnes Elizabethan Museum**, évoque la ville à son apogée, au XVIe siècle ; une des salles est consacrée au mathématicien Charles Babbage (1791-1871), considéré comme un pionnier de l'informatique. À voir aussi, le **Guildhall** (hôtel de ville) médiéval et l'**église**, au jubé doré délicatement sculpté. Le mardi, tout l'été, les vendeurs du marché portent des costumes élisabéthains.

Aux environs
Non loin au nord de Totnes, **Dartington Hall** possède 10 ha de beaux jardins. La célèbre école de musique de la ville donne des concerts dans une salle du XIVe siècle, le Great Hall.

Au marché de Totnes

⚓ **Totnes Castle**
(EH) Castle St. 📞 01803 864406.
◯ d'avr. à oct. : t.l.j. 🖼
🏛 **Totnes Elizabethan Museum**
Fore St. 📞 01803 863821.
◯ de Pâques à oct. : du lun. au ven.
🖼 🅷 limité.
🏰 **Guildhall**
Rampart Walk. 📞 01803 862147.
◯ d'avr. à oct. : du lun. au ven. 🖼
🌸 **Dartington Hall Gardens**
Dartington Hall Estate. 📞 01803 862367. ◯ t.l.j. 🖼 sur rendez-vous.

Buckfastleigh ㉓

Devon. 🏘 3 300. 🚆
🛈 Fore St (01364 644522).

Cette ville commerçante, aux confins du Dartmoor (p. 282-283), est dominée par **Buckfast Abbey**. La première abbaye, fondée à l'époque des Normands, tomba en ruine après la dissolution des ordres monastiques ; ce n'est qu'en 1882 qu'un petit groupe de bénédictins français y construisit de nouveaux bâtiments. La construction de l'abbaye fut achevée en 1938. Elle accueille aujourd'hui une communauté nombreuse. Les mosaïques et les vitraux sont aussi l'œuvre des moines. Tout près se trouvent **Buckfast Butterfly Farm and Otter Sanctuary**, ferme où sont élevés des papillons et réserve où les loutres sont protégées, et le terminus des trains à vapeur du **South Devon Steam Railway**, qui rejoint Totnes en haletant tout le long de la vallée.

🔱 **Buckfast Abbey**
Buckfastleigh. 📞 01364 645500.
◯ t.l.j. ● 25 au 27 déc., ven. saint.
🅿 🚻 🅷
🦋 **Buckfast Butterfly Farm and Otter Sanctuary**
Buckfastleigh. 📞 01364 642916.
◯ de Pâques à oct. : t.l.j. 🖼 🅷

Burgh Island ㉔

Devon. 🚆 Plymouth, puis taxi.
🛈 Kingsbridge (01548 853195).

Une courte promenade à marée basse permet de retrouver ici toute l'atmosphère des années vingt et trente. En 1929, le millionnaire Archibald Nettlefold fit construire le luxueux **Burgh Island Hotel**. Créé dans le style Art déco avec une piscine d'eau de mer creusée dans le rocher, ce palace a été fréquenté notamment par le duc de Windsor et Agatha Christie. Aujourd'hui restauré, il offre un très bel exemple de la fastueuse décoration intérieure des palaces au début du siècle. Sur l'île, on peut visiter aussi un charmant village et **Pilchard Inn**, une auberge de 1336 qui serait hantée par le fantôme d'un contrebandier.

Le bar Arts déco lumineux du Burgh Island Hotel

Plymouth ㉕

Plymouth. 🏘 250 000. ✈ 🚢 🚉
🚌 🛈 *Island House, The Barbican*
(01752 264849). 🛒 *t.l.j.*
Ⓦ www.plymouth.gov.uk

L'ancien petit port d'où sont partis Drake, Raleigh, Cook et Darwin est aujourd'hui une cité importante. La vieille ville s'organise autour du **Hoe**, un petit terrain planté de gazon où sir Francis Drake, dit-on, aurait calmement terminé sa partie de boules alors que l'Invincible Armada approchait de la côte *(p. 50-51)*. Aujourd'hui, le Hoe est un parc agréable où se dressent des monuments élevés à de grands capitaines de la marine anglaise. Jouxtant le parc se trouve la **Royal Citadel** construite par Charles II vers 1660 pour protéger le port. Le **Plymouth Dome** est l'une des principales attractions de la

Les armoiries de Drake

ville. Le passé et le présent de la cité y sont évoqués grâce aux technologies de pointe. On y découvre aussi la retransmission par satellite des images météorologiques et les écrans radar. Sur le port se trouve le **National Marine Aquarium**. Tout près de là, le **Mayflower Stone and Steps** marque l'endroit où ont embarqué en 1620 les premiers émigrants anglais partis coloniser le Nouveau Monde.

Aux environs
Une promenade en bateau permet de découvrir le complexe portuaire de Plymouth, où, depuis l'époque des guerres napoléoniennes, on construit et équipe des navires de guerre et des sous-marins. On y admire aussi de superbes panoramas et de beaux jardins, comme le **Mount Edgcumbe Park** *(p. 232)*, semés tout le long de la côte.

**Cheminée en bois sculpté
du XVIIIe siècle, Saltram House**

À l'est de la ville, **Saltram House**, belle demeure du XVIIIe siècle, comprend deux pièces décorées par Adam *(p. 24-25)* et des œuvres de Joshua Reynolds.

🏰 **Royal Citadel**
(EH) The Hoe. 📞 *01752 775841.*
🕐 *de mai à sept. : mar. après-midi.*
🎫 🎥 *seulement.*

🏛 **Plymouth Dome**
The Hoe. 📞 *01752 603300.*
🕐 *horaires par tél.* ● *25 déc.*
🅿 🎥 ♿ 🛒

🐠 **National Marine Aquarium**
Rope Walk, Coxside. 📞 *01752 600301.* 🕐 *t.l.j.* ● *25 déc.* 🎥 ♿

🌿 **Mount Edgcumbe Park**
Cremyll, Torpoint. 📞 *01752 822236.*
🕐 *d'avr. à sept. : du mer. au dim.*
🅿 🎥 ♿ 🛒

🏰 **Saltram House**
(NT) Plympton. 📞 *01752 333500.*
🕐 *d'avr. à nov. : du dim. au jeu.; de fév. à mars : sam. et dim. (jardins seul.).*
🅿 🎥 ♿ 🍴 🛒 *ouv. toute l'année.*

Buckland Abbey ㉖

(NT) Yelverton, Devon.
📞 *01822 853607.* 🚌 *d'Yelverton.*
🕐 *du ven. au mer. (de nov. à mars : sam. et dim. après-midi).*
● *25, 26 déc., de janv. à mi-fév.*
🅿 🎥 ♿ 🍴

F ondée en 1278 par des moines cisterciens, l'abbaye de Buckland a été transformée en simple demeure de particuliers après la dissolution des ordres monastiques ; Drake y vécut de 1581 à sa mort en 1596. Une partie de la maison est consacrée à Drake et à son époque.

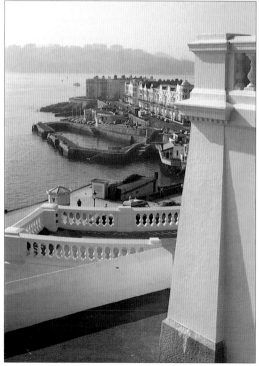

Le port de Plymouth vu depuis le Hoe

Cotehele ㉗

(NT) St Dominick, Cornwall.
📞 *01579 351346.* 🚉 *Calstock.*
Maison ⬜ *d'avr. à oct. : du sam.
au jeu., ven. saint.* **Domaine** ⬜ *t.l.j.*
🏠 📷 ♿ *limité.* 🍴 🛍

L es bois qui l'entourent
et la présence de la rivière
font du domaine de Cotehele
un endroit particulièrement
agréable où passer la journée.
Loin de la civilisation, perdu
dans un massif forestier
en pleines Cornouailles,
Cotehele est resté en sommeil
pendant près de 500 ans.
La demeure a été construite
entre 1489 et 1520 ; c'est
un exemple très bien conservé
des maisons de cette époque,
ordonnées autour de plusieurs
cours, avec une magnifique
salle centrale, des cuisines,
une chapelle et un ensemble
de pièces privées. Le côté
enchanteur de la demeure
est encore renforcé par
les jardins en terrasses qui
la bordent à l'est. Un tunnel
conduit le visiteur
à d'autres jardins exubérants.
Le sentier qui les traverse
passe près d'un beau
pigeonnier médiéval couronné
d'un dôme et mène au quai
où l'on embarquait autrefois
la chaux et le charbon.
Dans le domaine se trouvent
aussi un village, avec un petit
musée maritime, des moulins
en état de marche, d'anciens
fours à chaux et tout
un équipement industriel
datant du XIXᵉ siècle.
La rivière présente
de très beaux paysages.

**Le pigeonnier médiéval, perdu
dans les jardins de Cotehele**

La flotte anglaise et l'Invincible Armada peu avant l'affrontement

SIR FRANCIS DRAKE

Sir Francis Drake (vers 1540-1596) est le premier Anglais qui ait
navigué tout autour de la Terre ; il fut anobli par Élisabeth Iʳᵉ en
1580. Quatre ans plus tard, il introduisit dans le pays le tabac
et la pomme de terre, après avoir ramené chez eux 190 colons
qui avaient tenté de s'établir en Virginie. Pour nombre
de ses contemporains, Drake n'était cependant guère plus
qu'un aventurier opportuniste, qui devait sa renommée à des
exploits suspects, proches de la piraterie. L'Espagne catholique
était alors l'ennemi public numéro 1, et Drake recouvra
la faveur de la reine et du peuple en jouant un rôle important
dans la victoire anglaise sur l'Invincible Armada *(p. 50-51)*.

Morwellham Quay ㉘

Près de Tavistock, Devon.
📞 *01822 832766.* 🚉 *Gunnislake.*
⬜ *de Pâques à oct. : t.l.j. ; de nov.
à mars : groupes seul.* 🏠 📷
♿ *limité.* 🎞 🛍
🌐 www.morwellham-quay.co.uk

M orwellham Quay
a connu un regain
d'intérêt dans les années
1970, quand les membres
d'une association locale
ont entrepris de restaurer
les cottages abandonnés,
l'école, les fermes, le quai et
les anciennes mines de cuivre
dans leur état du XIXᵉ siècle.
Aujourd'hui, on y trouve
un ensemble d'archéologie
industrielle très complet,
où le visiteur peut passer
la journée entière à partager
les activités d'un village
du siècle dernier.
Des habitants du village,
en costumes d'époque,
donnent toutes sortes
d'explications qui rendent
ce musée particulièrement
vivant. Les visiteurs peuvent
mettre la main à la pâte,

**Vestiges du passé industriel
de Morwellham Quay**

assister à une leçon
dans l'école, prendre part
à des jeux typiques du siècle
dernier ou même revêtir
les longues jupes à cerceaux,
les bonnets, les vestes
et les hauts-de-forme
de l'époque. Les habitants
du village connaissent
une foule de détails sur
la vie quotidienne d'autrefois
dans cette petite communauté
minière.

Le parc national du Dartmoor ㉙

Busard

L a lande sauvage du Dartmoor, où
traînent souvent des lambeaux de brume,
est le décor d'un célèbre roman policier
de Conan Doyle, *Le Chien des Baskerville*
(1902). C'est ici, à Princetown, entourée
de buttes rocheuses pelées, que se trouve
la plus sûre des prisons anglaises.
Les paysages sont semés de vestiges
préhistoriques taillés dans le granit. Plus
loin règne une atmosphère très différente.
Les torrents qui se précipitent à travers des ravins
encombrés de rochers deviennent par endroits
des cascades ; dans les vallées des abords
de la lande sont nichées de jolies chaumières
où les randonneurs fatigués peuvent boire un thé
à la crème et se réchauffer à un feu dans l'âtre.

La lande près de Drewsteignton

À Okehampton se trouvent
un musée local et
les ruines d'un château
du XIVe siècle.

Lydford Gorge
(accessible d'avril à
octobre) est un ravin
boisé impressionnant qui
mène à une cascade.

Brentor
*Sur cette colline volcanique
est perchée une petite église
fondée en 1130.*

**Le ministère de
la Défense** a
établi dans la
région des terrains
d'entraînement,
accessibles
le week-end.

**Principal
centre
d'information**

LÉGENDE

ℹ	Information touristique
▬▬▬	Route A
▭▭▭	Route B
▭ ▭	Route secondaire
☀	Point de vue

Okehampton
MELDON RESERVOIR
High Willhays
621 m
LAUNCESTON
A386
West Okement
Lydford
TERRAIN MILITAIRE
A386
Walkham
Postbridge
Two Bridges
Merrivale
Blackbrook
Tavistock
Princetown
LISKEARD
BURRATOR RESERVOIR
Yelverton
PLYMOUTH Plym

0   5 km

PLYMOUTH
Ivybri
Erme

Postbridge
*Le village de Postbridge
permet de rayonner
dans la plaine la plus
septentrionale du
Dartmoor. La lande
onduleuse est
quadrillée de murets
de pierres sèches.*

◁ **Les poneys sauvages vivent en liberté dans les vastes espaces du Dartmoor**

Les poneys du Dartmoor
Ces petits chevaux robustes vivent à l'état sauvage dans la région depuis le Xᵉ siècle.

Grimspound est un ensemble impressionnant de huttes datant de l'âge du bronze, il y a plus de 4 000 ans.

Castle Drogo est un pastiche de château médiéval construit par Sir Edwin Lutyens *(p. 25)* entre 1910 et 1930.

MODE D'EMPLOI

Devon. 🚆 🚌 *Exeter, Plymouth ou Totnes, puis bus.* ℹ️ *High Moorland, Princetown (01822 890414).* **Château d'Okehampton**, Castle Lane, Okehampton. 📞 *01837 52844.* ⏰ *d'avr. à oct. : t.l.j.* ⬤ *de nov. à mars.* 🏛 **Musée du Dartmoor**, West St, Okehampton. 📞 *01837 52295.* ⏰ *de Pâques à oct. : du lun. au sam. (de juin à sept. : t.l.j.) ; de nov. à Pâques : du lun. au ven.* ⬤ *du 24 déc. au 1ᵉʳ janv.* 🎫 ♿ *limité.* **Castle Drogo (NT)**, Drewsteignton. 📞 *01647 433306.* ⏰ *d'avr. à oct. : du sam. au jeu.* **Jardins** ⏰ *t.l.j.* 🅿️ 🎫 ♿ *jardins seul.* 🍴

EXETER
Drewsteignton
Teign

Becky Falls est une cascade de 22 m de haut, située au cœur des bois, dans un site enchanteur.

EXETER
WORTHY RIVOIR
Bovey
Moretonhampstead

Manaton

EXETER
ℹ️ **Bovey Tracey**

Hound Tor
Sur cette colline se trouvent d'importants vestiges d'un site médiéval habité depuis l'époque saxonne jusqu'au début du XIVᵉ siècle.

Buckland-in-the-Moor
A38

VENFORD RESERVOIR ℹ️
Buckfastleigh •
Ashburton

Bovey Tracey est au cœur d'une vaste étendue boisée.

Haytor Rocks est la plus accessible des buttes rocheuses de la région.

DON DAM ESERVOIR
Dart

Le train à vapeur du sud du Devon

L'abbaye de Buckfast a été fondée par le roi Canut *(p. 159)* en 1018.

La ferme aux papillons et la réserve de loutres du Dartmoor

Dartmeet est parcouru de nombreuses rivières.

Buckland-in-the-Moor
L'un des plus jolis villages du Dartmoor, tout en granit et toits de chaume.

LES MIDLANDS

Les Midlands d'un coup d'œil

Dans les Midlands alternent paysages magnifiques et villes industrielles. On vient y découvrir la beauté sauvage des Peaks dentelés, descendre les canaux dans des péniches aux couleurs vives et explorer les nombreux jardins enchanteurs. Cette région présente toute la gamme de l'architecture britannique, des cathédrales et des petites églises aux charmantes villes d'eau, aux nobles demeures et aux cottages campagnards. Les musées industriels sont souvent implantés dans des sites pittoresques.

Cheshire

Staffordshire

Le Tissington Trail *(p. 325) ajoute à une promenade à travers le Peak District un divertissant aperçu de la coutume des puits fleuris.*

Shropshire

LE CŒUR DE L'ANGLETERRE
(voir p. 292-317)

Ironbridge Gorge (p. 302-303) *a vu naître la révolution industrielle (p. 336-337). Ce site inscrit au patrimoine mondial est un exemple des premières implantations industrielles au cœur de la campagne anglaise.*

Herefordshire Worcestershire

Gloucestershire

Dans les Cotswolds *(p. 292-293), nombreuses sont les maisons construites dans la pierre locale grâce aux profits tirés du commerce de la laine au Moyen Âge. Le manoir de Snowshill (à gauche) est proche du village préservé de Broadway.*

0   25 km

◁ Façade à colombage du Lord Leycester Hospital, **Warwick**

Chatsworth House (p. 322-323), *superbe bâtiment baroque, est célèbre par ses jardins dessinés par Capability Brown. Ici le Conservative Wall, serre pour plantes exotiques.*

Nottinghamshire

Lincolnshire

La cathédrale de Lincoln *(p. 329), édifice vaste et imposant, domine la vieille ville. Elle abrite de splendides miséricordes et le chœur des Anges du XIIIᵉ siècle, qui compte 30 anges sculptés.*

Derbyshire

L'EST DES MIDLANDS
(voir p. 318-331)

Leicestershire

Burghley House (p. 330-331), *avec ses motifs architecturaux de style Renaissance, se voit à des lieues à la ronde dans le paysage peu vallonné des Midlands.*

Warwickshire

Le château de Warwick (p. 310-311) *est un étonnant mélange de forteresse médiévale et de demeure campagnarde, avec ses tours massives, ses remparts, son souterrain et ses appartements historiques, comme la chambre de la reine Anne.*

Northamptonshire

Stratford-upon-Avon (p. 312-315), *ville natale de Shakespeare, compte nombre d'anciennes demeures, dont certaines se visitent. Ces constructions à colombage noir et blanc, courantes dans les Midlands, sont typiques de l'architecture Tudor (p. 290-291).*

Les canaux des Midlands

C'est le troisième duc de Bridgewater qui fit creuser, en 1761, l'un des premiers canaux d'Angleterre, pour relier la mine de charbon de son domaine de Worsley aux usines textiles de Manchester. En 1805, 4 800 km de voies navigables, reliées au réseau hydrographique quadrillaient le pays. Ce fut le moyen de transport de marchandises le plus rapide et le moins coûteux, jusqu'à la concurrence du chemin de fer à partir de 1840. On cessa de convoyer les marchandises sur les canaux en 1963, mais près de 3 200 km en sont encore navigables pour les voyageurs qui désirent faire une croisière tranquille en péniche.

Le Grand Union Canal (peinture de 1931), long de 485 km, fut construit dans les années 1790 afin de relier Londres aux Midlands.

Des auberges d'écluses approvisionnaient les bateliers.

Les éclusiers étaient logés dans de petites maisons.

Le Farmer's Bridge, à Birmingham, est une suite d'écluses. Les péniches peuvent ainsi passer d'un niveau du canal à l'autre. Plus la dénivellation est forte, plus les écluses doivent être nombreuses.

De lourdes portes en V ferment l'écluse.

C'est la pression de l'eau qui maintient la porte fermée.

Le chemin de halage permettait aux chevaux de remorquer les péniches avant qu'elles ne soient motorisées. Les chevaux étaient régulièrement remplacés.

Les péniches à fond plat ont la proue et la poupe identiques. Le chargement occupait presque toute la place, sauf une petite cabine pour l'équipage. Elles étaient peintes de couleurs vives.

N° 7 BILL O TOMS NEW MARTON LOCK

LE RÉSEAU DE CANAUX DES MIDLANDS

Les Midlands, région industrielle qui a vu naître le réseau de canaux anglais, a toujours la plus forte concentration de voies navigables.

LÉGENDE

▬▬ Canal

▬▬ Cours d'eau

MODE D'EMPLOI

Sociétés spécialisées dans les péniches de tourisme : Blake's Holidays 📞 01603 739400 ; Hoseasons 📞 01502 501010 ; Canal Cruising Co 📞 01785 813982 ; Black Prince Holidays 📞 01527 575115 ; Alvechurch Boat Centres Ltd 📞 0121 445 2909. **Musées des canaux :** Téléphoner pour les horaires. National Waterways Museum (voir p. 317) ; Canal Museum, Stoke Bruerne, Towcester 📞 01604 862229 ; Boat Museum, South Pier Rd, Ellesmere Port. 📞 0151 3555017.
W www.thewaterwaytrust.co.uk

Canal

Passerelle

Une **manivelle** ouvre les vannes.

Une **poutre balancier** permet d'ouvrir les portes.

LES ÉCLUSES

Les canaux empruntaient des tunnels, des remblais et des écluses pour assurer la rapidité du transport des marchandises. Les écluses permettaient de franchir les déclivités.

L'aqueduc de Bearley, au nord de Stratford-upon-Avon est une construction en acier de 180 m, supportée par des piliers de brique, qui permet au canal de passer au-dessus des routes et d'une voie ferrée fréquentée.

L'ART DES BATELIERS

Les cabines sont si petites que chaque centimètre carré est mis à profit pour en faire une habitation confortable. L'intérieur était agrémenté de peintures colorées et abondamment décoré.

Le mobilier était conçu pour être commode et pour tenir dans des cabines exiguës.

Les péniches sont souvent ornées d'éléments en cuivre.

Les pots à eau étaient également peints. Les motifs les plus répandus étaient les roses et les châteaux, avec des variantes de style locales.

Les manoirs Tudor

Nombre de manoirs remarquables ont été édifiés dans le centre de l'Angleterre sous les Tudors *(p. 50-51)*, époque de paix et de prospérité relatives. La dissolution des monastères fit démembrer de vastes domaines, vendus à des propriétaires laïcs qui firent construire des maisons en accord avec leur nouveau statut *(p. 24)*. Dans les Midlands, le bois était le matériau de construction principal, et la gentry affichait sa fortune en ornant son intérieur de boiseries sculptées.

Armes de la famille Lucy

Les moulures *sculptées de l'aile sud datent de la fin du XVIe siècle. Des motifs traditionnels, comme la vigne ou le trèfle, se combinent à ceux empruntés à la Renaissance italienne.*

Les douves *rectangulaires étaient décoratives plutôt que défensives. Elles entourent un potager reconstitué (p. 22) en 1975 avec des plantes qui existaient sous les Tudors.*

La grande galerie, *partie la plus récente (1580), servait de salle de jeu. Des peintures murales d'origine représentent la Destinée (à gauche) et la Fortune.*

Encorbellement (aux étages supérieurs)

DEMEURES TUDOR ET NÉO-TUDOR

Les Midlands comptent de nombreuses demeures Tudor somptueusement décorées. Au XIXe siècle, la « vieille Angleterre » adopta l'architecture néo-Tudor, qui représentait l'idée de tradition familiale.

Hardwick Hall, *dans le Derbyshire, dont on voit ici l'immense cuisine, est l'une des plus belles demeures Tudor du pays. On appelle ces bâtiments les « maisons du prodige » (p. 330) à cause de leur taille.*

Charlecote Park, *dans le Warwickshire, demeure édifiée par Sir Thomas Lucy en 1551-1559, a été restaurée dans le style Tudor au XIXe siècle, mais il a conservé une belle maison de garde d'origine. Shakespeare (p. 312-315), dit-on, fut pris dans sa jeunesse à braconner le chevreuil dans le parc.*

Entrée

Le parloir était une pièce destinée aux réceptions informelles. Des scènes bibliques comme Suzanne et les vieillards (à droite) rappelaient la foi et la culture religieuse.

Boiseries

Cour

Le grand salon (vers 1440) est la partie la plus ancienne de la maison, et la plus grande à l'époque des Tudors. C'était la principale pièce commune pour les dîners et les réceptions.

LITTLE MORETON HALL

La demeure des Moreton (p. 299) fut construite entre 1440 et 1580 par l'assemblage de nombreuses pièces de bois. Boiseries et encorbellements en reflétaient la richesse.

Le vitrage de la grande baie est typique du XVIᵉ siècle : de petites pièces de verre fabriquées sur place étaient taillées à facettes comme un diamant avant d'être ajustées avec des baguettes de plomb.

Packwood House, dans le Warwickshire, est une demeure à colombage du milieu de l'époque Tudor, largement modifiée au XVIIᵉ siècle. L'étonnant jardin, dont les ifs taillés sont censés représenter le sermon sur la montagne, date du XVIIᵉ siècle.

Moseley Old Hall, dans le Staffordshire, a un mur de brique qui dissimule le colombage du XVIIᵉ siècle. La chambre du roi est celle dans laquelle Charles II se réfugia après la bataille de Worcester (p. 52-53).

Wightwick Manor, dans l'ouest des Midlands, date de 1887-1893. Ce bel ensemble néo-Tudor possède des meubles et des décors superbes de la fin du XIXᵉ siècle.

La pierre des Cotswolds

Les Cotswolds sont une chaîne élevée de collines calcaires qui court sur 80 km au nord-est en direction de Bath *(p. 246-249)*. Les sols peu profonds sont difficiles à labourer mais parfaits pour paître les moutons, et la richesse tirée de la laine au Moyen Âge a permis de construire des églises majestueuses et d'opulentes demeures en ville. Ce sont les pierres de ces collines qui ont servi à bâtir la cathédrale Saint-Paul *(p. 116-117)*, ainsi que les villages, les granges et les manoirs qui rendent le paysage si pittoresque.

Dragon, église de Deerhurst

Les cottages d'Arlington Row, *à Bibury, furent construits au XVIIᵉ siècle pour des tisserands dont les métiers étaient installés dans les greniers.*

Les fenêtres étant frappées d'un impôt et le verre coûteux, les cottages ouvriers n'avaient que quelques ouvertures étroites à petits carreaux.

Un larmier permet à l'eau de s'écouler.

Le toit est en pente raide pour supporter le poids des ardoises. Des maîtres artisans les fabriquaient en effeuillant les blocs d'ardoise.

COTTAGE EN PIERRE DES COTSWOLDS
Les cottages à deux étages d'Arlington Row, construits à partir de pierres aux formes curieuses, sont asymétriques. Il y fait sombre à cause de l'étroitesse des ouvertures.

Portes et linteaux en bois

Le bois, moins cher que la pierre, servait à édifier les étages supérieurs sous les toits.

VARIATIONS EN PIERRE
La pierre des Cotswolds a des tons chauds dans le Nord, nacrés dans le Centre et gris clair dans le Sud. On dirait qu'elle restitue la lumière qu'elle a absorbée. Cette pierre tendre, facile à sculpter, se prête à tous les usages : bâtiments, ponts, tombes, gargouilles.

« Tiddles » est la pierre tombale d'un chat (cimetière de Fairford).

Lower Slaughter *doit son nom au mot anglo-saxon slough, « lieu boueux ». Son pont bas en pierre enjambe le cours de l'Eye.*

VILLES ET VILLAGES EN PIERRE DES COTSWOLDS

Les villes et les villages de cette carte sont de bons exemples de sites bâtis presque entièrement en pierre. Presque tous les villages de la région ont été fondés avant le XIIIe siècle. L'abondance de pierre calcaire a entraîné une multitude de constructions. Les maçons travaillaient selon des modèles locaux qui se transmettaient de génération en génération.

1. Winchcombe
2. Broadway
3. Stow-on-the-Wold
4. Upper et Lower Slaughter
5. Bourton-on-the-Water
6. Sherborne
7. Northleach
8. Painswick
9. Bibury
10. Fairford

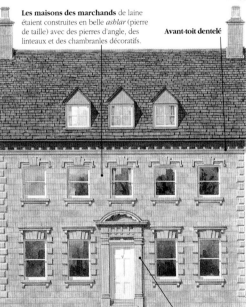

Les maisons des marchands de laine étaient construites en belle *ashlar* (pierre de taille) avec des pierres d'angle, des linteaux et des chambranles décoratifs.

Avant-toit dentelé

MAISON EN PIERRE DES COTSWOLDS

Cette maison de marchand du début de l'époque georgienne, à Painswick, est d'un style des Cotswolds accompli, qui emprunte des éléments décoratifs à l'architecture classique.

La porte est surmontée d'un fronton arrondi sur des pilastres lisses.

LES GARGOUILLES

Celles de l'église de Winchcombe (XVe siècle) mêlent croyances païennes et chrétiennes.

Dieux païens écartant les esprits maléfiques.

Les allégories de la fertilité, importantes à la campagne, apparaissaient dans des fêtes chrétiennes.

Visages humains souvent caricatures de dignitaires locaux.

Dieux animaux représentant des qualités comme la force.

Les murs de pierre sèche sont construits sans mortier, selon une vieille technique des Cotswolds.

Les croix de pierre comme celle de Stanton, près de Broadway (XVIe siècle), sont nombreuses dans les Cotswolds.

Sarcophages et « boîtes à thé » : belles tombes du XVIIIe siècle dans le cimetière de Painswick.

The Cotswold Arms

Bar Snacks
Restaurant
Beer Garden
Morning Coffee

LE CŒUR DE L'ANGLETERRE

··

CHESHIRE · HEREFORDSHIRE · GLOUCESTERSHIRE · SHROPSHIRE
STAFFORDSHIRE · WARWICKSHIRE · WORCESTERSHIRE

*L*e plus grand attrait de la Grande-Bretagne est sa variété, et rien ne le prouve mieux que le cœur du pays où les collines des Cotswolds, qui dissimulent des cottages et des églises de pierre, cèdent la place aux plaines fertiles du Warwickshire. Le pays de Shakespeare voisine avec le centre industriel de l'Angleterre, qui fut l'atelier du monde.

Coventry, Birmingham, les « Potteries » et leurs arrière-pays travaillent le fer, le textile et la céramique depuis le XVIIIe siècle. Au XXe siècle, ces industries ont décliné, et un nouveau genre de musée est apparu pour faire revivre les heures de gloire de ces villes et les techniques d'autrefois. Ironbridge Gorge et la filature de Quarry Bank, à Styal, dont les usines sont devenues des musées vivants, sont des sites industriels captivants implantés en pleine nature.

On peut goûter ces paysages depuis le pont d'une péniche qui descend les canaux des Midlands vers la région frontalière du pays de Galles connue sous le nom de Marches. Là, les murs massifs de Chester et les châteaux de Shrewsbury et de Ludlow rappellent les batailles féroces des Gallois contre les barons normands et les lords des Marches. Celles-ci sont maintenant parsemées de localités rurales qui s'approvisionnent aux marchés de Leominster, Malvern, Ross-on-Wye et Hereford. Les villes de Worcester et Gloucester possèdent des centres commerciaux modernes, mais leurs cathédrales majestueuses conservent une sérénité d'un autre âge.

Cheltenham comporte de nombreux édifices Régence, Cirencester un riche héritage romain et Tewkesbury une solide abbaye normande. Enfin citons Stratford-upon-Avon, ville célèbre puisque William Shakespeare y naquit et y mourut.

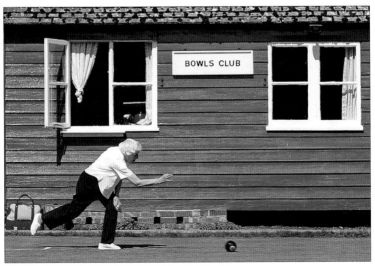

Paisible passe-temps villageois, hérité de siècles plus tranquilles

◁ **Les constructions du cœur de l'Angleterre utilisent souvent la pierre des Cotswolds**

À la découverte du cœur de l'Angleterre

Plus que toute autre région, le cœur de l'Angleterre doit son caractère à ses paysages. Maisons pittoresques, pubs et églises, à colombage ou en pierre des Cotswolds, charment les yeux et ajoutent beaucoup au plaisir de la découverte. La région proche de Birmingham et de Stoke-on-Trent (ancien centre industriel de l'Angleterre) tranche cependant avec le reste. À certains endroits, l'horizon bétonné n'est guère riant, mais l'art et l'architecture victoriens triomphants, ainsi qu'une série de beaux musées de l'industrie, reflètent l'histoire passionnante de la région.

Arlington Row : cottages de pierre à Bibury, village des Cotswolds

LA RÉGION D'UN COUP D'ŒIL

CIRCULER

Le cœur de l'Angleterre est d'accès facile par le train, grâce aux grandes lignes desservant Cheltenham, Worcester, Birmingham et Coventry. Les autoroutes M5 et M6 sont les voies routières principales, mais elles sont souvent embouteillées. Des compagnies d'autocars font la navette entre Cheltenham et Birmingham. Mais la voiture est encore le meilleur moyen de se déplacer. Les petites routes sont généralement désertes ; cependant, les principaux centres d'intérêt, comme Stratford-upon-Avon, peuvent être envahis l'été.

VOIR AUSSI

Wigan
Liverpool
Birkenhead
Mersey
M53
M56
CHESTER ❷
A5
Wrexham
Dee
A41
Llang
AX
A495 ● ELLESMERE
A49
Welshpool
A458 ❹
SHREWSBURY
Offa's Dyke Path
SHROPSHIRE HILL
Teme
MARCHES
LUDLOW ❻
A4113
Llandrindod Wells
A49
LEOMINSTER ❼
A438
Wye
❽
HEREFORD
Monnow
ROSS-ON-WY
A40

0   10 km

Manchester

Manchester

1 QUARRY BANK
MILL, STYAL

A537

Buxton

P E A K
D I S T R I C T
N A T I O N A L
P A R K

Macclesfield Canal

A34

A53

STOKE-ON-TRENT
3

A52

25   M6

A50

Trent & Mersey Canal

Shropshire Union Canal

UTTOXETER

Derby

Dore

Trent

A38

STAFFORD

A518

Vue de la vallée de la Wye, près de Ross-on-Wye

C A N N O C K
C H A S E

M54

A5

Nottingham

M6

RONBRIDGE

B L A C K
C O U N T R Y

A442

13 BIRMINGHAM

A456

KIDDERMINSTER

A451

A449

A456

A443

M42

Coventry Canal

A5

M6

M42

Leicester

M69

A45

14 COVENTRY

M6

Northampton

RUGBY

A46

A45

M45   **Northampton**

WARWICK **16**

15

**LES JARDINS
DES MIDLANDS**

Teme

12 WORCESTER

A46

M5

Avon

GREAT MALVERN

V A L E   O F
E V E S H A M

A38

A422

A429

Arrow

A449

11

0 LEDBURY

M50

19 TEWKESBURY

A40

GLOUCESTER

21

A40

A417

20

CHELTENHAM

A40

C O T S W O L D S

Cotswold Way

22 CIRENCESTER

A429

Bristol

A433

Bath

A417

**STRATFORD-
UPON-AVON**

17

Oxford Canal

M40

**Banbury,
Oxford,
London**

A3632

A3400

18

CHIPPING CAMPDEN

Evenlode

Windrush

Oxford

Swindon

**Reader's House, à Ludlow,
face à St Laurence's Church**

La filature de Quarry Bank, témoin vivant de la révolution industrielle

Quarry Bank Mill, Styal ❶

Cheshire. 📞 01625 527468.
🚇 Wilmslow puis en bus.
🕐 avr.- sept. : t.l.j. ; oct.- mars :
mar.-dim. 🚫 23-25 déc. 📷 ♿ limité.
🏠 🍴 🖥 www.quarrybankmill.org.uk

L a filature de Quarry Bank, transformée en musée, fait revivre la révolution industrielle *(p. 54-55)*. C'est là qu'en 1784 Samuel Greg utilisa pour la première fois les eaux de la vallée de la Bollin pour actionner le métier qui transformait les fibres de coton en toile. Vers 1840, Greg possédait l'un des empires du coton les plus importants de Grande-Bretagne, et ses coupons de tissu s'exportaient dans le monde entier.

La vieille filature massive, restaurée, accueille un musée vivant de l'industrie du coton, qui a dominé la région de Manchester pendant près de deux cents ans avant d'être détrônée par la concurrence étrangère. Reconstitutions, démonstrations et manipulations amusantes montrent toutes les étapes, du filage et du tissage au blanchiment en passant par l'impression et la teinture. Dans la salle de tissage, des métiers produisent du tissu dans un grand cliquetement. On peut ainsi voir comment l'eau actionne les machines, parmi lesquelles une roue de 50 t, haute de 7 m, qui met encore parfois en branle les métiers à tisser.

La famille Greg prit conscience qu'elle avait besoin d'une main-d'œuvre en bonne santé, loyale et stable. Une exposition sur l'histoire sociale explique comment les ouvriers de la filature logeaient au village de Styal, construit spécialement, dans des cottages spacieux avec potagers et lieux d'aisances. Des panneaux détaillent les salaires, les conditions de travail et l'état sanitaire. Des visites guidées de l'**Apprentice House** voisine sont organisées : elle accueillait des orphelins qui travaillaient jusqu'à 12 h par jour à l'âge de six ou sept ans. Les visiteurs peuvent essayer les lits des enfants et même goûter les potions qu'on leur servait… Quarry Bank est entouré de plus de 115 ha de forêt.

Chester ❷

Cheshire. 🏛 120 000. 🚋 📮
ℹ Town Hall, Northgate St (01244
402111). 🛍 du lun. au sam.
🖥 www.chestercc.gov.uk

L es rues principales de cette ville, ancien camp romain *(p. 44-45)* établi en 79 apr. J.-C. pour défendre les terres fertiles riveraines de la Dee, sont maintenant bordées de maisons à colombage. Ce sont les **Rows**, qui, avec leurs deux étages de boutiques et leur galerie supérieure continue, ont précédé de plusieurs siècles les grands magasins.

Bien que leurs fenêtres à oriel et leur colombage décoratif soient presque tous du XIXe siècle, ces galeries datent du XIIIe et du XIVe siècle, et la structure d'origine est apparente en de nombreux endroits. La façade de la **Bishop Lloyd's House**, Watergate Street, est l'une des plus richement sculptées de Chester. C'est au coin d'Eastgate Street et de Bridge Street que les galeries sont les plus variées et les plus belles. Ici, la vue sur la cathédrale et les remparts donne l'impression que la ville n'a guère changé depuis le Moyen Âge. D'autant plus que le crieur public annonce les heures et des avis, l'été, depuis la Croix, reconstitution d'un crucifix de pierre du XVe siècle détruit pendant la guerre civile *(p. 52-53)*. Le **Grovesnor Museum**, au sud de la Croix, retrace l'histoire de la ville.

La **cathédrale** se trouve au nord. Les stalles du chœur possèdent de magnifiques miséricordes *(p. 329)*, ornées

*Tour de l'horloge
de Chester, 1897*

Sculptures de la façade de Bishop Lloyd's House, à Chester

Les Rows de Chester, véritables galeries marchandes

de scènes parmi lesquelles un couple se querellant, qui contrastent avec les flèches délicates des dais des stalles. Le **mur d'enceinte**, romain à l'origine mais plusieurs fois rebâti, longe la cathédrale sur ses deux côtés. La plus belle perspective va de la cathédrale à Eastgate, dont l'**horloge** de fer ouvré date de 1897. La route de Newgate mène à un **amphithéâtre romain** construit en 100 apr. J.-C.

🏛 **Grovesnor Museum**
Grovesnor St. 🅒 01244 402008.
⭘ du lun. au sam., dim. après-midi.
⬤ du 25 au 26 déc., 1er janv.,
ven. saint. 🅗 🅕 limité.
𝄆 **Roman Amphitheatre**
Little St John St. 🅒 01244 402009.
⭘ t.l.j.

Stoke-on-Trent ❸

Stoke-on-Trent. 🏠 252 000. 🚆 🚌
🅘 Quadrant Rd, Hanley (01782 236000). 🛍 du lun. au sam.
🆆 www.stoke.gov.uk/tourism

Au milieu du XVIIIe siècle, le Staffordshire est devenu un foyer de la céramique industrielle. Il doit sa réputation aux fines porcelaines tendres de Wedgwood, Minton, Doulton et Spode, mais on y fabrique aussi des produits usuels : baignoires, lavabos et carrelage. En 1910, Longton, Fenton, Hanley, Burslem, Tunstall et Stoke-upon-Trent formèrent Stoke-on-Trent, surnommé les « Potteries ». Les lecteurs d'Arnold Bennett (1867-1931) reconnaîtront les « cinq villes » qu'il met en scène dans la série de romans consacrée à cette région.

Le **Gladstone Pottery Museum** est un complexe industriel de l'époque victorienne, avec ateliers, fours, galeries, salle des machines et démonstrations de techniques traditionnelles de céramique. Le **Potteries Museum and Art Gallery**, à Hanley, expose des céramiques anciennes ou modernes.

Josiah Wedgwood fonda sa fabrique de faïence en 1769 et construisit un village ouvrier, Etruria. L'**Etruria Industrial Museum** abrite la dernière fabrique de poterie à vapeur.

Aux environs
À 16 km se trouve **Little Moreton Hall** *(p. 291)*, manoir de style Tudor primitif à colombage.

🏛 **Gladstone Pottery Museum**
Uttoxeter Rd, Longton.
🅒 01782 319232. ⭘ t.l.j.
⬤ du 24 déc. au 2 janv.
🅗 🅚 🅕 🅖
🏛 **Potteries Museum and Art Gallery**
Bethesda Rd, Hanley.
🅒 01782 232323. ⭘ t.l.j.
⬤ du 25 déc. au 1er janv. 🅗 🅖 🖵
🏛 **Etruria Industrial Museum**
Lower Bedford St, Etruria. 🅒 01782 233144. ⭘ du mer. au dim.
⬤ du 25 déc. au 1er janv.
🅗 🅕 🅒 sur rendez-vous. 🖵
Little Moreton Hall
(NT) Congleton, A34. 🅒 01260 272018. ⭘ de mars à oct. : du mer. au sam. et jours fériés ; de nov. au 22 déc. : sam., dim. 🅗 🅕 🅒 🅖 limité. 🅚

LA CÉRAMIQUE DU STAFFORDSHIRE

Beaucoup d'eau, de la marne, de l'argile et du charbon facile à extraire permirent au Staffordshire de devenir un centre de la céramique ; les ressources locales en fer, en cuivre et en plomb servaient à la vitrerie. Au XVIIIe siècle, la céramique devint abordable. La porcelaine anglaise (« china »), qui devait sa dureté et sa translucidité à l'utilisation d'os d'animaux broyés, s'exportait dans le monde entier, et Josiah Wedgwood (1730-1795) mit sur le marché une faïence simple et solide, bien que son modèle le plus connu soit le bleu jaspé décoré de motifs blancs classiques *(jasper)*. L'argile cuisait dans des fours verticaux à charbon jusque vers 1950, où la loi sur la pollution de l'air les fit remplacer par des fours électriques ou à gaz.

Chandeliers Wedgwood, 1785

Les maisons à colombage de Fish Street, à Shrewsbury

Shrewsbury ❹

Shropshire. 🅰 96 000. 🚄 🚌
ℹ The Square (01743 350761).
🏛 mar., mer., ven., sam.
W www.shrewsbury.ws

Cette ville, située au milieu d'un méandre de la Severn, est presque une île. Un **château** sévère de grès rouge, qui se dresse depuis 1083 sur sa seule limite terrestre, en commande l'entrée. De tels ouvrages étaient nécessaires aux marches de l'Angleterre et du pays de Galles, dont les farouches habitants défiaient les envahisseurs saxons et normands (p. 46-47). Le château, plusieurs fois reconstruit au cours des siècles, abrite le Shropshire Regimental Museum.

En 60 apr. J.-C., les Romains (p. 44-45) bâtirent la ville de garnison de Viroconium, aujourd'hui Wroxeter, à 8 km à l'est de Shrewsbury. Le **Shrewsbury Museum and Art Gallery** expose le produit de fouilles, dont un miroir d'argent décoré du IIe siècle et des objets de luxe apportés par l'armée romaine.

Les maisons à colombage de High Street, Butcher Row et Wyle Cop rappellent la richesse de la ville au Moyen Âge, due au commerce de la laine. Deux des plus grandes

Miroir romain en argent du Shrewsbury Museum

maisons de High Street, **Ireland's Mansions** et **Owen's Mansions**, doivent leur nom à Robert Ireland et Richard Owen, riches marchands de laine qui les firent construire respectivement en 1575 et 1570. D'autres maisons intéressantes de Fish Street encadrent une face du **Prince Rupert Hotel**, éphémère quartier général du prince Rupert, royaliste pendant la guerre civile (p. 52-53).

De l'autre côté du fleuve, l'**abbatiale** est tout ce qui reste du monastère médiéval. Elle abrite des mémoriaux intéressants, parmi lesquels celui du lieutenant W. E. S. Owen, M. C., plus connu sous le nom de Wilfred Owen, poète de la guerre (1893-1918). Il enseigna à l'école voisine de Wyle Cop et fut tué dans les derniers jours de la Grande Guerre.

Aux environs
Au sud de Shrewsbury, la route de Ludlow traverse les paysages chantés en 1896 par A. E. Housman (1859-1936). Autres sites d'intérêt, la lande battue par le vent de **Long Mynd**, avec ses 15 tumulus préhistoriques, et la longue crête de **Wenlock Edge**, merveilleux paysage propice à la promenade où la vue porte très loin.

⚓ **Shrewsbury Castle**
Castle St. **☎** 01743 358516.
🅾 de Pâques à oct. : du mar. au dim. ; d'oct. à mars : téléphoner pour horaires. ⬤ du 22 déc. à mi-fév.
🅿 ♿
🏛 **Shrewsbury Museum and Art Gallery**
Barker St. **☎** 01743 361196.
🅾 t.l.j. ⬤ 2 sem. à Noël.
📷 ♿ limité. 🅿

Ironbridge Gorge ❺

Voir p. 302-303.

Ludlow ❻

Shropshire. 🅰 9 000. 🚄 **ℹ** Castle St (01584 875053). 🏛 lun., ven., sam. W www.ludlow.org.uk

Son magnifique château attire de nombreux visiteurs, mais cette petite ville aux boutiques et aux charmantes maisons Tudor à colombage recèle d'autres curiosités. Ludlow est un site archéologique et le **musée**, tout proche du centre, conserve des fossiles d'animaux et de plantes.

Le **château** domine le cours de la Teme du haut d'une falaise. Édifié en 1086, il fut endommagé pendant la guerre civile (p. 52-53) et abandonné en 1689. C'est dans le Great Hall que fut créé Comus, masque de John Milton (1608-1674) mêlant musique et théâtre, spectacle précurseur de l'opéra. Une pièce de Shakespeare est représentée

La tour et l'aile sud du château de Stokesay, près de Ludlow

au début de chaque été
au milieu des ruines.

Le prince Arthur (1486-1502),
frère aîné d'Henri VIII *(p. 50-
51)*, est mort au château de
Ludlow. Son cœur est enterré
dans **St Laurence's Church**,
à l'autre bout de Castle Square.
À l'est, l'église s'appuie contre
les bâtiments à colombage
décorés du **Bull Ring**.

Deux auberges attirent
l'attention de l'autre côté de
la rue : **The Bull**, avec sa cour
Tudor, et **The Feathers**, à
la façade flamboyante, dont le
nom rappelle que la fabrication
des flèches empennées était
une activité locale.

Aux environs
À 8 km au nord, dans un
site ravissant, s'élève **Stokesay
Castle**, manoir fortifié
aux douves transformées
en jardin floral.

♠ **Ludlow Castle**
The Square. [01584 873355.
◯ t.l.j. (janv. : sam., dim. seul.)
● 25 déc. 🔲 🈯 🔥 limité.
🏛 **Ludlow Museum**
Castle St. [01584 873857.
◯ d'avr. à oct. : du lun. au sam.
(juin à août : t.l.j.). 🈯 🔥
♠ **Stokesay Castle**
Craven Arms, A49. [01588 672544.
◯ d'avr. à oct. : t.l.j. ; de nov. à mars :
du mer. au dim. ● du 24 au 26 déc.,
1er janv. 🔲 🈯 🔲

Leominster ❼

Herefordshire. 🏘 10 000. 🚆 🚌
Corn Sq (01568 616460). 🔄 ven.
🆆 www.visitorslink.com

L eominster (prononcer
« Lemster ») est un marché
agricole prospère au centre
d'une région fertile. Ville
lainière pendant 700 ans,
elle compte deux monuments
notables : dans le centre,
la magnifique **Grange Court**,
sculptée de motifs vigoureux
et étonnants par John Abel
en 1633 ; non loin de là,
le **prieuré**, dont l'imposant
portail normand est orné
d'un mélange tout aussi
étrange d'oiseaux mythiques,
de bêtes et de serpents.
Les lions, au moins,
s'expliquent : au Moyen Âge,
les moines croyaient
que Leominster venait
de *monasterium leonis*,

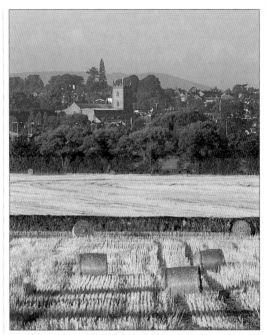

Vue de Leominster, arrosé par la Lugg dans un paysage doucement
vallonné

le « monastère des lions ».
En fait, *leonis*, qui vient sans
doute du latin médiéval,
signifie « des marais ».
Les champs verdoyants autour
de la ville, en prolongement
de riches vallées qui
se rejoignent à Leominster,
montrent la justesse du terme.

Aux environs
À l'ouest, le long de l'Arrow,
se trouvent **Eardisland**
et **Pembridge**, deux villages
coquets aux jardins bien tenus
et aux maisons à colombage.
Berrington Hall, à 5 km
au nord de Leominster,

Porche de Stokesay Castle,
un manoir fortifié

est une belle demeure
du XVIIIe siècle, de style
néoclassique, entourée
d'un parc dessiné
par Capability Brown.
Elle possède de beaux
plafonds décorés et un
intéressant mobilier d'époque,
notamment une chambre
d'enfants. Au nord-est, la ville
d'eau de **Tenbury Wells**
eut son heure de gloire
au XIXe siècle. La Teme, qui
la traverse, pleine d'épinoches
et de saumons venus frayer,
était chère au compositeur
sir Edward Elgar *(p. 305)*, qui
cherchait souvent l'inspiration
sur ses rives. La rivière arrose
aussi **Burford House
Gardens**, jardins situés à la
limite ouest de Tenbury Wells,
où ses eaux alimentent
des canaux, des fontaines
et des bassins qui abondent
en plantes semi-aquatiques
rares.

🌿 **Burford House Gardens**
Tenbury Wells. [01584 810777.
◯ t.l.j. ● 25, 26 déc, 1er janv.
🔲 🈯 🔥 🔲
🏰 **Berrington Hall**
Berrington. [01568 615721.
◯ t.l.j. ● 25 et 26 déc., 1er janv. 🈯

Ironbridge Gorge ❺

I ronbridge Gorge était l'un des centres les plus importants de la révolution industrielle *(p. 54-55)*. C'est ici qu'en 1709 Abraham Darby Ier (1678-1717) inaugura l'usage du coke, combustible meilleur marché que le charbon de bois, pour fondre le minerai de fer. L'usage de l'acier pour les ponts, les navires et les bâtiments fit d'Ironbridge Gorge l'un des grands centres sidérurgiques du monde. Le déclin du XXe siècle entraîna la décadence du site, qui a été restauré plus tard pour devenir un lieu de mémoire industrielle, avec plusieurs musées alignés le long des rives boisées de la Severn.

MODE D'EMPLOI

Shropshire. 🏠 2 900. 🚆 Telford, puis en bus. 📞 01952 432166. 🕐 de mi-avr. à oct. : t.l.j. ; de nov. à mi-avr. : tél. pour horaires. 🌑 24, 25 déc. Certains sites sont fermés de nov. à avr., tél. pour informations. ♿ la plupart des sites. 🅿️ 🚻 ♨️ sur rendez-vous. 🖥️ 🎭 Midsummer Fair : juin (artisanat et expositions toute l'année). 🌐 www.ironbridge.org.uk

Horloge de fer forgé (1843) sur le toit du Museum of Iron

MUSEUM OF IRON

C e musée remarquable retrace l'histoire de l'acier et des hommes qui le fabriquaient. La découverte par Abraham Darby Ier du procédé de fonte au coke permit une production de masse, ouvrant la voie de l'industrialisation. Son premier haut fourneau est la pièce maîtresse du musée.

L'un des thèmes du musée est l'histoire des Darby, famille de quakers qui eut une grande influence sur la localité de Coalbrookdale. Les conditions de travail et de vie des ouvriers, qui travaillaient parfois 24 heures d'affilée, sont aussi décrites. C'est Ironbridge qui produisit les premières roues en fer et les premiers cylindres de la première machine à vapeur. Parmi les produits de la Coalbrookdale Company exposés, une locomotive restaurée

et des statues en fonte, dont beaucoup furent commandées pour l'exposition universelle de 1851 *(p. 56-57)*.

L'une des demeures de la famille Darby se trouve à Coalbrookdale, le village voisin : **Rosehill House**, meublée dans le style victorien.

MUSEUM OF THE GORGE

D ans ce bâtiment victorien aux allures de château était entreposée la production des usines sidérurgiques qui devait être embarquée à bord des péniches naviguant sur la Severn. Le Museum of the Gorge, installé dans cet entrepôt, raconte l'histoire de la Severn et des industries de l'eau. Avant l'arrivée du chemin de fer au milieu du XIXe siècle, la Severn était la principale voie de transport des marchandises. Son débit était irrégulier : tantôt à sec, tantôt en crue, elle était difficilement navigable ; dans les années 1890, le trafic avait été interrompu. La pièce maîtresse du musée est une maquette de 12 m de haut de la Gorge telle qu'elle devait être en 1796, avec les fonderies, les chalands et les villages en construction.

***Europe* (1860), musée du Fer**

JACKFIELD TILE MUSEUM

L 'industrie de la céramique est implantée dans la région depuis le XVIIe siècle, mais ce n'est qu'avec le goût victorien pour les carreaux décoratifs que Jackfield se fit connaître. Deux usines de céramique, Maw et Craven Dunhill, transformaient l'argile extraite non loin de là

Panneau au paon (1928), musée de la Céramique

en céramique aux décors variés. Des dessinateurs de talent composèrent quantité de motifs. Le Jackfield Tile Museum de l'ancienne usine Craven Dunhill conserve une collection de carrelages et de frises murales des années 1850 à 1960. On peut aussi observer des démonstrations de techniques traditionnelles, avec un four à biscuit et les ateliers de décoration.

À NE PAS MANQUER

Blists Hill Museum ⑥
Coalport China
    Museum ⑤
Ironbridge ③
Jackfield Tile
    Museum ④
Museum of Iron ①
Museum of the Gorge ②

COALPORT CHINA MUSEUM

Au milieu du XIXe siècle, Coalport Works était l'une des plus grandes usines de porcelaine de Grande-Bretagne, spécialisée dans la belle vaisselle. La Coalport Company, qui fabrique encore aujourd'hui de la porcelaine, a été transférée depuis longtemps pour Stoke-on-Trent *(p. 299)*. Les ateliers ont été transformés en un musée où l'on peut voir les étapes de fabrication, parmi lesquelles le moulage, la peinture et l'émaillage. L'un des fours verticaux abrite une superbe collection de porcelaine du XIXe siècle.

Non loin de là se trouve

Les fours en forme de bouteille du musée de la Porcelaine de Coalport

le **Tar Tunnel**, gisement de bitume naturel découvert au XVIIIe siècle à 110 m sous terre. À une époque, on en extrayait 20 500 litres par semaine. Une partie du tunnel est encore accessible.

LE PONT D'IRONBRIDGE

Abraham Darby III (petit-fils d'Abraham Ier) construisit sur la Severn le premier pont métallique du monde en 1779, révolutionnant ainsi les techniques de l'époque. Le bureau de péage, sur la rive sud, en raconte la construction.

BLISTS HILL MUSEUM

Ce musée en plein air reconstitue la vie quotidienne à Ironbridge Gorge telle qu'il y a cent ans. Un ensemble de bâtiments du XIXe siècle (habitations, église, école, etc.) a été reconstruit sur les 20 ha de Blists Hill, mine de charbon qui alimentait les hauts fourneaux de la Gorge. Des figurants en costume refont les gestes d'autrefois, par exemple ceux des forgerons. On peut échanger son argent contre de la monnaie ancienne pour faire ses courses chez le boulanger ou prendre un verre au pub du coin. La pièce maîtresse est une fonderie complète qui fonctionne encore, et l'une des plus spectaculaires est le plan incliné couvert de paille utilisé pour faire franchir aux péniches les dénivellations du canal. On voit aussi des machines à vapeur, un bourrelier, un médecin, un pharmacien, un fabricant de chandelles et une confiserie.

Hereford ❽

Herefordshire. 🚶 *50 000.* 🚉 🚌
ℹ️ *King St (01432 268430).*
🛒 *mer. (bétail, général), sam.
(général).* 🌐 *www.visitorslink.com*

Ancienne capitale de l'État
saxon de West Mercia,
Hereford est devenue une
agréable ville, centre d'une
région principalement agricole.
Un marché aux bestiaux
s'y tient tous les mercredis
et les productions locales
sont vendues sous le marché
couvert du centre. Presque
en face, l'**Old House**, édifice
à colombage de 1621
a été transformé en musée.

La **cathédrale** possède
quelques curiosités, parmi
lesquelles la Lady Chapel,
de style gothique primitif
(Early English) très orné,
la *Mappa Mundi (ci-dessous)*
et la Chained Library, dont
les 1 500 livres ont été attachés
aux rayons afin d'éviter
les vols. Des objets, maquettes
et bornes interactives
retracent l'histoire de
ces œuvres. Bishop's
Meadow, au sud
du centre-ville,
offre la meilleure vue
d'ensemble de la
cathédrale. De là,
on descend vers
la rive de la Wye.

Parmi les musées,
citons le **City
Museum and
Art Gallery**,
remarquable par
ses mosaïques romaines et
des aquarelles d'artistes locaux,
et le **Cider Museum and King
Offa Distillery** où l'on
découvrira les différentes

L'Old House de Hereford, du XVIIᵉ siècle, meublée dans le style de l'époque

étapes de la fabrication
du cidre. Depuis plus
de deux cents ans,
la King Offa Distillery produit
de l'eau-de-vie de cidre et
propose visites et dégustations.

**Détail d'une sculpture
de Kilpeck Church**

Aux environs
Au XIIᵉ siècle, Oliver
de Merlemond partit
de Hereford en
pèlerinage pour
l'Espagne. Séduit
par l'architecture
des églises qu'il vit
en chemin, il ramena
des maçons français,
qui introduisirent
leurs techniques
dans la région.
Kilpeck Church,
à 10 km au sud-ouest,
en est un exemple ; les figures
grotesques et les dragons
qui couvrent l'église sont
d'inspiration plus païenne

que chrétienne. À **Abbey
Dore**, à 6 km à l'ouest,
les jardins au bord de l'eau
d'**Abbey Dore Court**
agrémentent l'abbatiale.

🏠 Old House
High Town. 📞 *01432 260694.*
🕐 *d'avr. à sept. : du mar. au dim. ;
d'oct. à mars : du mar. au sam.,
jours fériés.* ⬤ *25, 26 déc., 1ᵉʳ janv.,
ven. saint.* 🚫 ♿ *limité.*

🏛 City Museum
and Art Gallery
Broad St. 📞 *01432 260692.*
🕐 *d'avr. à sept. : du mar. au dim. ;
d'oct. à mars : du mar. au sam.,
jours fériés.* ⬤ *25, 26 déc., 1ᵉʳ janv.,
ven. saint.* ♿

🏛 Cider Museum
and King Offa Distillery
Ryelands St. 📞 *01432 354207.*
🕐 *d'avr. à oct. t.l.j. ; de janv. à mars :
du mar. au dim. et jours fériés.*
⬤ *25 et 26 déc., 1ᵉʳ janv.* 🚫 📷
♿ *limité.* 📹 *sur rendez-vous.* 📷

Ross-on-Wye ❾

Herefordshire. 🚶 *10 000.* 🚌
ℹ️ *Eddie Cross St (01989 562768).*
🛒 *jeu.,* 🌐 *www.ross-on-wye.co.uk*

Cette jolie ville est située
sur une falaise de grès
rouge dominant des prés
inondés des rives de la Wye.
Depuis les jardins au bord
de l'à-pic, don à la ville d'un
bienfaiteur local, John Kyrle
(1637-1724), la vue sur
la rivière est magnifique.
Alexander Pope (1688-1744)

LA MAPPA MUNDI

Le trésor de la cathédrale
de Hereford est une carte
du monde établie en 1290
par un prêtre, Richard
de Haldingham. Cette
représentation du monde
s'inspire de la Bible :
Jérusalem au centre,
le jardin d'Éden bien
en évidence, et
les monstres relégués
aux confins du monde.

Détail de la *Mappa mundi*

La vallée boisée de la Wye près de Ross

fit, dans *Moral Essays on the Uses of Riches*, l'éloge de l'usage que Kyrle faisait de sa fortune. Un mémorial lui rend également hommage dans **St Mary's Church**.

Aux environs
De Hereford à Ross, la **Wye Valley Walk** traverse 26 km de paysage agréable. Après Ross, elle continue sur 54 km en terrain rocheux dans de profonds ravins boisés. **Goodrich Castle**, château fort du XIIe siècle en grès rouge, à 8 km au sud de Ross, se dresse au sommet d'un piton dominant la rivière.

♣ **Goodrich Castle**
(EH) Goodrich. 📞 *01600 890538.*
◯ *t.l.j. (nov. à mars : du mer. au dim.)*
● *du 24 au 26 déc., 1er janv.*
📷 🅿 *(d'avr. à sept.).*

Ledbury ❿

Herefordshire. 🚶 6 500. �঳ 🅿
ℹ️ *The Homend Rd (01531 636147).*

L a grand-rue est bordée de maisons à colombage, parmi lesquelles le **Market Hall**, de 1655. Church Lane, voie pavée qui donne dans High Street, compte de jolis bâtiments du XVIe siècle : le **Heritage Centre** et la **Butcher Row House** sont des musées ; **St Michael and All Angels Church** possède un clocher massif isolé, une décoration du gothique primitif élaborée et d'intéressants monuments funéraires.

🏛 **Heritage Centre**
Church Lane. 📞 *01531 635680.*
◯ *de Pâques à oct. : t.l.j.* ♿
🏛 **Butcher Row House**
Church Lane. ◯ *de Pâques à oct. : t.l.j.*

Great Malvern et les Malverns ⓫

Worcestershire. 🚶 35 000. �঳ 🅿
ℹ️ 21 Church St (01684 892289).
📅 *ven.* 🔲 *www.malvernhills.gov.uk*

V isible de loin, le vieux massif granitique des Malvern Hills s'élève, majestueux, au-dessus

Carreau médiéval du prieuré de Great Malvern

du bassin de la Severn. C'est dans ces lieux que Sir Edward Elgar (1857-1934) écrivit certaines de ses plus belles œuvres, parmi lesquelles *Le Songe de Gerontius*, oratorio de 1900. Elgar habitait à **Little Malvern**, où l'on peut voir, sur une colline abrupte et boisée, le prieuré Saint-Gilles ; les pierres de la nef furent volées lors de la dissolution des monastères *(p. 50-51)*. **Great Malvern**, capitale du massif, est ornée d'édifices du XIXe siècle qui font penser à des sanatoriums suisses : les patients résidaient à l'époque dans des établissements comme celui du docteur Gulley (aujourd'hui Tudor Hotel). L'eau qui jaillit du flanc de la colline à Saint Ann's Well, au-dessus de la ville, est mise en bouteilles et vendue dans toute l'Angleterre.

Le lieu le plus intéressant de Malvern est le **prieuré**, avec ses vitraux du XVe siècle et ses miséricordes médiévales. Le lac du **jardin d'hiver**, au-dessous de l'église, est l'ancien vivier du monastère. C'est dans le théâtre que, toute l'année, sont jouées des œuvres d'Elgar et des pièces de George Bernard Shaw *(p. 221)*.

Vue sur la chaîne des Malverns, formée de roches dures du précambrien

Worcester ⑫

Worcestershire. 👥 95 000. 🚆 🚌
ℹ️ High St (01905 722480).
🏠 du lun. au sam.
🌐 www.cityofworcester.gov.uk

C omme de nombreuses
villes d'Angleterre,
Worcester a été marquée par
les transformations du monde
moderne. Le monument
le plus remarquable est
la **cathédrale**, à côté de
College Yard, dont le clocher
s'effondra en 1175. Elle fut
ravagée par un incendie en
1203. L'édifice actuel date du
XIIIe siècle. La nef et le clocher
furent achevés vers 1370, après
une interruption due à la peste
noire qui décima les ouvriers
(p. 48). Les modifications les
plus récentes datent de 1874 :
Sir George Gilbert Scott
(p. 451) dessina le chœur
gothique en incorporant des
miséricordes du XIVe siècle.
Parmi les nombreuses tombes
intéressantes, celle du roi Jean
(p. 48-49), chef-d'œuvre
de sculpture médiévale, face

**Charles Ier portant le symbole de
l'Église, Guildhall de Worcester**

à l'autel. Le prince Arthur, frère
d'Henri VIII (p. 301) mort
à quinze ans, est enterré dans
la chapelle, au sud de l'autel.
La grande crypte normande
est un vestige de l'ancienne
cathédrale (1084).
Du cloître attenant, une porte
mène au College Green et
à l'école, puis à Edgar Street,
aux maisons georgiennes.
Le **Museum of Worcester**

Porcelain possède une
collection de porcelaine royale
de Worcester, dont certaines
pièces remontent à 1751. Dans
la grand-rue, au nord de
la cathédrale, le **Guildhall**
de 1723 est orné de statues
des Stuarts rappelant la fidélité
de la ville à la monarchie. C'est
dans **Ye Old King Charles
House**, sur le Cornmarket,
que le prince Charles, futur
Charles II, se cacha après la
bataille de Worcester (p. 52-53).
Friar Street compte
quelques-unes des plus belles
maisons à colombage :
Greyfriars (vers 1480)
vient d'être redécorée
dans le style de l'époque.
La **Commandery**, hospice
du XIe siècle reconstruit
au XVe siècle, servit de quartier
général au prince Charles
pendant la guerre civile.
Elle abrite aujourd'hui
le Civil War Museum.
Elgar's Birthplace, maison
natale de Sir Edward Elgar
(p. 305), conserve
des souvenirs de la vie
et de l'œuvre du compositeur.

🏛 **Museum of Worcester
Porcelain**
Severn St. 📞 01905 23221. 🕐 t.l.j.
⬤ 25, 26 déc., 1er janv. 🎫 📷 ♿ 🍴
🏠 **Greyfriars**
(NT) Friar St. 📞 01905 23571.
🕐 de Pâques à oct. : mer., jeu.
et lun. (jours fériés seul.). 📷
🏛 **Commandery**
Sidbury. 📞 01905 361821.
🕐 t.l.j. (dim. : après-midi).
⬤ 25 et 26 déc., 1er janv. 🎫 📷
🏛 **Elgar's Birthplace**
Lower Broadheath. 📞 01905 333224.
🕐 t.l.j. ⬤ du 24 déc. à mi-janv.
🎫 📷

Birmingham ⑬

Birmingham. 👥 1 000 000. ✈ 🚆
🚌 ℹ️ City Arcade (0121 6432514).
🏠 du lun. au sam.
🌐 www.birmingham.org.uk

B rum, comme ses habitants
la surnomment, fut au
XIXe siècle l'un des principaux
foyers de la révolution
industrielle. L'implantation
d'un nombre important
d'industries donna naissance
à des usines sinistres et
à un habitat misérable. Après
la guerre, plusieurs de ces

La cathédrale de Worcester domine le cours de la Severn

L'Adieu à l'Angleterre, de Ford Madox
Brown, galerie de Birmingham

quartiers ont été rasés, et
Birmingham a pris une allure
plus avenante. La ville a su
convaincre Sir Simon Rattle
de venir diriger son orchestre
symphonique et l'ancien
Royal Sadler's Wells Ballet
(devenu le Birmingham Royal
Ballet) de quitter Londres
pour les installations plus
récentes de Birmingham.
Les salles de séminaire,
de conférence et d'exposition
du **National Exhibition
Centre**, à 8 km à l'ouest
du centre-ville, attirent
des milliers de personnes.

À part l'imposant centre
commercial Bullring,
les bâtiments publics
du XIXᵉ siècle de la cité sont
typiquement néoclassiques.
Citons le **City Museum
and Art Gallery**, dont
les collections comprennent
des œuvres majeures d'artistes
préraphaélites comme
sir Edward Burne-Jones (1833-
1898), enfant du pays, et Ford
Madox Brown (1821-1893).
Le musée organise aussi
d'intéressantes expositions
temporaires, comme celle
consacrée à J.M.W. Turner

(1775-1851).
Le réseau de
canaux très complet
est surtout utilisé
par les bateaux de
plaisance *(p. 288-
289)*. Plusieurs
entrepôts ont
été transformés
en musées ou
en galeries. Le
Thintank, le musée
des sciences
et des découvertes de
Birmingham rappelle la
contribution de la ville
au développement du chemin
de fer, de l'aviation et de
l'automobile. Dans le vieux
quartier des bijoutiers, au nord
de ce musée, les artisans
travaillent les matières
précieuses depuis
le XVIᵉ siècle.

La banlieue possède de
nombreux attraits, dont le
jardin botanique d'Edgbaston
et le **Cadbury World**,
à Bournville, très fréquenté,
consacré au chocolat (mieux
vaut réserver). Ce sont les
frères Cadbury, des quakers,
qui ont fait bâtir en 1890
pour leurs ouvriers le village
de Bournville, précurseur
des banlieues vertes.

**🏛 City Museum
and Art Gallery**
Chamberlain Sq. [0121 3032834.
○ t.l.j. (dim. après-midi). ● du 24
au 27 déc., 1ᵉʳ et 2 janv. 🔲 & ▣
🏛 Thintank
Millenium Point [0121 202 222.
🌿 Botanical Gardens
Westbourne Rd, Edgbaston.
[0121 454 1860. ○ t.l.j. ● 25 déc.
🔲 ♿ & sur rendez-vous. 🍴
🏛 Cadbury World
Linden Rd, Bournville.
[0121 4514159. ○ de fév. à nov. :
t.l.j. ; déc. : certains jours, téléphoner
avant. ● 2 premières sem. de
janv. ▣ &

Bâtiment officiel de Victoria Square, à Birmingham

Coventry ⑭

Coventry. 🏠 300 000. 🚉 🚌
ℹ Bayley Lane (024-7622 7264).
📮 du lun. au sam.
ⓦ www.coventry.org.uk

L es usines d'armement de
Coventry furent la cible des
bombardiers allemands, qui en
1940 détruisirent la **cathédrale**
médiévale. Sir Basil Spence
(1907-1976) dessina la première
cathédrale entièrement
moderne, édifiée le long
des ruines de l'ancienne.

Saint Michel terrassant le démon,
cathédrale de Coventry

Les sculptures sont de Sir Jacob
Epstein (1880-1959) et
la tapisserie du mur ouest,
le *Christ en Majesté*, de Graham
Sutherland (1903-1980).
Benjamin Britten *(p. 191)*
composa son *War Requiem*
pour la cérémonie de
consécration, le 30 mai 1962.

Le **Herbert Gallery and
Museum** retrace la légende de
Lady Godiva, qui au XIᵉ siècle
traversa la ville nue sur son
cheval pour protester contre les
impôts levés par son mari, le
comte de Mercia. Les habitants
gardèrent leurs volets clos,
sauf un, Peeping Tom, à qui
l'on creva les yeux. *« Peeping
Tom »* désigne les curieux.

**🏛 Herbert Gallery and
Museum**
Jordan Well. [024-7683 2381.
○ t.l.j. (dim. : après-midi).
● 24-26 déc., 1ᵉʳ janv. 🔲 ▣

Excursion dans les jardins des Midlands ⓯

Les bâtiments en pierre des Cotswolds s'accordent à merveille avec les célèbres jardins de la région. Ce circuit pittoresque, de Warwick à Cheltenham, permet d'admirer tous les styles de jardins, depuis ceux des petits cottages, avec leurs fleurs à clochettes et leurs roses trémières, jusqu'aux parcs des domaines aristocratiques peuplés de cervidés. La route suit la chaîne des Cotswolds, à travers des paysages spectaculaires et quelques-uns des plus jolis villages des Midlands.

Prunier en fleur

CARNET DE ROUTE

Itinéraire : 50 km.
Où faire une pause ? Hidcote Manor propose des déjeuners et des thés excellents ; on trouve des rafraîchissements à Kiftsgate Court et à Sudeley Castle.
À Broadway, on a le choix entre des pubs et des salons de thé et le luxueux Lygon Arms (p. 591-593).

Cheltenham Imperial Gardens ⑨

C'est en 1817-1818 qu'on aménagea ce jardin public coloré, afin d'encourager les promeneurs à se rendre de la ville à la station thermale *(p. 316)*.

Sudeley Castle ⑧

Des haies et des arbres taillés et un jardin élisabéthain mettent en valeur le château restauré *(p. 22)* où Catherine Parr, veuve d'Henri VIII, mourut en 1548.

Broadway ⑤

Des cottages du XVIIe siècle se cachent derrière de la glycine et des arbres fruitiers.

Stanway House ⑦

Planté de beaux arbres, le parc de ce manoir possède une cascade surmontée d'une pyramide.

Snowshill Manor ⑥

Ce manoir en pierre des Cotswolds abrite des collections éclectiques (bicyclettes, armures japonaises…). Les jardins clos et les terrasses sont ornés de nombreux objets d'art tels que cette horloge (à gauche), à la couleur bleue caractéristique.

Warwick Castle ①
Les jardins du château
10-311) comprennent
le Mound, de style
médiéval, où alternent
pelouses, chênes, ifs
et des haies taillées.

Anne Hathaway's Cottage ②
Il a un joli jardin tout simple dans
le style du XVIᵉ siècle *(p. 315)*.

**Hidcote Manor
Gardens** ③
Entrepris dans les premières
années du XXᵉ siècle, ces
magnifiques jardins ont
inauguré la conception du
jardin comme une suite de
« pièces » en plein air, ceintes
de haies d'ifs et plantées
chacune selon un thème.

Kiftsgate Court Garden ④
Ce charmant jardin naturel s'étend
en face de Hidcote Manor. Sa série
de terrasses à flanc de colline
comprend de nombreuses plantes
rares, parmi lesquelles l'énorme rose
« Kiftsgate », haute de près de 30 m.

LÉGENDE

═══	Autoroute
▬▬▬	Itinéraire
═══	Autre route
☀	Point de vue

0 kilomètres   5

Warwick ⑯

Warwickshire. 🏠 28 000. 🚇 🅿
ℹ *The Courthouse, Jury St
(01926 492212)*. 🗓 sam.
🌐 www.warwick.co.uk

De beaux bâtiments
médiévaux ont survécu au
grand incendie de 1694. Le **Doll
Museum** (1573), Castle Street,
expose des jouets et des poupées
du monde entier. À l'extrémité
ouest de la grand-rue, le **Lord
Leycester Hospital**, fondé
en 1571 par le comte de Leicester
(1532-1588) pour ses anciens
domestiques, occupe
les bâtiments des corporations
du Moyen Âge.

Les arcades de **Market Hall**
(1670), place du Marché, font
partie du Warwickshire Museum,
connu pour ses tapisseries
de 1558 représentant la carte
de la région.

Church Street, au sud
de St Mary's Church, la **chapelle
Beauchamp** (1443-1464),
bel exemple d'architecture
perpendiculaire, abrite les tombes
des comtes de Warwick. Du
clocher, on a une vue plongeante
sur le **château** *(p. 310-311)*.

🏛 **Warwick Doll Museum**
Castle St. 📞 *01926 495546*. ◯ *de
Pâques à oct. : t.l.j. (dim. : l'après-midi) ;
de nov. à Pâques le sam.* 🅿 🚫

🏨 **Lord Leycester Hospital**
High St. 📞 *01926 491422*.
◯ *du mar. au dim. et jours fériés.*
● *25 déc., ven. saint.*
Jardins ◯ *mêmes jours mais de
Pâques à sept. seul.* 🅿 🚫 ♿ *limité*.

🏛 **Market Hall**
Market Place. 📞 *01926 412500*.
◯ *du lun. au sam. (de mai à sept. : t.l.j.).*
● *25 déc., 1ᵉʳ janv.*
🅿 ♿ *limité*.

**Le Lord Leycester Hospital, devenu
un asile pour anciens soldats**

Le château de Warwick

La famille Neville en prière (v. 1460)

Place forte médiévale, Warwick est aussi l'une des plus belles demeures du pays. Le château normand d'origine fut modifié au XIVe siècle par l'édification d'un épais mur d'enceinte et de tours, afin d'affirmer la puissance de grands seigneurs féodaux, les Beauchamp et les Neville, comtes de Warwick. Le château échut en 1604 à la famille Greville qui le transforma aux XVIIe et XVIIIe siècles en maison d'agrément. Les propriétaires du musée de Madame Tussaud *(p. 106)* l'achetèrent en 1978 et y installèrent des tableaux et des figures de cire pour en évoquer l'histoire.

La Watergate Tower est hantée, dit-on, par le fantôme de Sir Fulke Greville qui fut assassiné par un de ses serviteurs en 1628.

Le Mound contient des vestiges de la motte, du mur d'enceinte *(p. 472)*, et du donjon du XIIIe siècle.

Royal Weekend Exhibition
Ce valet en cire fait partie de la reconstitution de la visite du prince de Galles en 1898.

★ Great Hall et State Rooms
Les appartements médiévaux sont devenus le Great Hall et les State Rooms. Ils furent rebâtis après un incendie en 1871. Le Great Hall abrite armes, armures, meubles et autres curiosités.

Kingmaker Exhibition
Sont restituées des scènes de la vie au Moyen Âge comme les préparatifs de Warwick, le « faiseur de rois », Richard Neville, avant une bataille (p. 49).

Vue du château de Warwick, côté sud, par Antonio Canaletto (1697-1768)

Remparts et tours, en grès gris du pays, furent ajoutés au XIVᵉ siècle pour renforcer les défenses.

La Guy's Tower (1393) abrite les logements des hôtes et des membres de la suite du comte de Warwick.

★ **Salle d'armes**
On peut y voir le casque de Cromwell, une lourde épée à deux mains du XIVᵉ siècle et un chevalier en armure sur son cheval.

Entrée

Le portail est gardé par des herses et des mâchicoulis par lesquels on jetait de l'huile bouillante sur les assaillants.

La Caesar's Tower et son souterrain contiennent une collection d'instruments de torture médiévaux.

À NE PAS MANQUER

★ **Le Great Hall et les State Rooms**

★ **La salle d'armes**

CHRONOLOGIE

Bouclier (1745), Great Hall

1068 Construction de la motte normande et du mur d'enceinte

1264 Simon de Montfort, champion du Parlement contre Henri III, met le château à sac

1478 Le château revient à la couronne après le meurtre du gendre de Richard Neville

1893-1910 Visites du futur Édouard VII

1000	1200	1400	1600	1800

Richard Neville

1356-1401 Les Beauchamp, comtes de Warwick, édifient le château actuel

1449-1471 Richard Neville, comte de Warwick

1604 Jacques Iᵉʳ donne le château au comte Fulke Greville

1600-1800 Remaniement de l'intérieur et aménagement du paysage

1642 Des royalistes y sont enfermés

1871 Anthony Salvin (1799-1881) restaure le Great Hall et les State Rooms après un incendie

Stratford-upon-Avon pas à pas ⑰

Bouffon (1930)

Sur la rive ouest de l'Avon, au cœur des Midlands, Stratford est l'une des villes les plus célèbres d'Angleterre. Ses origines remontent au moins à l'époque romaine. Elle conserve l'apparence d'une petite ville Tudor, avec ses maisons à colombage patinées et sa promenade le long de la rivière bordée d'arbres. Son charme en fait le site le plus visité en dehors de Londres : des hordes de touristes se rendent sur les lieux qui évoquent le souvenir de Shakespeare et de sa famille.

Bancroft Gardens
On y voit un joli bassin avec des péniches et une chaussée du XVe siècle.

Information touristique et gare

The Cage

WATE

BRIDGE STREET

UNION STREET

HIGH STREET

HENLEY STREET

MEER STREET

WOOD STREET

ELY STREET

★ **Shakespeare's Birthplace**
La maison natale de Shakespeare fut presque entièrement reconstruite au XIXe siècle dans le style Tudor d'origine.

0   100 m

Shakespeare Centre

Harvard House
La maison de la romancière Marie Corelli (1855-1924), restaurée, jouxte le Garrick Inn, pub du XVIe siècle.

Old Bank

À NE PAS MANQUER

★ **Shakespeare's Birthplace**

★ **Hall's Croft**

★ **Holy Trinity Church**

Hôtel de ville
La façade de ce bâtiment de 1767 porte des traces de graffiti du XVIIIe siècle proclamant « God Save the King *».*

Royal Shakespeare Theatre
Depuis sa fondation en 1961, la célèbre Royal Shakespeare Company qui l'occupe a monté toutes les pièces de Shakespeare.

MODE D'EMPLOI

Warwickshire. 22 000.
32 km au N.-O. de Stratford-upon-Avon. Alcester Rd. Bridge St. Bridge Foot (01789 293127) ; Shakespeare Centre, Henley St (01789 204016). ven. Shakespeare's Birthday : avr. ; Stratford Festival : juil. www.shakespeare-country.co.uk

★ **Hall's Croft**
John Hall, gendre de Shakespeare, était médecin. Une pièce de cette charmante maison est aménagée en dispensaire, avec un mobilier jacobite d'époque.

★ **Holy Trinity Church**
Cette église abrite la tombe de Shakespeare et le registre paroissial portant les déclarations de sa naissance et de sa mort.

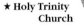

**Edward VI
Grammar
School**

Swindon

Nash's House
Les fondations de New Place, où Shakespeare est mort, vues du jardin qui jouxte cette maison.

**Guild
Chapel**

LÉGENDE

**Cottage
d'Anne
Hathaway**

– – – Itinéraire conseillé

À la découverte de Stratford-upon-Avon

**Mosaïque représentant
Shakespeare sur Old Bank (1810)**

William Shakespeare est né à Stratford-upon-Avon le 23 avril 1564, jour de la Saint-Georges. Les admirateurs de son œuvre ont commencé à s'y rendre en pèlerinage dès sa mort, en 1616. En 1847, une souscription publique permit d'acheter sa maison natale. Stratford devint ainsi un lieu de mémoire dédié au plus grand dramaturge britannique. Elle est aussi la ville qui accueille la Royal Shakespeare Company, troupe qui monte régulièrement à Stratford les pièces qu'elle joue ensuite à Londres (p. 126-127).

Le cottage d'Anne Hathaway, femme de Shakespeare

À travers Stratford

De nombreux bâtiments évoquent Shakespeare. Au coin de la grand-rue, la **Cage**, prison du XVe siècle, fut transformée en habitation. Judith, la fille de Shakespeare, y vécut. C'est aujourd'hui une boutique. Au bout de la grand-rue, une statue de Shakespeare, don de David Garrick (1717-1779), l'acteur qui organisa le premier festival Shakespeare, orne la façade de l'**hôtel de ville**.

La grand-rue mène à Chapel Street, où **Nash's House**, maison à colombage, est devenue un musée d'histoire locale. C'est là que s'élevait **New Place**, où Shakespeare mourut ; il n'en subsiste que les fondations. Dans Church Street, en face, le jubé de la **Guild Chapel** (1496) est orné d'un Jugement dernier (vers 1500). Shakespeare a, croit-on, fréquenté l'**Edward VI Grammar School**, sa voisine (au-dessus du Guildhall).

En tournant à gauche dans Old Town, on arrive à **Hall's Croft**, ancienne demeure de la fille de Shakespeare, Susanna, où sont exposés des objets médicaux des XVIe et XVIIe siècles. Une avenue bordée de tilleuls mène à **Holy Trinity Church**, où Shakespeare est enterré. De là, une promenade le long de la rivière conduit aux **Bancroft Gardens**, au confluent du canal de Stratford et de l'Avon.

🏛 Shakespeare's Birthplace

Henley St. 📞 01789 204016. ⬤ t.l.j. ⬤ 23-26 déc. 🔒 📷 ♿ limité. W shakespeare.org.uk
Achetée par l'État en 1847 (c'était alors une taverne), la maison natale du dramaturge fut restaurée dans le style élisabéthain. Des souvenirs de son père, gantier et marchand de laine, y sont exposés. On peut voir la pièce où Shakespeare est supposé être né et une autre pièce dont la fenêtre est gravée d'autographes de visiteurs dont celui de sir Walter Scott (p. 498).

Holy Trinity Church vue de l'autre rive de l'Avon

🏠 Harvard House

High St. ☎ *01789 204016.*
⏰ *de mai à sept. : du ven. au dim.,
lun. (férié).* 🏷️ ♿ *limité.*
Construite en 1596 et ornée
de têtes sculptées grotesques,
c'est la maison de la mère de
John Harvard. Celui-ci émigra
aux États-Unis et légua
en 1638 son domaine à un
collège qui devint l'université
de Harvard. Des souvenirs
de la famille y sont exposés.

Aux environs

Une visite de Stratford serait
incomplète sans un passage
par **Anne Hathaway's
Cottage**. Avant d'épouser
Shakespeare, elle vivait
à Shottery, à 1,5 km de là.
En dépit d'un incendie
en 1969, ce cottage, meublé
de quelques belles pièces
du XVIᵉ siècle, est toujours
intéressant. Les Hathaway
vécurent dans cette maison
agrémentée d'un jardin
jusqu'au début du XXᵉ siècle.

🏠 Anne Hathaway's Cottage

Cottage Lane. ☎ *01789 292100.* ⏰
t.l.j. ● *du 23 au 26 déc., 1ᵉʳ janv.* 🏷️ 🛍️

Kenneth Branagh dans *Hamlet*

LA ROYAL SHAKESPEARE COMPANY

Cette troupe renommée
pour sa nouvelle
interprétation de l'œuvre de
Shakespeare se produit au
Royal Shakespeare Theatre
(1932), bâtiment aveugle
en brique adjacent au Swan
Theatre, construit en 1986
sur le modèle d'un théâtre
élisabéthain. Un bâtiment
voisin expose accessoires,
affiches et costumes.
La Royal Shakespeare
Company se produit aussi
dans une salle de 150 places
connue sous le nom
de l'Other Theatre ainsi
qu'à Londres *(p. 126-127).*

Grevel House, la plus ancienne maison de Chipping Campden

Chipping Campden ⑱

Gloucestershire. 🏘️ *2 500.* ℹ️ *Hollis
House, Stow-on-the-Wold (01451
831082).* 🌐 *www.costwold.gov.uk*

C'est au Campden Trust,
association fondée
en 1929 pour perpétuer
l'art de la taille de pierre,
que cette ville typique des
Cotswolds doit d'avoir gardé
les coloris de ses pierres
dorées couvertes de lichen.
En venant du nord-ouest
par la B4035, on aperçoit
d'abord les ruines
de **Campden Manor**,
commencé vers 1613 par
Sir Baptist Hicks, premier
vicomte de Campden. À la fin
de la guerre civile *(p. 52-53)*,
comme il était aux mains
du Parlement, les troupes
royalistes y mirent le feu,
épargnant cependant les
hospices, en face du portail.
Ils formaient la lettre I (qui
en latin équivaut au J)
en signe de fidélité du
propriétaire au roi Jacques Iᵉʳ.

L'**église Saint-Jacques**,
en ville, l'une des plus belles
des Cotswolds, fut construite
au XVᵉ siècle grâce
aux subsides des marchands
qui exportaient la laine
de la région. L'église contient
de nombreuses tombes et une
magnifique plaque tombale
en cuivre dédiée à William

Grevel. Ce marchand de laine
fit bâtir **Grevel House**
(v. 1380) dans la grand-rue
(High Street), la plus ancienne
d'une belle rangée
de maisons, qui se signale
par sa baie à deux étages.

Le vicomte de Campden fit
don de **Market Hall** (marché
couvert) en 1627. Robert Dover,
son contemporain, fonda en
1612 le Cotswold Olympicks,
longtemps avant l'organisation
des olympiades modernes.
Celles de 1612 comprenaient
des sports violents, comme
la lutte. Ces compétitions se
déroulent toujours le premier
vendredi après Spring Bank
Holiday (dernier lundi de mai).
Elles sont suivies d'une marche
aux flambeaux juste avant
le Scuttlebrook Wake Fair
du lendemain. Le site des jeux
est une spectaculaire cuvette
naturelle sur **Dover's Hill**,
qui domine la ville. L'escalade
de cette colline par temps clair
permet de découvrir le
panorama du Vale of Evesham.

Le marché couvert du XVIIᵉ siècle
à **Chipping Campden**

L'abbatiale de Tewkesbury domine la ville, qui se presse le long des rives de la Severn

Tewkesbury ⑲

Gloucestershire. 🏠 11 000. 🚉 Barton
St (01684 295027). 🚌 mer., sam.
🌐 www.tewkesbury.gov.uk

Cette jolie ville au confluent
de la Severn et de l'Avon
possède l'une des plus belles
abbatiales normandes,
St Mary the Virgin, avec
sa tour massive et sa façade
normande. Les gens du pays
la sauvèrent lors de la
Dissolution (p. 50) en payant
453 livres à Henri VIII.
Les maisons à colombage
qui l'entourent
se serrent dans
un méandre de la
rivière. Entrepôts
et quais
rappellent la
richesse passée,
et le Borough
Mill de Quay
Street, seul
moulin qui tire
encore son énergie
de la rivière,
continue de moudre du grain.

**Détail de la Pump
Room de Cheltenham**

Aux environs
Des croisières partent de la
marina fluviale pour les pubs
au bord de l'eau d'**Upton-on-
Severn**, à 10 km au nord.

Cheltenham ⑳

Gloucestershire. 🏠 107 000. 🚉 🚌
🚹 77 Promenade (01242 522878). 🚌
dim. 🌐 www.visitcheltenham.gov.uk

Sa réputation d'élégance
date du XVIIIe siècle, alors
que la haute société venait
y prendre les eaux à l'exemple
de Georges III (p. 54-55).
Le long de larges avenues,
on construisit de nombreuses
maisons élégantes
aux terrasses néoclassiques.
Certaines ont subsisté autour
du Queen's Hotel, près
de **Montpellier**, ravissante
arcade Régence bordée
d'artisans et d'antiquaires,
et sur la **Promenade**, avec
ses grands magasins et ses
couturiers chic. L'atmosphère
est plus moderne dans la
récente Regency Arcade, dont
l'attraction est l'**horloge** de
Kit Williams (1987) :
toutes les heures,
des poissons
soufflent des
bulles au-dessus
de la tête
des passants.
Le **Museum
and Art
Gallery** mérite
une visite pour
sa collection de
meubles et d'objets
dus à des membres de l'Arts
and Crafts Movement (p. 25),
dont William Morris (p. 208)
définit les principes
strictement utilitaires.
La **Pitville Pump Room**,
dessinée d'après le temple
d'Ilissos, à Athènes, raconte
l'histoire de la mode, de
la Régence aux années 1960.
Sous son dôme ont souvent
lieu des représentations,
à l'occasion des festivals
de musique (en juillet) et
de littérature (en octobre).
Mais l'événement qui attire
vraiment les foules est
la Cheltenham Gold Cup
qui se déroule en mars
à l'hippodrome de Presbury,
à l'est de la ville (p. 66).

🏛 **Museum and Art Gallery**
Clarence St. 📞 01242 237431.
⭕ t.l.j. ⬤ 25 déc., 1er janv., jours
fériés. ♿ 📷 sur rendez-vous. 📧
♨ **Pitville Pump Room**
Pitville Park. 📞 01242 523852.
⭕ du mer. au lun. ⬤ 25, 26 déc.,
1er janv. et téléphoner à l'avance. 🚹

**L'horloge de Kit Williams, dans la
Regency Arcade de Cheltenham**

Nef de la cathédrale de Gloucester

Gloucester ㉑

Gloucestershire. 🚶 *110 000.* 🚆 🚌
ℹ️ *28, Southgate St (01452 421188).*
🏠 *mer., sam.*
🌐 *www.visit-glos.org.uk*

C'est à Gloucester que Guillaume le Conquérant commanda l'inventaire de toutes les terres de son royaume, qui devait être consigné dans le *Domesday Book* de 1086 *(p. 48)*.

Les souverains normands appréciaient la ville, et c'est dans sa magnifique **cathédrale** qu'Henri III se fit couronner en 1216. La nef, solide et majestueuse, fut entreprise en 1089. Édouard II *(p. 425)*, qui fut assassiné en 1327 au château de Berkeley, à 14 km au sud-ouest, est enterré près du maître-autel. De nombreux pèlerins vinrent lui rendre hommage, laissant de généreuses offrandes, ce qui permit à l'abbé Thoky de commencer la reconstruction en 1331. On lui doit le magnifique vitrail (à l'est) et le cloître, surmonté d'une voûte en éventail, qui fut souvent copié à travers le pays.

Parmi les beaux bâtiments qui entourent la cathédrale, citons College Court. Là, le **Beatrix Potter Exhibition** *(p. 355)* occupe la maison que l'auteur pour enfants utilisa pour illustrer l'histoire du Tailleur de Gloucester. Un ensemble de musées a été ouvert dans les **Gloucester Docks**, encore en partie en activité, reliés au détroit de Bristol par le canal de Gloucester et Sharpness (ouvert en 1827). Dans le vieux port, le **National Waterways Museum**, logé dans un entrepôt victorien, retrace, par le biais de présentations interactives, l'histoire des canaux.

🏛 **Beatrix Potter Exhibition**
College Court. 📞 *01452 422856.*
⭕ *du lun. au sam.* ⚫ *jours fériés.*
♿🎫
🏛 **National Waterways Museum**
Llanthony Warehouse, Gloucester
Docks. 📞 *01452 318054.*
⭕ *t.l.j.* ⚫ *25 déc.* 🎫♿♿🖥
🌐 *www.mwm.org.uk*

Cirencester ㉒

Gloucestershire. 🚶 *20 000.* 🚌 ℹ️
Market Place (01285 654180).
🏠 *lun., mar. (bétail) et ven.*
🌐 *www.cotswold.gov.uk*

L a capitale des Cotswolds est construite autour d'une place du marché où fromages, poissons, fleurs et herbes s'étalent chaque vendredi. L'**église Sain-Jean-Baptiste**, dont la chaire « en verre à vin » (1515) est l'une des rares d'Angleterre datant d'avant la Réforme, domine la place du marché. À l'ouest, le **Cirencester Park** fut dessiné par le premier comte de Bathurst, à partir de 1714, avec l'aide du poète Alexander Pope *(p. 305)*. La demeure est ceinte d'une haie d'ifs qu'on dit la plus haute du monde.

Les maisons de marchands de laine des XVIIe et XVIIIe siècles de Cecily Hill, de style italianisant, se concentrent autour de l'entrée du parc. Coxwell Street compte des habitations des Cotswolds plus modestes.

Sous ces maisons en pierre dorée se trouve une ville romaine dont les vestiges apparaissent au premier coup de pioche. Le **Corinium Museum** (du nom latin de la ville) expose des objets mis au jour, mettant en scène la vie d'une famille romaine.

🍀 **Cirencester Park**
Cirencester Park.
📞 *01285 653135.* ⭕ *t.l.j.* ♿
🏛 **Corinium Museum**
Park St. 📞 *01285 655611.*
⚫ *jusqu'à fin 2003 ; téléphoner pour rens.* 🎫♿♿🖥

L'église paroissiale de Cirencester, l'une des plus grandes d'Angleterre

---

ART ET NATURE DANS LE MONDE ROMAIN

À l'époque romaine, Cirencester produisait des mosaïques. Le Corinium Museum en expose de belles pièces, qui illustrent des thèmes classiques, comme Orphée subjuguant les lions et les tigres au son de sa lyre ou la représentation réaliste d'un lièvre. Les mosaïques de la villa de Chedworth,

à 13 km au nord, s'inspirent de la vie quotidienne. Parmi celles dites des *Quatre Saisons*, l'Hiver représente un paysan dont le manteau flotte au vent, le lièvre qu'il vient d'attraper dans une main, du bois pour le feu dans l'autre.

Mosaïque au lièvre, Corinium Museum

L'EST DES MIDLANDS

DERBYSHIRE · LEICESTERSHIRE · LINCOLNSHIRE
NORTHAMPTONSHIRE · NOTTINGHAMSHIRE

L'est des Midlands présente trois types de paysages très différents. À l'ouest, les plaines basses et les villes industrielles du cœur de la région sont dominées par des landes sauvages qui s'élèvent jusqu'aux hauteurs escarpées du Peak District. À l'est, collines et villages de pierre calcaire s'étirent le long d'une côte basse.

L'est des Midlands doit beaucoup à la combinaison entre les villes et la campagne. Les stations thermales, les vieux villages et les grands domaines s'insèrent dans un paysage profondément modelé par l'industrialisation.

Cette région est habitée depuis la préhistoire. Les Romains exploitaient des mines de plomb et de sel ; ils établirent un vaste réseau de voies et de camps. L'influence des Anglo-Saxons et des Vikings, quant à elle, est manifeste dans la toponymie. Au Moyen Âge, les bénéfices de l'industrie lainière permirent l'essor de villes comme Lincoln, qui compte encore nombre de beaux édifices. L'est des Midlands fut le théâtre de batailles féroces pendant la guerre des Deux-Roses et la guerre civile, et les insurgés, pendant l'insurrection jacobite, atteignirent Derby.

Dans l'ouest de la région s'étend le Peak District, le premier parc naturel de Grande-Bretagne, fondé en 1951. Les landes couvertes de bruyère ou la vallée boisée de la Dove attirent les visiteurs en quête de sites naturels. Les amateurs d'escalade et de varappe fréquentent assidûment les Peaks. Les prés clos de murets de pierre sont situés sur les versants orientaux des Peaks qui s'abaissent progressivement vers des vallées abritées. Les thermes romains de Buxton mettent une dernière note d'élégance avant les plaines du Derbyshire, du Leicestershire et du Nottinghamshire. Ce paysage, semé de mines de charbons et d'usines depuis la fin du XVIIᵉ siècle, est destiné à devenir une forêt domaniale au cours du XXIᵉ siècle.

Danse à l'occasion de la fête ancestrale des puits fleuris, à Stoney Middleton dans le Peak District

◁ Façade ouest de Chatsworth House, superbe demeure baroque du Peak District

À la découverte de l'est des Midlands

L'est des Midlands, région très fréquentée, possède un bon réseau routier, mais est plus agréable à parcourir à pied. De nombreux sentiers bien balisés traversent le parc national du Peak District. Chatsworth et Burghley ont de magnifiques demeures et les villes historiques comme Lincoln ou Stamford sont passionnantes.

LA RÉGION D'UN COUP D'ŒIL

Burghley p. 330-331 ❽
Buxton ❶
Chatsworth p. 322-323 ❷
Lincoln p. 328-329 ❼
Matlock Bath ❸
Northampton ❿
Nottingham ❻
Stamford ❾

Excursions

Le Peak District ❺
Tissington Trail ❹

CIRCULER

Les principales routes pour l'est des Midlands sont la M6, la M1 et l'A1, mais elles souffrent de l'encombrement dû au volume du trafic. Il est parfois plus rapide et plus intéressant d'emprunter de petites routes qui traversent, par exemple, les villages des alentours de Stamford et de Northampton. L'été, les routes du Peak District sont surchargées, et il est conseillé de partir tôt le matin. Lincoln et Stamford sont bien reliés à Londres par le train. Le chemin de fer est beaucoup moins commode dans le Peak District, mais des lignes locales desservent Matlock et Buxton.

Burghley House vue de la cour nord

VOIR AUSSI

- **Hébergement** p. 558-559

- **Restaurants et pubs** p. 593-595

LÉGENDE

▬	Autoroute
▬	Route principale
▬	Route pittoresque
▬	Chemin pittoresque
～	Cours d'eau
☼	Point de vue

(Carte) Doncaster · A628 · A624 · Pennine Way · A57 · EDALE · PEAK DISTRICT NATIONAL PARK · A625 · A623 · Sheffield · BUXTON ❶ · Stoke-on-Trent · CHATSWORTH ❷ · A6 · A515 · A5012 · MATLOCK ❸ · TISSINGTON TRAIL ❹ · LE PEAK DISTRICT ❺ · A52 · DERBY · A52 · Dove · Trent · Coventry · Birmingham

Paysage du Peak District vu du Tissington Trail

La cathédrale de Lincoln domine les maisons à colombage

L'opéra de Buxton, de la fin
du XIXᵉ siècle, restauré en 1979

Buxton ❶

Derbyshire. 20 000. 🚉 🚌
ℹ The Crescent (01298 25106).
🗓 mar., sam.
🌐 www.highpeak.gov.uk

C'est le cinquième duc
de Devonshire qui en fit
une ville d'eau à la fin
du XVIIIᵉ siècle. Buxton
compte de beaux édifices
néo classiques, parmi lesquels
des écuries devenues le
Devonshire Royal Hospital
(1790), à l'entrée de la ville.
Le **Crescent** (1780-1790)
fut bâti afin de rivaliser
avec celui de Bath *(p. 246)*.

Le bureau d'information
touristique est installé dans
les anciens bains municipaux,
au sud-ouest de la ville. Là
se trouve une source d'où
l'eau jaillit avec un débit
de 7 000 l/h. L'eau de Buxton
se vend en bouteille, mais
il existe une fontaine publique
à **St Ann's Well**.

Des jardins en pente,
les Slopes, vont du Crescent
au petit **Museum and Art
Gallery**. Derrière le Crescent,
dominant les Pavilion
Gardens, s'élève l'étonnant
Pavilion de fer et de verre
du XIXᵉ siècle et l'**Opéra**,
magnifiquement restauré,
qui accueille l'été un festival
de musique et d'art.

🏛 **Buxton Museum and
Art Gallery**
Terrace Rd. 📞 01298 24658. ⏰
de Pâques à sept. : du mar. au dim.
(d'oct. à Pâques : du mar. au sam.).
⏰ du 25 déc. au 2 janv. 🗓 📷 ♿
🚻 **Pavilion and Gardens**
St John's Rd. 📞 01298 23114.
⏰ t.l.j. ⏰ 25 déc. 🗓 ♿ 🍴 🖥

Château et jardins de Chatsworth ❷

Cette grande demeure est
l'une des plus marquantes
de Grande-Bretagne. Entre 1687
et 1707, le quatrième comte de
Devonshire remplaça la demeure
Tudor par ce palais baroque aux
magnifiques jardins dessinés dans
les années 1760 par Capability
Brown *(p. 23)* et améliorés
par Joseph Paxton *(p. 56-57)*
au milieu du XIXᵉ siècle.

**Bess de Hardwick bâtit la
première demeure en 1552**

Résidence d'été — Les étangs ronds
sont surnommés
« les Lunettes »

★ **Cascade**
*L'eau dévale
les escaliers
de la Cascade,
construite en 1696
à la française.*

À NE PAS MANQUER

★ **La cascade**

★ **La chapelle**

Entrée
du jardin

Entrée de
la maison

Paxton's « Conservative » Wall
*Cette serre de fer et de verre fut
dessinée en 1848 par Joseph Paxton,
auteur du Great Conservatory de
Chatsworth (aujourd'hui détruit).*

La façade sud et le canal, avec la fontaine de l'Empereur

MODE D'EMPLOI

Derbyshire. ➡ Chesterfield, puis par le bus. 📞 01246 582204. ⏰ de mi-mars au 22 déc. : de 11 h à 16 h 30 (jardins : de 11 h à 17 h) t.l.j. 🅿 ♿ jardins seulement. 🍴 🛍 🌐 www.chatsworth.org

byrinthe, site
la grande
rre de Paxton

Promenade des Rhododendrons

Grotte

★ **Chapelle**
La chapelle (1693) resplendit de marbre et d'œuvres d'art.

Cheval de guerre
Cette sculpture (1991) est due à Elisabeth Frink.

Canal

Fontaine aux hippocampes

State Rooms
Les grands appartements sont admirablement décorés, témoin ce trompe-l'œil de Jan van der Vaart (1651-1727).

Matlock

Derbyshire. 🏛 23 000. 🚂
ℹ️ Crown Square (01629 583388).
🌐 www.derbyshiredales.gov.uk

Matlock devint une ville d'eau vers 1780. L'imposant **palais** (1853), situé sur une colline qui domine la ville, est un établissement thermal transformé en bureaux du conseil municipal. Sur la colline d'en face se trouvent les ruines de **Riber Castle**, un château néogothique.

L'A6 quitte Matlock et traverse la très belle **Derwent Gorge** jusqu'à **Matlock Bath**, d'où un téléphérique mène au parc de loisirs des **Heights of Abraham**, avec ses grottes, ses sentiers sauvages et son vaste panorama. Le **Peak District Mining Museum**, complété par la **Temple Mine**, est consacré à l'extraction du plomb. **Arkwright's Mill** (1771), première filature du monde à énergie hydraulique, est située à l'extrémité sud de la gorge (p. 327).

🎿 **Heights of Abraham**
A6. 📞 01629 582365. ⬤ de Pâques à oct. : t.l.j. ; de nov. à Pâques : téléphoner avant. 🅿️ ♿ limité.
🏛 **Peak District Mining Museum**
The Pavilion, A6. 📞 01629 583834.
⬤ t.l.j. ⬤ 25 déc. 🅿️ 🅿️ ♿
⛏ **Temple Mine**
Temple Rd, A6. 📞 01629 583834.
⬤ t.l.j. (sur rendez-vous en hiver).
⬤ 25 déc.
⛏ **Arkwright's Mill**
Mill Lane, Cromford. 📞 01629 824297. ⬤ t.l.j. ⬤ 25 déc. 🅿️ ♿

Le téléphérique qui conduit les visiteurs aux Heights of Abraham

Tissington Trail

Voir p. 325.

Excursion dans le Peak District

Voir p. 326-327.

Nottingham

Nottinghamshire. 🏛 283 000. 🚂
🚌 ℹ️ Smithy Row (0115 9155330).
🎪 t.l.j.
🌐 www.profilenottingham.co.uk

Ce nom évoque, bien sûr, le shérif ennemi de Robin des Bois. Le **château de Nottingham** existe bel et bien, dressé sur un rocher truffé de passages souterrains. Il abrite un musée d'histoire de la ville et la galerie d'art municipale la plus ancienne de Grande-Bretagne, qui compte des œuvres de Sir Stanley Spencer (1891-1959) et de Dante Gabriel Rossetti (1828-1882). Au pied du château, la plus vieille taverne de Grande-Bretagne,

le **Trip to Jerusalem** (1189), accueille toujours des clients. Si l'enseigne évoque les croisades, les bâtiments datent pour l'essentiel du XVIIe siècle.

Plusieurs musées sont installés non loin du château : le **Tales of Robin Hood** recourt à des effets spéciaux pour retracer la vie du célèbre bandit ; le **Museum of Costume and Textiles** rappelle le rôle de Nottingham dans l'industrie de la broderie, de la dentelle, de la tapisserie et du tricot.

Aux environs
Kedleston Hall (p. 24-25), néo-classique, fait partie des grandes demeures qui se trouvent dans un rayon de quelques kilomètres. C'est Bess de Hardwick, l'avide comtesse de Shrewsbury (p. 322), qui a fait construire le spectaculaire **Hardwick Hall** (p. 290).

♠ **Nottingham Castle and Museum**
Castle Rd. 📞 0115 9153700. ⬤ t.l.j.
⬤ de nov. à fév. : ven., 25, 26 déc. et 1er janv. 🅿️ 🅿️ sam., dim. et jours fériés.
♿ 🅿️
🏛 **Tales of Robin Hood**
30-38 Maid Marion Way. 📞 0115 9483284. ⬤ t.l.j. ⬤ du 24 au 26 déc.
🅿️ 🅿️ ♿ 🅿️
🏛 **Museum of Costume and Textiles**
51 Castle Gate. 📞 0115 9153500.
⬤ du mer. au dim. ⬤ du 24 déc. au 1er janv. 🅿️
🏛 **Kedleston Hall**
(NT) A38. 📞 01332 842191.
⬤ d'avr. à oct. : du sam. au mer. (après-midi). 🅿️ 🅿️ ♿ 🍴
🏛 **Hardwick Hall**
(NT) A617. 📞 01246 850430.
⬤ d'avr. à oct. : mer., jeu., sam. dim. et jours fériés. 🅿️ 🅿️ ♿ limité. 🍴

ROBIN DES BOIS, DE LA FORÊT DE SHERWOOD

Nombre de livres et de films retracent les aventures mouvementées de Robin et de ses « joyeux compagnons » dans la forêt de Sherwood, près de Nottingham. Issu de la tradition orale, ce personnage, qui dévalisait les riches au profit des pauvres, apparut d'abord dans des ballades ; les premiers récits écrits de ses exploits datent du XVe siècle. Il évoque sans doute à la fois plusieurs hors-la-loi du Moyen Âge qui refusaient de se soumettre aux contraintes de la vie féodale.

Illustration victorienne représentant frère Tuck et Robin des Bois

Tissington Trail ❹

Le Tissington Trail parcourt en tout 22 km, du village d'Ashbourne à Parsley Hay, où il rejoint le High Peak Trail. En voici une partie, qui emprunte un chemin facile, le long d'une voie ferrée désaffectée autour du village de Tissington, d'où l'on a de belles vues sur les paysages de White Peak. La coutume de fleurir les puits dans le Derbyshire est certainement bien antérieure à la christianisation. Elle reprit vie au début du XVIIe siècle ; on décora les sources de Tissington, car on attribuait la fin de l'épidémie de peste à l'effet salvateur de l'eau. Cet acte est resté un événement important dans le Peak District, surtout dans les villages dont les ressources en eau ont tendance à s'amenuiser.

Crakelow Cutting ③
Vers le nord, on voit un paysage agricole ouvert semé de bouquets d'arbres.

Crakelow Farm

Voies ferrées en déblai ②
Creusées dans le calcaire, elles abrite fleurs des champs, lézards et papillons.

Downhill Track ④
Ce sentier longe un mur du XVIIIe siècle, témoignage du mouvement dit des Enclosures.

LÉGENDE

- ▪ ▪ Route
- ═══ Route secondaire
- 🅿 Parc de stationnement
- ℹ Information touristique
- ⛪ Église
- 🚻 Toilettes

Town Head Farm

Tissington

Ancienne gare ①
Elle est devenue un bureau de renseignements.

A515   B5056

CARNET DE ROUTE

Point de départ : l'ancienne gare.
ℹ Ashbourne Tourist Information (01335 34366). *Pour y aller :* autocar depuis Buxton, Matlock ou Ashbourne. *Itinéraire :* 5 km. *Difficulté :* parcours principalement sur terrain plat, par des sentiers qui longent les voies ferrées désaffectées. Ⓦ www.derbyshiredales.gov.uk

Tissington Hall Well ⑤
Le jour de l'Ascension (40 jours après Pâques), toutes les fontaines de Tissington sont décorées. Une armature de bois supporte une couche de terre dans laquelle on presse du riz, des grains et des pétales de fleurs.

0   500 m

Excursion dans le Peak District ❺

Angelot, Opéra de Buxton

Dans le Peak District, les sites naturels et les hauteurs rocailleuses où paissent les moutons contrastent avec les villes industrielles des vallées. Le premier parc naturel de Grande-Bretagne, créé en 1951, présente deux types de paysages : dans le sud, les collines de calcaire blanc du White Peak ; au nord, à l'est et à l'ouest, les landes sauvages et couvertes de bruyère des tourbières de Dark Peak recouvrant une couche de grès meulier.

Edale ⑤
Les pics élevés et périlleux du pittoresque Edale sont le point de départ du sentier de Pennine Way, long de 412 km *(p. 32)*.

CARNET DE ROUTE

Itinéraire : 60 km.
Où faire une pause ? On trouve des rafraîchissements au musée des Tramways de Crich et à la filature d'Arkwright, à Cromford. Eyam compte de bons salons de thé . La Nag's Head, à Edale, est une charmante auberge Tudor. À Buxton, nombreux pubs et cafés (voir p. 636-637).

Buxton ⑥
On a surnommé l'Opéra *(p. 322)* de cette jolie ville d'eau le « théâtre sur la colline », en raison de son site magnifique.

Arbor Low ⑦
Ce cercle de pierres qui date de 2000 av. J.-C., surnommé le « Stonehenge du Nord », compte 46 pierres couchées ceintes d'un fossé.

LÉGENDE

▬▬▬ Route du circuit

═══ Autre route

☀ Point de vue

Dovedale ⑧
Cette vallée fréquentée est la plus jolie du Peak District, avec ses pierres de gué, ses rives densément boisées et ses rochers sculptés par le gel et la glace. Izaac Walton (1593-1683), auteur de *The Compleat Angler* (« le Parfait Pêcheur »), venait y pêcher.

(Map labels: ⑤ HOLLINS C., 410 m, A625, STOCKPORT, MANCHESTER, A6, A623, D A R K, A500, ⑥, A53, Wye, A623, A6, A515, A5270)

Hathersage ④
De Hathersage, qu'on suppose être le Morton
de *Jane Eyre*, le roman de Charlotte Brontë *(p. 398)*,
le panorama des landes est impressionnant.

Eyam ③
Ce village est célèbre par la quarantaine
que les habitants s'imposèrent pour
contenir la peste de 1665-1666. Belle croix
saxonne dans le cimetière de l'église.

Crich National Tramway Museum ②
Ce musée se trouve dans une
carrière désaffectée.
Les visiteurs peuvent se
promener en
tramway le long de
rues victoriennes
reconstituées.

Cromford ①
Arkwright's Mill *(p. 324)* fut la première
filature de coton à énergie hydraulique.
Elle s'élève le long du canal de Cromford,
qu'on peut descendre en partie, l'été, à
bord de péniches halées par des chevaux.

0   3 km

Lincoln pas à pas ❼

Sculpture
du *Chœur
des Anges*

Au milieu du paysage plat des Fens, Lincoln dresse du haut d'une falaise, au-dessus du cours de la Witham, les trois tours de sa cathédrale. Ce sont les Romains *(p. 44-45)* qui ont fondé la ville en 48 apr. J.-C. À l'époque de l'invasion normande *(p. 47)*, Lincoln était la quatrième ville d'Angleterre (après Londres, Winchester et York). Elle devait sa richesse à sa situation stratégique pour l'exportation de la laine des collines crayeuses du Lincolnshire vers le continent. Beaucoup de beaux bâtiments médiévaux ont survécu, pour la plupart le long de Steep Hill, rue très en pente qui mène à la cathédrale.

Humber Bridge ↑

Newport Arch
(IIᵉ s.)

Museum of Lincolnshire Life ←

WESTGATE

BAILGATE

CASTLE HILL

STEEP HILL

DRURY LANE

MICHAELGATE

Maison d'Aaron le Juif

THE

★ Le château
Ce château normand primitif fut la prison de la ville de 1787 à 1878. Les bancs en forme de cercueil de la chapelle rappelaient leur châtiment aux criminels.

LÉGENDE

– – – Itinéraire conseillé

Jew's House
Au Moyen Âge, Lincoln avait une vaste communauté juive. Cette maison du XIIᵉ siècle, l'une des plus vieilles encore debout, appartenait à une famille juive.

Stonebow Gate
(XVᵉ s.) et la gare

0   100 m

À NE PAS MANQUER

★ **Le château**

★ **La cathédrale**

MODE D'EMPLOI

Lincolnshire. 85 000.
Humberside, 48 km ;
E Midlands, 82 km.
St Mary St. Melville St.
Castle Hill (01522 873214).
W www.lincoln.gov.uk

★ La cathédrale
La façade ouest est un mélange harmonieux de styles normand et gothique. À l'intérieur, il faut remarquer le Chœur des Anges, *parmi lesquels figure le diablotin de Lincoln.*

Alfred, Lord Tennyson
Une statue du poète né dans le Lincolnshire (1809-1892) se dresse dans le parc.

EASTGATE

MINISTER YARD

POTTERGATE

GREENSTONE PLACE

DANESGATE

S TERRACE

LINDUM ROAD

Potter Gate
(XIVᵉ s.)

Arboretum

Ruines du palais épiscopal

Gare routière

Usher Art Gallery
Regorgeant d'horloges, de porcelaine et d'argenterie, elle conserve des œuvres de Peter de Wint (1784-1849) et de Turner (p. 93).

LES MISÉRICORDES

Ce support placé sous le siège mobile d'une stalle d'église permet aux religieux de s'appuyer ou de s'asseoir en ayant l'air d'être debout. Celles des stalles de la cathédrale de Lincoln, dans le chœur d'un style gothique primitif perpendiculaire, sont les plus belles d'Angleterre. Parmi la grande variété de sujets, des mythes, des scènes bibliques et des scènes de la vie quotidienne.

Saint François d'Assise

Lion faisant partie d'une paire

Burghley House ⓮

Portrait de Newton, salle de billard

William Cecil, premier lord Burghley (1520-1598), fut 40 ans durant le confident et conseiller de la reine Élisabeth Iʳᵉ. Il fit construire l'étonnante Burghley House en 1560-1587, probablement d'après ses propres dessins. Le toit est hérissé de pyramides, de cheminées déguisées en colonnes à l'antique et de clochetons en forme de poivrière. Vus de l'ouest, où se dresse encore l'un des nombreux tilleuls plantés par Capability Brown *(p. 23)* qui redessina le parc aux cerfs en 1760, ces toits paraissent simples et symétriques. Les murs et les plafonds sont abondamment ornés de fresques italiennes représentant des scènes mythologiques.

★ Vieille cuisine
Cette pièce voûtée a peu changé depuis l'époque Tudor. Des casseroles de cuivre bien astiquées sont suspendues aux murs.

Porte nord
Les entrées principales sont ornées de portails de fer ouvré du XIXᵉ siècle assez chargés.

La salle de billard compte de nombreux portraits encastrés dans la boiserie.

Les coupoles étaient très en vogue à la Renaissance.

Les cheminées sont camouflées en colonnes à l'antique.

Les fenêtres à meneaux furent ajoutées en 1683, quand le verre devint moins coûteux.

L'entrée principale, flanquée de tourelles, est typique de l'architecture « prodigieuse » de l'époque Tudor *(p. 290).*

Façade ouest
La façade ouest, où apparaissent les armes de Burghley, fut achevée en 1577 ; c'était l'entrée principale.

À NE PAS MANQUER

★ **La vieille cuisine**

★ **Chambre du Paradis**

★ **Escalier de l'Enfer**

★ **Chambre du Paradis**
Les dieux descendent du ciel et des satyres et des nymphes gambadent sur les murs et le plafond de ce chef-d'œuvre d'Antonio Verrio (1639-1707).

Obélisque et horloge (1585)

Great Hall, qui a un haut plafond à caissons, était une salle des banquets sous Élisabeth Iʳᵉ.

Le rafraîchissoir à vin (1710) est sans doute le plus grand qui existe.

La chambre Georges IV, qui fait partie d'une suite, a des boiseries de chêne tachées de bière.

★ **Escalier de l'Enfer**
Sur le plafond, Verrio a représenté l'enfer sous la forme d'une gueule de chat pleine de damnés. L'escalier, en pierre du pays, date de 1786.

Stamford ⑨

Lincolnshire. 18 000.
27 St Mary's St (01780 755611).
ven. www.skdc.com

L a ville est connue pour ses églises et ses maisons georgiennes. Elle a gardé son réseau médiéval de rues tortueuses et pavées. Les flèches des églises médiévales (il en reste 5 sur 11) rappellent celles d'Oxford.

Barn Hill, qui monte jusqu'à All Saints Church, montre l'architecture georgienne de la ville dans toute sa variété. Plus bas s'étire Broad Street, où un **musée** évoque l'histoire de la ville. La pièce la plus célèbre en est une figure de cire de Daniel Lambert, l'homme le plus gros de Grande-Bretagne (336 kg), qui mourut en assistant aux courses à Stamford en 1809.

🏛 Stamford Museum

Broad St. 01780 766317.
d'avr. à sept. : t.l.j. (l'après-midi le dim.) ; d'oct. à mars : du lun. au sam. 25, 26 déc. limité.

Northampton ⑩

Northamptonshire. 187 000.
Guildhall Rd (01604 622677).
du mar. au sam. (jeu. : antiquités).
www.northampton.uk

C ette ville de marché était autrefois un centre important de l'industrie de la chaussure. Le **Central Museum and Art Gallery** présente la plus importante collection de chaussures au monde. L'immeuble gothique victorien **Guildhall** témoigne également de ce prestigieux passé. À 8 km à l'ouest de la ville se dresse **Althorp House**, la maison natale de la princesse Diana. Les visiteurs peuvent faire le tour de la maison et des jardins.

🏛 Central Museum and Art Gallery

Guildhall Rd. 01604 2385 48.
t.l.j. (dim. : après-midi).
25, 26 déc.
🏛 Althorp House
Great Brington (A428). 0870 1679000. de juil. à sept. : t.l.j.
30 août
www.althorp.com

Le Nord

Le Nord d'un coup d'œil

Des côtes découpées, des randonnées et des ascensions spectaculaires, de belles demeures aristocratiques et des cathédrales stupéfiantes font l'attrait du nord de l'Angleterre, qui a connu la *pax romana*, l'invasion saxonne, les raids vikings et les escarmouches frontalières. Halifax, Liverpool et Manchester regorgent de témoignages de la révolution industrielle, tandis que les montagnes romantiques et les plans d'eau du Lake District invitent au repos de l'esprit.

Le mur d'Hadrien (p. 408-409), *construit vers 120 afin de protéger les Bretons romanisés contre les Pictes du nord, traverse le paysage découpé du parc national du Northumberland.*

NORTHUMBRI (p. 400-415)

Northumberla

Dans le Lake District (p. 342-357) *alternent des pics superbes, des cours d'eau entrecoupés de chutes et des lacs, comme le Wast Water.*

Durhan

Cumbria

Le Yorkshire Dales National Park (p. 370-372) *est un cadre idéal pour les randonnées à travers un paysage champêtre semé de délicieux villages comme Thwaite, dans le Swaledale.*

Lancashire

LANCASHIRE ET LES LACS (p. 342-366)

La Walker Art Gallery (p. 364-365) *de Liverpool, l'un des temples de l'art du Nord, conserve une collection connue dans le monde entier qui va des maîtres anciens à l'art moderne. Parmi les sculptures, la* Tinted Venus *(vers 1851-1856) de John Gibson.*

Manchester

Liverpool

◁ **Le château du XIᵉ siècle d'Alnwick, dans le Northumberland, vu de l'autre rive de l'Aln**

La cathédrale de Durham
(p. 414-415), *bâtiment
normand impressionnant qui
possède un chœur remarquable
et de beaux vitraux, domine
la ville depuis 995.*

Fountains Abbey (p. 376-377), *l'un des plus beaux
monuments religieux du Nord, fut fondée au xii* siècle
par des moines dans un souci de simplicité et d'austérité.
L'abbaye connut par la suite une grande prospérité.*

Castle Howard (p. 384-385), *triomphe
de l'architecture baroque, offre de superbes
décors, parmi lesquels le Museum Room
(1805-1810), œuvre de C. H. Tatham.*

Cleveland

North Yorkshire

York (p. 390-395) *est une ville
riche en monuments historiques
médiévaux ou georgiens.
Sa magnifique cathédrale est
ornée de nombreux vitraux
et les murs de la cité médiévale
sont bien conservés. Sans
oublier les églises, les ruelles
et d'intéressants musées.*

YORKSHIRE
ET
HUMBERSIDE
p. 366-399)

East Riding of Yorkshire

Leeds

0   25 km

La révolution industrielle dans le Nord

Au XIXᵉ siècle, l'essor des mines de charbon et des industries textile et navale changea radicalement la physionomie du nord de l'Angleterre.
Le Lancashire, le Northumberland et le West Riding *(p. 367)* du Yorkshire connurent une croissance rapide de la population en liaison avec un fort exode rural. Malgré les initiatives de certains industriels philanthropes pour améliorer l'habitat en milieu urbain, beaucoup de gens vivaient encore dans des conditions difficiles. À la suite du déclin ou de la disparition, faute de demande, des industries traditionnelles, une activité touristique a pris le relais dans beaucoup d'anciens sites industriels.

***Des corons** semblables à ces maisons d'Easington furent bâtis à partir de 1800 par les propriétaires de houillères. Ils comprenaient deux petites pièces (une chambre et une cuisine) et des toilettes à l'extérieur.*

1815 Sir Humphrey Davis invente une lampe à huile de sûreté pour les puits. Une feuille cylindrique de gaze filtrant la lumière empêche la chaleur d'enflammer le méthane présent dans la mine. Cette invention sauva la vie à des milliers de mineurs.

***Dans le nord de l'Angleterre**, les mines de charbon employaient toute la famille : les femmes et les enfants travaillaient au côté des hommes.*

1750	1800
AVANT LA VAPEUR	**ÂGE DE LA VAPEUR**
1750	1800

1781 Ouverture du canal de Leeds à Liverpool. En permettant le transport des matières premières et des produits finis, les canaux aidèrent fortement la mécanisation.

1830 Ouverture d[e] ligne de chemins de [fer] Liverpool-Manche[ster] reliant les deux grandes villes a[vec] Londres. La ligne accue[ille] 1 200 passagers par r[...]

Le Piece Hall de Halifax *(p. 398-399), restauré en 1976, est le plus beau témoin de l'architecture industrielle du nord de l'Angleterre. C'est le seul marché aux tissus du XVIIIᵉ siècle préservé dans le Yorkshire. Les marchands taillaient leurs tissus par mesures appelées pieces, dans les échoppes qui bordent l'intérieur des galeries.*

Hebden Bridge *(p. 398), cité textile typique du West Ridin[g] implantée dans l'étroite Calder Valley, est un ensemble de maisons ouvrières entourant une filature centrale. La ville put tirer parti de sa situation lorsque le canal de Rochdale (1804) puis le chemin de fer (1841) empruntèrent cette voi[e] relativement basse à travers les Pennines.*

Saltaire (p. 397), *ci-contre vers 1870, est un village modèle édifié pour ses ouvriers par le riche marchand de tissu et propriétaire de filatures Sir Titus Salt (1803-1876). Aux maisons venaient s'ajouter des magasins, des jardins et des terrains de sport, des hospices, un hôpital, une école et une chapelle. Homme strict, Salt prohiba de Saltaire l'alcool et les pubs.*

George Hudson *(1800-1871) construisit la première gare à York* (p. 394) *en 1840-1842. Dans les années 1840, il possédait plus du quart des voies ferrées et était surnommé « le roi du chemin de fer ».*

1842 Le Coal Mine Act interdit le travail des femmes et des enfants dans les mines.

Port Sunlight (p. 365) *fut fondé par William Hesketh Lever (1851-1925) afin de loger les ouvriers de l'usine de savon Sunlight. De 1889 à 1914, il fit bâtir 800 cottages et des équipements dont une piscine.*

Les grèves pour l'amélioration des conditions de travail étaient courantes. En juillet 1893, le conflit éclata quand des propriétaires de houillères fermèrent les puits parce que la fédération des mineurs s'était opposée à une diminution de salaire de 25 %. Plus de 300 000 ouvriers luttèrent sans être payés jusqu'en novembre, où le travail reprit à l'ancien tarif.

1850		1900
MÉCANISATION		
1850		1900

Les métiers à tisser mécaniques *transformèrent l'industrie textile et réduisirent les artisans tisserands au chômage. Vers 1850, le West Riding comptait 30 000 métiers à tisser mécaniques, dans des filatures de coton ou de laine. La moitié des 79 000 ouvriers se trouvaient à Bradford.*

ale sèche de Furness *fut construite 1890, quand les chantiers navals se déplacèrent vers le nord, quête de main-d'œuvre bon marché matières premières, qu'ils trouvèrent à Barrow-in-Furness, Glasgow* 502-505) *et Tyne and Wear* (p. 410).

Joseph Rowntree *(1836-1925), ancien collaborateur de George Cadbury, fonda son usine de chocolat à York en 1892. Quakers, les Rowntree voulaient le bien-être social de leurs ouvriers (ils fondèrent un village modèle en 1904), et, avec la confiserie de Terry (1767), ils contribuèrent grandement à la prospérité d'York. Nestlé Rowntree est aujourd'hui la plus grande chocolaterie du monde et York est la capitale du chocolat en Grande-Bretagne.*

Les abbayes du Nord

L e Nord compte certains des établissements religieux les plus beaux et les mieux conservés d'Europe. Lieux de prière, d'étude et de pouvoir au Moyen Âge, les plus importants d'entre eux sont les abbayes.

Moine cistercien

La plupart se trouvaient à la campagne, cadre propice à la vie contemplative. Aux VIIIe et IXe siècles *(p. 46-47)*, les Vikings détruisirent beaucoup de monastères anglo-saxons. Ce ne fut qu'avec la fondation par Guillaume le Conquérant de l'abbaye bénédictine de Selby que la vie monastique reprit vigueur dans le Nord. De nouveaux ordres, comme les augustiniens, vinrent du continent, et en 1500 le Yorkshire comptait 83 monastères.

Les ruines de Saint Mary's Abbey

Liberty of St Mary, tel était le nom que portait le territoire qui entourait l'abbaye, pratiquement une ville dans la ville. L'abbé y avait son propre marché, sa foire, sa prison et son gibet, qui échappaient tous à l'autorité de la ville.

ST MARY'S ABBEY

Fondée à York en 1086, cette abbaye bénédictine fut l'une des plus prospères d'Angleterre. Son activité dans le commerce de la laine à York, l'octroi de privilèges royaux et pontificaux et ses vastes domaines conduisirent à un relâchement de la règle au début du XIIe siècle. L'abbé avait même le droit de porter des vêtements épiscopaux, et le pape l'éleva à la dignité d'« abbé mitré ». Si bien que 13 moines partirent en 1132 fonder l'abbaye de Fountains *(p. 376-377)*.

Portail et église St Mary

Tour médiane

St Olave

Tour-citerne

Hospice ou maison d'hôtes

LES MONASTÈRES ET LA VIE LOCALE

Grands propriétaires terriens, les monastères jouaient un rôle crucial dans l'économie locale. Ils fournissaient des emplois et tenaient le commerce de la laine, premier produit d'exportation au Moyen Âge. En 1387, les deux tiers de toute la laine exportée d'Angleterre passaient par St Mary's Abbey, premier marchand de laine d'York.

Moines cisterciens labourant

OÙ VOIR DES ABBAYES AUJOURD'HUI

Fountains Abbey *(p. 376-377)*, fondée par des moines bénédictins et reprise ensuite par des cisterciens, est la plus fameuse des nombreuses abbayes de la région. Rievaulx *(p. 379)*, Byland *(p. 378)* et Furness *(p. 356)* ont toutes été édifiées par des cisterciens, et Furness devint le second établissement cistercien le plus prospère d'Angleterre après Fountains. L'abbaye de Whitby *(p. 382)*, mise à sac par les Vikings, fut reconstruite par les bénédictins.

Le Northumberland est connu pour ses églises anglo-saxonnes primitives telles que Ripon, Lastingham et Lindisfarne *(p. 404-405)*.

Mount Grace Priory (p. 380), *fondé en 1398, est l'établissement chartreux le mieux conservé d'Angleterre. Les anciens jardins individuels et les cellules des moines sont encore bien visibles.*

LA DISSOLUTION DES MONASTÈRES (1536-1540)

Au début du XVIᵉ siècle, les monastères possédaient le sixième du territoire anglais et leur revenu était quatre fois supérieur à celui de la couronne. En 1536, Henri VIII ordonna la fermeture de tous les établissement religieux et s'attribua leurs biens, provoquant un soulèvement des catholiques du Nord, derrière Robert Aske. Cette rébellion échoua ; Aske et ses lieutenants furent exécutés pour conspiration. La dissolution continua sous l'impulsion de Thomas Cromwell, qui fut surnommé « le fléau des moines ».

Thomas Cromwell (v. 1485-1549)

La grande maison de l'abbé témoigne du train de vie que les abbés avaient adopté à la fin du Moyen Âge.

La maison du chapitre, dans laquelle celui-ci se réunissait, était le bâtiment le plus important après l'église.

Cabinet

Le chauffoir était, à part la cuisine, la seule pièce du monastère à avoir une cheminée.

Cuisine

Le mur d'enceinte fut renforcé de créneaux en 1318 en prévision des raids des soldats écossais.

Réfectoire

Parloir commun

Cloître

Kirkham Priory, établissement augustinien des années 1120, jouit d'un site tranquille sur les rives de la Derwent, près de Malton. Le plus bel élément des ruines est l'avant-corps de bâtiment, qui date du XIIIᵉ siècle.

Kirkstall Abbey fut fondée en 1152 par des moines de Fountains Abbey. Les ruines bien conservées de cet établissement cistercien proche de Leeds comprennent l'église, la maison du chapitre, de style normand tardif, et le logis de l'abbé. Cette vue vespérale est due à Norman Girtin (1775-1802).

Easby Abbey s'élève au bord de la Swale, près de la jolie ville de Richmond. Parmi les ruines de cet établissement des prémontrés, fondé en 1155, signalons le réfectoire et les dortoirs du XIIIᵉ siècle et le portail du XIVᵉ siècle.

La géologie du Lake District

Ardoise du Lake District

Le Lake District comprend quelques-uns des paysages les plus spectaculaires de Grande-Bretagne. On y découvre, sur 231 km², les sommets les plus élevés, les vallées les plus encaissées et les lacs les plus profonds. La chaîne pennine, qui limite à l'est la région, prolonge vers le nord la grande chaîne calédonienne. Elle fut le siège d'une calotte glaciaire pendant la période froide du Quaternaire. Le paysage a peu changé depuis la fin de la dernière glaciation, phase climatique majeure (- 10 000 ans env.). Les reliefs qui furent mis au jour lorsque les glaciers se retirèrent ont fait partie d'un ensemble plus vaste dont on retrouve des témoins en Amérique du Nord.

Honister Pass *est un exemple très caractéristique de vallée glaciaire « en auge », aujourd'hui totalement libre de glace.*

HISTOIRE DES RELIEFS

Des roches sédimentaires se déposèrent au fond d'un ancien océan. Il y a 450 millions d'années, un vaste mouvement de plaques continentales entraîna la disparition de celui-ci.

1 ***La chaîne pennine*** *est le résultat d'une compression de l'écorce terrestre. Des montées de magma eurent lieu au sein des couches sédimentaires.*

2 ***Pendant la glaciation****, des cirques furent excavés par les glaciers et les débris (moraines) transportés vers le fond des vallées.*

3 ***Lors de la déglaciation****, des lacs subsistèrent en arrière de cordons de moraines barrant les vallées. La végétation colonisa de nouveau les reliefs.*

LES LACS

La diversité des paysages lacustres doit beaucoup à la nature des roches sur lesquelles s'est exercée l'action érosive des glaciers. Au nord sont associés à l'ardoise tendre des reliefs émoussés, alors que la roche volcanique dure du centre donne naissance à des collines plus découpées.

Scafell Pike est le point culminant de l'Angleterre (960 m). Non loin se trouvent le Broad Crag et l'Ill Crag.

Great Gable

Old Man of Coniston

Coniston Water

Wast Water *est le plus profond des lacs. Les éboulis, situés au pied des escarpements de ses rives sud-est, sont grossis par les fragments qui se détachent des corniches lors du dégel printanier.*

L'HOMME ET LA MONTAGNE

Le fond des vallées jouit d'un climat plus doux et d'un sol fertile. Les fermes, les murs de pierres sèches, les pâturages et les enclos à moutons sont les éléments clés du paysage. Plus haut, arbres et fougères sont absents à cause du vent et du froid.

Mines et rails sont les vestiges d'industries autrefois florissantes.

Les plantations de conifères, *très récentes, modifient l'écosystème, mais permettent de mieux fixer les terrains en pente.*

Pâturages d'été

Mines de cuivre et de graphite

Sentiers

Murs de pierres sèches (p. 293)

L'ardoise du Lake District *et la pierre du pays servent depuis longtemps à la construction des habitations.*

Haies

400–500 m

300–400 m

Enclos d'hiver pour les moutons

Braithwaite

Blencathra

Derwent Water

Helvellyn

Ullswater

High Street

Windermere

Le Skiddaw *est constitué par une ardoise issue de la compression de sédiments marins surgis d'un ancien océan.*

Striding Edge *est une longue crête abrupte qui grimpe jusqu'au sommet du Helvellyn. Elle marque la séparation de deux anciens cirques glaciaires évidés sur ses flancs.*

Les Langdale Pikes *sont des témoins d'une ancienne activité volcanique. Ces roches magmatiques, dites de Barrowdale, ont mieux résisté à l'érosion que les ardoises tendres du Skiddaw, donnant ainsi une ligne de crête plus escarpée.*

LE LANCASHIRE ET LES LACS

CUMBRIA · LANCASHIRE

Le peintre paysagiste John Constable (1776-1837) disait que le Lake District, visité chaque année par 18 millions de personnes, était « le plus beau paysage qu'on ait jamais vu ». Les Normands y fondèrent de nombreux monastères et Guillaume II y attribua leurs premiers fiefs aux barons anglais. Le National Trust en est aujourd'hui le premier propriétaire.

Dans un rayon de 45 km autour du Lake District se trouvent un grand nombre de lacs et de *fells*. Le Nord-Ouest paraît aujourd'hui paisible, mais, de l'antiquité au Moyen Âge, la région fut très convoitée. L'histoire a laissé des monuments celtes, des ruines romaines, de grandes demeures et des vestiges de monastères. Il est possible de pratiquer de nombreuses activités d'extérieur et de participer à des spectacles sportifs, comme la lutte de Cumberland, ou de partir en marchant à la découverte de la nature.

Parmi les centres d'intérêt du Lancashire, citons la jolie ville de Lancaster, chef-lieu du comté, la brillante Blackpool, avec ses illuminations d'automne et ses manifestations, ainsi que les paisibles bords de mer au sud. À l'intérieur des terres, les régions les plus séduisantes sont la forêt de Bowland, lande clairsemée peuplée de coqs de bruyère, et la vallée de Ribble. Plus au sud s'étendent les conurbations de Manchester et du Merseyside, qui offrent les attraits des grands centres urbains. Manchester compte de nombreux monuments victoriens, ainsi qu'un quartier industriel réhabilité, Castlefield. Liverpool, important port dont on rénove aujourd'hui les docks, est avant tout la ville des Beatles. Les clubs de musique sont nombreux et on y tourne de plus en plus de films. Ces deux villes possèdent des galeries d'art et des musées intéressants.

Ponton à Grasmere, l'une des régions les plus appréciées du Lake District

◁ **L'Albert Dock, le long de la Mersey, à Liverpool**

À la découverte du Lancashire et des lacs

Les paysages du Lake District éclipsent ses monuments. Les reliefs ont été largement façonnés par les glaces *(p. 340-341)*, et quatre pics dépassent 1 000 m. Les principales activités sont les carrières, les mines, l'agriculture et le tourisme.

L'été, la région des lacs est surtout fréquentée par les amateurs de canotage et de randonnées. Keswick et Ambleside sont les meilleurs points de départ, mais on trouve aussi de bons hôtels sur les rives des lacs de Windermere et d'Ullswater, et dans la région de Cartmel.

La forêt de Bowland et ses villages, dans le Lancashire, offrent de multiples promenades. Aux amateurs d'art, enfin, s'adressent les galeries et les musées de Liverpool et de Manchester.

Sports nautiques, ici sur le Derwent Water, dans le nord de la région des Fells et des lacs

LES NORTHERN FELLS ET LES LACS **6**

CARLISLE **1**

PENRITH **2**

COCKERMOUTH **7**

DALEMAIN **3**

NEWLANDS VALLEY **5**

KESWICK **4**

ULLSWATER

BUTTERMERE **9**

8 **10** BORROWDALE

Liza

GRASMERE & RYL

WAST WATER **11**

LANGDALE **14** **15**

AMBLESIDE **16**

ESKDALE **12**

Esk Duddon

WINDERMERE **17**

DUDDON VALLEY **13**

CONISTON WATER A590 **18**

Winster

KENDAL **19**

LEVENS HALL **22**

FURNESS PENINSULA **20**

A590 CARTMEL **21**

LEIGHTON HALL **24**

BARROW-IN-FURNESS

MORECAMBE BAY **23**

LANCASTER **25**

BLACKPOOL **27**

A583

A588

A59

A41

LIVERPOOL **30**

Mersey

A540

WIRRAL

Chester

CIRCULER

La plupart des visiteurs se rendent dans le Lake District par la M6, mais l'A6 est plus spectaculaire. On peut gagner Windermere par le train, mais il faut changer à Oxenholme, sur la ligne principale InterCity d'Euston à Carlisle. Penrith est aussi reliée aux lacs par le chemin de fer et l'autocar. L'al Ratty, chemin de fer miniature qui va à Eskdale, et la ligne Lakeside & Haverthwaite, qui rejoint la ligne à vapeur à Windermere, permettent

d'agréables excursions. Tous les principaux points de départ d'excursions sont reliés par autocar. Les minibus Mountain Goat, à Windermere et Keswick, sont parmi les plus efficaces.

Lancaster, Liverpool et Manchester sont situés sur les grandes voies routières et ferroviaires, et sont dotés d'aéroports. Pour Blackpool, il faut changer de train à Preston. La meilleure façon de visiter la région est encore de se déplacer à pied.

Crummock Water, au nord de Buttermere, est l'un des lacs les plus tranquilles

LA RÉGION D'UN COUP D'ŒIL

LÉGENDE

- Autoroute
- Route principale
- Route touristique
- Chemin pittoresque
- Cours d'eau
- Point de vue

0   20 km

VOIR AUSSI

- *Hébergement* p. 559-561
- *Restaurants et pubs* p. 595-597

Les docks anciens et le Liver Building à Liverpool

Carlisle ❶

Cumbria. 🏘 102 000. ✕ ⚏ 🏠
ℹ *The Old Town Hall, Green Market (01228 625600).*
🌐 www.historic-carlisle.org.uk

L uguvalium, poste
avancé du mur d'Hadrien
(p. 408-409) et position
défensive en raison
de la proximité de
la frontière de l'Écosse,
fut mis à sac à plusieurs
reprises par les Danois,
les Normands et ses
voisins immédiats.
Et Carlisle souffrit d'être
un bastion royaliste
sous Cromwell *(p. 52).*
Au centre de la
capitale de la Cumbria
sont situés la Guildhall à
colombage et la place du
marché. Des fortifications
existent encore autour
des West Walls, des
portes flanquées de tours
rondes et du **château**
normand, dont la tour
abrite un petit musée
du régiment King's Own
Border. La cathédrale,
ancien prieuré augustinien,
date de 1133. Sa fenêtre
décorative, à l'est, est une
curiosité. Le **Tullie
House Museum** évoque
de manière originale
l'histoire de la ville :
histoire romaine, combats
frontaliers… Non loin de

**Épée de fer saxonne
du Tullie House Museum**

Façade de Hutton-in-the-Forest, avec sa tour médiévale à droite

là, au milieu des troupeaux,
s'élèvent les ruines évocatrices
de **Lanercost Priory**
(vers 1166).

♜ Carlisle Castle
(EH) Castle Way. 📞 *01228 591922.*
⏰ *t.l.j.* ⏺ *du 24 au 26 déc., 1ᵉʳ janv.*
🅿 📷 ♿ *limité.* 📷

🏛 Tullie House Museum
Castle St. 📞 *01228 534781.*
⏰ *t.l.j. (dim. : après-midi).*
⏺ *25, 26 déc.* 🅿 📷 ♿

⛪ Lanercost Priory
(EH) Près de Brampton.
📞 *016977 3030.*
⏰ *d'avr. à oct. : t.l.j.* 📷 ♿ *limité.*

Penrith ❷

Cumbria. 🏘 15 000. ℹ *Robinson's
School, Middlegate (01768 867466).*
⚏ *mar., sam.* 🌐 www.visiteden.co.uk

I l faut voir les façades
gauchies des boutiques
de la place du marché et
le **château** du XIVᵉ siècle.
Les pierres en dos d'âne
du cimetière de l'église

Saint-André seraient celles
de la tombe d'un géant. Du
sommet du phare (285 m), on
peut apercevoir les *fells*, au loin.

Aux environs
Au nord, à Little Salkeld, se
trouve un cercle de 70 pierres
levées de l'âge du bronze
surnommé **Long Meg et
ses Filles** *(p. 42-43).* À 9 km
au nord-ouest, **Hutton-in-
the-Forest** est une demeure
dont la partie la plus ancienne
est une tour du XIIIᵉ siècle,
édifiée pour résister aux
incursions écossaises. Elle
abrite un magnifique escalier
de style italien, une grande
galerie aux somptueuses
boiseries du XVIIᵉ siècle, une
salle dite de Cupidon, ornée
de délicats stucs (v. 1740) et
plusieurs pièces victoriennes.
Le jardin clos, les terrasses
ornées d'arbres taillés et les
bois invitent à la promenade.

♜ Penrith Castle
Ullswater Rd. ⏰ *t.l.j.* ♿ *dans les jardins.*

🏰 Hutton-in-the-Forest
B5305. 📞 *017684 84449.*
Maison ⏰ *de Pâques à sept. : jeu.,
ven., dim. et jours fériés (l'après-midi).*
Jardins ⏰ *du dim. au ven.*
⏺ *25 déc.* 📷 ♿ *limité.* 🅿 📷

Dalemain ❸

Penrith, Cumbria. 📞 *017684 86450.* ⚏
🚌 *Penrith, puis en taxi.* ⏰ *d'avr. à sept. :
du dim. au jeu.* 📷 ♿ *limité.* 📷 📷

U ne façade d'allure
georgienne donne à
cette belle maison proche de
l'Ullswater un semblant d'unité,
mais dissimule une structure
médiévale et élisabéthaine qui
forme un étonnant labyrinthe.
Parmi les pièces de réception,
un salon chinois au papier
peint à la main et un salon

LES SPORTS TRADITIONNELS DE CUMBRIA

La lutte de Cumberland est l'un des sports les plus
intéressants à voir l'été. Les lutteurs, vêtus d'un maillot et
d'un pantalon de velours brodé, se saisissent au moyen
d'une clef du bras et cherchent à se renverser. La technique
et l'équilibre comptent plus que la force. La course de
fells est une épreuve de vitesse et d'endurance à travers
les montagnes. Lors des courses de chiens, les animaux
suivent des pistes anisées à travers les collines. L'été
ont lieu des courses
de chiens de berger,
des foires, des
expositions florales et
des gymkhanas.
L'Egremeont Crab
Fair, en septembre,
comprend des
épreuves comme
l'escalade
de mât graissé.

Lutte de Cumberland

Moutons à Glenridding, sur la rive ouest de l'Ullswater

aux boiseries du XVIIᵉ siècle. Des bâtiments annexes abritent plusieurs musées. Dans le jardin poussent de nombreuses espèces de rosiers arborescents et un magnifique sapin argenté.

Le somptueux salon chinois de Dalemain

Ullswater ❹

Cumbria. 🚆 Penrith. 🛈 principal parc de stationnement, Glenridding, Penrith (017684 82414).
w www.lake-district.gov.uk

Ce lac, peut-être le plus beau de Cumbria, s'inscrit entre un paysage bucolique près de Penrith et des collines et rochers plus romantiques à son extrémité sud. La route principale, sur la rive ouest, est parfois encombrée. L'été,

deux vapeurs du XIXᵉ siècle font la navette entre Pooley Bridge et Glenridding. L'une des plus belles promenades, sur la rive est, va de Glenridding à Halin Fell et à la lande de Martindale. Du côté ouest se trouve Gowbarrow, dont Wordsworth a décrit la floraison de « la multitude des narcisses d'or » *(p. 354)*.

Keswick ❺

Cumbria. 🏘 5 000. 🛈 Moot Hall, Market Sq (017687 72645).
w www.keswicktic@lake-district.gov.uk

Fréquentée depuis l'époque victorienne, la ville compte des pensions de famille, un théâtre d'été, des boutiques d'équipements pour loisirs de plein air… et des embouteillages en haute saison. Le monument le plus remarquable est le **Moot Hall** de 1813, devenu l'office du tourisme. Née du commerce de la laine et du cuir, Keswick se convertit à l'industrie du crayon grâce aux gisements de graphite découverts sous les Tudors. Pendant la dernière guerre, on fabriqua des crayons creux pour cacher les cartes des espions. L'ancienne usine abrite le **Pencil Museum** où l'on peut voir d'intéressants montages

audiovisuels. Le **Keswick Museum and Art Gallery** expose des manuscrits d'écrivains de la région des Lacs comme Robert Southey et William Wordsworth *(p. 352)*. À l'est de la ville, s'étend le cercle de pierres anciennes de Castlerigg qui serait plus ancien que celui de Stonehenge.

🏛 **Pencil Museum**
Carding Mill Lane.
📞 017687 73626. ◯ t.l.j.
● 25, 26 déc., 1ᵉʳ janv. ♿ 🏷 🚻
🏛 **Keswick Museum and Art Gallery**
Fitz Park, Station Rd.
📞 017687 73263. ◯ de Pâques à oct. : t.l.j. 🏷 🚻

Boutique d'équipements pour loisirs de plein air à Keswick

Les Northern Fells et les lacs ❻

L'écureuil roux, rare, est présent dans la région

Beaucoup apprécient le Lake District National Park pour ses paysages et son intérêt géologique *(p. 340-341)*. C'est un pays idéal pour les marcheurs et, non loin du Derwent Water, le Thirlmere et le Bassenthwaite offrent des espaces infinis, des possibilités de randonnées et l'occasion de pratiquer les sports nautiques. De vastes régions voisines de Keswick *(p. 347)*, capitale de la région, ne sont accessibles qu'à pied, en particulier l'imposant massif du Back of Skiddaw (entre Skiddaw et Calbeck) ou la chaîne de Helvellyn, à l'est de Thirlmere.

Le col de Whinlatter permet de passer facilement de Keswick aux bois de Lorton Vale. De là, la vue sur le lac de Bassenthwaite est belle, et on aperçoit Grisedale Pike.

Bassenthwaite est plus beau vu de la rive est. La route traverse Dodd Wood, au pied du Skiddaw.

Lorton Vale
Au sud de Cockermouth, la campagne verdoyante contraste avec les paysages montagneux plus austères du centre du Lake District. À Low Lorton se trouve Lorton Hall, manoir du XVe siècle.

Derwent Water
Entouré de pentes et de fells boisés, ce beau lac ovale est semé d'îlots dont l'un fut habité par saint Herbert, disciple de saint Cuthbert (p. 405), qui vécut ici en ermite jusqu'en 687. De Keswick, un bateau propose une excursion sur le lac.

LES SOMMETS PRINCIPAUX

Les monts du Lake District sont les plus élevés d'Angleterre. Bien que petits par rapport aux Alpes, ils paraissent hauts dans le paysage. Quelques sommets importants, reconnaissables à leur silhouette particulière, apparaissent ci-contre. Cette coupe montre les Skiddaw Fells, au nord de Keswick.

LÉGENDE

— De ① Blencathra à ② Cockermouth *(ci-contre)*

— De ③ Grisedale Pike à ④ l'Old Man de Coniston *(p. 350-351)*

— De ⑤ l'Old Man of Coniston au ⑥ Windermere et au Tarn Crag *(p. 352-353)*

— Limite du parc national

Skiddaw
Avec 931 m, le Skiddaw est le quatrième sommet de Grande-Bretagne. Sa forme arrondie en rend l'ascension possible en deux heures pour quelqu'un qui est en bonne forme.

Le Blencathra, surnommé « la Selle » à cause de ses sommets jumeaux (868 m), est un défi lancé aux alpinistes, surtout l'hiver.

Saint John's in the Vale
Dans cette vallée, les grimpeurs apprécieront les Castle Rocks. Walter Scott (p. 498) mit en scène les vieilles légendes de la région dans Le Mariage de Triermain.

Le Thirlmere, lac artificiel destiné à alimenter Manchester, date de 1879.

Castlerigg Stone Circle
Décrites par Keats (p. 131) comme « un cercle lugubre de pierres druidiques sur une lande abandonnée », ces pierres levées regardent Skiddaw, Helvellyn et Crag Hill.

LÉGENDE

ℹ️ Renseignements

▬ Route principale

▦ Route secondaire

🌟 Point de vue

0   5 km

Crummock Water, l'un des « lacs de l'ouest » les plus tranquilles

Cockermouth ➐

Cumbria. 🏠 8 000. 🚉 *Workington.*
🚌 ℹ️ *Town Hall, Market St*
(01900 822634).
ⓦ www.western-lakedistrict.co.uk

L es maisons aux couleurs
pastel et les cottages
ouvriers restaurés font l'intérêt
de cette ville active qui
remonte au XIIᵉ siècle.
Il ne faut pas manquer
Wordsworth House, dans
la grand-rue, maison natale
du poète *(p. 354)*. Ce beau
bâtiment géorgien, qui
a conservé des souvenirs de

sa famille, est meublé dans le
style de la fin du XVIIIᵉ siècle.
Dans le *Prélude*, Wordsworth
évoque le superbe jardin
en terrasse qui domine
la Derwent. Dans l'église de
la paroisse se trouve un vitrail
à la mémoire du poète.

Le **château** de
Cockermouth, en partie
en ruine, est toujours habité
et n'est pas ouvert au public.
La ville a de petits musées
de l'imprimerie et des jouets,
une collection de minéraux et
une galerie d'art. La **brasserie
Jennings** propose des visites
et des dégustations.

🏛 **Wordsworth House**
(NT) Main St. 📞 *01900 824805.*
◯ *d'avr. à mai, sept., oct. : du lun. au*
ven., jours fériés ; de juin à août : du lun.
au sam. 🚫 📷 ⓰ *jardins.* ⬜
🍺 **Jennings Brewery**
Castle Brewery. 📞 *01900 821011.*
◯ *d'avr. à oct. : t.l.j.* 🚫 ✅

Newlands Valley ➑

Cumbria. 🚉 *Workington, puis bus.* 🚌
Cockermouth. ℹ️ *Town Hall, Market*
St, Cockermouth (01900 822634) ;
Market Sq, Keswick (017687 72645).

D es rives boisées
du Derwent Water,
cette vallée semée de fermes
d'élevage s'élève rudement
jusqu'au sommet du col
à 335 m, où des marches
mènent à la cascade
de Moss Force. Grisedale
Pike, Grasmoor et Knott Rigg
sont des buts de promenade
à travers les *fells*, par
de grandes étendues
couvertes de fougères.
Les gisements de cuivre, de
graphite, de plomb et même
un peu d'or et d'argent ont été
intensément exploités depuis
le règne d'Élisabeth Iʳᵉ. Beatrix
Potter *(p. 355)* fit de **Little
Town** le décor de *Madame
Piquedru la blanchisseuse.*

La cuisine de la maison de Wordsworth

Buttermere ❾

Cumbria. 🚆 *Penrith.* 🚌 *Cockermouth.*
🚌 *Penrith-Keswick ; Keswick-
Buttermere* 🛈 *Town Hall, Market St,
Cockermouth (01900 822634).*

À la limite entre
le Crummock Water
et le Loweswater, ce lac et ses
environs offrent quelques-uns
des paysages les plus
séduisants de la région.
Surnommés les « lacs
de l'ouest », tous trois sont
suffisamment à l'écart pour ne
pas être envahis. Le Buttermere
est un joyau au milieu de *fells*
majestueux : High Stile,
Red Pike et Haystacks.

Le village de Buttermere,
avec sa poignée de maisons
et ses auberges, est le point
de départ de nombreuses
randonnées autour des trois
lacs. Entouré de bois et
de collines, le Loweswater,
le plus difficile d'accès, est
le plus tranquille. La Scale
Force voisine, la plus haute
chute du Lake District,
plonge de 36 m de haut.

La verte vallée de la Borrow, favorite des artistes

Borrowdale ❿

Cumbria. 🚆 *Workington.* 🚌 *Cockermouth.* 🛈 *Town Hall, Market St,
Cockermouth (01900 822634).*

Cette jolie vallée, sujet
d'innombrables dessins
et aquarelles, s'étend à côté
des rives boisées du Derwent
Water, au pied de rochers
imposants. Elle offre

de nombreuses possibilités
de promenades et attire ceux
qui viennent de Keswick.
Le hameau de **Grange**,
à l'endroit où la vallée
se rétrécit brusquement pour
former les « Mâchoires
de Borrowdale », est l'un des
sites les plus remarquables.
Depuis le Castle Crag voisin,
la vue est superbe.

De Grange, on peut finir
le tour du Derwent Water par
la rive ouest ou bien aller au
sud vers la campagne dégagée
proche de Seatoller. En allant
vers le sud par la route,
un panneau du National Trust
(p. 25) indique **Bowder
Stone**, roc de 2 000 t en
équilibre, sans doute tombé
des *crags* au-dessus
ou déposé par un glacier
il y a un million d'années.

Rosthwaite et
Stonethwaite sont d'attrayants
hameaux. Watendath, village
à l'écart d'une petite route
proche du fameux **Ashness
Bridge**, vaut un détour,
de préférence à pied.

LA RANDONNÉE DANS LE LAKE DISTRICT

Échalier

Deux sentiers de grande randonnée
traversent les plus beaux paysages
des lacs. Le Cumbrian Way
(110 km) court de Carlisle à
Ulverston par Keswick et Coniston.
La partie ouest du Coast-to-Coast
Walk *(p. 33)* traverse la région. Des
centaines de promenades longent
les lacs et se prolongent par des
parcours de montagne plus ardus.
Il est conseillé de ne pas sortir
des itinéraires afin d'éviter l'érosion
et de s'informer des conditions
météo auprès des centres de
renseignements du National Park.

④

Scafell Pike *978 m* — Langdale Pikes — Hard Knott *550 m* — Col du Hardknott — Carrs — Grey Friar — Swirl How — Dow Crag — Old Man of Coniston *803 m* — Caw

Wast Water — Wast Water Screes — Crinkle Crags *924 m* — Blea Tarn — Harter Fell — Eskdale — Seathwaite Tarn — Ravenglass et gare d'Eskdale — Seathwaite — La Duddon

La petite auberge de Wasdale Head (p. 561)

Wast Water ⓫

Cumbria. 🚆 *Whitehaven.* ℹ️ *12 Main St, Egremont (01946 820693).*

Ce lac, dans les eaux sombres duquel se reflètent des paysages inquiétants, est mystérieux et évocateur. Le long de la rive est, des éboulis escarpés plongent de 600 m de haut dans des eaux d'un noir d'encre, quel que soit le temps. C'est le lac le plus profond d'Angleterre (80 m). Se promener sur les éboulis est possible, mais difficile et dangereux. Le canotage est interdit, mais le camp voisin du National Trust délivre des permis de pêche.

À **Wasdale Head** s'étend l'une des vues les plus majestueuses de Grande-Bretagne : la pyramide sévère de **Great Gable**, pièce maîtresse d'un beau massif montagneux d'où se détachent les imposants Scafell et **Scafell Pike**. Le paysage est préservé,

et les seuls bâtiments existants s'élèvent à l'autre bout du lac : une auberge et une petite église à la mémoire des alpinistes disparus. La route se termine là, ce qui oblige à faire demi-tour ou à continuer à pied en suivant les flèches vers Black Sail Pass et Ennerdale ou escalader les grands *fells* qui s'élèvent en face. Wasdale fut la toile de fond des exploits des premiers vrais alpinistes britanniques, qui, au XIXᵉ siècle, débarquaient ici, vêtus d'une simple veste de tweed, un rouleau de corde sur l'épaule.

Eskdale ⓬

Cumbria. 🚆 *Ravenglass, puis petit train jusqu'à Eskdale (de Pâques à oct. : t.l.j. ; de déc. à fév. : sam. et dim.).* ℹ️ *12 Main St, Egremont (01946 820693).* 🌐 *www.eskdale.info.co.uk*

C'est depuis **Hardknott Pass**, éprouvant à passer en voiture tant il est raide, qu'on a la meilleure vue sur les environs d'Eskdale. Une pause

au sommet (393 m) permet de visiter le **camp romain**, d'où l'on jouit d'un beau panorama de la vallée. En descendant vers Eskdale, on est surpris par les rhododendrons et les pins qui poussent au milieu des hameaux, des chemins de terre et des fermes. Les principales localités sont Boot et le village côtier de Ravenglass, avec leurs **moulins**.

Juste au sud de Ravenglass s'élève l'impressionnant **Muncaster Castle**, demeure richement meublée de la famille Pennington. Autre façon de découvrir le paysage, vous pouvez aussi emprunter le petit train (le La'l Ratty) qui va de Ravenglass à Dalegarth.

🏭 **Eskdale Mill**
Boot. 📞 *019467 23335.*
🕐 *d'avr. à sept. : du mar. au dim., jours fériés.* 🎫 ♿ 🚻
⛪ **Muncaster Castle**
Ravenglass. 📞 *01229 717614.*
Château 🕐 *de mi-mars à mi-nov. : du dim. au ven. (après-midi), jours fériés.* **Jardin** 🕐 *t.l.j.* 🎫 ♿
♿ *rez-de-chaussée seulement.*
🚻

Vestiges du camp romain de Hardknott, à Eskdale

⑤

Old Man of Coniston *803 m*   Swirl How   Landstones   **Bow Fell**   **Langdale Pikes :** Pike o'Stickle, Harrison Stickle et Sergeant Man

Walna Scar   Dow Crag   Levers Water   Lord's Rake   **Scafell Pike** *978 m*   **Skiddaw** *931 m*

Buck Pike

Yew Dale   **Tarn Hows**   Pike o'Blisco   Great End   Elterwater   **Grasmere (lac et village)**

Crinkle Crags *924 m*   Wrynose Fell   **Village d'Elterwater**   Thirlmere

Coniston Water   **Little Langdale**   Little Langdale Tarn

Village de Coniston

Vue de Seathwaite en automne, dans la vallée de la Duddon, rendez-vous des grimpeurs

Duddon Valley ⓭

Cumbria. 🚆 *Ulverston.* 🅸 *The Square, Broughton-in-Furness (01229 716115).* 🆆 www.ulverston.net

Cette petite région, appelée aussi Dunnerdale, a inspiré 35 sonnets à Wordsworth *(p. 354)*. Les sites les plus charmants se trouvent entre Ulpha et Cockley Beck. L'automne, les couleurs de la bruyère des landes semées de bouleaux sont magnifiques. Des pierres de gué et des ponts, dont le plus joli est Birk's Bridge, près de Seathwaite, franchissent le fleuve. À l'extrémité sud-ouest de la vallée, là où la Duddon se jette dans la mer à Duddon

Sands, se trouve Broughton-in-Furness, joli village dont l'église date du XIe siècle. Noter le pilori et les dalles de pierre de la grand-place, qui servent pour le marché au poisson.

Langdale ⓮

Cumbria. 🚆 *Windermere.* 🅸 *Market Cross, Ambleside (015394 32582).* 🆆 www.amblesideonline.co.uk

Cette vallée double va de Skelwith Bridge, où le Brathay domine des chutes d'eau, jusqu'aux sommets du Great Langdale. Randonneurs et alpinistes s'y rassemblent au pied

du **Pavery Ark**, du **Pike o'Stickle**, des **Cringle Crags** et du **Bow Fell**.

Great Langdale, vallée la plus spectaculaire, est très souvent visitée, bien que **Little Langdale** soit elle aussi attrayante. En revenant vers Ambleside par le sud, il faut s'arrêter à Blea Tarn. L'**Elterwater** envahi de roseaux est un lieu pittoresque, site d'une ancienne usine de poudre à canon. Précédant Hardknott Pass, Wrynose Pass, à l'ouest de Little Langdale, culmine à 390 m. Au sommet se trouve la Three Shires Stone, ancienne borne frontalière entre les comtés de Cumberland, de Westmorland et de Lancashire.

⑥

eron Pike — **Helvellyn** · Fairfield · **Striding Edge** · **Ambleside** · Snarker Pike · Kirkstone Chimney · Kirkstone Pass · Ullswater · Troutbeck · Stony Cove Pike · **High Street** · High Rise · Harter Fell · Skeggles Water · Selside Brow · Sadgill · Tarn Crag

dal ater ks- · Green Quarter Fell · **Pont de Troutbeck** · **Kentmere** · **Windermere** · A592 · A591 · **Ville de Windermere** · Sprint

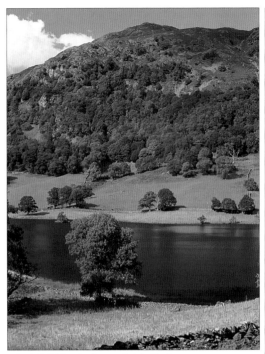

Le lac de Rydal, l'un des fleurons du Lake District

Grasmere et Rydal 🚩

Cumbria. **Grasmere** 🏘 *700.*
Rydal 🏘 *100.* 🚌 *Grasmere.*
🛈 *Redbank Rd, Grasmere (015394 35245).* 🌐 *www.lake-district.gov.uk*

Wordsworth résida dans ces deux villages situés sur les rives de deux lacs. Le Fairfield, le Hart Crag et le Loughrigg Fell dominent les berges envahies de roseaux. Grasmere est prospère avec ses cottages, ses boutiques et ses restaurants. En août, ses jeux *(p. 346)* déplacent des foules. L'église Saint-Oswald abrite les tombes des Wordsworth, et la cérémonie annuelle au cours de laquelle on en couvre le sol de joncs fraîchement coupés attire beaucoup de monde. C'est à **Dove Cottage** que le poète a passé ses années les plus fécondes. Derrière, une grange abrite un musée où sont exposés des souvenirs.

En 1813, les Wordsworth emménagèrent à **Rydal Mount**, vaste maison située à Rydal, où ils vécurent jusqu'en 1850.

Le parc comprend des cascades et un pavillon. Non loin de là, Dora's Field se couvre de narcisses au printemps, et Fairfield Horseshoe est une promenade un peu ardue.

🏛 Dove Cottage and the Wordsworth Museum
A591 près de Grasmere. 📞 *015394 35544.* ◯ *t.l.j.* ● *du 24 au 26 déc., de mi-janv. à mi-fév.* 🚹 📷 📁 📷
🌐 *www.wordsworth.org.uk*

🏛 Rydal Mount
Rydal. 📞 *015394 33002.*
◯ *de mars à oct. : t.l.j. ; de nov. à fév. : du mer. au lun.* ● *25 déc., janv.*
🚹 📷 ♿ *limité.*

Ambleside 🔟

Cumbria. 🏘 *3 400.* 🚌
🛈 *Central Buildings, Market Cross (015394 32582).* 🗓 *mer.*
🌐 *www.amblesideonline.co.uk*

Ambleside, bien reliée par la route à toutes la région des lacs, est un bon point de départ, surtout pour les montagnards. Son architecture est surtout victorienne et on y trouve des boutiques de vêtements, d'artisanat et de spécialités culinaires. Un petit cinéma et, l'été, un festival de musique classique animent les soirées. Les centres d'intérêt ne sont pas très nombreux : les restes du camp romain de Galava (79 apr. J.-C.), la chute d'eau de Stock Ghyll Force et la **Bridge House**, au-dessus de Stock Beck, devenue un centre d'information du National Trust.

Aux environs
La vallée boisée de Rothay, les **Kirkstone Galleries** à Skelwith Bridge et le col abrupt de Kirkstone sont d'accès facile. À Troutbeck,

La petite Bridge House, au-dessus de Stock Beck, à Ambleside

WILLIAM WORDSWORTH (1770-1850)

Le poète romantique anglais le plus connu est né dans le Lake District et y a passé la majeure partie de sa vie. Il fréquenta l'école de Hawkshead et Cambridge, puis un héritage lui permit d'embrasser la carrière littéraire. Il s'établit à Dove Cottage avec sa sœur et épousa en 1802 une camarade de classe, Mary Hutchinson. Ils vivaient au milieu de leurs enfants, recevant la visite de Coleridge ou de Thomas de Quincey. Wordsworth a aussi écrit un des premiers guides sur la région des lacs.

Beatrix Potter et le Lake District

Ses livres pour enfants, qu'elle illustrait elle-même, ont pour héros Pierre Lapin ou Sophie Canétang. Beatrix Potter (1866-1943) se battit pour la préservation du Lake District, où elle vivait depuis 1906. Après son mariage, elle se consacra à l'agriculture et devint spécialiste du mouton de Herdwick. Elle fit don de ses terres au National Trust.

Illustration de couverture de *Sophie Canétang* (1908)

Townend (1626) est une ferme où l'on a reconstitué un intérieur de la région des lacs.

☩ Kirkstone Galleries
Skelwith Bridge. 📞 *015394 34002.* ⭕ *t.l.j.* ⬤ *du 24 au 26 déc.* 🅿 ⭐

☩ Townend
(NT) Troutbeck, Windermere. 📞 *015394 32628.* ⭕ *d'avr. à oct. : du mar. au ven., dim. et lun. férié.* 📷

Windermere ⑰

Cumbria. 🚆 *Windermere.* 🚌 Victoria St. 🛈 *Victoria St (015394 46499)* ou *Glebe Rd, Bowness-on-Windermere (015394 42895).* 🌐 www.golakes.co.uk

Long de 16 km, ce plan d'eau est le plus vaste d'Angleterre. Avant l'arrivée du chemin de fer, des magnats de l'industrie construisirent des résidences sur ses rives. La majestueuse **Brockhole**, devenue un office de renseignements du parc national, en est un exemple. Le chemin de fer, en 1847, permit aux ouvriers de s'y ruer les jours de congé.

Un ferry fait toute l'année la liaison entre les rives est et ouest du lac (de Ferry Nab à Ferry House) et, l'été, des vapeurs relient Lakeside, Bowness et Ambleside, dans l'axe nord-sud. Belle Isle, curieuse île boisée sur laquelle se dresse une unique maison ronde, est l'un des sites les plus attrayants, mais il est interdit d'y débarquer. Le meilleur endroit où se baigner est **Fell Foot Park**, à l'extrémité sud du lac, et la rive nord-ouest permet de belles promenades à pied. L'un des points de vue marquants est Orrest Head (238 m), au nord-est du village de Windermere.

Aux environs
Bowness-on-Windermere, sur la rive est, est très fréquentée. De nombreux bâtiments possèdent des éléments architecturaux de style victorien. Saint Martin's Church date du XVe siècle.

Le **Steamboat Museum** expose une collection de bateaux de l'époque victorienne, dont un, l'*Osprey*, navigue encore régulièrement. Le **World of Beatrix Potter** fait revivre les personnages de cet auteur et un film raconte sa vie. Beatrix Potter a écrit nombre de ses livres à **Hill Top**, ferme du XVIIe siècle à Near Sawrey, au nord-ouest de Windermere. Hill Top est restée telle qu'elle était du vivant de sa propriétaire.

La **Beatrix Potter Gallery**, à Hawkshead, expose ses manuscrits.

🅷 Brockhole Visitor Centre
A591. 📞 *015394 46601.* ⭕ *d'avr. à oct. : t.l.j.*
🅿 ⭐ 🍴

⚘ Fell Foot Park
(NT) Newby Bridge. 📞 *015395 31273.* ⭕ *t.l.j.* ⭐ 🍴

☩ Windermere Steamboat Museum
Rayrigg Rd, Windermere. 📞 *015394 45565.* ⭕ *de fin mars à oct. : t.l.j.* 🅿 📷 ⭐ 🍴 🌐 www.steamboat.co.uk

☩ World of Beatrix Potter
The Old Laundry, Crag Brow. 📞 *015394 88444.* ⭕ *t.l.j.* ⬤ *25 déc., 3 semaines en janv.* 🅿 📷 ⭐ limité 🍴

🏠 Hill Top
(NT) Près de Sawrey, Ambleside. 📞 *015394 36269.* ⭕ *d'avr. à oct. : du sam. au mer.* 🅿 📷 🌐 www.hap-skip-jump.com

☩ Beatrix Potter Gallery
(NT) The Square, Hawkshead. 📞 *015394 36355.* ⭕ *d'avr. à oct. : du dim. au jeu.* 🅿 📷

Barques échouées et amarrées le long de la rive à Ambleside, extrémité nord de Windermere

Le paisible lac de Coniston, cadre du roman d'Arthur Ransome, *Hirondelles et Amazones* (1930)

Coniston Water ⓲

Cumbria. 🚆 *Windermere, puis bus.* 🚌 *Ambleside, puis bus.* 🅸 *parc de stationnement de Coniston, Ruskin Ave (01539 41533).* 🆆 *www.coniston-net.com*

Il faut grimper pour avoir la meilleure vue sur ce long plan d'eau frontalier du Lake District. John Ruskin, critique d'art et écrivain du XIXᵉ siècle, le contemplait depuis **Brantwood**, sa maison, où l'on peut voir ses peintures et des souvenirs.

L'été, la promenade sur le lac à bord du vapeur *Gondola* part de Coniston Pier et fait escale à Brantwood et Park-a-Moor. C'est aussi à Coniston que Donald Campbell perdit la vie en tentant de battre le record de vitesse sur l'eau en 1967. Ce village aux ardoises vertes, qui vivait de l'exploitation du cuivre, est une étape idéale pour les marcheurs.

Au nord-ouest, **Hawkshead**, village interdit à la circulation, se signale par ses ruelles surannées et ses maisons à colombage. Au sud s'étend la vaste forêt de Grisedale où l'on peut voir des sculptures sur bois.

Au nord de Coniston Water se trouve **Tarn Hows**, lac artificiel entouré de bois. L'ascension de l'Old Man de Coniston (803 m) est agréable.

🏛 **Brantwood**
B5285, près de Coniston. 📞 *015394 41396.* 🕓 *de mi-mars à mi-nov. : t.l.j. ; de mi-nov. à mi-mars : du mer. au dim.* 🔴 *25, 26 déc.* 🅿 🖼 ♿ *limité.* 🍴 🛍

Kendal ⓳

Cumbria. 👥 *26 000.* 🚆 🅸 *Town Hall, Highgate (01539 725758).* 🛒 *du lun. au sam.* 🆆 *www.kendaltown.org.uk*

Ville animée construite en calcaire gris, la capitale administrative de la région est aussi la porte sud des lacs.

Kendal possède un centre artistique dynamique, le **Brewery**. L'**Abbot Hall** (1759) conserve des peintures

Le gâteau à la menthe de Kendal, plein d'énergie pour les randonneurs

de Turner et de Romney, ainsi que des meubles de Gillows. Ses écuries abritent le **Museum of Lakeland Life and Industry**, dont les ateliers vivants illustrent l'artisanat et le commerce local. Le **Museum of Natural History and Archaeology** présente des dioramas sur la géologie et la vie sauvage. À 5 km au sud de la ville s'élève **Sizergh Castle**, du XIVᵉ siècle, avec sa tour

---

fortifiée, ses cheminées sculptées et son joli jardin.

🏛 **Abbot Hall Art Gallery and Museum of Lakeland Life and Industry**
Kirkland. 📞 *01539 722464.* 🕓 *de mi-fév. au 20 déc. : du lun. au sam.* 🅿 🖼 ♿ *galerie.* 📷 *sur rendez-vous.* 🛍
🏛 **Kendal Museum of Natural History and Archaeology**
Station Rd. 📞 *01539 721374.* 🕓 *de mi-fév. au 20 déc. : du lun. au sam.* 🅿 🖼 ♿ *limité.*
⚓ **Sizergh Castle**
(NT) A591 & A590. 📞 *015395 60070.* 🕓 *d'avr. à oct. : du dim. au jeu.* 🅿 🖼 ♿ *terrasses seulement.* 🛍

Furness Peninsula ⓴

Cumbria. 🚆 🅿 *Barrow-in-Furness.* 🅸 *28 Duke St, Barrow-in-Furness (01229 894784).*

Barrow-in-Furness, foyer d'industrie navale *(p. 337)* en déclin, est la ville principale de la péninsule. Son **Dock Museum** retrace de manière vivante l'histoire de Barrow, notamment à l'aide de présentations interactives.

Les ruines de grès rouge de **Furness Abbey**, dans le Vale of Dreadly Nightshade, et une petite exposition sur la vie monastique sont à voir. C'est la cité d'Ulverston qui reçut, en 1280, la charte de l'abbaye, dont l'**Ulverston Heritage**

Centre retrace l'histoire.
La ville vit également naître le comédien Stan Laurel, en 1890. Dans un **musée** dédié à sa mémoire sont projetés certains de ses films.

🏛 Dock Museum
North Rd, Barrow-in-Furness. **(** 01229 894444. ○ d'avr. à oct. : du mar. au dim. ; de nov. à mars : du mer. au dim. (sam., dim. après-midi) ; jours fériés. ● 25, 26 déc., 1er janv. 🔵 🔵 🔵

🔵 Furness Abbey
Vale of Deadly Nightshade. **(** 01229 823420. ○ de Pâques à sept. : t.l.j. ; d'oct. à Pâques : du mer. au dim. ● 24-26 déc., 1er janv. 🔵 🔵 🔵 limité.

🏛 Ulverston Heritage Centre
Lower Brook St. **(** 01229 580820. ○ d'avr. à déc. : du lun. au sam. ; de janv. à mars : lun., mar., du jeu. au sam. ● 25, 26 déc., 1er janv. 🔵 🔵 🔵 limité.

🏛 Laurel and Hardy Museum
Upper Brook St, Ulverston. **(** 01229 582292. ○ t.l.j. ● 25 déc., janv. 🔵 🔵

L'escalier d'Holker Hall

Cartmel ㉑

Cumbria. 🔥 700. 🔵 Main St Grange-over-Sands (015395 34026). 🔵 www.grangetic@southlakeland.gov.uk

Le **prieuré** du XIIe siècle de ce joli village est l'une des plus belles églises du Lake District. Il reste peu de chose du bâtiment d'origine, à part la jolie maison de gardien au centre du village, propriété du National Trust (p. 25), devenue galerie d'art. L'église restaurée se signale par son vitrail est, une pierre tombale sculptée du XIVe siècle et de magnifiques miséricordes. Cartmel, qui s'enorgueillit aussi d'un petit champ de courses, a donné son nom à une région vallonnée et verdoyante, parsemée de bois et de rochers calcaires.

Le riche mobilier, les cheminées en marbre, le superbe escalier de chêne, les jardins à la française et le parc aux cerfs font de **Holker Hall**, ancienne demeure des ducs de Devonshire, un des sites les plus recherchés de la région.

🍴 Holker Hall
Cark-in-Cartmel. **(** 015395 58328. ○ d'avr. à oct. : du dim. au ven. 🔵 🔵 🔵 limité. 🔵 sur rendez-vous. 🔵

Levens Hall ㉒

Près de Kendal, Cumbria. **(** 015395 60321. 🚌 depuis Kendal ou Lancaster. ○ d'avr. à mi-oct. : du dim. au jeu. 🔵 🔵 🔵 jardins seulement. 🔵 🔵 www.levenshall.co.uk

Ce manoir élisabéthain, surtout connu pour ses jardins ornementaux, ne manque pas lui-même d'intérêt. Construit autour d'une tour du XIIIe siècle, il abrite une collection de meubles jacobites et d'aquarelles de Peter de Wint (1784-1849). À signaler : les moulures des plafonds, les chaises Charles II, le plus ancien ouvrage de patchwork anglais et les cœurs dorés sur les gouttières.

Les ifs et les buis taillés furent aménagés en 1694 par le jardinier français Guillaume Beaumont.

Les parterres, vieux de trois cents ans, sont composés de plantes de différentes couleurs.

L'horloge du XVIIIe siècle a une seule aiguille, chose courante à l'époque.

Entrée principale

De petites haies de buis bordaient les parterres géométriques.

Les jardiniers taillent les arbres en forme de cône, de vis ou de pyramide. Certains mesurent 6 m de haut.

Morecambe Bay regarde au nord-ouest vers Barrow-in-Furness

Morecambe Bay ㉓

Lancashire. 🚆 *Morecambe.*
🛳 *Heysham (vers Isle of Man).*
ℹ️ *Marine Road (01524 582808).*
🆆 www.lancaster.gov.uk

Pour découvrir Morecambe, mieux vaut prendre le train d'Ulverston à Arnside. Il franchit une série de viaducs bas à travers les lagunes où vivent des milliers d'échassiers. Cette baie est l'une des plus grandes réserves d'oiseaux du pays. Du côté du Cumbria, les résidences secondaires ont envahi Grange-over-Sands, paisible lieu de villégiature qui a pris son essor grâce au chemin de fer en 1857 et doit beaucoup à son cadre naturel. C'est de **Hampsfield Fell** et de **Humphrey Head Point** que les vues sur la baie sont les plus intéressantes.

Leighton Hall ㉔

Carnforth, Lancashire. 📞 *01524 734474.* 🚌 *vers Yealand Conyers (depuis Lancaster).* ⬜ *de mai à sept. : du mar. au ven. et dim.* ⬤ *lors de certains événements.* 🅿️🖼️♿ *rez-de-chaussée seul.* 📷 *l'après-midi seul.* ⬛

Cette grande demeure date du XIIIᵉ siècle, mais l'essentiel du bâtiment actuel est du XIXᵉ siècle, y compris la pâle façade néo-gothique. Elle appartient à la famille Gillow, fondatrice de l'industrie du meuble à Lancaster, dont les produits sont devenus des antiquités prisées. De belles pièces sont exposées, parmi lesquelles une boîte à ouvrage incrustée de scènes bibliques. On peut également voir un élevage d'oiseaux de proie.

Lancaster ㉕

Lancashire. 🚶 *45 000.* 🚆 🚌
ℹ️ *Castle Hill (01524 32878).*
📅 *du lun. au sam.*
🆆 www.lancaster.gov.uk

Ce chef-lieu de comté, petit comparé à Liverpool ou Manchester (elles-mêmes devenues comtés), a une longue histoire. Ce sont les Romains qui lui ont donné son nom, celui de leur camp sur la rive de la Lune. Ce port devint prospère en grande partie grâce au trafic d'esclaves. Son université et sa vie culturelle sont encore très actives.

Le **château** normand fut modifié aux XIVᵉ et XVIᵉ siècles. Il fut le siège d'un tribunal de la couronne et abrita une prison à partir du XVIIIᵉ siècle. Le Shire Hall est orné de 600 blasons. Certains fragments de la tour d'Adrien (collection d'instruments de torture) ont 2 000 ans.

Non loin, le prieuré de **Sainte-Marie**, sur Castle Hill, possède un portail saxon et des stalles sculptées du XIVᵉ siècle dans le chœur. Les **Judge's Lodgings** du XVIIᵉ siècle abritent un musée du meuble. Le **Maritime Museum**, dans la maison des douanes georgienne de Saint George's Quay, évoque l'histoire du port. Le **City Museum**, dans l'ancien hôtel de ville, est consacré à la vie maritime à Lancaster.

Les cinq grandes arches du **Lune Aqueduct** font passer le canal au-dessus de ce fleuve.

Le **Williamson Park** contient l'Ashton Memorial de 1907, folie due au magnat local du linoléum et homme politique Lord Ashton.

Aigle fauve à Leighton Hall

Du haut de son dôme de 67 m, la vue est superbe. En face se trouvent la volière de papillons tropicaux et un café.

LES SABLES DE MORECAMBE BAY

Plus d'un voyageur, qui pour éviter de contourner l'estuaire du Kent, coupait à marée basse à travers les sables mouvants que provoque la remontée des eaux, y perdit la vie lorsque les brouillards dissimulent le sentier. Des gens du pays se firent guides, et vous pouvez utiliser leurs services pour aller de Kents Bank à Hest Bank, près d'Arnside.

La Traversée des sables de Morecambe (anonyme)

♠ Lancaster Castle
Castle Parade. 📞 01524 64998.
🔵 de mi-mars à mi-déc. : t.l.j.
🟦🟩🟦 seulement mais limitée lors des sessions de la cour.

🏛 Judge's Lodgings
Church St. 📞 01524 32808. 🔵 de Pâques à oct. : du lun. au sam. (après-midi).
🔴 de nov. au ven. saint. 🟦🟩

🏛 Maritime Museum
Custom House, St George's Quay.
📞 01524 64637. 🔵 t.l.j. (de Pâques à nov. : l'après-midi).
🔴 du 24 au 26 déc., 31 déc., 1ᵉʳ janv.
🟦🟩🟦🟥

🏛 City Museum
Market Sq. 📞 01524 64637.
🔵 du lun. au sam.
🔴 du 24 déc. au 2 janv. 🟦🟦
♣ Williamson Park
Wyresdale Rd. 📞 01524 33318.
🔵 t.l.j. 🔴 25-26 déc., 1ᵉʳ janv.
🟦🟩🟦 limité. 🟥

Ribble Valley ㉖

Lancashire. 🚆 Clitheroe. ℹ️ Market Place, Clitheroe (01200 425566).
📅 mar., jeu., sam.
🌐 www.ribblevalley.gov.uk

Clitheroe, petite ville que domine un château, est un bon point de départ pour découvrir cette vallée, ses rivières et ses vieux villages comme Slaidburn ou Waddington. À Ribchester, on peut visiter les vestiges d'un **camp romain** et un musée. Whalley possède une **abbaye cistercienne**. À l'est, un tumulus de l'âge du bronze couronne Pendle Hill (560 m).

🏛 Roman Museum
Ribchester. 📞 01254 878261.
🔵 t.l.j. (sam., dim. : après-midi).
🔴 24-25 déc., 1ᵉʳ janv. 🟦🟩🟦
🟩 sur rendez-vous.
🏛 Whalley Abbey
Whalley. 📞 01254 828400. 🔵 t.l.j.
🔴 du 24 déc. au 2 janv. 🟦🟩🟦🟥

Blackpool ㉗

Lancashire. 👥 150 000. ✈ 🚆 🚌
ℹ️ Clifton St (01253 478222).
🌐 www.blackpooltourism.com

Le style des vacances a changé en quelques décennies, mais si Blackpool a perdu son statut de perle de la côte, son attrait demeure.

Sortie d'usine de L. S. Lowry (1930)

Salles de jeu, établissements de loisirs, embarcadères, petits restaurants se succèdent le long de la plage et des artistes de cabaret se produisent à la lueur des réverbères. En septembre et octobre, les illuminations de la Blackpool Tower (158 m) attirent des milliers de personnes.

Blackpool est un lieu de villégiature depuis le XVIIIᵉ siècle, mais elle a pris son essor vers 1840, grâce au chemin de fer.

La Blackpool Tower, repeinte lors du centenaire en 1994

Salford Quays ㉘

Salford. 🚇 Harbour City (de Manchester). ℹ️ City Council (0161 848 8601). 🌐 www.salford.gov.uk

À l'ouest du centre de Manchester, les quais abritaient autrefois le terminal des docks du **Manchester Ship Canal**. Après sa fermeture en 1982, le secteur fut laissé à l'abandon mais, depuis les années 1990, de nouveaux quartiers et équipements ont été aménagés. Le **Lowry**, ouvert en 2000, est un nouveau complexe culturel spectaculaire composé de théâtres et de musées, dont l'un abrite la plus grande collection d'œuvres de L. S. Lowry, artiste originaire de Salford. De l'autre côté du pont piétonnier qui enjambe le canal se trouve Trafford (le terrain du Manchester United Football Club à Old Trafford est tout proche) qui abrite l'**Imperial War Museum North**, inauguré en 2002. Situé dans un étonnant bâtiment dû à l'architecte Daniel Libeskind, il met l'accent sur la guerre considérée du point de vue de ceux qui y furent impliqués.

🏛 The Lowry
Pier 8, Salford Quays.
📞 0161 876 2000. 🔵 t.l.j.
🔴 25 déc. 🟦🟦🟦🟥
🏛 Imperial War Museum North
Trafford Wharf. 📞 0870 220 3435.
🔵 t.l.j. 🔴 25, 26 déc. 🟦🟦🟦🟥

Manchester ❷⁹

**Enseigne
de la bibliothèque
Rylands**

L'histoire de Manchester commence en 79 apr. J.-C., lorsque les légions d'Agricola implantèrent le camp de Mancunium sur ce site. La ville prit son essor à la fin du XVIIIe siècle, quand les métiers à filer mus à la vapeur de Richard Arkwright firent faire un bond à l'industrie du coton. Vers 1830, une première voie ferrée relia Manchester à Liverpool, et en 1894 le Ship Canal de Manchester *(p. 359)* permit aux cargos de remonter jusqu'à 55 km dans les terres. Grâce aux profits de l'industrie textile, de fiers bâtiments officiels s'élevèrent, tandis que s'étendaient les quartiers ouvriers surpeuplés. La question sociale conduisit les réformateurs à embrasser la cause libérale ou radicale. Il en résulta entre autres la fondation du *Manchester Guardian*, l'ancêtre de l'actuel *Guardian*. Dans les années 1950, la ville fut la première à raser des quartiers insalubres et à lutter contre la pollution de l'air.

À la découverte de Manchester

Manchester est une jolie ville dont le centre, compact, offre de nombreuses curiosités. Les nuits y sont animées, les restaurants variés et on y trouve l'un des plus grands quartiers chinois du monde. La rénovation du tramway a permis de résoudre les problèmes de transport et, après l'attentat à la voiture piégée de 1996, la municipalité a su donner un nouveau souffle aux quartiers commerçants et rationaliser l'aménagement de certaines rues. Les usines et les docks ont laissé un immense héritage architectural, largement utilisé

LE CENTRE DE MANCHESTER

Castlefield ②
Free Trade Hall ④
G-Mex Centre ③
John Rylands Library ⑤
Manchester Art Gallery ⑧
Museum of Science and
    Industry in Manchester ①
Royal Exchange ⑥
Town Hall ⑦

LÉGENDE

🚌 Station d'autobus

🚏 Gare routière

🚎 Tramway

—— Ligne de tramway

🚆 Gare ferroviaire

🅿 Parc de stationnement

ℹ Information touristique

✝ Église

**La John Rylands Library,
de style néogothique inaugurée en 1900**

pour un développement urbain inventif à l'ouest de la ville, dont **Salford Quays** *(p. 359)*. Parmi les beaux édifices du XIXᵉ siècle se trouvent la **John Rylands Library**, fondée il y a plus d'un siècle par la veuve d'un milliardaire local du coton, le **Town Hall**, le **Royal Exchange**, aujourd'hui un théâtre et un restaurant, et le **Free Trade Hall**. Derrière la cathédrale, la **Chetham's Library** est en partie abritée dans un ensemble bien conservé d'édifices de la fin du Moyen Âge. Le site industriel autrefois à l'abandon de **Castlefield** est devenu un quartier florissant, proposant musées, promenades en péniche et la première gare ferroviaire de transport passager qui abrite désormais le Museum of Science and Industry *(ci-dessous)*.

🏛 Museum of Science and Industry in Manchester

Lower Byrom St. 📞 *0161 832 2244.* ⬜ *t.l.j.* ⬤ *24-26 déc.* 📷 ♿ ⬛
Ce musée, qui est l'un des plus grands dédiés aux sciences et fait partie du Castlefield Urban Heritage Park, évoque l'esprit d'entreprise et la puissance industrielle de Manchester. Parmi les salles intéressantes, Power Hall, collection de machines à vapeur, Electricity Gallery, qui retrace l'histoire de l'énergie domestique, et une exposition sur la voie ferrée de Liverpool à Manchester. L'Air and Space Gallery possède une belle collection d'appareils illustrant les étapes de l'aviation.

🏛 Manchester Art Gallery

Mosley St. et Princess St. 📞 *0161 235 8888.* ⬜ *du mar. au dim.* ⬤ *lun. sauf jours fériés, 24-26 déc., 31 déc., 1ᵉʳ janv., ven. saint.* ♿ 🍴 ⬛
Rouvert à l'été 2002, le musée a doublé son espace d'exposition après une restauration de 35 millions de livres et une extension réalisée par l'architecte sir Michael Hopkins. Le bâtiment initial fut conçu en 1824 par sir Charles Barry (1795-1860) et présente d'art britannique, notamment d'artistes préraphaélites tels Holman Hunt et Dante Gabriel Rossetti. Les écoles italienne, flamande et française sont également représentées. La Gallery of Craft & Design possède une belle collection d'arts décoratifs, de la Grèce à nos jours en passant par Picasso.

🚇 G-Mex Centre

Windmill St. 📞 *0161 834 2700.* ⬜ *pendant les expositions, tél. à l'avance.* ⬤ *25 déc.* ♿ 🍴
L'ancienne gare centrale, fermée depuis 1969, est devenue un vaste lieu d'exposition et de conférences. Au rez-de-chaussée, plus de 9 000 m² accueillent des concerts et des spectacles.

MODE D'EMPLOI

Manchester. 👥 *2,5 millions.* ✈ *M56 18 km au S. de Manchester.* 🚊 *Oxford Road, Victoria, Piccadilly.* 🚌 *Chorlton St.* ℹ *Lloyd St (0161 234 3157).* 🎉 *t.l.j.* 🎭 *Manchester Festival : oct.*

🏛 Whitworth Art Gallery

University of Manchester, Oxford Rd. 📞 *0161 275 7450.* ⬜ *t.l.j. (dim. : après-midi).* ⬤ *du 23 déc. au 10 janv., ven. saint.* ♿ ℹ 🍴
Sir Joseph Whitworth, ingénieur et fabricant de machines-outils, légua les fonds nécessaires pour un musée, consacré à l'origine au design industriel afin de soutenir l'activité textile. C'est un beau bâtiment de brique rouge du début du XXᵉ siècle dont l'intérieur date des années 1960. À l'entrée se trouve *La Genèse*, un nu de Jacob Epstein. Le musée abrite une superbe collection d'art contemporain, de textiles et d'imprimés, ainsi que de belles aquarelles, notamment de Turner *(p. 93)* et de Girtin. Ne manquez pas les gravures sur bois japonaises et la collection de papiers peints modernes et anciens.

**La Genèse (1930-1931)
de Jacob Epstein,
à la galerie Whitworth**

LE MASSACRE DE PETERLOO

Les conditions de travail dans les usines de Manchester étaient si dures que, le 16 août 1819, 50 000 personnes s'assemblèrent à Saint Peter's Field pour protester contre les *Corn Laws*. D'abord pacifique, la foule s'échauffa et les troupes montées, peu entraînées, prirent peur et

chargèrent sabre au clair. Il y eut 11 morts et de nombreux blessés. On appela cet incident Peterloo (allusion à Waterloo). La même année furent votées des réformes comme le *Factory Act*.

Liverpool

Les traces de peuplement sur les rives de la Mersey remontent au Iᵉʳ siècle. En 1207, Jean sans Terre accorda une charte à un village de pêcheurs, « Livpul ». Sous les Stuarts, la ville ne comptait que mille habitants, mais aux XVIIᵉ et XVIIIᵉ siècles, les profits tirés du commerce des esclaves avec les Caraïbes permirent à Liverpool de prospérer. Les premiers quais, ouverts en 1715, finirent par border la Mersey sur 11 km. C'est en 1840 qu'un premier vapeur de haute mer appareilla de Liverpool, et les candidats à l'émigration vers le Nouveau Monde affluèrent de toute l'Europe, en particulier des Irlandais victimes d'une famine. Beaucoup se fixèrent à Liverpool, qui devint une métropole.

Le port accueille toujours autant de cargos que dans les années 50 et 60, mais les porte-conteneurs accostent à Bootle. En dépit des crises économiques et sociales, l'esprit de Liverpool renaquit dans les *Swinging Sixties*, quand « quatre garçons dans le vent » inventèrent la musique pop. C'est en hommage aux Beatles que beaucoup de gens visitent Liverpool, qui est aussi connue pour son orchestre philharmonique, ses sports (le football et le steeple-chase du Grand National) et son université.

Liver bird, toit du Royal Liver Building

Ouvrage en fer restauré et poli de l'Albert Dock

À la découverte de Liverpool
On reconnaît facilement le front de mer, qui part de Pier Head, gardé par les deux légendaires *Liver Birds* (des cormorans avec des algues dans le bec) du Royal Liver Building. Non loin de là se trouvent l'embarcadère de ferries sur la Mersey et les docks, qui ont repris vie.

LE CENTRE DE LIVERPOOL

Beatles Story ⑤
Cavern Quarter ①
Liverpool Museum ②
Merseyside Maritime Museum ⑦
Metropolitan Cathedral ④
Museum of Liverpool Life ⑧
Royal Liver Building ⑨
Tate Liverpool ⑥
Town Hall ⑩
Walker Art Gallery p. 364-365 ③

LÉGENDE

Station d'autobus
Gare ferroviaire
Embarcadère de ferries
P Parc de stationnement
Information touristique
Église

À voir aussi, des musées de premier ordre et de belles galeries comme la Walker Art Gallery *(p. 364-365)*. Les amateurs d'architecture pourront admirer quelques-uns des plus beaux monuments néo-classiques de Grande-Bretagne, dans le centre, et deux cathédrales.

Albert Dock

🛈 0151 708 8854. ⭘ t.l.j. ⬤ 25-26 déc. ; 1er janv. 🎫 certaines attractions. ♿

Les cinq entrepôts de l'Albert Dock ont été conçus par Jesse Hartley (1846). Les docks déclinèrent à partir de 1900 et fermèrent en 1972. Après dix ans d'abandon, on restaura ces bâtiments classés Grade I, qui abritent désormais studios de télévision, musées, galeries, boutiques, restaurants et bureaux.

Quai de l'Albert Dock, le long de la Mersey

🏛 Merseyside Maritime Museum

Albert Dock. 🛈 0151 478 4499. ⭘ t.l.j. ⬤ 23-26 déc., 1er janv. 🎫 ♿ sauf Piermaster's House et sous-sol. ▢

Ce grand musée maritime, consacré à l'histoire du port de Liverpool, évoque les chantiers navals, les paquebots de la Cunard and White Star… Une nouvelle salle a été ouverte qui traite du commerce triangulaire.

Cloche de bateau au Maritime Museum

La bataille de l'Atlantique pendant la Deuxième Guerre mondiale est retracée par des maquettes et des documents. Une autre salle traite de l'émigration vers le Nouveau Monde. Celle consacrée aux douanes et taxes révèle tous les aspects de la contrebande et du trafic de drogue. De l'autre côté du quai ont été reconstruits Piermaster's House et le Cooperage.

🏛 Museum of Liverpool Life

Mann Island. 🛈 0151 478 4080. ⭘ t.l.j. ⬤ 24-26 déc., 1er janv. 🎫 ♿

De nombreux aspects de la vie à Liverpool sont évoqués : la plus vieille bannière de syndicat de Grande-Bretagne, la reconstitution d'une boutique coopérative, la première Ford Anglia construite près de Halewood, une des équipes de football de la ville, celle d'Everton…

MODE D'EMPLOI

Liverpool. 🏘 450 000. ✈ 11 km au S.-E. de Liverpool. 🚆 Lime St. 🚌 Norton St. ⛴ depuis Pier Head jusqu'au Wirral, et croisières vers l'île de Man et l'Irlande du Nord. 🛈 Queens Sq (09066 806886). 🎪 dim. (heritage market). 🎭 Liverpool Show : mai ; défilé du lord-maire et River Festival : juin ; Beatles Festival : août. 🌐 www.visitliverpool.com

🏛 Beatles Story

Britannia Volts. 🛈 0151 709 1963. ⭘ t.l.j. ⬤ 25, 26 déc. 🎫 🎫 ♿

Ce musée propose une promenade qui retrace la fabuleuse histoire de ce groupe, de son premier disque *Love Me Do* à sa dernière apparition en scène en 1969 et sa séparation en 1970, en passant par la « beatlemania ». On peut entendre les « tubes » qui ont électrisé toute une génération.

🏛 Tate Liverpool

Albert Dock. 🛈 0151 702 7400. ⭘ du mar. au dim., jours fériés. ⬤ lun., ven. saint,du 24 au 26 déc., 31 déc., 1er janv. 🎫 pour quelques expositions. ♿ 🎫 sur rendez-vous. ▢

Elle abrite l'une des plus belles collections d'art contemporain après celle de Londres. Décoré de panneaux bleu et orange vif, cet ancien entrepôt transformé par l'architecte James Stirling devint en 1988 la première « filiale » de la Tate Gallery.

LES BEATLES

Liverpool a vu naître nombre de groupes et de chanteurs, d'acteurs et de comiques. Mais John Lennon, Paul McCartney, George Harrison et Ringo Starr les ont éclipsés, et les quelques lieux qui évoquent le groupe sont vénérés comme des temples. Les circuits à pied ou en autocar passent par l'asile de l'armée du Salut de Strawberry Fields, Penny Lane (à l'écart du centre) et les maisons natales des Beatles. L'endroit le plus visité est le Cavern Club, Matthew Street, près de la gare centrale, où résonnèrent pour la première fois les accents d'une musique nouvelle. Le lieu initial a été transformé en galerie commerçante, mais les briques d'origine ont été utilisées pour le reconstituer. Les statues des Beatles et d'*Eleanor Rigby* s'élèvent non loin de là.

La Walker Art Gallery de Liverpool

Plat italien (vers 1500)

Cette galerie fondée en 1873 par sir Andrew Barclay Walker, maire de Liverpool et brasseur, conserve l'une des plus belles collections d'art du Nord : primitifs italiens et tableaux flamands, Rubens, Rembrandt, Poussin, toiles impressionnistes françaises comme *La Repasseuse* de Degas (vers 1890). Le fonds est très riche en œuvres britanniques des XVIIIᵉ et XIXᵉ siècles. Ainsi sont conservées des peintures de Gainsborough (*La Comtesse de Sefton*, 1769), Millais et Turner.

La production contemporaine est représentée par Hockney et Sickert ou des sculptures d'Henry Moore.

Coquillages *(1870)*
Albert Moore peignait des figures féminines d'après des statues antiques. Sa façon de traiter les ombres fut influencée par Whistler (p. 505).

Intérieur à Paddington
En 1951, Harry Diamond posa six mois pour son ami Lucian Freud, qui par ce tableau voulait « mettre l'être humain mal à l'aise ».

15

14

13

5

7

12

8

9

10

Rez-de-chaussée

11

1ᵉʳ étage

La façade
est de H. H. Vale et Cornelius Sherlock

Entrée principale

SUIVEZ LE GUIDE !
Toutes les collections de peinture sont au premier étage. Salles 1 et 2 : peinture médiévale et Renaissance ; salle 3 : œuvres flamandes, françaises, italiennes et espagnoles du XVIIᵉ siècle. Salles 4 à 6 et 12 à 15 : art britannique des XVIIIᵉ et XIXᵉ siècles ; salles 9 et 11 : art moderne ; et salle 10 : les impressionnistes et post-impressionnistes.

Berger endormi *(1835)*
Le plus grand sculpteur néoclassique britannique du milieu du XIXᵉ siècle, John Gibson (1790-1866), faisait un usage classique de la couleur pour donner à ses statues un aspect lisse.

Mode d'emploi

William Brown St. 0151 478 4199. Lime St. vers Empire Theatre ou Lime St. 10 h-17 h lun.-sam. ; 12 h-17 h le dim. 23-26 déc., 1er janv. sur rendez-vous. W www.thewalker.org

Kingston Brooch, broche saxonne du VIIe s., musée de Liverpool

🏛 Liverpool Museum

William Brown St. 0151 478 4399. t.l.j. (dim. : après-midi) du 24 au 26 déc., 1er janv.

Les cinq étages de ce remarquable musée comprennent des salles interactives, une salle du trésor et un centre de découverte qui permettent d'approcher des œuvres rares. La maison des insectes nous donne un aperçu de leur perception du monde.

🔒 Anglican Cathedral

St James' Mount. 0151 709 6271. t.l.j.

Cet édifice de style gothique ne fut achevé qu'en 1978. Cette belle cathédrale en grès rouge, la plus vaste du monde anglican, fut dessinée par sir Giles Gilbert Scott. C'est Édouard VII qui en posa la première pierre en 1904, mais les deux guerres mondiales entravèrent les travaux. Les nefs latérales sont construites comme des tunnels à travers les murs. On remarque les vitraux, le maître-autel et la collection de broderies.

🔒 Metropolitan Cathedral of Christ the King

Mount Pleasant. 0151 709 9222. t.l.j. **Offrandes.**

La cathédrale catholique marque l'abandon d'une architecture traditionnelle au profit d'un style moderne. Les plans proposés par Pugin, puis par Lutyens (p. 25) dans les années 30, se révélèrent trop coûteux. C'est le projet de Sir Frederick Gibberd qui fut retenu : un bâtiment circulaire surmonté d'une couronne d'épines de 88 m de haut. Il fut édifié de 1962 à 1967. Les non-catholiques l'ont surnommé « Paddy's Wigwam » (de nombreux Irlandais, surnommés Paddy,

le fréquentent). La lanterne en vitrail de John Piper et Patrick Reyntiens inonde la nef circulaire d'une lumière bleutée. Le beau Christ en bronze de l'autel est l'œuvre d'Elisabeth Frink (1930-1994).

Aux environs

Speke Hall, superbe manoir à colombage (1490) doté d'un joli parc, se trouve à 10 km à l'est du centre. La partie la plus ancienne comprend une cour où s'élèvent deux ifs taillés, *Adam* et *Ève*. La cachette du XVIe siècle destinée aux prêtres persécutés existe toujours.

Pendant plus de 800 ans, **Birkenhead**, sur la péninsule de Wirral, ne fut reliée à Liverpool que par bac. À présent, des tunnels routiers et ferroviaires assurent le passage. On y voit un prieuré normand qui ouvre encore ses portes le dimanche, et Hamilton Square, château conçu par J. Gillespie Graham, l'un des architectes de la New Town d'Édimbourg.

Port Sunlight Village (p. 337), sur la même rive de la Mersey que Wirral, est un village-jardin victorien construit par William Hesketh Lever, riche fabricant de savon, pour ses ouvriers.

🏰 Speke Hall

(NT) The Walk, Speke. 0151 427 7231. d'avr. à oct. : du mer. au dim.(après-midi) ; de nov. à mi-déc. : sam. et dim. (après-midi) et jours fériés. limité.

🏰 Port Sunlight Village & Heritage Centre

95 Greendale Rd, Port Sunlight, Wirral. 0151 644 6466. d'avr. à oct. : de 10 h à 16 h ; de nov. à mars : de 11 h à 16 h ; t.l.j. semaine de Noël. W www.portsunlightvillage.com

Présentation du Christ au Temple *(1342)*
Dans un cadre gothique travaillé, cette Sainte Famille révèle tout l'art de Simone Martini.

Légende

☐ Art européen, XIIIe-XVIIe s.

☐ Art britannique préraphaélite et victorien, XVIIIe-XIXe s.

☐ Impressionnistes/Post-Impressionnistes

☐ Art britannique, XXe s.

☐ Salle des sculptures

☐ Craft and design gallery

☐ Contemporains

☐ Expositions temporaires

☐ Pièces utilitaires

Entrée du manoir à colombage de Speke Hall

LE YORKSHIRE ET LE HUMBERSIDE

YORKSHIRE DU NORD · EAST RIDING OF YORKSHIRE

*C*ette région, au cœur de laquelle se trouve la vénérable ville d'York, est un pays de landes sauvages, de vallées verdoyantes et de jolis villages. Au nord s'étendent les Dales (vallées) et les Moors (landes) du Yorkshire ; à l'est, une côte de falaises et de plages peuplées d'oiseaux ; et au sud, de grasses prairies.

Trois comtés autrefois distincts (les anciens « Ridings ») constituent l'actuel Yorkshire. Humberside et Yorkshire s'étendent sur 12 950 km². Les paysages calcaires tourmentés de la partie nord furent modelés à l'époque glaciaire. Jusqu'au XIXᵉ siècle, cette région vivait principalement de ses ressources agricoles. Des murets de pierres sèches couraient le long des pentes et quadrillaient le terroir. Puis la révolution industrielle apporta son cortège de filatures aux cheminées noircies, de rails et de viaducs.

Le Humberside, au contraire, est traditionnellement tourné vers la mer, mais les ports de pêche sont aujourd'hui en déclin, sauf dans le nord. Des prairies basses s'étendent à l'intérieur, et la côte exceptionnelle est, vers le nord, émaillée de vastes plages de sable et de petits ports actifs. Ce sont ces paysages contrastés, des landes battues par les vents, comme dans les romans des sœurs Brontë, jusqu'aux falaises abruptes proches de Whitby et à l'étendue plate de Sunk Island dans le Humberside, qui font le charme de la région.

York, qui conserve des vestiges attestant une occupation romaine, puis viking, est la ville de Grande-Bretagne la plus visitée après Londres. Le centre de cette agglomération représente sans aucun doute le pôle le plus attractif de la région. Cependant, on ne peut prétendre connaître le Yorkshire et le Humberside sans avoir parcouru la campagne alentour. D'excellentes routes touristiques et un réseau de sentiers permettent de suivre tranquillement le Cleveland Way ou d'escalader les rochers par le Pennine Way en partant du Pen-y-Ghent.

Casiers à homards sur le quai du petit port de pêche de Whitby

◁ La paisible vallée de Rosedale, dans les North York Moors

À la découverte du Yorkshire et du Humberside

L e Yorkshire englobe les trois anciens comtés des
« Ridings ». Avant le développement du chemin de fer,
de la mine et de l'industrie de la laine au XIXᵉ siècle,
l'économie reposait sur l'agriculture. Dans le Nord, des
murs de pierres sèches divisent les champs et pâturages
où se dressent encore les cheminées des anciennes
filatures. De prestigieuses abbayes, comme
Rievaulx et Fountains, s'y élèvent. La ville
médiévale d'York et les plages du Yorkshire
sont les deux pôles d'attraction
des touristes. Le Humberside se signale
par les paysages vallonnés des Wolds
et ses réserves naturelles.

Rosedale, village des North York Moors

LA RÉGION D'UN COUP D'ŒIL

VOIR AUSSI

• *Hébergement* p. 562-563

• *Restaurants et pubs* p. 597-599

Le pont de Lendal (1863), qui enjambe l'Ouse à York

Middlesbrough

MOUNT GRACE PRIORY **15**

Cleveland Way

NORTH YORK MOORS

WHITBY **19**

ROBIN HOOD'S BAY **20**

A684

NATIONAL PARK

Esk

NORTH YORK MOORS **17**

NORTH YORK MOORS **16**

HUTTON-LE-HOLE **16**

A170

Seven

18

A169

A171

NORTH YORK MOORS RAILWAY

Derwent

21

RIEVAULX ABBEY **14**

13 HELMSLEY

SCARBOROUGH

SUTTON BANK **9**

10 BYLAND ABBEY

COXWOLD **11**

12 NUNNINGTON HALL

A170

Hertford

CASTLE HOWARD

Rye

22 **23** EDEN CAMP

A64

A165

BEMPTON & FLAMBOROUGH HEAD **26**

WBY HALL

Ouse

A19

Derwent

24

BURTON AGNES **25**

NORTH SEA

NARESBOROUGH

A1

A59

Nidd

A64

WHARRAM PERCY

A166

A166

32 YORK

A1079

A164

Ouse

BEVERLEY **27**

A165

28 BURTON CONSTABLE

IV

Aire

A63

M62

A63

KINGSTON UPON HULL **29**

Hull

B1238

SUNK ISLAND

M62

Don

Trent

A15

Humber

A180

HOLDERNESS & SPURN HEAD **30**

DONCASTER ●

M180

GRIMSBY **31**

A16

M18

A5

GNA **41**

M18

A1(M)

Newark-on-Trent

M1

Nottingham

0   15 km

CIRCULER

L'A1, la M1, la M62 et l'A59 sont les principaux itinéraires routiers. Des trains desservent les grandes villes, York et Leeds, et des lignes de train et d'autocar relient de nombreux bourgs et villages. Les parcs nationaux des Yorkshire Dales et des North York Moors s'offrent aux marcheurs, et les cyclistes peuvent rouler autour de York et de la rivière Humber.

LÉGENDE

Autoroute

Route principale

Route secondaire

Route pittoresque

Chemin pittoresque

Cours d'eau

Point de vue

Parc national des Yorkshire Dales ●

L es Yorkshire Dales forment le cœur d'une région
rurale doucement vallonnée. Swaledale,
Wharfedale, Wensleydale et Deepdale en sont
les principales vallées *(dales)*. Elles ont été dégagées
lors de la dernière glaciation. Leur aspect verdoyant
contraste avec la rudesse des hautes landes. Cependant,
douze siècles de présence humaine ont agrémenté
le paysage de cottages, de châteaux et de villages. Parc
national depuis 1954, la région offre des distractions
tout en répondant aux besoins des localités voisines.

**Monk's Wynd, l'une des ruelles
tortueuses de Richmond**

Légende

▬▬	Route principale
═══	Route secondaire
──	Autre route
┄┄	Limite du parc national

La région de
Malham *(p. 373)*

0   20 km

Le paysage onduleux et verdoyant de la Deepdale, près de Dent

À la découverte de la Swaledale

C'est la laine qui fit la prospérité
de la vallée, ce que rappellent
les troupeaux de moutons qui
paissent sur les pentes sauvages
par tous les temps. Le cours
rapide de la Swale, qui a donné
son nom à la vallée, traverse des
landes mornes et se précipite en
cascades magnifiques au milieu
des pentes boisées, pour venir
ensuite baigner Reeth, Thwaite
et Richmond.

⚜ Richmond Castle

(EH) Tower Street.
📞 *01748 822493.*
⏰ *t.l.j.* ● *25 déc.* 🔲 🚫 🔲 *Limité.*
Le principal point d'accès
à la Swaledale est le bourg
médiéval de Richmond, avec sa
grande place du marché pavée.
Alan Rufus, 1ᵉʳ comte normand
de Richmond, entama
la construction du château
en 1071 ; certains pans du mur
d'enceinte datent sans doute de
cette époque. Les murs du beau
donjon normand, haut de 30 m,
atteignent 3,30 m d'épaisseur.
Une arche du XIᵉ siècle mène
à la cour où s'élève Scolland's
Hall (1080), l'un des plus vieux
bâtiments d'Angleterre.

La place du marché est
l'ancienne enceinte extérieure
du château. Les ruelles
capricieuses ont inspiré
à Leonard McNally la chanson
The Lass of Richmond Hill
(1787), composée pour sa
femme, élevée à Richmond Hill.

Turner *(p. 93)* a souvent représenté cette ville. Le Georgian Theatre (1788), restauré en 1962, est le seul théâtre de cette époque aujourd'hui conservé.

🏛 Swaledale Folk Museum

Reeth Green. 📞 *01748 884373.* ⏰ *de Pâques à oct. : t.l.j.* 📷
Ce musée se trouve à Reeth, dont les mines de plomb apportèrent la prospérité à la région. Installé dans une ancienne école méthodiste (1830), il présente les activités de la mine et de l'industrie lainière (la laine des vigoureux moutons de la Swaledale était un des piliers de l'économie).

🦆 Buttertubs

Près de Thwaite, sur la B6270 vers Hawes, on peut voir une série de trous où s'engouffre le courant. Ils furent surnommés « pots à beurre », car les paysans qui se rendaient au marché y mettaient le beurre à rafraîchir.

Buttertubs, près de Thwaite

À la découverte de la Wensleydale

La plus grande vallée du Yorkshire était surtout connue par ses fromages. Plus récemment, c'est une série télévisée britannique, *All Creatures Great and Small*, qui l'a rendue célèbre. Les randonneurs y trouveront des itinéraires faciles.

🏛 Dales Countryside Museum

Station Yard, Hawes. 📞 *01969 667450.* ⏰ *t.l.j.* 📷 ♿
L'ancienne gare de marchandises de Hawes,

Tonneaux à la brasserie Theakston

capitale de l'Upper Wensleydale, abrite un intéressant musée de la vie et des industries des XVIIIᵉ et XIXᵉ siècles dans les Upper Dales. La fabrication du fromage et du beurre y est à l'honneur. Ce sont les moines de l'abbaye voisine de Jervaulx qui inventèrent le fromage de la Wensleydale.

À Hawes se tient aussi un important marché. Chaque été, des milliers d'ovins et de bovins y sont vendus aux enchères.

🦆 Hardraw Force

Hardraw, petit village voisin, possède la cascade la plus haute d'Angleterre : rien n'interrompt la chute d'eau sur 29 m. Elle a connu son heure de gloire à l'époque victorienne, quand le cascadeur Blondin la franchit sur une corde raide. Il est possible de passer contre le rocher derrière l'écran d'eau sans se faire mouiller.

🦆 Aysgarth Waterfalls

ℹ *National Pk Centre (01969 663424)*
Depuis le vieux pont qui servait aux chevaux de trait, on peut regarder le cours placide de l'Ure se déverser tel un torrent furieux sur de larges dalles de pierre. Turner a peint les impressionnantes chutes inférieures en 1817.

🏛 Theakston Brewery

Masham. 📞 *01765 689057.* ⏰ *d'avr. à nov. : variable, téléphoner avant.* 🅿 📷 ♿ *limité.* 📷
À Masham est installée la brasserie qui produit la bière forte Old Peculier. Un centre d'accueil pour les visiteurs retrace l'histoire de cette petite entreprise familiale

MODE D'EMPLOI

North Yorkshire. 🚂 *Skipton.*
ℹ *01756 752774.*
🌐 *www.destinationdales.org.uk*

depuis 1827. Sur la place du village, bordée de maisons des XVIIᵉ et XVIIIᵉ siècles, se tenaient autrefois les foires aux moutons. Remarquez aussi l'église médiévale.

♜ Bolton Castle

Castle Bolton, près de Leyburn. 📞 *01969 23981.* ⏰ *t.l.j.* 🅿 📷 ♿ *jardins.* 📷
Le château du village de Castle Bolton fut construit en 1379 par le premier Lord Crope, chancelier d'Angleterre, comme demeure d'agrément. En 1568-1569, Élisabeth Iʳᵉ *(p. 50-51)*, qui craignait une rébellion, y retint Marie Stuart *(p. 497)* prisonnière. Trois des quatre tours ont conservé leur hauteur d'origine (30 m).

♜ Middleham Castle

Middleham, près de Leyburn. 📞 *01969 23899.* ⏰ *de janv. à mars : de 10 h à 16 h du mer. au dim. ; d'avr. à sept. : de 10 h à 18 h t.l.j. ; oct. : de 10 h à 17 h t.l.j. ; de nov. à déc. : de 10 h à 16 h t.l.j.* ⏰ *24-26 déc.* 🅿 📷 📷 ♿
Propriété de Richard Neville, comte de Warwick, ce château de 1170 est surtout connu comme résidence de Richard III *(p. 49)* lorsque celui-ci fut élevé au rang de Lord of the North. Cette place forte, l'une des plus puissantes du Nord, fut abandonnée au XVᵉ siècle, et ses pierres servirent de matériau.

Vestiges du château de Middleham, ancienne résidence de Richard III

Les vastes ruines du prieuré de Bolton, qui date de 1154

À la découverte de la Wharfedale

Des bourgs calmes se nichent le long des méandres de la rivière qui parcourt cette vallée de landes gréseuses. Grassington est une bonne base pour entreprendre une randonnée, mais l'on peut aussi partir des villages de Burnsall, au pied d'un *fell* de 506 m, et de Buckden, au pied du Buckden Pike (701 m).

C'est la région des Trois Pics : le Whernside (736 m), l'Ingleborough (724 m) et le Pen-y-Ghent (694 m), d'accès difficile, et connus pour leurs fondrières. C'est un véritable défi pour les grimpeurs les plus hardis que de les escalader tous les trois en une journée. En signant un registre avant le départ au café du Pen-y-Ghent à Horton-in-Ribblesdale pour prouver que les 32 km de course ont été parcourus en moins de 12 heures, ils peuvent devenir membres du club des Three Peaks of Yorkshire.

🏠 Burnsall

St Wilfrid's, Burnsall. 📞 *01756 720232.* ◯ *t.l.j.* ♿
Dans le cimetière de l'église Saint-Wilfrid, on peut voir l'ancien pilori, les tombes de l'époque viking et la pierre tombale de la famille Dawson sculptée par Eric Gill (1882-1940). Le village, groupé autour d'un très vieux pont à 5 arches, accueille en août la plus ancienne course de montagne de Grande-Bretagne.

🏛 Upper Wharfedale Museum

The Square, Grassington. ◯ *d'avr. à sept. : t.l.j. (après-midi) ; d'oct. à mars : sam. et dim. (après-midi).* 🖼 ♿ *limité.*
Ce musée des traditions populaires installé dans des cottages de mineurs du XVIIIe siècle évoque la vie quotidienne et économique de la région.

🏠 Bolton Priory

Bolton Abbey, près de Skipton. 📞 *01756 710238.* ◯ *t.l.j.* ♿
L'un des plus jolis paysages de la Wharfedale s'étend autour de Bolton Abbey. Quarante-six km de sentiers, accessibles pour la plupart aux handicapés et aux enfants, permettent de parcourir ce site préservé.

Les ruines du prieuré de Bolton, fondé par des chanoines augustiniens en 1154 sur le site d'un manoir saxon, comprennent une église, une salle du chapitre, un cloître et la maison du prieur. Tous ces bâtiments sont empreints de la richesse acquise par les chanoines grâce à la laine de leurs moutons. La nef du prieuré tient lieu d'église paroissiale. Une autre curiosité de la région est le « Strid », endroit où la Wharfe se précipite dans une gorge, produisant une écume jaune et creusant la roche.

🦇 Stump Cross Caverns

Greenhow, Pateley Bridge. 📞 *01756 752780 ou 01423 711042.* ◯ *t.l.j. (téléphoner en hiver, les grottes peuvent être fermées en cas de mauvais temps).* ● *25 déc.* 🖼 🍴 🚻
En un demi-million d'années, ces grottes ont été façonnées en dédales de forme et de taille fantastiques par la circulation des eaux souterraines. Obstruées par la dernière glaciation, ces cavernes ne furent découvertes que vers 1850, lorsque des mineurs y débouchèrent en creusant une galerie.

♣ Skipton Castle

High St. 📞 *01756 792442.* ◯ *t.l.j. (dim. après-midi).* ● *25 déc.* 🖼 ⬛ 🚻
Située hors du parc national, cette ville est toujours l'un des principaux centres de vente aux enchères et d'élevage du Nord. Son château du XIe siècle fut presque entièrement reconstruit par Robert de Clifford au XIVe siècle. La magnifique Conduit Court est un ajout d'Henry, Lord Clifford, sous Henri VIII. L'if central fut planté par Lady Anne Clifford en 1659, en souvenir de la restauration du château après les dégâts de la guerre civile.

La Conduit Court (1495) et l'if du château de Skipton

Excursion dans la région de Malham ❷

La région de Malham, modelée par l'érosion glaciaire il y a 10 000 ans, est l'un des paysages calcaires les plus spectaculaires de Grande-Bretagne. La randonnée, en partant de Malham, peut durer plus de quatre heures si l'on prend le temps de faire un détour par la Gordale Scar. On peut aussi s'arrêter à Malham Cove, vaste amphithéâtre naturel formé

Bécasseau à Malham Tarn

par un effondrement géologique qui fait penser à l'empreinte d'un géant. Au-dessus, les profondes crevasses de Malham Lings abritent des plantes rares. D'autres poussent dans les eaux très calcaires du Malham Tarn. Cette rivière aurait inspiré à Charles Kingsley son roman *Les Bébés d'eau* (1863). L'été, ce lac est peuplé de foulques et de colverts, l'hiver de morillons.

Croisement du sentier et de la route ⑤
D'ici, un autobus rejoint Malham.

P MALHAM

⑤

Malham Tarn House

④

Malham Tarn ④
Second lac du Yorkshire par sa taille, il est situé à 305 m d'altitude, dans une réserve naturelle.

Malham Lings ③
Cet affleurement est lié à la déglaciation : les eaux de fonte des glaciers ont dissous une partie du calcaire qui le constituait. .

SETTLE

③

Gordale Scar ⑥
Cette gorge bordée de falaises fut creusée par les eaux de fonte des glaciers.

⑥

②

Malham Cove ②
Cet escarpement de 76 m porte encore la trace d'une ancienne chute d'eau.

Malham Beck

P

① **H**

Gordale Beck

SKIPTON

Légende

- ▪▪ Circuit
- ━━ Route secondaire
- ☆ Point de vue
- **P** Parc de stationnement
- **H** Renseignements
- **🚻** Toilettes

Malham ①
Le centre d'information de ce joli village au bord de la rivière donne des renseignements sur les randonnées.

0   1 km

CARNET DE ROUTE

Point de départ : Malham
Comment y aller ? Quitter la M65 par la sortie 14 et prendre l'A56 pour Skipton, puis suivre les panneaux Malham, voisin de l'A65.
Itinéraire : 11 km.
Difficulté : Malham Cove est abrupt, la région du Tarn l'est moins.

Affiche des années 1920 vantant les eaux de Harrogate

Harrogate ❸

North Yorkshire. 👥 69 000. 🚆 🚌
ℹ️ *Assembly Rooms, Crescent Rd
(01423 537300).* 🛒 *du lun. au sam.*
🌐 www.harrogate.gov.uk

Près de 90 sources thermales firent d'Harrogate la principale ville d'eau du Nord, entre 1880 et la Grande Guerre. C'était une étape idéale pour les aristocrates qui désiraient se remettre d'une trépidante saison londonienne avant d'aller chasser la grouse en Écosse.

Les attraits de Harrogate résident dans cette atmosphère de ville d'eau, son architecture, ses jardins publics et sa situation au cœur du Yorkshire du Nord et des Dales.

Les sources naturelles ne sont pas toujours en service ; rendez-vous alors aux bains turcs qui sont parmi les plus attrayants du pays. L'entrée du côté des Royal Assembly Rooms (1897) ne paie pas de mine, mais l'intérieur des **Harrogate Turkish Baths** est somptueusement décoré de céramique victorienne.

Le **Royal Pump Room Museum** retrace l'histoire de la ville. Au début du siècle, on pensait que les eaux étaient plus riches en fer le matin : entre 7 et 9 h, le bâtiment octogonal voyait affluer les riches curistes venus recueillir le précieux breuvage. Les plus pauvres pouvaient se servir à la pompe extérieure, toujours en usage. On peut goûter les eaux et visiter le musée, qui conserve une bicyclette Penny Farthing de 1874.

Les plates-bandes du **Stray**, parc public situé au sud du centre, sont fleuries à profusion, et les **Harlow Car Gardens**, jardin ornemental, appartiennent à la Northern Horticultural Society ; l'été et l'automne *(p. 164)* s'y tiennent deux festivals floraux spectaculaires. Les **Betty's Café Tea Rooms** *(p. 598)* proposent de délicieuses pâtisseries dans un cadre raffiné.

🛁 **Harrogate Turkish Baths**
Assembly Rooms, Crescent Rd.
📞 *01423 556746.* ⭕ **Hommes** :
lun., mer. et ven. : l'après-midi ; sam.
Femmes : *lun. : le matin ; mar. et jeu. :*
l'après-midi ; ven. : le matin ; dim.
Mixtes *(en maillot de bain) : mar.*
(matin) ; (couples en maillot de bain
uniquement) ven. et dim. : le soir.
⭕ *jours fériés (sauf ven. saint).* ♿

🏛 **Royal Pump Room Museum**
Crown Pl. 📞 *01423 556188.*
⭕ *t.l.j.* ⭕ *24-26 déc., 1ᵉʳ janv.*
🅿️ ♿ &

🛁 **Betty's Café Tea Rooms**
1 Parliament St. 📞 *01423 502746.*
⭕ *t.l.j.* ⭕ *25 et 26 déc., 1ᵉʳ janv.*

🌿 **Harlow Car Gardens**
Crag Lane. 📞 *01423 565418.*
⭕ *t.l.j.* ♿ & 🍴 🛒

Knaresborough ❹

North Yorkshire. 👥 14 000.
🚌 *depuis Harrogate.*
ℹ️ *9 Castle Courtyard, Market Place*
(01423 866886). 🛒 *mer.*

Cette ville, l'une des plus vieilles d'Angleterre, citée dans le *Domesday Book* de 1086 *(p. 48)*, surplombe le cours de la Nidd. Les rues, qui relient l'église, le château en ruine de John of Gaunt et la place du marché à la rivière, sont maintenant bordées de maisons du XVIIIᵉ siècle.

Non loin se trouve la **Mother Shipton's Cave**, sans doute l'attraction touristique

La grotte de Mother Shipton et ses objets recouverts de calcaire

La façade sud de Newby Hall

la plus ancienne d'Angleterre. Cette grotte acquit sa réputation en 1630 comme lieu de naissance d'Ursula Sontheil, célèbre prophétesse locale. À proximité, on peut voir une source qui, en quelques semaines, recouvre d'une couche de calcaire n'importe quel objet, que ce soit un parapluie ou un jouet.

Mother Shipton's Cave

Prophesy House, High Bridge. 01423 864600. de mars à oct. : t.l.j. ; de nov. à fév. : sam. et dim. 25 déc., janv.

Ripley ❺

North Yorkshire. 150. depuis Harrogate ou Ripon. 01423 537300.

Depuis 1320 environ, époque où la première génération de la famille Ingilby vivait au château de Ripley, presque tous les villageois sont employés au château. L'empreinte la plus visible laissée par cette famille date du XIXᵉ siècle : vers 1820, sir William Amcotts Ingilby s'éprit d'un village de l'Est de la France, et le fit reproduire avec son hôtel de ville.

C'est à **Ripley Castle**, dont le portail est du XVᵉ siècle, qu'Olivier Cromwell *(p. 52)* fit étape après la bataille de Marston Moor. La 28ᵉ génération d'Ingilby réside aujourd'hui dans cette demeure qui est ouverte au public. Le beau domaine comprend deux lacs et un parc aux cerfs, ainsi que des jardins plus classiques.

Ripley Castle

Ripley. 01423 770152. de sept. à mai : mar., jeu. à dim. ; de juin à août : t.l.j. 25 déc.

Newby Hall ❻

Près de Ripon, North Yorkshire. 01423 322583. d'avr. à sept. : du mar. au dim. et lun. fériés. www.newbyhall.co.uk

Édifié sur une propriété des Nubie au XIIIᵉ siècle, Newby Hall appartient à la même famille depuis 1748. La partie centrale du manoir actuel fut construite à la fin du XVIIᵉ siècle dans le style de sir Christopher Wren. Les jardins couvrent 10 ha et méritent une visite. Organisés le long d'une allée centrale, ils forment une série de vastes étendues distinctes, et chacun est planté de façon à être fleuri quelle que soit la saison. Des sculptures contemporaines sont exposées sur Woodland Discovery Walk. Pour les enfants, un jardin ludique propose plusieurs activités et un petit train longe la rivière Ure (avec également des promenades en bateau). Chaque année, des manifestations spéciales sont organisées, tels une foire aux fleurs, un rallye de voitures anciennes et deux expositions-ventes d'artisanat.

Fountains Abbey ❼

Voir p. 376-377.

Ripon ❽

North Yorkshire. 14 000. depuis Harrogate. Minster Rd (01765 604625). jeu. www.riponcity.info

Cette petite ville est surtout connue par sa cathédrale et par son *wakeman* (chevalier du guet) qui veille sur la population depuis la fin du Moyen Âge. En échange de sa protection, il lève une taxe annuelle de 2 pence par foyer. Il sonne du cor tous les soirs à 9 h, et tous les jeudis c'est une cloche qui annonce l'ouverture du marché.

La **cathédrale Saint-Pierre et Saint-Wilfrid** est construite sur une crypte saxonne, prétendument la plus ancienne d'Angleterre, de 3 m de haut et 2 m de large. La collection de miséricordes *(p. 329)* d'inspiration païenne et biblique est remarquable. sir Nikolaus Pevsner (1902-1983), auteur d'un inventaire en trois volumes des monuments de Grande-Bretagne, considérait la façade ouest comme la plus belle d'Angleterre.

Le **Prison and Police Museum** qui se trouve dans la « maison de correction » de 1686 retrace l'histoire de la police et montre les conditions de vie dans les prisons victoriennes.

Prison and Police Museum

St Marygate. 01765 690799. d'avr. à oct. : t.l.j. de nov. à mars. limité.

Le *wakeman* de Ripon sonnant du cor place du marché

Fountains Abbey ❼

Les vastes ruines en grès de l'abbaye de Fountains et les pièces d'eau de Studley Royal se nichent dans la vallée boisée de la Skell. L'abbaye fut fondée par des moines bénédictins en 1132 et reprise par des cisterciens trois ans plus tard. Au milieu du XIIᵉ siècle, elle était la plus prospère de Grande-Bretagne, mais elle tomba en ruine après la dissolution des monastères (p. 50). En 1720, John Aislabie, député de Ripon et chancelier de l'Échiquier, reprit les terres et la forêt. Il entreprit la création des fameux jardins d'eau et l'installation des statues et temples à l'antique dans le parc, qui contrastent avec la simplicité de l'abbaye. Son fils poursuivit son œuvre.

Fountains Hall
Construit par Sir Stephen Proctor vers 1611 avec des pierres de l'abbaye, on l'attribue à l'architecte Robert Smythson. Le grand salon comprend une tribune des musiciens et l'entrée est flanquée de colonnes classiques.

L'ABBAYE

Elle fut fondée pour répondre aux aspirations cisterciennes de simplicité et d'austérité. Les pauvres, les malades et les voyageurs étaient toujours bien accueillis.

La chapelle des Neuf Autels, à l'est de l'église, fut construite de 1203 à 1247. Contrairement à la rigueur du reste de l'abbaye, son architecture répond à un souci d'ornementation ; en témoigne un vitrail de 18 m de haut.

Salle du chapitre
Cloître
Cellier
Cuisine
Résidence de l'abbé
Infirmerie des moines
Réfectoire
Infirmerie des frères convers
Réfectoire des convers

L'entrepôt voûté en sous-sol, soutenu par 19 piliers et long de 90 m, servait à emmagasiner les toisons que les moines vendaient aux marchands vénitiens et florentins.

Vers le Visitor Centre et le parc de stationnement

La Skell

Chemins menant au parc

★ L'abbaye
Elle est en pierres de la vallée de la Skell.

À NE PAS MANQUER

★ L'abbaye

★ Le temple de la Piété

St Mary's Church
Cette belle église gothique victorienne fut construite par William Burges de 1871 à 1878. Les stalles du chœur sont sculptées de perroquets multicolores.

MODE D'EMPLOI

(NT) Studley Royal, Ripon.
01765 608888. depuis Ripon
(de mai à sept.) ou Harrogate.
d'avr. à sept. : de 10 h à 19 h t.l.j. ;
d'oct. à mars : de 10 h à 17 h (ou
au crépuscule) t.l.j. (der. entrée 1 h
av. la ferm.) de nov. à janv. : ven. ;
24 et 25 déc.

Tour octogonale

Chemin vers St Mary's Church

Lac

Banqueting House

Cascade

Canal

Étang de la lune

Siège d'Anne Boleyn
C'est pour remplacer sa statue qu'on construisit à la fin du XVIII siècle cette niche gothique.

Temple de la Renommée
Les colonnes en bois creux qui supportent ce dôme ont l'aspect du grès.

★ Temple de la Piété
À l'origine, cette fabrique était dédiée à Hercule. À la mort de son père en 1742, William Aislabie la rebaptisa, en signe de piété filiale.

Le cheval blanc du XIXe siècle, non loin de Sutton Bank

Sutton Bank ❾

North Yorkshire. 🚆 *Thirsk.*
🛈 *Sutton Bank (01845 597426).*

Très fréquentée par les motards qui en apprécient le relief accidenté, la région de Sutton Bank offre de vastes panoramas ; par temps clair, on peut voir du Vale of York au Peak District *(p. 326-327)*. C'est ce paysage qu'admira William Wordsworth en 1802, sur le chemin qui le menait chez sa future femme, Mary Hutchinson, à Brompton.

Véritable curiosité, le cheval blanc de Sutton Bank est une figure de craie réalisée au XIXe siècle. On peut en faire le tour à pied.

Byland Abbey ❿

(EH) Coxwold, York. 📞 *01347 868614.* 🚍 *depuis York ou Helmsley.* 🚆 *Thirsk.* 🕐 *d'avr. à oct. : t.l.j.* ● *de nov. à mars.* 🅿 🎦 ♿ *limité.*

Ce monastère cistercien fut fondé en 1177 par des moines de l'abbaye de Furness, en Cumbria. Son église était à l'époque la plus grande d'Angleterre (100 m de long, 41 m de large d'un transept à l'autre). L'agencement des bâtiments est encore visible : le grand cloître, la façade ouest de l'église, ainsi que le pavage en céramique vernie jaune et vert. Un petit musée conserve de belles pierres sculptées et des chapiteaux.

En 1322, la bataille de Byland se déroula non loin de là, et Édouard II *(p. 40)* faillit être capturé par les Écossais qui avaient appris qu'il dînait au monastère. Ses ennemis firent main basse sur toutes les richesses qu'il dut abandonner dans sa fuite.

Coxwold ⓫

North Yorkshire. 🏠 *160.* 🛈 *49 Market Place, Thirsk (01845 522755).* Ⓦ *www.hambleton.gov.uk*

Juste à la limite du parc national des North York Moors *(p. 381)*, ce charmant village se niche au pied des Howardian Hills. Les maisons en pierre du pays entourent l'église du XVe siècle caractérisée par une imposante tour octogonale et meublée de bancs fermés géorgiens.

C'est à Coxwold que résida l'écrivain Laurence Sterne (1713-1768), auteur de *La Vie*

Shandy Hall, maison de l'écrivain Laurence Sterne, devenue un musée

et les opinions de Tristram Shandy et d'Un voyage sentimental en France et en Italie, qui, en 1760, vint prendre en charge la paroisse. Il loua une maison toute biscornue qu'il baptisa **Shandy Hall**, ce qui veut dire « excentrique » en patois du Yorkshire. Cette maison à colombage et galerie ouverte du XVe siècle fut remaniée au XVIIe siècle, et Sterne y fit ajouter plus tard une façade. Sa tombe se trouve à côté du porche de l'église.

🏠 Shandy Hall
Coxwold. 📞 *01347 868465.*
⭕ *de mai à sept. : mer. et dim. (après-midi).* 🎫 🚻 *limité.*
Jardins ⭕ *du dim. au ven.* 🚻

Nunnington Hall ⑫

(NT) Nunnington, York. 📞 *01439 748283.* 🚆 *Malton, puis bus ou taxi.*
⭕ *d'avr. à mai, de sept. à oct. : du mer. au dim. (après-midi) ; de juin à août : du mar. au dim., jours fériés (après-midi).*
🚻 🎫 🚻 *rez-de-chaussée.* 📷

Nunnington Hall fut une propriété de famille jusqu'en 1952, lorsque Mme Ronald Fife en fit don au National Trust. Ce manoir du XVIIe siècle construit dans un bel environnement mêle les styles élisabéthain et Stuart. À l'intérieur comme à l'extérieur, l'architecte a eu recours au fronton brisé (l'arc supérieur n'a pas de clef de voûte). On remarque les boiseries de l'Oak Hall, autrefois peint, qui se prolongent le long de la cloison à trois voûtes

Le salon miniature Queen Anne de Nunnington Hall

jusqu'au grand escalier.
La collection de 22 pièces miniatures, meublées chacune dans un style différent, est remarquable.
Pour la petite histoire, c'est là que vécut au milieu du XVIe siècle, le Dr Huickes, médecin d'Henri VIII *(p. 50-51)*, connu pour avoir déconseillé à Élisabeth Ire, alors âgée de 32 ans, d'avoir des enfants.

Helmsley ⑬

North Yorkshire. 👥 *2 000.*
🚌 *depuis Malton.* ℹ️ *Town Hall, Market Place (01439 770173).*
🅿️ *ven.*
🌐 *www.ryedale.gov.uk/tourism*

Cette jolie ville est remarquable par son château aux ruines imposantes, construit de 1186 à 1227, dont le donjon, la tour et le mur d'enceinte rappellent la fonction défensive. Si le donjon en forme de D a été partiellement détruit pendant la guerre civile *(p. 52)*, il a cependant conservé son aspect général. Le château

était si impressionnant que les tentatives pour le prendre d'assaut furent rares. En 1644 cependant, après un siège de trois mois, la forteresse fut vaincue et démantelée par sir Thomas Fairfax, général au service du Parlement.

La tour de l'église de Helmsley

Rievaulx Abbey ⑭

(EH) Près de Helmsley, North Yorkshire. 📞 *01439 798228.* 🚆 *Thirsk, puis bus ou taxi.* ⭕ *t.l.j.* ⭕ *du 24 au 26 déc., 1er jan.* 🚻 🎫 🚻 *limité.*

Cette abbaye est sans doute la plus belle de la région, en partie grâce à sa situation dans la vallée boisée de la Rye, en partie grâce à l'importance de ses vestiges. Le relief escarpé qui l'entoure renforce son isolement. C'est ici que les moines de Clairvaux fondèrent le premier des grands monastères cisterciens de Grande-Bretagne en 1132. Les bâtiments principaux, dont la nef de l'abbatiale, étaient achevés en 1200. Ils témoignent de la rigueur imposée à l'origine à l'ordre cistercien.

L'abbaye de Rievaulx peinte par Thomas Girtin (1775-1802)

Ruines du prieuré de Mount Grace, avec la ferme et les habitations
au premier plan

Mount Grace Priory **⓯**

(EH/NT) Northallerton, North
Yorkshire. **📞** *01609 883494.*
🚃 *Northallerton, puis bus.* **🕐** *t.l.j.*
● *24-26 déc., 1ᵉʳ janv.* 🚻 🍴 ♿
terrasses et boutiques seulement.

F ondé par Thomas Holland,
duc de Surrey, et en activité
de 1398 à 1539, c'est
le monastère chartreux
(p. 338-339) le mieux conservé
d'Angleterre. La première
communauté ne comptait
que 20 moines qui avaient fait
vœu de silence et vivaient
en cellule. Chacune était dotée
d'un jardin et d'un
guichet qui empêchait
de voir celui qui
apportait le repas.
Les moines ne
se réunissaient qu'aux
matines, aux vêpres
et aux repas de fête.
Ceux qui tentaient
de s'échapper étaient
punis de prison.
Les ruines comprennent
l'ancienne prison,
le corps de garde
et la cour extérieure,
des cellules et l'église
(xivᵉ s.), élément
le mieux conservé.
Celle-ci était de petite
taille, car elle ne servait
que rarement
à l'ensemble de
la communauté.
Une cellule reconstituée
donne un aperçu
de la vie monastique.

Hutton-le-Hole **⓰**

North Yorkshire. **👥** *400.* **🚃** *Malton,
puis bus.* **ℹ️** *The Ropery, Pickering
(01751 473791).*
w *www.ryedale.gov.uk*

D ans ce village pittoresque,
des moutons paissent
dans un vaste pré entouré de
maisons, d'une auberge et de
boutiques. Ce ne sont pas les
traditionnels ponts de pierre,
mais des planches en bois
blanc qui enjambent les cours
d'eau des landes. Les cottages,
dont la date de construction
figure parfois au-dessus
de la porte, sont en calcaire
et recouverts de tuiles rouges.

Atelier de charron au Ryedale Folk Museum

Le **Ryedale Folk Museum**,
dans le centre, évoque la vie
de cette localité agricole grâce
à des objets romano-bretons
et des bâtiments reconstitués.

🏛 Ryedale Folk Museum
Hutton-le-Hole. **📞** *01751 417367.*
🕐 *de mi-mars à mi-nov. : t.l.j.* 🚻 📷 ♿

Les North York Moors **⓱**

Voir p. 381.

Le chemin de fer des North York Moors **⓲**

Pickering, North Yorkshire. **📞** *01947
895359.* **🕐** *de mi-mars à oct. : t.l.j. ;
certains week-ends en nov. et déc.*
🚻 📷 🍴 ♿
w *www.northyorkshiremoorsrailway.com*

T racée en 1831 le long
de la vallée de l'Esk
par George Stephenson pour
relier Pickering et Whitby
(p. 382), cette voie ferrée
fut considérée comme un
exploit technique. Le budget
ne permettait pas de creuser
un tunnel, la voie dut
emprunter la déclivité
de 1,5 km entre Beck Hole
et Goathland. Autour
de Fen Bog, il fallut stabiliser
le terrain à l'aide de poutres,
de brandes,
de broussailles et
de peaux pour faire
un remblai. Un cheval
tirait les convois à
16 km/h. La vapeur
le remplaça, et 130 ans
durant le chemin
de fer relia Whitby
au reste du pays.
Vers 1960, la ligne
ferma faute de trafic,
mais en 1967 des gens
du pays en réclamèrent
la réouverture, qui fut
déclarée officiellement
en 1973 par la
duchesse de Kent.
La ligne parcourt
29 km, *via* Levisham,
Newtondale Halt
et Goathland, avant
de s'arrêter
à Grosmont, au cœur
des pittoresques
North York Moors.

Les North York Moors ⑰

La région entre Cleveland, le Vale of York et le Vale of Pickering constitue le parc national des North York Moors. Les vallées verdoyantes y alternent avec les landes *(moors)* désolées. L'agriculture est encore aujourd'hui la principale richesse, et avant l'introduction du charbon les villageois se chauffaient à la tourbe. Au XIXᵉ siècle apparurent des industries d'extraction (minerai de fer, chaux, charbon, pierre de taille).

Mallyan Spout
De Goathland, un sentier mène à cette cascade.

Farndale
Au printemps, cette vallée se couvre d'un tapis de jonquilles.

Croix blanche « Fat Betty »
Calvaires et pierres levées sont un spectacle fréquent dans les Moors.

Goathland
Point de départ des randonnées en forêt et dans les landes. Nombreux lieux d'hébergement.

THE MOORS CENTRE, DANBY

Egton Bridge

LEAEHOLM

WHITBY

Wheeldale Gill

West Beck

Thorgill

Seven

Blawarth Beck

Hartoft Beck

Rutmoor Beck

Dove

Rosedale Abbey
Ce joli village, qui doit son nom à un prieuré aujourd'hui disparu, conserve des vestiges de l'industrie du fer, florissante au XIXᵉ siècle.

Hutton-le-Hole
Dans ce joli village, se trouve l'intéressant Ryedale Folk Museum.

Spaunton

Wade's Causeway
L'origine et la destination de cette route, également appelée voie romaine, sont inconnues. Sa construction, longtemps attribuée aux Romains, pourrait dater de la fin de l'occupation romaine.

MODE D'EMPLOI

North Yorkshire. 🚋 *Pickering.*
🚌 *Pickering.* **Moorsbus**
📞 *01845 597426.* ℹ️ *Eastgate, Pickering (01751 473791) ; Moors Centre (01287 660540).* 🌐 www.northyorkmoors-npa.gov.uk

Lastingham
La crypte normande de l'église (1078) contient des sculptures en pierre.

0   2 km

Whitby ⓐ

L'histoire de cette ville remonte au moins au VIIᵉ siècle, époque de la fondation d'un monastère saxon, sur le site duquel fut édifiée au XIIIᵉ siècle la fameuse abbaye de Whitby. Au XVIIIᵉ et au début du XIXᵉ siècle, Whitby devint un port industriel avec des chantiers navals, d'où les bateaux partaient pêcher la baleine. À l'ère victorienne, de petits ateliers, au pied de la colline, créaient bijoux et objets à partir du jais. Des boutiques d'artisanat les ont aujourd'hui remplacés ; elles proposent des pièces anciennes aux touristes.

Peigne en jais (vers 1870)

MODE D'EMPLOI

North Yorkshire. 🚌 13 500.
✈ Teeside, 80 km au N.-O.
de Whitby. 🚉 Station Sq. 🛈
Langborne Rd (01947 602674).
🚌 mar., sam. 🎭 Whitby Festival :
juin ; Angling Festival : juil. ;
Lifeboat Day : 23 août ; Folk Week :
17-23 août ; Whitby Regatta :
août. 🔳 www.wcc.org.uk

À la découverte de Whitby

L'estuaire de l'Esk divise Whitby en deux. La vieille ville, avec ses rues pavées et ses maisons aux teintes pastel, se presse autour du port. St Mary's Church, dont l'intérieur en bois est l'œuvre de charpentiers de marine, la domine.

Les ruines de l'abbaye du XIIIᵉ siècle, toute proche, servent encore de repère aux marins. De là, on a une belle vue sur le port attrayant, encore actif, où sèchent les filets colorés et que domine, au bord de la falaise, la statue en bronze du capitaine James Cook (1728-1779), qui débuta comme apprenti chez un armateur de Whitby.

Casiers à homards le long du quai du port de Whitby

Les arches médiévales de la nef de l'abbaye de Whitby

⛪ Whitby Abbey

Abbey Lane. 📞 01947 603568. 🕐 t.l.j. 🔴 24, 26 déc., 1ᵉʳ janv. 🔳🔳♿
Le monastère pour hommes et femmes fondé en 657 par l'abbesse Hilda fut mis à sac par les Vikings en 870. Reconstruit à la fin du XIᵉ siècle, il échut aux bénédictins. Les ruines actuelles datent principalement du XIIIᵉ siècle.

⛪ St Mary's Parish Church

East Cliff. 📞 01947 603421.
🕐 t.l.j.
Les remaniements, dans le style Stuart puis georgien, ont apporté à cette église normande un mélange d'éléments divers : colonnes torses en bois, labyrinthe de bancs fermés, chaire à trois étages (1778) équipée de cornets acoustiques…

🏛 Captain Cook Memorial Museum

Grape Lane. 📞 01947 601900.
🕐 mars : sam. et dim. ; d'avr. à oct. : t.l.j. 🔳🔳
Jeune apprenti, Cook dormait sous les combles de cette maison. Le mobilier d'époque a été reconstitué d'après les inventaires et aquarelles des artistes qui ont suivi Cook dans ses voyages.

🏛 Whitby Museum et Pannett Art Gallery

Pannett Park. 📞 01947 602908.
🕐 de mai à sept. : t.l.j. (dim. : après-midi) ; d'oct. à avr. : du mar. au dim. (dim. : après-midi) 🔴 dim. matin, du 24 déc. au 2 janv. 🔳🔳 musée. ♿ limité.

Le parc, le musée et la galerie ont été donnés à Whitby par un avocat de la ville, Robert Pannett (1834-1920), pour abriter sa collection d'art. Des objets illustrent l'histoire locale : bijoux de jais, fossiles, maquettes de bateaux et objets personnels du capitaine Cook.

🏛 Museum of Victorian Whitby

Sandgate. 📞 01947 601221.
🕐 t.l.j. 🔴 25-26 déc. 🔳
Parmi les témoignages de l'époque victorienne, on peut remarquer la timonerie illettrée d'un baleinier.

⛪ Caedmon's Cross

East Cliff. 📞 01947 603421.
Cette croix, proche du cimetière de l'abbaye, porte le nom d'un laboureur illettré qui y travaillait au VIIᵉ siècle. Une vision lui inspira des cantiques en vers anglo-saxons qui se chantent encore.

La croix de Caedmon (1898)

Robin Hood's Bay ⑳

North Yorkshire. 🏠 *1 400.* 🚂 ▣
Whitby. ℹ *Langbourne Rd, Whitby
(01947 602674).* Ⓦ *www.ycc.org.uk*

S elon la légende, Robin
des Bois *(p. 324)* y postait
ses bateaux en prévision
d'une éventuelle fuite. Le port
fut un centre de contrebande ;
de nombreuses maisons ont
d'ingénieuses cachettes dans
le sol ou les murs. La rue
principale pavée est si raide
qu'il faut laisser son véhicule
en bas. Dans le centre,
de jolies ruelles bordées de
maisons de pierre aux couleurs
un peu passées se serrent
le long d'un quai pittoresque.
Sur la plage, les enfants
peuvent jouer dans les creux
des rochers. À marée basse,
il faut 15 mn pour aller jusqu'à
Boggle Hole, au sud, mais
il faut prendre garde
à la marée montante.

**Ruelle pavée à Bay Town
dans Robin Hood's Bay**

Le bourg de Scarborough se serre autour du port de pêche

Scarborough ㉑

North Yorkshire. 🏠 *54 000.* 🚂 ▣
ℹ *Pavilion House, Valley Bridge Rd
(01723 373333).* 🗓 *du lun. au sam.*
Ⓦ *www.scarborough.gov.uk*

F réquentée dès 1626,
Scarborough, surnommée
« la reine des villes d'eau »
pendant la révolution
industrielle *(p. 336-337)*,
déclina après 1945. Deux
plages se distinguent :
les établissements de loisirs
de South Bay contrastent avec
le calme de North Bay.
Les premières des pièces
d'Alan Ayckbourn ont toujours
lieu au théâtre Stephen Joseph.

Anne Brontë *(p. 398)* est
enterrée à St Mary's Church.
Des vestiges de l'âge du bronze
et du fer ont été découverts
sur le site du **château**. Le
Wood End Museum présente
la géologie et l'histoire locales.
La **Rotunda** (1828-1829)
fut l'un des premiers bâtiments
à vocation de musée construits
en Grande-Bretagne.
La **Scarborough Art Gallery**
expose des œuvres de l'artiste
local Atkinson Grimshaw
(1836-1893). Au **Sea-Life
Centre**, on peut voir
des bébés phoques.

♟ **Scarborough Castle**
(EH) Castle Rd. 📞 *01723 372451.*
🕐 *d'avr. à oct. : t.l.j. ; de nov. à mars : du
mer. au dim.* ● *24-26 déc.* ❚ ♿ ♿
🏛 **Wood End Museum**
The Crescent. 📞 *01723 367326.*
🕐 *de juin à sept. : du mar. au dim. ;
d'oct. à mai : mer., sam., dim. et jours
fériés.* ● *25, 26 déc., 1ᵉʳ janv.* ❚ ✔
🏛 **Rotunda Museum**
Vernon Rd. 📞 *01723 374839.*
🕐 *de juin à sept. : du mar. au dim ;
d'oct. à mai : mar., sam., dim. et jours
fériés.* ● *25, 26 déc., 1ᵉʳ janv* ❚ ✔
🏛 **Scarborough Art Gallery**
The Crescent. 📞 *01723 374753.*
🕐 *de juin à sept. : du mar. au dim. ;
d'oct. à mai : jeu., ven., sam. et jours
fériés.* ● *25, 26 déc., 1ᵉʳ janv*
❚ ✔ ♿
💥 **Sea-Life Centre**
Scalby Mills Rd. 📞 *01723 376125.*
🕐 *t.l.j.* ● *25 déc.* ❚ ♿ ♿ ▣

LA VOGUE DES BAINS DE MER

Au XVIIIᵉ siècle, on se mit à considérer les bains de mer
comme une saine activité, et à partir de 1735 hommes
et femmes, sur des plages séparées,
se plongeaient dans l'eau depuis
des cabines, appelées
des « machines » ; la nudité était
alors admise. Le costume
de bain, vêtement à part entière,
apparut à l'époque victorienne.
Au XIXᵉ siècle, les ouvriers
profitèrent des premiers trains
à vapeur pour fréquenter
la côte les jours de congé.
C'est à cette époque que
les stations de bord de mer
comme Blackpool *(p. 359)*
et Scarborough prirent leur
essor.

Cabine de bain victorienne sur roues

Castle Howard ❷

Chapiteau sculpté par Samuel Carpenter (Great Hall)

Quand Charles Howard obtint le titre de 3ᵉ comte de Carlisle en 1692, il commanda les plans d'une demeure à Sir John Vanbrugh, homme plein d'idées mais sans expérience de l'architecture. C'est l'architecte Nicholas Hawksmoor (p. 24) qui réalisa les grands projets de Vanbrugh en 1699, et le corps principal fut achevé en 1712. L'aile ouest vit le jour entre 1753 et 1759 selon les dessins de Thomas Robinson, gendre du 3ᵉ comte. Le château servit de décor à l'adaptation télévisée du roman d'Evelyn Waugh *Retour à Brideshead* (1945). Il est toujours la propriété de la famille Howard.

Temple des Quatre Vents
Cette fabrique typique du XVIIIᵉ siècle fut la dernière œuvre de Vanbrugh. Dans le parc, au bout de la terrasse, elle se distingue par son dôme et ses quatre portiques ioniques.

Aile est

La façade regarde au nord, chose rare au XVIIᵉ siècle, tandis que toutes les pièces de réception donnent au sud, offrant une belle vue sur les jardins.

Façade nord

★ Great Hall
Le grand hall de 515 m² s'élève à 20 m de haut sous le dôme. Il est orné de colonnes de Samuel Carpenter (1660-1713), de peintures murales de Pellegrini et d'une galerie circulaire.

SIR JOHN VANBRUGH

Vanbrugh (1664-1726) reçut une formation militaire, mais c'est comme dramaturge, architecte et membre de la noblesse whig qu'il est connu. Il collabora avec Hawksmoor aux plans de Blenheim Palace, mais ses idées hardies furent mal accueillies par la société de l'époque. Il mourut alors qu'il était en train de réaliser les fabriques et le parc de Castle Howard.

Vitrail de la chapelle
*L'amiral Edward Howard,
Lord Lanerton, modifia la
chapelle entre 1870 et 1875.
Les vitraux sont d'Edward
Burne-Jones et William Morris.*

MODE D'EMPLOI

A64 depuis York, Yorkshire.
☎ 01653 648444. ✈ York puis
bus, ou Malton puis taxi. **Maison**
◯ de mars à oct. : de 11 h à
16 h 30 t.l.j. **Terrasses** ◯ de 10 h
à 18 h t.l.j. ♿ ⛺ 🎁 🍴 🛍 🅿

Buste du 7ᵉ comte
*Ce buste de J. H. Foley (1870)
se trouve au sommet du grand
escalier de l'aile ouest.*

★ Grande galerie
*Un grand nombre de
portraits, dont certains
de Lely ou Van Dyck,
retracent la lignée de la
famille Howard.*

Aile ouest

Entrée des visiteurs

Galerie des antiques
*Des antiquités rassemblées
par plusieurs comtes de
Carlisle aux XVIIIᵉ et
XIXᵉ siècles y sont exposées.
L'abondance de personnages
mythologiques reflète l'intérêt
de l'époque pour la
civilisation antique.*

Museum Room
*Parmi les meubles, des
chaises Régence, des
tapis persans et ce
cabinet du XVIIᵉ siècle.*

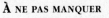

À NE PAS MANQUER
★ Great Hall
★ La grande galerie

Eden Camp ㉓

Malton, North Yorkshire. ☎ 01653 697
777. ⬛ Malton, puis taxi. ◯ de
mi-janv. à fin déc. : t.l.j. ◻ ▨ ♿ ▭
ⓦ www.edencamp.co.uk

Ce musée original
rend hommage
au comportement du peuple
britannique pendant
la Deuxième Guerre mondiale.
À Eden Camp, de 1939 à 1948,
furent emprisonnés des soldats
italiens et allemands.
Aujourd'hui, les baraques
construites par des Italiens
en 1942 abritent un musée,
avec des reconstitutions
par périodes et un guide
sonore. Chacune évoque
la vie quotidienne en temps
de guerre, depuis l'annonce
à la radio de la déclaration
de guerre par Churchill
jusqu'au retour de la paix.
Les visiteurs peuvent voir la
bombe volante V1 qui s'abattit
à côté du mess des officiers,
prendre le thé à la cantine
ou vivre une nuit sous le Blitz.

Les drapeaux britannique et
américain à l'entrée d'Eden Camp

Wharram Percy ㉔

(EH) North Yorkshire.
☎ 01904 601901 (English Heritage).
⬛ Malton, puis taxi. ◯ t.l.j.

Wharram Percy est situé
dans une jolie vallée,
indiquée à partir de la B1248
à Burdale, au cœur des Wolds
verdoyants et vallonnés.
C'est l'un des sites médiévaux
majeurs d'Angleterre. Des
fouilles récentes ont mis au
jour les traces d'une localité
de 30 feux, deux demeures
seigneuriales et les vestiges
d'une église. Le bief d'un
moulin couvert de fleurs
sauvages au printemps
en fait un lieu de pique-nique
agréable, à 20 mn à pied
du parc de stationnement.

Sculpture en albâtre de la cheminée de Burton Agnes

Burton Agnes ㉕

Près de Driffield, East Yorkshire.
☎ 01262 490324. ⬛ Driffield, puis
bus. ◯ d'avr. à oct. : t.l.j. ▨
♿ limité dans la maison.
ⓦ www.burton-agnes.com

C'est l'atmosphère familiale
qui règne dans ce château
élisabéthain en brique rouge
qui distingue Burton Agnes
Hall de toutes les grandes
demeures situées
dans la région.
   Burton Agnes n'a pas
changé de propriétaire
ni même d'aspect depuis
sa construction de 1598
à 1610. On peut voir
dans Small Hall le portrait
d'Anne Griffith, dont le père,
Sir Henry, fit construire la
maison. L'église voisine abrite
un monument à sa mémoire.
   On pénètre dans la demeure
par un corps de garde
à tourelles ; la cheminée
de l'entrée est remarquable
par ses ornements en albâtre.
L'escalier en chêne massif
est un bel exemple
d'ouvrage élisabéthain.
   La bibliothèque
conserve
une collection
de tableaux impressionnistes
et post-impressionnistes
(Renoir, Derain, Augustus
John) qui tranche avec le style
de la maison. Dans le vaste
parc se trouve une aire de jeu
pour les enfants.

Bempton et Flamborough Head ㉖

East Yorkshire. ♟ 4 300. ⬛ Bempton.
▣ Bridlington. ⓘ 25, Prince St,
Bridlington (01262 673474).
ⓦ www.eastriding.gov.uk

Falaises calcaire à pic
s'étirant sur 8 km entre
Speeton et Flamborough
Head, Bempton est la plus
grande colonie d'oiseaux
de mer d'Angleterre. La paroi
rocheuse
abrite les
nids de

Nid de fou de Bassan sur les falaises calcaires de Bempton

plus de 100 000 couples. Huit espèces, parmi lesquelles le cormoran huppé et la mouette tridactyle, nichent sur ces falaises classées Grade 1 *(p. 617)*. Bempton est le seul asile non insulaire du fou de Bassan, dont est connue la technique de pêche spectaculaire. Mai, juin et juillet sont propices à l'observation des oiseaux.

Les falaises sont plus belles vues du côté nord de la péninsule de Flamborough Head, qui offre d'agréables possibilités de randonnées.

Beverley ㉗

East Riding of Yorkshire. 🚶 30 000.
🚌 34 Butcher Row (01482 867430).
📅 sam. W www.inbeverly.co.uk

L'histoire de cette ville remonte au VIIIe siècle, quand John, futur évêque d'York, canonisé à la suite de guérisons miraculeuses, se retira à Old Beverley. Devenue lieu de pèlerinage, Beverley s'agrandit peu à peu. Comme York, c'est un agréable mélange d'architecture médiévale et georgienne.

Il est conseillé d'entrer par la dernière des cinq portes de la

Le pilier des Ménestrels de St Mary's Church

ville, North Bar, qui, au Moyen Âge, permettait de franchir le mur d'enceinte. Elle fut reconstruite en 1409-1410.

Les tours jumelles de Beverly Minster dominent la cité. Un monastère *(minster)* fut fondé par Athelstan, roi de Wessex, sur le site de celui que John de Beverley avait choisi pour dernière demeure en 721. La nef (début du XIIIe s.) est la partie conservée la plus ancienne. Les stalles du chœur du XVIe siècle et les 68 miséricordes *(p. 329)* sont particulièrement remarquables. Parmi les nombreuses sculptures anciennes, un groupe de quatre représente des maladies (entre autres, rage de dents et lumbago). Au nord de l'autel se trouve une tombe gothique du XVIe siècle richement sculptée, qui serait celle de Lady Idoine Percy, morte en 1365. Également au nord, la chaise de la paix, ou Fridstol (v. 924-939, époque d'Athelstan) : elle garantissait 30 jours d'impunité à qui s'y asseyait. **St Mary's Church**, à l'intérieur de l'enceinte, abrite la plus belle collection de sculptures représentant des instruments de musique d'Angleterre,

Le fameux lapin pèlerin de St Mary's Church, à Beverley

en particulier le pilier des Ménestrels du XVIe siècle, peint de couleurs vives. Le plafond lambrissé du chœur (XIIIe s.) est orné des portraits de tous les souverains anglais depuis 1445. Sur le portail richement sculpté de St Michael's Chapel, le lapin pèlerin souriant passe pour avoir inspiré à Lewis Carroll le lapin blanc d'*Alice au pays des merveilles*.

Au sud-est de la cathédrale, le **Museum of Army Transport** expose plus de 100 véhicules militaires. Le marché se tient le samedi depuis le Moyen Âge.

🏛 Museum of Army Transport
Flemingate. 📞 01482 860445. ⏰ t.l.j. ⏹ 24 déc.-3 janv. 🚫 📷 ♿ 🅿

Beverley Minster, l'une des plus belles constructions gothiques d'Europe

Burton Constable ㉘

Près de Hull, East Yorkshire.
📞 01964 562400. 🚆 Hull, puis taxi.
🕐 de Pâques à oct. : t.l.j.
🏛 ♿ 🚻 📷

C'est une famille de grands propriétaires terriens remontant au XIIIᵉ siècle, les Constable, qui habite Burton Constable depuis sa construction en 1570. Elle en occupe aujourd'hui l'aile sud. Cette demeure élisabéthaine a été modifiée au XVIIIᵉ siècle par Thomas Lightholer, Thomas Atkinson et James Wyatt. Elle compte 30 pièces, certaines de style georgien, d'autres de style victorien, abrite une collection de meubles Chippendale et des portraits de famille conservés depuis le XVIᵉ siècle. L'essentiel de la collection d'imprimés, de textiles et de dessins appartient à la City Art Gallery de Leeds.

Burton Constable (vers 1690) peint par un artiste anonyme

Le Prince's Dock, dans le quartier des docks rénovés de Kingston upon Hull

Kingston upon Hull ㉙

Kingston upon Hull. 🚹 270 000. 🚆
🚌 ⛴ 🛈 Paragon St (01482 223559). 🛒 mar., ven., sam.

Hull offre bien plus que l'héritage d'une industrie de la pêche. Les docks restaurés du centre sont attrayants et la vieille ville au plan médiéval n'est que rues pavées sinueuses et maisons de brique rouge biscornues. Les poissons de métal du Fish Trail, incrustés dans le sol, rappellent les variétés que les pêcheurs capturaient, de l'anchois au requin. Le **Maritime Museum**, Victoria Square, anciens bureaux de la Hull Docks Company (1871), retrace l'histoire maritime de la ville. On y voit un os de baleine décoré, un banc en vertèbres et une exposition de nœuds de marins comme l'*eye splice* et le *midshipman's hitch*.

Hands on History, imposant bâtiment élisabéthain, raconte l'histoire de Hull à travers une collection d'objets appartenant à certaines de ses familles.

William Wilberforce House, au cœur de la vieille ville, dans une rue qui sent fort l'air marin, est l'exemple d'une habitation de marchand. Les pièces du premier étage, couvertes de boiseries de chêne, datent du XVIIᵉ siècle. L'essentiel de la maison rappelle le souvenir des Wilberforce, car le grand-père de l'abolitionniste s'y installa en 1732 ; un musée est consacré à l'esclavage.

Non loin, **Streetlife Transport Museum**, musée le plus récent et le plus bruyant de Hull, est apprécié des enfants. Une évocation de la vie des rues et des transports permet de voir des bottes de postillon renforcées pour protéger des coups de sabots ou la reconstitution d'un atelier de réparation de bicyclettes.

🏛 **Maritime Museum**
Queen Victoria Sq. 📞 01482 613903. 🕐 t.l.j. (dim. après-midi) ⬤ 23-27 déc., 1ᵉʳ janv., ven. saint. ♿
🏛 **Hands on History**
South Churchside. 📞 01482 613952. 🕐 week-end et vacances scolaires. ⬤ 23-27 déc., 1ᵉʳ janv., ven. saint. ♿

WILLIAM WILBERFORCE (1758-1833)

Né à Hull dans une famille de marchands, il fit des études classiques à Cambridge. Il entra dans la politique et, en 1784, prononça l'un de ses premiers discours à York, où il donna la mesure de son talent oratoire, devant une assistance passionnée. À partir de 1785, porte-parole du gouvernement Pitt pour l'abolition de l'esclavage, il mena une campagne vigoureuse et habile. Mais ses prises de position lui valurent des inimitiés et, en 1792, les menaces d'un marchand d'esclaves le forcèrent à être escorté d'hommes en armes. Son décret abolissant le commerce des esclaves entra en vigueur en 1807.

Wilberforce, d'après une gravure du XIXᵉ siècle de J. Jenkins

🏛 **William Wilberforce House**

South Churchside. **☏** *01482 613921*. **◯** *t.l.j. (dim. après-midi)* **●** *24-27 déc., 1er janv., ven. saint.* **♿** *limité.* **⬛**

🏛 **Streetlife Transport Museum**

South Churchside. **☏** *01482 613956.* **◯** *t.l.j. (dim. après-midi).* **●** *du 25 déc. au 3 janv., ven. saint.* **♿ ⬛ ⬛**

Holderness et Spurn Head ㉚

North Humberside. **🚉** *Hull (Paragon St), puis bus.* **ℹ** *Newbegin, Hornsea (01964 536404).*

Cette curieuse région plate à l'est de Hull, aux routes droites et aux champs d'avoine et d'orge délicatement ondulés, ressemble par bien des côtés à la Hollande, malgré ses moulins en ruine. Des plages s'étirent sur 46 km le long de la côte, où les stations principales sont **Withernsea**, dont le phare est devenu un musée, et **Hornsea**, connue par sa céramique.

Le paysage du Holderness a évolué sous l'action des courants marins. Vers 1560, ceux-ci auraient commencé à accumuler une importante quantité de sable. Ce phénomène s'est poursuivi au cours des siècles au point de former une île, Sonke Sand, attestée comme telle dès 1669 et reliée à la côte vers 1830. On peut désormais traverser en voiture l'étrange et sauvage Sunk Island et se diriger vers Spurn Head. Ce point est situé au bout de la péninsule de Spurn constituée par un cordon sableux de 6 km. Le Yorkshire Naturalists' Trust en protège la flore et la faune de cette île depuis 1960. Le sol meuble donne parfois l'impression de se dérober sous les pieds des marcheurs.

À l'extrémité de Spurn Head, on découvre avec surprise une petite communauté de sauveteurs et pilotes toujours prêts à guider les navires vers le port de Hull ou à secourir les marins et bateaux en détresse.

Bateau de pêche au National Fishing Heritage Centre de Grimsby

Grimsby ㉛

North East Lincolnshire. **🔼** *92 000.* **🚉 🚍 ℹ** *Heritage Sq (01472 343222).* **🛒** *mar., jeu., ven., sam.*

Fondée au Moyen Âge à l'embouchure de la Humber par un pêcheur danois du nom de Grim, Grimsby devint au XIXe siècle l'un des plus importants ports de pêche du monde. Ses docks datent de 1800 et, grâce au chemin de fer, la ville s'assura le moyen de transporter ses prises à travers tout le pays. Malgré le déclin de la pêche traditionnelle depuis 1970, le réaménagement des docks prouve que Grimsby n'a pas renié son passé.

Le **National Fishing Heritage Centre**, est un musée qui recrée l'atmosphère de la grande époque, dans les années 1950. Le visiteur s'engage comme matelot à bord d'un chalutier et, grâce à des montages interactifs, voyage dans les rues de Grimsby aux zones de pêche arctiques. En chemin, il peut sentir le roulis du bateau, l'odeur du poisson et la chaleur des machines. Le parcours s'achèvera par la visite guidée du *Ross Tiger*, chalutier restauré de la même époque.

Grimsby est aussi une cité animée où, chaque année en juillet, se déroule un festival international de jazz. Dans Abbeygate, rue commerçante victorienne restaurée, on trouvera un marché et nombre de restaurants. Les stations de bord de mer de Cleethorpes, Mablethorpe et Skegness ne sont pas loin.

🏛 **National Fishing Heritage Centre**

Heritage Sq, Alexandra Dock. **☏** *01472 323345.* **◯** *t.l.j.* **●** *25, 26 déc., 1er janv.* **🎦 ♿ ⬛ ⬛**

Phare isolé à Spurn Head, à la pointe de la péninsule de Spurn

York pas à pas ⸰

Y ork a conservé une grande partie de son aspect médiéval, si bien que le centre est un musée vivant à parcourir à pied. Nombre des maisons à colombage dominant les rues sinueuses, comme les Shambles, sont classées. Le centre-ville est interdit

Blason sur Monk Bar

aux voitures, mais les rues pavées sont souvent encombrées par les deux-roues des étudiants. Bénéficiant de sa situation, York est devenu un nœud ferroviaire au XIXᵉ siècle.

Stonegate
Le diable rouge du Moyen Âge est l'emblème de cette rue.

★ **York Minster**
Cette cathédrale médiévale, la plus va[ste] d'Angleterre, fut commencée en 1220 (p. 392-393).

Helmsley

Thirsk ←

HIGH PETERGATE

LOW PETE[RGATE]

ST LEONARDS PLACE

DEANGATE

DUNCOMBE PLACE

STONEGATE

BLAKE STREET

DAVYGATE

York City Art Gallery

St Mary's Abbey

Le Yorkshire Museum
conserve une belle collection de fossiles découverts à Whitby au XIXᵉ siècle.

MUSEUM STREET

LENDAL STREET

CONEY STRE[ET]

Lendal Bridge

St Olave's Church
Le comte de Northumbria fonda cette église au XIᵉ siècle, près du portail de St Mary's Abbey (p. 338), en mémoire de saint Olaf, roi de Norvège. À gauche se trouve la chapelle St Mary on the Walls.

Gare ferroviaire, gare routière, National Railway Museum et Leeds

O U S E

Ye Old Starre Inne est l'un des plus vieux pubs d'York.

Guildhall
Ce bossage médiéval représentant deux têtes orne le Guildhall du XVᵉ siècle, restauré après les bombardements de la dernière guerre.

onk Bar

carborough

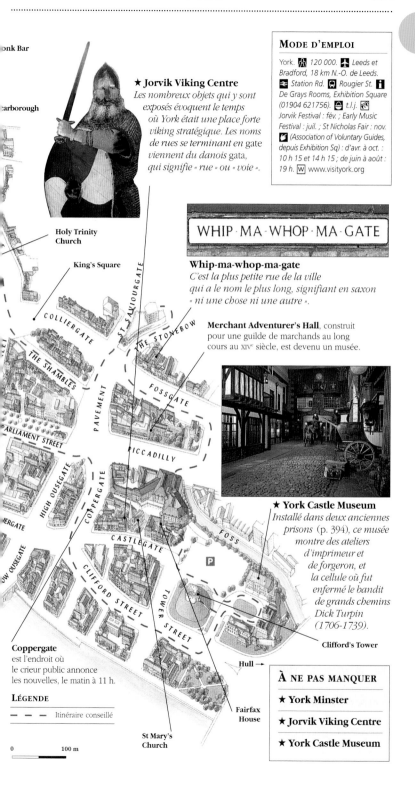

★ Jorvik Viking Centre

*Les nombreux objets qui y sont
exposés évoquent le temps
où York était une place forte
viking stratégique. Les noms
de rues se terminant en gate
viennent du danois gata,
qui signifie « rue » ou « voie ».*

MODE D'EMPLOI

York. 👥 120 000. ✈ Leeds et
Bradford, 18 km N.-O. de Leeds.
🚊 Station Rd. 🚌 Rougier St. 🛈
De Grays Rooms, Exhibition Square
(01904 621756). 📅 t.l.j. 🎭
Jorvik Festival : fév. ; Early Music
Festival : juil. ; St Nicholas Fair : nov.
🚶 (Association of Voluntary Guides,
depuis Exhibition Sq) : d'avr. à oct. :
10 h 15 et 14 h 15 ; de juin à août :
19 h. 🌐 www.visityork.org

Holy Trinity Church

King's Square

WHIP · MA · WHOP · MA · GATE

Whip-ma-whop-ma-gate
*C'est la plus petite rue de la ville
qui a le nom le plus long, signifiant en saxon
« ni une chose ni une autre ».*

COLLIERGATE

ST SAVIOURGATE

THE STONEBOW

THE SHAMBLES

FOSSGATE

PARLIAMENT STREET

PAVEMENT

PICCADILLY

Merchant Adventurer's Hall, construit
pour une guilde de marchands au long
cours au XIVᵉ siècle, est devenu un musée.

HIGH OUSEGATE

COPPERGATE

FOSS

IERGATE

OW OUSEGATE

CASTLEGATE

CLIFFORD STREET

TOWER STREET

🅿

★ York Castle Museum

*Installé dans deux anciennes
prisons (p. 394), ce musée
montre des ateliers
d'imprimeur et
de forgeron, et
la cellule où fut
enfermé le bandit
de grands chemins
Dick Turpin
(1706-1739).*

Clifford's Tower

Coppergate
est l'endroit où
le crieur public annonce
les nouvelles, le matin à 11 h.

LÉGENDE

– – – Itinéraire conseillé

0   100 m

Hull →

**Fairfax
House**

**St Mary's
Church**

À NE PAS MANQUER

★ York Minster

★ Jorvik Viking Centre

★ York Castle Museum

York Minster

Cette cathédrale gothique, une des plus grandes d'Europe (163 m de long sur 76 m entre les transepts), possède le plus grand nombre de vitraux médiévaux de Grande-Bretagne *(p. 395)*. Le mot *minster* désigne normalement un monastère, mais à York le service fut toujours assuré par des prêtres séculiers. Sur ce site se succédèrent plusieurs cathédrales, dont une imposante construction normande du XIᵉ siècle, sans doute bâties sur l'emplacement de la chapelle en bois dans laquelle le roi Edwin de Northumbria fut baptisé en 627. La cathédrale actuelle fut commencée en 1220 et achevée 250 ans plus tard. En juillet 1984, le feu détruisit le toit du transept sud, qui a été restauré.

Rosace centrale de York Minster

La tour centrale
Reconstruite de 1420 à 1465 (après un effondrement partiel en 1407) sur les plans du maître maçon William Colchester, la tour lanterne s'élève à la croisée du transept.

Grande verrière est *(p. 395)*

Le chœur a une entrée voûtée avec un bas-relief du XIIᵉ siècle, l'Assomption de la Vierge.

Sortie vers le transept sud

Rosace du XVIᵉ siècle

★ Jubé
Entre le chœur et la nef, cet ouvrage de pierre du XVᵉ siècle est orné des statues des rois d'Angleterre, de Guillaume Iᵉʳ à Henri VI, sous un dais d'anges.

★ Salle capitulaire
Près de l'entrée de cette salle à voûte de bois (1260-1285), une inscription en latin dit : « Comme la rose est la fleur des fleurs, cette maison est la maison des maisons. »

La nef, bâtie en 1291, fut ravagée par le feu en 1840. Après une coûteuse reconstruction, elle rouvrit en 184. dotée d'un nouveau carillon

La charpente du Merchant Adventurers' Hall

Les tours ouest, avec leurs
panneaux décoratifs du
XVe siècle et leurs pinacles
ornés, contrastent avec l'allure
plus simple du transept nord.
La tour sud-ouest sert
de clocher.

Grand portail ouest

Vitrail ouest

À NE PAS MANQUER

★ **Salle capitulaire**

★ **Jubé**

⛩ Monk Bar

Cette porte médiévale,
située à l'extrémité
de Goodramgate, est une
des plus belles d'York. Elle
est voûtée sur trois étages, et
la herse fonctionne toujours.
Au Moyen Âge, les pièces
du haut étaient louées ;
la porte devint une prison
au XVIe siècle. Elle est décorée
de statues d'hommes jetant
des pierres sur les assaillants.

🏛 York City Art Gallery

Exhibition Sq. 📞 *01904 551861.*
🕐 *t.l.j.* ⬤ *du 25 au 26 déc., 1er janv.*
📷 🎫 ♿ 🎫
🌐 *www.york.gov.uk/heritage*
Ce bâtiment de style italien,
construit en 1879, abrite
une vaste collection
de peintures d'Europe
occidentale. On y trouve
aussi des sculptures et
des céramiques, notamment
des œuvres de Bernard Leach,
William Staite Murray et Shoji
Hamada.

**Portrait de saint Antoine
(XVe siècle), York City Art Gallery**

⛩ Clifford's Tower

(EH) Clifford's St. 📞 *01904 646940.*
🕐 *t.l.j.* ⬤ *du 24 au 26 déc., 1er janv.*
📷 🎫 🌐 *www.english-heritage.org*
Cette tour du XIIIe siècle a été
édifiée au sommet de la motte
du château d'origine en bois
de Guillaume le Conquérant,
qui brûla durant des émeutes
contre les juifs en 1190. Bâtie
par Henri III, elle évoque
Roger de Clifford, pendu
en 1322 après sa capture à
la bataille de Boroughbridge.

🏛 ARC

St Saviourgate. 📞 *01904 654324.*
🕐 *du lun. au sam. (sam : après-midi)*
⬤ *de mi-déc. au 5 janv., ven. saint.*
📷 🎫 ♿
Dans ce centre de recherche
archéologique installé dans une
église médiévale restaurée des
Shambles, on peut manipuler
des échantillons et faire des
expériences manuelles ou sur
ordinateur. Des archéologues
expliquent comment identifier
et classer les fragments d'objets.

⛩ Merchant
Adventurers' Hall

Fossgate. 📞 *01904 654818.*
🕐 *de Pâques à sept. : t.l.j. ; d'oct.
à Pâques : du lun. au sam.* ⬤ *du
24 déc. au 3 janv.* 🎫 ♿ *limité.*
Ce bâtiment fut construit
par la guilde des marchands
d'York, qui contrôlait le
commerce des étoffes du XVe
au XVIIe siècle. Le Great Hall
est sans doute le plus beau
d'Europe. Parmi les peintures,
une copie du portrait par
Van Dyck d'Henriette de
France, fille d'Henri IV et
femme de Charles Ier. Sous le
Great Hall se trouvent l'hôpital
utilisé par la guilde jusqu'en
1900 et une chapelle privée.

À la découverte d'York

L'histoire d'York est riche et pleine de rebondissements. L'implantation humaine sur le site est antérieure à l'arrivée des Romains, en 71 apr. J.-C., qui en firent la capitale de la province du Nord sous le nom d'Eboracum. C'est là que Constantin le Grand fut proclamé empereur en 306 et qu'il redécoupa la Grande-Bretagne en quatre provinces. Cent ans plus tard, les légions s'étaient retirées. Sous les Saxons, Eboracum devint Eoforwic, puis se convertit au christianisme. Les noms de rues danois rappellent la présence des Vikings qui, à partir de 867, en firent l'un de leurs grands ports de commerce. De 1100 à 1500, York fut la deuxième ville d'Angleterre. Son fleuron est sa cathédrale *(p. 392-393)*, mais elle compte 18 autres églises médiévales, 4,8 km de mur d'enceinte, d'élégants bâtiments du XVIIe siècle et georgiens et de beaux musées.

Le **Middleham Jewel**, au **Yorkshire Museum**

Le grand escalier et le beau plafond en stuc de Fairfax House

🛏 Fairfax House
Castlegate. 📞 *01904 655543.* ○ *t.l.j. (dim. après-midi, ven. visite guidée seul. 11 h, 14 h).* ● *23-26 déc., 6 janv. - 20 fév.* ⛔ 📷 ♿ *limité.*
De 1755 à 1762, le vicomte Fairfax fit édifier pour sa fille cette maison georgienne, dessinée par John Carr *(p. 24).* Elle fut restaurée vers 1980, après avoir successivement abrité un cinéma et une salle de danse de 1920 à 1965. À voir, la chambre d'Anne Fairfax et une belle collection de meubles, de porcelaines et d'horloges du XVIIIe siècle.

🏛 York Castle Museum
The Eye of York. 📞 *01904 653611.* ○ *t.l.j.* ● *25 et 26 déc., 1er janv.* ⛔ 📷 ♿ *rez-de-chaussée seulement.* 📷
Ce musée des traditions populaires, ouvert en 1938, est situé dans deux prisons du XVIIIe siècle. Les collections furent rassemblées à partir de celle du Dr John Kirk, de la ville de Pickering. On peut voir, entre autres, les reconstitutions d'une salle à manger du XVIIe siècle, d'un cottage des landes, d'une pièce typique des années 1950. La plus intéressante est celle d'une rue de l'époque victorienne, avec ses vitrines et un attelage. Sans oublier une vaste collection d'objets domestiques du début du XXe siècle. Ne manquez pas non plus l'un des trois seuls casques anglo-saxons connus, découvert en 1982.

🛈 York Minster
P. 392-393.

🏛 Jorvik, The Viking City
Coppergate. 📞 *01904 643211.* ○ *t.l.j.* ● *25 déc.* 📷 ♿ *tél. d'abord* 📷
Ce centre est construit sur l'emplacement de la première implantation viking d'York, mise au jour à Coppergate. Il évoque la vie et l'histoire de la ville viking. Une exposition relate la découverte du village viking le mieux conservé de Grande-Bretagne.

🏛 Yorkshire Museum et St Mary's Abbey
Museum Gardens. 📞 *01904 551800.* ○ *t.l.j.* ● *25 et 26 déc., 1er janv.* 📷 ♿
Ce musée fit la une des journaux quand il acquit le Middleham Jewel (XVe s.), l'un des chefs-d'œuvre d'orfèvrerie gothique anglaise trouvés au XXe siècle. On y voit aussi des mosaïques romaines du IIe siècle et une coupe anglo-saxonne en argent doré.
 Tous les trois ans, les mystères d'York ont lieu à St Mary's Abbey *(p. 338)*, dans le parc au bord de l'eau.

🏛 National Railway Museum
Leeman Rd. 📞 *01904 621261.* ○ *t.l.j.* ● *du 24 au 26 déc.* 📷 ♿ 📷
Dans un ancien hangar à locomotives, le plus grand musée du chemin de fer du monde retrace 200 ans d'histoire. Une salle interactive permet d'essayer la suspension ou les aiguillages et de comprendre ce qui fit le succès de la *Rocket* de Stephenson. Uniformes, voitures, dont celle de la reine Victoria dans le train royal, ainsi que les dernières innovations techniques sont également exposés.

Reproduction d'une locomotive et d'une voiture de première classe au National Railway Museum d'York

Les vitraux de la cathédrale d'York

L a cathédrale *(minster)* d'York possède le plus grand nombre de vitraux médiévaux de Grande-Bretagne, certains datant de la fin du XIIe siècle. En général, le verre était teinté dès le début à l'aide d'oxydes de métaux, puis découpé et taillé sur place conformément au modèle. On soulignait les détails avec une peinture

Détail d'un vitrail

à l'oxyde de fer qui s'incrustait dans le verre après cuisson dans un four. Le verre et le plomb étaient enfin assemblés pour former le vitrail.

C'est la variété des sujets qui caractérise les vitraux de cette cathédrale. Certains illustrent un sujet imposé par un donateur laïque, d'autres par le pouvoir religieux.

Le Miracle de saint Nicolas *(fin du XIIe s.) fut placé dans la nef plus de cent ans après sa fabrication.*

L'Arche de Noé *est facile à reconnaître dans la grande verrière est.*

Édouard III *est un bel exemple du style de peinture estompé du XIVe siècle, s'achevant en pointillé.*

Les Cinq Sœurs *du transept nord sont le plus grand spécimen de vitrail en grisaille de Grande-Bretagne. Cette technique, répandue au XIIIe siècle, consistait à dessiner un fin motif sur du verre blanc et à le décorer à l'émail noir.*

La grande verrière est *(1405-1408), aussi grande qu'un court de tennis, est le plus grand vitrail médiéval peint du monde. Le doyen et le chapitre payèrent 4 shillings par jour au maître verrier John Thornton pour cet hymne à la création.*

Saint Jean l'Évangéliste, *sur la grande verrière ouest (vers 1338), tient un aigle, lui-même exemple de vitrail dont la peinture est grattée pour révéler le verre blanc.*

Walter Skirlaw, *évêque révoqué en faveur de Richard Scrope, fit don de ce vitrail en 1408.*

Harewood House ③③

Leeds. ☎ 0113 2181010.
🚆 Leeds, puis bus.
○ de mars à nov. : t.l.j.
📷 ♿ 🎥 sur rendez-vous.
W www.harewood.org

C ette demeure d'allure palladienne conçue par John Carr en 1759 est la résidence du comte de Harewood dans le Yorkshire.

Sa décoration intérieure fut réalisée par Robert Adam et l'incomparable mobilier du XVIIIᵉ siècle fait sur mesure par Thomas Chippendale (1711-1779), natif du Yorkshire. La belle collection de peinture italienne et anglaise rassemble des œuvres de Reynolds et de Gainsborough, et deux salles récentes d'aquarelles. Dans le parc, dessiné par Capability Brown (p. 22), le **Harewood Bird Garden** est peuplé d'espèces locales ou exotiques, ainsi que d'espèces menacées.

Étourneau de Bali, l'un des oiseaux rares de Harewood

Leeds ③④

Leeds. 🏙 750 000. ✈ 🚆 🚌 🛈
Leeds City Station (0113 2425242). 🚢
du lun. au sam. W www.leeds.gov.uk

L a troisième ville d'Angleterre fut au sommet de sa prospérité à l'époque victorienne, ce dont témoignent les arcades commerçantes. C'est la reine Victoria qui inaugura en 1898 l'**hôtel de ville**, conçu par Cuthbert Brodrick. Ville industrielle, Leeds se signale aussi par l'Opera North, troupe du théâtre **The Grand**, l'une des meilleures du pays.

La **City Art Gallery** conserve une belle collection d'art britannique du XXᵉ siècle et des tableaux du XIXᵉ siècle dont des œuvres d'Atkinson Grimshaw (1836-1893), natif de la région. Parmi les œuvres françaises de la même époque sont exposées celles de Signac, Courbet et Sisley. Le Henry Moore Institute

(1993) est consacré à la sculpture de toutes les époques. Il comporte salle de lecture, centre d'étude, bibliothèque et vidéothèque, salles d'exposition et documents relatifs à Henry Moore et à d'autres sculpteurs d'avant-garde.

L'**Armley Mills Museum**, établi dans une filature de laine du XIXᵉ siècle, retrace, à l'aide d'objets, d'enregistrements et de modèles de vêtements d'ouvriers du XIXᵉ siècle, l'histoire de l'industrie du prêt-à-porter à Leeds.

Le développement des quais de l'Aire a attiré deux musées. Les collections du **Royal Armouries Museum**, qui doit ouvrir en 1996, proviennent de la Tour de Londres : armes et armures du monde entier sont évoquées par des démonstrations, des films, la musique et la poésie. Le **Thackray Medical Museum** est le plus grand musée de ce genre en Europe, retraçant l'évolution de la médecine depuis l'époque victorienne jusqu'aux avancées scientifiques les plus récentes.

Les enfants ne seront pas non plus en manque de distractions. Le **Tropical World** comprend des bassins cristallins, une forêt tropicale humide, des papillons et des poissons tropicaux.

La County Arcade, l'une des galeries marchandes restaurées de Leeds

Quant au parc de la **Temple Newsam House**, il abrite une ferme et un élevage d'animaux rares ; cette demeure Tudor XVIIᵉ possède un remarquable mobilier Chippendale.

🏛 **City Art Gallery**
The Headrow. ☎ 0113 2478248. ○ t.l.j. (dim. : après-midi). ● 25, 26 déc., 1ᵉʳ janv. et jours fériés. 🛈 ♿ 🎥
🏛 **Armley Mills Museum**
Canal Rd, Armley. ☎ 0113 2637861. ○ du mar. au dim. (dim. : après-midi), jours fériés. ● du 24 au 26 déc., 1ᵉʳ janv. 📷 🎥 ♿
🏛 **Royal Armouries**
Armouries Drive. ☎ 0113 2201999. ○ t.l.j. ● 25 déc. 🛈 🍴
🏛 **Thackray Medical Museum** Beckett St.
☎ 0113 245 7084. ○ t.l.j. ● du 24 au 26 déc. 🎥
♣ **Tropical World**
Canal Gdns, Princes Ave. ☎ 0113 2661850. ○ t.l.j. ● 25, 26 déc. 🎥 ♿
🏰 **Temple Newsam House**
Près de l'A63. ☎ 0113 2647321. ● durée indéterminée.

Métier à tisser en activité, Armley Mills Museum de Leeds

L'Autre côté (1990-1993), de David Hockney, 1853 Gallery de Saltaire à Bradford

Bradford ㉟

Bradford. 492 000. ✈ ⇄ 🚌
ℹ City Hall, Centenary Square (01274 753678). 🏠 du lun. au sam.
ⓦ www.visitbradford.com

Si Bradford était déjà une active ville de marché au XVIᵉ siècle, l'ouverture du canal en 1774 stimula encore le commerce. En 1850, c'était la capitale mondiale de la laine à tricot et à tapisserie. Nombre de ses bâtiments officiels ou industriels, bien préservés, datent de cette époque, comme le Wool Exchange de Market Street. Vers 1800, des filateurs allemands s'installèrent dans un quartier appelé aujourd'hui Petite Allemagne où les maisons aux façades sculptées témoignent de la richesse de leurs occupants.

Le **National Museum of Photography, Film and Television**, fondé en 1983, est consacré à l'art et aux techniques des médias. Il est possible de regarder le programme de son choix (TV Heaven) ou de se voir présentant le journal télévisé. Sur un écran géant IMAX sont projetés des films dans le plus grand format du monde : un voyage dans l'espace, le parc de

Appareil daguerréotype de Giroux (1839)

Yellowstone aux États-Unis ou les débuts des Rolling Stones.

Le **Colour Museum** présente les techniques de teinture et l'impression sur tissu de l'Égypte ancienne à nos jours utilisant surtout des techniques interactives. Le **Bradford Industrial Museum** est installé dans une ancienne filature où l'on peut voir fonctionner les métiers. Saltaire, village ouvrier du XIXᵉ siècle *(p. 337)*, est situé à l'extérieur de la ville. Construit par Sir Titus Salt pour ses ouvriers, il fut achevé en 1873. La **1853 Gallery**, dans l'usine principale, expose des œuvres de David Hockney, né à Bradford en 1937.

🏛 **National Museum of Photography, Film and Television**
Pictureville. 📞 01274 202030.
🕐 t.l.j. (vac. scol.) ; du mar. au dim., (pendant l'année scolaire) ; jours fériés
● du 24 au 26 déc. 🚻 ⚐ 🍴
ⓦ www.nmpft.org.uk

🏛 **Colour Museum**
1 Providence St. 📞 01274 390955.
🕐 du mar. au sam. ● du 24 déc. au 2 janv. 🚻 📷 ⚐ ⓦ www.sdc.org.uk

🏛 **Bradford Industrial Museum**
Moorside Mills, Moorside Rd.
📞 01274 435900. 🕐 du mar. au sam., dim. après-midi, jours fériés.
● 25 et 26 déc. 🚻 📷 🅿

🏛 **1853 Gallery**
Salts Mill, Victoria Rd. 📞 01274 531163. 🕐 t.l.j. ● 25-26 déc., 1ᵉʳ janv.
🚻 ⚐ 🅿 ⓦ www.saltsmill.org.uk

LA COMMUNAUTÉ INDIENNE DE BRADFORD

Des immigrants du sous-continent indien vinrent dans les années 50 travailler dans les filatures de Bradford, mais, avec le déclin de cette industrie, beaucoup ouvrirent de petits commerces. Vers 1975, la région en comptait environ 1 400, dont un sur cinq dans la restauration. Ces établissements étaient à l'origine de simples cafés où se retrouvaient les immigrés. La cuisine indienne devenant à la mode, ces restaurants ont prospéré ; ils sont plus de 200 à servir des spécialités indiennes épicées.

Balti **dans un restaurant de Bradford**

Le presbytère de Haworth, foyer de la famille Brontë, devenu un musée

Haworth 36

Bradford. 🏠 5 000. 🚆 Keighley.
ℹ️ 2-4 West Lane (01535 642329).
W www.visithaworth.com

Dans les landes sévères des Pennines semées de fermes, Haworth n'a guère changé depuis l'époque des Brontë. Cette ville qui fut le cadre d'un important essor économique vers 1840 (plus de 1 200 métiers à tisser à la main étaient alors en activité) est surtout connue comme berceau de la famille Brontë. Le **Brontë Parsonage Museum** est l'ancienne maison où vécurent, de 1820 à 1861, Charlotte, Emily, Anne, leur frère Branwell et leur père, le révérend Patrick Brontë. Cette demeure de 1778-1779 a conservé un décor des années 1850. Lettres, manuscrits, meubles et objets personnels sont exposés dans 11 pièces dont la salle d'étude et la chambre de Charlotte.

Le **Keighley and Worth Valley Railway**, train de l'époque victorienne, traverse Haworth. Il s'arrête à Oakworth Station, où furent tournées des scènes de *The Railway Children*. La ligne s'achève au musée du chemin de fer (Railway Museum) d'Oxenhope.

🏛 **Brontë Parsonage Museum**
Church St. ☎ 01535 642323.
◯ t.l.j. ● du 24 au 27 déc., janv.
🈂 ♿ limité. W www.bronte.org.uk

Le livre de contes écrit par
Charlotte Brontë pour sa sœur Anne

LES SŒURS BRONTË

Charlotte Brontë
(1816-1855)

Au cours d'une enfance difficile, sans mère, Charlotte, Emily et Anne trouvèrent refuge dans la fiction. Adultes, elles durent travailler comme gouvernantes, mais elles publièrent cependant un recueil de poèmes en 1846. Seuls deux exemplaires de l'ouvrage furent vendus, mais l'année suivante, Charlotte remporta un vif succès avec *Jane Eyre*. Émily avec *Les Hauts de Hurlevent* et Anne avec *Agnes Grey* connurent à leur tour la notoriété. Après la mort de ses sœurs en 1848-1849, Charlotte publia son dernier roman, *Villette*, en 1852. Elle mourut peu après avoir épousé le révérend Arthur Albert Nicholls.

Hebden Bridge 37

Calderdale. 🏠 12 500. 🚆 ℹ️
1 Bridgegate (01422 843831). 🛒 jeu.
W www.hebdenbridge.co.uk

Dans cette jolie ville textile du West Riding, entourée de collines abruptes et de filatures du XIXe siècle, est implantée la dernière fabrique de sabots de Grande-Bretagne. À cause de la déclivité, chaque maison est faite de deux rez-de-chaussée et les deux niveaux supérieurs forment une autre unité. Pour définir le propriétaire légal de ces lots, il fallut un vote spécial du Parlement.

De Hebden Bridge, on a une belle vue sur **Heptonstall**, où repose la poétesse Sylvia Plath (1932-1963). Le village a une chapelle méthodiste wesleyenne (1764).

Halifax 38

Calderdale. 🏠 88 000. 🚆 🚌
ℹ️ Piece Hall (01422 368725).
🛒 du jeu. au sam.
W www.pennineyorkshire.co.uk

L'histoire de Halifax est liée au textile depuis le Moyen Âge, mais la plupart des vestiges de cette industrie datent du XIXe siècle. William Blake en a décrit les « filatures noires et sataniques » dans son poème *Jérusalem* (1820). Le commerce de la laine aida les Pennines à devenir l'épine dorsale industrielle de l'Angleterre.

Jusqu'au milieu du XVe siècle, la production de tissu resta modeste, mais suffisante pour inspirer la *Gibbet Law*, loi selon laquelle tout voleur de tissu risquait la pendaison. Au bas de Gibbet Street se trouve une réplique de la potence en question. Bien des bâtiments du XVIIIe et du XIXe siècle doivent leur existence aux négociants en laine. La famille Crossley demanda à Sir Charles Barry (1795-1860), architecte du Parlement de Londres, de concevoir l'hôtel de ville. Elle fit aussi dessiner le People's Park par Sir Joseph Paxton (1801-1865), auteur du Crystal Palace. Les négociants en laine vendaient leurs coupons dans l'une des 315 « Merchants'

Deux Grandes Formes (1966-1969), par Henry Moore, dans Bretton Country Park

Rooms » du **Piece Hall** du XVIIIᵉ siècle, œuvre de Thomas Bradley. Le marché de la ville se tient dans l'imposante cour à l'italienne, superbement restaurée. Le musée **Eureka !** conçu pour les enfants de moins de 12 ans propose des « aventures du savoir » avec des attractions comme la Bouche géante ou le Mur d'eau. Le **Shibden Hall Museum** est une belle maison datant en partie du XVᵉ siècle.

Aux environs
Sowerby Bridge fut un important centre textile du Moyen Âge jusqu'aux années 1960. Le village attire aujourd'hui de nombreux visiteurs qui apprécient les canaux.

🏛 **Eureka !**
Discovery Rd. 📱 01422 330069.
🕐 t.l.j. ⚫ du 24 au 26 déc.
♿ 🅿 W www.eureka.org.uk
🏛 **Shibden Hall Museum**
Listers Rd. 📱 01422 352246.
🕐 t.l.j. (dim. : après-midi).
⚫ du 24 déc. au 2 janv. 🅿

National Coal Mining Museum ❸❾

Wakefield. 📱 01924 848806.
�æ Wakefield, puis bus.
🕐 t.l.j. ⚫ du 24 au 26 déc., 1ᵉʳ janv.
♿ W www.ncm.org.uk

Dans l'ancienne Caphouse Colliery, ce musée donne l'occasion de descendre dans un vrai puits de mine (se vêtir chaudement), à 137 m sous terre, équipé d'un casque et d'une lampe de mineur.

Dans certains boyaux, on peut voir des reconstitutions de taille réelle. Le musée décrit les conditions de travail des mineurs de 1820 à nos jours.

Yorkshire Sculpture Park ❹⓪

Wakefield. 📱 01924 830302.
�æ Wakefield, puis bus. 🕐 t.l.j.
⚫ 24, 25, 29, 30 et 31 déc. 🅿 ♿
W www.ysp.co.uk

Ce musée en plein air occupe les 45 ha d'un parc du XVIIIᵉ siècle. Chaque année, de grandes expositions internationales s'ajoutent à la collection permanente, qui compte des œuvres de Barbara Hepworth et Sol LeWitt. Bretton Country Park qui jouxte ce musée expose la plus importante collection d'œuvres de Henry Moore d'Europe.

Magna ❹❶

Rotherham. 📱 01709 720002.
�æ Rotherham Central ou Sheffield puis le bus n° 69. 🕐 de mars à oct.: t.l.j. ; de nov. à fév.: du mar. au dim.
⚫ 24 et 25 déc. 🅿 ♿ 🍴
W www.magnatrust.org.uk

Cette ancienne aciérie a été convertie en un vaste centre ludique tourné vers la science, qui propose des expositions interactives et des spectacles destinés au 4-15 ans. Trois pavillons (Air, Feu, Terre) permettent de suivre de près une tornade, de conduire de vraies pelleteuses ou de découvrir les effets de l'explosion d'une paroi rocheuse. Il y a également des expositions multimédia sur la vie des ouvriers métallurgistes, sur le fonctionnement d'un haut-fourneau et un spectacle de robots intelligents (IA) qui évoluent et apprennent tout en se pourchassant.

Le Visage d'acier ou l'histoire de l'acier, exposé à Magna

LA NORTHUMBRIA

NORTHUMBERLAND · COUNTY DURHAM

*L*a partie nord-est de l'Angleterre est une mosaïque de landes, de ruines, de châteaux, de cathédrales et de villages dispersés. L'intérêt principal de cette région est de présenter à la fois un passé chargé d'histoire et un superbe cadre naturel, notamment le parc national du Northumberland et le lac de Kielder Water.

Des collines paisibles et désertes, une vie sauvage intacte et les vues panoramiques du parc national du Northumberland font oublier une histoire troublée : combattants écossais et anglais, tribus de pillards, voleurs de bétail et trafiquants de whisky ont arpenté les chemins qui parcourent les Cheviot Hills. À la limite sud du parc serpente le mur d'Hadrien, vestige majeur des 400 ans de présence romaine et frontière septentrionale de l'empire.

Les conflits entre Écossais et Anglais durèrent 1 000 ans après le départ des Romains, et se poursuivirent après l'union entre les deux couronnes en 1603. Un chapelet de châteaux créne-lés longe la côte, tandis que la plupart de ceux qui défendaient le flanc nord de l'Angleterre le long de la Tweed sont en ruine. Au VIIe siècle, la Northumbria fut, grâce à saint Aidan, un bastion du christianisme. Mais les incursions vikings, à partir de 793, dévastant les monastères, y mirent fin. Saint Cuthbert et Bède le Vénérable n'en sont pas moins enterrés dans la cathédrale de Durham.

Les effets de la révolution industrielle, concentrés autour de la Tyne, de la Wear et de la Tees, firent de Newcastle upon Tyne la capitale des industries minière et navale du Nord. La ville est renommée pour la mise en valeur de son patrimoine industriel et pour ses réalisations dans le domaine de l'urbanisme.

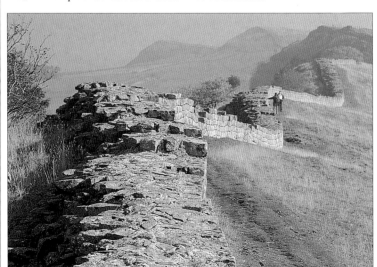

Tronçon du mur d'Hadrien, édifié par les Romains vers 120, vu depuis Cawfields

◁ **Les tours de la cathédrale de Durham dominent le cours de la Wear**

À la découverte de la Northumbria

Les sites historiques sont nombreux le long de la côte.
Au sud de Berwick-upon-Tweed, une digue mène au
prieuré en ruine et au château de Lindisfarne, et Bamburgh,
Alnwick et Warkworth ont d'importants châteaux. L'arrière-
pays est une région de grands espaces, où s'étend le parc
national du Northumberland et où se dressent les vestiges
du mur d'Hadrien. Durham, ville chargée de gloire, est
établie au pied de son château et de sa cathédrale.
Newcastle upon Tyne est réputée pour sa vie nocturne.

LA RÉGION D'UN COUP D'ŒIL

Alnwick Castle **5**
Bamburgh **4**
Barnard Castle **17**
Beamish Open Air Museum **13**
Berwick-upon-Tweed **1**
Cheviot Hills **8**
Corbridge **10**
Durham p. 414-415 **14**
Farne Islands **3**
Mur d'Hadrien p. 408-409 **11**
Hexham **9**
Kielder Water **7**
Lindisfarne **2**
Middleton-in-Teesdale **16**
Newcastle upon Tyne **12**
Warkworth Castle **6**

Excursions
North Pennines **15**

VOIR AUSSI

- *Hébergement* p. 563-564

- *Restaurants et pubs* p. 599-601

Les vastes étendues sauvages des collines de l'Upper
Coquetdale, dans les Cheviot Hills

0   10 km

La côte rocheuse du Northumberland, avec le château de Bamburgh au loin

CIRCULER

Au nord de Newcastle, l'A1068 rejoint l'A1 qui dessert les sites de la côte de la Northumbria et continue en direction de l'Écosse. Deux belles routes dans les terres, l'A696 et l'A68, se rejoignent près d'Otterburn pour contourner le parc national du Northumberland. Une grande ligne de chemin de fer relie Durham, Newcastle et Berwick, mais il faut une voiture pour parcourir la Northumbria à fond.

LÉGENDE

▦	Autoroute
▬	Route principale
▬	Route secondaire
▬	Route pittoresque
– –	Chemin pittoresque
～	Cours d'eau
🔆	Point de vue

Le Guildhall de Newcastle upon Tyne

Les trois ponts de Berwick-upon-Tweed

Berwick-upon-Tweed ❶

Northumberland. 🚶 13 000.
🚆 ℹ️ The Matlings, Eastern Lane
(01289 330733). 🛒 mer., sam.

Entre le XIIe et le XVe siècle, la ville changea 14 fois de mains, passant alternativement aux Écossais et aux Anglais. Située à l'embouchure du fleuve qui sépare les deux peuples, c'était un lieu hautement stratégique.

Les Anglais prirent définitivement la ville en 1482 et en firent une place forte. Du haut des remparts de 1555, longs de 1,5 km et épais de 7 m, on a une belle vue sur la Tweed. Les casernes du XVIIIe siècle abritent à la fois le **King's Own Scottish Borderers Regimental Museum**, le **musée** et la **galerie** de la ville et le **By Beat of Drum**, qui retrace l'histoire de l'infanterie britannique.

🏛 King's Own Scottish Borderers Regimental Museum

The Barracks. 📞 01289 307427.
🕐 du lun. au sam. ● du 24 déc. au 3 janv., jours fériés. 📷

Lindisfarne ❷

Northumberland. 🚆 🚌 Berwick-upon-Tweed, puis bus. ℹ️ The Maltings, Eastern Lane, Berwich-upon-Tweed (01289 330733).

Deux fois par jour, l'étroite bande de terre qui relie Lindisfarne à la côte disparaît pour cinq heures sous les eaux de la mer du Nord. À marée basse, on peut emprunter la digue pour se rendre sur cette île rendue célèbre par saint Aidan, saint Cuthbert et l'Évangile de Lindisfarne. Il ne reste rien du monastère celtique, abandonné en 875 après les attaques des Vikings, mais les belles arches du **prieuré** du XIe siècle s'élèvent au milieu des friches.

Après 1540, des pierres du prieuré servirent à construire **Lindisfarne Castle**, restauré en 1903 par Sir Edwin Lutyens *(p. 25)*, qui l'habita. Il comprend un joli jardin clos dû à Gertrude Jekyll *(p. 23)*.

⚓ Lindisfarne Castle

(NT) Holy Island. 📞 01289 389244.
🕐 d'avr. à oct. : du sam. au jeu. et ven. saint (l'après-midi). 📷

Farne Islands ❸

(NT) Northumberland. 🚢 depuis Seahouses. ℹ️ The Maltings, Eastern Lane, Berwick-upon-Tweed (01289 330733).

Selon la hauteur des eaux, ce sont de 15 à 28 îles qui émergent au large de Bamburgh, à 16 km au sud de Lindisfarne. L'île la plus haute atteint 31 m d'altitude. Quelques amoureux de la nature et gardiens de phare y vivent en compagnie de phoques, de macareux et autres oiseaux de mer.

Les croisières au départ de **Seahouses** ne peuvent accoster qu'à Staple et Inner Farne, site de la chapelle du XIVe siècle de saint Cuthbert.

Lindisfarne Castle (1540)

La chrétienté celtique

Saint Cuthbert dans sa nef

En 635, le moine irlandais saint Aidan, souhaitant évangéliser le nord de l'Angleterre, quitta l'île d'Iona, à l'ouest de l'Écosse, pour la Northumbria. Il fonda à Lindisfarne un monastère qui devint l'un des lieux de culte les plus importants d'Angleterre. Cette communauté prospéra, progressant dans l'étude sans jamais renoncer à la pauvreté. Elle devint aussi un lieu de pèlerinage après que des miracles se furent produits sur le tombeau de saint Cuthbert, évêque le plus célèbre de Lindisfarne. Mais les moines ne purent résister aux attaques des Vikings au IXe siècle.

Le monastère de saint Aidan s'agrandit au fil des siècles et devint le prieuré de Lindisfarne. Ce morceau de croix du VIIIe siècle s'orne de motifs d'animaux entrelacés.

Bède le Vénérable *(673-735), l'un des plus fins lettrés du Moyen Âge, moine à Saint-Paul de Jarrow, est l'auteur de* L'Histoire ecclésiastique des Angles *(731).*

Saint Aidan *(600-651), missionnaire irlandais, fonda un monastère à Lindisfarne et devint évêque de Northumbria en 635. Cette sculpture de Kathleen Parbury (1960) se trouve dans le parc du prieuré.*

Saint Cuthbert *(635-687) fut le moine et l'auteur de miracles le plus vénéré. Il vécut en ermite à Inner Farne (où une chapelle fut élevée à sa mémoire) et devint évêque de Lindisfarne.*

Le prieuré de Lindisfarne *fut édifié par les bénédictins au XIe siècle sur le site du monastère de saint Aidan.*

L'ÉVANGILE DE LINDISFARNE

Ce livre d'histoires tirées de l'Évangile, richement illustré, est un chef-d'œuvre de la « Renaissance northumbrienne », qui influença durablement l'art chrétien. Les moines de Lindisfarne menèrent cette œuvre à bien vers 700 sous la direction de l'évêque Eadfrith. Ils sauvèrent le livre *(p. 109)* en l'emportant dans leur fuite devant les raids des Vikings en 875, alors que d'autres trésors disparurent.

Lettrine de l'Évangile selon saint Matthieu (vers 725)

Grace Darling, illustration de l'édition de 1881 du *Sunday at Home*

Bamburgh ❹

Northumberland. 🏰 *1100.* 🚆
Berwick. 🚹 *The Maltings, Eastern
Lane, Berwick-upon-Tweed (01289
330733).*

En raison des hostilités
opposant la Northumbria
et les Écossais, les châteaux
sont plus nombreux dans
cette région que dans le reste
de l'Angleterre. La plupart
d'entre eux furent élevés par
des seigneurs entre le XIᵉ et
le XVᵉ siècle. Bamburgh est
une place forte côtière en grès
rouge, située sur une hauteur
fortifiée depuis la préhistoire.
Le premier véritable **château**
fut édifié en 550 par un chef
saxon, Ida the Flamebearer.

Entre 1095 et 1464,
c'est à Bamburgh
que les rois de
Northumbria se firent
couronner. Le château
tomba ensuite dans
l'oubli jusqu'en 1894 où il
fut acquis par le magnat
des armes de Newcastle,
Mr. Armstrong, qui le
restaura. Dans le Great
Hall, très sombre, sont
exposées des œuvres
d'art, et le sous-sol
abrite des armures
et des objets du
Moyen Âge.

Bamburgh possède
aussi le **Grace
Darling Museum**,
à la gloire de cette
jeune fille de
23 ans qui brava la tempête
avec son père, gardien
du phare de Longstone,
pour porter secours aux
neuf naufragés du vapeur
Forfarshire.

♣ **Bamburgh Castle**
Bamburgh. ☎ *01668 214515.*
🔴 *de mi-mars à oct. : t.l.j.* 📷 👤 🖥
🏛 **Grace Darling Museum**
Radcliffe Rd. ☎ *01668 214465.*
🔴 *de Pâques à oct. : t.l.j.* 👤

Alnwick Castle ❺

Alnwick, Northumberland. ☎ *01665
510777.* 🚆 *Alnmouth.* 🔴 *de
Pâques à sept.. : t.l.j.* 📷 👤 *limité.*

Surnommé le « Windsor
du Nord » au XIXᵉ siècle,
c'est le fief des ducs de
Northumberland, dont la
famille, les Percy, y réside
depuis 1309. Cette place
forte frontalière qui a résisté
à de nombreux assauts
domine Alnwick,
au bord de l'Aln,
au milieu d'un parc
dessiné par Capability
Brown. L'extérieur
médiéval est austère,
mais l'intérieur,
meublé dans le
style des palais de
la Renaissance,
abrite une superbe
collection de
porcelaine de
Meissen et des
tableaux de Titien,
Van Dyck et Canaletto.
Dans Postern Tower
est rassemblée une
collection de
vestiges bretons
et romains. Abbot's
Tower abrite le
**Regimental
Museum of Royal
Northumberland Fusiliers**.
On peut aussi voir le carrosse
des Percy, le souterrain, la
plate-forme à canons et un
beau panorama des environs.

Cheminée en marbre
de Carrare (1840) du
château d'Alnwick

Warkworth Castle ❻

Warkworth, près d'Amble. ☎ *01665
711423.* 🔴 *t.l.j.* ⚫ *24-26 déc., 1ᵉʳ
janv.* 📷 👤 *limité.*

Perché sur une colline verte
au-dessus du cours de la
Coquet, ce château fut la
demeure des Percy à l'époque
où Alnwick se trouvait à
l'abandon. Shakespeare situe
à Warkworth des scènes de sa
pièce *Henri V,* entre le comte
de Northumberland et son fils,
Harry Hotspur. La plupart de
ce qui subsiste date du
XIVᵉ siècle. L'étrange donjon à
tourelles en forme de croix,
ajout du XVᵉ siècle, est
l'élément le plus intéressant.

Le château de Warkworth se
reflète dans les eaux de la Coquet

Kielder Water ❼

Yarrow Moor, Falstone, Hexham.
☎ *01434 240398.* 🔴 *t.l.j.* ⚫ *24-
26 déc., 1ᵉʳ et 2 janv.* 👤

Ce lac, l'un des sites
majeurs du
Northumberland, est situé à
proximité de la frontière
écossaise, au milieu d'un
paysage spectaculaire.
C'est le lac artificiel le plus
grand d'Europe (44 km de
circonférence). On peut y
pratiquer tous les sports
nautiques et la pêche. L'été,
l'*Osprey* effectue des
croisières autour du lac en
partant de Leaplish. La Kielder
Water Exhibition, près du
Tower Knowe Visitor Centre,
retrace l'histoire de la vallée
depuis la dernière glaciation.

Les Cheviot Hills ❽

Ces landes désolées au relief émoussé par la glaciation forment une frontière naturelle avec l'Écosse. Aucune autre région d'Angleterre n'est aussi sauvage. Cette partie reculée du parc national du Northumberland fut cependant le théâtre d'événements historiques. Les traces laissées par les légions romaines, les guerriers écossais, les voleurs de chevaux et contrebandiers de whisky anglais sont encore nombreuses.

MODE D'EMPLOI

Northumberland. 🚃 Berwick-upon-Tweed. ℹ️ Eastburn, South Park, Hexham. 📞 01434 605555.

Les cours d'eau isolés sont parmi les derniers lieux où l'on peut observer un animal farouche, la loutre.

Le camp romain de Chew Green était situé ad fines, c'est-à-dire aux avant-postes. Les vestiges des ouvrages défensifs en terre sont encore visibles.

Le Pennine Way commence dans le Derbyshire et se termine à Kirk Yetholm en Écosse. Le dernier tronçon passe par Byrness, traverse les Cheviots et longe la frontière écossaise.

Uswayford Farm est peut-être la ferme la plus isolée d'Angleterre et l'une des plus difficilement accessibles, au milieu d'une lande déserte.

Chemin vers Uswayford Farm

LÉGENDE

▬▬ Route A

▭▭ Route B

═══ Route secondaire

--- Pennine Way

🌿 Point de vue

Alwinton, un petit village blotti au fond de la vallée de la Coquet, est le point de départ de nombreuses randonnées parmi de vastes landes sauvages où pâturent de robustes moutons.

0 5 km

Hexham **9**

Northumberland. 🏴 *10 000.* ⛴ 🚌
ℹ️ *The Manor Office, Hallgate (01434 605225).* 🕙 *mar.*

Cette ville active fondée au VIIe siècle se développa autour d'une église et d'un monastère fondés par saint Wilfrid, mais les Vikings la mirent à sac en 876. En 1114, les augustiniens entreprirent de construire un prieuré et une abbaye sur les ruines de l'église. Les tours de **Hexham**

Abbey dominent toujours la place du marché. Il ne reste que la crypte saxonne de St Wilfrid's Church, construite avec les pierres de l'ancien fort romain de Corbridge. Dans le

**Sculptures de
l'abbaye de Hexham**

transept sud de l'abbaye, un escalier du XIIe siècle mène au dortoir. Dans le chœur se trouve Frith Stool, trône saxon placé au milieu d'un cercle qui garantissait une protection aux fugitifs. Des ruelles médiévales, souvent bordées de boutiques georgiennes ou victoriennes, partent de la place du marché. Moot Hall est une ancienne chambre de conseil du XVe siècle, et la vieille prison abrite un musée de l'histoire de cette région frontalière.

Le mur d'Hadrien **⓫**

En 120, l'empereur Hadrien ordonna l'édification d'un mur long de 117 km afin de protéger la frontière nord de la province, limite nord-ouest de l'Empire romain. Les troupes stationnaient dans des fortins placés à intervalles réguliers et des tours, qui devinrent des forts, s'élevaient tous les 8 km. Le mur fut abandonné en 383 quand l'Empire romain se disloqua, mais il en reste d'importants vestiges. Il est désormais la propriété du National Trust.

**Emplacement du
mur d'Hadrien**

Vindolanda *compte plusieurs forts. Le premier, en bois, date de 90 apr. J.-C., et le premier fort en pierre ne remonte qu'au IIe siècle. Le musée conserve des tablettes donnant des informations sur la vie quotidienne.*

Carvoran Fort est sans doute antérieur au mur. Peu de ces forts ont survécu. Le Roman Army Museum voisin retrace l'histoire de l'ouvrage.

Great Chesters Fort fut édifié face à l'est pour défendre Caw Gap, mais il en reste peu de chose. Au sud et à l'est se trouvent des traces d'installations civiles et des thermes.

**Housesteads
Settlement** com
les vestiges de
boutiques ou de
tavernes.

Cawfields, à ?
au nord de
Haltwhistle, do
accès au tronç
plus élevé et le p
irrégulier du m
l'est, les ruines
fortin s'élèvent :
Whin Sill Crag.

L'empereur Hadrien
*(76-138), fin stratège,
vint en Grande-Bretagne
en 120 mettre en place
un système de défense.
La visite d'un empereur
était souvent suivie de
l'émisson d'une pièce de
monnaie, comme ce sesterce
de bronze.*

ⓘ Hexham Abbey

Market Place. ☎ 01434 602031.
◷ t.l.j. ♿

⛫ Border History Museum

Old Jail, près de Hallgate.
☎ 01434 652349. ◷ d'avr. à oct. :
t.l.j. ; nov., fév., mars : sam., lun., mar.
▨

Corbridge ❿

Northumberland. 🏠 3 500. �æ
ⓘ Hill St (01434 632815).

Plusieurs bâtiments historiques de cette ville calme ont été construits avec les

Le presbytère fortifié du XIVᵉ siècle à Corbridge

pierres de Corstopitum, ville de garnison romaine voisine : la tour saxonne la plus imposante de St Andrew's Church et la tour fortifiée du XIVᵉ siècle destinée à la protection du prêtre. Les fouilles du **Corbridge Roman Site and Museum** ont mis au jour des forts plus anciens, un grenier bien conservé, des temples, des fontaines et un aqueduc.

⛫ Corbridge Roman Site and Museum

☎ 01434 632349. ◷ d'avr. à oct. :
t.l.j. ; de nov. à mars : du mer. au dim. ●
24 au 26 déc., 1ᵉʳ janv. ▨ ♿ limité. ▯

LE MUR D'UNE CÔTE À L'AUTRE

Voir ci-dessous

A1
Newcastle
B6318
A689
A69
A69
A689
A69
A686
A68
A1(M)
A19
B5307
Carlisle
A595
M6
B6413

LÉGENDE

〰〰 Trajet du mur

Le mur d'Hadrien s'étire d'est en ouest de Bowness, sur le Solway Firth, à l'embouchure de la Tyne à Wallsend. La B6318 et l'A69 donnent accès aux principaux sites.

0   20 km

Carrawburgh Fort, une garnison de 500 hommes, contrôlait le Newbrough Burn et l'accès au North Tyndale.

Limestone Corner Milecastle, situé sur la partie la plus au nord du mur, offre un splendide panorama des Cheviot Hills (see p. 407).

Sewingshields Milecastle, qui offre une belle vue à l'ouest sur Housesteads, est l'un des meilleurs lieux de randonnée. Cette reconstitution montre la disposition d'un fortin.

Chesters Fort était une tête de pont sur la North Tyne. Le musée conserve des autels, des sculptures et des inscriptions.

Chesters Bridge enjambait la Tyne. Ce sont les ruines du second pont, reconstruit en 207, que l'on peut encore voir.

Housesteads Fort, la partie de l'ouvrage la mieux préservée, commande un beau panorama. Les fouilles ont mis au jour la maison du commandant et un hôpital.

0   500 m

Newcastle upon Tyne ⑫

Newcastle upon Tyne. 🏙 273 000.
🛫 🚃 🏛 🚻 🛈 City Library, Princess Sq (0191 2610610). 🔄 dim.

La ville doit son nom au **château** normand fondé en 1080 par Robert Courteheuse, fils aîné de Guillaume le Conquérant (p. 47). Mille ans plus tôt, les Romains avaient construit un pont sur la Tyne et un fort. Au Moyen Âge, la ville servit de base aux Anglais dans leurs expéditions contre les Écossais. Puis elle prospéra grâce au charbon et à l'exportation. Au XIXᵉ siècle, elle se distingua par ses activités industrielles. Si l'industrie a décliné, les « Geordies », comme on appelle les habitants, ont encore des raisons de fierté : le centre commercial ultra-moderne Metro Centre de Gateshead, à 6 km au sud-ouest de la ville, et l'équipe de football Newcastle United. La vie nocturne se passe dans les clubs, les pubs, les théâtres et les restaurants étrangers. Les prestigieux témoins du passé sont le magnifique Tyne Bridge et le monument de Benjamin Green à la mémoire du comte Grey. Les nobles façades du centre (Grey Street) reflètent aussi la grandeur passée. Quelques quartiers sont abîmés, mais nombre d'immeubles des quais sont en cours de restauration.

Ponts franchissant la Tyne à Newcastle

♣ Le château

St Nicholas St. 🔔 0191 2327938. 🕐 du mar. au dim. et jours fériés. 🔴 24-26 déc., 1ᵉʳ janv., ven. saint. 🅿📷

Construit en bois à l'origine, le « nouveau château » de Robert Courteheuse fut rebâti en pierre au XIIᵉ siècle.

Beamish Open Air Museum ⑬

Emblème du tramway

Cet immense musée en plein air qui couvre 120 ha du comté de Durham donne une fidèle image de la vie familiale, professionnelle et sociale dans le Nord-Est avant la Grande Guerre, en se gardant de l'idéaliser : grand-rue typique, village minier, mine désaffectée, école, chapelle et ferme. Tous les guides sont en costume d'époque. Un tramway restauré dessert tous les sites du musée.

La gare comporte locomotives, voitures, wagons, une plate-forme, un poste d'aiguillage et une passerelle de fer. On voit souvent des locomotives en marche à la gare ou près des houillères.

La Home Farm recrée l'atmosphère d'une ferme ancienne. On peut y voir des races de bétail que l'élevage de masse a rendu plus rares.

École

Les maisons de mineurs, qui appartenaient à la houillère, étaient petites, éclairées à la lampe à huile et dotées d'un potager.

Chapelle

Seuls le donjon crénelé et trapu et deux appartements royaux sont encore intacts. Des escaliers en spirale mènent aux chemins de ronde restaurés, d'où l'on voit la ville et la Tyne. À voir également, la chapelle normande restaurée (v. 1168-1178), le Great Hall et la salle des gardes.

St Nicholas Cathedral

St Nicholas Sq. ▌ 0191 2321939. ▢ t.l.j. ♿

L'une des plus petites cathédrales de Grande-Bretagne contient des vestiges de l'église normande originelle du XIe siècle sur laquelle elle fut construite aux XIVe et XVe siècles. On remarque surtout la tour lanterne, moitié tour, moitié flèche ; il n'en existe que trois en Grande-Bretagne. Construite en 1448, rebâtie en 1608, elle fut encore réparée aux XVIIIe et XIXe siècles.

Retable des saints de la Northumbria, St Nicholas Cathedral

Bessie Surtees' House

41-44 Sandhill. ▌ 0191 2611585. ▢ du lun. au ven. ● du 25 déc. au 2 janv., jours fériés. ▯

Les maisons à colombage des XVIe et XVIIe siècles rappellent l'histoire de la belle et riche Bessie, qui vivait ici avant

d'être enlevée par John Scott, jeune homme sans le sou qui devint chancelier d'Angleterre (la fenêtre par laquelle elle s'enfuit a une vitre bleue). Elles évoquent aussi la vie de ce quartier commerçant.

Tyne Bridge

Newcastle-Gateshead. ▌ 0191 2328520. ▢ t.l.j. ♿

Inauguré par George V en 1928, ce pont métallique à deux pylônes conçu par Mott, Hay et Anderson fut le plus long de ce type en Grande-Bretagne (162 m de travée). Il est devenu le symbole de la ville.

Earl Grey's Monument

Grey St. ▌ 0191 2328520. ● pour restauration jusqu'à mi-2000.

Dû à Benjamin Green, il honore le 2e comte Grey, Premier ministre libéral (1830-1834) qui fit voter le Great Reform Bill. La statue est l'œuvre d'Edward H. Baily.

Dans la grand-rue :
une confiserie, une
maison de la presse,
une étude d'avocat,
un cabinet de dentiste
et, bien sûr, un pub.

La coopérative proposait
tout ce dont une famille
avait besoin en 1900. On
y voit une gamme de
produits alimentaires
de 1913.

Ferme de
Pockerley
Manor

Treuil à
vapeur

La mine de Mahogany
Drift, creusée dans les
veines de charbon près
de la surface, fut en
activité de 1850 à 1958.
Des visites guidées sont
proposées dans les puits.

Entrée

Maisons construites par la London Lead Company à Middleton-in-Teesdale

Durham ⑭

Voir p. 414-415.

Excursion dans les Pennines du Nord ⑮

Voir p. 413.

Fromage de Cotherstone, spécialité de la région de Middleton

Middleton-in-Teesdale ⑯

Comté de Durham. 🏠 *1 100.*
🚉 *Darlington.* 🛈 *10 Market Place (01833 641001).*

Cette ville qui vivait de l'exploitation des mines de plomb s'étend à flanc de colline dans le paysage sauvage des Pennines, au bord de la Tees. Nombre des habitations de mineurs en pierre grise ont été construites par la London Lead Company. Cette entreprise paternaliste, dirigée par des quakers, intervenait dans tous les domaines de la vie quotidienne des ouvriers. Ceux-ci devaient respecter un principe de tempérance, envoyer leurs enfants à l'école du dimanche et se conformer aux nombreuses maximes de la compagnie. Fondée en 1753, celle-ci posséda bientôt virtuellement Middleton, qui correspondait à l'idée de « ville-entreprise » en vogue au XVIIIᵉ siècle. Si toutes les mines de plomb de la Teesdale sont aujourd'hui fermées, on peut toujours voir à Middleton les bureaux de la compagnie.

Ne manquez pas de goûter le fromage de chèvre à pâte friable de Cotherstone, spécialité des vallées voisines, que proposent les boutiques.

Barnard Castle ⑰

Comté de Durham. 🏠 *5 000.* 🚉 *Darlington.* 🛈 *Woodleigh, Flatts Rd (01833 690909).* 🗓 *mer.*

Surnommée « Barney » dans la région, Barnard Castle est une petite ville de caractère avec ses vieilles vitrines et sa place du marché pavée que dominent les ruines du château normand auquel elle doit son nom. Le château d'origine fut construit vers 1125-1140 pour commander un gué par Bernard Balliol, ancêtre du fondateur de Balliol College, à Oxford *(p. 210).* Une ville de marché naquit ensuite au pied des murailles.

Barnard Castle est connu par l'extraordinaire château de style français situé à l'est de la ville, entouré de vastes jardins à la française. Commandé en 1860 par John Bowes, aristocrate local, et sa femme Joséphine, artiste et actrice française, il fut conçu dès le début comme un musée et un bâtiment public. Achevé en 1892, après leur mort, le **Bowes Museum** reste un monument célébrant la fortune de l'un et l'extravagance de l'autre. Il conserve une splendide collection d'art espagnol où figurent les *Larmes de saint Pierre* du Greco (vers 1580) et *Don Juan Meléndez Váldez* de Goya (1797), sans compter les horloges, porcelaines, meubles, instruments de musique, jouets, tapisseries et un cygne mécanique en argent considéré comme la pièce maîtresse.

🏛 **Bowes Museum**
Barnard Castle. 📞 *01833 690606.* ⭕ *t.l.j.* ⬤ *25, 26 déc., 1ᵉʳ janv.* 🎫 ♿ 🅿 *en été.* ▢

Le Bowes Museum, château de style français proche de Barnard Castle

Excursion dans les Pennines du Nord ⓯

Ce circuit commence juste au sud du mur d'Hadrien et passe par la South Tyne Valley et l'Upper Weardale, à travers des landes parmi les plus sauvages d'Angleterre, avant de repartir vers le nord. Les hauteurs où paissent les moutons sont couvertes de bruyère et sillonnées de murs de pierre

**Mouton
sur la lande**

sèche. Des busards et autres oiseaux les survolent et les cours d'eau drainent les vallées où se blottissent les villages.

Celtes, Romains et autres colons y ont laissé leur empreinte. La région a dû depuis toujours sa prospérité à l'agriculture et à l'exploitation des mines de plomb et des carrières.

Haltwhistle ①
L'église de la Sainte-Croix (Church of the Holy Cross) abrite la tombe du frère de Nicholas Ridley, martyr anglican mort sur le bûcher en 1555 *(p. 210)*.

Haydon Bridge ③
Il y a de délicieuses promenades à faire autour de cette ville d'eau où le peintre John Martin naquit en 1789. Le château voisin de Langley mérite une visite.

Hexham ④
Cette vieille cité pittoresque *(p. 408)* est dotée d'une belle abbaye.

Blanchland ⑤
Certaines maisons de ce bourg minier ont été bâties sur le site d'une abbaye du XIIᵉ siècle.

Bardon Mill ②
Au nord se trouvent le camp romain et la colonie civile de Vindolanda *(p. 408)*.

Allendale ⑦
Dans cette région aux paysages spectaculaires, on peut pratiquer la pêche à la truite aussi bien que la randonnée.

Stanhope ⑥
Un château du XVIIIᵉ siècle domine la place du marché. Le tronc géant d'un arbre fossile, vieux, dit-on, de 250 millions d'années, garde le cimetière.

Légende

▬▬▬ Itinéraire conseillé

═══ Autre route

☀ Point de vue

CARNET DE ROUTE

Itinéraire : 80 km.
Où faire une pause ? Plusieurs pubs de Stanhope proposent un buffet, et le Durham Dales Centre sert du thé toute l'année. L'hôtel Horsley Hall d'Eastgate sert des repas à toute heure. (Voir aussi p. 636-637.)

0   5 km

Durham ⑭

C'est en 995 que la ville fut bâtie sur Island Hill ou « Dunholm », un éperon rocheux que contourne la Wear avant de se jeter dans la mer. Le site fut choisi par des moines pour ensevelir la dépouille de saint Cuthbert ; puis on apporta les reliques de Bède le Vénérable qui attirèrent de nouveaux pèlerins. En construisant la cathédrale, les architectes inaugurèrent un plan géométrique. Le château tint lieu d'évêché jusqu'en 1832, lorsque Mgr William van Mildert en fit don, ainsi que d'une partie de ses revenus, pour fonder la troisième université britannique. Les 23 ha de ce site sont parcourus de sentiers et parsemés de monuments.

Heurtoir, sanctuaire de la cathédrale

★ Cathédrale
Bâtie de 1093 à 1274, elle est typiquement normande.

Old Fulling Mill, bâtiment en grande partie du XVIIIᵉ siècle, abrite un musée d'archéologie.

Le pont de Prebend date de 1777. Deux sculptures de Colin Winbourne figurent du côté « île ».

College Green

Cuisine des moines

Église St Mary the Less

Portail du collège / **Cour sud** / **Tombe de saint Cuthbert**

Vitrail du « Pain quotidien »
Ce vitrail moderne, au nord de la nef, fut offert par un grand magasin local en 1984.

Galilee Chapel
Les architectes de cette chapelle, commencée en 1170, s'inspirèrent de la grande mosquée de Cordoue, en Andalousie. L'évêque Langley (mort en 1437) la modifia. Sa tombe se trouve à la porte ouest.

À NE PAS MANQUER

★ **La cathédrale**

★ **Le château**

★ Le château
*Commencé en 1072,
c'est une belle forteresse
normande. Le donjon
fait à présent partie de
l'université.*

MODE D'EMPLOI

Comté de Durham. �æ Station
Approach. 🚌 North Rd. 🛈 Market Pl
(0191 384 3720). 🚲 sam. **Cathédrale**
⏰ de mai à août. : de 7 h 15 à 20 h ;
de sept. à avr. : de 7 h 15 à 18 h. 🔔
11 h 15, 15 h 30 dim. 📷 ♿ **Château**
📞 0191 374 3800. ⏰ vacances
universitaires : t.l.j., sinon : lun., mer.,
sam. (après-midi). 📷 🚻♿

Hôtel de ville **(1851)**

**St Nicholas'
Church (1857)**

**Palace
Green**

Tunstal's Chapel
*À l'extrémité de la Tunstal's Gallery,
la chapelle du château date d'environ
1542. Parmi ses belles sculptures sur
bois, la miséricorde à la licorne (p. 329).*

Corps de garde du château
*L'arche extérieure porte
des traces de sculptures
normandes, tandis que
les murs épais et la partie
supérieure sont du
XVIIIe siècle, ayant été
reconstruits dans un style
décrié pour sa lourdeur.*

L'université
fut édifiée
par l'évêque
John Cosin au
XVIIe siècle.

**Église St
Mary le Bow**

**Le pont de
Kingsgate**
(1962-1963)
mène à North
Bailey.

L'ARCHITECTURE DE LA CATHÉDRALE

Les dimensions des colonnes, des piliers et
des voûtes vieux de 900 ans, les chevrons
et les losanges géants, les colonnes
sculptées en treillage ou en dent-de-chien
sont les aspects les plus nouveaux de
l'architecture. Les architectes des XIe
et XIIe siècles, comme l'évêque Ranulph
Flambard, semblent avoir tenté d'en unifier
les parties, comme on le voit dans l'aile sud
de la nef ci-dessous.

*Les voûtes
nervurées, qui
montent des murs,
sont devenues
classiques dans
les églises. Apport
important du
gothique, c'est
à Durham
qu'elles apparurent.*

Le losange, *motif
utilisé pendant la
préhistoire, ne l'avait
encore jamais été
dans une cathédrale.*

Les chevrons *de
certaines colonnes
de la nef sont
d'influence
mauresque.*

Le pays de Galles

Le pays de Galles d'un coup d'œil

Les paysages du pays de Galles, splendides et variés, invitent à de nombreuses activités : escalader les sommets, marcher dans la forêt, pêcher dans de larges cours d'eau ou profiter d'un littoral vierge sur des kilomètres. Les vacanciers anglais en apprécient depuis longtemps les nombreuses stations balnéaires. On ne compte pas les châteaux, les abbayes en ruine, les grandes demeures et les villes à l'architecture remarquable. Il ne faut surtout pas négliger la culture galloise profondément imprégnée de traditions celtiques.

Le château de Beaumaris (p. 424) devait être un point clé de la « ceinture de fer » conçue par Édouard Ier pour contenir les rebelles gallois (p. 422). Commencé en 1295 et jamais achevé, il est doté d'un système de défense sans équivalent au pays de Galles.

Anglesey

Caernarfonshire & Merionethshire

Portmeirion (p. 440-441), *village privé aux maisons pour le moins incongrues dans le paysage, concrétise l'ambition personnelle zde l'architecte Sir Clough Williams-Ellis. Pour construire certains édifices, des éléments d'architecture furent prélevés sur d'autres sites.*

Cardig...

Carmarthenshire

Pembrokeshire

Saint David's *est la plus petite ville de Grande-Bretagne, mais sa cathédrale* (p. 450-451) *est la plus grande du pays de Galles, avec une nef remarquable par son plafond de chêne sculpté et son magnifique jubé. Le palais épiscopal, tout proche, est en ruine.*

◁ **Le quai coloré de Caernarfon**

Llanberis et Snowdon (p. 437) *forment une région connue pour ses pics élevés et dangereux, appréciés depuis longtemps par les alpinistes. C'est depuis Llanberis que l'accès au sommet du mont Snowdon est le plus facile. Son nom gallois, Yr Wyddfa Fawr, signifie « grande tombe » ; ce serait l'emplacement légendaire de la tombe d'un géant tué par le roi Arthur (p. 273).*

berconwy *-Colwyn*

Flintshire

Denbighshire

NORD DU PAYS DE GALLES *(p. 426-441)*

Wrexham

Le château de Conwy *veille sur l'une des villes médiévales fortifiées les mieux conservées de Grande-Bretagne (p. 432-433). Construit par Édouard Ier, le château assiégé fut près de se rendre en 1294. Il céda à l'assaut des partisans d'Owain Glyndŵr en 1401.*

Powys

SUD ET CENTRE DU PAYS DE GALLES *(p. 442-461)*

Les Brecon Beacons (p. 454-455), *belle région de montagnes, de forêts et de landes du sud, appréciée des marcheurs et des naturalistes, sont un parc national. Le Pen-y-Fan en est l'un des principaux sommets.*

Au château de Cardiff (p. 458-459), *la tour d'horloge fait partie des nombreuses modifications réalisées au XIXe siècle par l'architecte, excentrique mais doué, William Burges. Son style flamboyant fait l'étonnement des visiteurs.*

Monmouthshire

Cardiff, Swansea et leurs environs

0   25 km

UNE IMAGE DU PAYS DE GALLES

Appréciés depuis longtemps par les vacanciers britanniques, les charmes du pays de Galles ne sont plus à vanter. Les paysages en font certes partie, mais aussi une culture vivace dont la poésie, les chœurs masculins et les sports d'équipe sont quelques aspects. Gouverné de Westminster depuis 1536, le pays de Galles conserve cependant sa propre identité celtique et a obtenu en 1999 une partielle autonomie.

La majeure partie du pays de Galles est constituée par la chaîne des monts Cambriens, frontière naturelle avec l'Angleterre. Le Gulf Stream lui procure un climat doux, plus pluvieux que dans le reste de la Grande-Bretagne. Les terres se prêtent moins aux labours

L'un des beaux parcs nationaux gallois

qu'à l'élevage d'ovins et de bovins. Les sentiers par lesquels on conduisait les moutons vers l'Angleterre à travers les collines sont devenus des sentiers de randonnée. C'est en partie la rudesse du pays qui a permis aux Gallois de conserver leur identité et leur langue.

Le gallois est une langue expressive et musicale parlée seulement par un cinquième des 2,7 millions d'habitants, mais dans certaines régions du Nord c'est la langue de la conversation courante. La politique officielle est le bilinguisme : les panneaux routiers sont traduits dans les deux langues, même dans les régions où le gallois est peu parlé. Les noms de lieux gallois, parfois déroutants, décrivent en général la nature du terrain ou d'anciens bâtiments ; par exemple, *aber* (embouchure), *afon* (rivière), *fach* (petit), *llan* (église), *llyn* (lac) et *nant* (vallée).

Le pays de Galles subit l'invasion romaine, mais non celle des Saxons. Le pays et ses habitants gardèrent ainsi leurs traditions domestiques et familiales pendant six siècles, jusqu'à la conquête normande en 1066. Ceci laissa le temps aux Gallois de se constituer en une nation distincte et homogène, qui est toujours une réalité aujourd'hui.

Les premiers rois normands soumirent le pays de Galles en chargeant les seigneurs des marches de tenir les régions

Le rugby, grand sport populaire

frontalières. Un chapelet de solides châteaux rappelle l'époque à laquelle les soulèvements gallois étaient une menace constante. Ce n'est qu'en 1535 que le pays de Galles s'agrégea vraiment à la Grande-Bretagne. Aujourd'hui, à Londres, un ministre est en charge de ses affaires.

Le non-conformisme religieux et le radicalisme politique sont solidement ancrés dans les esprits. Saint David convertit le pays au VIᵉ siècle. Au XIXᵉ siècle, le méthodisme, le protestan-

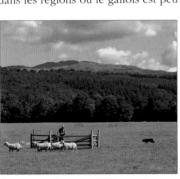

Les terres se prêtent surtout à l'élevage ovin

Une *gorsedd* (assemblée) de druides à l'eisteddfod

goût bien connu des Gallois pour la musique vient des anciens bardes : ménestrels et poètes, peut-être associés aux druides. Les histoires des bardes, pleines de figures légendaires et de magie, faisaient partie de la tradition orale du haut Moyen Âge. Elles furent transcrites pour la première fois au XIVe siècle dans le *Mabinogion*, qui a inspiré nombre de poètes gallois jusqu'à Dylan Thomas au XXe siècle. Les chœurs masculins qui se produisent dans beaucoup de villes, de villages et d'usines, en particulier dans le Sud industriel, expriment la tradition musicale celte. Ils se mesurent au cours des *eisteddfods*, festivals de la culture galloise.

tisme et le fondamentalisme s'enracinèrent. Certains pubs sont fermés le dimanche (dans la péninsule de Llŷn, la vente d'alcool est tout simplement interdite). Une tradition ancienne a donné naissance à de nombreux orateurs, hommes politiques et acteurs. Les dirigeants gallois du parti travailliste ont joué un grand rôle dans l'histoire des syndicats et du socialisme britanniques.

La civilisation galloise s'exprime davantage à travers le chant, la musique, la poésie et les légendes que dans l'artisanat, à l'exception notable de la « cuillère d'amour » sculptée, récemment remise au goût du jour. Le

Cuillère d'amour

Au XIXe siècle, l'exploitation du gisement de charbon du Sud à Glamorgan (qui fut le plus grand du monde) déclencha l'essor industriel et l'exode rural vers les hauts fourneaux et les aciéries. Cette prospérité ne dura pas ; après un bref répit dû à la Deuxième Guerre mondiale, le charbon connut un déclin irrémédiable, entraînant une crise économique sévère. La promotion du tourisme se fait aujourd'hui dans l'espoir que les richesses qu'il apporte pallieront la disparition du « roi Charbon ».

Le petit port coloré de Conwy, pittoresque ville médiévale ceinte de remparts

Histoire du pays de Galles

Saint David, patron du pays de Galles

La présence humaine au pays de Galles remonte à la préhistoire. De nombreux facteurs, des invasions à la révolution industrielle, ont influencé le cours de son histoire. Si les Romains avaient établi des camps dans les montagnes, c'est encore une véritable nation celte qui résista à l'invasion saxonne du VIII siècle. Puis des siècles de raids frontaliers et de campagnes militaires suivirent, jusqu'à l'acte d'union de 1535 entre pays de Galles et Angleterre. Le Nord-Ouest, ancien bastion des princes gallois, maintient les coutumes et la langue galloises.

Owain Glyndŵr incarne l'opposition galloise à l'Angleterre

UNE NATION CELTE

Ornement de l'âge du bronze trouvé à Anglesey

Des vagues de migration peuplèrent le pays de Galles à la préhistoire. À l'âge du fer *(p. 42-43)*, des paysans celtes avaient établi des oppidums et implanté leur religion, le druidisme. Du Iᵉʳ siècle apr. J.-C. au retrait des légions vers 400, les Romains construisirent des forts et des routes, et exploitèrent les mines de plomb, d'argent et d'or. Durant les siècles suivants, des missionnaires venus d'Europe convertirent le pays au christianisme. C'est saint David *(p. 450-451)*, dit-on, qui fit du poireau l'emblème national en conseillant aux Gallois de le porter sur leur casque pour se distinguer des Saxons pendant un combat. Les Saxons *(p. 46-47)* ne purent conquérir le pays de Galles. En 770, leur roi Offa fit élever un rempart de terre le long de la frontière *(p. 447)*. De l'autre côté de l'Offa's Dyke, les peuples se nommèrent eux-mêmes *Y Cymry* (« ceux de l'autre pays ») et appelèrent leur pays *Cymru*. Les Saxons le baptisèrent « Wales », de *wealas*, « étrangers ». Il se divisait en royaumes dont les plus grands étaient Gwynedd au nord, Powys au centre et Dyfed au sud.

LES SEIGNEURS DES MARCHES

L'invasion de 1066 *(p. 47)* n'atteignit pas le pays de Galles, mais Guillaume le Conquérant concéda les marches du pays à trois puissants barons : Shrewsbury, Hereford et Chester, qui tenaient la majeure partie des basses terres. Les princes gallois contrôlaient le Nord-Est montagneux et profitaient de la faiblesse des Anglais. Sous Llywelyn le Grand (mort en 1240), le Nord fut presque entièrement indépendant ; son petit-fils, Llywelyn le Dernier, fut reconnu prince de Galles par Henri III en 1267.

Édouard Iᵉʳ, monté sur le trône d'Angleterre en 1272, fit construire des places fortes et partit à la conquête du pays de Galles. En 1282, Llywelyn périt au combat, coup fatal pour les Gallois. Le roi imposa les lois anglaises et proclama son fils prince de Galles *(p. 430)*.

Édouard Iᵉʳ proclame son fils prince de Galles en 1301

LA RÉBELLION D'OWAIN GLYNDŴR

Le ressentiment des Gallois contre les seigneurs des marches devint rébellion. En 1400, Owain Glyndŵr (vers 1350-1416), descendant des princes de Galles, mit à sac les positions anglaises. Reprenant le titre de ses ancêtres, il trouva des alliés celtes en Écosse, en Irlande, en France et en Northumbria. En 1404, il prit Harlech et Cardiff et réunit un parlement à Machynlleth *(p. 448)*. En 1408, les Français conclurent une trêve avec Henri IV d'Angleterre. La rébellion échoua alors et Glyndŵr dut se cacher jusqu'à sa mort.

Mineurs du sud du pays de Galles en 1910

L'UNION AVEC L'ANGLETERRE

L e pays de Galles souffrit beaucoup de la guerre des Deux-Roses *(p. 49)*, car les York et les Lancaster se disputèrent les châteaux gallois. À la fin de la guerre, en 1485, le Gallois Henri Tudor, né à Pembroke, devint Henri VII. L'acte d'union de 1535 et d'autres lois supprimèrent les marches, donnant aux Gallois une représentation au Parlement de Londres. Les usages anglais remplacèrent les coutumes locales et l'anglais devint la langue des tribunaux et de l'administration. Le gallois survécut en partie grâce à l'Église et à la traduction de la Bible du Dr William Morgan (1588).

Bible en langue vernaculaire qui aida le gallois à survivre

INDUSTRIE ET RADICALISME

D ans le sud et l'est du pays de Galles, l'industrie naquit des mines de charbon de Wrexham et Merthyr Tydfil, vers 1760. Le développement des ports bien équipés et du chemin de fer la stimula. Dans la seconde moitié du XIXe siècle, les puits de la Rhondda Valley supplantèrent les mines à ciel ouvert.

Les ouvriers et les paysans menaient une vie rude. Des émeutes *(Rebecca Riots)* dans le Sud entre 1839 et 1843, au cours desquelles les paysans, habillés en femmes, protestèrent contre les dîmes et les loyers, furent durement réprimées. Les chartistes, les syndicats et le parti libéral avaient de nombreux adhérents au pays de Galles.

L'essor du méthodisme *(p. 267)* suivit celui de l'industrie ; en 1851, 80 % de la population l'avait embrassé. Le gallois survécut malgré les efforts du gouvernement pour en décourager l'usage, y compris en punissant les enfants surpris à le parler.

LE PAYS DE GALLES AUJOURD'HUI

A u XXe siècle, pour la première fois, les Gallois, jouèrent un rôle actif dans la politique britannique. David Lloyd George fut le premier chef du gouvernement issu d'une famille galloise. S'il n'était pas né au pays de Galles, du moins y avait-il été élevé. Aneurin Bevan, fils de mineur devenu ministre travailliste, participa à la fondation du National Health Service *(p. 59)*.

Le nationalisme continua de croître ; le Plaid Cymru, parti nationaliste gallois, fut fondé en 1926. En 1955, Cardiff fut reconnue capitale du pays de Galles *(p. 456)* et, quatre ans plus tard, l'ancien dragon rouge devint l'emblème du nouveau drapeau gallois. Le Plaid Cymru remporta deux sièges au Parlement en 1974, et lors du référendum de 1998, les Gallois choisirent l'autonomie partielle.

Le gallois a décliné ; alors que la moitié de la population le parlait en 1901, ce chiffre était tombé à 21 % 70 ans plus tard. Grâce au Welsh Language Act de 1967, cette langue est enseignée à l'école, et la chaîne de télévision S4C (Sianel 4 Cymru) diffuse de nombreux programmes en gallois.

Depuis 1960, le charbon et l'acier connaissent un réel déclin, avec le chômage pour conséquence . Les industries de pointe et le tourisme n'y ont qu'en partie remédié.

Logo de S4C, chaîne de télévision galloise

Les châteaux du pays de Galles

Le château de Conwy, miniature française (xvᵉ s.)

Les châteaux médiévaux sont nombreux au pays de Galles. Peu après la bataille d'Hastings *(p. 47)*, les Normands convoitèrent ce territoire. Ils édifièrent des places fortes de terre et de bois, que remplacèrent bientôt des châteaux en pierre. Les princes de Galles et les envahisseurs poursuivirent ces constructions. C'est sous Édouard Iᵉʳ *(p. 422)* qu'elles furent les plus nombreuses. À la fin du Moyen Âge, la paix revenue, certains châteaux devinrent des demeures d'agrément.

Le corps de garde nord devait mesurer 18 m de haut et offrir un confort royal, mais l'étage supérieur ne fut jamais construit.

L'enceinte intérieure était bordée d'une salle, d'un grenier, de cuisines et d'écuries.

Les tours rondes, présentant moins d'angles morts que les tours carrées, étaient plus sûres.

Meurtrière

BEAUMARIS CASTLE

Le dernier des châteaux d'Édouard Iᵉʳ *(p. 430)*, symétrique et concentrique, associait puissance et un certain confort. Il y avait de nombreux obstacles à franchir avant d'atteindre l'enceinte intérieure.

Fossé

Mur d'enceinte

OÙ VOIR DES CHÂTEAUX GALLOIS

Outre Beaumaris, le nord du pays de Galles comporte Caernarfon *(p. 430)*, Conwy *(p. 432)* et Harlech *(p. 440)*. Édouard Iᵉʳ construisit aussi Denbigh, Flint (près de Chester) et Rhuddlan (près de Rhyll). Dans le Sud et le Centre, Caerphilly (près de Cardiff), Kidwelly (près de Carmathen) et Pembroke datent du xiᵉ au xiiiᵉ siècle. Cilgerran (près de Cardigan), Criccieth (près de Porthmadog) et Carreg Cennen *(p. 454)* occupent des sites spectaculaires. Chirk, près de Llangollen, est le type même d'une place forte devenue résidence d'agrément.

Caerphilly, à 10 km au nord de Cardiff, place forte massive défendue par des enceintes concentriques de pierre et des douves, couvre 12 ha.

Harlech (p. 440) est connu pour son puissant corps de garde, ses tours jumelles et son escalier fortifié qui descend jusqu'à la mer. Ce fut le quartier général d'Owain Glyndŵr (p. 422) de 1404 à 1408.

CASTELL-Ŷ-BERE
Llywelyn le Grand *(p. 422)*
fonda ce château au pied du
Cader Idris *(p. 440)* en
1221 pour protéger la
frontière intérieure
plutôt que pour
résister aux Anglais.

Entrée

La tour allongée, en
forme de D, est typique
des châteaux gallois.

La construction épouse
le rocher. L'enceinte
extérieure est trop basse
et trop faible pour être
vraiment sûre.

Pont-levis

La Chapel Tower abrite une
belle chapelle médiévale.

Le quai fortifié, sur un canal
qui rejoignait la mer, permettait
l'approvisionnement pendant
les sièges.

ceinte intérieure, qui
te un passage, était plus
e que l'enceinte extérieure
de permettre un tir simultané.

**Corps de garde
à tours jumelles**

Édouard Ier
*(p. 422), roi
chevalier dont les
châteaux
permirent la
conquête du
pays de Galles.*

ÉDOUARD Ier **ET JACQUES
DE SAINT-GEORGES**
En 1278, Édouard I er fit venir de
Savoie un maître maçon qui
devint un grand architecte
militaire, Jacques de Saint-
Georges. Maître d'œuvre d'au
moins douze des châteaux
gallois d'Édouard I er, il reçut
libéralités et pensions qui
témoignent de l'estime que le roi
lui portait.

**Plan du château de
Caernarfon** *montrant
comment le site, sur un
promontoire entouré d'eau,
a déterminé la forme et le
système de défense .*

*Caernarfon (p. 430),
où naquit le malheureux
Édouard II (p. 315),
destiné à être la
résidence royale officielle
dans le nord du pays de
Galles, possède des
appartements
somptueux.*

*Castell Coch fut restauré en style
néo-gothique par Lord Bute et
William Burges (p. 458).
Beaucoup d'industriels victoriens
édifièrent des châteaux d'opérette.*

*Conwy (p. 433), comme tant
d'autres châteaux, fut bâti en
recourant au travail forcé sur
une grande échelle.*

LE NORD DU PAYS DE GALLES

ABERCONWY ET COLWYN · ANGLESEY · CAERNARFONSHIRE ET
MERIONETHSHIRE · DENBIGHSHIRE · FLINTSHIRE · WREXHAM

L*e paysage du nord du pays de Galles est aussi tourmenté que son histoire. Pendant la préhistoire, Anglesey était le fief des druides. Les Romains et les Normands se concentrèrent le long des côtes, laissant aux Gallois les montagnes, qui sont restées le bastion de leurs coutumes et de leur langue.*

Invasion et résistance sont les thèmes majeurs de l'histoire du pays. Le Nord a été le théâtre de luttes féroces entre princes de Galles et rois anglo-normands bien déterminés à faire régner la loi anglaise. Le chapelet de châteaux forts du nord du pays de Galles témoigne autant de la résistance galloise que de la puissance de l'envahisseur. Plusieurs forteresses imposantes, parmi lesquelles Beaumaris, Caernarfon et Harlech, cernent presque les hautes terres rudes de Snowdonia, région qui a gardé tout son caractère.

L'élevage est le fondement de l'économie rurale, mais les étendues boisées sont encore nombreuses. Le long de la côte, le tourisme est florissant. Llandudno, station balnéaire de l'époque victorienne, popularisa la côte sableuse du Nord au XIXe siècle.

La région attire encore de nombreux visiteurs, surtout sur l'étroite bande côtière entre Prestatyn et Llandudno, laissant l'île d'Anglesey et la péninsule de Llŷn relativement à l'écart de ce développement. Cette dernière est un bastion du gallois, tout comme des localités isolées dans les terres, telles Dolgellau et Bala.

Aucune partie du nord du pays de Galles ne peut être qualifiée d'industrielle, bien que l'industrie ardoisière autrefois prospère de Snowdonia ait laissé des cicatrices grises au milieu de belles montagnes. Au pied du Snowdon (point culminant du pays de Galles), les villages de Beddgelert, Betws-y-Coed et Llanberis sont particulièrement fréquentés, servant de points de départ aux randonneurs qui viennent admirer les panoramas spectaculaires et la frappante beauté de cette magnifique région reculée.

Le château de Caernarfon, l'une des grandes places fortes édifiées pour Édouard Ier

◁ La Dee à Llangollen, dans une région dont la beauté naturelle est préservée

À la découverte du nord du pays de Galles

L e point culminant du Nord (et du pays de Galles) est le Snowdon. Le parc national de Snowdonia s'étend vers le sud du massif du Snowdon jusqu'après Dolgellau, avec ses vallées boisées, lacs de montagne, landes et estuaires. À l'est, les Clwydian Hills sont plus douces. Anglesey et la belle péninsule de Llŷn ont une côte intacte.

Phare perché sur les falaises d'Anglesey

LÉGENDE

▬	Route principale
▬	Route secondaire
▬	Route pittoresque
●●	Chemin pittoresque
▬	Cours d'eau
☼	Point de vue

HOLYHEAD

ANGLESEY

BEAUMARIS

LLANDUD.

CONW

LLANBERIS ET LE SNOWDON

CAERNARFON ❶ ❿

SNOWDON NATIONAL P.

BEDDGELERT ⓫

BLAEN FFEST ❾

PWLLHELI

PORTHMADOG

❸ PORTMEIRIO

⓬ LLŶN PENINSULA

⓮ HARLECH

ABERSOCH

DOLGELLAU

ABERDYFI ⓰

Aberystw

Les monts et les landes du parc national de Snowdonia

CIRCULER

La principale route du nord-ouest de l'Angleterre est l'A55. Elle permet d'éviter plusieurs goulets d'étranglement, tels que Conwy. La région est également traversée par l'A5, de Shrewsbury à Holyhead, voie qui suit celle ouverte dans la montagne au XIXᵉ siècle par l'ingénieur Thomas Telford *(p. 433)*. Le chemin de fer longe la côte jusqu'à Holyhead, d'où partent les ferries vers Dublin et Dun Laoghaire. Des lignes pittoresques vont de Llandudno Junction à Blaenau Ffestiniog (par Betws-y-Coed) et le long de la partie sud de la péninsule de Llŷn.

LA RÉGION D'UN COUP D'ŒIL

Aberdyfi ⑯
Bala ⑦
Beaumaris ②
Beddgelert ⑪
Betws-y-Coed ⑧
Blaenau Ffestiniog ⑨
Caernarfon ①
Conwy p. 432-433 ③
Dolgellau ⑮
Harlech ⑭
Llanberis et le Snowdon ⑩
Llandudno ④
Llangollen ⑥
Péninsule de Llŷn ⑫
Portmeirion p. 440-441 ⑬
Ruthin ⑤

RHYL

COLWYN BAY

A55

A548

A55

A55

A55

A548

A544

DENBIGH

A543

A543

A525

Offa's Dyke Path

Cluyd

A494

A55

Chester

Liverpool

⑤ RUTHIN

A525

A483

WREXHAM

A494

A5

Dee

A525

⑥ LLANGOLLEN

Dee

A4212

A494

A5

⑦ BALA

0   10 km

A458 ← Shrewsbury

VOIR AUSSI
• *Hébergement* p. 564-565
• *Restaurants et pubs* p. 601-602

L'imposant château de Conwy édifié par Édouard Iᵉʳ au XIIIᵉ siècle

Le château de Caernarfon, dont Édouard Ier fit le symbole de son pouvoir nouvellement conquis sur le pays de Galles

Caernarfon ❶

Caernarfonshire and Merionethshire (Gwynedd). 🏛 10 000. 🚉
🛈 Castle St (01286 672232). 🚌 sam.
🌐 www.gwynedd.gov.uk

L'un des châteaux les plus célèbres du pays de Galles domine une ville active. Édouard Ier les fonda après la défaite du dernier prince de Galles, Llywelyn ap Gruffydd, ou Llywelyn le Dernier en 1283 *(p. 422)*. Le mur d'enceinte de la ville est bordé de rues commerçantes qui partent du centre médiéval et débouchent sur la place du marché.

L'INVESTITURE

En 1301, le futur Édouard II devint le premier prince de Galles anglais *(p. 422)*, titre qui se transmet depuis au fils aîné du souverain. En 1969, 500 millions de téléspectateurs suivirent l'investiture du prince Charles (ci-dessus) au château de Caernarfon.

Dominant la ville et le port, **Caernarfon Castle** *(p. 425)*, avec ses tours polygonales, était le siège du gouvernement du Nord (North Wales). Caernarfon fut un port actif au XIXe siècle, et à cette époque l'architecte Anthony Salvin restaura les ruines du château. Celui-ci abrite à présent le Royal Welsh Fusilier Museum et une galerie qui retrace l'histoire des princes de Galles.

Sur la colline qui domine la ville se trouvent les ruines de **Segontium**, camp romain datant de 78 apr. J.-C. Une légende affirme que Constantin, premier empereur chrétien, y serait né en 280.

♣ Caernarfon Castle
Y Maes. 📞 01286 677617.
🔲 t.l.j. ⬤ 24-26 déc., 1er janv. 🔲 ♿
📷 tél. pour information.

⋔ Segontium
Beddgelert Rd. 📞 01286 675625.
🔲 t.l.j. (dim. : après-midi).
⬤ 24, 26 déc., 1er janv. ♿ limité.
🌐 www.mmgw.ac.uk

Beaumaris ❷

Anglesey (Gwynedd). 🏛 2 000. 🚌
🛈 Llanfair PG, Station Site, Holyhead Rd, Anglesey (01248 713177).
🌐 www.anglesey.gov.uk

Un beau mélange d'architecture georgienne et victorienne donne à Beaumaris l'air d'une station de la côte sud de l'Angleterre. Les bâtiments témoignent encore de l'importance de ce qui fut le principal port d'Anglesey, avant que l'île ne soit reliée au continent par

des ponts routiers et ferroviaires, au-dessus du Menai Strait, au XIXe siècle. Dans ce site fut construit le dernier et peut-être le plus grand **château** d'Édouard Ier *(p. 424)*, pour contrôler cet accès maritime stratégique.

L'auberge **Ye Olde Bull's Head**, Castle Street, date de 1617. Samuel Johnson (1709-1784) et Charles Dickens *(p. 177)* en furent des habitués.

Le tribunal **(Courthouse)** édifié en 1614 est toujours utilisé, et la prison **(Gaol)** restaurée de 1829 a conservé sa salle de torture insonorisée et une énorme machine disciplinaire. Deux pendaisons publiques y eurent lieu. Richard Rowlands, le dernier condamné, clama son innocence jusqu'à la fin et, sur le chemin de la potence, lança une malédiction au clocher de l'église : jamais plus les quatre faces de l'horloge ne devaient indiquer la même heure. Et il en fut ainsi jusqu'à une révision complète de l'horloge en 1980.

Le **Museum of Childhood** conserve une collection de jeux et jouets datant des XIXe et XXe siècles.

♣ Beaumaris Castle
Castle St. 📞 01248 810361. 🔲 t.l.j.
⬤ du 24 au 26 déc., 1er janv. ♿ ♿

⚖ Courthouse
High St. 📞 01248 810921.
🔲 d'avr. à sept. : t.l.j. ♿ ♿

⚖ Gaol
Bunkers Hill. 📞 01248 810921.
🔲 d'avr. à sept. : t.l.j. ♿ ♿ limité.

⛪ Museum of Childhood
Castle St. 📞 01248 712498.
🔲 2 sem. avant Pâques-nov. : t.l.j.
(dim. : après-midi) 📷 ♿

ALICE AU PAYS DES MERVEILLES

L'hôtel Gogarth Abbey de Llandudno était la maison de vacances des Liddell. Charles Dodgson (1832-1898), ami de la famille, racontait à la petite Alice l'histoire du lapin blanc et du chapelier fou. Sous le nom de Lewis Carroll, Dodgson écrivit *Alice au Pays des Merveilles* (1865) et *De l'autre côté du miroir* (1871).

Illustration d'Arthur Rackham (1907) pour *Alice au Pays des Merveilles*

🏛 **The Alice in Wonderland Centre**
Trinity Sq. 📞 *01492 860082.*
⬜ *de Pâques à oct. : t.l.j. ; de nov. à Pâques : du lun. au sam.*
⬤ *25 et 26 déc., 1ᵉʳ janv.*
🚻 🏷 🚻
🔨 **Great Orme Copper Mines**
Près de l'A55. 📞 *01492 870447.* ⬜
de fév. à oct. : t.l.j. 🚻 🏷 🚻 *limité.* ⬛

Ruthin ❺

Denbighshire (Clwyd). 🏘 *5 000.* 🚌 ℹ
Craft Centre, Park Rd (01824 703992).
📅 *1ᵉʳ mar. de chaque mois ; jeu. (couvert).* 🌐 *www.borderlands.co.uk*

L es maisons médiévales à colombage de Ruthin reflètent la longue prospérité de cette ville de marché. En témoignent sur St Peter's Square les banques National Westminster et Barclays. La première fut un ancien palais de justice et une prison du XVᵉ siècle, la seconde fut la maison de Thomas Exmewe, lord-maire de Londres en 1517-1518. Le roi Arthur *(p. 273)* aurait, dit-on, décapité Huail, son rival en amour, sur la **Maen Huail** (« pierre de Huail »), devant la Barclays.

L'aile nord de **St Peter's Church**, sur St Peter's Square, fondée en 1310, est ornée d'un plafond Tudor comportant 500 panneaux sculptés. À côté du Castle Hotel s'élève le **Myddleton Arms**, pub du XVIIᵉ siècle. Sur sa toiture, 7 chiens-assis au style hollandais inhabituel portent le nom d'« yeux de Ruthin ».

Conwy ❸

Voir p. 432-433.

Llandudno ❹

Gwynedd. 🏘 *19 000.* 🚉 🚌
ℹ *1-2 Chapel St (01492 876413).*
🌐 *www.llandudnotourism.co.uk*

La baie en demi-lune de Llandudno

L landudno a gardé l'esprit des lieux de villégiature du XIXᵉ siècle, alors que le chemin de fer permettait au plus grand nombre de se rendre sur la côte. Sa **jetée** de 700 m et ses promenades couvertes rappellent la grande époque. Llandudno doit son atmosphère chaleureuse à la fierté qu'elle a de ses racines victoriennes, alors que bien des villes balnéaires leur ont préféré les néons du XXᵉ siècle. La ville entretient le souvenir du passage de Lewis Carroll, comme on peut le voir en visitant **The Alice in Wonderland Centre**, grotte décorée de scènes grandeur nature extraites de ses livres.

Afin de tirer le meilleur parti de sa vaste plage, Llandudno fut bâtie entre les deux caps qui bornent celle-ci, Great Orme's Head et Little Orme's Head.

Great Orme's Head, parc régional et réserve naturelle, s'élève à 207 m. Son histoire remonte à l'âge du bronze, où l'on exploitait des **mines de cuivre** que l'on peut toujours visiter. L'**église** du cap fut d'abord construite en bois par saint Tudno, rebâtie en pierre au XIIIᵉ siècle, puis restaurée en 1855. On y célèbre toujours un office. Au sommet, un centre d'information retrace l'histoire et la vie sauvage de Great Orme's Head.

Il est possible d'atteindre sans effort le sommet en empruntant soit le **Great Orme Tramway**, l'un des trois seuls tramways urbains à câble du monde (avec ceux de San Francisco et de Lisbonne), soit le **Llandudno Cable Car**. L'un et l'autre ne fonctionnent que l'été.

Les « yeux de Ruthin », élément inhabituel dans l'architecture galloise

Conwy pas à pas ❷

Cette ville, l'une des plus mésestimées de Grande-Bretagne, ne fut connue jusque vers 1990 que comme goulet d'étranglement routier. Grâce à une déviation, on peut désormais en apprécier l'architecture, sans équivalent au pays de Galles. L'austère château construit par Édouard Ier *(p. 422)* la domine. Conwy se distingue des autres villes médiévales par le bon état de son mur d'enceinte. Renforcé de 21 tours et de 3 portails, il fait presque le tour complet de la ville.

Smallest House
Ce cottage de pêcheur sur le quai, haut de 3 m, passe pour la plus petite maison de Grande-Bretagne.

Plas Mawr, la « Grande Maison », fut construite pour un aristocrate, Robert Wynne, en 1576.

St Mary's Church
Cette église médiévale, dans un parc tranquille, est construite sur le site d'une abbaye cistercienne du XIIe siècle.

Bangor

BERRY STREET

CHAPEL STREET

HIGH STREET

CHURCH STREET

LANCASTER SQUARE

UPPER GATE STREET

ROSEMARY LANE

Upper Gate

Statue de Llywelyn
Llywelyn le Grand (p. 422) fut sans doute le plus grand roi du pays de Galles au Moyen Âge.

Aberconwy House
Cette maison restaurée du XIVe siècle fut celle d'un riche marchand.

THOMAS TELFORD

La Grande-Bretagne doit à cet ingénieur écossais (1757-1834) bien des routes, des ponts et des canaux. Au pays de Galles, le Menai Bridge *(p. 430)*, l'aqueduc de Pontcysyllte *(p. 436)* et le pont de Conwy sont ses chefs-d'œuvre. Le gracieux pont de Conwy a des qualités esthétiques et pratiques. Achevé en 1826 au-dessus de l'estuaire de Conwy, il fut dessiné pour être en harmonie avec le château. Avant la construction du pont, seul un bac permettait de traverser l'estuaire.

MODE D'EMPLOI

Aberconwy and Colwyn (Gwynedd).
🚶 8 000. 🚆 Conwy. 🛈 01492 592248. 🎭 Conwy Festival : juil.
Aberconwy House. ☎ 01492 592246. ○ du mer. au lun.
Conwy Castle. ● de nov. à mars.
☎ 01492 592358. ○ t.l.j. ● 25, 26 déc., 1ᵉʳ janv. ☒ 🅿 **Smallest House.** ○ d'avr. à oct. : t.l.j. ☒

★ Les remparts

Remarquablement conservés depuis le Moyen Âge, ils sont longs de 1 280 m et hauts de plus de 9 m.

CASTLE STREET

CASTLE SQUARE

STREET

🅿

Chester

NEW BRIDGE

Pont de Telford

Pont ferroviaire

0   50 m

Entrée du château

LÉGENDE

– – – Itinéraire conseillé

À NE PAS MANQUER

★ **Les remparts**

★ **Le château de Conwy**

★ Château de Conwy

Cette aquarelle représentant Conwy Castle (vers 1770) est de Paul Sandby, de Nottingham.

L'aqueduc de Pontcysyllte (1795-1805) porte le canal de Llangollen

Llangollen ❻

Denbighshire. 🏛 5 000. 🚉 🛈
Town Hall, Castle St (01978 860828).
📧 mar. 🌐 www.llangollen.org.uk

Cette jolie ville sur la Dee, que franchit un pont du XIVᵉ siècle, est surtout fameuse par son festival *(Eisteddfod)* annuel. La ville s'est fait connaître au XVIIIᵉ siècle lorsque deux Irlandaises excentriques, Lady Eleanor Butler et Sarah Ponsonby, les « dames de Llangollen », s'installèrent à **Plas Newydd**. Leur costume étrange et leur passion pour la littérature attirèrent des personnalités comme le duc de Wellington *(p. 150)* et William Wordsworth *(p. 354)*. Les ruines du **Castell Dinas Brân** (XIIIᵉ s.) se dressent au sommet d'une colline qui domine la ville.

Aux environs
L'été, des bateaux partent de Wharf Hill sur le **Llangollen Canal** et franchissent les 300 m du spectaculaire aqueduc de Pontcysyllte, œuvre de Thomas Telford *(p. 433)*.

🏯 Plas Newydd
Hill St. 📞 01978 861314. ◯ de Pâques à oct. : t.l.j. 📷 ♿ limité.

Bala ❼

Gwynedd. 🏛 2 000. 🚌 depuis Llangollen. 🛈 Penllyn Pensarn Rd (01678 521021).

Le Bala Lake, le plus grand lac naturel du pays de Galles, s'étend entre les monts Aran et Arenig, à la lisière du parc national de Snowdonia.

Il permet les sports nautiques et abrite un poisson que l'on ne trouve nulle part ailleurs, le *gwyniad*, cousin du saumon.

La petite ville gallophone en pierre grise s'étire le long d'une seule rue à l'extrémité est du lac. Là vécut Thomas Charles (1755-1814), qui dirigea une église méthodiste. Une plaque sur son ancienne maison rappelle qu'une certaine Mary Jones fit, en 1800, 40 km pieds nus depuis Abergynolwyn pour acheter une bible, ce qui incita Charles à fonder la Bible Society, pour fournir des bibles à bon marché.

Le **Bala Lake Railway** à voie étroite suit la rive depuis Llanuwchllyn, à 6 km au sud-ouest.

Betws-y-Coed ❽

Conwy. 🏛 600. 🚉 🛈 Royal Oak Stables (01690 710426).

Ce village proche des pics de Snowdonia attire les grimpeurs depuis le XIXᵉ siècle. Aux **Swallow**

LES CULTURES DU MONDE À LLANGOLLEN

La première quinzaine de juillet, le Llangollen International Eisteddfod *(p. 63)* attire musiciens, chanteurs et danseurs du monde entier. Inauguré après la guerre, en 1947, en signe d'unité, il rassemble pendant six jours près de 12 000 participants venus de 50 pays.

Choristes à l'Eisteddfod, festival populaire gallois

Falls, à l'ouest, la Llugwy s'engouffre dans une gorge boisée. La curieuse **Tŷ Hyll** (« Maison laide ») est une *tŷ unnos* (« maison d'une nuit »). Ces maisons édifiées en une nuit sur un terrain commun échappaient à l'impôt foncier ; la distance à laquelle retombait une hache lancée depuis le seuil déterminait l'étendue du terrain que l'on pouvait enclore.

À l'est se trouve le **Waterloo Bridge** de Thomas Telford, bâti l'année de la victoire sur Napoléon Iᵉʳ.

🏯 Tŷ Hyll
Capel Curig. 📞 01690 720287.
◯ de Pâques à oct. : t.l.j. d'oct. à mars : du lun. au ven. 📷 ♿ limité.

Waterloo Bridge, construit en 1815 après la célèbre bataille

◁ **Beddgelert, pittoresque village du parc national de Snowdonia**

La région de Snowdonia vue du col de Llanberis, trajet le plus fréquent pour le mont Snowdon

Blaenau Ffestiniog ❾

Gwynedd. 🏠 *5 500.* 🚉
ℹ️ *Betws-y-Coed (01690 710426).*
🗓️ *mar. (de juin à sept.).*

Cette ancienne capitale de l'ardoise est située au cœur de montagnes creusées de carrières. Les **Llechwedd Slate Caverns**, au-dessus de Blaenau, se visitent depuis environ 1970, redonnant un second souffle à une ville en déclin. Le tramway électrique des mineurs conduit les passagers dans les grottes d'origine.

Le Deep Mine Tour permet de descendre, par la ligne de voyageurs la plus raide de Grande-Bretagne, jusqu'aux chambres souterraines, tandis que des effets sonores donnent l'impression que la carrière est toujours en activité.

À la surface ont lieu des démonstrations de taille d'ardoise. Une série de cottages a été reconstituée, chacun illustrant la vie des ouvriers de 1880 à 1945. Le **Ffestiniog Railway** *(p. 438-439)* à voie étroite va de Blaenau à Porthmadog.

🏛 Llechwedd Slate Caverns
Près de l'A 470.
📞 *01766 830306.* 🕐 *t.l.j.*
⬤ *25 et 26 déc., 1ᵉʳ janv.*
🚻 ♿ *sauf Deep Mine.* 🛒

Llanberis et le Snowdon ❿

Gwynedd. 🏠 *2 100.*
ℹ️ *High St, Llanberis (01286 870765).*
🌐 *www.gwynedd.gov.uk*

Le Snowdon, point culminant du pays de Galles (1 085 m), est le site majeur du parc national de Snowdonia, comprenant de vastes étendues de montagnes, de landes et de plages. Le **Llanberis Track** (8 km), chemin le plus facile pour accéder au sommet du Snowdon, part de Llanberis. Du Llanberis Pass partent aussi le Miners' Track (qu'empruntaient les mineurs de cuivre) et le Pyg Track. Prenez garde aux changements de temps ; ils sont parfois soudains. Le **Snowdon Mountain Railway,** chemin de fer à voie étroite, ouvert en 1896, est encore le moyen de transport le plus simple.

Llanberis était au XIXᵉ siècle une ville ardoisière, avec ses terrasses grises à flanc de colline. À voir aussi, les ruines de **Dolbadarn Castle** (XIIᵉ s.), sur une hauteur entre les lacs de Padarn et de Peris. Le **Power of Wales Museum** organise des visites de la plus grande station hydro-électrique à pompage d'Europe.

♙ Dolbadarn Castle
Près de l'A4086 à proximité de Llanberis. 📞 *01286 870765.*
🕐 *t.l.j.*
ℹ️ Electric Mountain
Llanberis. 📞 *01286 870636.*
🕐 *de fév. à mars : du jeu. au dim. ;
de Pâques au 20 déc. : t.l.j.*
⬤ *du 21 déc. à fin janv.*
🚻 📷 ♿ 🛒 🛒 *sur rendez-vous.*

LA CAPITALE DE L'ARDOISE

Au XIXᵉ siècle, l'ardoise galloise couvrit les toitures des villes en expansion. En 1898, cette industrie employait 17 000 personnes, dont le quart à Blaenau Ffestiniog. Mais la concurrence étrangère et les nouveaux matériaux la détrônèrent. Des carrières comme Gloddfa Ganol et Llechwedd, à Blaenau Ffestiniog, vivent désormais grâce au tourisme.

L'art en déclin de la taille de l'ardoise

Beddgelert, au milieu des monts de Snowdonia

Beddgelert ⓫

Caernarfonshire and Merionethshire
(Gwynedd). 🚂 500. 🚌 *High St,
Porthmadog (01766 512981).*

Ce village jouit d'une belle
situation dans un des
paysages les plus
spectaculaires de Snowdonia,
au confluent de la Glaslyn et
de la Cilwyn, à proximité de
deux cols : le magnifique Nant
Gwynant Pass, qui mène à la
partie la plus élevée de
Snowdonia, et l'Aberglaslyn

Pass, gorge boisée qui joue le
rôle de porte de la mer.
   Au XIXᵉ siècle, Dafydd
Pritchard, propriétaire du
Royal Goat Hotel, transposa
une vieille légende galloise à
Beddgelert : Llywelyn le Grand
(*p. 422*) aurait confié la garde
de son fils à son chien Gelert.
À son retour de la chasse, il
trouva le berceau renversé et
Gelert couvert de sang.
Persuadé que le chien avait tué
son enfant, il l'abattit, avant de
découvrir son fils sain et sauf
sous le berceau, près de la

carcasse d'un loup que Gelert
avait tué pour le protéger. Afin
d'accréditer cette histoire,
Pritchard éleva la **tombe de
Gelert** (*bedd Gelert* en gallois),
monticule de pierres au bord
de la Glaslyn, un peu au sud
du village.

Aux environs
Les promenades agréables sont
nombreuses dans la région :
l'une mène à l'Aberglaslyn
Pass et le long de la partie
désaffectée de la voie de
chemin de fer du Welsh
Highland Railway. À la **mine
de cuivre de Sygun**, à 1,5 km
au nord-est de Beddgelert, des
visites guidées, dans les
galeries illuminées à flanc de
montagne, recréent la vie des
mineurs au XIXᵉ siècle.

🏚 **Sygun Copper Mine**
A498. 📞 *01766 890595.* 🕐 *de
mars à nov. : t.l.j. ; de déc. à fév. :
sam., dim.* ● *24 et 25 déc.*
📷 ♿ *limité.* 🚻

Le Ffestiniog Railway

**Plaque de
locomotive**

Le train à voie étroite de
Ffestiniog emprunte une
pittoresque ligne de 22 km de
Porthmadog Harbour aux
montagnes et à la ville
ardoisière de Blaenau Ffestiniog
(*p. 437*). Conçu pour transporter
l'ardoise des carrières jusqu'aux
quais, il remplaçait alors un
tramway à cheval qui datait de
1836. Après sa fermeture en 1946, il fut
entretenu par des bénévoles et rouvrit par
tronçons à partir de 1955.

*La traction à vapeur apparut en 1863 sur
la ligne de Ffestiniog. S'il existe quelques
locomotives diesel, la plupart des trains
utilisent encore la vapeur.*

Péninsule de Llŷn ⓬

Caernarfonshire and Merionethshire (Gwynedd). 🚃 🚌 *Pwllheli.* ⛴️ *depuis Pwllheli et Aberdaron jusqu'à Bardsey Island.* ℹ️ *Min-y-don, Station Sq, Pwllheli (01758 613000).*

Cette langue de terre de 38 km de long s'avance dans la mer d'Irlande au sud-ouest de Snowdonia. Malgré quelques plages fréquentées, notamment à Pwllheli, Criccieth, Abersoch et Nefyn, l'ensemble de la côte est très préservé. C'est à l'extrême ouest et le long de la côte nord, bordée de montagnes, que les panoramas sont les plus captivants.

Braich-y-Pwll, cap battu par le vent à l'ouest d'Aberdaron, regarde vers Bardsey Island, l'« île aux 20 000 saints », lieu de pèlerinage depuis le VIe siècle,

époque où un monastère fut fondé. Des saints sont enterrés, dit-on, dans le cimetière de **St Mary's Abbey**, du XIIIe siècle, en ruine. **Porth Oer**, petite baie voisine, est appelée aussi « Whistling Sands » (le sable est censé « siffler » sous les pieds).

À 6,5 km à l'est d'Aberdaron s'étend la baie de **Porth Neigwl**, la « Porte de l'enfer », où la traîtrise des courants causa de nombreux naufrages. À l'abri au-dessus de la baie de Porth Neigwl, à 1,5 km au nord-

est d'Aberdaron, **Plas-yn-Rhiw** est un petit manoir médiéval remanié aux époques Tudor et georgienne.

Llithfaen, village minier « fantôme », niché au pied des falaises abruptes, est maintenant un centre d'étude de la langue galloise.

🏠 Plas-yn-Rhiw

(NT) B4413. 📞 *01758 780219.* ⭕ *d'avr. à mi-mai : du jeu. au lun. ; de mi-mai à sept. : du mer. au lun.* ♿ 🅿️ *limité.*

Llithfaen, village devenu un centre d'étude linguistique

Tan-y-Bwlch fait partie du parc national du même nom, au cœur de Snowdonia. Des sentiers mènent aux lacs et aux forêts du parc.

Moelwyn Tunnel

Campbell's Platform

Dduallt

Tan-y-Bwlch 🅿️

Plas Halt

A496

A487 — DOLGELLAU, BALA

Tan-y-Grisiau, arrêt qui permet de visiter ne centrale électrique, se trouve près d'une hute d'eau et d'un lac.

BETWYS-Y-COED

A470 🅿️

Blaenau Ffestiniog ℹ️

Tan-y-Grisiau

A496

MODE D'EMPLOI

📞 *01766 512340.*
📠 *01766 514144.*
🚃 *Porthmadog.*
⭕ *de mars à nov. : t.l.j.*
⚫ *25 déc.* ♿ 🅿️ 🚻

LÉGENDE

▬▬ Ffestiniog Railway

⭕ Gare

— British Rail

═══ Route principale

Portmeirion ⓭

Caernarfonshire and Merionethshire
(Gwynedd). 📞 01766 770228. �)
Minffordd. ◯ t.l.j. ⬤ 25 déc. 🅿 ♿
limité. ◻ 🚻

Cet étrange village au petit
air italien, situé sur une
presqu'île privée de la baie de
Cardigan, est l'œuvre de Sir
Clough Williams-Ellis (1883-
1978). Cet architecte gallois
accomplissait un rêve d'enfant,
en construisant un village « à
(s)a façon et sur le site de (s)on
choix ». Une cinquantaine
de bâtiments de style
oriental aussi bien
que gothique
entourent une
place centrale.
Un hôtel luxueux
ou l'un des
charmants
cottages
accueillent les
visiteurs.
Portmeirion a
servi de décor à
des films et à la
série télévisée
des années 1960
Le Prisonnier.

**Sir Clough
Williams-Ellis à
Portmeirion**

*La statue d'Hercule, grandeur
nature, est proche de l'hôtel de ville.
Là, ses aventures sont représentées
sur un plafond du XVIIe siècle,
récupéré dans une maison
destinée à la démolition.*

Fountain Cottage est
l'endroit où le
dramaturge Noel Coward
(1899-1973) écrivit
Blithe Spirit

Piscine

Les **Amis
Réunis** est
la réplique
en pierre
d'un bateau
qui a sombré
dans la baie.

Le Portmeirion Hotel
*contient de nombreux décors
exotiques. Le mobilier du Jaipur
Bar vient du Râjasthân.*

Harlech ⓮

Caernarfonshire and Merionethshire
(Gwynedd). 🚶 1 300. 🚈 🚌 🛈 *High St*
(01766 780658). 🚩 dim. (en été).

Le **château** médiéval
(*p. 424*) construit par
Édouard Ier de 1283 à 1289
domine cette jolie ville aux
belles plages. Perché sur un
escarpement, il commande
une belle vue sur Tremadog
Bay et la péninsule de Llŷn à

l'ouest, et le Snowdonia au
nord. À l'origine, la mer
atteignait un escalier fortifié
taillé dans la falaise, qui
permettait l'approvisionnement
par bateau. Un corps de garde
flanqué de tours protège la
cour, ceinte de murs et de
quatre tours rondes. En dépit
de ses défenses, le château
tomba en 1404 aux mains
d'Owain Glyndŵr (*p. 422*)
dont il abrita la cour, mais fut
repris par les Anglais quatre

ans plus tard. La chanson *Men
of Harlech* s'inspire, dit-on, de
la résistance héroïque de
Harlech Castle à huit ans de
siège pendant la guerre des
Deux-Roses (*p. 49*).

♣ Harlech Castle
Castle Sq. 📞 01766 780552. ◯ t.l.j.
⬤ du 24 au 26 déc., 1er janv. 🅿 🚻

Dolgellau ⓯

Caernarfonshire and Merionethshire
(Gwynedd). 🚶 2 650. 🛈 *Eldon Sq*
(01341 422888). 🚩 ven. (alimentation).

Une impression de solidité
se dégage de cette ville
construite en pierre sombre du
pays, où la langue et les
coutumes galloises sont
vivaces. Selon la légende,
quiconque passe une nuit au
sommet du Cader Idris
(892 m), qui la domine, se
réveille poète ou fou, ou ne se
réveille pas. Dolgellau connut
la fièvre de l'or au XIXe siècle,
quand on découvrit du
minerai de bonne qualité dans
la Mawddach Valley voisine.

Le site stratégique du château de Harlech domine la montagne et la mer

L'arc de triomphe est l'entrée principale du village.

Place centrale

Pavillon de gardien

Campanile

Royal Dolphin Cottage

Bristol Colonnade

Plate-forme d'observation

Le Ship Shop vend la fameuse poterie fleurie de Portmeirion.

Le Panthéon fut édifié en 1958. Faute de fonds, le dôme ne put être réalisé en cuivre ; on utilisa du bois que l'on peignit en vert. La partie supérieure d'une cheminée, œuvre de Norman Shaw (p. 25), servit à la construction de sa curieuse façade.

Les bâtiments de pierre grise de Dolgellau paraissent petits au milieu des montagnes

Mais l'or n'était pas en quantité suffisante pour qu'une activité minière intensive se maintienne durablement. Cependant jusqu'en 1999, une mine était encore en activité et la production d'or était transformée localement en bijoux.

Dolgellau est le point de départ de randonnées au cœur d'un paysage de vallées et de montagnes romantiques. Les **lacs de Cregennen** dominent l'**estuaire de la Mawddach**,

boisé, au nord-ouest ; les **landes de Rhinog**, au nord, se dessine l'un des derniers paysages gallois vraiment sauvages.

Aberdyfi ⑯

Caernarfonshire and Merionethshire (Gwynedd). 🏠 *900.* 🚂 🚌 *Wharf Gardens (01654 767321).*

Ce petit port de plaisance, à l'embouchure de l'estuaire de la Dyfi, tire bien

parti d'un site splendide mais exigu : chaque mètre carré de la bande de terre entre mer et montagne est occupé par des habitations. Au XIXᵉ siècle, on exportait l'ardoise du pays, et de 1830 à 1860 une centaine de navires furent construits à Aberdyfi. *Les cloches d'Aberdovey*, air de l'opéra *Liberty Hall* (1785) de Charles Didbin, raconte la légende de Cantref-y-Gwaelod, localité que l'on situait dans la région et que des digues protégeaient de la mer. Une nuit de tempête, le prince Seithenyn, ivre, laissa les vannes ouvertes et les eaux engloutirent le pays. On entend encore, dit-on, les cloches de l'église sonner sous les eaux.

Maison georgienne au bord de la mer à Aberdyfi

LE SUD ET LE CENTRE DU PAYS DE GALLES

CARDIFF, SWANSEA ET LEURS ENVIRONS · CARDIGANSHIRE
CARMARTHENSHIRE · MONMOUTHSHIRE · POWYS · PEMBROKESHIRE

L e sud et le centre du pays de Galles présentent moins d'unité que le Nord. La majeure partie de la population vit dans le sud-est. À l'ouest se trouve le Pembrokeshire, la plus belle partie de la côte. Au nord, les vallées industrielles laissent place aux collines sauvages des Brecon Beacons et au cœur rural du Centre.

L'implantation humaine sur le littoral du sud du pays de Galles remonte à la préhistoire, comme en témoignent les sites préhistoriques du Vale of Glamorgan et du Pembrokeshire. Les Romains établirent un camp important à Caerleon et les Normands construisirent un chapelet de châteaux entre Chepstow et Pembroke. Aux XVIIIᵉ et XIXᵉ siècles, mines de charbon et hauts fourneaux apparurent dans les vallées du sud, attirant des immigrants venus de toute l'Europe. De petites localités se sont développées en se vouant entièrement au commerce du charbon et Cardiff, paisible ville côtière, devint le premier port exportateur de charbon du monde.

Avec le déclin de ce combustible, les terrils se sont couverts de végétation et les villes des vallées cherchent de nouvelles ressources. Des mines comme le Big Pit de Blaenafon sont devenues des sites touristiques, dont la visite guidée est assurée par d'anciens mineurs donnant un aperçu de leurs conditions de vie avant la fermeture des puits.

Le pays de Galles rural commence à la frontière sud du parc national des Brecon Beacons. Dans cette région de petites villes, d'élevage de moutons, d'exploitation forestière et de lacs artificiels, la population est la moins dense de toute la Grande-Bretagne.

Plus on s'éloigne de l'Angleterre, plus la langue et les coutumes galloises sont vivaces, à l'exception d'une enclave anglaise dans le sud du Pembrokeshire.

Anciens mineurs devenus guides pour les visiteurs au Big Pit de Blaenafon

◁ **Le magnifique paysage côtier près de St David's, dans le Pembrokeshire**

À la découverte du sud et du centre du pays de Galles

L e littoral du parc national du Pembrokeshire et les falaises de la péninsule de Gower sont magnifiques, cependant que les baies de Cardigan et de Carmarthen abritent de belles plages. Les marcheurs apprécient la végétation rase des Brecon Beacons et le paysage doux et verdoyant de la vallée de la Wye. Les villes se concentrent dans le sud-est, et les anciens foyers miniers implantés dans les vallées au nord de Cardiff, la capitale.

Falaises du parc national du Pembrokeshire

CIRCULER

L'autoroute M4 est la principale voie reliant le sud de l'Angleterre au pays de Galles, et de bonnes routes longent la côte à partir de Swansea. L'A483 et l'A488 relient les Midlands au centre du pays de Galles. Des trains fréquents assurent la liaison entre Londres, Cardiff, Swansea et Fishguard, port de ferries.

LA RÉGION D'UN COUP D'ŒIL

VOIR AUSSI

• *Hébergement* p. 565-568

• *Restaurants et pubs* p. 602-604

Paysage vallonné près de Knighton, à la frontière entre pays de Galles et Angleterre

LÉGENDE

	Autoroute
	Route principale
	Route secondaire
	Route pittoresque
	Chemin pittoresque
	Cours d'eau
☀	Point de vue

Détail de la tour de l'horloge du château de Cardiff, un des embellissements du XIXe siècle

Les terrasses à l'italienne et les jardins à la française du château de Powis lui donnent un air méditerranéen

Powis Castle ❶

(NT) Welshpool, Powys. ☎ *01938 554336*. ⌁ *Welshpool, puis bus.* ☐ *d'avr. à juin et de sept. à oct. : mer. au dim. ; juil.-août : mar à dim. et jours fériés.* 🅿️ ♿ *limité.* 📷

Bien que le nom du château dérive de celui des princes de Powys, il ne lui reste rien de ses origines militaires. Malgré ses faux créneaux et son site élevé, à 1,6 km au sud-ouest de Welshpool, ce magnifique édifice de pierre rouge sert de résidence d'agrément depuis des siècles. Au XIIIᵉ siècle, ce fut une place forte construite par les princes de Powys pour contrôler la frontière avec l'Angleterre.

Édifiée en 1283 par Owain de la Pole, la porte, flanquée de deux tours rondes percées de meurtrières et des fentes d'une herse, est l'un des rares vestiges médiévaux.

L'intérieur chargé n'a plus rien de guerrier. La **salle à manger** est ornée de belles boiseries du XVIIᵉ siècle et de portraits de famille. Le **grand escalier**, ajouté à la fin du XVIIᵉ siècle et abondamment sculpté de fruits et de fleurs, mène aux grands appartements : une bibliothèque du début du XIXᵉ siècle, un **salon à boiseries de chêne** et la **grande galerie** élisabéthaine, dont les stucs ornés de la cheminée et du plafond datent de 1590 environ. Dans le **salon bleu**, trois tapisseries de Bruxelles du XVIIIᵉ siècle.

La famille Herbert acheta le château en 1587 et, fière de ses convictions jacobites, fit graver le monogramme royal dans la **chambre d'honneur**.

Le grand escalier richement sculpté du XVIIᵉ siècle

Le château défendit Charles Iᵉʳ pendant la guerre civile (*p. 52-53*), mais tomba aux mains du Parlement en 1644. Le 3ᵉ baron Powis, fidèle à Jacques II, dut quitter le pays quand la reine Marie et Guillaume d'Orange montèrent sur le trône en 1688 (*p. 52-53*).

Le **Clive Museum** comprend une section consacrée à « Clive of India » (1725-1774), général et homme d'État qui assura l'emprise britannique sur l'Inde au milieu du XVIIIᵉ siècle. Le lien de cette famille avec le château remonte au 2ᵉ lord Clive, qui épousa une Herbert et devint comte de Powis en 1804.

Les jardins, parmi les plus connus de Grande-Bretagne, ont des terrasses à l'italienne ornées de statues, de niches, de balustres et de jardins suspendus le long de la pente abrupte au pied du château. Réalisés entre 1688 et 1722, ce sont les seuls jardins à la française de cette période en Grande-Bretagne qui aient gardé leur forme d'origine (*p. 22-23*).

Knighton ❷

Powys. 🏠 *2 800*. 🚂 🚌 **ℹ** *West St (01547 528753).* 🛒 *jeu.*

S on nom gallois, Tref y Clawdd (« la Ville sur la levée »), rappelle qu'elle fut la première localité de l'**Offa's Dyke**. Au VIIIᵉ siècle, Offa, roi de Mercie (centre et sud de l'Angleterre), fit construire un fossé et une levée à la frontière de son territoire pour appliquer la loi saxonne qui disait : « Nul Gallois ne devra pénétrer en territoire anglais sinon accompagné d'un homme de l'autre côté qui le recevra à la levée et le ramènera sans qu'il ait commis aucun tort. » Certains des tronçons les mieux conservés de cet ouvrage de terre de 6 m de haut sont situés dans les collines proches de Knighton. L'Offa's Dyke Footpath longe la frontière entre Angleterre et pays de Galles sur 285 km.

L'horloge de Knighton

Knighton est construite à flanc de colline. Au pied, **St Edward's Church** (1877), avec sa tour médiévale ; au sommet, le site d'un château disparu. La grand-rue traverse la place du marché, où s'élève une tour d'horloge du XIXᵉ siècle, puis longe **The Narrows**, une rue Tudor bordée de petites boutiques. **The Old House**, dans Broad Street, est une maison médiévale d'un style particulier ; son toit repose sur deux poutres courbes, et un trou dans le plafond sert de cheminée.

Hay-on-Wye ❸

Powys. 🏠 *1 300*. **ℹ** *Oxford Rd (01497 820144).* 🛒 *jeu.*

L es amateurs de livres du monde entier visitent cette petite ville frontalière des Black Mountains dont les 25 bouquinistes ont des millions de titres en réserve. Elle accueille au début de l'été

un prestigieux festival de littérature. Cette passion pour les livres naquit vers 1960, quand Richard Booth, roi autoproclamé de l'*Independent Hay* et hôte de **Hay Castle** (demeure du XVIIᵉ siècle bâtie dans le parc de l'ancien château du XIIIᵉ siècle), ouvrit une librairie. La plus vieille auberge de Hay, les **Three Tuns** du XVIᵉ siècle, dans Bridge Street, à la belle façade à colombage, est toujours un pub.

Aux environs

Hay s'étend sur les contreforts des Black Mountains, au milieu de jolies collines arrondies. Au sud s'élèvent le Hay Bluff et le Vale of Ewyas, où les ruines du **prieuré de Llanthony** (XIIᵉ s., *p. 455*) témoignent encore de la beauté de l'ouvrage.

⛪ **Hay Castle**
Castle Sq. **📞** *01497 820503.* ⭕ *t.l.j.* 🔴 *25 déc.* 📷 *jardins seulement.*

Llandrindod Wells ❹

Powys. 🏠 *5 000*. 🚂 🚌 **ℹ** *Memorial Gardens (01597 822600).* 🛒 *ven.*

V ille d'eau dès l'origine, elle fut au XIXᵉ siècle le premier lieu de villégiature dans les terres du pays de Galles. Ses eaux riches en soufre et en magnésium traitaient maladies de peau, calculs rénaux et bien d'autres maux. Cette ville victorienne type aux rues

Une librairie de Hay-on-Wye

bordées d'auvents, ornements de fer ouvragé, villas à pignon et parcs ornementaux, tente de conserver ce caractère. On canote encore sur le lac et les **Rock Park Gardens** sont des jardins très bien entretenus. La **Pump Room** (où l'on sert le thé) du XIXᵉ siècle, au **Spa Centre**, est l'été le cadre du Victorian Festival ; les habitants revêtent pour l'occasion des costumes d'époque et les voitures sont bannies du centre-ville.

Le **Radnorshire Museum** évoque l'histoire de la cité ainsi que celle d'autres villes d'eau comme Builth (aujourd'hui bourg agricole), Llangammarch (redevenue simple hameau) et **Llanwrtyd** (d'où partent des promenades à poney).

♨ **Spa Centre**
Rock Park. **📞** *01597 822997.* ⭕ *du lun. au ven.* 🔴 *du 20 déc. au 2 janv.* ♿ **ℹ**
🏛 **Radnorshire Museum**
Memorial Gardens. **📞** *01597 824513.* ⭕ *du mar. au sam. et jours fériés.* 🔴 *semaine de Noël.* 📷 ♿ *limité.*

Architecture victorienne de Spa Road, à Llandrindod Wells

Le Craig Coch, l'un des lacs artificiels de la vallée d'Elan

Elan Valley ❺

Powys. 🚊 *Llandrindod*. 🛈 *Rhayader (01597 810898)*. Ⓦ www.elanvalley.org.uk

Un chapelet de lacs artificiels spectaculaires en a fait l'une des vallées les plus réputées du pays de Galles. **Caban Coch, Garreg Ddu, Pen-y-Garreg** et **Craig Coch** furent aménagés de 1892 à 1903 pour approvisionner en eau Birmingham, à 117 km de là. Sur une étendue de 14 km de long, ils retiennent 50 milliards de litres. Les ingénieurs de l'époque choisirent ces landes élevées des monts Cambriens à cause de l'abondance des précipitations (1 780 mm), mais pour créer Caban Coch, il fallut déplacer plus de mille personnes.

À l'époque de leur aménagement, l'aspect esthétique fut naturellement pris en compte. Les pierres de taille qui les recouvrent leur donnent un air de grandeur, qui manque à l'énorme lac de **Claerwen**, ajouté vers 1950 afin de doubler la capacité totale. Retenu par un barrage de 1 165 m, il suit la B4518 sur 6 km entre Elan Valley et offre des vues magnifiques.

Les landes reculées et les bois qui entourent les lacs abritent une faune importante ; on y voit souvent, par exemple, le milan. Le **centre d'accueil des visiteurs d'Elan Valley**, proche du barrage de Caban Coch, relate l'aménagement des lacs et l'histoire de la vallée. **Elan Village**, près du centre, est un village ouvrier modèle conçu au début du siècle pour loger les ouvriers des barrages. À l'extérieur du centre s'élève la statue de Shelley *(p. 210)* ; en effet, le poète et sa femme Harriet vécurent dans la vallée en 1810, à la résidence de Nantgwyllt. La maison et tout le village dorment sous les eaux de Caban Coch.

Machynlleth ❻

Powys. 🏘 *2 200*. 🚊 🛈 *Canolfan Owain Glyndŵr (01654 702401)*. 🔼 mer.

Les maisons à colombage et les façades georgiennes s'y mêlent aux maisons de pierre grise. C'est ici qu'Owain Glyndŵr, dernier chef gallois,

La passerelle entre Machynlleth et Devil's Bridge, près d'Aberystwyth

réunit un parlement en 1404. **Parliament House**, restaurée, abrite une exposition qui lui est consacrée et un atelier de polissage du bronze.

En 1874, le marquis de Londonderry fit ériger la tour de l'horloge ouvragée **(Clock Tower)**, au milieu de Maengwyn Street, pour célébrer la majorité de son héritier, Lord Castlereagh. Il habitait **Plas Machynlleth**, maison du XVIIe siècle située dans un parc au bord de la grand-rue, transformée en centre de la civilisation celte.

Aux environs
Dans une ancienne carrière d'ardoise à 4 km au nord, un « village du futur » est administré par le **Centre for Alternative Technology** (centre des technologies de rechange). Un funiculaire hydraulique conduit les visiteurs aux maisons à faible consommation d'énergie et aux jardins biologiques.

🏛 **Parliament House**
Maengwyn St. 📞 *01654 702827*. ◯ de Pâques à oct. : du lun. au sam. 🔲 ♿

🏛 **Centre for Alternative Technology**
A487. 📞 *01654 702400*. ◯ t.l.j. ● du 24 au 26 déc., 2 premières sem. de janv. 🔲 🔲 🔲 ♿ 🔲

Senedd-dy Owain Glyndŵr Tywysog Cymru Arddangosfa

Enseigne de la Parliament House à Machynlleth

Aberystwyth ❼

Cardiganshire (Dyfed). 🏘 *11 000*. 🚊 🔲 🛈 *Terrace Rd (01970 612125)*. Ⓦ www.ceredigion.gov.uk

Cette ville balnéaire et universitaire revendique la position de capitale du centre du pays Galles. Dans cette région rurale, « Aber » paraît une grande ville, d'autant que de nombreux étudiants viennent accroître sa population.

Au XIXe siècle, Aberystwyth était la « Biarritz du pays de Galles ». La promenade et ses hôtels à pignon n'ont guère changé. L'été, un train électrique le **Cliff Railway**, vous mènera au sommet

de **Constitution Hill**, hauteur abrupte située au nord. Là, dans une **chambre obscure**, une lentille projette des vues de la ville.
Le **château** (1277) en ruine se trouve au sud de la promenade. Dans le centre, le **Ceredigion Museum**, dans un ancien théâtre de variétés,

Musiciens des rues à Aberystwyth

retrace l'histoire de la ville. Au nord-est de celle-ci, la bibliothèque, **The National Library of Wales**, qui jouxte l'université, conserve une collection de manuscrits gallois.

Aux environs
L'été, le Vale of Rheidol Railway, chemin de fer à voie étroite, parcourt 19 km jusqu'au **Devil's Bridge**, où une série de chutes d'eau

---

L'HÔTEL DE SAVIN

À l'ouverture du Cumbrian Railway, en 1864, l'homme d'affaires Thomas Savin fit construire un hôtel à Aberystwyth pour le tourisme de masse. Il se ruina, mais des gens du pays rachetèrent ce bâtiment du front de mer aux tours néo-gothiques pour fonder une université galloise. L'université du bord de mer, aujourd'hui Theological College, ouvrit ses portes en 1872.

Tour ornée de mosaïques

---

spectaculaires se précipitent dans un ravin boisé et où un sentier à pic descend au fond de la vallée.

🏛 **Ceredigion Museum**
Terrace Rd. 📞 01970 633088.
🕐 du lun. au sam. ⬤ du 25 déc.
au 2 janv., ven. saint. 📷 ♿

Aberaeron ⓼

Ceredigion. 👥 1 500.
🚉 Aberystwyth, puis bus.
ℹ The Quay (01545 570602).
Ⓦ www.ceredigion.gov.uk

A u début du XIXᵉ siècle, son port bordé de maisons georgiennes se consacrait au commerce et à la construction navale. Les rues furent tracées à l'époque où les ports de la baie de Cardigan étaient particulièrement prospères, avant l'arrivée du chemin de fer. Le dernier navire est sorti des chantiers navals en 1994, et seuls les bateaux de plaisance fréquentent encore assidûment le port. On peut le traverser par un passerelle de bois.
Sur le quai, le Honey Bee Ice Cream Parlor, glacier réputé qui sert des glaces dont la renommée dépasse les frontières à une clientèle fidèle. La ville possède aussi un centre d'artisanat local, Clos Pengarreg.

Maisons georgiennes peintes de couleurs vives le long du port d'Aberaeron

St David's ❾

Vers 550, saint David, patron du pays de Galles, fonda dans ce coin reculé du Sud-Ouest un monastère, qui devint l'un des lieux de culte chrétiens les plus importants. La cathédrale actuelle, édifiée au XIIe siècle, et le palais épiscopal, datant du XIe siècle, s'étendent dans une cuvette herbue au-dessous de St David's, la plus petite ville du pays de Galles. Le 1er mars, on commémore la mort de saint David dans toute la région.

St Élisée, icône du transept sud

La cathédrale Saint-David, la plus grande du pays de Galles

★ Great Hall
L'évêque Gower (1328-1347) fit ajouter les arcatures ajourées et un parapet décoré pour réunir les parties du palais.

La chapelle privée, ajoutée à la fin du XIVe siècle, est construite, comme le reste du palais, au-dessus d'une série de voûtes.

Entrée

LE PALAIS ÉPISCOPAL
Construit de 1280 à 1350 et aujourd'hui en ruine, il avait des appartements somptueux.

Latrines du palais

Fenêtre médiévale typique

Rosace

Le Bishop's Hall, plus petit que le Great Hall, était réservé à un usage privé.

GREAT HALL
Cette reconstitution montre le hall avant la disparition de la couverture en plomb du toit. On en attribue l'initiative à Barlow, premier évêque protestant du lieu (1536-1548).

Jubé en bois

Crypte

À NE PAS MANQUER

★ **Great Hall**

★ **Plafond de la nef**

★ **Tombeau de saint David**

★ Plafond de la nef
Un plafond de chêne du début du XVIᵉ siècle cache la charpente. Un magnifique jubé du XIVᵉ siècle sépare la nef du chœur.

LA CATHÉDRALE
Saint David fut l'un des fondateurs de l'Église chrétienne celtique, si bien que ce sanctuaire devint un lieu de pèlerinage ; trois visites ici valaient un pèlerinage à Jérusalem.

Vitraux
Huit panneaux des années 1950 rayonnent autour d'un vitrail central représentant la colombe de la paix.

St Mary's College Chapel

La Bishop Vaughan's Chapel a un beau plafond Tudor primitif en éventail.

Entrée

Plafond de la tour lanterne
À sa restauration vers 1870 par Sir George Gilbert Scott (p. 304), il fut orné des insignes épiscopaux.

★ Tombeau de saint David
L'original fut volé en 1089 et ce tombeau de 1275 fut dépouillé de ses joyaux lors de la Dissolution (p. 50-51). En 1866, on découvrit des reliques de saint David dans le sol.

Stalles du chœur du XVIᵉ siècle
Le blason royal au-dessus d'une des stalles indique que le souverain est membre du chapitre de Saint-David. Trois stalles présentent d'intéressantes miséricordes (p. 329).

Tenby ⓾

Pembrokeshire (Dyfed). 🚶 5 000. 🚊
🅿 ⚓ 🛈 The Croft (01834 842402).

Malgré l'important afflux touristique, Tenby a trouvé un équilibre, refusant de perdre son caractère comme tant de villes balnéaires. Les maisons georgiennes qui bordent le port précèdent une ville médiévale bien conservée au sommet de la falaise, avec ses ruelles et ses passages. La vieille ville était défendue par des fortifications aujourd'hui en ruine, sur le promontoire. Les murailles du XIIIᵉ siècle ainsi qu'une porte fortifiée, les **Five Arches**, sont encore debout.

La **Tudor Merchant's House** (XVᵉ siècle), remarquable par ses cheminées d'origine, témoigne de la prospérité maritime passée de Tenby. Du port abrité partent régulièrement des croisières pour **Caldey Island**, à 5 km au large, où une communauté de moines fabrique du parfum à partir des fleurs sauvages qu'ils récoltent sur place.

🏛 **Tudor Merchant's House (NT)** Quay Hill. 📞 01834 842279. 🕐 d'avr. à sept. : du jeu. au mar. ; oct. : jeu., ven., dim.-mar. (dim. après-midi).

Restaurant voisin de la Tudor Merchant's House

Swansea et la péninsule de Gower ⓫

Swansea (West Glamorgan). 🚶 190 000. 🚊 🅿 ⚓ 🛈 Plymouth St (01792 468321). 🔄 du lun. au sam.

La deuxième ville du pays de Galles s'étend le long d'une vaste baie incurvée. Le centre fut reconstruit après les bombardements de la Deuxième Guerre mondiale, mais l'atmosphère galloise prévaut toujours, en particulier au marché, où sont vendues des spécialités comme le *laverbread (p. 36)* et les coques pêchées sur la côte.

Le projet du **Maritime Quarter** a transformé les docks. Dans un vieil entrepôt du front de mer, le **Maritime and Industrial Museum** évoque les industries du cuivre et du fer-blanc et le premier chemin de fer transportant des voyageurs, le Mumbles Railway hippomobile (1807).

Une statue de John Henry Vivian (1779-1855), magnat du cuivre, domine le port de plaisance. Cette grande famille de Swansea a fondé la **Glynn Vivian Art Gallery** où sont exposées de belles céramiques et porcelaines locales. Le **Swansea Museum**, le plus vieux musée du pays de Galles (1838), traite de l'archéologie et de l'histoire galloises.

Dylan Thomas (1914-1953), poète dont la statue domine le Maritime Quarter, a passé son enfance dans les collines des faubourgs ouest. Un de ses premiers poèmes, *The Hunchback in the Park*, évoque **Cwmdonkin Park** ; dans son jardin aquatique, une pierre rappelle *Fern Hill*, une des œuvres les plus célèbres du poète.

L'austère **Guildhall** (1934) est orné de grands panneaux

Le poète Dylan Thomas, le plus célèbre enfant de Swansea

Cottages de pêcheurs à la station balnéaire des Mumbles

de Sir Frank Bragwyn (1867-1956) illustrant le thème de l'Empire britannique. À l'origine destinés à la Chambre des lords, ils furent jugés trop colorés et incongrus.

La baie de Swansea mène aux **Mumbles**, centre de sports nautiques aux portes de la péninsule de Gower (site naturel classé en 1956). Un chapelet de baies abritées orientées au sud mène à Oxwich et Port-Eynon, plages jadis hantées par les contrebandiers.

De Port-Eynon, la falaise calcaire s'interrompt de façon spectaculaire à Rhossili et à Worm's Head, promontoire accessible à marée basse. La grande plage de Rhossili s'étend vers le nord de Gower et une côte parsemée de terriers profonds, de marais salants et de bancs de vase. Sur la presqu'île, on peut voir de nombreux sites préhistoriques comme **Parc Le Breose**, une chambre funéraire.

🏛 **Maritime and Industrial Museum** Museum Sq. 📞 01792 650351. 🕐 du mar. au dim. et jours fériés. ⬤ 25 et 26 déc., 1ᵉʳ janv. ♿ 🅿 🛈
🏛 **Glynn Vivian Art Gallery** Alexandra Rd. 📞 01792 655006. 🕐 du mar. au dim. et jours fériés. ⬤ du 23 au 26 déc., 1ᵉʳ janv. ♿ limité. 🛈
🏛 **Swansea Museum** Victoria Rd. 📞 01792 653763. 🕐 du mar. au dim. et jours fériés. ⬤ 25 et 26 déc., 1ᵉʳ janv. ♿ limité. 🛈
🏛 **Guildhall** St Helen's Rd. 📞 01792 636000. 🕐 du lun. au ven. ⬤ jours fériés. ♿ limité.

Excursion dans les Wild Wales ⓬

Ce circuit fait le tour des landes battues par le vent, des hauteurs et collines verdoyantes et des plateaux déserts des Cambrian Mountains. Des routes récentes mènent au grand Llyn Brianne Reservoir, au nord de Llandovery, et la vieille route du bétail vers Tregaron est goudronnée. Mais cette région est avant tout sauvage, avec ses hameaux cachés, fermes isolées et vieux bourgs tranquilles.

Llanidloes ⑥
Cette ville était un foyer d'agitation religieuse et sociale aux XVIIᵉ et XVIIIᵉ siècles (*p. 423*). Le marché Tudor est un exemple rare de halle couverte. L'église médiévale fut restaurée à la fin du XIXᵉ siècle.

Devil's Bridge ④
Ce lieu romantique fréquenté possède des cascades, des rochers, des clairières et un vieux pont de pierre… construit par le diable, dit-on.

Strata Florida ③
Au Moyen Âge, cette fameuse abbaye en ruine était un centre religieux, politique et intellectuel.

Elan Valley ⑤
Cette région de lacs a une faune sauvage importante (*p. 448*).

ABERYSTWYTH
Llangurig
Ystwyth
Craig Goch Reservoir
Rhayader
Garreg Ddu Reservoir
Claerwen Reservoir
Elan Village
Caban Coch Reservoir
Tregaron
Wye
Teifi
Llyn Brianne Reservoir
CARMARTHEN

A4120, B4574, B4343, B4340, B4393, A485, B4518, A470, A44, A483, A40, A4069

CARNET DE ROUTE

Itinéraire : 140 km, y compris le détour pittoresque par le Claerwen Reservoir.
Où faire une pause ?
Llandovery et Llanidloes comportent de nombreux salons de thé et restaurants. (Voir aussi p. 636-637.)

Llandovery ①
Au confluent de deux rivières, cette jolie ville a un château en ruine, une place du marché pavée et de charmantes façades georgiennes.

Twm Siôn Cati's Cave ②
Cette gravure montre la retraite d'un poète du XVIᵉ siècle, Tom John, hors-la-loi gallois qui finit par épouser une riche héritière.

LÉGENDE

▓▓▓ Itinéraire conseillé
═══ Autre route
🔆 Point de vue

0   5 km

Les Brecon Beacons ⑬

Randonnée dans les Beacons

L e parc national des Brecon Beacons s'étend sur 1 345 km², depuis la frontière anglaise jusqu'aux environs de Swansea. Le parc englobe cinq chaînons montagneux : la Black Mountain (à l'ouest), le Fforest Fawr, les Brecon Beacons et les Black Mountains (à l'est). Il est essentiellement formé de hauts plateaux de grès rouge aux vallons herbus. La lisière sud comporte des escarpements calcaires, des gorges boisées, des cascades et des grottes. C'est le royaume des activités de plein air : pêche dans les nombreux lacs artificiels, randonnées à poney et à pied, spéléologie.

Llyn y Fan Fach
Ce fameux lac glaciaire est situé à 6,5 km de Llanddeusant.

La Black Mountain, suite d'arêtes, de hauteurs et de landes désertes en partie inexplorées, occupe l'angle ouest du parc.

La Fforest Fawr (« Grande Forêt ») était une terre de chasse royale au Moyen Âge.

Carreg Cennen Castle
Ce château fort (p. 424) en ruine se dresse sur une falaise calcaire escarpée, site spectaculaire proche du village de Trapp.

Grottes de Dan-yr-Ogof
Les Brecon Beacons dissimulent un labyrinthe de grottes. Ici, deux d'entre elles se visitent.

Légende

▬▬	Route A
▬ ▬	Route B
⋯⋯	Route secondaire
– –	Sentier
☼	Point de vue

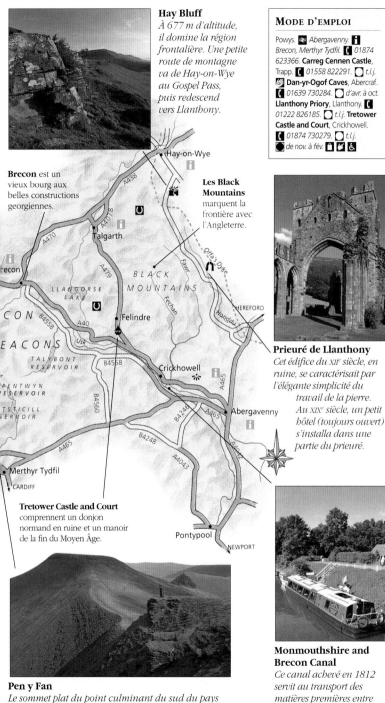

Hay Bluff
À 677 m d'altitude, il domine la région frontalière. Une petite route de montagne va de Hay-on-Wye au Gospel Pass, puis redescend vers Llanthony.

MODE D'EMPLOI

Powys. ⬛ *Abergavenny.* 🅸
Brecon, Merthyr Tydfil. 📞 *01874
623366.* **Carreg Cennen Castle,**
Trapp. 📞 *01558 822291.* ⭕ *t.l.j.*
📷 **Dan-yr-Ogof Caves,** Abercraf.
📞 *01639 730284.* ⭕ *d'avr. à oct.*
Llanthony Priory, Llanthony. 📞
01222 826185. ⭕ *t.l.j.* **Tretower
Castle and Court,** Crickhowell.
📞 *01874 730279.* ⭕ *t.l.j.*
⭕ *de nov. à fév.* 🅿 ♿

Brecon est un vieux bourg aux belles constructions georgiennes.

Les Black Mountains marquent la frontière avec l'Angleterre.

Talgarth

Hay-on-Wye

BLACK MOUNTAINS

LLANGORSE LAKE

Felindre

Offa's Dyke

HEREFORD

Prieuré de Llanthony
Cet édifice du XIIᵉ siècle, en ruine, se caractérisait par l'élégante simplicité du travail de la pierre. Au XIXᵉ siècle, un petit hôtel (toujours ouvert) s'installa dans une partie du prieuré.

BEACONS

TALYBONT RESERVOIR

PENTWYN RESERVOIR

TSTICILL SERVOIR

Crickhowell

Abergavenny

Merthyr Tydfil

CARDIFF

Tretower Castle and Court
comprennent un donjon normand en ruine et un manoir de la fin du Moyen Âge.

Pontypool

NEWPORT

Monmouthshire and Brecon Canal
Ce canal achevé en 1812 servit au transport des matières premières entre Brecon et Newport. Ce sont désormais les plaisanciers qui le fréquentent.

Pen y Fan
Le sommet plat du point culminant du sud du pays de Galles (886 m), est relié par des sentiers à Storey Arms, sur l'A470. Un cimetière s'y trouvait à l'âge du bronze (p. 42-43).

Cardiff ⑭

Cardiff fut d'abord occupée par les Romains, qui y établirent un camp en 75 apr. J.-C. *(p. 44-45).* Son histoire est ensuite obscure jusqu'à l'attribution d'un fief à Robert FitzHamon *(p. 458),* chevalier au service de Guillaume le Conquérant, en 1093. Au XIIIᵉ siècle, la localité était assez grande pour obtenir une charte royale, mais ce n'est que vers 1830 que cette petite ville rurale devint un port, grâce à la famille Bute, qui avait hérité de terres dans la région. En 1913, il était le premier port d'exportation de charbon, grâce aux liaisons ferroviaires avec les mines du sud du pays de Galles. Cette prospérité permit d'élever des édifices grandioses, tandis que les docks se développaient. Cardiff devint en 1955 la première capitale du pays de Galles, alors que le déclin du port et des mines était amorcé. Commerçante et administrative, elle est aujourd'hui en pleine période de rénovation urbaine.

Détail de la cheminée de la salle des banquets du château *(p. 458-459)*

Le dôme de l'hôtel de ville orné du dragon, emblème gallois

À la découverte de Cardiff

Cardiff a deux pôles d'activité. Le centre d'abord, aux rues et aux jardins victoriens et édouardiens, avec un château néo-gothique et des bâtiments officiels néo-classiques, des passages commerçants et un **marché couvert** du XIXᵉ siècle. Des arcades bordées de boutiques, dont la **Royal Arcade**, datant de 1856, partent de la grand-rue.

Le **Millenium Stadium** (sur le site du Cardiff Arms Park, berceau du rugby gallois) a ouvert ses portes en 1999 à l'occasion de la coupe du monde de rugby et peut se visiter tous les jours.

Au sud du centre, les docks deviennent l'autre zone active grâce à l'aménagement d'un port de plaisance et du front de mer. Une nouvelle Cardiff naît, surtout autour de l'Inner Harbour. Le **Pier Head Building**, construit sur la baie en 1896 pour la compagnie

de chemins de fer de Cardiff, rappelle la grande époque. Sa décoration compliquée et les éléments en terre cuite s'inspirent des bâtiments mogols de l'Inde. Ce quartier abrite aussi le **National Techniquest**, musée des sciences où l'on peut faire des expériences.

L'église norvégienne **(Norwegian Church)** en bois de Waterfront Park fut élevée en 1898 pour les marins norvégiens qui acheminaient les poutrelles de bois destinées aux puits de mine du sud du pays de Galles. Autrefois entourée d'entrepôts, elle fut déplacée lors du remaniement des docks et abrite un centre culturel et

le **Cardiff Bay Visitors' Centre**, où sont exposés les projets immobiliers visant à réunir le centre administratif et le quartier portuaire.

♣ Cardiff Castle

Voir p. 458-459.

🏛 City Hall et Civic Center

Cathays Park. ☎ 029-2087 1102. ◯ *du lun. au ven.* ● *jours fériés.* ♿ ✔

Les monuments néoclassiques en pierre blanche de Portland du centre administratif bordent les parcs et les avenues autour des Alexandra Gardens. Le City Hall (1905), l'un des plus anciens, est doté d'un dôme de 60 m de haut et d'un beffroi. Au premier étage, le Marble Hall aux colonnes de marbre de Sienne, orné de statues des grands hommes du pays de Galles, comme saint David *(p. 450-451),* est ouvert à la visite. À la limite nord du quartier, le Crown Building abrite le Welsh Office, en charge

Le Pier Head Building domine le quartier rénové de la baie de Cardiff

des affaires du gouvernement gallois.

🏛 National Museum of Wales

Cathays Park. ☎ 029-2039 7951.
◯ du mar. au dim. et jours fériés.
⬤ 24, 25 déc. 🗋 🖾 🕭
🖾 sur rendez-vous. 🖵
ⓦ www.nmgw.ac.uk

Ce musée ouvert en 1927 occupe un imposant bâtiment avec un portique à colonnade sur lequel veille une statue de David Lloyd George (p. 423). La belle collection de tableaux impressionnistes de Renoir, Monet et Van Gogh fut constituée par le don des sœurs Davies à leur ville.

🏛 Crafts in the Bay

52, Bute St. ☎ 029-2048 4611. ◯ t.l.j. ⬤ 25 et 26 déc., 1er janv. 🕭 🖵

Un grand centre d'artisanat, créé à l'initiative de la corporation des artisans du Pays de Galles, a ouvert en 1996. Le bâtiment, qui a été entièrement rénové, propose une grande variété d'expositions et de manifestations d'artisanat incluant de nombreuses démonstrations, dont le tissage et la réalisation de céramique. En plus des collections permanentes, sont souvent présentées des expositions d'art thématiques. Les visiteurs peuvent circuler librement dans le centre ou participer à l'un des ateliers régulièrement proposés.

Statue de David Lloyd George

Aux environs

Installé depuis les années 1940 à St Fagans, à la limite est de la ville, le **Museum of Welsh Life**, musée de la vie quotidienne en plein air, fut l'un des premiers du genre. Des bâtiments de tout le pays de Galles (alignements de cottages ouvriers, fermes, bureau de péage, galerie de boutiques, chapelle, école) ont été soigneusement reconstitués

MODE D'EMPLOI

Cardiff. 🖾 285 000.
✈ Rhoose. 🚊 Central Sq.
🚌 Wood St. 🛈 Wood St (029-2022 7281). 🎭 Cardiff Festival : août. �S www.visitcardiff.info

sur les 40 ha de ce parc, ainsi qu'un village celtique. On peut aussi visiter une demeure Tudor et ses jardins.

Une **cathédrale** s'élève dans une cuvette herbue au bord de la Taf à Llandaff, jolie banlieue rurale à 3 km du centre de Cardiff. D'abord médiévale, elle occupait le site d'un monastère du VIe siècle. Restaurée après les sévères bombardements de la Deuxième Guerre mondiale et à nouveau ouverte en 1957, elle abrite l'immense *Christus* de sir Jacob Epstein, qui surmonte une arche de béton.

🏛 Museum of Welsh Life

St Fagans. ☎ 029-2057 3500.
◯ t.l.j. ⬤ 24 et 25 déc.
🖾 🕭 🍴

CENTRE DE CARDIFF

Château de Cardiff
  p. 458-459 ③
City Hall & Civic Centre ②
Crafts in the Bay ⑥
Marché couvert ⑤
Millenium Stadium ④
National Museum
  of Wales ①
National Techniquet ⑦
Norwegian Church ⑨
Pier Head Building ⑧

0 ——————— 500 m

LÉGENDE

🚌 Gare routière
🚊 Gare ferroviaire
P Parc de stationnement
🛈 Renseignements
🕆 Église

Le château de Cardiff

À l'origine, un camp romain était établi sur le site. Ses vestiges sont séparés des ouvrages postérieurs par une rangée de pierres rouges. Au XIIe siècle, un donjon fut construit parmi les ruines romaines. Au cours des sept siècles suivants, le château appartint à plusieurs grandes familles, pour échoir en 1766 à John Stuart, fils du comte de Bute. Son arrière-petit-fils, le 3e marquis de Bute, fit appel au « génie excentrique » de l'architecte William Burges pour le transformer, de 1867 à 1881, en romantique demeure de style médiéval.

Pièce arabe
Le plafond doré, au décor oriental de marbre et de lapis-lazuli, date de 1881.

Herbert Tower

Animal Wall
Un lion et d'autres créatures gardent ce mur à l'ouest du château. Ils furent ajoutés entre 1885 et 1930.

★ Fumoir d'été
Situé dans Clock Tower, il faisait partie d'un appartement de célibataire qui comprenait aussi un fumoir d'hiver.

Clock Tower

Entrée principale des appartements

CHRONOLOGIE

75 apr. J.-C. Construction du camp romain	**1107** Mabel FitzHamon hérite du château. Son mari est fait Lord de Glamorgan	**1423-1449** La famille Beauchamp ajoute la tour octogonale et le plafond du Great Hall	**1867** Le 3e marquis de Bute commence la reconstruction	
	1183 Une incursion galloise l'endommage	**1445-1776** Il appartient tour à tour aux Neville, aux Tudors et aux Herbert		

1000	1200	1400	1600	1800

1093 Construction du premier château normand par Robert FitzHamon de Gloucester	**1308-1414** Il appartient à la famille Despenser		**1766** La famille Bute acquiert le château
			1947 Le château est confié à la ville de Cardiff

Salle des banquets, détail

MODE D'EMPLOI

Castle St, Cardiff. 029-2087 8100.
de mars à oct. : de 9 h 30 à 18 h
t.l.j. ; de nov. à fév. : de 9 h 30 à 16 h 30
t.l.j. r-de-c. seulement.
w www.cardiff-info.com/castle

★ Salle des banquets
*Dans cette pièce,
les peintures murales
et la cheminée en forme
de forteresse racontent
l'histoire du château.*

La tour octogonale, ou
Beauchamp Tower,
abrite la Chaucer Room
de Burges, décorée de
sujets tirés des *Contes
de Canterbury*
(p. 174).

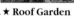

★ Roof Garden
*Dallages, arbrisseaux
et fontaine centrale
donnent un air
méditerranéen à ce
jardin d'hiver que
Burges souhaitait la
pièce maîtresse des
appartements.*

Dans Bute Tower
fut aménagée en
1873 une suite
d'appartements
privés, dont une
salle à manger,
une chambre à
coucher et un
salon.

À NE PAS MANQUER

★ **Salle des
banquets**

★ **Bibliothèque**

★ **Fumoir d'été**

★ **Roof Garden**

★ Bibliothèque
*Des scribes présentant les caractères des
anciens alphabets grec, assyrien, hébreu,
égyptien et gallois ornent la cheminée.*

Vestiges de l'amphithéâtre de Caerleon, édifié au IIᵉ siècle

Caerleon 🄕

Newport (Gwent). 11 000.
5 High St (01633 422656).
www.caerleon.net

Caerleon fut, avec York (p. 390-391) et Chester (p. 298-299), l'un des trois seuls camps romains de Grande-Bretagne destinés à des légions d'élite. À partir de 74 apr. J.-C., Caerleon (*Isca* pour les Romains, du nom de l'Usk qui arrose la ville) fut la garnison de la IIᵉ légion Augusta, envoyée au pays de Galles pour mater les tribus silures. Les vestiges de leur camp se trouvent maintenant sous la ville moderne et le fleuve.

Autel, Legionary Museum de Caerleon

Les fouilles de Caerleon ont été riches d'enseignement sur la vie sociale et militaire. En effet, les Romains n'avaient pas seulement construit un camp pour les 5 500 soldats de leur troupe d'élite, mais une ville entière. À en juger par les fouilles effectuées depuis la mise au jour d'un amphithéâtre en pierre par Sir Mortimer Wheeler en 1926, Caerleon est l'un des sites militaires romains les plus vastes et les plus importants d'Europe. Les défenses englobent, sur 20 ha, 64 rangées de casernes disposées deux par deux, un hôpital et les thermes.

À l'extérieur du camp, les fondations de l'amphithéâtre sont très bien conservées.

Il pouvait accueillir 6 000 spectateurs venus voir des sports violents ou des combats de gladiateurs. Les thermes, qui se visitent depuis 1985, sont plus impressionnants encore. Somptueux, ils apportaient tout le confort de la civilisation à une armée postée aux marches des contrées barbares : une piscine découverte, un terrain d'exercice, un gymnase et une suite de bains-chaud, tiède et froid.

À côté se trouvent les fondations des seuls baraquements de légionnaires visibles en Europe. Les nombreux objets découverts sur le site, parmi lesquels une belle collection de pierres gemmes gravées, sont exposés au **Roman Legionary Museum**.

🏛 Roman Legionary Museum

High St. 01633 423134. du lun. au sam. (dim. : après-midi). du 24 au 26 déc., 1ᵉʳ janv.

Le musée de la mine de Big Pit, témoin d'une industrie disparue

Blaenafon 🄖

Torfaen. 6 000. Blaenafon Ironworks, North St. 01495 792615. www.blaenafontic.com

Les mines de charbon des vallées du sud du pays de Galles sont presque toutes désaffectées, alors qu'il y a cent ans la prospection de la houille agitait cette région. Si l'on n'extraie plus de charbon au **Big Pit**, le **Mining Museum** entretient le souvenir de cette puissante industrie. Fermé en 1980, le Big Pit rouvrit trois ans plus tard comme musée. Une parcours balisé à la surface mène des bains des mineurs à la forge, aux ateliers et à la salle des machines. On y voit aussi la réplique d'une galerie souterraine, où les méthodes de travail sont expliquées. Mais le moment fort de la visite se passe sous terre. Équipé d'un casque de mineur, d'une lampe et de batteries de sécurité, on descend dans une cage à 90 m au-dessous de la surface, avant de suivre d'anciens mineurs à travers les galeries et les écuries souterraines.

Blaenafon conserve aussi des vestiges de l'industrie sidérurgique ; de l'autre côté de la vallée s'élèvent les hauts fourneaux du XVIIIᵉ siècle et les cottages ouvriers qui faisaient partie des **Blaenafon Ironworks**. C'est aujourd'hui un musée industriel.

🏛 Big Pit Mining Museum

Blaenafon. 01495 790311. de mi-fév. à nov. : t.l.j. tél. avant.

🏛 Blaenafon Ironworks

North St. 01495 792615. d'avr. à oct. t.l.j.

Monmouth 🄗

Monmouthshire (Gwent). 10 000. Shire Hall (01600 713899). ven., sam. www.visitwyevalley.com

L'histoire de cette ville de marché située au confluent de la Wye et de la Monnow est riche. Derrière Agincourt Square se trouve le château du XIᵉ siècle, à présent en ruine, où naquit Henri V (p. 49) en 1387.

Le Monnow Bridge de Monmouth, ancienne tour de guet et prison

À côté, le **Regimental Museum**. Une statue d'Henri V se dresse sur la place, ainsi que celle de Charles Stewart Rolls, né non loin de là, à Hendre. Le cofondateur de l'entreprise de construction d'automobiles Rolls-Royce est mort dans un accident d'avion en 1910.

Lord Horatio Nelson *(p. 54)*, le célèbre amiral, vint à Monmouth en 1802. Une intéressante collection réunie par Lady Llangattock, mère de Charles Rolls, conservée au **Monmouth Museum**, en évoque le souvenir.

Monmouth était le chef-lieu du comté de Monmouthshire, comme le rappellent les élégants et opulents bâtiments georgiens, dont le **Shire Hall** raffiné, qui domine Agincourt

Square. À l'entrée ouest se trouve le monument majeur de la ville ; l'étroit **Monnow Bridge**, du XIIIᵉ siècle, est sans doute le seul pont fortifié encore debout en Grande-Bretagne.

Du haut du Kymin (256 m), on a la meilleure vue sur les environs. Le **Naval Temple** qui le couronne date de 1801, quand la marine britannique « régnait sur les mers ».

♙ Monmouth Castle and Regimental Museum
The Castle. **[** 01600 772175. **◯** *d'avr. à oct. : t.l.j. (après-midi) ; de nov. à mars : sam. et dim. (après-midi).* **●** *25 déc.* **[**&**]**
🏛 Monmouth Museum
Priory St. **[** 01600 713519. **◯** *t.l.j. (dim. après-midi)* **●** *24 et 26 déc., 1ᵉʳ janv.* **[**📷**][**&**]**

Tintern Abbey ⑱

Monmouthshire (Gwent). **[** *01291 689251.* **🚆** *Chepstow, puis bus.* **◯** *t.l.j.* **●** *du 24 au 26 déc., 1ᵉʳ janv.* **[**📷**][**&**][**W**]** www.cadwy.wales.gov.uk

Depuis le XVIIIᵉ siècle, les paysages de la vallée profonde et boisée de la Wye et les ruines majestueuses de l'abbaye ont séduit bien des voyageurs et inspiré des poètes. Un sonnet de Wordsworth, *Lines composed a few miles above Tintern Abbey*, décrit cet endroit romantique :
*[…] une fois encore
J'aperçois ces versants abrupts
    et altiers,
Qui à ce cadre sauvage
    et solitaire impriment
Des pensées d'une solitude
    plus profonde […]*
L'abbaye fut fondée en 1131 par des moines cisterciens qui cultivaient les terres avoisinantes (aujourd'hui une forêt). Ils en firent un influent foyer religieux. Au XIVᵉ siècle, c'était l'abbaye la plus riche du pays de Galles, mais elle subit le sort des autres monastères en 1536 lors de la Dissolution. Ses ruines sont ouvertes à tous les vents, et les arcs et les fenêtres leur donnent une beauté et une grâce mélancoliques.

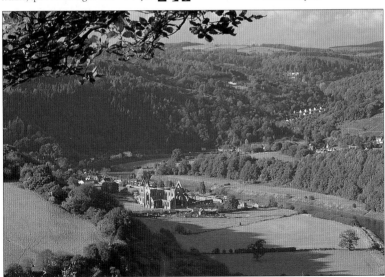

L'abbaye de Tintern, dans la vallée de la Wye, autrefois centre spirituel et intellectuel, est une ruine romantique

L'ÉCOSSE

L'Écosse d'un coup d'œil

Des riches terres agricoles des Borders jusqu'aux îles peuplées d'oiseaux des Shetland, à quelques degrés du cercle arctique, l'Écosse présente une variété de paysages sans équivalent en Grande-Bretagne. La majeure partie de la population se concentre dans les Lowlands (Basses Terres), mais les massifs anciens creusés de lacs glaciaires des Highlands (Hautes Terres) renferment de nombreux vestiges archéologiques.

Western Isles

Skye (p. 520-521), *île des Hébrides intérieures, possède une côte spectaculaire. À l'est, une cascade dévale le Kilt Rock, falaise de basalte qui porte le nom de la célèbre jupe du costume national écossais.*

LES HIGHLAND ET LES ÎLES (p. 510-535)

Argyll and Bute

Clyde Valley

Ayrshi

Les Trossachs (p. 480-481), *magnifique chaîne de collines creusée de lochs, s'étendent à la frontière entre Lowlands et Highlands. En leur cœur, les pentes boisées du Ben Venue s'élèvent au-dessus des eaux paisibles du loch Achray.*

Le Culzean Castle (p. 508-509) *se dresse au bord d'une falaise sur le Firth of Clyde. Entouré d'un vaste parc, ce château où se déploie tout le talent de l'architecte écossais Robert Adam (p. 24) est un des joyaux des Lowlands.*

◁ **Le loch Lomond dans les Lowlands**

Les Cairngorms (p. 530-531), *montagnes surtout réputées pour leur beauté sauvage et la richesse de leur faune, sont également riches en vestiges historiques comme ce pont du XVIIIe siècle à Carrbridge.*

La vallée de la Dee (p. 526-527), *dans les Grampians, abrite entre autres châteaux celui de Balmoral acheté par la reine Victoria en 1852.*

Edinburgh (p. 490-497) *est la capitale de l'Écosse. Entre son château médiéval et le Holyrood Palace s'étend le Royal Mile bordé d'édifices historiques tels que l'ancien Parlement écossais et la maison de John Knox. Créé au XVIIIe siècle, le quartier de New Town offre un bel exemple d'architecture georgienne.*

La Burrel Collection (p. 506-507), *superbe collection d'art d'un remarquable éclectisme, est exposée dans un spacieux bâtiment vitré inauguré en 1983 dans un parc à la périphérie de Glasgow.*

0   50 km

UNE IMAGE DE L'ÉCOSSE

erre marquée par l'histoire et un climat rigoureux, l'Écosse présente des paysages d'une extraordinaire diversité. Gorges isolées, lacs scintillants et ciels en perpétuel changement donnent au pays tout son caractère. Sa rudesse et sa beauté ont déterminé les qualités des habitants, fournissant à la Grande-Bretagne certains de ses meilleurs soldats et de ses plus audacieux explorateurs.

Soumise à l'autorité du Parlement britannique depuis l'Acte d'Union avec l'Angleterre en 1707, l'Écosse conserve néanmoins des systèmes juridique et éducatif qui lui sont propres. Les Écossais sont très fiers de leur identité. En 1998, ils ont massivement choisi de posséder leur propre parlement.

Lancer du marteau aux Braemer Games

Obtenir l'indépendance, ou au moins une plus grande autonomie, demeure d'ailleurs le souhait de nombreux Écossais. Malgré leurs aspirations nationalistes, ceux-ci ne forment pas un peuple homogène. La principale division sépare les Lowlanders de culture anglo-saxonne et les Highlanders d'origine celte. Malgré la généralisation de la langue anglaise, le gaélique est encore parlé dans certaines régions, principalement dans les Western Isles, et présent dans de nombreux noms propres tels que ceux commençant par « Mac » qui signifie « fils de ». Sous domination scandinave pendant cinq siècles,

les îles Shetland ont gardé des traditions spécifiques comme la fête du feu, Up Helly Aa, qui célèbre le retour du soleil.

Une institution concourt cependant à unir les deux grandes régions de l'Écosse : l'Église presbytérienne. Depuis sa fondation en 1560 par John Knox, un disciple de Calvin, elle défend âprement son indépendance et une vision austère de la religion face à l'Église anglicane. Cette prédominance du protestantisme n'empêche pas toutefois l'existence d'une forte minorité catholique. Ses membres habitent pour la plupart autour de Glasgow et dans les Western Isles, où s'est maintenu le mode de vie rural qui prévalait jadis dans tous les Highlands. C'est la région d'origine de la plupart des traits culturels considérés comme typiquement écossais, en particulier l'organisation en clans, la cornemuse ou des sports singuliers comme le lancement de troncs d'arbre *(tossing the caber)*. Ces sports, ainsi que les danses traditionnelles, restent pratiqués lors de jeux annuels *(p. 64)*.

Joueur de cornemuse

La rigueur du climat et la pauvreté des sols ont de tout temps contraint la population écossaise à se montrer ingénieuse et endurante, et elle a produit un nombre élevé d'inventeurs. Au XVIIIe siècle, c'est James Watt qui

La fête du feu, Up Helly Aa, à Lerwick aux Shetland

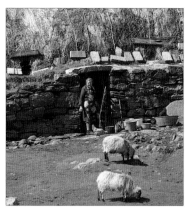

Abri traditionnel dans l'île de Lewis

les Écossais ont souvent brillé dans la finance, participant notamment à la création des banques centrales d'Angleterre et de France, alors qu'au XIXᵉ siècle, Andrew Carnegie bâtit l'un des plus grands empires industriels des États-Unis. Ils entretinrent également une forte tradition littéraire avec des auteurs aussi célèbres que Walter Scott ou Robert Louis Stevenson. Le festival d'Edinburgh est aujourd'hui une des grandes manifestations culturelles européennes.

adapte le moteur à vapeur aux besoins de l'industrie, tandis qu'Adam Smith établit les fondements de l'économie politique. Au siècle suivant, James Simpson découvre les propriétés anesthésiques du chloroforme, James Young crée la première raffinerie de pétrole du monde et Alexander Bell révolutionne les communications en inventant le téléphone. En 1928, Alexander Fleming découvre la pénicilline.

Habitués à se montrer économes en raison de maigres ressources (ce qui leur valut une fausse réputation d'avarice),

Ce sont toutefois ses vastes étendues sauvages et la richesse de sa faune qui attirent en Écosse la majorité des visiteurs. Au plaisir de découvrir de splendides paysages s'ajoutent ceux de la randonnée, de la pêche, de la chasse ou du ski. L'ouverture de la chasse à la grouse, le 12 août, est depuis des siècles un des grands événements de la vie locale.

Le climat de l'Écosse se montre peu clément et ses habitants le reconnaissent. Mais ils affirment que nulle part l'air n'est aussi pur que chez eux – et que c'est de devoir faire face à des conditions difficiles qui a forgé leur caractère si différent de celui de leurs voisins du sud.

Décor du bureau du Fringe Festival d'Edimbourg

Le loch Achray au cœur des Trossachs, au nord de Glasgow

Histoire de l'Écosse

Bonnie Prince Charlie, par G. Dupré

Dans leur conquête de la Grande-Bretagne, les Romains durent renoncer à l'Écosse dont ils ne purent soumettre les habitants. Cette résistance marque toute l'histoire d'un pays dont les frontières restent celles qu'avait en 1018 le royaume des Scots, un peuple celte venu d'Irlande. De longs siècles de conflits avec l'Angleterre se succédèrent, jusqu'à l'union des deux couronnes en 1603, puis celle des Parlements en 1707. En 1999, l'inauguration du Parlement écossais fut un événement spectaculaire.

Monolithe sculpté picte à Aberlemno, Angus

LES ORIGINES

De nombreux vestiges témoignent en Écosse d'un important peuplement préhistorique, notamment dans les Western Isles alors habitées principalement par des Pictes, Celtes originaires du continent. Au premier siècle après Jésus-Christ, c'est au moins à 17 tribus que doivent se confronter les envahisseurs romains, dont la conquête s'arrête aux vallées du Forth et de la Clyde au pied des Highlands. En 120, les Romains ont reculé à peu près jusqu'à l'actuelle frontière et l'empereur Hadrien fait construire une muraille courant d'une mer à l'autre pour protéger les territoires qu'il contrôle.

Celtes venus d'Irlande, les Scots, aussi appelés Gaëls, fondent au VIᵉ siècle un royaume en Écosse. Sous l'autorité de Kenneth McAlpin, ce royaume s'unit en 843 à celui des Pictes. Il incorpore en 1018 la région du Lothian peuplée par des Angles d'origine germanique et en 1034 le territoire des Britons, celtes eux aussi.

LA REVENDICATION ANGLAISE

Bien que Guillaume le Lion d'Écosse ait reconnu leur souveraineté par le traité de Falaise (1174), les rois normands, descendants de Guillaume le Conquérant, ne parviennent pas à étendre leur contrôle sur les Highlands et les îles. En 1296, John Wallace, soutenu par les Français (le début de l'Auld Alliance qui dura deux siècles), entame une guerre d'indépendance pendant laquelle Édouard Iᵉʳ d'Angleterre s'empare de la pierre sacrée de Scone (p. 484) et l'installe à l'abbaye de Westminster. Bien que n'ayant pu profiter de ses pouvoirs magiques, le roi Robert Bruce remporte en 1314 contre les Anglais la bataille décisive de Bannockburn.

Statue de John Knox, Edinburg

LA VOIE VERS L'UNION

En 1503, Jacques IV d'Écosse épouse Marguerite Tudor, fille de son puissant voisin, le roi Henry VII. Malgré ce pas vers l'union, il entre en guerre en 1513 contre Henry VIII, monté sur le trône en 1509. Il meurt à la bataille de Flodden Field où les troupes écossaises sont écrasées. Son fils Jacques V épouse en secondes noces une princesse française, Marie de Guise, qui devient régente après sa mort en 1542. Quoique catholique fervente,

Bruce en combat singulier à Bannockburn (1906) par John Hassall

elle ne peut enrayer les progrès de la Réforme et, en 1560, le prêcheur John Knox fonde l'Église presbytérienne. L'année suivante, Marie Stuart assume le pouvoir. Veuve de François II de France, elle est aussi héritière du trône d'Angleterre, Élisabeth Ire n'ayant pas de descendance. Son catholicisme trop intransigeant et son mariage avec l'assassin de son deuxième mari soulèvent une telle hostilité qu'elle est contrainte à l'abdication en 1568. Réfugiée en Angleterre, elle est exécutée en 1587.

Les chantiers de la Clyde construisaient jadis les plus grands navires du monde

UNION ET RÉVOLTE

À la mort sans descendance d'Élisabeth Ire en 1603, Jacques VI d'Écosse lui succède sur le trône d'Angleterre sous le nom de Jacques Ier et unit ainsi les deux couronnes. Tolérant, il réussit à contenir en Écosse les rivalités entre les membres de l'Église presbytérienne, les

Articles de l'Union entre l'Écosse et l'Angleterre, 1707

défenseurs de l'Église anglicane et les catholiques. En tentant d'imposer l'anglicanisme, son fils, Charles Ier, provoque une révolte qui culmine en 1638 par la signature à Edinburgh du National Covenant, document condamnant les doctrines catholique et anglicane. Des conflits de religions déchirent alors le pays, jusqu'à ce que Guillaume III, couronné roi d'Angleterre en 1689, accorde son autonomie à l'Église presbytérienne. En 1707, l'Acte d'Union officialise toutefois la dépendance de l'Écosse en supprimant son Parlement. En 1746, la tentative du

dernier des Stuarts, Bonnie Prince Charlie *(p. 521)*, pour reprendre le trône échoue à Culloden *(p. 523)*.

INDUSTRIALISATION ET BOULEVERSEMENTS SOCIAUX

La fin du XVIIIe siècle voit l'expulsion de nombreux fermiers des Highlands par des propriétaires terriens décidés à développer l'élevage. Ce mouvement, qui entraîna une terrible émigration, fut d'une telle ampleur qu'il prit le nom de Highland Clearances *(p. 517)*. À la même époque, l'industrialisation se développe dans les Lowlands, notamment l'exploitation minière, la sidérurgie et la construction navale.

Ces transformations n'apportent pas que des progrès et un puissant mouvement syndical voit le jour dans les populations défavorisées. En 1892, Keir Hardie, un mineur de l'Ayrshire, devient le premier socialiste élu au Parlement. Il fonde l'année suivante l'Independent Labour Party.

L'ÉCOSSE AUJOURD'HUI

La dépression qui toucha les pays occidentaux dans les années 1920 eut de graves conséquences pour la vallée

de la Clyde très industrialisée. La fondation en 1928 du Scottish Nationalist Party témoigne à la même époque d'un retour aux valeurs traditionnelles des Highlands. L'essor du tourisme dans une région qui accueille aujourd'hui 12 millions de visiteurs par an a contribué à le renforcer, ainsi que la découverte en 1970 de pétrole en mer du Nord. Avec la mise en place de la New Labour en 1997, ce sentiment n'a pu être ignoré plus longtemps et un référendum concernant l'autonomie du pays a été organisé. Lors du référendum de 1998, les écossais choisirent d'avoir leur propre assemblée, le Parlement écossais fut inauguré en 1999.

Plate-forme prétrolière en mer du Nord

Clans et tartans

L'organisation de la société des Highlands en tribus rangées chacune sous l'autorité d'un patriarche remonte au moins au XIIᵉ siècle, époque où leurs membres s'habillaient déjà d'une pièce de tissu au dessin spécifique, qui prendra plus tard le nom de tartan. Tous les membres du clan portaient le nom du chef, sans avoir obligatoirement avec lui des liens de sang, et se tenaient prêts à partir en guerre à sa demande. La répression qui suivit la bataille de Culloden *(p. 523)* interdit toute identification aux clans, notamment le port du tartan.

Les Mackay, aussi appelés clan Morgan, établirent leur réputation pendant la guerre de Trente Ans.

Les MacLeod sont d'origine nordique. Leur chef habite le château de Dunvegan (p. 520).

Les MacDonald, jadis le plus puissant des clans portent le titre de Lords of the Isles.

Les Mackenzie *reçurent leurs terres du Kintail (p. 516) de David II en 1362.*

LE CHEF DU CLAN

Patriarche, juge et commandant militaire, le chef exigeait une loyauté absolue des membres de son clan qui devaient, en échange de sa protection, le suivre au combat. Pour les y appeler, il envoyait un coureur portant une croix embrasée sillonner son territoire.

Bonnet orné de plumes d'aigle, de l'écusson et de l'emblème végétal du clan.

Poignard

Sporran, poche en peau de blaireau.

Feileadh-mor, ou « grand plaid » (ancien kilt) drapé autour des hanches et de l'épaule.

Épée à garde coquille

Les Campbell étaient un clan redouté qui combattit les jacobites en 1746 (p. 523).

La Black Watch, *fondée en 1729 pour maintenir l'ordre dans les Highlands, fut l'un des régiments où le tartan survécut. À partir de 1746, les civils risquaient une peine allant jusqu'à 7 ans d'exil s'ils le portaient.*

Les Sinclair, *venus de France au XIᵉ siècle, devinrent comtes de Caithness en 1455.*

Les Frazer *arrivèrent de Bretagne avec les troupes de Guillaume le Conquérant.*

George IV, *vêtu en Highlander, visita Edinburgh en 1822, année où le tartan revint en grâce. Beaucoup de motifs datent de cette époque, les originaux ayant été perdus.*

Les Gordon *étaient des soldats réputés et avaient pour devise : « Par courage et non par ruse. »*

Les Stuarts, *dynastie royale, avaient pour devise : « Personne ne me blesse impunément. »*

LES TERRITOIRES DES CLANS

Leurs écussons situent ici les territoires de 10 clans importants. Ceux dont les tartans étaient très colorés en portaient de plus sombres pour la chasse.

Les Douglas *jouèrent un rôle dans l'histoire écossaise, mais leur origine est inconnue.*

EMBLÈMES VÉGÉTAUX

Chaque clan portait un emblème végétal au bonnet, notamment lors d'une bataille.

Le pin d'Écosse des MacGregor d'Argyll.

Les sorbes arborées par le clan Malcolm.

Le lierre du clan Gordon de l'Aberdeenshire.

Le chardon des Stuarts est devenu un emblème national.

Le lin des marais du clan Henderson.

LES CLANS DES HIGHLANDS AUJOURD'HUI

Jadis costume de tous les jours, le kilt ne se porte plus guère désormais que dans les grandes occasions. À l'original a succédé le *feileadh-beag* ou « petit plaid » *feileadh-mor* fabriqué avec environ 7 mètres de tissu et fixé sur le devant par une épingle en argent. Bien que leurs chefs aient perdu tout pouvoir, appartenir à un clan reste une grande source de fierté pour les Écossais, qu'ils continuent à habiter sur les territoires traditionnels de leurs ancêtres ou qu'ils soient les descendants de Highlanders contraints à l'émigration.

Costume highlander moderne

L'évolution du château écossais

Les îles Britanniques offrent peu de spectacles aussi romantiques que celui d'un château écossais au bord d'une côte escarpée ou d'un loch isolé. Édifices bâtis à l'origine pour la défense, ils évoluèrent à partir des premiers forts pictes, puis des donjons protégeant une basse-cour inspirés des Normands, jusqu'à donner au XIVe siècle la maison-tour typiquement écossaise. Au XVIIe siècle, la fin des luttes entre clans fait perdre à la tour son importance défensive, mais elle reste un important élément décoratif, tandis que les espaces d'habitation s'étendent et deviennent plus luxueux.

Détail de la façade baroque, Drumlanrig

DONJON ET BASSE-COUR

Ces châteaux apparurent au XIIe siècle. Bâtis sur deux éminences voisines, ils étaient constitués d'un donjon servant de demeure au chef et dominant une enceinte entourée d'une palissade ou d'un fossé, la basse-cour, où vivaient les villageois. Il n'en subsiste guère plus aujourd'hui que les terrassements.

Donjon de défense où habitait le chef

Les ruines de Duffus Castle, Morayshire

Duffus Castle (v. 1150), au nord d'Elgin, est un des rares châteaux de l'époque à avoir été construits en pierre.

Motte de terre ou de roche parfois en partie artificielle

Palissade entourant les habitations et les entrepôts

MAISON-TOUR PRIMITIVE

Conçues pour repousser l'attaque de voisins plutôt que celle d'une véritable armée, les maisons-tours apparurent au XIVe siècle et se maintinrent pendant 400 ans. Elles avaient à l'origine un plan rectangulaire et possédaient 3 ou 4 niveaux. Les murs sans ornement comportaient peu d'ouvertures et étaient coiffés de structures défensives. Les adjonctions étaient elles aussi les plus verticales possible pour réduire l'espace à protéger lors d'un assaut.

Parapet crénelé

Murs nus percés de meurtrières

Claypotts Castle (v. 1570) possède des combles en surplomb uniques en leur genre

Braemar Castle (v. 1630), une juxtaposition de tours

Neidpath Castle, qui se dresse sur un rocher escarpé dominant la Tweed, est une maison-tour en forme de L de la fin du XIVe siècle. Place forte de Charles II, elle porte toujours les traces d'un siège conduit par Oliver Cromwell (p. 52).

Entrée étroite et discrète

MAISON-TOUR TARDIVE

La diminution des problèmes de sécurité laissa la priorité au confort, mais le modèle de la maison-tour garda sa popularité. Au XVIIe siècle, des ailes d'habitation complétèrent la tour originale (créant souvent une cour) et les éléments de fortification prirent une fonction décorative.

Drum Castle *(p. 527)*, résidence construite en 1619 autour d'un donjon du XIIIe siècle

Chambre du prêtre avec accès secret

Maison-tour du XVe siècle

Tour d'angle contenant un escalier

Adjonction du XVIe siècle

Traquair House (p. 499), *au bord de la Tweed, serait la plus ancienne maison d'Écosse habitée sans interruption. Adjonctions à la maison-tour originale (XVe siècle), la plupart des bâtiments datent du XVIe siècle.*

Tourelle décorative en encorbellement

Blair Castle *(p. 529)* incorpore une tour médiévale

PALAIS CLASSIQUE

Au XVIIIe siècle, les impératifs de défense avaient complètement disparu et les châteaux prirent la forme de somptueuses résidences de campagne largement ouvertes sur l'extérieur et marquées par des influences de toute l'Europe, notamment françaises, néo-Renaissance et néo-gothiques. La construction d'imitations d'édifices fortifiés se poursuivit toutefois jusqu'au XIXe siècle.

Dunrobin Castle (v. 1840), Perthshire

Grande fenêtre

Balustrade remplaçant les créneaux

Coupole décorative

Drumlanrig Castle (p. 500), *construit au XVIIe siècle, associe des éléments d'architecture typiquement écossais et une décoration de façade Renaissance.*

Colonnade Renaissance

Escalier en fer à cheval baroque

Que manger et boire en Écosse ?

La cuisine écossaise accomode en général simplement, sans sauces élaborées, les richesses naturelles du pays : le gibier qui abonde dans les collines, les truites et saumons dont sont riches les rivières, et les animaux d'élevage. Le bœuf « Aberdeen Angus » est particulièrement réputé. Le climat de la région convenant mal à la culture du blé, c'est l'avoine qui entre dans la composition de nombreux plats traditionnels tels que le porridge, les oatcakes et, bien sûr, le haggis.

Le porridge, avoine bouillie dans de l'eau et du lait, se mange sucré ou salé au petit déjeuner.

Les kippers, harengs salés et fumés, se consomment aussi au petit déjeuner.

Le saumon poché cuit dans un court-bouillon d'eau, de vin, d'épices et de légumes. Il provient le plus souvent des rivières de la côte est.

Le scotch broth est un bouillon léger de bœuf ou de mouton au tapioca et aux légumes.

Le gibier est faisandé une dizaine de jours puis mariné dans du vin, du vinaigre et des épices avant d'être rôti.

Le haggis est un hachis d'abats de mouton et de farine d'avoine servi avec de la purée de navets (neeps) ou de pommes de terre.

LA MARMELADE

La marmelade d'oranges est née au XVIIIe siècle à Dundee *(p. 485)* d'une erreur commerciale. James Keiller ayant acheté une cargaison d'oranges amères qu'il n'arrivait pas à revendre, sa femme Janet en fit de la confiture. Sa délicieuse invention se déguste désormais dans le monde entier.

Le Dundee cake est une pâtisserie riche parfumée aux fruits secs et aux amandes.

Sablé   Bonchester

Bonnet

Marmelade d'oranges   Raisin et gingembre

Les oatcakes, biscuits à la farine d'avoine, accompagnent les sucreries ou le fromage, de vache ou de brebis, qui se mange après le dessert.

LA FABRICATION DU WHISKY

Il existe deux sortes de whisky (du gaélique *usquebaugh*, ou eau-de-vie), le *pure malt* produit à partir d'orge fermenté (le malt) et le *grain whisky* fabriqué avec plusieurs céréales. Les *blended whiskies* mélangent les deux dans des proportions propres à chaque marque. Si sa distillation ne demande qu'environ trois semaines, le whisky doit vieillir au moins trois ans en fût.

Épis d'orge

1 Le maltage commence par l'humidification des grains d'orge étalés sur une aire. Ils sont régulièrement retournés pour faciliter la germination qui stimule la production d'enzymes capables de transformer l'amidon en sucres fermentescibles.

3 Le pétrissage dans une vaste cuve, la mash tun, du malt moulu, ou grist, mélangé à de l'eau de source chaude, produit une solution sucrée appelée wort, qui est ensuite mise à fermenter.

2 Au bout de 12 jours, les grains sont séchés dans un four au-dessus d'un feu de tourbe. Sa fumée donne au malt un parfum qui influence le goût final du whisky. Débarrassé des germes, le malt est ensuite moulu.

5 La distillation, ou extraction de l'alcool par condensation, se fait en deux temps. Le wash est d'abord mis à bouillir dans un premier alambic en cuivre, le wash still, puis le résultat de cette distillation passe dans le spirit still, d'où sort le whisky jeune qui titre 57 degrés d'alcool.

4 La fermentation est provoquée dans des cuves en bois, les washbacks, par l'apport de levures qui transforment les sucres en alcool. Brassé pendant des heures, le mélange donne un liquide clair appelé wash.

6 Dernière étape, la maturation dure au moins trois ans dans des fûts de chêne. Ceux-ci ont généralement servi auparavant au vieillissement de sherry ou de porto pour s'alléger en tanin.

Coupes de dégustation, ou *quaichs*, en argent

Les blended whiskies sont le résultat de mélanges de *pure malt* et de grain whisky.

Les pure malt prennent un goût lié aux qualités de la tourbe et de l'eau de source locales.

LES LOWLANDS

CLYDE VALLEY · CENTRAL SCOTLAND · FIFE · THE LOTHIANS
AYRSHIRE · DUMFRIES AND GALLOWAY · THE BORDERS

*S*i l'image de l'identité écossaise s'enracine dans des traditions d'origine celte propres aux Highlands, le sud du pays, anglo-saxon, en a toujours été la partie la plus peuplée et le moteur économique. Après avoir assuré la richesse agricole de l'Écosse, les Lowlands en constituent aujourd'hui le grand pôle industriel et commercial.

Leur voisinage avec l'Angleterre a fait des Lowlands le creuset de l'histoire écossaise. Pendant des siècles après la construction par les Romains du mur antonin *(p. 44)* entre les golfes du Forth et de la Clyde, des combats y firent rage et les châteaux qui parsèment les collines des Borders témoignent de la difficulté à habiter un territoire convoité par des voisins belliqueux. Les remparts de Stirling Castle ne dominent pas moins de sept champs de bataille différents où les Écossais défendirent leur indépendance.

Les ruines d'abbayes comme celle de Melrose rappellent également les risques d'une situation à proximité de l'Angleterre. Le commerce de la laine fondé par leurs moines prospère cependant toujours à Peebles et Hawick.

Au nord des Borders, Edinburgh, capitale culturelle et administrative de l'Écosse, s'étend près du Firth of Forth. Avec ses places georgiennes dominées par une forteresse médiévale, c'est une des plus élégantes villes d'Europe. Tandis que les arts et la littérature fleurissaient aux XVIIIe et XIXe siècles à Edinburgh, Glasgow devenait la deuxième cité commerciale de Grande-Bretagne après Londres. Son port, l'amélioration du moteur à vapeur vers 1840 par James Watt et les richesses minières de la région lui permirent de développer une puissante industrie.

Ces deux villes ont conservé leur dynamisme. Alors que Glasgow est présentée comme un exemple de reconversion économique réussie, Edinburgh organise chaque été l'un des plus grands festivals artistiques d'Europe.

Jongleur au festival d'Edinburgh

◁ Avec ses tourelles, Glamis Castle présente à 19 km de Dundee un aspect typiquement écossais

À la découverte des Lowlands

Les Lowlands occupent le territoire situé au sud de la ligne de failles orientée au nord-est entre le loch Lomond et Stonehaven. Si la région porte le nom de « Basses Terres », elle inclut cependant de vastes espaces en altitude et offre le meilleur exemple de la diversité des paysages écossais. Aux vallées boisées et aux rivières sinueuses des Borders succèdent les landes dénudées des Cheviots et des Lammermuirs. De petits villages de pêcheurs s'accrochent aux côtes rocheuses de l'Est, tandis que de riantes stations balnéaires parsèment le littoral du Firth of Clyde et de ses îles. Au nord de Glasgow, les Trossachs dominent le loch Lomond et attirent de nombreux randonneurs *(p. 32-33)*.

Le loch Lomond vu depuis le sommet du Ben A'an dans les Trossachs

VOIR AUSSI

- *Hébergement* p. 568-570
- *Restaurants et pubs* p. 604-606

LA RÉGION D'UN COUP D'ŒIL

Aberdeen
STONEHAVEN

LÉGENDE

- Autoroute
- Route principale
- Route pitoresque
- Chemin pittoresque
- Cours d'eau
- Point de vue

CIRCULER

Depuis la M6 en Angleterre, l'A74 et la M74 rejoignent Glasgow, d'où rayonnent d'autres autoroutes vers Edinburgh, Sterling et Perth. Depuis cette dernière ville, des routes principales (A) conduisent aux Highlands. Glasgow, Edinburgh et Prestwick possèdent un aéroport international et des ferry-boats desservent l'île d'Arran au départ d'Ardrossan.

A94 A92

GLAMIS CASTLE ⑤

A94

A85

④ **PERTH**   ⑥ **DUNDEE**
Firth of Tay
A914
⑦ **ST ANDREWS**
A91
FALKLAND ⑨   A915   ⑧ **EAST NEUK**
PALACE

DUNFERMLINE
⑩
Firth of Forth
A1
LINLITHGOW PALACE
⑬ ⑭ **FORTH BRIDGES**
⑮ **EDINBURGH**   **ST ABB'S HEAD**
A1   ⑯

⑫ A702
A703
B6438
A7   A6089   A6112
A68
Berwick-upon-Tweed,
Newcastle upon Tyne

TRAQUAIR
HOUSE   **MELROSE**
⑳   **ABBEY**   A698
① **BIGGAR**   ⑲   ⑱   ⑰ **LES BORDERS**
ABBOTSFORD
HOUSE   A68

A701
Tweed
A708   Southern Upland Way
Teviot   A68
● **HAWICK**
A7
MOFFAT   CHEVIOT HILLS

0   20 km

DUMFRIES   M74

Solway Firth
Carlisle

Edinburgh Castle vu depuis Princess Street

Les Trossachs ❶

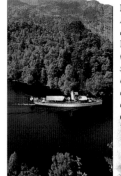

Loch Katrine
Décor d'un roman de sir Walter Scott, La Dame du lac *(1810), ce lac peut se découvrir à bord du vapeur qui porte le nom du célèbre auteur et part du Trossachs Pier.*

Highlands et Lowlands se rencontrent dans cette région de collines escarpées et de lochs scintillants où l'austérité des Grampians se marie avec le charme pastoral des Borders. Abritant une faune d'une grande richesse, comprenant notamment aigle royal, faucon pèlerin, cerf et chat sauvage, les Trossachs ont inspiré de nombreux écrivains,

Aigle royal

en particulier Sir Walter Scott *(p. 498)* qui en fit le cadre de plusieurs de ses romans. C'est également là qu'au début de XVIIIe siècle vécut et se cacha Rob Roy, héros si populaire qu'il devint de son vivant le sujet d'un roman attribué à Daniel Defoe.

Loch Lomond
Parsemé d'îles, le plus grand lac de Grande-Bretagne a inspiré bien des poèmes. Des bateaux-promenades partent du port de Balloch où l'on peut aussi louer des barques.

Luss
Entourés de vertes collines et occupant un superbe site sur la côte orientale du loch Lomond, ses cottages pittoresques font de Luss l'un de plus jolis villages des Lowlands.

FORT WILLIAM

Inveruglas

LOCH ARKLET

Tarbet

BEN LOMOND
▲
974 m

Kinloch

BEN UIRD
▲
596 m

Luss

Balmal

LOCH LOMOND

Le West Highland Way
est un sentier pédestre traversant la région.

Balloch

GLASGOW

LÉGENDE

🏛	Information touristique
▬▬	Route A
▭▭	Route B
═══	Route secondaire
– –	Sentier
☼	Point de vue

0　　　　　5 km

Inchmahome Priory

*Marie Stuart
(p. 497) se cacha
dans ce prieuré
pour échapper
aux armées
d'Henry VIII
(p. 498).*

MODE D'EMPLOI

Stirling. 🚂 Stirling. 🚌 Callander.
🛈 Rob Roy & Trossachs Visitor
Centre, Ancaster Sq, Callander
(0870 7200 628). 🔵 de mars à déc.
Inchmahome Priory, A81, près
d'Aberfoyle. 📞 0131 668 8800. 🔵
d'avr. à sept. : de 9 h 30 à 18 h 30
t.l.j. 🎫 🔵 limité. **Vapeur Sir
Walter Scott :** tél. au Visitor Centre.

Balquhidder 🏛

LOCH VOIL

PERTH

Tombe de Rob Roy

TROSSACHS

LOCH
LUBNAIG

BEN LEDI
▲
878 m

A84

Callander

VENUE
▲
27 m

ACHRAY

Brig O'Turk

A821

LOCH VENNACHAR

A81

Callander

*Idéal pour explorer la région,
ce village abrite le Rob Roy
and Trossachs Visitor Centre.*

MENTEITH HILLS

Aberfoyle

A81

A873

B8034

Goodie Water

STIRLING

H ARD

LAKE OF
MENTEITH

B829

A81

A811 STIRLING

A811

Arnprior

ROB ROY

Éleveur des environs du loch Arklet,
Robert MacGregor (1671-1734),
à qui la couleur de ses cheveux
valut le surnom de Rob Roy (Robert
le Rouge), se vit contraint après
plusieurs hivers rigoureux de piller
de riches propriétés des Lowlands
pour nourrir son clan. Le duc
de Montrose le déclara hors-la-loi
et fit brûler sa maison. Le désir
de vengeance exalta alors
les penchants jacobites de Rob Roy
et il s'attaqua aux terres du duc.
Plusieurs évasions de prison lui
valurent une réputation comparable
à celle de Robin des Bois *(p. 324).*
Pardonné en
1725, il passa
ses dernières
années à
Balquhidder
où il repose.

Le Duke's Pass, entre
Callander et Aberfoyle,
commande une vue
splendide sur la région.

Balfron

A875

Killearn

en

Queen
Elizabeth
Forest Park

*Des sentiers
forestiers
sillonnent
ce vaste espace
préservé,
domaine
des grouses
et des cerfs entre
le loch Lomond
et Aberfoyle.*

**La demeure des ducs d'Argyll
(XVIIe s.) à Stirling**

Stirling ❷

Stirling. 🏠 28 000. 🚉 🚌 🛈
41 Dunbarton Rd (0870 720 0620).
W www.visitscottishheartlands.org

E ntre les Ochil Hills et les
Campsie Fells, Stirling s'est
développé autour de son
château qui joua un rôle
essentiel dans l'histoire
écossaise. Au pied du rocher où
il se dresse, la vieille ville a
conservé les remparts construits
au XVIe siècle pour protéger
Marie Stuart *(p. 497)* des
menées d'Henry VIII. Son fils,
Jacques VI, fut couronné en
1567 sur Castle Wynd dans la
Church of the Holy Rude,
église qui possède l'une des
dernières charpentes à blochets
en chêne d'Écosse. Il ne subsiste
que la façade Renaissance de
Mar's Wark, palais commandé
en 1570 par le premier comte de
Mar et détruit par les jacobites
(p. 523) en 1746. En face s'élève
la superbe demeure (XVIIe siècle)
des ducs d'Argyll.

Aux environs
À trois kilomètres au sud de
Stirling, le **Bannockburn
Heritage Centre** se trouve
près du champ de bataille où
Robert Bruce vainquit les
Anglais *(p. 468)*. Après sa
victoire, il démantela le
château pour éviter qu'il ne
tombe à nouveau dans des
mains ennemies. Une statue
équestre en bronze rappelle la
mémoire de celui qui incarnait
l'indépendance écossaise.

🛈 Bannockburn Heritage
Centre
(NTS) Glasgow Rd. 📞 01786 812664.
⭕ d'avr. à sept. : de 10 h 30 à 18 h 30
t.l.j ; d'oct à mars : de 11 h à 16 h 30
t.l.j.. ⭕ du 24 déc. à fév. 🎫 ♿

Stirling Castle

O ccupant au-dessus de la ville une
position stratégique qui lui valut d'être
pendant des siècles l'enjeu d'âpres combats,
ce superbe édifice est un des plus beaux
exemples d'architecture Renaissance
d'Écosse. Selon la légende, le roi Arthur
(p. 273) aurait arraché aux Saxons le château d'origine,
mais rien ne confirme que le site ait été fortifié avant
1124. Le château actuel date des XVe et XVIe siècles et a
subi son dernier assaut, mené par des jacobites
(p. 523), en 1746. Garnison d'un bataillon de
Highlanders de 1881 à 1964, il ne remplit plus
aujourd'hui de fonction militaire.

Gargouille

Robert Bruce
*Sur l'esplanade, cette statue
moderne montre le vainqueur
de Bannockburn
remettant son épée
au fourreau après
la bataille.*

Prince's Tower

Fortification

Entrée

***Stirling Castle à l'époque des Stuarts**, peinture de Johannes Vorsterman
(1643-1699)*

★ Le palais
La salle la plus intéressante des appartements royaux renferme de superbes médaillons Renaissance représentant, pense-t-on, 38 personnages de la cour.

Le King's Old Building abrite un musée consacré au régiment des Argyll and Sutherland Highlanders.

★ La chapelle royale
Des fresques peintes au XVIIe siècle par Valentine Jenkins ornent ce sanctuaire reconstruit en 1594.

Basse-cour

Le Great Hall, bâti en 1500, a retrouvé sa splendeur d'antan.

À NE PAS MANQUER

★ Le palais

★ La chapelle royale

L'Elphinstone Tower devint une plate-forme d'artillerie en 1714.

Batterie d'artillerie
Sept canons occupent ce parapet construit en 1708 lors d'un renforcement des défenses après la révolution de 1688 (p. 53).

LES BATAILLES DE STIRLING

Commandant l'accès aux Highlands, Stirling occupait au plus haut point navigable du Forth une position clé dans les défenses de l'Écosse, et sept champs de bataille se découvrent depuis son château. À Abbey Craig, le Wallace Monument, haut de 67 m, commémore la victoire de William Wallace sur les Anglais à Stirling Bridge en 1297. Elle annonçait celle de Bruce en 1314 *(p. 468)*.

Le Wallace Monument

Perth vu depuis la rive orientale de la Tay

Doune Castle ❸

Doune, Stirling. ☎ 01786 841742. ⧓
🚌 Stirling, puis bus. ⬤ d'avr. à oct. :
t.l.j. ; de nov. à mars : du sam. au jeu.
⬤ 21 déc. au 8 janv. 🈳 ♿ limité

Construit au XIVᵉ siècle par
Robert, duc d'Albany, le
château de Doune fut une
forteresse Stuart jusqu'à ce
qu'il tombe en ruine au
XVIIIᵉ siècle. Aujourd'hui
complètement restauré, il
offre un superbe aperçu, avec
ses communs, ses escaliers et
ses passages étroits, de la vie
d'une famille seigneuriale au
Moyen Âge.

Le corps de garde dominant
l'entrée, jadis résidence
autonome avec sa propre
alimentation en eau, donne
accès à la cour centrale d'où
les visiteurs peuvent gagner le
Great Hall. Entièrement
reconstituée avec sa galerie
des ménestrels et sa cheminée
centrale, cette vaste salle jouxte
le Lord's Hall et une pièce qui
servait à l'usage privé du
seigneur et a conservé ses
toilettes d'origine.

Perth ❹

Perthshire. 🏘 45 000. ⧓ 🚌 🛈 45
High St (01738 638353).

Capitale de l'Écosse au
Moyen Âge, Perth a gardé
de beaux monuments qui
témoignent de son riche
passé. Ce fut dans l'**église
Saint-Jean**, fondée en 1126,
que John Knox *(p. 469)*
adressa les prêches
enflammés qui conduisirent à
la destruction de nombreux
monastères de la région.
Remaniée dans le style
victorien, la **Fair Maid's
House** (v. 1600), sur le North
Port, une des plus anciennes
maisons de la ville, inspira Sir
Walter Scott *(p. 498)*. Il en fit
l'habitation de *La Jolie Fille de
Perth* (1828).

Dans **Balhousie Castle**, un
musée rend hommage au
régiment de la Black Watch,
tandis que l'**Art Gallery and
Museum** évoque l'histoire de
la ville.

Aux environs
À 3 km au nord de Perth, le
Scone Palace, résidence néo-
gothique, se dresse sur le site
d'une abbaye détruite par les
disciples de John Knox en
1559. Du IXᵉ au XIIIᵉ siècle, elle
veilla sur la Pierre de la
Destinée de Scone *(p. 468-
469)* qui servait au sacre des
rois écossais et se trouve à
Westminster Abbey depuis
plusieurs siècles *(p. 94-95)*.
Des broderies de Marie Stuart
(p. 497) font partie des
œuvres d'art exposées.

⚓ **Balhousie Castle**
RHQ Black Watch, Hay St. ☎ 0131
310 8530. ⬤ d'avr. à sept. : du lun.
au sam. ; d'oct. à avr. : du lun. au ven.
⬤ du 23 déc. au 6 janv.
🏛 **Art Gallery and Museum**
78 George St. ☎ 01738 632488.
⬤ du lun au sam. ⬤ du 24 déc. au
4 janv. ♿
⚓ **Scone Palace**
A93 vers Braemar. ☎ 01738 552300.
⬤ du ven. saint à mi-oct. : t.l.j. 🈳 ♿

Glamis Castle ❺

Forfar, Angus. ☎ 01307 840242.
⧓ 🚌 Dundee, puis bus. ⬤ d'avr. à
oct. : t.l.j. 🈳 ♿ parc. 🎫

Ancien pavillon de chasse
royal entrepris au
XIᵉ siècle mais très remanié au
XVIIᵉ siècle, **Glamis Castle**

Statues de Jacques VI (à gauche) et Charles Iᵉʳ dans le parc de Glamis Castle évoque une forteresse médiévale et un château de la Loire. La reine mère Élisabeth y passa son enfance. Un portrait d'Henri de Laszlo (1878-1956), la représentant jeune, orne son ancienne chambre.

Derrière les remparts gris-rose, de nombreuses pièces sont ouvertes au public, notamment la plus ancienne, le Duncan Hall du donjon où Shakespeare situa le meurtre du roi dans *Macbeth*. Peintures, tapisseries, porcelaines et mobilier d'époque décorent les appartements. Dans le parc à l'italienne se dressent deux portails en fer forgé fabriqués pour le 80e anniversaire de la reine mère en 1980.

Dundee ❻

Dundee City. 🏠 150 000. ✈ 🚢 🚐
🛈 7-21 Castle Street (01382 527527). 🚗 mar., du ven. au dim.

Célèbre par son gâteau et sa marmelade *(p. 474)*, Dundee fut aussi un important centre de construction navale quand prospérait la pêche à la baleine aux XVIIIe et XIXe siècles, époque dont une promenade aux Victoria Docks permet de retrouver l'atmosphère. Construit en 1824 et conservé en état, l'**HMS Unicorn** est le plus ancien des navires de guerre britanniques encore à flot. Amarré au Craig Pier, le **Discovery** est l'un des derniers grands voiliers (1901) construits au Royaume-Uni. Il servit à la première expédition du capitaine Scott dans l'Antarctique.

St Andrews derrière les ruines de sa cathédrale

Installées dans un édifice néo-gothique, les **McManus Galleries** présentent des peintures, des vestiges archéologiques et une exposition sur l'histoire de Dundee. Au nord-est de City Square, le cimetière, **Howff Burial Ground**, renferme des tombes victoriennes dont certaines portent de curieuses inscriptions.

🏛 **HMS Unicorn**
Victoria Docks. 📞 01382 200900. ⬜ de 10 h à 17 h : t.l.j. ⬛ de fin déc. à mi-janv. 📷 🚻 limité.

🏛 **Discovery**
Discovery Point. 📞 01382 201245. ⬜ t.l.j. ⬛ 25 déc., 1er, 2 janv. 📷 🚻 📷 sur rendez-vous

🏛 **McManus Galleries**
Albert Sq. 📞 01382 432020. ⬜ t.l.j. (dim. après-midi). ⬛ du 25 au 26 déc., du 1er au 3 janv. 🚻

Insigne de St Mary's College, St Andrews University

St Andrews ❼

Fife. 🏠 14 000. 🚆 Leuchars.
🚌 Dundee. 🛈 70 Market St (01334 472021).

La plus ancienne ville universitaire d'Écosse, **St Andrews** est aujourd'hui la Mecque des golfeurs du monde entier *(voir ci-dessous)*. Ses trois artères principales et de nombreuses ruelles bordées de maisons bancales, de vénérables édifices universitaires et d'églises médiévales convergent vers les ruines de la **cathédrale**. Entreprise au XIIe siècle, puis mise à sac par les réformés, elle finit par servir de carrière. John Knox et ses disciples occupèrent pendant un an **St Andrew's Castle**, ancien palais épiscopal bâti en 1200. Pour une somme modique, les golfeurs pourront pratiquer leur sport favori sur les terrains qui se trouvent au nord de la ville, ou visiter le **British Golf Museum** qui retrace l'histoire du célèbre Royal and Ancient Golf Club fondé en 1754.

♣ **St Andrew's Castle**
South St. 📞 01334 477196. ⬜ t.l.j. ⬛ 25 et 26 déc., du 1er au 2 janv. 📷 🚻
🏛 **British Golf Museum**
Bruce Embankment. 📞 01334 478880. ⬜ de Pâques à mi-oct. : t.l.j. ; de mi-oct. à Pâques : du jeu. au lun. 📷 🚻

LES ORIGINES DU GOLF

Né sur les dunes entourant St Andrews, le sport national écossais est mentionné dès 1457 quand Jacques II l'interdit parce qu'il distrait ses sujets de l'entraînement au maniement de l'arc. Bien qu'élevée en France, la reine d'Écosse Marie Stuart *(p. 497)* adorait ce jeu, et elle se vit reprocher en 1568 de l'avoir pratiqué juste après l'assassinat de son second mari, Lord Darnley.

Marie Stuart à
St Andrews en 1563

Cour intérieure de Falkland Palace

East Neuk ❽

Fife. 🚆 *Leuchars.* 🚌 *Glenrothes et Leuchars.* ℹ️ *70 Market Street, St Andrews (01334 472021).*

Sur la péninsule de Fife, de jolis villages de pêcheurs jalonnent la côte de l'**East Neuk** (le « Coin est »). Les pignons d'inspiration flamande qui ornent nombre de leurs cottages rappellent qu'ils assuraient au Moyen Âge une grande partie des échanges commerciaux entre l'Écosse et le continent. La raréfaction des harengs en mer du Nord conduit un nombre croissant d'habitants à se détourner des activités traditionnelles pour s'orienter vers le tourisme. St Monans, une charmante bourgade aux rues tortueuses, continue cependant de fabriquer et de réparer des bateaux de pêche, tandis que Pittenweem possède encore une flotte importante. Cette ville est aussi connue par **St Fillan's Cave**, grotte d'un ermite du IXᵉ siècle dont les reliques auraient servi à bénir l'armée de

Robert Bruce *(p. 468)* avant la bataille de Bannockburn. Autre source de légende, la pierre posée près du portail de l'église du charmant village de Crail. Le diable l'aurait jetée là depuis l'île de May.

À Anstruther, des bâtiments édifiés du XVIᵉ au XIXᵉ siècle abritent le **Scottish Fisheries Museum** dont les expositions retracent l'histoire de la région grâce à la reconstitution d'intérieurs anciens, de bateaux et de souvenirs de marins. Du port partent des navires pour l'**Isle of May** (île de May), réserve d'oiseaux où prospère une colonie de phoques gris.

La statue d'Alexander Selkirk, à Lower Largo, rappelle le lieutenant de marine abandonné pour insoumission pendant plus de quatre ans sur une île déserte. Ses aventures inspirèrent le *Robinson Crusoé* (1719) de Daniel Defoe.

🏛 Scottish Fisheries Museum
Harbour Head, St Ayles, Anstruther. 📞 *01333 310628.* 🕐 *t.l.j.* ⬤ *25-26 déc., 1ᵉʳ, 2 janv.* 📷 ♿ 🎦

Falkland Palace ❾

(NTS) Falkland, Fife. 📞 *01337 857397.* 🚆 🚌 *Ladybank, Kirkcaldy, puis bus.* 🕐 *d'avr. à oct. : t.l.j. (dim. après-midi).* ♿

Jacques IV Stuart entreprit en 1500 ce pavillon de chasse royal, mais c'est son fils, Jacques V *(p. 496)*, qui en fit le superbe palais Renaissance visible aujourd'hui. Sous l'influence de ses deux épouses françaises, Madeleine de France et Marie de Guise, il employa des artisans français pour construire l'aile est, incendiée en 1654, et l'aile sud dont la façade évoque les châteaux de la Loire. Le palais tomba en ruine à l'époque du Commonwealth *(p. 52)*, et Rob Roy *(p. 481)* l'occupa brièvement en 1715.

Après avoir acquis le domaine en 1887, le 3ᵉ marquis de Bute prit le titre de Keeper (litt. « Gardien ») et restaura les bâtiments dans leur état actuel. De superbes meubles et des portraits contemporains de membres de la dynastie des Stuarts ornent ses pièces aux riches boiseries. Le court de tennis aménagé dans le jardin pour Jacques V est le plus vieux de Grande-Bretagne.

Dunfermline ❿

Fife. 🏘 *45 000.* 🚆 🚌 ℹ️ *13-15 Maygate (01383 720999).*

Capitale de l'Écosse jusqu'en 1603, Dunfermline s'étend au-dessous des vestiges de son abbaye et de son palais du XIIᵉ siècle. La ville fut la résidence de Malcolm III ; c'est ici qu'il épousa en 1070 la reine Margaret d'origine saxonne. Elle fonda peu après un prieuré bénédictin à l'emplacement de l'actuelle **église abbatiale**. Dotée d'une nef normande du XIIᵉ siècle et d'un chœur du XIXᵉ siècle, celle-ci renferme les tombeaux de 22 rois et reines écossais, dont Robert Bruce *(p. 468)*.

Les ruines du **palais** dominent les superbes jardins du Pittencrieff Park. Parce qu'on lui en avait interdit l'entrée pendant son enfance, le plus célèbre enfant de

Nef normande (XIIᵉ siècle) de l'abbatiale de Dunfermline

Dunfermline, le philanthrope Andrew Carnegie (1835-1919), décida, une fois fortune faite, d'acheter le domaine pour l'offrir à la ville. Installé dans sa maison dont l'ameublement n'a pas changé depuis l'époque, le **Carnegie Birthplace Museum** retrace son histoire : émigré avec sa famille en Pennsylvanie en 1848, Andrew Carnegie fonda un des plus puissants empires industriels des États-Unis et le céda en 1901 pour consacrer une partie de sa richesse (350 millions de dollars) à la création de fondations et d'œuvres charitables.

🏛 Carnegie Birthplace Museum
Moodie St. 📞 *01383 724302.* ⬜ *t.l.j.* ● *25, 26 déc., 1ᵉʳ, 2 janv.* 🖼 ⭒

Culross ❶

Fife. 🚶 *450.* 🚆 *Dunfermline.* 🚌 *Dunfermline.* ℹ️ *National Trust, The Palace (01383 880359).* ⬜ *d'avr. à sept. : t.l.j.* 🖼 ⭒ *limité.*

Saint Mungo serait né en 512 à Culross, alors important centre religieux. Ce petit bourg connut une grande période de prospérité à partir du XVIᵉ siècle avec le développement des industries du sel et du charbon, notamment grâce à un descendant de Robert Bruce *(p. 468)*, Sir George Bruce, qui dirigea la houillère de Culross en 1574 et créa un système d'évacuation d'eau (« roue égyptienne ») drainant une mine longue de 1,5 km.

Après être entré en déclin, Culross se figea pour garder l'aspect qu'il avait au XVIIIᵉ siècle. Le National Trust entama la restauration des maisons en 1932 et il organise maintenant des visites guidées de la ville. Elles partent du **Visitors' Centre** installé dans l'ancienne prison.

Construit en 1597, le **palais** de Bruce présente le mélange de styles flamand et écossais caractéristique de l'époque. L'intérieur a conservé ses plafonds peints du début du XVIIᵉ siècle qui font partie des plus beaux d'Écosse. Traversant la place, dépassez l'**Oldest House** (la « plus vieille maison ») bâtie en 1577 et dirigez-vous vers la **Town House** à l'ouest. Derrière, la

Back Causeway, une rue pavée possédant encore la partie surélevée jadis réservée à la noblesse, conduit au **Study** entrepris en 1610 pour loger l'évêque de Dunblane. Ouverte au public, la pièce principale mérite une visite pour son plafond norvégien. En continuant vers le nord en direction des ruines de l'abbaye, ne manquez pas la **House with the Evil Eyes** (« maison aux yeux malfaisants »), demeure à pignon hollandais.

Le Study (XVIIᵉ siècle) de Culross au plafond décoré

Linlithgow Palace ❷

Linlithgow, West Lothian. 📞 *01506 842 896.* 🚆 🚌 ⬜ *t.l.j.* ● *25 et 26 déc., du 1ᵉʳ au 2 janv.* 🖼 ⭒ *limité.*

Au bord du loch Linlithgow se dressent les ruines du palais royal qu'entreprit Edouard Iᵉʳ en 1302. Les vestiges qui se visitent aujourd'hui remontent cependant pour la plupart au règne de Jacques V. Celui-ci fit notamment édifier l'aile sud abritant la chapelle et le Great Hall, salle longue de 28 mètres qui a conservé son immense cheminée sculptée. Restaurée, la belle fontaine de la cour fut installée en 1538 pour célébrer son mariage avec Marie de Guise. Leur fille, Marie Stuart *(p. 497)*, naquit en 1542 au château.

Attenante, la **Church of St Michael** est la plus grande église d'Écosse élevée avant la Réforme. Elle offre un bel exemple de gothique à décoration écossaise.

Le palais construit au XVIᵉ siècle à Culross par Sir George Bruce

Hopetoun House ⑬

West Lothian. █ 0131 331 2451. ⬆
Dalmeny, puis taxi. ⬤ de mi-avr. à
sept. : t.l.j. ▨ ⬤ limité. ⬤

Au bord du Firth of Forth,
un vaste parc inspiré
des jardins du château de
Versailles sert d'écrin à l'une
des plus belles résidences
seigneuriales d'Écosse.
De la demeure d'origine bâtie
en 1707 ne subsiste que le
corps central, que William
Adam intégra à partir de 1721
dans un vaste édifice au plan
en fer à cheval de style
georgien. Des tableaux de
maîtres décorent les
appartements. Les salons
rouge et jaune, avec leurs
stucs rococo et leurs
cheminées ornementées, leur
offrent un cadre
particulièrement
impressionnant. La famille du
marquis de Linlithgow,
descendant du premier comte
d'Hopetoun, habite toujours
une partie de la maison.

L'Hopetoun House représentée sur
un panneau peint de son escalier

Les ponts du Forth ⑭

Edinburgh. ⬆ ⬤ Dalmeny,
Inverkeithing.

La petite ville de South
Queensferry est dominée
par deux immenses ponts qui
traversent le Forth, à cet
endroit d'une largeur de
1,6 km, pour rejoindre
Inverkeithing sur l'autre rive.
Premier grand ouvrage d'art

Les falaises de St Abb's Head

en acier de ce type au monde,
le spectaculaire pont
ferroviaire ouvrit en 1890, un
an après l'inauguration de la
tour Eiffel. Il reste l'une des
plus belles réussites techniques
de l'ère victorienne. Plus de
8 millions de rivets assemblent
les poutrelles de ses arches et
ses surfaces peintes
représentent quelque
55 hectares. D'où l'expression
populaire « C'est comme
peindre le Forth Bridge » pour
décrire une tâche sans fin. Le
pont routier voisin était le plus
long hors des États-Unis lors
de sa mise en service en 1964.
     C'est la promenade de South
Queensferry qui offre le
meilleur point de vue sur les
deux ouvrages d'art. La ville
doit son nom à la pieuse
épouse de Malcolm III, la reine
Margaret *(p. 493)*, qui, au
cours de ses trajets entre
Edinburgh et le palais royal de
Dunfermline *(p. 487)*, prenait
ici le bac au XIe siècle.

Edinburgh ⑮

Voir p. 490-497.

St Abb's Head ⑯

The Borders. ⬆ *Berwick-upon-
Tweed.* ⬤ *à partir d'Edinburgh.*

Les falaises déchiquetées de
St Abb's Head, la pointe
sud-est de l'Écosse, s'élèvent
jusqu'à 91 mètres au-dessus
des eaux de la mer du Nord.
Cette réserve naturelle de
80 hectares est un important
lieu de nidification pour de
nombreuses espèces d'oiseaux
marins, et plus de 50 000
fulmars, guillemots, mouettes
tridactyles et macareux, entre
autres, viennent s'y reproduire
en mai et juin. Depuis le
village de pêcheurs de
St Abbs, l'un des ports les plus
authentiques encore en
activité sur la côte orientale de
la Grande-Bretagne, un sentier
côtier permet de monter
admirer leurs ballets aériens. Il
part du **Visitors' Centre** où
une exposition comprend des
planches servant à
l'identification des oiseaux.

🛈 **Visitors' Centre**
St Abb's Head. █ 018907 71443.
⬤ de Pâques à oct. : t.l.j. ⬤

Le Forth Bridge vu depuis South Queensferry

Excursion dans les Borders ⑰

L a zone frontalière entre l'Angleterre et l'Écosse est jalonnée de ruines laissées par les conflits entre les deux nations. Les plus poignantes sont celles des abbayes fondées au XIIᵉ siècle pendant le règne de David Iᵉʳ et détruites par Henry VIII *(p. 498)*. La splendeur des vestiges témoigne de leur ancienne puissance spirituelle et politique.

Kelso Abbey ①
La plus grande des abbayes des Borders était aussi la plus puissante institution ecclésiastique d'Écosse.

Melrose Abbey ⑥
Le cœur de Robert Bruce *(p. 498)* aurait été déposé dans cette abbaye qui fut une des plus riches d'Écosse.

Floors Castle ②
Bâti par William Adam au XVIIIᵉ siècle, le château du duc de Roxburghe se visite en été.

BERWICK-UPON-TWEED

A6089

GALASHIELS

⑥ Melrose
B6361
A6091
A68
B6356
Tweed
⑤
④
B6404

Kelso ①
②
B6352

A699

Scott's View ⑤
Lors des funérailles de Sir Walter Scott, le corbillard s'arrêta brièvement devant ce paysage comme l'écrivain l'avait fait tant de fois dans sa vie.

A68

Kale Water
B6401

Teviot

B6400

A698

Ale Water

Teviot
A68
Bonjedward

Jed Water

LÉGENDE

Itinéraire conseillé

Autres routes

Point de vue

Jedburgh
③
A68

Dryburgh Abbey ④
Sur le bord de la Tweed, les ruines de ce monastère de prémontrés abritent la tombe de Sir Walter Scott.

CARNET DE ROUTE

Itinéraire : 50 km.
Où faire une pause ? Depuis Kelso, prenez la Cobby Riverside Walk pour déjeuner au restaurant du Floors Castle.
(Voir aussi p. 636-637.)

0   5 km

Jedburgh Abbey ③
Fondée en 1138, elle incorpore des fragments architecturaux celtiques du IXᵉ siècle appartenant à une construction antérieure. Une exposition au Visitors' Centre évoque la vie qu'y menaient les augustins.

Edinburgh ⑮

Soldats de la garnison du château

Dominée par les collines volcaniques d'Arthur's Seat (« Siège d'Arthur ») au sud et de Calton Hill au nord, la capitale de l'Écosse juxtapose une cité médiévale et un quartier georgien dont le contraste en fait une des villes les plus remarquables d'Europe. Elle entretient depuis le XVe siècle une tradition artistique et culturelle qui lui valut le surnom d'Athènes du Nord et que perpétuent ses musées et son festival international *(p. 495)*, la plus importante manifestation artistique de Grande-Bretagne.

À la découverte d'Edinburgh

Grande artère commerçante de la ville, Princes Street sépare les deux quartiers formant le cœur de la cité. Au sud, l'Old Town s'accroche à une arête volcanique entre le château et Holyrood Palace, et les ruelles rayonnant du Grassmarket et du Royal Mile offrent un résumé de l'histoire médiévale d'Edinburgh. Au nord, le développement de la New Town, entamé en 1767, suivit un plan d'urbanisme ambitieux avec ses places et ses avenues bordées de superbes immeubles georgiens.

🏛 National Gallery of Scotland

The Mound. 🕿 0131 556 8921. 🕐 t.l.j. ● 25 et 26 déc., 1er et 2 janv., 1er mai. 🚻 ☑ sur rendez-vous.
Cette collection d'art, une des plus belles d'Écosse, mérite une visite, ne serait-ce que pour ses peintures du XVe au XIXe siècle. Accrochées sur des murs d'un rouge profond, elles participent à l'ambiance feutrée du musée.

Parmi les plus belles œuvres écossaises figurent des portraits réalisés par Allan Ramsay et Henry Raeburn, comme *Le Révérend Robert Walker patinant sur le loch Duddingston* (v. 1800), tandis que la collection de primitifs d'Europe du Nord comprend *Les Trois légendes de saint Nicolas* (v. 1500) par Gérard David. Le Tintoret, Titien et Raphaël, entre autres, représentent l'Italie, et la *Vieille Femme faisant frire des œufs* (1618) témoigne de l'intérêt de l'Espagnol Vélasquez pour les scènes populaires. Une salle entière est consacrée aux *Sept sacrements* (v. 1640) de Nicolas Poussin. Les tableaux de Reynolds, Ramsay et Gainsborough, pour l'école anglaise, et ceux de Rembrandt, Van Dyck et Rubens, parmi les grands maîtres hollandais et flamands, sont également remarquables.

Le Rév. Robert Walker patinant sur le loch Duddingston par Raeburn

Entrée de la Georgian House au 7, Charlotte Square

🏛 Georgian House

7 Charlotte Sq. 🕿 0131 225 2160. 🕐 d'avr. à oct. : t.l.j. 🎟 ☑ limité.
Au cœur de la New Town, Charlotte Square est une réalisation particulièrement harmonieuse de l'époque georgienne ; le côté nord de cette place, entrepris en 1791, est un des chefs-d'œuvre de l'architecte Robert Adam *(p. 24-25)*. Au n° 7, la Georgian House a retrouvé sa décoration intérieure et son ameublement de la fin du XVIIIe siècle, et offre un remarquable aperçu de la vie menée par les riches habitants de la ville neuve. Dans la salle à manger, la table est dressée avec de la vaisselle de Sheffield et de Wegwood, tandis que l'atmosphère intime du salon abritant des services de porcelaine du Staffordshire et de Spode contraste avec la majesté de la salle de réception.

Le Duncan's Monument sur Calton Hill et, à l'arrière-plan, le château

🏛 National Gallery of Modern Art

Belford Rd. ☎ 0131 556 8921. ◯ t.l.j. ● 25 et 26 déc., 1er et 2 janv. ♿

Dans une ancienne école du XIXe siècle entourée d'un vaste parc, ce musée présente des œuvres de la plupart des grandes

Pièces d'échecs médiévales au Museum of Scotlands

écoles picturales du XXe siècle avec des tableaux d'artistes européens et américains tels que Vuillard, Picasso, Magritte ou Lichtenstein. La collection écossaise comprend des peintures de John Bellany. Des sculptures par Henry Moore et Eduardo Paolozzi décorent le jardin.

In the Car par Roy Lichtenstein, National Gallery of Modern Art

🏛 Museum of Scotland

Chambers St. ☎ 0131 225 7534. ◯ t.l.j. (dim. après-midi). ● 25 déc. 🎫 sauf enfants. Inclus l'accès au Royal Museum (p. 497). ♿ 🎫 🏛 🅗

Ce musée abrite les collections écossaises du Musée national d'Écosse. Des expositions illustrent l'histoire de l'Écosse, le pays et ses habitants, depuis ses origines jusqu'à nos jours.

Les œuvres clefs incluent le fameux *Lewis Chessmen* du Moyen Âge, les *Pictish Chains*, les plus anciens joyaux de la couronne écossaise, la locomotive *Ellsmere* et des objets représentatifs du XXe siècle, sélectionnés par des Écossais célèbres et par le public. Livres et activités pour les enfants sont disponibles.

MODE D'EMPLOI

Edinburgh. 🏘 420 000. ✈ Islington, à 13 km à l'ouest d'Edinburgh. ☒ North Bridge (Waverley Station). 🚌 St Andrew St. 🛈 3 Princes St (0131 557 1700). 🎟 Edinburgh International : août ; Military Tattoo : août ; Edinburgh Fringe : août.

🏛 Scottish National Portrait Gallery

1 Queen St. ☎ 0131 556 8921. ◯ t.l.j. ● 25, 26 déc., 1er et 2 janv. ♿ 🚹 sur rendez-vous.

Ce musée retrace la turbulente histoire de l'Écosse à travers celle de ses grands personnages, et notamment de 12 générations de la famille royale écossaise, de Robert Bruce (p. 468) à la reine Anne. Parmi les souvenirs liés à cette dynastie figurent les bijoux de Marie Stuart (p. 497) et une cantine de voyage en argent abandonnée par Bonnie Prince Charlie (p. 521) à Culloden (p. 523).

La galerie supérieure présente des portraits d'Écossais célèbres, tel celui de Robert Burns (p. 501) peint par Alexander Nasmyth.

LE CENTRE D'EDINBURGH

LÉGENDE

- 🚌 Gare routière
- ☒ Gare
- 🅿 Parc de stationnement
- 🛈 Information touristique
- ⛪ Église

0 _____ 1 km

▭ Royal Mile

Edinburgh Castle

Console de poutre du Great Hall

Coiffant le noyau granitique d'un ancien volcan, le château d'Edinburgh est composé de bâtiments construits du XIIe au XXe siècle au gré de ses nombreux changements de fonction : forteresse, palais royal, caserne, prison… Déjà occupé à l'âge du bronze, le site devrait son nom au roi de la Northumbria, Edwin, qui y édifia un fort au VIe siècle. Siège de la cour de Malcolm III et de la reine Margaret à la fin du XIe siècle, le château perd son rôle de résidence royale en 1603 avec l'Union des Couronnes *(p. 469)* le roi s'installant à Londres. Après l'Union des Parlements en 1707, les joyaux de la couronne (Regalia) sont enfermés pendant plus d'un siècle dans le palais. Le château possède la « Stone of Destiny », une relique ayant appartenu aux rois d'Écosse, saisie par les Anglais et finalement restituée en 1996.

Couronne d'Écosse
Jacques V fit redessiner en 1540 la couronne aujourd'hui exposée dans le palais.

Prison militaire

Governor's House
Construit en 1742, cet édifice aux pignons à redents de style flamand abrite le mess des officiers de la garnison.

Old Back Parade

MONS MEG

Le duc de Bourgogne fit fabriquer en Belgique en 1449 cette bombarde capable de tirer un boulet à plus de 1 000 m et l'offrit à son neveu, Jacques II d'Écosse. Celui-ci s'en servit en 1455 contre le clan Douglas retranché dans sa forteresse de Threave Castle *(p. 501)*. Jacques IV l'utilisa ensuite en Angleterre contre Norham Castle. Après avoir explosé lors d'une salve en l'honneur du duc d'York en 1682, Mons Meg resta dans la Tour de Londres jusqu'à son retour à Edinburgh, réclamé par Sir Walter Scott, en 1829.

Cachots
Laissé par un détenu français en 1780, ce graffiti rappelle les conflits qui opposèrent l'Angleterre à la France aux XVIIIe et XIXe siècles.

À NE PAS MANQUER

★ **Le Great Hall**

★ **Le palais**

Argyle Battery
Ce mur fortifié commande une vue superbe sur la New Town.

★ Le palais
Marie Stuart (p. 497) mit au monde Jacques VI dans ce palais du XVe siècle abritant les joyaux de la couronne.

Entrée

Royal Mile

L'Esplanade sert de cadre à la Military Tattoo *(p. 495)*.

L'Half Moon Battery est un bastion construit dans les années 1570 pour défendre l'aile nord du château.

St Magaret's Chapel
Probablement construite par David Ier en l'honneur de sa mère Margaret, l'épouse de Malcolm III représentée sur ce vitrail, cette chapelle est le plus ancien bâtiment du château.

★ Le Great Hall
Le Parlement écossais se réunit jusqu'en 1639 dans cette salle du XVe siècle à la charpente en voûte aujourd'hui restaurée.

À la découverte du Royal Mile : de Castle Hill à High Street

Entre Edinburgh Castle et Holyrood Palace, quatre rues, de Castle Hill à Cannongate, forment le Royal Mile, axe de circulation de la cité médiévale. Enfermée dans ses murs, celle-ci se développa en hauteur et certains de ses immeubles atteignirent 20 étages. Le passé reste vivant dans les 66 ruelles et impasses qui donnent dans le Royal Mile.

Aigle à l'extérieur de Gladstone's Land

Carte de situation

Le Gladstone's Land est une maison de marchand du XVIIᵉ siècle.

Le Scotch Whisky Centre est consacré à la boisson nationale écossaise.

L'Outlook Tower abrite un observatoire d'où l'on peut découvrir la ville.

LAWNMARKET

Edinburgh Castle

CASTLE HILL

Lady Stair's House
Cette maison du XVIIᵉ siècle abrite un musée consacré aux écrivains Burns, Scott (p. 498) et Stevenson.

La Tolbooth Kirk (v. 1840) a la plus haute flèche de la ville.

♟ Gladstone's Land

(NTS) 477B Lawnmarket. 📞 *0131 2265856.* ⬜ *d'avr. à oct. : t.l.j.* 🈲
Le nom de « land » était jadis donné à d'étroits immeubles bâtis sur des parcelles exiguës, notamment le long du Royal Mile. Le Gladstone's Land porte le nom du marchand qui le fit construire en 1617, Thomas Gledstanes. Récemment restauré, il plonge le visiteur dans la vie quotidienne d'une maison typique de la vieille ville avant que les notables d'Edinburgh n'aillent s'installer dans la New Town georgienne. L'édifice a conservé en particulier un plafond peint de motifs floraux scandinaves. Outre un mobilier d'époque, il renferme des objets usuels et évocateurs comme des galoches en bois portées pour protéger les souliers en cuir de la saleté des rues. Certains ont une histoire, tel le coffre de la belle Painted Chamber qu'un capitaine hollandais aurait offert à un marchand écossais pour l'avoir sauvé d'un naufrage. Un immeuble semblable, le Morocco Land, borde Cannongate *(p. 497)*.

Chambre à coucher de Gladstone's Land

♟ Parliament House

Parliament Sq, High St. 📞 *0131 2252595.* ⬜ *du lun. au ven.* 🈲 *jours fériés.* ♿ *limité.*
Construit dans les années 1630 pour abriter les réunions du Parlement écossais, ce bel édifice d'inspiration italienne dont la façade date du XIXᵉ siècle est depuis l'Acte d'Union de 1707 *(p. 469)* le siège de la Haute cour écossaise. Il mérite une visite, ne serait-ce que pour le vitrail du Great Hall représentant l'inauguration de la cour par Jacques V en 1532 et le spectacle offert par les juges et avocats en perruque.

La Signet Library, bibliothèque au décor intérieur somptueux, se visite sur demande écrite.

St Giles Cathedral
Un ange joueur de cornemuse orne l'entrée de la Chapel of the Thistle.

Les City Chambers dessinées par John Adam datent des années 1750.

BANK STREET

HIGH STREET

GEORGE IV BRIDGE

Statue de Charles II

The Heart of Midlothian est un agencement de pavés de granit indiquant le site de l'ancienne prison.

Parliament House, achevée en 1639, accueillit les réunions du Parlement de 1640 à 1707.

Voûtes à nervures de St Giles Cathedral

🏛 St Giles Cathedral

Royal Mile. 📞 *0131 2259442.* 🕐 *t.l.j.* 🚫 *25, 26 déc., 1ᵉʳ janv.* 📷

Il est paradoxal que St Giles, sanctuaire portant officiellement le nom de High Kirk (« Haute Église »), soit couramment appelé cathédrale, qualificatif normalement réservé à une église épiscopale. En effet, c'est de là que John Knox *(p. 469)* prêcha la Réforme en Écosse, jetant les fondements de l'Église presbytérienne qui dénie toute autorité aux évêques.

Si une église occupait probablement ce site dès le XIᵉ siècle, le bâtiment actuel date pour l'essentiel du XVᵉ siècle. Sa tour est le seul élément à ne pas avoir connu une importante restauration au XIXᵉ siècle. À l'intérieur, c'est la Thistle Chapel (chapelle du Chardon) qui

offre le plus d'intérêt avec sa voûte à nervures de style gothique flamboyant et ses stalles ornées de blasons. Elle est dédiée aux chevaliers de

l'ordre du Chardon fondé en 1687. Dans la Preston Aisle, la reine a son banc sculpté pour assister à l'office lors de ses séjours à Edinburgh.

LE FESTIVAL D'EDINBURGH

Chaque année à la fin de l'été *(p. 63)*, la capitale écossaise accueille pendant trois semaines l'une des plus importantes manifestations culturelles du monde. Fondé en 1947, le festival officiel propose une remarquable programmation internationale d'opéra, de théâtre, de danse et de musique. Parallèlement, comme à Avignon, des centaines de compagnies et d'artistes indépendants viennent proposer en marge du festival (Festival Fringe) leurs créations souvent novatrices. Toutes les formes d'art et de spectacle prennent possession de la ville. Au château se tient la célèbre parade des régiments écossais, le Military Tattoo.

Artiste de rue de l'Edinburgh Festival Fringe

À la découverte du Royal Mile : de High Street à Canongate

Sur la deuxième partie du Royal Mile se dressent deux monuments de la Réforme : la maison de John Knox et la Tron Kirk. Cette dernière doit son nom à un bras de pesage *(tron)* qui se trouvait à proximité au Moyen Âge. Canongate était jadis un quartier autonome, propriété des chanoines de l'abbaye d'Holyrood. Résidentiel, il renferme de beaux immeubles dans ses impasses. Certains ont été magnifiquement restaurés. Huit cents mètres séparent Morocco Land du Holyrood Palace.

Carte de situation

Royal Museum of Scotland,
↓ **Greyfriars Bobby**

La Mercat Cross marque l'ancien centre de la ville et l'endroit où Bonnie Prince Charlie *(p. 521)* fut proclamé roi en 1745.

La Tron Kirk fut construite en 1630 pour les presbytériens qui quittèrent St Giles quand la cathédrale passa sous l'autorité de l'évêque d'Edinburgh.

🏛 Museum of Childhood

42 High St. 📞 *0131 529 4142.* 🕐 *du lun. au sam. (t.l.j. pendant le festival)* ⬤ *du 25 au 27 déc.* ♿ *limité.*
Fondé en 1955 par un conseiller municipal, Patrick Murray, qui affirmait adorer les enfants… servis au petit déjeuner, ce musée fut le premier du monde entièrement consacré aux joies et épreuves du jeune âge. Cette remarquable exposition comprend non seulement de nombreux jouets anciens, mais aussi des médicaments, des manuels scolaires ou des landaus. Son théâtre miniature, ses vieilles machines à sous et l'enthousiasme de ses jeunes

Pierrot lunaire, automate (1880) du Museum of Childhood

Entrée et façade orientale d'Holyrood Palace

visiteurs lui ont valu la réputation d'être le musée le plus bruyant du monde.

👑 Holyrood Palace

Extrémité est du Royal Mile. 📞 *0131 556 1096.* 🕐 *t.l.j.* ⬤ *tél. pour les fermetures saisonnières.* ♿ *limité.*
Le nom de ce palais (« Sainte-Croix ») renvoie à une aventure de chasse qui serait advenue à David Ier en 1128. Menacé par un cerf, il aurait eu la vie sauve grâce à l'apparition miraculeuse d'une croix devant les bois de la bête.

Jacques V *(p. 487)* édifia en 1529 le palais actuel pour s'y installer avec son épouse française, Marie de Guise. Après un incendie en 1650,

Charles II le fit reconstruire dans le style Renaissance par Sir William Bruce.

Sauf pendant les rares séjours de la reine dont c'est la résidence officielle en Écosse, le château se visite. Il faut voir notamment les appartements où Marie Stuart assista en 1566 à l'assassinat de son secrétaire italien, David Rizzio, meurtre probablement commandité par Lord Darnley qu'elle avait épousé l'année précédente dans la chapelle du palais.

De belles tapisseries ornent les appartements royaux dont les moulures des plafonds exigèrent dix ans de travail. Dehors s'étendent les ruines de l'abbaye.

John Knox's House

*John Knox (p. 469)
vécut à partir de 1561
dans cette maison bâtie
en 1490, la plus
ancienne de la ville. Il y
serait mort. Ouverte tous
les jours, elle renferme
objets et souvenirs.*

Morocco Land,
reconstitution d'un
immeuble du XVIIe siècle,
doit son nom à la statue
de Maure qui orne son
entrée.

→ **Holyrood Palace**

CANONGATE

Museum of Childhood

*Bien que créé
pour des adultes par
un élu affirmant ne
pas aimer les
enfants, ce musée de
l'Enfance attire
de nombreux
jeunes visiteurs.*

À Mourbray House devait être
signé l'Acte d'Union *(p. 409)*,
mais une émeute força les
autorités à changer de lieu.

🏛 Royal Museum of Scotland

Chamber St. 📞 *0131 225 7534.*
⏱ *t.l.j. (dim. après-midi)* ⬤ *25 déc.*

Un superbe édifice de verre et
d'acier construit en 1861 abrite un
musée consacré aux arts
décoratifs, aux sciences et aux
techniques. Dans le hall
principal, une belle
collection de sculptures
asiatiques comprend
une statue du
XIIIe siècle de la
déesse hindoue
Parvati. Le
premier étage
présente des
créations
europé-
ennes de
1200 à
1800
incluant des
meubles et des
tapisseries.
Parmi les
instruments
scientifiques
exposés au
deuxième étage
figure le plus
ancien

**Parvati, au Royal
Museum of
Scotland**

astrolabe du monde. Le dernier
étage abrite un département
d'arts décoratifs orientaux et une
collection de spécimens
géologiques.

🕊 Greyfriars Bobby

Une vieille fontaine proche de
l'accès à Greyfriars Church

(église des Franciscains) porte la
statue du petit terrier de l'île de
Skye qui garda pendant 14 ans la
tombe de son maître, John Gray,
mort en 1858. Les habitants de la
ville le nourrirent tous les jours et
lui accordèrent la citoyenneté
pour lui permettre d'échapper au
sort des chiens errants.

MARIE Ire STUART, REINE D'ÉCOSSE (1542-1587)

Née quelques jours avant la
mort de son père, Jacques V, la
jeune reine d'Écosse passe son
enfance en France où elle
épouse le dauphin en 1558. Il
meurt deux ans plus tard, peu
de temps après son
couronnement sous le nom de
François II. Elle retourne alors
à Holyrood. Sa ferveur
catholique inquiète les
protestants aussi bien en
Écosse que dans l'Angleterre d'Élisabeth Ire dont elle est
l'héritière. Les démêlés de sa vie privée renforcent ses
opposants menés par John Knox *(p. 469)*. Quand elle épouse
en 1567 le comte de Bothwell soupçonné du meurtre de son
deuxième mari, Lord Darnley, une révolte la contraint à
l'abdication. Réfugiée en Angleterre, elle complote contre
Élisabeth Ire, qui la fait incarcérer pendant 20 ans, puis décapiter.

Les ruines de Melrose Abbey vues du sud-ouest

Melrose Abbey ⓳

Abbey Street, Melrose, The Borders.
📞 01896 822562. 🕐 t.l.j. 🔴 25 et
26 déc., 1er et 2 janv. 📷 ♿ limité.

Les ruines de pierre rose de ce qui fut une des plus belles et des plus riches abbayes des Borders *(p. 489)* témoignent des dévastations que les relations mouvementées entre l'Écosse et sa puissante voisine firent subir à la région. Fondée par David Ier en 1136 pour des moines cisterciens du Yorkshire et pour remplacer un monastère du VIIe siècle, Melrose subit les assauts répétés des armées anglaises, notamment en 1322 et 1385. Le coup fatal vint en 1545 des troupes d'Henry VIII.

Il ne subsiste aujourd'hui que le pourtour du cloître, quelques bâtiments monastiques, notamment la cuisine, et les vestiges de l'église abbatiale richement sculptée et percée au transept d'une superbe fenêtre. L'extérieur de la façade sud présente, entre autres décorations, une gargouille en forme de cochon jouant de la cornemuse et des personnages en situation comme un cuisinier armé de sa louche.

Le cœur embaumé retrouvé à Melrose en 1920 est probablement celui de Robert Bruce *(p. 468)* qui fit restaurer l'abbaye en 1326. Il avait demandé à ce qu'on emporte la relique en croisade jusqu'en Terre Sainte, mais elle aurait été rapportée au monastère après la mort en Espagne de son dépositaire, Sir James Douglas *(p. 501)*.

Abbotsford House ⓳

Galashiels, The Borders. 📞 01896 752043. 🚌 depuis Galashiels. 🕐 de mi-mars à mai : t.l.j. (dim. : l'après-midi) ; de juin à sept. : t.l.j. 📷 ♿ limité. 📷

Peu de maisons portent autant l'empreinte de leur propriétaire que celle où Sir Walter Scott passa les 20 dernières années de sa vie et mourut en 1832. La ferme qu'il acheta ici en 1811 portait le nom de Clarteyhole (« Trou sale » en dialecte des Lowlands), mais il la rebaptisa peu après Abbotsford (« Gué des abbés ») en mémoire des moines de l'abbaye de Melrose qui franchissaient non loin la Tweed. Le succès de ses romans lui permit peu après de la faire démolir pour édifier l'ensemble composite de style seigneurial qui se visite aujourd'hui.

La bibliothèque de l'auteur d'*Ivanhoé* comprend plus de 9 000 livres rares. Ses collections d'objets historiques témoignent de sa fascination pour un passé héroïque. Le sabre de Rob Roy *(p. 481)* fait partie des armes et armures qui ornent les murs, tandis que les souvenirs des Stuarts incluent un crucifix ayant appartenu à Marie Stuart et une mèche de cheveux de Bonnie Prince Charlie *(p. 521)*.

SIR WALTER SCOTT

Issu d'une famille originaire des Borders, Walter Scott (1771-1832) naît à Edinburgh le 15 août 1771. Après des études de droit, il devient en 1799 shérif du Shelkirskshire, puis, en 1806, greffier de la Haute cour. Ces activités lui permettront de poursuivre une carrière littéraire sans en dépendre financièrement. Ses premières œuvres sont des ballades, mais c'est avec son roman *Waverley*, publié en 1814, qu'il connaît un succès international. Celui-ci ne se démentira pas, et plus de quarante ouvrages apporteront une nouvelle dimension au récit historique. Ils réhabiliteront également les traditions et légendes des Highlands et contribueront à refaire du tartan le costume national écossais après la visite de George IV à Edinburgh *(p. 471)* en 1822. La faillite de son éditeur en 1826 oblige Walter Scott à consacrer les dernières années de sa vie à rembourser une dette de 114 000 £. Il repose à Dryburgh Abbey *(p. 489)*.

Le Great Hall d'Abbotsford, maison de Sir Walter Scott

Traquair House [20]

Peebles, The Borders. [01896 830323. [depuis Peebles. [d'avr. à sept. : t.l.j. ; oct. : ven.-dim. [[limité.

La plus ancienne demeure d'Écosse habitée sans interruption, à l'origine maison-tour fortifiée, s'est transformée pour devenir un beau manoir au XVIIe siècle (p. 473). Bastion des Stuarts pendant cinq siècles, elle reçut la visite de 27 souverains écossais, notamment Marie Ire (p. 497) dont on peut voir la chambre. Parmi les objets exposés, des lettres et une collection de verrerie gravée du parti jacobite (p. 523) indiquent clairement les sympathies de la famille des comtes de Traquair. Le 5e comte décida en effet en 1745, après avoir reçu Bonnie Prince Charlie (p. 521), que le portail principal (Bear Gates) resterait fermé jusqu'au retour d'un Stuart sur le trône. Un vœu respecté depuis 250 ans.

Un escalier secret conduit à la Priest's Room (chambre du prêtre) qui atteste la clandestinité dans laquelle les familles catholiques pratiquaient leur religion avant sa légalisation en 1829. Dans le jardin, une brasserie du XVIIIe siècle produit la Traquair House Ale, bière qui n'est vendue que sur place.

Crucifix de Marie Stuart, reine d'Écosse

Biggar [21]

Clyde Valley. [2 000. [High St (01899 221066).

Cette ville de marché typique des Lowlands possède plusieurs musées méritant une visite. Au **Gladstone Court Museum** est reconstituée une rue victorienne avec son imprimerie, son magasin de mode et sa bibliothèque villageoise. Le **Gasworks Museum** évoque le passé industriel de la ville grâce à des objets tels que des moteurs et des lampes et appareils à gaz. Fondée en 1839, la Biggar Gasworks est la seule usine de production de gaz de l'Écosse rurale à avoir échappé à la démolition.

🏛 **Gladstone Court Museum**
Northback Rd. [01899 221050. [d'avr. à oct. : t.l.j. (dim. : l'après-midi). [[

🏛 **Gasworks Museum**
Gasworks Rd. [0131225 7534. [de juin à sept. : t.l.j. (après-midi).

Pentland Hills [22]

The Lothians. [Edinburgh puis bus. [Regional Park Headquarters, Biggar Rd, Edinburgh (0131 4453383).

Les pentes douces des Pentland Hills s'étendent sur 26 km au sud-ouest d'Edinburgh et offrent certaines des plus belles promenades à pied des Lowlands. De nombreux sentiers fléchés les sillonnent, mais les randonneurs ambitieux pourront aussi suivre la piste de crête entre Caerketton et West Kip, ou emprunter en été le télésiège de la station de ski de Hillend pour gagner les hauteurs depuis lesquelles on atteint le sommet (493 m) de l'Allermuir.

À l'est de l'A703, à l'abri des Pentlands, se dresse la **Rosslyn Chapel** dont l'intérieur présente une extraordinaire ornementation sculptée. Entreprise au XVe siècle par William Sinclair, prince d'Orkney, qui voulait en faire une église, elle servit de lieu de sépulture à ses descendants. Selon la légende, découvrant le plus beau pilier, l'Apprentice Pillar torsadé, le maître-d'œuvre aurait tué par jalousie l'apprenti qui l'avait sculpté.

🔒 **Rosslyn Chapel**
Roslin. [0131 4402159. [t.l.j. [[

Détail des voûtes de Roslin Chapel

New Lanark, ville nouvelle de la fin du XVIIIe siècle au bord de la Clyde

New Lanark ㉓

Clyde Valley. 🏠 150. � 🚻 🚌
Lanark. 🚻 Horsemarket Ladyacre Rd
(01555 661661). 🏠 lun.

L'entrepreneur David Dale
fonda en 1785 le village de
New Lanark près des superbes
chutes de la Clyde, rivière qui
alimentait en énergie sa
filature. Celle-ci devint en 1800

DAVID LIVINGSTONE

Le grand missionnaire,
médecin et explorateur
écossais naquit en 1813 à
Blantyre, où il travailla, dès
l'âge de dix ans, dans une
manufacture de coton. En
1840, il partit pour l'Afrique
où il fonda écoles et
missions. Il réussit la
première traversée d'est en
ouest du continent,
découvrit les chutes Victoria
et mourut en 1873 en
cherchant la source du Nil.
Il repose à Westminster
Abbey (p. 94-95).

la plus importante de Grande-
Bretagne. Son gendre, George
Owen, put appliquer ses idées
charitables, créant crèches,
écoles et coopérative pour
améliorer les conditions de vie
des ouvriers. La ville conservée
permet de découvrir une des
premières grandes réalisations
sociales de l'ère industrielle. Au
Visitor Centre, l'**Annie McLeod
Experience** est l'illustration de
la vie que menait une petite
fille travaillant aux filatures en
1820 à New Lanark.

Aux environs
À 24 km au nord, dans la ville
de Blantyre, la maison natale
de David Livingstone a été
transformée en mémorial en
l'honneur du célèbre
explorateur.

🏛 **Annie McLeod Experience**
New Lanark Visitor Centre. 📞 01555
661345. 🟢 t.l.j. ⬤ 25 déc., 1er janv.
🈳 🅿 sur rendez-vous.

Glasgow ㉔

Voir p. 502-507.

Sanquhar ㉕

Dumfries and Galloway. 🏠 2 500. 🚆
🚌 🚻 The Post Office, High St.
(01659 50185).

D essinée par William Adam
(p. 534), la mairie-prison,
ou **Tolbooth** (1735), de
Sanquhar abrite un office du
tourisme et un musée.

Inaugurée en 1763, la poste
est la plus ancienne de
Grande-Bretagne. Ce petit
bourg présente toutefois un
intérêt plus historique
qu'architectural en raison de
son rôle dans l'évolution des
covenantaires (p. 469). C'est
en effet sur la Mercat Cross
que Richard Cameron placarda
sa déclaration d'opposition à
l'église épiscopale (un
obélisque de granit en marque
aujourd'hui l'emplacement).
Ses émules formèrent le
Cameronian Regiment.

Drumlanrig Castle ㉖

Thornhill, Dumfries and Galloway. 📞
01848 330248. 🚆 🚌 Dumfries, puis
bus. 🟢 de mai à août : t.l.j. (après-
midi). 🈳 🅿

C onstruit en grès rose entre
1676 et 1691 sur le site
d'une forteresse des Douglas
du XIe siècle, ce manoir orné
de nombreuses tourelles
(p. 473) se dresse sur une
plate-forme gazonnée. Il
possède un très beau mobilier

**L'escalier baroque de Drumlanrig
Castle**

et une riche collection d'art comprenant des tableaux d'Holbein, de Léonard de Vinci et de Rembrandt. Parmi les souvenirs jacobites figurent la cassette, l'écharpe et la bouilloire de campagne de Bonnie Prince Charlie. Portraits de famille, panneaux sculptés et candélabres d'argent décorent la salle à manger.

Emblème des Douglas, le cœur ailé représenté sur les stucs ou les tentures évoque Sir James, surnommé « Black Douglas », qui emporta le cœur de Robert Bruce *(p. 468)* à la croisade, mais ne put atteindre la Terre Sainte pour remplir le vœu du roi défunt.

L'austère Threave Castle sur une île de la Dee

Threave Castle ㉗

(NTS) Castle Douglas, Dumfries and Galloway. 📞 *01556 502611.* 🚆 *Dumfries.* ⏰ *d'avr. à sept. : t.l.j.* 🌐

Forteresse des Douglas, cette tour austère sur une île de la Dee protégeait au Moyen Âge un port fluvial. Les conflits opposant les Douglas aux Stuarts culminèrent en 1455 quand le château tomba après un siège de deux mois pendant lequel Jacques II fit donner contre les murailles la puissante bombarde Mons Meg *(p. 492)*. Threave subit son dernier assaut en 1640 quand des troupes covenantaires *(p. 469)* vainquirent ses défenseurs catholiques. Il fut ensuite démantelé.

À l'intérieur de la tour, que l'on atteint en barque, ne

subsiste que la carcasse de la cuisine, de la salle de réception et de pièces d'habitation. Au-dessus de l'entrée datant du XVe siècle, le support de potence rappelle l'époque où les propriétaires de la forteresse se vantaient de ne jamais décrocher le nœud coulant.

Whithorn ㉘

Dumfries and Galloway. 🏘 *1 000.* 🚆 *Stranraer.* 🚌 ℹ️ *Dashwood Sq, Newton Stewart (01671 402431).*

Ce village doit son nom, qui signifie « Maison blanche », à la chapelle élevée, dit-on, par saint Ninian en 397. Il n'en subsiste rien, mais une visite guidée des fouilles archéologiques révèle l'existence d'implantations northumbriennes, vikings et écossaises datant du Ve au XIXe siècle. Au Visitor Centre, **Whithorn : Cradle of Christianity** (« Berceau de la chrétienté ») propose une information audiovisuelle sur ces fouilles et rassemble une belle collection de pierres sculptées. L'une d'elle, dédiée à Latinus, date de 450 ; c'est le plus vieux vestige chrétien d'Écosse.

🏛 Whithorn : Cradle of Christianity
The Whithorn Trust, 45-47 George St. 📞 *01988 500508.* ⏰ *d'avr. à oct. : t.l.j.* 🌐

Culzean Castle ㉙

Voir p. 508-509.

Robert Burns entouré de ses créations, par un artiste inconnu

Burns Cottage ㉚

Alloway, South Ayrshire. 📞 *01292 443700.* 🚆 *Ayr, puis bus.* ⏰ *t.l.j.* ⏹ *25 et 26 déc., 1er et 2 janv.* 🌐 ♿ 🎦 *sur rendez-vous.*

Le plus grand poète écossais, Robert Burns (1759-1796), naquit et passa les sept premières années de sa vie dans ce petit cottage à toit de chaume construit par son père et qui contient encore la majeure partie de son mobilier d'origine. Entre autres souvenirs, le musée attenant possède plusieurs manuscrits de l'auteur et certaines de ses premières éditions. À la sortie du bourg d'Alloway se dresse un monument en forme de temple grec érigé à sa mémoire.

Mort à 37 ans d'une déficience cardiaque à la suite d'une beuverie, Robert Burns compte tellement pour les Écossais qu'ils se réunissent dans le monde entier le 25 janvier, pour fêter son anniversaire.

TISSUS ÉCOSSAIS

La tradition textile des Borders remonte au Moyen Âge où des moines venus de Flandre établirent un fructueux commerce drapier avec le continent. La filature du coton devint une activité importante dans la vallée de la Clyde au XIXe siècle avec le développement des machines. Réputées, les cotonnades colorées de Paisley s'inspirent de motifs indiens.

Un tissu de Paisley

Glasgow ㉔

**Les armoiries
de Glasgow**

S i son nom celtique, *Glas cu*, signifie
« cher endroit vert », la capitale
économique de l'Écosse reste cependant
associée dans bien des esprits à son passé
industriel. Au XIXᵉ siècle se
multiplièrent entrepôts et usines au bord
de la Clyde, tandis que s'édifiaient dans le
centre d'imposants édifices victoriens.
Depuis la crise des années 1970 qui l'a
durement touchée, la ville a su se tourner vers des
activités moins polluantes et réhabiliter son patrimoine.
Élue capitale européenne de la culture en 1990, elle
possède des musées remarquables.

**La cathédrale de Glasgow vue
depuis le sud-ouest**

À la découverte de Glasgow

Glasgow est une ville de
contraste et dans l'East End,
que domine la cathédrale,
l'étonnant marché aux puces
des « Barras », qui se tient le
week-end, ne se trouve qu'à
quelques pas de George
Square, place victorienne, et
de la Merchant City en pleine
rénovation. Plus opulent, le
West End se développa au
XIXᵉ siècle à l'instigation de
riches marchands fuyant les
rives industrialisées de la
Clyde. Au sud de la rivière
s'étendent les quartiers de
Govan et de Gorbals, puis le
Pollock Country Park, site de
la Burrel Collection. Le métro
permet de circuler aisément
dans toute la cité.

⌂ Glasgow Cathedral

Cathedral Square. ☎ 0141 5526891
○ t.l.j. ♿
Seule cathédrale écossaise avec
celle des Orcades *(p. 514)* à
avoir échappé à la destruction
pendant la Réforme, ce
sanctuaire construit du XIIIᵉ au
XVᵉ siècle se dresse sur le site
d'une chapelle bâtie par saint
Mungo, patron de la ville.

Évêque de Starthclyde au
VIᵉ siècle, Mungo aurait, selon
la légende, placé le corps d'un
saint homme nommé Fergus
dans un chariot attelé de deux
taureaux en leur ordonnant de
l'emporter dans le lieu choisi
par Dieu. Au « cher endroit
vert » où ils s'arrêtèrent, il édifia
sa chapelle.

Occupant un terrain en
pente, la cathédrale fut
construite sur deux niveaux.
L'église inférieure, la plus
ancienne, contient le tombeau
de saint Mungo entouré d'une

LE CENTRE DE GLASGOW

Art Gallery and Museum ③
Glasgow Cathedral ⑧
Glasgow School of Art ⑤
Hunterian Art Gallery ①
Museum of Transport ②
Provand's Lordship ⑦

People's Palace ⑩
St Mungo Museum of
Religious Art ⑨
Tenement House ④
Willow Tea Room ⑥

DUMBARTON

KELVINGROVE PARK

ABERFOYLE

0 1 km

PAISLEY
Burrell Collection
Glasgow Airport

EDINBURGH

GLASGOW
NECROPOLIS

BARRAS
MARKET

GLASGOW
GREEN

LÉGENDE

🚌 Terminus d'autobus	🅿 Parc de stationnement
🚏 Gare routière	ℹ Information touristique
🚆 Gare	✝ Église
Ⓤ Station de métro	

Le Christ de saint Jean de la Croix **par Dali au St Mungo Museum**

grandes religions occidentales, orientales et africaines, mettant en parallèle leurs approches différentes de la foi. Parmi les œuvres d'art exposées figurent ainsi un Shiva nataraja du XIXᵉ siècle, une peinture islamique, œuvre d'Ahmed Moustafa, intitulée *Attributs de la divine perfection* (1986) et *Le Christ de saint Jean de la Croix* de Dali (1951). Un département illustre l'histoire de la religion à Glasgow, et les visiteurs peuvent également découvrir le seul jardin zen permanent de Grande-Bretagne.

MODE D'EMPLOI

City of Glasgow. 🚶 735 000. ✈
🚆 Argyle St (Glasgow Central).
🚌 Buchanan St. 🛈 11, George
Square (0141 204 4400). 🏪
sam., dim. 🎭 Mayfest : mai ; Jazz
Festival : juil.

La cuisine édouardienne de Tenement House

forêt de piliers soutenant une voûte à nervures délicatement sculptée. Dans l'église supérieure, les sculptures du jubé représentent les sept péchés capitaux.

🏛 St Mungo Museum of Religious Life and Art

2 Castle St. 📞 0141 5532557.
🕐 t.l.j. ● 25 et 26 déc., 1ᵉʳ janv. ♿
📷 sur rendez-vous.
Ce musée de la vie et de l'art religieux est unique au monde en ce qu'il présente un panorama de toutes les

🏠 Tenement House

(NTS) 145 Buccleuch St.
📞 0141 3330183. 🕐 de
mars à oct. : t.l.j. (après-
midi). 🏷 📷 sur rendez-vous.
Nombre des immeubles de rapport *(tenements)* bâtis aux époques victorienne et édouardienne pour loger les ouvriers venus travailler dans les usines de Glasgow ont été détruits au cours de la rénovation de la ville. Tenement House offre une occasion unique de pénétrer dans l'intimité d'un mode de vie en cours de disparition, celui d'un logement modeste de Glasgow au début de ce siècle.

Une certaine Agnes Toward habita ce petit appartement de 1911 à 1965. Il est resté quasiment inchangé depuis et, comme son occupante répugnait à remplacer des objets encore utilisables, il renferme un véritable trésor d'histoire sociale. Dans le salon, le service à thé est dressé sur une nappe de dentelle blanche comme si des invités allaient arriver et dans la cuisine, lit clos, cuisinière à charbon, moule à gaufres, planche à laver ou chaufferette évoquent des gestes d'un autre âge.

Dans la salle de bains, les médicaments et l'eau de lavande de Miss Agnes sont restés disposés comme si cette dernière était sortie faire une course il y a soixante-dix ans, et avait oublié de rentrer.

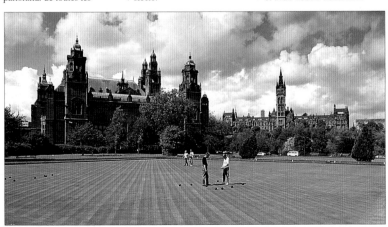

La Kelvingrove Art Gallery et l'université de Glasgow vues du sud

Provand's Lordship, maison médiévale de Glasgow

🏠 Provand's Lordship

3 Castle St. 📞 0141 2872699. ⬤ pour rénovation jusqu'à l'an 2000.

Ancienne résidence de chanoine construite en 1471, la plus vieille maison de Glasgow abrite désormais un musée. Ses plafonds bas et son austère mobilier en bois recréent le cadre de vie de notables du XVIᵉ siècle. Marie Stuart (p. 497) y aurait séjourné lorsqu'elle vint à Glasgow en 1566 rendre visite à son cousin et époux Lord Darnley.

🏠 Willow Tea Room

217 Sauchiehall St. 📞 0141 332 0521. ◻ du lun. au sam., dim. après-midi ⬤ jours fériés, 2 janv.

De 1897 à 1904, Charles Rennie Mackintosh réalisa pour la restauratrice Kate Cranston la série des quatre « Cranston's Tearooms » qui l'imposèrent comme un maître de l'Art nouveau. Le « Salon de thé du Saule » est le seul à avoir subsisté. L'architecte en dessina également le mobilier, tables et chaises à haut dossier, et jusqu'à l'argenterie, composant un cadre d'une grande homogénéité qui a gardé tout son modernisme. Un endroit remarquable où déguster quelques pâtisseries.

L'intérieur du Willow Tea Room de Mackintosh

🏛 Museum of Transport

1 Bunhouse Rd. 📞 0141 2872000. ⬤ t.l.j. ⬤ 25 et 26 déc., 1ᵉʳ janv. 🅰 🅲

Installé dans le Kelvin Hall, ce vaste musée témoigne de l'optimisme avec lequel Glasgow aborda l'ère industrielle. Locomotives à vapeur, véhicules de pompiers, tramways, automobiles, motos et même voitures à chevaux et bicyclettes offrent un raccourci pittoresque de l'histoire des modes de transports modernes, tandis que des maquettes de bateaux rappellent l'importance de la construction navale dans la vallée de la Clyde. La reconstitution complète d'une rue avec ses devantures Art déco, son cinéma et sa station de métro fait revivre le Glasgow de 1938.

Reconstitution d'une rue de 1938 au Museum of Transports

🏛 Glasgow Necropolis

Cathedral Sq. 📞 0141 5526891. ⬤ t.l.j. 🅰 limité.

Derrière la cathédrale, le réformateur John Knox (p. 469) surveille la ville depuis le sommet d'une colonne dorique dominant un cimetière victorien où s'érodent les monuments à la mémoire de riches familles de Glasgow.

Motif floral par Mackintosh

CHARLES RENNIE MACKINTOSH

Le plus célèbre des architectes et stylistes écossais, Charles Rennie Mackintosh (1868-1928) entra à la Glasgow School of Art à 16 ans. Remarqué après la réalisation des premiers Cranston's Tearooms, il devint un des inspirateurs du mouvement Art nouveau et développa un style original inspiré du gothique et du genre seigneurial écossais. Estimant qu'un bâtiment doit être une œuvre d'art complète, il dessinait également le mobilier et les éléments décoratifs des édifices qu'il construisait. Une démarche dont la Glasgow School of Art offre un superbe exemple. S'il fut surtout reconnu à l'étranger de son vivant, le travail de Mackintosh est devenu une grande source d'inspiration et ses motifs où droites et courbes composent un rythme raffiné ont influencé de nombreux créateurs de Glasgow.

🏛 People's Palace

Glasgow Green. 📞 0141 5540223.
🕐 t.l.j. ⬤ 25 et 26 déc., 1er janv. ♿
Ce « Palais du Peuple »
Renaissance fut construit en
1898 afin d'abriter un musée
consacré à l'histoire de la ville
et de ses habitants.
Comprenant aussi bien
vestiges médiévaux qu'affiches
ou reconstitutions de
magasins, l'exposition offre un
aperçu riche et varié de la vie
sociale, politique, artistique et
sportive de Glasgow du XIIe au
XXe siècle. Une magnifique
serre tropicale abrite derrière
le bâtiment un jardin d'hiver.

🏛 Glasgow School of Art

167 Renfrew St. 📞 0141 3534526.
🕐 sur rendez-vous. ⬤ du 26 juin au
2 juil. ; du 20 déc. au 4 janv.
📷 🎫 ♿ limité.
C'est à l'âge de 28 ans que
Charles Rennie Mackintosh
remporta le concours organisé
pour la construction de l'école
des Beaux-Arts de Glasgow.
Pour des raisons budgétaires,
les travaux se firent en deux
temps (de 1896 à 1899 et de
1907 à 1909) et la comparaison
entre la façade la plus
ancienne et l'aile ouest permet
d'observer l'évolution du style
de l'architecte qui réalisa ici un
de ses chefs-d'œuvre.
À l'intérieur, où vous guidera
un étudiant, chaque salle,
comme la Furniture Gallery ou
la Board Room, est une
recherche d'harmonie entre
proportions, éclairage et
décoration. Célèbre, la
bibliothèque est
particulièrement remarquable.
Ce que vous pourrez découvrir
de l'école dépendra toutefois
des cours donnés au moment
de votre visite.

🏛 Hunterian Art Gallery

82 Hillhead St. 📞 0141 3305431.
🕐 du lun. au sam. ⬤ du 24 déc. au
5 janv., jours fériés. ♿ limité.
Construit pour accueillir les
tableaux légués à l'université
de Glasgow par un de ses
anciens étudiants, le médecin
William Hunter (1718-1783),
ce musée possède la plus
riche collection de gravures
d'Écosse et de belles peintures
anciennes, entre autres une
Mise au tombeau de
Rembrandt. Son département
d'art moderne comprend un

bel ensemble d'œuvres
écossaises du XIXe et du
XXe siècle, notamment par
William McTaggart (1835-
1906), mais ce sont les toiles
de James McNeill Whistler
(1834-1903) qui ont établi sa
réputation. La reconstitution
de la maison où vécut Charles
Rennie Mackintosh de 1906 à
1914 permet de découvrir les
meubles qu'il dessina.

Japonaise à l'éventail par George Henry, Art Gallery and Museum

Esquisse pour Annabel Lee par
Whistler, Hunterian Art Gallery

🏛 Kelvingrove Art Gallery and Museum

Argile St, Kelvingrove. 📞 0141
2872699. 🕐 t.l.j. ⬤ 25 et 26 déc.,
1er et 2 janv. ♿ 🎫
En 1854, la donation faite par
un fabricant de coches d'un
Botticelli, d'un Giorgione et
d'un Rembrandt fut à l'origine
des collections éclectiques de
ce musée installé en 1902 dans
un bâtiment de grès rouge bâti
à son intention.
À côté des maîtres anciens,
le XIXe siècle français est bien
représenté avec des tableaux
de Degas, Millet et Monet.
Parmi les peintures
britanniques figurent des
œuvres de Joshua Reynolds
(1723-1792), le célèbre
Massacre de Glencoe (p. 529)
par James Hamilton (1853-
1894), et celles de
George Henry marquées d'une
nette influence japonaise.
Le rez-de-chaussée présente
une exposition très variée
d'armes, d'armures, de
céramiques, d'antiquités, de
maquettes, d'argenterie, etc.

Pollok House, maison georgienne, vue du sud

⌂ Pollok House

2060 Pollokshaws Rd. ☎ 0141 6166410. ○ de 10 h à 17 h t.l.j. ● 25 et 26 déc., 1er et 2 janv. ✎ d'avr. à oct. seul. Ⓦ www.nts.org.uk

Les Maxwell ont vécu sur ces terres depuis le milieu du XIIIe siècle, mais c'est en 1750 qu'a été construit l'édifice actuel, manoir dont le sobre extérieur néoclassique cache l'exubérance des stucs intérieurs. Dernier descendant mâle de la lignée, sir John Maxwell fit ajouter le grand hall d'entrée à la fin du XIXe siècle. Éminent botaniste, il dessina une grande partie des jardins entourant la maison et du parc qui s'étend au-delà.

Papiers peints à la main, beaux meubles anciens, argenterie, porcelaine et cristaux du XVIIe siècle décorent Pollok House, offrant un cadre d'époque à la collection Stirling Maxwell. Celle-ci est riche en toiles hollandaises et anglaises, comprenant notamment un tableau majeur de William Blake, un des précurseurs du romantisme : *Sir Geoffrey Chaucer and the Nine and Twenty Pilgrims*. Ce sont toutefois les œuvres espagnoles de maîtres comme El Greco, Goya ou Murillo qui en constituent le principal intérêt ; Pollok House rassemble une des plus belles collections de peintures espagnoles du pays. En 1966, Mrs Anne Maxwell Macdonald fit don à la ville de la maison et de son domaine de 146 ha. Le parc abrite aujourd'hui la Burrell Collection.

Glasgow : la Burrell Collection

Riche armateur, Sir William Burrell amassa au cours de sa vie une collection de près de 8 000 objets d'art qu'il donna à la ville en 1944. Conformément à ses vœux, ils sont aujourd'hui présentés au milieu de la nature dans un bâtiment vitré construit à cet effet en 1983. Le soleil y joue dans les vitraux, tandis que les tapisseries semblent se confondre avec les forêts environnantes.

Salon d'Hutton Castle
Le musée abrite la reconstitution de plusieurs pièces de la demeure de Burrell, Hutton Castle (XVIe siècle), proche de Berwick-upon-Tweed.

Tête de taureau
Ce bronze du VIIe siècle av. J.-C. retrouvé en Turquie faisait partie de la poignée d'un chaudron.

Lohan
Ce disciple de Bouddha date de la dynastie Ming (1484).

Hornby Portal
Détail d'un portail de pierre du XIVe siècle provenant de Hornby Castle dans le Yorkshire.

Entrée principale

À NE PAS MANQUER

★ **Les vitraux**

★ **Les tapisseries**

Rembrandt van Rijn
*Cet autoportrait de 1632
occupe une place de
choix parmi les peintures
des XVIIe et XVIIIe siècles.*

Mezzanine

MODE D'EMPLOI

2060 Pollokshaws Rd, Glasgow.
0141 287 2550. Pollokshaws
West. 45, 48, 57 depuis Glasgow.
de 10 h à 17 h du lun. au jeu.,
sam. ; de 11 h à 17 h ven. et dim.

SUIVEZ LE GUIDE !
À l'exception des peintures
exposées sur la mezzanine, le
musée présente toutes les
collections sur un même niveau.
Les salles à droite de l'entrée
sont consacrées aux tapisseries,
aux vitraux et à la sculpture,
celles en face aux civilisations
antiques et à l'art oriental.

LÉGENDE

☐ Civilisations antiques

☐ Art oriental

☐ Art européen médiéval
et post-médiéval, vitraux et
tapisseries

☐ Salles d'époque

☐ Pièces d'Hutton Castle

☐ Peintures et dessins

☐ Expositions temporaires

Matthijs Maris
*Ce peintre hollandais
était très apprécié à
la fin du XIXe siècle.
Les Sœurs (1875)
est l'un des quelque
50 tableaux
de l'artiste acquis
par Burrell.*

Rez-de-chaussée

Lecture theatre

★ Les vitraux
*La collection de vitraux
comprend de nombreuses
scènes profanes, telle cette
pièce du XVe siècle qui décorait
une église du Suffolk.*

★ Les tapisseries
*La collection
comprend de
nombreuses
tapisseries dont ces
Scènes de la vie du
Christ et de la Vierge
tissées en Suisse
vers 1450.*

Culzean Castle ㉙

Roger Adam par George Willison

L'architecte néo-classique Robert Adam (*p. 24*) agrandit et remania de 1777 à 1792 le château de Culzean (prononcer comme Cullayn), manoir du XVIᵉ siècle des comtes de Cassillis, donnant à chaque pièce une superbe décoration. Restauré dans les années 1970, le vaste ensemble de bâtiments occupe en bord de falaise un site exceptionnel au cœur d'un grand parc où le voisinage de jardins ornementaux et de terres cultivées reflète l'organisation traditionnelle d'un domaine seigneurial, exploitation agricole entourant la résidence du maître.

Vue de Culzean Castle (v. 1815), par Nasmyth

Les appartements de Lord Cassillis abritent un mobilier et une garde-robe typiques du XVIIIᵉ siècle.

La tour de l'horloge était à l'origine la maison des équipages. Elle reçut son horloge au XIXᵉ siècle et remplit aujourd'hui des fonctions résidentielles et éducatives.

PLAN DU CHÂTEAU

PREMIER ÉTAGE

Salon bleu
Salle des peintures
Chambre d'apparat
Appartements de Lord Cassillis
Antichambre du grand salon
Cabinet de toilette
Grand salon
Eisenhower Presentation
Salle de devant
Entrée
Vieille salle à manger
Salle à manger
Boutique
Salon de la Maquette
Armurerie
Salon du Bienfaiteur
Escalier ovale

REZ-DE-CHAUSSÉE

À NE PAS MANQUER

★ **Le grand salon**

★ **L'escalier ovale**

Armurerie
Sur les murs, les baïonnettes et pistolets à pierre attribués au West Lowland Fencible Regiment pour parer à une éventuelle invasion de Napoléon.

MODE D'EMPLOI

(NTS) 6 km à l'ouest de Maybole.
01655 760 269. Ayr, puis bus. **Château** d'avr. à oct. : t.l.j. de 10 h à 17 h 30 (der. entrée : 17 h). **Parc** du lever au coucher du soleil.

L'Eisenhower Presentation rend hommage au général qui se vit offrir le dernier étage du château en remerciement de son rôle pendant la guerre.

Fountain Court
Ce jardin offre un point de départ à la visite de l'est du parc.

Chaussée

★ Le grand salon
Une restauration a rendu sa décoration du XVIIIᵉ siècle à cet élégant salon aux sièges Louis XVI qui domine de 46 mètres le Firth of Clyde. Le tapis est une copie de celui que dessina Adam.

★ L'escalier ovale
Éclairé par une verrière, cet escalier à colonnes doriques et corinthiennes est considéré comme une des plus belles réussites d'Adam.

LES HIGHLANDS ET LES ÎLES

ABERDEENSHIRE · MORAY · ARGYLL AND BUTE · PERTH AND KINROSS ·
SHETLAND · ORKNEY · WESTERN ISLES · HIGHLANDS · ANGUS

La plupart des symboles de l'identité écossaise – clans et tartans, whisky et porridge, cornemuses et bruyère – appartiennent en réalité aux Highlanders. Leur culture d'origine celte, façonnée par la rudesse du climat et la pauvreté de terres montagneuses, faillit cependant être anéantie après la bataille de Culloden.

Les pierres dressées et les cairns laissés par les tribus qui habitaient le nord de l'Écosse à l'âge de la pierre témoignent d'une occupation de plus de 5 000 ans. Les Celtes, ou Gaëls, dont descendent les Highlanders actuels, arrivèrent d'Irlande aux Ve et VIe siècles. Parmi eux, saint Columba qui introduisit le christianisme. Celui-ci se propagea jusqu'aux Orkney Islands dominées jusqu'en 1468 par des envahisseurs scandinaves, où se dresse St Magnus Cathedral. Pendant plus d'un millénaire, la société des Highlands reposa sur un système de clans, tribus fondées sur l'obéissance à un chef. Ceux-ci soutinrent la tentative jacobite menée par Bonnie Prince Charlie *(p. 521)* pour reconquérir la couronne d'Angleterre.

Ils furent systématiquement brisés après la défaite de Culloden *(p. 470)*. Toute référence à leurs traditions fut interdite et le mode de fermage en vigueur depuis des siècles laissa place à de grands domaines d'élevage, ce qui poussa des familles entières à l'émigration. Les Hautes Terres se vidèrent et il fallut attendre le début du XIXe siècle et les romans et ballades de Sir Walter Scott, puis l'achat du château de Balmoral par la reine Victoria, pour qu'elles retrouvent une image positive. Les difficultés économiques demeurent toutefois. Aujourd'hui encore, la moitié des habitants des Highlands et des îles vivent en communautés de moins de 1 000 âmes. La pêche, le tourisme, le whisky et l'exploitation du pétrole de la mer du Nord ont cependant permis un nouvel accroissement de la population.

Le seul troupeau de rennes de Grande-Bretagne se trouve dans les Cairngorms

◁ **Eilean Donan Castle, sur le loch Duich dans le Glen Shiel**

À la découverte des Highlands et des îles

Au nord et à l'ouest de Stirling s'étendent les superbes montagnes creusées de ravins, les côtes déchiquetées et les îles sauvages qui sont le berceau de l'âme écossaise. Inverness, la capitale des Highlands, fera une bonne base pour découvrir le loch Ness et les Cairngorms, tandis que Fort Williams sera le point de départ d'une ascension du Ben Nevis. À l'ouest d'Aberdeen se trouvent la vallée de la Dee et ses châteaux et la vallée de la Spey, cœur du pays du whisky. Un court trajet en bateau conduira depuis Oban ou Ullapool jusqu'aux romantiques Hébrides.

Bœuf des Highlands sur l'île de Skye

VOIR AUSSI

- *Hébergement* p. 570-573
- *Restaurants et pubs* p. 606-607

CIRCULER

La région ne possède pas d'autoroute, mais un bon réseau routier permet d'y circuler aisément en voiture. Sur les îles, accessibles par ferry, ou pour Skye par un pont, les routes à voie unique prédominent. Le réseau ferroviaire s'arrête à l'ouest à Kyle of Lochalsh et au nord à Wick. Des liaisons aériennes régulières desservent Inverness, Aberdeen et Wick.

LÉGENDE

▬▬	Route principale
▬▬	Route pittoresque
– –	Chemin pittoresque
▬▬	Cours d'eau
☀	Point de vue

LA RÉGION D'UN COUP D'ŒIL

Aberdeen **17**
Auchindrain Museum **30**
Black Isle **10**
Blair Castle **22**
Cairngorms p. 530-531 **23**
Cawdor Castle **15**
Crarae Glen Gardens **31**
Culloden **13**
Dornoch **8**
Dunkeld **19**
Elgin **16**
Five Sisters **6**
Fort George **14**
Glencoe **24**
Inveraray Castle **29**
Inverness **12**
Islay **33**
John o'Groats **3**

Jura **32**
Kintyre **34**
Loch Awe **28**
Loch Ness **11**
Mull **27**
Shetland **1**
Oban **26**
Orkney **2**
Pitlochry **20**
Skye p. 520-521 **5**
Strathpeffer **9**
Western Isles **4**
Wester Ross **7**

Excursions
En partant de Killiecrankie **21**
La route des îles **25**
La vallée de la Dee **18**

Maisons peintes du port de Tobermory sur l'île de Mull

Shetland ❶

Shetland. 🏃 *23 000.* ✈ 🚢 *depuis Aberdeen and Stromness on mainland Orkney.* ℹ *Lerwick (01595 693434).*

À six degrés au sud du cercle arctique, l'archipel des Shetland comporte une centaine d'îles, dont une quinzaine habitées. Il appartient avec les Orcades à la couronne de Norvège jusqu'en 1469. À Lerwick, la ville principale, la fête du feu, Up Helly Aa *(p. 466)*, rappelle chaque année cet héritage nordique. Elle s'achève par l'embrasement d'un drakkar. Le **Shetland Museum** de Lerwick retrace l'histoire d'un peuple dont la survie a toujours dépendu de la mer, y compris depuis la découverte du pétrole de la mer du Nord.

Depuis Sandwick, on peut aller visiter sur une île la tour du **Mousa Broch**, trésor archéologique de l'âge du fer. Sur le site archéologique de Jarlshof, occupé pendant 3 000 ans, un petit musée explique l'histoire des ruines bien conservées. Depuis Lerwick, un bateau part pour l'île de Noss, réserve naturelle où phoques gris et oiseaux de mer offrent un spectacle qu'on peut surtout apprécier en mai et juin.

🏛 Shetland Museum
The Hillhead, Lerwick. 📞 *01595 695057.* ⬜ *du lun. au sam.* ⬤ *du 23 au 26 déc., 1er, 2 janv. et jours fériés.* ♿

Orkney ❷

Orkney. 🏃 *19 800.* ✈ 🚢 *depuis John o'Groats (été seul.), Scrabster, Aberdeen.* ℹ *Broad St, Kirkwall (01856 872856).*

Les vestiges préhistoriques jalonnant les îles des Orcades, ou Orkney Islands, en font un des grands sites archéologiques d'Europe. À l'ouest de Kirkwall, la ville principale, le cairn de **Maes Howe** est une chambre funéraire néolithique vieille de plus de 4 000 ans. Des Scandinaves revenant des croisades en 1150 auraient gravé les runes qui courent sur ses parois. Non loin se trouvent

LES OISEAUX DE MER DES SHETLAND

Les falaises inaccessibles de sites comme Noss ou Hermaness sur l'île d'Unst offrent à des milliers d'oiseaux, en majorité migrateurs, un endroit sûr où nidifier. Si le spectacle qu'offre leurs ballets se poursuit jusqu'en juillet, c'est en mai qu'il est le plus beau.

Macareux

Grand labbe

Fulmar

Guillemot noir

Pingouins torda

Goéland argenté

les **Standing Stones of Steness** (les pierres levées de Stenness) et celles, dressées en cercle à l'âge du bronze, du **Ring of Brodgar**.

Dans la baie de Skail, une tempête déterra en 1850 le village de l'âge de la pierre de **Skara Brae** qui était resté enfoui sous le sable pendant 4 500 ans. Sept maisons disposées autour d'un foyer central sont particulièrement bien conservées.

À Kirkwall, un réseau de ruelles enserre **St Magnus Cathedral**. Bâtie en grès au XIIe siècle, elle associe styles roman et gothique. Parmi les nombreux tombeaux intéressants qu'elle renferme figure celui de son saint patron. Non loin, le comte Patrick Stewart construisit au début du XVIIe siècle **Earl's Palace**, aujourd'hui en ruine, considéré

Façade normande de St Magnus Cathedral, Orkney

comme un des plus beaux édifices Renaissance d'Écosse.

À la pointe ouest de l'île, le port de Stromness possède un petit musée d'histoire locale et propose des expositions d'art au **Pier Arts Centre**.

♜ Earl's Palace
Palace Rd, Kirkwall. 📞 *0131 668 8800.* ⬜ *d'avr. à sept. : t.l.j. (dim. : l'après-midi).* 🅿 ♿ *limité.*

🏛 Pier Arts Centre
Victoria St, Stromness. 📞 *01856 850209.* ⬜ *du mar. au sam.* ⬤ *du 24 déc. au 10 janv.* ♿ *limité.*

John o'Groats ❸

Caithness. 🏃 *500.* ✈ 🚍 🚉 *Wick* 🚢 *de mai à sept. : John o'Groats jusqu'à Burwick, Orkney.* ℹ *John o'Groats (01955 611373).*

À plus de 1 400 km de Land's End, la pointe sud-ouest de la Grande-Bretagne, le village occupe la pointe nord-est face aux Orcades, à 13 km du Pentland Firth. Il fut ainsi baptisé parce qu'un Hollandais, John de Groot, s'y installa au XVe siècle et, selon la légende, y construisit une maison octogonale dotée d'une porte pour chacun de ses huit héritiers. À quelques kilomètres à l'est, les falaises et les rochers de Duncansby Head sont superbes.

Western Isles ➍

L'Écosse s'achève à l'ouest par une dentelle d'îles, les Hébrides extérieures, taillées dans certaines des plus vieilles roches de la Terre. D'innombrables lacs et cours d'eau y creusent des paysages presque sans arbres. De longues plages de sable blanc s'étendent sur leurs côtes occidentales, tandis qu'à l'est des tourbières composent la majorité du littoral. Elles ont permis pendant des siècles aux habitants de se chauffer. Car l'homme habite ces îles depuis 6 000 ans, tirant sa subsistance de la mer et des landes battues par les vents de l'Atlantique. Plus encore que sur le continent, la culture celte s'est maintenue et le gaélique reste une langue très vivante.

Le Black House Museum, une ferme traditionnelle à Lewis

Les Standing Stones of Callanish sur l'île de Lewis

Lewis et Harris

Western Isles. ✕ *Stornoway.*
🚐 *22 000.* ⛴ *Uig (Skye), Ullapool, Kyle of Lochalsh.* 🛈 *26 Cromwell St, Stornoway (01851 703088).* **Black House Museum** ☎ *01851 710395.*
🕐 *d'avr. à sept. : du lun. au sam. ; d'oct. à mars : du lun. au jeu., sam.*
⚫ *jours fériés.* 🌐 ✓

Lewis et Harris ne forment en fait qu'une seule île, la plus vaste des Western Isles, mais une bande montagneuse les sépare et leurs dialectes gaéliques diffèrent.

Depuis le centre administratif de **Stornoway**, au port animé, les **Standing Stones of Callanish** (pierres levées) ne se trouvent qu'à 26 km à l'est. Non loin de la route qui y conduit se dressent les ruines du **Carloway Broch**, une tour picte *(p. 468)* vieille de plus de 2 000 ans. Le **Black House Museum d'Arnol** permet de découvrir une histoire plus récente, celle de la vie menée par les petits fermiers écossais, les *crofters*, il y encore 50 ans.

En descendant vers le sud, les landes vallonnées de Lewis cèdent la place aux montagnes de Harris. À peine moins spectaculaires que les « Munros » (sommets de plus de 914 m) du continent et de l'île de Skye, elles sont un véritable paradis pour les randonneurs. Par temps clair, la vue porte depuis leurs crêtes jusqu'à l'île de St Kilda à 80 km à l'ouest.

Installé sur un isthme étroit, le port de Tarbert, d'où partent les ferries pour Skye, possède un office du tourisme qui vous fournira les adresses de tisserands fabriquant le robuste tweed de Harris. Certains utilisent encore des teintures végétales. Les bateaux pour les îles de Berenay et de North Uist se prennent à Leverburgh, à la pointe sud de Harris.

Les îles d'Uist, de Benbecula et de Barra

Western Isles. 🚐 *7 200.* ✕ *Barra, Benbecula.* ⛴ *depuis Uig (Skye), Oban et Mallaig.* 🚉 ⛴ *Oban, Mallaig, Kyle of Lochalsh.* 🛈 *26 Cromwell St, Stornoway, Lewis (01851 703088).*

Après les paysages spectaculaires de Harris, les terres basses des îles prolongeant l'archipel au sud peuvent paraître décevantes, mais elles recèlent des secrets méritant d'être découverts. De longues plages de sable jalonnent leur côte atlantique, bordées d'un des trésors naturels de l'Écosse : le sol riche en calcaire connu sous le nom de *machair*. Pendant les mois d'été, il se couvre de fleurs sauvages dont le parfum porte loin au large.

Depuis **Lochmaddy**, principal village de North Uist, l'A867 franchit une chaussée de 5 km pour rejoindre Benbecula, l'île d'où Flora MacDonald assura la fuite de Bonnie Prince Charlie *(p. 521)* sur Skye. Une deuxième chaussée conduit à South Uist, aux belles plages dorées. Depuis Lochboisdale, un ferry conduit à la petite île de Barra. Il accoste dans Castlebay, offrant une vue inoubliable sur **Kisimul Castle**, l'ancienne forteresse du clan Macneil.

Plage de sable de South Uist

Le flanc est des Five Sisters of Kintail vu depuis le Glen Shiel

Skye ❺

Voir p. 520-521.

The Five Sisters ❻

Skye and Lochalsh. ⮀ *Kyle of Lochalsh.* ⬛ *Glen Shiel.* ⓘ *Bayfield House, Bayfield Lane (01478 612137).*

Dominant l'une des régions les plus austères d'Écosse, les impressionnants sommets des Cinq Sœurs de Kintail barrent le ciel au-dessus de l'extrémité nord du loch Cluanie à l'endroit où l'A87 . pénètre dans le Glen Shiel. Le **Visitor Centre** de Morvich organise des randonnées guidées en été. Plus à l'ouest, la route passe près du romantique **Eilean Donan Castle** qu'une chaussée relie à la terre ferme. Bâti au XIIIe siècle, il fut détruit par des navires anglais en 1719 et restauré en 1932.

♠ Eilean Donan Castle
Près de l'A87, à proximité de Dornie.
☎ *01599 555202.*
◯ *d'avr. à oct. : t.l.j.*

Wester Ross ❼

Ross and Cromarty. ⮀ *Achnasheen, Strathcarron.* ⓘ *Gairloch (01445 712130).*

Laissant le loch Carron au sud, l'A890 s'enfonce dans la vaste région sauvage du Wester Ross. Le Torridon Estate, qui s'étend sur les deux flancs de la vallée glaciaire du Glen Torridon, renferme certaines des plus vieilles montagnes de la planète (plus de 600 millions d'années) où vivent cerfs, chats sauvages et chèvres. Des faucons pèlerins et des aigles royaux nichent dans les hauteurs gréseuses du Beinn Eighe, au-dessus du village de Torridon. La vue y porte au-delà d'Applecross jusqu'à l'île de Skye. Le **Torridon Countryside Centre** organise des randonnées guidées en été et fournit des informations sur l'histoire naturelle de la région. Au nord, l'A832 traverse la Beinn Eighe National Nature Reserve où subsistent des vestiges de la forêt primitive écossaise sur les rives et les îles du loch Maree.

Sur la côte, les influences climatiques du Gulf Stream ont permis la création d'une étonnante série de jardins exotiques. Aménagés par Osgood Mackenzie (1842-1922) à partir de 1862, les **Inverewe Gardens** sont les

Paysage typique des alentours de Torridon dans le Wester Ross

plus beaux. En mai et juin fleurissent les azalées et les rhododendrons, en juillet et août les bordures herbacées.

🏛 Torridon Countryside Centre
(NTS) Torridon. ☎ *01445 791221.*
◯ *de mai à sept. : t.l.j.* 📷 ♿
♣ Inverewe Gardens
(NTS) Près de l'A832, à proximité de Poolewe. ☎ *01445 781200.* ◯ *t.l.j.*
📷 ♿

Dornoch ❽

Sutherland. 🏠 *2 200.* ⮀ *Golspie, Tain.* ⓘ *The Square, Dornoch (01862 810400).*

Avec ses terrains de golf réputés et ses longues plages de sable, Dornoch est une station balnéaire tranquille quoique fréquentée. Entreprise en 1223 et presque entièrement détruite lors d'un affrontement entre clans en 1570, sa cathédrale connut une importante restauration dans les années 1920 pour son 700e anniversaire. Au bout de River Street, côté plage, une pierre marque le lieu d'exécution en 1722 de Janet Horne, la dernière « sorcière » jugée en Écosse.

Aux environs
À 19 km au nord-est de Dornoch, **Dunrobin Castle**, manoir victorien incorporant une tour du XIVe siècle, domine la mer au sein d'élégants jardins classiques. Résidence des comtes de Sutherland depuis le XIIIe siècle, il est

presque entièrement ouvert au public.

Au sud se trouve le paisible village de **Tain**. Lieu de pèlerinage au Moyen Âge, il devint après la bataille de Culloden *(p. 469)* l'un des centres administratifs des Highland Clearances. La mairie servit alors de prison. L'exposition du centre **Tain Through Time** relate ces sombres événements.

⚜ Dunrobin Castle
Près de Golspie. **C** *01408 633177.*
○ *d'avr. à mi-oct. : t.l.j.* ⬛
Ⅲ Tain Through Time
Tower St. **C** *01862 894089.* ○ *d'avr. à oct. : t.l.j. ; de nov. à mars : sur rendez-vous.* ⬛ ♿

La cathédrale restaurée du village de Dornoch

Strathpeffer ❾

Ross and Cromarty. 🏚 *1 400.*
🚉 *Dingwall.* 🚌 *Inverness.*
ℹ *North Kessock (01463 731505).*

À 8 km à l'est des chutes de Rogie, la ville de Strathpeffer a conservé le charme raffiné qui établit sa réputation de station thermale à l'époque victorienne. Ses grands hôtels et ses dégagements élégants rappellent le temps où têtes couronnées européennes et simples mortels venaient y prendre les eaux ferrugineuses et sulfureuses supposées améliorer la condition des tuberculeux. Le **Water Tasting Pavilion**, au centre de la localité, permet encore aujourd'hui d'y goûter.

⊞ Water Tasting Pavilion
The Square. ○ *de Pâques à oct. : t.l.j.*

La côte de Black Isle sur le Moray Firth

The Black Isle ❿

Ross and Cromarty. 🚢 🚌 *Inverness.*
ℹ *North Kessock (01463 731505).*

Si les plates-formes de forage du Cromarty Firth témoignent de l'importance du pétrole dans l'économie locale, la péninsule de Black Isle a conservé ses paysages ruraux et ses villages de pêcheurs.

Port important au XVIIIᵉ siècle et centre d'une active production de dentelles et de cordages, **Cromarty** a gardé nombre de ses maisons de marchands. Le musée de **Cromarty Courthouse** organise des visites guidées de ce patrimoine. Le **Hugh Miller's Cottage** entretient le souvenir du géologue Hugh Miller (1802-1856) né ici. **Fortrose** renferme les ruines d'une cathédrale du XIVᵉ siècle,

tandis qu'une stèle à Chanonry Point commémore le Brahan Seer, un prophète du XVIIᵉ siècle brûlé vif dans un tonneau de goudron par la comtesse de Seaforth à qui il avait prédit l'infidélité de son mari. À Rosemarkie, le musée archéologique de **Groam House** mérite une visite.

Ⅲ Cromarty Courthouse
Church St, Cromarty. **C** *01381 600418.* ○ *d'avr. à oct. : t.l.j. ; de nov. à mars : t.l.j. (l'après-midi).* ● *du 23 déc au 25 fév.* ⬛
⊞ Hugh Miller's Cottage
(NTS) Church St, Cromarty. **C** *01381 600245.* ○ *de mai à sept. : t.l.j. (dim. après-midi)* ⬛ ♿ *limité.*
Ⅲ Groam House Museum
High St, Rosemarkie. **C** *01381 620961.* ○ *de mai à sept. : t.l.j. (dim. : l'après-midi) ; d'oct. à avr. : sam. et dim (après-midi).* ⬛ ♿ *rez-de-chaussée seulement.*

LES HIGHLAND CLEARANCES

À l'époque des clans *(p. 470)*, les fermiers payaient à leur chef la location de la terre sous forme de service militaire. La destruction de la société clanique après la bataille de Culloden *(p. 523)* conduisit les propriétaires à exiger un loyer en argent, que ces petits exploitants ne pouvaient donner. Les terres passèrent peu à peu aux mains de Lowlanders et d'Anglais. En 1792, que l'on connaît comme « l'année du mouton », des milliers de fermiers furent

expulsés pour laisser la place à des troupeaux. Beaucoup émigrèrent, en Australie ou dans le Nouveau Monde, abandonnant derrière eux les ruines de leurs chaumières ou *crofts*.

Le Dernier du clan **(1865) par Thomas Faed**

L'île de Skye ➎

**Otter by the coast
at Kylerhea**

Un pont reliant Kyle of Lochalsh à Kyleakin permet de rejoindre la plus grande île des Hébrides intérieures. Des plateaux volcaniques érodés du Quiraing et du Storr au nord jusqu'aux pics des Cuillins culminant au sud-ouest à 913 m, une histoire géologique mouvementée lui a donné des paysages aussi spectaculaires que variés. Des fjords profonds s'enfoncent partout à l'intérieur des terres et aucun lieu n'est éloigné de la mer de plus de 8 km. Après la bataille de Culloden, Skye offrit asile à Bonnie Prince Charlie, mais elle eut à subir les Highland Clearances *(p. 517)* ; les ruines de *crofts* abandonnés parsèment les coteaux herbeux du sud devenus aujourd'hui le domaine des troupeaux.

À Skebost, le cimetière d'une chapelle en ruine renferme des tombes médiévales.

Tombeau de Flora MacDonald

Kilmui

WESTERN ISLES

Uig

LOCH SNIZORT

• Lusta

B886

• Milovaig

B884

Dunvegan

Skeab

A850

A863

B885

Dunvegan Castle

Forteresse du clan MacLeod depuis plus de sept siècles, il abrite le Fairy Flag (« Drapeau de Fée »), pièce de soie magique censée protéger le clan.

0   10 km

Portnalong

B8009

Talisker   Carbost

La distillerie de Talisker produit un des meilleurs whiskies des Highlands, surnommé « la lave des Cuillins ».

C U

SGU
ALAS
993

Cuillins

Depuis Sligachan, il faut 3 heures de marche pour atteindre les plus belles montagnes de Grande-Bretagne. En été, des bateaux partent d'Elgol pour le loch Coruisk cerné de hauts pics. Alors qu'il fuyait dans les landes environnantes, Bonnie Prince Charlie se serait exclamé : « Même le Diable ne me suivra pas ici ! »

LÉGENDE

🏛	Information touristique
▬▬	Route A
▭▭	Route B
⁓⁓	Route secondaire
	Point de vue

◁ **Lever de soleil sur les plateaux désolés du nord de Skye vus depuis le Quiraing**

Quiraing
Une série de glissements de terrain a révélé un dédale de tours et de flèches creusé dans ce plateau volcanique. On l'atteint aisément depuis la route reliant Uig et Staffin.

Kilt Rock

Staffin

Storr
Monolithe de 55 m de haut proche de la route de Portree, l'Old Man of Storr se détache du plateau basaltique.

Portree

Loch Coruisk

Portree
La capitale de Skye prit le nom de « port du roi » après une visite de Jacques V en 1540.

Luib possède une superbe chaumière vieille d'un siècle.

Sconser
igachan

SCALPAY

Pont vers le continent

Luib

Broadford

Kyleakin

KYLE OF LOCHALSH

Des loutres sont visibles au refuge de Kylerhea.

Kilchrist

Kylerhea

Elgol

Armadale Castle Gardens and Museum of the Isles abrite le Clan Donald Visitor Centre.

Armadale

MALLAIG

Kilchrist Church
Ce sanctuaire réformé en ruine se trouvait jadis dans la région la plus peuplée de l'île. Il fut abandonné en 1843 après la construction d'une église à Broadford.

BONNIE PRINCE CHARLIE

Dernier prétendant de la dynastie à la couronne d'Angleterre, Charles Édouard Stuart (1720-1788), exilé en France avec son père, arrive en Écosse en 1745. Décidé à reprendre le trône, il obtient le soutien des jacobites, mais son armée est vaincue à Culloden *(p. 523).* Traqué pendant cinq mois dans les Highlands, il s'enfuit à Skye en se faisant passer pour la servante d'une femme d'Uist, Flora MacDonald. Il réussit à regagner la France en septembre 1746 *(p. 532)* et meurt à Rome en 1788. Deux ans plus tard, Flora est enterrée à Kilmuir, enroulée dans un drap du « joli » *(bonnie)* prince.

Le prince, déguisé en servante

Les ruines d'Urquhart Castle sur la rive occidentale du loch Ness

Loch Ness ⓫

Inverness. 🚇 🚌 *Inverness*. 🛈 *Castle Wynd, Inverness (01463 234353)*.

Long de 39 km, large de 1,5 km et profond de 305 m, le **loch Ness** emplit le fond de la moitié nord du Great Glen, faille qui traverse les Highlands de Fort William à Inverness. Dessiné par l'ingénieur écossais Thomas Telford *(p. 433)*, le Caledonian Canal le relie au

---

LE MONSTRE DU LOCH NESS

Aperçue pour la première fois au VIe siècle par saint Columba, « Nessie » éveille une curiosité mondiale depuis son apparition dans les années 1930 sur des photos ambiguës. Les recherches par sonar ont donné des résultats énigmatiques. Plésiosaure, anguille géante et whisky font partie des explications les plus répandues. Il semblerait qu'un proche cousin de Nessie habite le loch Morar *(p. 532)*.

---

loch Oich et au loch Lochy. Sur la rive occidentale, l'A82 longe les ruines d'**Urquhart Castle**, bâti au XVIe siècle et détruit par des troupes gouvernementales en 1692 pour éviter qu'il ne passe sous contrôle jacobite. Un peu plus à l'ouest, **The Official Loch Ness Monster Exhibition Centre** propose de nombreux documents audiovisuels sur le mystère posé par le plus ancien et le plus célèbre occupant du lac.

Fabricant de kilts et tartan des Stuarts

⚜ **Urquhart Castle**
Près de Drumnadrochit. 📞 *01456 450551.* ⬭ *t.l.j.* ⬤ *25 et 26 déc., 1er et 2 janv.* 🅿
🏛 **The Official Loch Ness Monster Exhibition Centre**
Drumnadrochit. 📞 *01456 450573.* ⬭ *t.l.j.* ⬤ *25 déc.* 🅿 ♿

Inverness ⓬

Highland. 🏔 *60 000.* 🚇 🚌 🛈 *Castle Wynd (01463 234353).*

Capitale des Highlands, Inverness constitue une base idéale d'où partir à la découverte du loch Ness et des collines environnantes. Sa position stratégique lui a toutefois valu d'être l'enjeu de nombreux conflits et de connaître bien des destructions. La majorité des

---

édifices les plus anciens de la ville, tel le château aujourd'hui occupé par le tribunal, ne datent ainsi que du XIXe siècle. L'**Inverness Museum and Art Gallery** abrite une exposition consacrée à l'histoire et aux coutumes des Highlands. **Balnain House** présente une collection d'instruments de musique. Les **James Pringle Weavers of Inverness** raviront les amateurs de tartans et de tricots. Amarré dans le Muirtown Basin, au nord-ouest de la ville, l'**Amazon Museum Ship** (1885) est le dernier représentant des grands vapeurs en bois. Il a conservé son aménagement intérieur d'origine typique de l'époque victorienne.

🏛 **Museum and Art Gallery**
Castle Wynd. 📞 *01463 237114.* ⬭ *du lun. au sam.* ⬤ *25, 26 déc. et 1er et 2 janv.* ♿
🏕 **James Pringle Weavers of Inverness**
Holm Woollen Mill, Dores Rd.
📞 *01463 223311.*
⬭ *t.l.j.* ⬤ *25 déc., 1er janv.* ♿
🏛 **Balnain House**
40 Huntly St. 📞 *01463 715757.*
⬭ *t.l.j.* ⬤ *25 déc., 1er janv.* 🅿 ♿ limité.
🏛 **Amazon Museum Ship**
A862. 📞 *01463 242154.*
⬭ *de juil. à sept. : t.l.j.* 🅿

Culloden ⓭

(NTS) Inverness. 🚆 🚌 *Inverness.*

La lande désolée de Culloden a gardé un aspect très proche de celui qu'elle avait le 16 avril 1746, date de la dernière bataille livrée sur le sol britannique *(p. 469)*. Les 9 000 hommes commandés par le duc de Cumberland, fils de George II, y écrasèrent les troupes jacobites conduites par Bonnie Prince Charlie *(p. 521)*. Sur place, le **NTS Visitor Centre** propose une excellente exposition sur le déroulement des opérations.

Aux environs
Trois remarquables tumulus néolithiques forment à 1,5 km à l'est les **Clava Cairns**.

🛈 NTS Visitor Centre
Sur la B9006 à l'est d'Inverness.
📞 *01463 790607.* ○ *t.l.j.* ● *janv.*
📷 ♿

Fort George ⓮

Inverness. 📞 *01667 462777.* 🚆 🚌
Inverness, Nairn. ○ *t.l.j.* ● *25 et 26 déc., 1er et 2 janv.* 📷 ♿ 🎥

Bel ouvrage d'art militaire, le Fort George se dresse sur un promontoire rocheux battu par les vents du Moray Firth. Les Anglais le construisirent après le soulèvement jacobite pour contrôler Inverness et pouvoir réprimer toute nouvelle tentative de rébellion des Highlanders. Les travaux s'achevèrent en 1769, et la garnison n'eut jamais en fait à repousser un assaut. La forteresse renferme le

LE MOUVEMENT JACOBITE

Highlanders catholiques pour la plupart, les partisans d'un retour sur le trône de Jacques II d'Angleterre (Jacques VII d'Écosse), déposé par la « Glorieuse Révolution » de 1688 *(p. 53)*, furent surnommés jacobites d'après le nom du souverain. Par deux fois, ils se soulevèrent pour tenter de replacer un Stuart au pouvoir. La première tentative, en faveur de Jacques VIII, s'acheva par la défaite

Jacques II, par Samuel Cooper (1609-1672)

de Sherrifmuir (1715). La seconde vit la fin des espoirs jacobites à la bataille de Culloden. La répression qui suivit dispersa les clans et interdit toute expression de la culture des Highlands pendant plus d'un siècle *(p. 471)*.

Le pont-levis de la façade est de Cawdor Castle

Regimental Museum des Queen's Own Highlanders et l'aménagement de certains de ses baraquements reconstitue les conditions de vie des soldats il y a deux siècles. Le **Grand Magazine** contient une riche collection d'armes et d'équipement militaire, tandis que les remparts offrent un excellent poste d'observation pour admirer les superbes évolutions des dauphins sauvages du Moray Firth.

Cawdor Castle ⓯

Sur la B9090 (depuis l'A96). 📞
01667 404615. 🚆 *Nairn, puis bus ou taxi.* ○ *de mai à mi-oct. : t.l.j.* 📷 ♿
jardins et rez-de-chaussée seulement.

Avec son donjon à tourelles, son fossé et son pont-levis, ce château construit au XVIIe siècle autour d'une tour du XIVe siècle est une des plus romantiques demeures seigneuriales des Highlands. Bien que Shakespeare *(p. 310)* en ait fait le cadre du meurtre du roi Duncan par Macbeth au XIe siècle, aucune preuve historique d'un quelconque séjour de ces personnages n'a jamais été fournie.

Selon la légende, le houx retrouvé dans une pièce secrète serait celui sous lequel, en 1372, l'âne chargé d'or du baron William se serait arrêté pour se reposer, indiquant ainsi à son maître où édifier sa forteresse. Après 600 ans d'occupation continue, le château, toujours habité par les barons de Cawdor, regorge de souvenirs familiaux, notamment de superbes tapisseries et des portraits peints au XVIIIe siècle par Joshua Reynolds (1723-1792) et George Romney (1734-1802). Plusieurs pièces contiennent des meubles de Chippendale et Sheraton, et dans la cuisine trône un impressionnant fourneau victorien.

Le vaste parc du château permet de belles promenades et comprend un parcours de golf de neuf trous.

La Bataille de Culloden (1746), par D. Campbell

Elgin ⑯

Moray. 🏛 *25 000.* 🚉 🚌 ℹ️ *17 High St, Moray (01343 542666).*

A vec sa place du marché pavée et ses ruelles tortueuses, le centre d'Elgin reste marqué par le plan de la ville médiévale. Près de King Street, il ne reste que les ruines de sa **cathédrale** bâtie au XIIIe siècle, jadis l'une des plus belles d'Écosse. En 1390, un fils de Robert II, le Loup de Badenoch, la ravagea pour se venger de son excommunication par l'évêque de Moray. Reconstruite, elle fut désaffectée après la Réforme et, en 1576, le régent de Moray ordonna que l'on démonte son toit en plomb, laissant ainsi l'intérieur à la merci des intempéries. Le sanctuaire servit ensuite de carrière. La nef, où subsiste une dalle picte, a beaucoup souffert et ce sont les transepts, le chœur et une chapelle latérale dotée d'une

Détail de la tour centrale de la cathédrale d'Elgin

belle voûte à nervures qui offrent le plus d'intérêt. L'**Elgin Museum** présente des collections d'anthropologie, de géologie et d'histoire locale, tandis que le **Moray Motor Museum** possède plus de 40 véhicules anciens.

🏛 **Elgin Museum**
1 High St. ☎ *01343 543675.* ⭕ *d'avr. à oct. : de 10 h à 17 h t.l.j. (dim. : après-midi).* 🚻 ♿

🏛 **Moray Motor Museum**
Bridge St, Bishopsmill. ☎ *01343 544933.* ⭕ *de Pâques à oct. : de 11 h à 17 h, t.l.j.* 📷 ♿

Aberdeen ⑰

S urnommée la « ville de granit », Aberdeen est aussi une des cités les plus fleuries de Grande-Bretagne, et les expositions florales organisées toute l'année dans ses jardins contrastent avec la sévérité des immeubles. Le centre moderne s'est développé à partir du port dont une grande part de l'activité dépend aujourd'hui de l'exploitation du pétrole en mer du Nord, même si la pêche reste importante et donne lieu chaque matin à une criée. Protégé, le vieil Aberdeen a gardé son charme médiéval.

Les flèches des églises d'Aberdeen dominent l'horizon du port

À la découverte d'Aberdeen
Le centre-ville s'étend autour d'Union Street, artère commerçante et animée qui débouche à l'est sur la Mercat Cross. La croix se dresse près de Castlegate, ancien accès au château et place de marché. De là, la rue Shiprow sinue vers le port où se tient la criée, longeant la Provost Ross's House et son musée maritime *(p. 526)*. Situé à 1,5 km du centre, l'Old Aberdeen a conservé le charme d'un village autonome avec ses ruelles pavées bordées de beaux monuments anciens. On s'y rend en bus.

🚩 **King's College**
College Bounds, Old Aberdeen. ☎ *01224 273702.* ⭕ *de 9 h 30 à 17 h du lun. au ven. ; de 11 h à 17 h sam.* ⬤ *du 24 déc. au 3 janv.* ♿ Ⓦ *www.abdn.ac.uk/kcc*
La première université d'Aberdeen a été fondée en 1495. La tour de la chapelle comporte une superbe lanterne Renaissance reconstruite après une tempête en 1633. Des vitraux par Douglas Strachan apportent une touche contemporaine à l'intérieur. La chaire date de 1540 ; les effigies des Stuarts qui l'ornent furent ajoutées plus tard.

🏛 **St Andrew's Cathedral**
King St. ☎ *01224 640290.* ⭕ *de mai à sept. : de 10 h à 16 h du lun. au sam.* ♿ 📷 *sur rendez-vous.*
C'est dans cette cathédrale que fut consacré en 1784 Samuel Seabury, premier évêque de l'église épiscopalienne américaine. Un mémorial rappelle cet événement majeur de l'histoire religieuse des États-Unis. Mises en valeur par la blancheur des piliers et des parois, les armoiries des États américains ornent, avec celles des familles jacobites *(p. 523)* de l'Aberdeenshire, les plafonds des ailes nord et sud.

L'élégante lanterne de la tour de la chapelle de King's College

PROVOST SKENE'S HOUSE

Guestrow. **C** *01224 641086.* ○ *de 10 h à 17 h du lun. au sam. ;*
de 13 h à 16 h dim. ● *25, 26 et 31 déc., 1ᵉʳ et 2 janv.* W *www.agm.co.uk*
Demeure du prévôt sir George Skene au XVIIᵉ siècle,
cette maison fût bâtie en 1545. Le duc de Cumberland y résida
avant la bataille de Culloden *(p. 523)*. Le mobilier d'époque
retrace 200 ans d'évolution des styles.

MODE D'EMPLOI

City of Aberdeen. 211 000.
13 km. Guild St.
Union St (01224 288828).
W www.castlesandwhisky.com.

Le salon du XVIIIᵉ siècle, avec
son clavecin en noyer et ses
fauteuils près du feu, servait de
cadre à la cérémonie du thé.

Le salon Regency offre un bel
exemple de décor du début du
XIXᵉ siècle avec sa harpe (1820),
son sofa néo-grec et son
secrétaire français.

La galerie peinte abrite l'un
des plus importants cycles de
peintures religieuses d'Écosse.
Les panneaux, d'un artiste
inconnu, datent du début du
XVIIᵉ siècle.

Le Great Hall du XVIIᵉ siècle
contient un mobilier en chêne
massif. Les armoiries du
prévôt Skene ornent la
cheminée.

**La salle à manger
georgienne**, au décor
classique, principale pièce de
réception au XVIᵉ siècle, a
conservé son dallage d'origine.

Entrée

LE CENTRE D'ABERDEEN

Aberdeen Art Gallery ①
St Andrew's Cathedral ⑤
Fish Market ⑧
Marischal College ④
Maritime Museum ⑦
Mercat Cross ⑥
Provost Skene's
House ③
St Nicholas
Kirk ②

LÉGENDE

Gare routière
Gare
Embarcadère des ferries
Parc de stationnement
Information touristique
Église

0   200 m

🏛 **Art Gallery**

Schoolhill. 📞 *01224 646333.* 🕐 *t.l.j.* 🔴 *du 25 déc. au 2 janv.* ♿

Installé dans un édifice néo-classique construit à son intention en 1884, le musée d'art d'Aberdeen présente au rez-de-chaussée, dans son département d'arts décoratifs, un bel ensemble d'argenterie locale. Si le musée est particulièrement riche, il est cependant surtout réputé pour ses collections de peintures modernes, anglaises et écossaises bien entendu, mais aussi pour les œuvres d'artistes tels que Toulouse-Lautrec, Monet ou Bonnard. Léguée en 1900 par un marchand de granit, la collection Alex Macdonald comporte 92 autoportraits d'artistes britanniques. Le musée organise de temps en

Argenterie d'Aberdeen à l'Art Gallery

temps des lectures de poésie, des projections et des concerts.

⛪ **Church of St Nicholas**

George St. 🕐 *de mai à sept. : t.l.j. ; d'oct. à avr. : du lun. au ven. (matin).* ♿

Fondée au XIIe siècle, St Nicholas est la plus grande église paroissiale d'Écosse. Abîmé pendant la Réforme, le bâtiment fut divisé en deux églises (East Church et West Church). Bien qu'il date de 1752, il renferme des objets plus anciens, tels les anneaux utilisés au XVIIe siècle pour enchaîner les femmes accusées de sorcellerie (chapelle de l'East Church). Une certaine Mary Jameson (1597-1664) aurait réalisé les broderies décorant la West Church.

🏛 **Maritime Museum**

Shiprow. 📞 *01224 337700.* 🕐 *t.l.j.* 🔴 *25 déc., 1er, 2 et 3 janv.* ♿

Établi au-dessus du port dans l'une des plus anciennes maisons de la ville, la Provost Ross's House (1593), ce musée illustre différents aspects de l'histoire maritime d'Aberdeen tels que la pêche, le sauvetage en mer, la construction navale ou le fonctionnement des plates-formes pétrolières au large de l'Écosse.

⛪ **St Machar's Cathedral**

The Chanonry. 🕐 *t.l.j.* ♿

Entreprise en 1357, la cathédrale St Machar dont les flèches dominent l'Old Aberdeen est le plus ancien édifice en granit de la ville. La nef sert désormais d'église paroissiale. Les armoiries de 48 papes, empereurs et princes de la chrétienté ornent son superbe plafond à caissons en chêne du XVIe siècle.

Excursion dans la vallée de la Dee ⑱

R ivière riche en saumons, la Dee s'enfonce profondément dans les Grampians. Au plaisir de découvrir les beautés naturelles de sa vallée s'ajoute celui offert par ses nombreux châteaux. Le plus connu, Balmoral Castle, est la résidence d'été de la famille royale britannique depuis son acquisition en 1852 par la reine Victoria.

Muir of Dinnet Nature Reserve ④
Un centre d'information sur l'A97 constitue un excellent point de départ pour explorer cette superbe région boisée.

Balmoral ⑥
Acheté par la reine Victoria en 1852 après qu'une arête eut étouffé son propriétaire, le château fut reconstruit dans le style seigneurial écossais à la demande du prince Albert.

Ballater ⑤
Nombre de boutiques de Ballater, dont les eaux avaient au XIXe siècle la réputation de soigner la tuberculose, portent des enseignes attestant qu'elles fournissent la famille royale.

Dunkeld ⑲

Perth and Kinross. 🏠 2 200. 🚆
Birnam. 🏢 ℹ️ *The Cross (01350 727688).*

Sur les rives de la Tay, ce charmant village fut presque entièrement détruit en 1689 lors de la bataille de Dunkeld, une défaite jacobite. Les **Little Houses** bordant Cathedral Street furent parmi les premières à être reconstruites.

Les ruines de la **cathédrale** se dressent dans un cadre enchanteur au bord de la rivière. Élevé au début du XIVe siècle, le chœur sert désormais d'église paroissiale. Un guichet perce son mur nord. Cette petite ouverture permettait jadis aux lépreux d'assister à l'office et de recevoir la communion sans se mêler au reste des fidèles. Le petit musée aménagé dans la salle capitulaire présente une belle pierre picte du IXe siècle.

Ruines de la cathédrale de Dunkeld

Pitlochry ⑳

Perth and Kinross. 🏠 2 500. 🚆 🏢
ℹ️ *22 Atholl Rd (01796 472215).*

Au cœur des collines boisées de pins du centre des Highlands, Pitlochry acquit son renom quand la reine Victoria *(p. 56)* le décrivit comme l'un des plus agréables lieux de villégiature d'Europe.

Au début de l'été, les saumons remontent le passage aménagé à leur intention le long du barrage hydro-électrique et un hublot permet de les observer. Au **Power Station Visitor Centre**, une exposition décrit le système de barrages contenant les eaux du loch Faskally. La **Blair Atholl Distillery** produit le whisky Bell depuis 1798. Elle permet de découvrir les procédés de fabrication de la boisson nationale écossaise *(p. 475).* En été, le programme du **Festival Theatre** change tous les jours.

ℹ️ **Power Station Visitor Centre**
Port-na-Craig. 📞 *01796 473152.*
🔵 *de fin mars à oct. : t.l.j.* 🎦 🎫
🎭 **Festival Theatre**
Port-na-Craig. 📞 *01796 472680.*
🔵 *de mi-mai à oct. : t.l.j.* 🔵 🎫
🥃 **Blair Atholl Distillery**
Perth Rd. 📞 *01796 472234.* 🔵 *de Pâques à sept. : t.l.j. (dim. après-midi) ; d'oct. à Pâques : du lun. au ven.* ⚫ *du 22 déc. au 3 janv.* 🎦 🔵 *limité.* 🎫

CARNET DE ROUTE

Itinéraire : 111 km.
Où faire une pause ? Café de Crathes Castle. 🔵 *t.l.j. de mai à sept. Cuisine écossaise au Tor-na-Collie Hotel, Banchory (p. 636-637).*

Banchory ③
Cette petite ville produit de l'eau de lavande. Depuis le Brig o' Feugh, pont du XVIIIe siècle, on peut voir les saumons remonter le courant.

Drum Castle ①
Robert Bruce offrit en 1323 à son porte-étendard cet impressionnant donjon du XIIIe siècle.

PETERHEAD
A96
A956
ABERDEEN
A93
A956
A980
① • Perculter
A93
Dee
② Crathes
A90
③
B9077
STONEHAVEN
B9974

Crathes Castle et ses jardins ②
De superbes jardins aménagés au XVIIIe siècle entourent la résidence familiale des Burnett qui s'est développée à partir d'un château Renaissance somptueusement décoré, notamment de plafonds peints.

0   5 km

LÉGENDE

▬▬▬ Itinéraire conseillé

═══ Autres routes

🔍 Point de vue

Excursion en partant de Killicrankie ㉑

Dans le cadre où les Highlanders remportèrent en 1689 la bataille de Killiecrankie, cette promenade suit un sentier relativement plat pour une région aussi accidentée. Jalonné de sites idéals pour pique-niquer, il serpente en effet dans une gorge boisée. L'arrivée au loch Faskally offre néanmoins un large panorama de Blair Atholl. Longeant la Tummel pour revenir vers son point de départ, le parcours traverse ensuite une des régions que préférait la reine Victoria.

Killiecrankie ①
Le Visitor Centre présente une documentation sur la bataille de Killicrankie (1689).

Linn of Tummel ⑦
Le sentier rejoint un trou d'eau au pied des chutes de la Tummel, puis s'enfonce dans la forêt.

Coronation Bridge ⑥
Ce pont piétonnier sur la Tummel fut bâti en 1860 en l'honneur de George IV.

Soldier's Leap ②
Poursuivi par des jacobites pendant la bataille, Donald Macbean franchit d'un bond ce Saut du Soldat.

Killicrankie Pass ③
Une route militaire construite au XVIIᵉ siècle par le général Wade suit la gorge.

Memorial Arch ⑤
Elle rappelle la mémoire des ouvriers tués pendant la construction du Clunie Dam (barrage de Clunie).

BLAIR ATHOLL

Garry Bridge

Faskally House

TUMMEL FOREST PARK

LOCH FASKALLY

PITLOCHRY

Clunie Foot Bridge ④
Ce pont franchit le loch Faskally, un lac artificiel créé dans les années 50 par le barrage de la rivière Garry.

LÉGENDE

- ▪▪ Itinéraire conseillé
- Route principale
- Route B
- Route secondaire
- ❀ Point de vue
- 🅿 Parc de stationnement
- ℹ Information touristique

CARNET DE ROUTE

Point de départ : NTS Visitor Centre Killicrankie. ☎ 01796 473233.
Comment y aller : En bus depuis Pitlochry ou Aberfeldy.
Itinéraire : 16 km.
Difficulté : Très facile.

0   1 km

0   0,5 miles

Les Trois Sœurs, Glencoe, à la fin de l'automne

Blair Castle ㉒

Blair Atholl, Perthshire. ☎ 01796 481207. ☒ Blair Atholl. ◯ d'avr. à oct. : de 10 h à 18 h t.l.j. ⌖ ♿ limité. W www.blair-castle.co.uk

Ce château disposé autour de son donjon du XIIIᵉ siècle, la Cumming's Tower, a connu tant de remaniements en 700 ans d'occupation qu'il offre un aperçu unique de l'histoire de l'aristocratie des Highlands. Somptueusement meublée, l'aile du XVIIIᵉ siècle ornée de stucs élégants abrite une exposition de souvenirs jacobites, dont des gants et une pipe de Bonnie Prince Charlie (p. 521). Les portraits de famille retracent trois siècles de généalogie et comprennent des œuvres de Johann Zoffany, Jacob de Wet et Sir Peter Lely.

La reine Victoria fit au château un séjour de convalescence en 1844 et accorda à ses propriétaires, les ducs d'Atholl, l'autorisation de posséder une armée privée. Les Atholl Highlanders existent toujours.

Les Cairngorms ㉓

Voir p. 530-531.

Glencoe ㉔

Highland. ☒ Fort William. ▣ Glencoe. ⓘ Cameron Sq, Fort William (01397 703781).

Le décor grandiose offert par cette vallée sauvage entourée de hautes et austères montagnes et les événements tragiques qui s'y déroulèrent ont conduit Dickens à la comparer au « lieu de sépulture d'une race de géants ». Les falaises à pic du Buachaille Etive Mor et la crête escarpée de l'Aonach Eagach (deux sommets de plus de 900 m) opposent même aux montagnards expérimentés un difficile défi.

Glencoe est néanmoins propice à de superbes randonnées. De bonnes chaussures et un strict respect des consignes de sécurité s'avèrent toutefois nécessaires. D'une promenade d'une demi-heure au Signal Rock jusqu'à l'ascension, longue de 10 km, du Devil's Staircase, le **NTS Visitor Centre** fournit des itinéraires aux marcheurs et organise en été des excursions guidées.

ⓘ **NTS Visitor Centre**
Ballachulish. ☎ 01855 811307. ◯ de mars à oct. : de 10 h à 17 h t.l.j. ⌖ ♿

LE MASSACRE DE GLENCOE

En 1692, le chef des MacDonald de Glencoe prêta avec cinq jours de retard le serment d'allégeance à Guillaume III. Le gouvernement prit prétexte de ce délai pour exterminer ce nid de partisans jacobites (p. 523). Pendant dix jours, les MacDonald reçurent les 130 soldats de Robert Campbell, mais à l'aube du 13 février ceux-ci s'abattirent par surprise sur leurs hôtes, massacrant 38 membres du clan. Nombre de ceux qui s'étaient réfugiés en montagne ne purent résister aux rigueurs de l'hiver. La tuerie provoqua un véritable scandale politique, mais il fallut attendre trois ans avant les premières réprimandes officielles.

Détail du *Massacre de Glencoe* par James Hamilton

Les Cairngorms ㉓

Chèvre égarge

L a plus haute chaîne de
montagne de Grande-
Bretagne culmine à 1 309 m au
Ben Macdhui. C'est là que se
trouve la plus importante station
de ski du pays ; un funiculaire
gravit les pentes du Cairn Gorm,
le sommet qui a donné son nom
à la région bien qu'il n'en soit
que le deuxième en hauteur (1 245 m). Grand
centre de production de whisky, la vallée de la
Spey aujourd'hui très touristique vivait encore
récemment de son agriculture, et de nombreux
domaines proposent aux visiteurs de découvrir les
modes d'exploitation traditionnels des Highlands.

**Strathspey
Steam Railway**
*Ce train à vapeur
relie Aviemore
et Broomhill
depuis 1863.*

**Depuis
Aviemore**, centre
commercial des
Cairngorms, des
bus partent pour
les pistes de
ski situées
à 13 km.

Kincraig Highland Wildlife Park
*Dans ce parc naturel à parcourir
en voiture voisinent bisons,
loups et sangliers, jadis
la faune indigène
des Highlands.*

Les Cairngorms vus d'Aviemore

Rothiemurchus Estate
*Les bœufs des Highlands font partie des
animaux à découvrir dans ce domaine
qui propose aux visiteurs des promenades
guidées et un aperçu de la vie rurale.*

Loch Garten Nature Reserve

Elle fut fondée en 1959 dans la forêt d'Abernethy pour protéger les balbuzards (le premier couple vu en Grande-Bretagne en 50 ans).

GRANTOWN-ON-SPEY

Broomhill

A 95

Nethy Bridge

B970

Nethy

Le **Cairngorm Reindeer Centre** propose des promenades dans des collines peuplées de rennes.

Ski

Du parking de Coire Cas, un funiculaire grimpe au sommet et à son restaurant. Il y a 28 pistes.

P 🔽

CAIRN GORM
▲
1 245 m

BEN MACDHUI
▲
1 309 m

CAIRNGORM
MOUNTAINS

Le Ben Macdhui est le deuxième sommet de Grande-Bretagne.

LA FLORE DES CAIRNGORMS

Depuis les forêts qui s'étendent à leur pied jusqu'aux fleurs arctiques s'accrochant au plateau dénudé formé par leurs sommets érodés, les Cairngorms présentent une flore d'une grande variété. Il subsiste des pins d'Écosse dans l'Abernethy Forest.

Le plateau de Cairngorm est peu propice à la vie végétale et il n'y survit guère que des lichens, des luzules et des touffes de silène acaule souvent couvertes de fleurs roses.

Les failles ombragées offrent un abri adapté à des variétés alpines de plantes telles que le pied-de-lièvre, la véronique ou le cresson de rocher.

Les forêts de pins, en se clairsemant, révèlent des tapis de bruyère.

Des forêts de peuplement mélangé couvrent un sous-bois de bruyère et de rhexia.

1 200 m
1 000 m
800 m
600 m
400 m
200 m
0 m

Coupe théorique du plateau de Cairngorm

LÉGENDE

ℹ️	Information touristique
▬▬	Route A
▬▬	Route B
▬▬	Route secondaire
- -	Sentier
	Point de vue

Excursion de la route des îles ㉕

Ce trajet jusqu'au port de Mallaig et ses ferries pour les îles de Skye, Rhum et Eigg passe au pied de sommets majestueux, traverse de petits villages et longe de spectaculaires plages de sable blanc. Il est jalonné de souvenirs de l'épopée jacobite *(p. 523)*.

CARNET DE ROUTE

Itinéraire : 72 km.
Où faire une pause ? Documents et rafraîchissements au NTS Visitors' Centre de Glenfinnan (01 397 722 250) ; excellente cuisine écossaise à l'Arisaig House Hotel. (Voir aussi p. 636-637.)

Mallaig ⑦
Actif petit port de pêche, Mallaig est aussi l'un des principaux points d'embarquement pour l'île de Skye *(p. 520-521)*.

Morar ⑥
Dans une région réputée pour la blancheur de ses plages, la route longe le loch Morar qu'habiterait un monstre de 12 m de long.

Prince's Cairn ⑤
Au fond du loch Nan Uamh sur la péninsule d'Ardnish, un cairn marque l'endroit d'où Bonnie Prince Charlie quitta l'Écosse pour la France en 1746.

Oban ㉖

Argyll and Bute. 🚶 8 500. 🚆 🚌 ♿ 🛈 Argyll Sq (01631 563122).

Situé sur le Firth of Lorne, ce petit port touristique d'où partent les ferries pour les îles de Mull, de Barra et de South Uist commande une vue superbe sur la côte de l'Argyll. Imitation inachevée du Colisée, la McCaig's Tower, entreprise en 1897 par un banquier pour lutter contre le chômage, domine la ville. Le monument manque d'intérêt esthétique, mais le panorama marin qu'offre le site justifie les 10 mn d'escalade nécessaire pour l'atteindre. Dans le centre-ville, vous pourrez assister à la fabrication de verre soufflé, de céramique et de whisky *(p. 475)*. La distillerie d'Oban produit un « pure malt » réputé. **A World in Miniature** présente une remarquable collection de maisons de poupée, dont certaines ont un ameublement dessiné par Charles Rennie Mackintosh *(p. 504)*.

🏛 **A World in Miniature**
North Pier. 📞 01852 316272. 🕐 de Pâques à sept. : t.l.j. (dim. : après-midi). ♿

Mull ㉗

Argyll and Bute. 🚶 2 800. 🚢 depuis Oban, Kilchoan, Lochaline. 🛈 Main Street, Tobermory (01688 302182).

La plupart des routes de cette île à la beauté sauvage suivent sa côte découpée, offrant de larges panoramas.

Depuis Craignure, un petit train dessert **Torosay Castle**. Une allée bordée de statues traverse les jardins de cette demeure du XIXᵉ siècle décorée de meubles et de peintures d'époque. À quelques kilomètres à l'est, **Duart Castle**, résidence du clan Maclean, se dresse sur un promontoire. La visite permet de découvrir la salle de banquet et les appartements du donjon du XIIIᵉ siècle. Dans ses cachots croupirent les marins d'un galion de l'Invincible Armada coulé à quai par Donald Maclean en 1588.

Tobermory Bay sur l'île de Mull

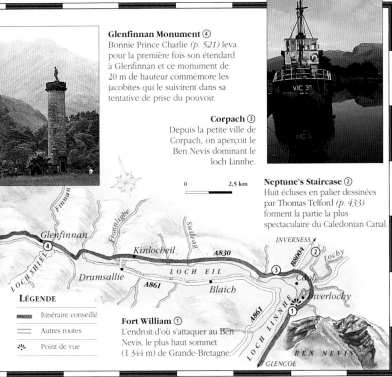

Glenfinnan Monument ④
Bonnie Prince Charlie *(p. 521)* leva
pour la première fois son étendard
à Glenfinnan et ce monument de
20 m de hauteur commémore les
jacobites qui le suivirent dans sa
tentative de prise du pouvoir.

Corpach ③
Depuis la petite ville de
Corpach, on aperçoit le
Ben Nevis dominant le
loch Linnhe.

Neptune's Staircase ②
Huit écluses en palier dessinées
par Thomas Telford *(p. 433)*
forment la partie la plus
spectaculaire du Caledonian Canal.

0   2,5 km

LÉGENDE

- ▰▰ Itinéraire conseillé
- ═══ Autres routes
- ☀ Point de vue

Fort William ①
L'endroit d'où s'attaquer au Ben
Nevis, le plus haut sommet
(1 344 m) de Grande-Bretagne.

Aux environs
Depuis Fionnphort, un ferry
dessert **Iona** où les ruines de
deux abbayes rappellent que
saint Columba *(p. 511)* fonda
ici le premier monastère
d'Écosse en 563. Au nord, l'îlot
de Staffa abrite la **grotte de
Fingal**.

🔺 **Torosay Castle**
A849, près de Craignure. 📞 *01680
812421.* **Château** ☐ *de Pâques à mi-
oct. : t.l.j.* **Jardins** ☐ *t.l.j.* 🖼 ♿
jardins seul. 🎥 *pour les groupes.*

🔺 **Duart Castle**
A849, près de Craignure. 📞 *01680
821309.* ☐ *d'avr. à mi-oct. : t.l.j.* 🖼

Loch Awe ㉘

Argyll and Bute. �892 🚌 *Dalmally.* 🛈
Inveraray (01499 32063).

L e plus long (40 km) des
lacs d'Écosse s'étend au
fond d'une vallée glaciaire du
sud-ouest des Highlands. À
quelques kilomètres au nord
du village de Lochawe se
dressent les vestiges de
Kilchurn Castle (XVe siècle),

Les ruines de Kilchurn Castle sur la rive nord du loch Awe

abandonné après qu'il eut été
frappé par la foudre au
XVIIIe siècle. Les ruines
paraissent minuscules au pied
du Ben Cruachan, dont on
atteint le sommet par l'étroit
col de Brander où Robert
Bruce *(p. 468)* combattit le
clan MacDougal en 1308.
Depuis l'A85, un tunnel
conduit à la Cruachan Power
Station, centrale électrique
installée au cœur de la

montagne. Près du village de
Taynuilt, à Bonawe, le Lorn
Furnace (« Four abandonné »)
témoigne de l'époque où
l'industrie de la fonderie
entraîna la destruction d'une
grande partie des forêts.
   Signalés, des cairns
préhistoriques jalonnent l'A816
entre Kilmartin et Dunadd Fort,
colline fortifiée où les Scots
venus d'Irlande établirent leur
capitale au VIe siècle *(p. 468)*.

Inveraray Castle

Inveraray, Argyll and Bute. 🚆
Arrochar, puis bus. 📞 *01499
302203.* ⏰ *d'avr. à juin, de sept. à
oct. : du sam. au jeu. ; juil.-août : t.l.j.
(dim. après-midi)* 🅿️ ♿ *limité.* 📷

Sur le site d'un château du
XVᵉ siècle dont subsistent
des ruines, Roger Morris et
William Adam construisirent
en 1745 ce palais néo-
gothique, demeure des chefs
du clan Campbell, ducs
d'Argyll depuis 1701. Les tours
d'angle à toiture conique
furent ajoutées en 1877 après
un incendie. Conçue à la fin
du XVIIIᵉ siècle par l'architecte
Robert Mylne, la superbe
décoration intérieure sert
d'écrin à une riche collection
de porcelaines orientales et
européennes, de meubles
Regency et d'œuvres de
Ramsay, Gainsborough et
Raeburn. Dans l'Armoury Hall
sont exposées les armes qui
servirent aux Campbell à
combattre les jacobites
(p. 523). Dans les écuries, le
Combined Operations
Museum rend hommage aux
250 000 soldats alliés qui
s'entraînèrent ici pendant la
dernière guerre.

Auchindrain Museum ㉚

Inveraray, Argyll and Bute. 📞 *01499
500235.* 🚌 *Inveraray, puis bus.*
⏰ *d'avr. à sept. : t.l.j.* 🅿️ ♿ *limité.*

Le premier musée en
plein air inauguré en
Écosse entretient le souvenir
d'une forme d'organisation
rurale très répandue dans les
Highlands jusqu'à la fin du
XIXᵉ siècle : les communautés
agricoles. Constitué d'une
vingtaine de chaumières
réunissant pour la plupart sous
un même toit étable et espaces
d'habitation,
Auchindrain resta
exploité jusqu'en

Inveraray Castle, résidence néo-gothique des Campbell

1962. Les visiteurs découvrent
des méthodes de travail liées à
une agriculture de subsistance
aujourd'hui révolue, et le
décor quotidien, avec ses lits
clos, d'une vie simple dont
une tradition ancestrale fixait
les relations à la terre et à la
propriété.

Ancienne charrue à l'Auchindrain Museum

Crarae Garden ㉛

Crarae, Argyll and Bute. 📞 *01546
866614 (d'avr. à oct.) ou 01546
886388 (de nov. à mars).* 🚌 *Inveraray,
puis bus.* ⏰ *t.l.j.* 🅿️ *limité.*

Considéré par beaucoup
comme le plus séduisant
des jardins de l'ouest des
Highlands, le **Crarae Garden**
fut créé dans les années 1920
par Lady Grace Campbell.
C'est son neveu, l'explorateur
Reginald Farrer, qui rapporta
du Tibet les spécimens à
l'origine de sa collection de
plantes exotiques. Dans un
décor évoquant un ravin de
haute montagne,

rhododendrons himalayens et
espèces végétales originaires
de Tasmanie, de Nouvelle-
Zélande et d'Amérique du
Nord profitent d'un climat
humide, tempéré par
l'influence du Gulf Stream. De
nombreux collectionneurs
continuent à enrichir ce jardin,
particulièrement beau au
printemps et au début de l'été.

Jura ㉜

Argyll and Bute. 🚶 *250.* ⛴ *depuis
Kennacraig à Islay, puis d'Islay à Jura.*
ℹ *Bowmore (01496 810254).*

La seule route de cette île
montagneuse et désolée
relie l'unique village,
Craighouse, à l'embarcadère
des ferries pour Islay. Bien
que la circulation à pied soit
limitée d'août à octobre
pendant la saison de la chasse
au cerf, Jura offre de superbes
itinéraires de randonnée,
notamment sur les pentes de
ses trois principaux sommets,
les Paps of Jura qui culminent
à 784 m au Beinn an Oir.
   Au large de la pointe nord
de l'île se creusent les fameux
tourbillons de Corryvreckan.
Venu à Jura, travailler à son
dernier roman, *1984*,
l'écrivain George Orwell faillit
s'y noyer en 1946. Selon une
légende, le prince Breackan
tenta, pour gagner la main de
l'élue de son cœur, de
maintenir son bateau au

Sur Islay, la distillerie Lagavulin produit un des meilleurs whiskies d'Écosse

Coucher de soleil sur les **Paps of Jura** vus depuis l'autre rive du loch Tarbert

centre du tourbillon pendant trois jours. Des cordages renforcés par des cheveux de jeunes vierges lui servaient d'amarres. Un seul rompit, causant la mort du prince ; il contenait les cheveux d'une infidèle.

Islay ㉝

Argyll and Bute. 🚶 3 500. ⛴ depuis Kennacraig. 🛈 The Square, Bowmore (01496 810254).

L a plus méridionale des Western Isles possède huit distilleries. Elles produisent des « pure malt » au fort parfum de tourbe, comme le Lagavulin ou le Laphroaig, qui ont une réputation méritée. La plus ancienne des distilleries se trouve dans le village georgien de Bowmore, dont l'église fut construite sur un plan circulaire afin, dit-on, de ne laisser au diable aucun recoin où se cacher.

À Port Charlotte, le **Museum of Islay Life** rassemble une riche documentation sur l'histoire naturelle et sociale de l'île. À 11 km à l'est de Port Ellen se dresse la Kildalton Cross (VIIIe s.) sculptée de scènes de l'Ancien Testament, l'une des plus belles croix celtiques de Grande-Bretagne. Autre site archéologique

d'intérêt, **Finlaggan**, l'ancienne forteresse des Lords of the Isles, anciens rois des Gaëls, est en cours d'excavation. La réserve naturelle de Gruinart permet d'observer les nombreux oiseaux de mer qui nichent le long des plages d'Islay.

🏛 Museum of Islay Life

Port Charlotte. 📞 01496 850358. ◯ de Pâques à oct. : t.l.j. ; dim. (après-midi). 🖾 ♿

Kintyre ㉞

Argyll and Bute. 🚶 8 000. ✈ Oban. 🚌 Campbeltown. 🛈 MacKinnon House, The Pier, Campbeltown (01586 552056).

L a longue péninsule de Kintyre s'étend au sud-ouest de Glasgow et commande de superbes panoramas des îles de Gigha, Islay et Jura. Inauguré en 1801, le Crinan Canal est une

ravissante voie navigable intérieure longue de 14 km, et de nombreux bateaux de plaisance se pressent en été devant ses 15 écluses. La ville de Tarbert, dont le nom signifie « isthme » en gaélique, occupe l'étroite bande de terre qui relie la péninsule au reste de l'Argyll. C'est le roi viking Magnus Barfud qui le premier la franchit avec son drakkar en 1198 ; un traité lui accordait tout le territoire qu'il pourrait contourner en bateau.

Au sud de Campbeltown, la B842 continue jusqu'au cap appelé Mull of Kintyre, un nom que Paul McCartney rendit célèbre en adaptant un morceau de cornemuse traditionnel portant ce titre. À l'ouest, vers l'Irlande, se trouve l'îlot de Rathlin où Robert Bruce (p. 468) se replia et apprit la patience dans sa lutte contre les Anglais.

Le port de Tarbert, péninsule de Kintyre

LES BONNES
ADRESSES

HÉBERGEMENT 538-573

RESTAURANTS ET PUBS 574-611

HÉBERGEMENT

Comparé à la France, l'hébergement est coûteux en Grande-Bretagne, mais il existe une forte tradition de logement chez l'habitant (*Bed and Breakfast*, chambres à la ferme...) et l'éventail des possibilités devrait vous permettre de vous loger en fonction de vos moyens, de vos besoins et de vos goûts. Du manoir au camping en passant par les anciens relais de poste ou la location d'appartements ou de maisons, formule particulièrement intéressante pour les

Portier du Hilton à Londres

familles, les pages 538 à 541 détaillent les différentes formes d'hébergement disponibles. Elles expliquent de surcroît les systèmes de classification appliqués par les autorités touristiques du Royaume-Uni. Les pages 542 à 573 proposent une sélection de plus de 350 hôtels et *Bed and Breakfasts* dans tout le pays. Nous avons effectué ce choix dans une large gamme de tarifs en tenant compte de la qualité des prestations, du cadre et du rapport qualité-prix.

LES *COUNTRY-HOUSE HOTELS*

Comme les hôtelleries en France, ces établissements de standing installés à la campagne se sont multipliés ces 15 dernières années et certains hôteliers ont cherché à profiter de la vogue en justifiant par quelques aménagements néo-rustiques l'utilisation dans leurs brochures du terme « *country-house* ».

Gérées pour certaines par leurs propriétaires, tel Cheddington Court *(p. 551)*, et pour d'autres par des chaînes comme Historic House Hotels, les véritables *country-houses* sont toutefois faciles à reconnaître : les bâtiments présentent toujours un intérêt architectural et ils renferment antiquités et beaux meubles. Souvent, un vaste parc les entoure. Le visiteur y trouvera confort, luxe... et tarifs en rapport.

LES CHAÎNE HÔTELIÈRES

Dans des catégories de prix généralement élevées, les établissements gérés par de grandes sociétés internationales comme Sheraton intègrent pour la plupart une très large gamme de commodités, notamment un restaurant gastronomique, une piscine et un centre de remise en forme. La personnalité et le charme qui leur manquent sont compensés par leur confort et leur caractère fonctionnel.

Les plus grandes chaînes, telle Forte Crest, ont des succursales dans toutes les villes importantes. Sauf exception, les prix s'appliquent à la chambre et non par personne. Ils ne comprennent pas toujours le petit déjeuner. Certains de ces hôtels offrent des réductions pour les séjours en week-end réservés à l'avance.

L'Atholl Palace Hotel *(p. 572)*

HÔTELS TRADITIONNELS ET RELAIS DE POSTE

Dans la gamme des hébergements à prix moyens, les hôtels traditionnels, souvent familiaux, se révèlent en général confortables. Certains des plus modernes offrent en ville un rapport qualité-prix intéressant.

En Angleterre et au pays de Galles ont subsisté d'anciens relais de poste *(coaching inns)*, comme le Swan dans le Suffolk *(p. 548)*. Ces auberges où chevaux et voyageurs trouvaient jadis gîte et couvert occupent pour la plupart de jolis édifices historiques et possèdent un décor traditionnel et un bon restaurant. Dans les villages, ils sont souvent le centre de la vie sociale, ce qui leur donne une atmosphère animée et conviviale.

Le Buckland Manor *(p. 555)*, Worcestershire

◁ **Les ruines de Corfe Castle** (XIᵉ siècle) dans le Dorset

Le Swan *(p. 548)*, un ancien relais de poste dans le Suffolk

BED-AND-BREAKFASTS ET *GUESTHOUSES*

L e panneau « B&B » accroché sur une maison indique que ses propriétaires pratiquent la forme d'hébergement à domicile connue sous le nom de *Bed and Breakfast* (lit. : « lit et petit déjeuner »), un des moyens les plus économiques de se loger en Grande-Bretagne.

Sauf rare exception, les *Bed and Breakfasts* ne louent que quelques chambres et refusent les paiements par chèques de voyage ou cartes bancaires. De nombreux offices du tourisme publient un *Bed & Breakfast Touring Map* recensant ceux qu'ils ont inspectés. Souvent un peu plus chères, les *guesthouses* sont des pensions de famille.

WOLSEY LODGES

C ette association porte le nom du cardinal Wosley qui voyagea dans tout le pays au XVIᵉ siècle en faisant grand cas de la qualité de l'accueil qu'il recevait. Elle regroupe des propriétaires proposant un hébergement de standing dans des résidences privées généralement situées à la campagne.

Les membres des Wolsey Lodges ont pour objectif de donner l'impression à leurs hôtes qu'ils sont reçus comme des invités et non comme des clients. Petit déjeuner anglais compris, les prix varient de 20 £ à 45 £ par personne pour une chambre double avec bain. Le repas du soir se prend en commun avec la famille qui vous accueille. Les adresses s'obtiennent auprès des offices du tourisme ou du bureau des Wolsey Lodges (*voir Carnet d'adresses p. 541*).

LES CATÉGORIES

L a British Tourist Authority a appliqué à plus de 17 000 hôtels, pensions de famille, motels, auberges, *Bed and Breakfasts* et chambres à la ferme une classification par couronnes. Attribuées en fonction des commodités et services disponibles, les catégories vont de « *listed* » (« enregistré »), la plus basse, à 5 couronnes. L'office du tourisme local effectue chaque année une inspection pour vérifier que l'établissement remplit toujours les critères de sa catégorie. Ces critères ne tiennent toutefois pas compte de la qualité des services offerts et la BTA a institué un deuxième système de classification par « *quality gradings* » évaluant des éléments tels que la chaleur de l'accueil ou le confort de l'ameublement. Les mentions « *approved* », « *commended* », « *highly commended* » et « *de luxe* » complètent ainsi le nombre de couronnes. Un B&B proposant des services d'une grande qualité mais en nombre restreint peut donc n'avoir qu'une couronne mais être « *de luxe* ».

SUPPLÉMENTS SURPRISE

L a pratique du pourboire devient de plus en plus rare ; vous ne serez censé en donner que dans les établissements les plus huppés ou si le personnel vous a rendu un service particulier ou s'est montré spécialement attentif. Le téléphone se révèle fréquemment le supplément le plus coûteux à l'hôtel. Avant de vous lancer dans de longues conversations depuis votre chambre, vérifiez les tarifs appliqués. L'écart justifie souvent l'effort d'utiliser un téléphone public.

L'Hintlesham Hall *(p. 548)* dans le Suffolk

TARIFS ET RÉSERVATIONS

Dans les hôtels, les prix s'entendent normalement pour la chambre et incluent taxes et service. Si vous voyagez seul et que l'établissement ne possède pas de chambres pour une personne, vous paierez en général presque aussi cher qu'un couple.

Les tarifs des palaces les plus luxueux ne sont jamais inférieurs à 200 £ et ne comprennent pas toujours de petit-déjeuner. À Londres, dans un hôtel moyen, une chambre pour deux personnes avec salle de bains et petit déjeuner coûtera entre 70 £ et 150 £. Hors de la capitale, vous dépenserez pour une prestation similaire entre 50 £ et 90 £.

La folie de Doyden Castle, en Cornouailles, se loue auprès du National Trust

L'entrée raffinée du Gore Hotel à Londres *(p. 542)*

Les prix des *Bed and Breakfasts* (hors de Londres) dépendent de la saison et vont de 12,5 £ à 30 £ par personne et par nuit. Toujours hors de Londres, une chambre pour une personne et une nuit reviendra au minimum à 20 £ dans une *guesthouse*. L'hébergement à la ferme comprend presque toujours un dîner substantiel. En pension complète, les hôtes paient entre 19 £ et 30 £ par personne et par nuit.

Certains établissements demandent de verser des arrhes lors de la réservation. Sauf si vous les réglez en donnant le numéro de votre carte bancaire, vous devriez pouvoir en récupérer une partie en cas d'annulation effectuée suffisamment tôt.

LES LOCATIONS

De l'appartement de luxe à la cabane en bois en passant par des moulins ou des granges entièrement réaménagés, la Grande-Bretagne offre un très large choix de locations, une forme d'hébergement, en général à la semaine, particulièrement adaptée aux personnes soucieuses de préserver leur indépendance, ou à celles qui voyagent avec des enfants et un budget serré. Les offices du tourisme locaux en tiennent les listes les plus complètes et les plus à jour. Ils peuvent en outre assurer des réservations.

La **British Tourist Authority** applique aux locations un système de classification semblable à celui des hôtels *(p. 539)*. Les hébergements inspectés reçoivent de une à cinq clés selon leur niveau d'équipement et une appréciation indiquant leur qualité.

En Écosse, des couronnes remplacent les clés des catégories, mais le système de recommandation est le même. Les autorités du pays de Galles, quant à elles, associent les deux classifications pour n'en faire qu'une seule : des dragons indiquent à la fois l'éventail de commodités proposées et leur qualité.

Enseigne d'un Bed-and-Breakfast

Le **Landmark Trust** est une organisation qui a sauvé de nombreux édifices anciens et les loue au public pour des week-ends ou à la semaine. Réserver tôt s'impose.

Le **National Trust** *(p. 25)* possède un département locations qui gère un parc de bâtiments historiques.

CAMPING, CARAVANING ET CAMPING-CARS

L'office du tourisme britannique (BTA) diffuse une publication en anglais, *Britain's Best Caravan/ Camping Parks*, qui recense un grand nombre des campings que possède la Grande-Bretagne. Ils sont pour la plupart ouverts de Pâques à octobre. Certains n'acceptent pas les tentes. Beaucoup proposent des caravanes en location. Pendant la haute saison, en été, mieux vaut réserver, en particulier près des sites touristiques. En cas de doute, les offices du tourisme locaux devraient être en mesure de vous renseigner sur les places disponibles. Un emplacement pour une tente ou une caravane coûte de 6 £ à 10 £ par nuit. Le **Caravan Club** et le **Camping and Caravanning Club** publient chacun un guide des terrains de camping appartenant à leur organisation, et il peut se révéler intéressant d'adhérer. Tous deux utilisent leur propre système de classification.

Le camping-car (*motor home* en anglais) reste de loin le moyen offrant le plus de liberté dans les déplacements et la brochure de la BTA *Britain : Vehicle Hire* donne des renseignements détaillés sur les possibilités de location. Un véhicule avec six couchettes et un équipement pouvant aller du groupe électrogène au four à micro-ondes en passant par un téléviseur coûte de 500 £ à 800 £ par semaine. Sur demande, il sera mis à disposition à l'aéroport ou au port de débarquement.

POUR LES HANDICAPÉS

Les panneaux « *Tourism for All* » (Tourisme pour tous) signalent les lieux d'hébergement répondant à des critères d'accessibilité spécifiques. **RADAR** (Royal Association for Disability and Rehabilitation) publie chaque année un guide pour les handicapés désireux de venir

Camping à Ogwen Valley, Snowdonia

en vacances dans les îles britanniques intitulé *Holidays in the British Isles : A Guide for Disabled People*. Il peut se commander par courrier auprès de leurs bureaux ou de grandes librairies. **Holyday Care Service** pourra également vous renseigner sur les hébergements et les moyens de transport. Nous avons indiqué dans notre sélection d'hôtels ceux qui possèdent un accès en fauteuil roulant.

En camping, les équipements sont généralement mieux adaptés sur les terrains les plus modernes. Le Camping and Caravanning Club et le Caravan Club vous indiqueront tous les campings affiliés possédant des toilettes et des sanitaires conçus pour des handicapés.

En Écosse, le **Scottish Tourist Board** précise dans ses principales brochures les conditions d'accès aux sites touristiques et aux lieux d'hébergement. Le **Disability Scotland Information Service** publie un guide gratuit pour les handicapés.

CARNET D'ADRESSES

HÔTELS

Best Western
143 London Road,
Kingston upon Thames,
Surrey KT2 6NA.
☎ 0181-541 0050.

Edwardian Hotels
140 Bath Road, Hayes,
Middlesex UB3 5AW.
☎ 0181- 897 6644.

Forte
Oat Court, Dudley Rd
Brierley Hill,
West Midlands DY5 1GL.
☎ 0345 404040.

Historic House Hotels
Bishopsthorpe Road,
York Y02 1QB.
☎ 01904 641241.

Sheraton
3 Hammersmith Broadway,
London W6 9DZ.
☎ 0171-290 7174.

Wolsey Lodges
17 Chapel Street,
Bidleston, Ipswich,
Suffolk IP7 7EP.
☎ 01473 822058.

CAMPING, CARAVANING ET CAMPING-CARS

Caravan Club
East Grinstead House,
London Road,
East Grinstead,
West Sussex RH19 1UA.
☎ 01342 326944.

Camping and Caravanning Club
Westwood Way,
Coventry,
West Midlands CV4 8JH.
☎ 01203 694995.

Tilshead Motor Homes
High Street, Tilshead,
Salisbury, Wiltshire
SP3 4SB
☎ 01980 620385.

LOCATIONS

BTA (Self-Catering Holiday Homes)
Thames Tower,
Black's Road,
London W6 9EL
(pas de demandes par tél.).

Landmark Trust
Shottesbrooke, Maiden-
head, Berkshire SL6 3SW.
☎ 01628 825925.

National Trust (Holiday Bookings)
PO Box 536, Melksham,
Wiltshire SN12 8SX.
☎ 01225 791199.

National Trust for Scotland
5 Charlotte Square,
Edinburgh EH2 4DU.
☎ 0131 226 5922.

Snowdonia Tourist Services
High Street Porthmadog,
Carmarthenshire LL49 9PG
☎ 01766 513829.

POUR LES HANDICAPÉS

Disability Scotland Information Service
Princes House,
5 Shandwick Place,
Edinburgh
EH2 4RG.
☎ 0131 229 8632.

Holiday Care Service
2 Old Bank Chambers,
Station Road,
Horley, Surrey RH6 9HW.
☎ 01293 774535.

RADAR
Unit 12, City Forum,
250 City Road, London.
☎ 0171-250 3222.

Scottish Tourist Board
23 Ravelston Terrace,
Edinburgh EH4 3EU.
☎ 0131 332 2433.

Choisir un hôtel

Nous avons sélectionné ces établissements dans une large gamme de prix pour leur localisation ou la qualité de leurs prestations. Beaucoup comportent un restaurant. En commençant par Londres, ils sont présentés par régions différenciées par un code couleur. Pour les restaurants, voir les pages 574 à 607.

LONDRES

	CARTES BANCAIRES	RESTAURANT	ENFANTS BIENVENUS	JARDIN OU TERRASSE	NOMBRE DE CHAMBRES
WEST END ET WESTMINSTER : *Hazlitt's.* **Plan 4 D5.** ⓔⓔⓔ 6 Frith St, W1V 5TZ. 020 734 1771. FAX 020 7439 1524. L'hôtel est installé dans trois maisons du XVIIIᵉ siècle. Les chambres simples mais agréables sont décorées d'antiquités. ● *du 24 au 26 déc.*	AE DC MC V		●		23
WEST END ET WESTMINSTER : *22 Jermyn St.* **Plan 5 D1.** ⓔⓔⓔⓔ 22 Jermyn St, SW1Y 6HL. 020 7734 2353. FAX 020 7734 0750. Studios et suites somptueusement décorés et très bien entretenus. L'hôtel est destiné à une clientèle d'affaires.	AE DC MC V		●		18
WEST END ET WESTMINSTER : *Goring.* **Plan 5 C3.** ⓔⓔⓔⓔⓔ 15 Beeston Pl, Grosvenor Gardens, SW1 0JW. 020 7396 9000. FAX 020 7834 4393. Depuis trois générations, les Goring assurent un service irréprochable dans cet élégant établissement édouardien. Superbe restaurant.	AE DC MC V	■		■	75
WEST END ET WESTMINSTER : *Savoy.* **Plan 4 F5.** ⓔⓔⓔⓔⓔ Strand, WC2R 0EU. 020 7836 4343. FAX 020 7240 6040. Cet établissement de style Arts déco est d'un raffinement original.	AE DC MC V	■	●		207
WEST END ET WESTMINSTER : *Waldorf.* **Plan 4 F5.** ⓔⓔⓔⓔⓔ Aldwych, WC2B 4DD. 020 7836 2400. FAX 020 7836 7244. Ce bel hôtel a une clientèle moins fermée qu'au temps de sa grande époque. Certaines chambres sont en cours de rénovation.	AE DC MC V	■	●		292
SOUTH KENSINGTON ET HYDE PARK : *Beaufort.* **Plan 5 A3.** ⓔⓔⓔ 33 Beaufort Gardens, SW3 1PP. 020 7584 5252. FAX 020 7584 5252. La sobre élégance du décor et la qualité du service justifient les tarifs élevés de ce petit hôtel chic proche de Harrod's.	AE DC MC V		●		28
SOUTH KENSINGTON ET HYDE PARK : *Knightsbridge Green.* **Plan 5 A2.** ⓔⓔⓔ 159 Knightsbridge, SW1X 7PD. 020 7584 6274. FAX 020 7225 1635. *Bed and Breakfast* haut de gamme à l'importante clientèle féminine. Thé et café servis toute la journée dans la Club Room. ● *du 24 au 26 déc.*	AE DC MC V		●		28
SOUTH KENSINGTON ET HYDE PARK : *Basil Street.* **Plan 5 A3.** ⓔⓔⓔⓔⓔ Basil St, SW3 1AH. 020 7581 3311. FAX 020 7581 3693. Cet hôtel à l'ambiance édouardienne surannée est très populaire. Salon confortable et superbe bar à vins abordable pour le quartier. Majorité de femmes parmi les habitués.	AE DC MC V	■	●		93
SOUTH KENSINGTON ET HYDE PARK : *Gore.* **Plan 2 D5.** ⓔⓔⓔⓔⓔ 189 Queen's Gate, SW7 5EX. 020 7584 6601. FAX 020 7589 8127. Au-dessus de deux restaurants réputés, la gamme de cet établissement victorien va de la chambrette pour personne seule à d'extraordinaires fantaisies Tudor. Service agréable. ● *du 22 au 27 déc.*	AE DC MC V	■	●		54
REGENT'S PARK ET BLOOMSBURY : *Blandford.* **Plan 3 B4.** ⓔⓔ 80 Chiltern Street, W1M 1PS. 020 7486 3103. FAX 020 7487 2786. Ce *Bed and Breakfast* bon marché et accueillant est un établissement familial. Hébergement simple et fonctionnel. Copieux petit déjeuner anglais.	AE MC V		●		33
REGENT'S PARK ET BLOOMSBURY : *Academy.* **Plan 4 D3.** ⓔⓔⓔ 17-25 Gower St, WC1E 6HG. 020 7631 4115. FAX 020 7636 3442. L'hôtel situé dans trois maisons de style georgien, au cœur de l'université de Londres possède une atmosphère légèrement sophistiquée.	AE DC MC V	■	●	■	48
REGENT'S PARK ET BLOOMSBURY : *Bonnington.* **Plan 4 F4.** ⓔⓔⓔ 92 Southampton Row, WC1B 4BH. 020 7242 2828. FAX 020 7831 9170. Ce bon hôtel sans prétentions est situé dans un immeuble de 1911. Chambres simples et modernes.	AE DC MC V	■	●		215

| | **Les prix** correspondent à une nuit en chambre double, service, taxes et petit déjeuner compris. | | | | | |

| | | | **CARTES BANCAIRES** | **RESTAURANT** | **ENFANTS BIENVENUS** | **JARDIN OU TERRASSE** | **NOMBRE DE CHAMBRES** |

Les prix correspondent à une nuit en chambre double, service, taxes et petit déjeuner compris.

(£) moins de 50 £
(£)(£) de 50 à 100 £
(£)(£)(£) de 100 à 150 £
(£)(£)(£)(£) de 150 à 200 £
(£)(£)(£)(£)(£) plus de 200 £

RESTAURANT
Sauf indication contraire, le restaurant ou la salle à manger accueille d'autres clients que les hôtes.

ENFANTS BIENVENUS
Berceaux, lits d'enfants et baby-sitting. Certains restaurants proposent menus enfants et chaises hautes.

JARDIN OU TERRASSE
Hôtel possédant un jardin, une cour intérieure ou une terrasse. Souvent, possibilité de manger dehors.

CARTES BANCAIRES
Cartes acceptées : AE = American Express ; DC = Diners Club ; MC = Master Card/Access ; V = Visa.

Établissement	Cartes bancaires	Restaurant	Enfants bienvenus	Jardin ou terrasse	Nombre de chambres
REGENT'S PARK ET BLOOMSBURY : *Durrants*. Plan 3 A4. (£)(£)(£) George St, W1H 6BJ. 020 7935 8131. FAX 020 7487 3510. Avec ses chambres simples, ses vieux cuirs et ses boiseries, cet hôtel georgien a gardé l'atmosphère du relais de poste qu'il fut jadis. 🛏 24 ♿	AE MC V	▨	●		92
REGENT'S PARK ET BLOOMSBURY : *Radisson Kenilworth*. Plan 4 E4. (£)(£)(£) Great Russell Street, WC1B 3LB. 020 7637 3477. FAX 020 7753 0101. L'hôtel, situé dans une maison victorienne a été décoré dans un style édouardien. Juste à côté du British Museum. 🛏 TV 24 ⚡ ♿	AE DC MC V	▨	●		187
REGENT'S PARK ET BLOOMSBURY : *St Giles*. Plan 3 C5. (£)(£)(£) Bedford Avenue, WC1B 3AS. 020 7300 3000. FAX 020 7300 3005. Cet hôtel moderne possède une salle de gym très fréquentée. Parking souterrain très pratique. 🛏 TV ⚡ 🏊	AE DC MC V	▨	●		688
REGENT'S PARK ET BLOOMSBURY : *Russell*. Plan 4 E3. (£)(£)(£)(£) Russell Sq, WC1B 5BE. 020 7837 6470. FAX 020 7837 2857. Derrière une façade solennelle sur Russel Square, lambris, lustres et profonds canapés de cuir donnent à l'hôtel une atmosphère littéraire. Les meilleures chambres dominent la place. 🛏 24 ⚡	AE DC MC V	▨			329
EN DEHORS DU CENTRE : *Abbey House, Kensington*. Plan 1 C3. (£) 11 Vicarage Gate, W8 4AG. 020 7727 2594. Dans une ancienne demeure victorienne, ce *Bed and Breakfast* traditionnel propose des chambres sans salle de bains mais spacieuses.			●		16
EN DEHORS DU CENTRE : *Collin House, Victoria*. Plan 5 B4. (£) 104 Ebury St, SW1W 9QD. 020 7730 8031. FAX 020 7402 5401. Une petite pension de famille toute simple mais accueillante. Décor sans recherche, mais chambres fraîches et propres. ● 23 déc-3 janv. 🛏					13
EN DEHORS DU CENTRE : *Bryanston Court, Marble Arch*. Plan 3 5A. (£)(£) 56-60 Great Cumberland Pl, W1H 7FD. 020 7262 3141. FAX 020 7262 7248. L'atmosphère policée et un peu surannée recèle une touche personnelle qui manque à beaucoup d'hôtels du West End. Les chambres sont simples, fonctionnelles et agréables, mais un peu petites. 🛏 TV ♿	AE DC MC V		●		54
EN DEHORS DU CENTRE : *Byron, Bayswater*. Plan 2 D2. (£)(£) 36-38 Queensborough Terrace, W2 3SH. 020 7243 0987. FAX 020 7792 1957. Un hôtel accueillant et sans prétention. Salon confortable au décor rustique et chambres neutres. 🛏 ⚡ TV	AE DC MC V		●		45
EN DEHORS DU CENTRE : *Clarendon, Blackheath*. (£)(£) 8 Montpelier Row, SE3 0RW. 020 8318 4321. FAX 020 8318 4378. La façade de cet établissement chaleureux domine Blackheath Common. Les sportifs peuvent s'entraîner au centre de fitness à côté. TV 24 ⚡ P ♿	AE DC MC	▨	●	▨	200
EN DEHORS DU CENTRE : *Comfort Inn, Hampstead*. (£)(£) 5 Frognal, NW3 6AL. 020 7794 0101. FAX 020 7794 0100. Cet hôtel de qualité a été rénové récemment dans des tons pastels. Proche du Lord's Cricket Ground et de Hampstead Heath. 🛏 P ♿ TV	AE DC MC V	▨	●		57
EN DEHORS DU CENTRE : *Ebury Court, Victoria*. Plan 5 B4. (£)(£) 28 Ebury St, SW1W 0LU. 020 7730 8147. FAX 020 7823 5966. Plusieurs maisons mitoyennes forment l'hôtel. La plupart des chambres sont petites et simples. ● du 23 déc au 3 janv. TV 🛏	AE DC MC V	▨	●		40
EN DEHORS DU CENTRE : *Edward Lear, Marble Arch*. Plan 3 5A. (£)(£) 28-30 Seymour St, W1H 5WD. 020 7402 5401. FAX 020 7706 3766. Dans l'ancienne maison de l'auteur Edward Lear, ce *Bed and Breakfast* simple et propre offre un excellent accueil aux personnes seules et aux familles.	MC V		●		31

Légende des symboles, voir rabat de couverture

Les prix correspondent à une nuit en chambre double, service, taxes et petit déjeuner compris.

£ moins de 50 £
££ de 50 à 100 £
£££ de 100 à 150 £
££££ de 150 à 200 £
£££££ plus de 200 £

RESTAURANT
Sauf indication contraire, le restaurant ou la salle à manger accueille d'autres clients que les hôtes.

ENFANTS BIENVENUS
Berceaux, lits d'enfants et baby-sitting. Certains restaurants proposent menus enfants et chaises hautes.

JARDIN OU TERRASSE
Hôtel possédant un jardin, une cour intérieure ou une terrasse. Souvent, possibilité de manger dehors.

CARTES BANCAIRES
Cartes acceptées : AE = American Express ; DC = Diners Club ; MC = Master Card/Access ; V = Visa.

	CARTES BANCAIRES	RESTAURANT	ENFANTS BIENVENUS	JARDIN OU TERRASSE	NOMBRE DE CHAMBRES
EN DEHORS DU CENTRE : *Five Sumner Place, South Kensington.* **££** 5 Sumner Pl, SW7 3EE. 📞 020 7584 7586. FAX 020 7823 9962. Dotée d'une terrasse, cette élégante villa victorienne offre un asile à l'abri du bruit et de l'animation du centre de Londres. 🔧 📺	AE DC MC V			▦	13
EN DEHORS DU CENTRE : *La Reserve, Chelsea.* **££** 422-428 Fulham Rd, SW6 1DU. 📞 020 7385 8561. FAX 020 7385 7662. Mobilier ultramoderne derrière une façade classique. Les chambres au décor minimaliste ont de belles salles de bains. 🔧 📺 P	AE DC MC V	▦	●	▦	43
EN DEHORS DU CENTRE : *Melita House, Pimlico.* **Plan 6 D4.** **££** 35 Charlwood St, SW1V 2DU. 📞 020 7834 1387. FAX 020 7932 0988. Récemment rénové, cet hôtel chaleureux dispose de nombreux équipements. Quelques belles chambres. 🔧 📺 📺 ⬛	AE MC V		●		18
EN DEHORS DU CENTRE : *OKI Kensington, Earl's Court.* **Plan 2 D5.** **££** 25 Courtfield Gardens, SW5 0PG. 📞 020 7565 2222. FAX 020 7565 2223. L'hôtel est situé sur un square paisible, tout près du métro. Il a été récemment décoré dans le style victorien et dispose d'un bar ouvert 24 h sur 24. 📺 24 📺	AE DC MC V		●		70
EN DEHORS DU CENTRE : *Swiss Cottage, Swiss Cottage.* **££** 4 Adamson Rd, NW3 3HP. 📞 020 7722 2281. FAX 020 7483 4588. Cette maison victorienne bien tenue, offre un accueil délicieusement vieillot. Belle décoration. 🔧 4. 📺 24 P *limité.*	AE DC MC V		●		54
EN DEHORS DU CENTRE : *Windermere, Pimlico.* **Plan 5 C4.** **££** 142-144 Warwick Way, SW1V 4JE. 📞 020 7834 5163. FAX 020 7630 8831. Hôtel, chaleureux, bon marché et d'une propreté immaculée, à 10 minutes à pied de la gare Victoria. Le petit déjeuner est servi dans une jolie salle à manger, les chambres sont claires et le personnel se montre attentif. 🔧 24	AE MC V	▦			22
EN DEHORS DU CENTRE : *Abbey Court, Notting Hill.* **Plan 1 C2.** **£££** 20 Pembridge Gardens, W2 4DU. 📞 020 7221 7518. FAX 020 7720 0858. Luxueux *Bed and Breakfast* installé dans un hôtel particulier. De belles antiquités victoriennes décorent les chambres, plusieurs sont destinées aux personnes seules. 🔧 📺 24	AE DC MC V		●	▦	22
EN DEHORS DU CENTRE : *Aster House, South Kensington.* **£££** 3 Sumner Pl, SW7 3EE. 📞 020 7581 5888. FAX 020 7584 4925. Parmi les quelques hôtels discrets de cette place élégante, peu proposent des tarifs aussi raisonnables. Toutes les chambres sont non-fumeurs. 🔧 📺 📺	DC MC V		●	▦	12
EN DEHORS DU CENTRE : *Mornington, Bayswater.* **Plan 2 E2.** **£££** 12 Lancaster Gate, W2 3LG. 📞 020 7262 7361. FAX 020 7706 1028. L'atmosphère intime créée par les livres du salon-bibliothèque contraste avec l'austérité scandinave des chambres. 🔧 📺 24 📺	AE DC MC V		●		68
EN DEHORS DU CENTRE : *Novotel Waterloo.* **Plan 6 F3.** **£££** 113 Lambeth Rd, SE1 7LS. 📞 020 7793 5730. FAX 020 7793 0202. Hôtel idéal pour les familles : le séjour est gratuit pour deux enfants dormant dans la chambre des parents. Les chambres à l'avant ont vue sur Lambeth Palace et sur Westminster. 🔧 📺 24 📺 P ⬛	AE DC MC V	▦	●		187
EN DEHORS DU CENTRE : *Dorset Square, Marylebone.* **Plan 3 A3.** **££££** 39-40 Dorset Sq, NW1 6QN. 📞 020 7723 7874. FAX 020 7724 3328. Sur une élégante place du XVIIIe siècle, ce superbe édifice Regency, décoré d'antiquités, de beaux tissus, d'objets d'art et de peintures intéressantes, propose des chambres aux styles tous différents. 🔧 24	AE MC V	▦	●		38
EN DEHORS DU CENTRE : *Pembridge Court, Notting Hill.* **££££** 34 Pembridge Gardens, W2 4DX. 📞 020 7229 9977. FAX 020 7727 4982. Etablissement confortable dans un bel hôtel particulier. L'exposition d'accessoires de mode donne une touche originale aux chambres. 🔧 24	AE DC MC V	▦	●		20

EN DEHORS DU CENTRE : *Portobello, Notting Hill.* **Plan 1 A2.** ⓔⓔⓔⓔ | AE DC MC V | | 24
22 Stanley Gardens, W11 2NG. █ 020 7727 2777. FAX 020 7792 9641.
Établissement excentrique au décor sophistiqué mêlant styles victorien et
édouardien. Plusieurs tailles de chambres : du minuscule au grandiose. 🔒 24

EN DEHORS DU CENTRE : *Radisson Vanderbildt, S Kensington.* **Plan 2 D5.** ⓔⓔⓔⓔ | AE DC MC V | ● | 223
Cromwell Road, SW7 5BT. █ 020 7589 2424. FAX 020 7225 2293.
La décoration traditionnelle de l'hôtel donne l'impression d'être à la campagne.
Proche des musées de South Kensington et de Harrods. 🔒 TV 24 ⚡ P

EN DEHORS DU CENTRE : *Blakes, South Kensington.* ⓔⓔⓔⓔⓔ | AE DC MC V | | ▧ | 51
33 Roland Gardens, SW7 3PF. █ 020 7370 6701. FAX 020 7373 0442.
Cet hôtel à la façade verte et au décor exotique n'est pas un hôtel
comme les autres : les chambres sont uniques. 🔒 TV 24

EN DEHORS DU CENTRE : *Halkin, Belgravia.* ⓔⓔⓔⓔⓔ | AE DC MC V | ▧ | 41
5 Halkin St, SW1X 7DJ. █ 020 7333 1000. FAX 020 7333 1100.
La décoration minimaliste résolument contemporaine du Halkin réjouira
ceux qui sont las du style victorien. 🔒 24 ♿

EN DEHORS DU CENTRE : *Sydney House, Chelsea.* ⓔⓔⓔⓔⓔ | AE DC MC | ▧ | ● | 21
9-11 Sydney St, SW3 6PU. █ 020 7376 7711. FAX 020 7376 4233.
Meubles Bugatti, lustres et ornements muraux florentins décorent les pièces
communes. Chaque chambre est un monde en soi. 🔒 24

LES DOWNS ET LES CÔTES DE LA MANCHE

BATTLE : *Powdermills* ⓔⓔ | AE MC V | ▧ | ● | ▧ | 35
Powdermill Lane, Battle, E Sussex TN33 0SP. █ 01424 775511. FAX 01424 774540.
Entouré d'un vaste parc renfermant un étang de pêche, cet hôtel possède
des chambres très confortables et un restaurant agréable. 🔒 TV P 🏊

BONCHURCH : *Winterbourne* ⓔⓔⓔ | AE DC MC V | ▧ | ● | ▧ | 15
Bonchurch, près de Ventnor, Isle of Wight PO38 1RQ.
█ 01983 852535. FAX 01983 853056.
Un établissement un peu démodé, mais le prix inclut le petit déjeuner et
le dîner. Réservez une chambre donnant sur la mer – la vue est magnifique
par-dessus le jardin bien entretenu. ● de nov. à mars. 🔒 TV P 🏊

BOUGHTON MONCHELSEA : *Tanyard* ⓔⓔⓔ | AE DC MC V | ▧ | | ▧ | 6
Wierton Hill, Boughton Monchelsea, Maidstone, Kent ME17 4JT.
█ 01622 744705. FAX 01622 741998.
Superbe vue sur le Weald of Kent depuis une demeure médiévale remarquablement
restaurée. Feu dans la cheminée. ● de fin oct. à mi-nov., de déc. à fin janv. 🔒 TV P

BRIGHTON : *Dove* ⓔ | AE DC MC V | ● | 10
18 Regency Square, Brighton, BN1 2FG.
█ 01273 779222. FAX 01273 746912.
A quelques minutes de la mer dans une maison Regency, cet hôtel
familial propose des chambres modernes et immaculées, et un service
efficace et amical. Il est possible d'y dîner. 🔒 TV P

BRIGHTON : *Topps* ⓔⓔ | AE DC MC V | ● | 15
17 Regency Square, Brighton, BN1 2FG.
█ 01273 729334. FAX 01273 203679.
Deux maisons Regency superbement meublées abritent cet établissement.
La majorité des chambres ont de grandes salles de bains. 🔒 TV ↻ P

CANTERBURY : *Thanington* ⓔⓔ | AE DC MC V | ▧ | ● | ▧ | 15
140 Wincheap, Canterbury, Kent CT1 3RY. █ 01227 453227. FAX 01227 453225.
À quelques minutes du centre, ce *Bed and Breakfast* parfaitement
entretenu occupe une belle maison georgienne. La piscine couverte et
chauffée est un plus. ● 25 déc. 🔒 TV P 🏊

CUCKFIELD : *Ockenden Manor* ⓔⓔⓔ | AE DC MC V | ▧ | ● | ▧ | 22
Ockenden Lane, Cuckfield, W Sussex RH17 5LD. █ 01444 416111. FAX 01444 415549.
Ce confortable manoir du XVIᵉ siècle offre une belle vue sur les South
Downs et possède un bon restaurant et un jardin charmant. 🔒 TV P

DOVER : *Number One Guesthouse* ⓔ | | ● | ▧ | 6
1 Castle St, Dover, Kent CT16 1QH. █ 01304 202007. FAX 01304 214078.
À quelques minutes des ferries et d'Eurotunnel, un *B&B* immaculé dominé
par le Dover Castle. Petits déjeuners servis dans les chambres.
● 25 déc. et 1ᵉʳ janv. 🔒 TV P

Les prix correspondent à une nuit en chambre double, service, taxes et petit déjeuner compris.

£ moins de 50 £
££ de 50 à 100 £
£££ de 100 à 150 £
££££ de 150 à 200 £
£££££ plus de 200 £

RESTAURANT
Sauf indication contraire, le restaurant ou la salle à manger accueille d'autres clients que les hôtes.

ENFANTS BIENVENUS
Berceaux, lits d'enfants et baby-sitting. Certains restaurants proposent menus enfants et chaises hautes.

JARDIN OU TERRASSE
Hôtel possédant un jardin, une cour intérieure ou une terrasse. Souvent, possibilité de manger dehors.

CARTES BANCAIRES
Cartes acceptées : AE = American Express ; DC = Diners Club ; MC = Master Card/Access ; V = Visa.

	CARTES BANCAIRES	RESTAURANT	ENFANTS BIENVENUS	JARDIN OU TERRASSE	NOMBRE DE CHAMBRES
FLETCHLING : *Griffin* **££** Fletchling, près d'Uckfield, E Sussex TN223SS. **(** 01825 722890. **FAX** 01825 722810. Cette auberge du XVIᵉ siècle aux boiseries et aux poutres de chêne dispose d'une vue superbe et d'un excellent restaurant. Des chambres ont été aménagées dans la grange. (p. 608).	AE DC MC V	▓	●	▓	8
HAYLING ISLAND : *Cockle Warren Cottage* **££** 36 Seafront, Hayling Island, Hants PO11 9HL. **(** 02392 464961. **FAX** 023 9246 4838. En face de la mer, cet hôtel moderne comprend un restaurant dans une véranda et propose des chambres petites mais agréables.	AE MC V	▓		▓	5
HOLMBURY ST MARY : *Bulmer Farm* **£** Silver St, Hordle, Lymington, Surrey RH5 6LG. **(** 01306 730 210. Les jardins de cette ferme du XVIIᵉ siècle disposent d'un lac d'1 ha, paradis pour les oiseaux et autres animaux sauvages.				▓	8
HORDLE : *Gordleton Mill* **£££** Silver St, Hordle, Lymington, Hants SO41 6DJ. **(** 01590 682219. **FAX** 01590 683073. Joli moulin du XVIIᵉ siècle sur la rive de l'Avon. Chambres luxueuses et restaurant vivement recommandé.	AE DC MC V	▓	●	▓	9
MIDHURST : *Angel* **££** North St, Midhurst, W Sussex GU29 9DN. **(** 01730 812421. **FAX** 01730 815928. Relais de poste du XVIᵉ siècle modernisé avec goût au centre d'un village historique. Brasserie et restaurant excellents.	AE DC MC V	▓	●	▓	28
RINGWOOD : *Moortown Lodge* **££** 244 Christchurch Rd, Ringwood, Hants BH24 3AS. **(** 01425 471404. **FAX** 01425 476052. Hôtel simple mais agréable avec ses chambres confortables où ne parvient pas le bruit de la circulation. Bon restaurant. ● du 25 déc. à mi-janv.	AE MC V	▓	●		6
RYE : *Jeake's House* **££** Mermaid St, Rye, E Sussex TN31 7ET. **(** 01797 222828. **FAX** 01797 222623. Une maison du XVIIᵉ siècle dans l'une des plus jolies rues pavées de la ville. Chambres soignées. Beaucoup de choix au petit déjeuner.	MC V				12
RYE : *Old Vicarage* **££** 66 Church Square, Rye, E Sussex TN31 7HF. **(** 01797 222119. **FAX** 01797 227466. Charmante maison rose au cœur du Rye historique. Belles chambres confortables et délicieux petits déjeuners.			●	▓	6
ST MARGARET'S-AT-CLIFFE : *Wallett's Court* **££** West Cliffe, St Margaret's-at-Cliffe, Dover, Kent CT15 6EW. **(** 01304 852424. **FAX** 01304 853430. Près de Douvres, bon restaurant et hôtel familial à l'atmosphère rétro dans une demeure seigneuriale du XVIIᵉ siècle.	AE DC MC V	▓	●	▓	16
SEAVIEW : *Seaview* **££** High St, Seaview, Isle of Wight PO34 5EX. **(** 01983 612711. **FAX** 01983 613729. Le salon et certaines des chambres offrent de superbes vues sur la mer. Vous pouvez vous détendre dans l'un des deux bars.	AE DC MC V	▓	●	▓	16
SEVENOAKS : *Royal Oak Hotel* **££** High St, Sevenoaks, Kent TN13 1HY. **(** 01732 455109. **FAX** 01732 740187. Cet ancien relais de poste et son annexe moderne proposent des chambres de style. En face de Knole House.	AE DC MC V	▓	●	▓	37
SMARDEN : *Bell* **£** Bell Lane, Smarden, Kent TN27 8PW. **(** 01233 770283. Bonne cuisine familiale et chambres simples dans ce pub du XVIᵉ siècle. Le décor rustique et le feu dans la cheminée créent une ambiance chaleureuse. Il faut toutefois partager les salles de bains. ● 25 déc.	AE MC V				4

UCKFIELD : *Hooke Hall*   £££

	AE		●	▥	10
	MC				
	V				

250 High St, Uckfield, E Sussex TN22 1EN. █ *01825 761578.* **FAX** *01825 768025.*
En plein centre-ville, un très grand confort dans une maison datant de la reine
Anne. Spécialités italiennes au restaurant. ● *du 4 déc au 2 janv.* ▦ **TV** **P**

WICKHAM : *Old House and Brasserie*   ££

	AE	▥	●	▥	9
	DC				
	MC				
	V				

The Square, Wickham, Hants PO17 5JG. █ *01329 833049.* **FAX** *01329 833672.*
Sur une place où tous les édifices sont classés, hôtel du XVIIIe siècle au
décor simple mais élégant. Excellente cuisine. ▦ **TV** **P**

WINCHESTER : *Wykeham Arms*   ££

	AE	▥		▥	13
	DC				
	MC				
	V				

75 Kingsgate St, Winchester, Hants SO23 9PE. █ *01962 853834.* **FAX** *01962 854411.*
L'un des plus anciens pubs de la ville loue des chambres douillettes. Avec
leurs cheminées, les bars ont gardé leur charme d'origine. ● *25 déc.* ▦ **TV** **P**

L'EAST ANGLIA

BECCLES : *St Peter's House*   £

	AE	▥			3
	DC				
	MC				
	V				

Old Market, Beccles, Suff. NR34 9AP. █ *et* **FAX** *01502 713203.*
Pièces communes de style gothique et chambre *cosy* dans un immeuble
géorgien. Jardin menant à la rivière Waveney. ● *25 et 26 déc., 1er janv.* **TV** **P**

BLAKENEY : *White Horse*   ££

	AE	▥	●	▥	10
	DC				
	MC				
	V				

4 High St, Blakeney, Holt, Norf NR25 7AL. █ *01263 740574.* **FAX** *01263 741303.*
Un pub accueillant au centre d'un joli village côtier. Le restaurant occupe
l'ancienne remise à équipages. Chambres plaisantes. ▦ **TV** **P**

BROXTED : *Whitehall*   £££

	AE	▥	●	▥	25
	DC				
	MC				
	V				

Broxted, près de Stansted Airport, Essex CM6 2BZ. █ *01279 850603.* **FAX** *01279 850385.*
Près de l'aéroport, un manoir élisabéthain propose des chambres
spacieuses. Excellent restaurant. ● *du 25 au 30 déc.* ▦ **TV** **P** ▤

BURNHAM MARKET : *Hoste Arms*   ££

| | MC | ▥ | ● | ▥ | 28 |
| | V | | | | |

The Green, Burnham Market, Kings Lynn, Norf PE31 8HD.
█ *01328 738257.* **FAX** *01328 730103.*
Cet établissement offre un choix de bars et de restaurants au décor toujours
harmonieux et propose des chambres de bonnes dimensions. ▦ **TV** **P**

CAMBRIDGE : *Lensfield Hotel*   ££

	AE	▥	●	▥	36
	DC				
	MC				
	V				

53 Lensfield Rd, Cambridge, Cambs CB2 1EN. █ *01223 355017.* **FAX** *01223 312022.*
Près du centre-ville. Restaurant avec cuisine anglaise, française et
grecque. ▦ **TV** **P**

CAMBRIDGE : *Sorrento Hotel*   ££

	AE	▥	●		30
	DC				
	MC				
	V				

196 Cherry Hinton Rd, Cambridge, Cambs CB1 4AN.
█ *01223 243533.* **FAX** *01223 213463.*
Séduisant hôtel familial possédant un excellent restaurant. ▦ **24** **TV** **P**

CAMPSEA ASHE : *Old Rectory*   ££

	AE	▥		▥	7
	DC				
	MC				
	V				

Campsea Ashe, près de Woodbridge, Suff IP13 OPU. █ *et* **FAX** *01728 746524.*
Un ancien presbytère en partie georgien et en partie Tudor. L'été, le dîner
a lieu sous la verrière dominant le superbe jardin. ▦ **P**

CAWSTON : *Grey Gables*   ££

| | MC | ▥ | ● | ▥ | 8 |
| | V | | | | |

Norwich Rd, Cawston, Norwich, Norf NR10 4EY. █ *et* **FAX** *01603 871259.*
Cet ancien presbytère victorien, au sud du village, se niche au milieu
d'un jardin (court de tennis), d'un verger et d'un vignoble. Service amical
et professionnel, excellente carte des vins. ● *du 24 au 26 déc.* **TV** ▦ **P**

CLEY-NEXT-THE-SEA : *Cley Mill*   ££

| | MC | ▥ | | | 8 |
| | V | | | | |

Cley-next-the-Sea, Holt, Norf NR25 7NN. █ *et* **FAX** *01263 740209.*
Dans le cadre d'un ancien moulin à vent du XVIIIe siècle, les chambres ont
vue sur les marais. Dîner sur commande. ▦ **P**

DEDHAM : *Dedham Hall*   ££

| | MC | ▥ | ● | ▥ | 16 |
| | V | | | | |

Brook St, Dedham, Essex CO7 6AD. █ *01206 323027.* **FAX** *01206 323293.*
Feu dans la cheminée et jeux de société dans les salons douillets d'un
cottage du XVe siècle. Bonne cuisine familiale. ▦ **TV** **P**

DISS : *Salisbury House*   ££

| | MC | ▥ | | ▥ | 3 |
| | V | | | | |

84 Victoria Rd, Diss, Norf IP22 3JG. █ *et* **FAX** *01379 644738.*
Rez-de-chaussée au décor victorien, comme l'extérieur du bâtiment.
Grandes chambres confortables. Excellent restaurant. ▦ **TV** **P**

Légende des symboles, voir rabat de couverture

	RESTAURANT Sauf indication contraire, le restaurant ou la salle à manger accueille d'autres clients que les hôtes. **ENFANTS BIENVENUS** Berceaux, lits d'enfants et baby-sitting. Certains restaurants proposent menus enfants et chaises hautes. **JARDIN OU TERRASSE** Hôtel possédant un jardin, une cour intérieure ou une terrasse. Souvent, possibilité de manger dehors. **CARTES BANCAIRES** Cartes acceptées : AE = American Express ; DC = Diners Club ; MC = Master Card/Access ; V = Visa.	**CARTES BANCAIRES**	**RESTAURANT**	**ENFANTS BIENVENUS**	**JARDIN OU TERRASSE**	**NOMBRE DE CHAMBRES**

Les prix correspondent à une nuit en chambre double, service, taxes et petit déjeuner compris.

£ moins de 50 £
££ de 50 à 100 £
£££ de 100 à 150 £
££££ de 150 à 200 £
£££££ plus de 200 £

GREAT DUNMOW : *Starr*   ££
Market Place, Great Dunmow, Essex CM6 1AX. ☎ 01371 874321. ℻ 01371 876337.
Ancien pub, le Starr a 500 ans. La cuisine familiale du restaurant se révèle délicieuse et les chambres sont agréables. 🛏 📺 ♨ 🅿
AE DC MC V   ▦ ●   8

GREAT SNORING : *Old Rectory*   ££
Barsham Rd, Great Snoring, Fakenham, Norf NR21 OHP.
☎ 01328 820597. ℻ 01328 820048.
Sur la côte près de Walsingham, cet hôtel offre dans un cadre paisible une base confortable et accueillante d'où explorer le Norfolk. 🛏 📺 🅿
AE DC MC V   ▦   ▦   6

GRIMSTON : *Congham Hall*   £££
Grimston, Kings Lynn, Norf PE32 1AH. ☎ 01485 600250. ℻ 01485 601191.
Une belle maison georgienne où le chef cuisine les légumes et les fines herbes du jardin. Tenue de ville pour le dîner. 🛏 📺 🅿 ♨
AE DC MC V   ▦   ▦   14

HINTLESHAM : *Hintlesham Hall*   £££
George St, Hintlesham, près d'Ipswich, Suff IP8 3NS.
☎ 01473 652334. ℻ 01473 652463.
Dotée d'une élégante façade georgienne, cet hôtel est sophistiqué mais pas collet monté (voir aussi *p. 585*). 🛏 📺 🅿 ♨
AE DC MC V   ▦ ● ▦   33

HORDON-ON-THE-HILL : *Hill House*   ££
Hordon-on-the-Hill, Essex SS17 8LD. ☎ 01375 642463. ℻ 01375 361611.
Chambres bien décorées et dotées de bonnes salles de bains. Possibilité de manger au Bell tout proche. Excellent rapport qualité-prix. ● du 25 déc. au 1er janv. 🛏 📺 🅿
AE MC V   ▦   ▦   11

LAVENHAM : *Angel*   ££
Market Pl, Lavenham, Suff CO10 9QZ. ☎ 01787 247388. ℻ 01787 248344.
Accueillante et sans prétention, cette auberge vieille de six siècles possède une atmosphère envoûtante. Les chambres sont propres et gaies. 🛏 📺 🅿
AE MC V   ▦ ● ▦   8

LAVENHAM : *Swan*   £££
High St, Lavenham, Sudbury, Suff CO10 GQA. ☎ 01787 247477. ℻ 01787 248286.
Dans ce village historique, le Swan date du XIVe siècle et propose des chambres lambrissées agréablement décorées. 🛏 📺 24 🅿
AE DC MC V   ▦ ● ▦   46

LONG MELFORD : *Bull*   ££
Hall St, Long Melford, Suff CO10 9JG. ☎ 01787 378494. ℻ 01787 880307.
Bien situé au centre d'un joli village réputé pour ses antiquaires, le Bull constituera une bonne base d'où explorer la région. 🛏 📺 🅿
AE DC MC V   ▦ ● ▦   25

LONG MELFORD : *The Countrymen*   ££
The Green, Long Melford, Suff. CO10 9DN. ☎ 01787 312356. ℻ 01787 374557.
Populaire et chaleureux. Sans prétention avec livres, jeux et jouets pour les enfants. Bonne cuisine. 🛏 📺 🅿
AE MC V   ▦ ● ▦   9

MORSTON : *Morston Hall*   £££
Morston, Holt, Norf NR25 7AA. ☎ 01263 741041. ℻ 01263 740419.
Confort et cuisine délicieuse sur cette partie isolée mais superbe de la côte du Norfolk. Le prix inclut un dîner de quatre plats. ● janv. 🛏 📺 🅿
AE MC V   ▦ ● ▦   6

ROCHFORD : *Renouf*   ££
Bradley Way, Rochford, Essex SS4 1BU. ☎ 01702 541334. ℻ 01702 549563.
Un hôtel confortable et moderne géré avec efficacité. Remarquable restaurant français et excellent rapport qualité-prix. ● 26-30 déc.
🛏 📺 🅿
AE DC MC V   ▦ ● ▦   23

SOUTHWOLD : *Crown*   ££
High St, Southwold, Suff IP18 6DP. ☎ 01502 722275. ℻ 01502 727263.
Atmosphère chaleureuse et rustique dans les salles de bar. Excellente cuisine et bon rapport qualité-prix.
● une sem. en janv. 🛏 📺 🅿
AE DC MC V   ▦   12

SOUTHWOLD : *Swan* £££
Market Pl, Southwold, Suff IP18 6EG. (*01502 722186.* FAX *01502 724800.*
Cet élégant hôtel familial a apporté un grand soin à la décoration de ses
chambres. Menu conforme à la tradition anglaise pour le dîner. 🛏 TV P

AE		■	●	■	44
DC				
MC				
V				

STOKE-BY-NAYLAND : *Angel* ££
Stoke-by-Nayland, près de Colchester, Essex CO6 4SA.
(*01206 263245.* FAX *01206 263373.*
Au cœur du village, l'Angel offre un accueil cordial, une bonne cuisine, des
chambres douillettes et des salles de bar animées. ● *25-26 déc., 1er janv.* 🛏 TV

AE		■		■	6
DC				
MC				
V				

SWAFFHAM : *Strattons* ££
4 Ash Close, Swaffham PE37 7NH. (*01760 723845.* FAX *01760 720458.*
Les chambres de ce petit hôtel élégant sont luxueuses, mais l'atmosphère
reste détendue et conviviale 🛏 TV ⬜ P

AE		■			6
MC				
V				

THORNHAM : *The LifeBoat* ££
Ship Lane, Thornham, Norf PE36 6LT. (*01485 512236.* FAX *01485 512323.*
Une belle auberge dominant les marais. Le pub est traditionnel, mais le
restaurant et les chambres se révèlent sophistiqués. 🛏 TV P

MC		■	●	■	12
V				

WELLS-NEXT-THE-SEA : *Lifeboat Inn* £
Station Rd, Wells-next-the-Sea, Norf NR23 1AE. (*01328 710288.*
Situé dans l'un des plus anciens édifices de la ville, à deux minutes du
quai. Possibilité de déjeuners à emporter. ● *du 24 au 25 déc.* 🛏 P

MC		■		■	9
V				

LA VALLÉE DE LA TAMISE

BURFORD : *Burford House* ££
High St, Burford, Oxon OX18 4QA. (*01993 823151.* FAX *01993 823240.*
Dans ce village touristique, cette demeure du xve siècle offre des *B&B* et
d'excellents thés. Chambres luxueuses. ● *24 et 25 déc.* 🛏 TV

AE			●	■	7
MC				
V				

CHADLINGTON : *Chadlington House* ££
Chadlington, Oxon OX7 3LZ. (*01608 676437.* FAX *01608 676503.*
Cet hôtel sans prétention où voisinent meubles modernes et anciens a su
fidéliser une clientèle d'habitués. ● *déc., janv.* 🛏 TV P

MC		■		■	7
V				

CLANFIELD : *Plough* ££
Bourton Rd, Clanfield, Oxon OX18 2RB. (*01367 810222.* FAX *01367 810596.*
Beaucoup d'atmosphère au bar de cette ravissante auberge de village en
pierres des Cotswolds qui loue des chambres confortables. 🛏 TV P

AE		■		■	12
DC				
MC				
V				

HENLEY-ON-THAMES : *Red Lion* £££
Hart St, Henley-on-Thames, Oxon RG9 2AR. (*01491 572161.* FAX *01491 410039.*
Au bord d'une rivière, ce relais de poste du xvie siècle a été rénové en
1998. Toutes les chambres sont meublées d'antiquités. 🛏 TV P

AE		■			26
MC				
V				

HUNGERFORD : *Marshgate Cottage* £
Marsh Lane, Hungerford, Newbury RG17 0QX. (*01488 682307.* FAX *01488 685475.*
Une petit hôtel familial à environ 1,5 km du centre de Hungerford. Bonne
cuisine européenne. 🛏 TV P &

MC			●	■	9
V				

HURLEY : *Ye Olde Bell* ££££
High St, Hurley, Berks SL6 5LX. (*01628 825881.* FAX *01628 825939.*
Cette auberge remonte au xiie siècle et serait la plus vieille d'Angleterre.
Chambres et pièces communes respectent son cachet. 🛏 TV P

AE		■		■	47
DC				
MC				
V				

KELMSCOTT : *The Plough* ££
Kelmscott, Lechlade, Oxon GL7 3HG. (*01367 253543.* FAX *01367 252514.*
C'est une jolie auberge dans un village préservé au bord de la Tamise.
Meubles William Morris. 🛏 TV ⬜ P

MC		■	●	■	8
V				

MARLOW BOTTOM : *Holly Tree House* ££
Burford Close, Marlow Bottom, Bucks SL7 3NF.
(*01628 891110.* FAX *01628 481278.*
Proche du centre de Marlowe mais dans un cadre rural, ce *B&B* moderne
et bien équipé sert de bons petits déjeuners. 🛏 TV P ⬛

AE				■	5
MC				
V				

MOULSFORD ON THAMES : *Beetle and Wedge* £££
Ferry Lane, Moulsford on Thames, Oxon OX10 9JF.
(*0149 651381.* FAX *0149 651376.*
Un hôtel particulièrement charmant au bord de la Tamise. Service
efficace et cordial, cuisine excellente et chambres agréables. 🛏 TV P

AE		■	●	■	10
DC				
MC				
V				

Légende des symboles, voir rabat de couverture

Les prix correspondent à une nuit en chambre double, service, taxes et petit déjeuner compris.

£ moins de 50 £
££ de 50 à 100 £
£££ de 100 à 150 £
££££ de 150 à 200 £
£££££ plus de 200 £

RESTAURANT
Sauf indication contraire, le restaurant ou la salle à manger accueille d'autres clients que les hôtes.

ENFANTS BIENVENUS
Berceaux, lits d'enfants et baby-sitting. Certains restaurants proposent menus enfants et chaises hautes.

JARDIN OU TERRASSE
Hôtel possédant un jardin, une cour intérieure ou une terrasse. Souvent, possibilité de manger dehors.

CARTES BANCAIRES
Cartes acceptées : AE = American Express ; DC = Diners Club ; MC = Master Card/Access ; V = Visa.

	CARTES BANCAIRES	RESTAURANT	ENFANTS BIENVENUS	JARDIN OU TERRASSE	NOMBRE DE CHAMBRES
NORTH NEWINGTON : *La Madonette Country Guest House* **££** North Newington, Banbury, Oxon OX15 6AA. 01295 730212. FAX 01295 730363. Dans un cadre rural mais proche de Banbury, ce très agréable *B&B* occupe un ancien moulin. Bon rapport qualité-prix.	DC MC V		●	■	5
OXFORD : *Cotswold House* **££** 363 Banbury Rd, Oxford OX2 7PL. 01865 310558. FAX 01865 310558. Dans une avenue résidentielle à 3 km du centre, petite pension de famille propre et accueillante.	MC V				7
OXFORD : *Old Parsonage* **£££** 1 Banbury Rd, Oxford OX2 6NN. 01865 310210. FAX 01865 311262. Ambiance détendue dans un hôtel très confortable occupant un site idéal d'où explorer la ville et la campagne voisine. ● du 24 au 27 déc.	AE DC MC V	■	●	■	30
SHIPTON-UNDER-WYCHWOOD : *Shaven Crown* **££** Shipton-under-Wychwood, Oxon OX7 6BA. 01993 830330. FAX 01993 832136. Cette vieille auberge remonte à 1350.	AE MC V	■	●	■	9
SPARSHOLT : *Star* **££** Watery Lane, Sparsholt, près de Wantage, Oxon OX12 9PL. et FAX 01235 751539. Cette jolie auberge de pierre dans un petit village possède un bar fréquenté par des randonneurs.	MC V	■		■	8
STEEPLE ASTON : *Westfield Farm Motel* **££** The Fenway, Steeple Aston, Oscon OX6 3SS. 01869 340591. FAX 01869 347594. Accueil très chaleureux. Les chambres ont été aménagées dans d'anciennes écuries. On peut dîner sur place.	AE DC MC V	■	●	■	6
TOWERSEY : *Upper Green Farm* **£** Manor Rd, Towersey, près de Thame, Oxon OX9 3QR. 01844 212496. FAX 01844 260399. Très joli *B&B* dans un cottage à toit de chaume.				■	10
UFFINGTON : *Craven* **£** Uffington, Oxon SN7 7RD. 013678 20449. Intéressant *B&B* dans un cottage à toit de chaume du XVIIe siècle et son annexe. Sur commande, dîner autour de la table de la cuisine.	AE MC V			■	5
WARE : *Hanbury Manor* **£££** Ware, Herts SG12 OSD. 01920 487722. FAX 01920 487692. Ce luxueux hôtel et centre de loisirs est doté d'un golf, d'un club de remise en forme et d'une piscine.		■	●	■	96
WELWYN GARDEN CITY : *Tewin Bury Farmhouse* **££** Tewin, près de Welwyn Garden City, Herts AL6 OJB. 01438 717793. FAX 01438 840440. Le restaurant et la plupart des chambres occupent d'anciennes dépendances agricoles. ● du 24 déc. au 2 janv.	AE DC MC V	■	●	■	25
YARNTON : *Eltham Villa Guest House* **£** 148 Woodstock Rd, Yarnton, Oxon OX5 1PW. & FAX 01865 376037. Ce petit *Bed and Breakfast* modeste et bien tenu possède une salle à manger et un petit salon. Possibilité de dîner sur place.	MC V		●		7

LE WESSEX

ASHTON KEYNES : *Two Cove House* £ · 4
Ashton Keynes, Wilts SN6 6SN. [et FAX 01285 861221.
Accueil délicieux chez l'habitant. La plupart des chambres possèdent des
salles de bains un peu désuètes. Le dîner doit se commander. 🔲 P

BARWICK : *Little Barwick House* £££ · AE DC MC V · 6
Barwick Village, près de Yeovil, Somer BA22 9TD. [01935 423902. FAX 01935 420908.
Un restaurant louant quelques chambres douillettes près du centre de
Barwick. Bonne cuisine et ambiance extrêmement cordiale. 🔲 TV P

BATH : *Cheriton House* ££ · AE DC MC V · 9
9 Upper Oldfield Park, Bath, B et NE Som BA2 3JX. [01225 429862. FAX 01225 428403.
Un *B&B* à prix raisonnables à quelque dix minutes à pied du centre.
Décor simple et sans prétention dans les salons et les chambres. 🔲 TV P

BATH : *Paradise House* ££ · AE MC V · 10
86-88 Holloway, Bath, B et NE Som BA2 4PX. [01225 317723. FAX 01225 482005.
Séduisante maison georgienne proche du centre de Bath. Superbe
décoration et ambiance décontractée. 🔲 TV P

BATH : *Sydney Gardens* ££ · AE MC V · 6
Sydney Rd, Bath, B et NE Som BA2 6NT. [01225 464818. FAX 01225 484347.
Juste à la sortie de la ville, un *B&B* installé dans une villa victorienne d'inspiration
italienne. Grand confort et excellent service. ● du 24 déc. au 31 janv. 🔲 TV P

BATH : *Queensberry* £££ · MC V · 29
Russell Street, Bath, B et NE Som BA1 2QF. [01225 447928. FAX 01225 446065.
Trois maisons du XVIIIe siècle forment un hôtel élégant au cœur de Bath. Belles
chambres à hauts plafonds décorées avec goût. ● du 24 au 29 déc. 🔲 TV 🔧 24

BATHFORD : *Eagle House* ££ · MC V · 10
Church St, Bathford, B et NE Som BA17RS. [01225 859946. FAX 1225 859430.
Grandes chambres lumineuses et aérées dans une belle maison georgienne
située dans un village à 3 km de Bath. ● du 25 au 30 déc. 🔲 TV P

BRADFORD-ON-AVON : *Bradford Old Windmill* ££ · AE MC V · 3
4 Masons Lane, Bradford-on-Avon, Wilts BA15 1QN. [01225 866842. FAX 01225 866648.
Le plan circulaire de ses chambres douillettes fait de cet ancien moulin
un endroit qui ne s'oublie pas. Service efficace et souriant. 🔲 TV 🔷 P

BRADFORD-ON-AVON : *Priory Steps* ££ · MC V · 5
Newtown, Bradford-on-Avon, Wilts BA15 1NQ. [01225 862230. FAX 01225 866248.
Ici, les hôtes sont traités comme les membres de la famille. Le dîner est
collectif mais doit être commandé à l'avance. 🔲 TV P

BRISTOL : *Berkely Square Hotel* £££ · AE DC MC V · 42
15 Berkely Sq, Cliffton, Bristol B58 1MB.
[0117 9254000. FAX 0117 9252970.
Une belle et confortable demeure avec un bar à cocktail et un restaurant
au sous-sol. 🔲 TV 24

CRUDWELL : *Crudwell Court House* ££ · AE DC MC V · 15
Crudwell, près de Malmesbury, Wilts SN16 9EP. [01666 577194. FAX 01666 577853.
Un ancien presbytère du XVIIe siècle abrite désormais un excellent
restaurant louant quelques chambres. Atmosphère détendue. 🔲 TV P 🏊

DUNSTER : *Exmoor House Hotel* ££ · AE DC MC V · 6
West St, Dunster, Minehead, Somer TA24 6SN. [01643 821268. FAX 01643 821267.
Cette petite maison de style gorgien est au cœur d'un village à l'intérieur
des terres. Décoration récente. 🔲 TV

EVERSHOT : *Summer Lodge* ££££ · AE DC MC V · 17
Evershot, Dorset DT2 0JR. [01935 83424. FAX 01935 83005.
Toujours plein de superbes fleurs, l'un des hôtels les plus séduisants du
pays dans un bâtiment dessiné par l'écrivain Thomas Hardy.
Remarquable carte des vins au restaurant. 🔲 TV P 🏊

HAWKRIDGE : *Tarr Steps Hotel* £££ · MC V · 11
Hawkridge, Dulverton, Somer TA22 9PY. [01643 851293. FAX 01643 851218.
Une véritable résidence de campagne dans un endroit calme au-dessus
de Tarr Steps. Propriétaires aimables et accueillants. 🔲 P

Légende des symboles, voir rabat de couverture

Les prix correspondent à une nuit en chambre double, service, taxes et petit déjeuner compris.

£ moins de 50 £
££ de 50 à 100 £
£££ de 100 à 150 £
££££ de 150 à 200 £
£££££ plus de 200 £

RESTAURANT
Sauf indication contraire, le restaurant ou la salle à manger accueille d'autres clients que les hôtes.

ENFANTS BIENVENUS
Berceaux, lits d'enfants et baby-sitting. Certains restaurants proposent menus enfants et chaises hautes.

JARDIN OU TERRASSE
Hôtel possédant un jardin, une cour intérieure ou une terrasse. Souvent, possibilité de manger dehors.

CARTES BANCAIRES
Cartes acceptées : AE = American Express ; DC = Diners Club ; MC = Master Card/Access ; V = Visa.

	CARTES BANCAIRES	RESTAURANT	ENFANTS BIENVENUS	JARDIN OU TERRASSE	NOMBRE DE CHAMBRES
HINTON CHARTERHOUSE : *Homewood Park* £££ Hinton Charterhouse, B et NE Som BA3 6BB. ☎ 01225 723731. FAX 01225 723820. À la périphérie de Bath, une maison georgienne distinguée dans un vaste jardin bien entretenu. Très bon restaurant. 🖥 TV P ≋	AE DC MC V	▦	●	▦	19
LOWER BROCKHAMPTON : *Yalbury Cottage* ££ Lower Brockhampton, Dorset DT2 8PZ. ☎ 01305 262382. FAX 01305 266412. C'est un ravissant cottage au toit de chaume vieux de 300 ans qui abrite un *Bed and Breakfast*. On peut y dîner. ● janv. 🖥 TV ✂ P	MC V				8
NETTLETON : *Fosse Farmhouse* ££ Nettleton Shrub, Nettleton, près de Chippenham, Wilts SN14 7NJ. ☎ 01249 782286. FAX 01249 783066. Petit hôtel de campagne charmant et original partageant un édifice en pierres des Cotswolds avec un salon de thé et un magasin d'antiquités. 🖥 TV P	AE MC V	▦	●	▦	6
PIDDLETRENTHIDE : *Poachers Inn* ££ Piddletrenthide, Dorset DT2 7QX. ☎ 01300 348358. FAX 01300 348153. Cette auberge offre un bon rapport qualité-prix. Les chambres spacieuses ont été redécorées récemment et il y a une piscine extérieure chauffée. 🖥 TV P ≋	MC V	▦	●	▦	18
SHIPHAM : *Daneswood House* ££ Cuck Hill, Shipham, près de Winscombe, Somer BS25 1RD. ☎ 01934 843145. FAX 01934 843824. Imposant hôtel édouardien aux propriétaires accueillants. Les chambres du bâtiment principal ont beaucoup de caractère. 🖥 TV P	AE DC MC V	▦	●	▦	12
SIMONSBATH : *Simonsbath House* ££ Simonsbath, Exmoor, Somer TA24 7SH. ☎ 01643 831 259. FAX 01643 831557. Un hôtel familial vieux de 300 ans au cœur de l'Exmoor. Confort et cordialité. Les craquements des planchers ajoutent à l'atmosphère. ● déc.-janv. 🖥 TV P	AE MC V	▦	●	▦	7
SOMERTON : *Lynch Country House* ££ Somerton, Somer TA11 7PD. ☎ 01458 272316. FAX 01458 272590. Accueillante maison georgienne aux chambres confortables. 🖥 TV P	MC V		●	▦	5
TAUNTON : *Castle* £££ Castle Green, Taunton, Somer TA1 1NF. ☎ 01823 272671. FAX 01823 336066. Ce magnifique château couvert de glycine remonte à l'époque normande, mais offre un confort digne du XXᵉ siècle. Excellente cuisine (p. 589). 🖥 TV 24 P	AE DC MC V	▦	●	▦	44
TROWBRIDGE : *Old Manor* £££ Trowle, Trowbridge, Wilts BA14 9BL. ☎ 01225 777393. FAX 01225 765443. Une ferme-manoir abrite des salons agréables, tandis que les chambres occupent pour la plupart d'anciennes dépendances agricoles. ● 25-26 déc. 🖥 TV P	AE DC MC V	▦			14
VELLOW : *Curdon Mill* ££ Vellow, Williton, Somer TA4 4LS. ☎ 01984 656522. FAX 01984 656197. Cet ancien moulin à eau renferme un salon et quelques chambres coquettes. Délicieux dîner servi dans un cadre original. ● 25-26 déc. 🖥 TV P ≋	AE MC V	▦		▦	6
WEST BEXINGTON : *Manor* ££ West Bexington, Dorchester, Dorset DT2 9DE. ☎ 01308 897616. FAX 01308 897035. À quelques minutes de Chesil Beach, les visiteurs reçoivent un accueil chaleureux au Manor. Belle vue sur la mer depuis le salon. 🖥 TV P 24		▦	●	▦	13
WHITEPARISH : *Newton Farmhouse* £ Southampton Rd, Whiteparish, Salisbury, Wilts SP5 2QL. ☎ 01794 884416. Ce *Bed and Breakfast* du XVIᵉ siècle a beaucoup de cachet. On peut commander son dîner avec des légumes et des fruits issus de son joli jardin. 🖥 TV ✂ P ≋	AE DC MC V		●	▦	8

LE DEVON ET LES CORNOUAILLES

ASHBURTON : *Holne Chase* 2 Bridges Rd, Ashburton, Devon TQ13 7NS. ☎ 01364 631471. FAX 01364 631453. Simplicité et confort dans un cadre rustique et paisible. Pour les pêcheurs, la Dart traverse le vaste parc. 🔒 TV P	££££	AE DC MC V	▦	●	▦	17
BARNSTAPLE : *Lynwood House* Bishops Tawton Rd, Barnstaple, Devon EX32 9EF. ☎ 01271 343695. FAX 01271 379340. Bien conçues, les chambres offrent tous les éléments de confort, mais le Lynwood House est avant tout un excellent restaurant. 🔒 TV 24 P	££	AE DC MC V	▦	●	▦	5
BISHOPS TAWTON : *Downrew House* Bishops Tawton, près de Barnstaple, Devon EX32 ODY. ☎ et FAX 01271 346673. Un hôtel tranquille et sans prétention entouré de prés et de jardins. Possibilité de pratiquer de nombreux sports. 🔒 TV P ≋	££	AE MC V	▦	●	▦	12
BISHOPS TAWTON : *Halmpstone Manor* Bishops Tawton, Barnstaple, Devon EX32 OEA. ☎ 01271 830321. FAX 01271 830826. Au calme, un ancien domaine rural tenu avec beaucoup de style. Vastes chambres et jolie salle à manger lambrissée. ● *janv.* 🔒 TV P	£££	AE DC MC V	▦	●	▦	5
BOTALLACK : *Manor Farm* Botallack, St Just, près de Penzance, Corn TR19 7QG. ☎ 01736 788525. Petits déjeuners substantiels dans ce B&B occupant une maison vieille de trois siècles. Les autres repas doivent être pris au village. 🔒 TV P	£				▦	3
BOVEY TRACEY : *Edgemoor* Haytor Rd, Bovey Tracey, Devon TQ13 9LE. ☎ 01626 832466. FAX 01626 834760. Un hôtel du XIXᵉ siècle couvert de lierre proche du Dartmoor National Park. Chambres et pièces communes agréables. Service efficace. 🔒 TV P	££	AE DC MC V	▦	●	▦	17
BRANSCOMBE : *Bulstone* Higher Bulstone, Branscombe, près de Seaton, Devon EX12 3BL. ☎ 0129 7680 446. Une bonne adresse pour les familles : suites avec chambres pour enfants, service de baby-sitting, salle et aire de jeu. P ⚡ *toutes les chambres.*	£	MC V	▦	●	▦	13
CALSTOCK : *Danescombe Valley* Lower Kelly, Calstock, Corn PL18 9RY. ☎ 01822 832414. FAX 01822 832416. Un hôtel accueillant dans un site splendide à l'atmosphère très romantique. La cuisine met l'eau à la bouche *(p. 589)*. ● *de nov. à mars.* 🔒 P	££££	AE DC MC V	▦	●	▦	5
CHAGFORD : *Mill End* Sandy Park, Chagford, Devon TQ13 8JN. ☎ 01647 432282. FAX 01647 433106. Bien tenu, cet ancien moulin occupe un site charmant dans la vallée de la Teign. Salons confortables et très bonne cuisine. ● *2 semaines mi-janv.* 🔒 TV P	££££	AE MC V	▦	●	▦	18
CULLOMPTON : *Manor House* Fore St, Cullompton, Devon EX15 1JL. ☎ 01884 32281. FAX 01884 38344. À cinq minutes de l'A 5, un hôtel de charme d'une propreté impeccable dans un édifice du XVIIIᵉ siècle très bien restauré. 🔒 TV P	££	MC V	▦	●	▦	10
DARTMOUTH : *Royal Castle* 11 The Quay, Dartmouth, Devon TQ6 9PS. ☎ 01803 833033. FAX 01803 835445. Un relais de poste vieux de trois siècles. Plats simples au bar ou restaurant plus chic à l'étage. Belle vue depuis certaines chambres. 🔒 TV 24	£££	AE MC V	▦	●		25
DITTISHAM : *Finigals Hotel* Dittisham, Dartmouth TQ6 OJA. ☎ 01803 722398. FAX 01803 722401. Un hôtel à la personnalité marquée offrant confort et accueil chaleureux et décontracté. Charmant à l'intérieur comme à l'extérieur. 🔒 P ≋	££	AE MC V	▦	●	▦	11
DODDISCOMBSLEIGH : *Nobody Inn* Doddiscombsleigh, près d'Exeter EX6 7PS. ☎ 01647 252394. FAX 01647 252978. Une auberge du XVIᵉ siècle proche du Dartmoor National Park. Chambres supplémentaires dans une maison voisine *(p. 590)*. ● *du 23 au 26 déc.* 🔒 TV P	££	MC V	▦		▦	7
DREWSTEIGNTON : *Hunts Tor* Drewsteignton, Devon EX6 6QW. ☎ 01647 281228. Intéressant bâtiment des XVIIᵉ et XVIIIᵉ siècles, la décoration intérieure date du tournant du siècle. Un dîner succulent est servi sur commande. ● *de nov. à mars.* 🔒 TV	££				▦	3

Légende des symboles, voir rabat de couverture

	CARTES BANCAIRES	RESTAURANT	ENFANTS BIENVENUS	JARDIN OU TERRASSE	NOMBRE DE CHAMBRES

Les prix correspondent à une nuit en chambre double, service, taxes et petit déjeuner compris.

(£) moins de 50 £
(£)(£) de 50 à 100 £
(£)(£)(£) de 100 à 150 £
(£)(£)(£)(£) de 150 à 200 £
(£)(£)(£)(£)(£) plus de 200 £

RESTAURANT
Sauf indication contraire, le restaurant ou la salle à manger accueille d'autres clients que les hôtes.

ENFANTS BIENVENUS
Berceaux, lits d'enfants et baby-sitting. Certains restaurants proposent menus enfants et chaises hautes.

JARDIN OU TERRASSE
Hôtel possédant un jardin, une cour intérieure ou une terrasse. Souvent, possibilité de manger dehors.

CARTES BANCAIRES
Cartes acceptées : AE = American Express ; DC = Diners Club ; MC = Master Card/Access ; V = Visa.

EAST PORTLEMOUTH : *Gara Rock*   (£)(£)   MC V   ■ ● ■   23
East Portlemouth, près de Salcombe, Devon TQ8 8PH.
【 01548 842342. FAX 01548 843033.
Au sommet d'une falaise dans un ancien poste de surveillance côtière de l'amirauté, un hôtel fonctionnel pour toute la famille. 🛏 TV P 🏊

FOWEY : *Marina*   (£)(£)   AE DC MC V   ■ ■   11
The Esplanade, Fowey, Corn PL23 1HY. 【 01726 833315. FAX 01726 832 779.
Ce joli petit hôtel au personnel efficace domine l'estuaire de Fowey. Une bonne base d'où explorer les villages de pêcheurs. ● de mi-déc. à mars. 🛏 TV

HELSTON : *Tregaddra Farm*   (£)   ●   5
Cury, Cross Lanes, Helston, Corn TR12 7BB. 【 & FAX 01326 240235.
Ce Bed and Breakfast est installé dans une ferme en activité. Deux chambres ont des balcons, il y a un court de tennis et on peut dîner sur place. 🛏 ⚡ P 🏊

LYDFORD : *Castle Inn*   (£)(£)   AE DC MC V   ■ ● ■   9
Lydford, Okehampton, Devon EX20 4BH. 【 01822 820242. FAX 01822 820454.
Charmante auberge rose. Atmosphère enjouée et conviviale au bar et au restaurant. Cuisine délicieuse et inventive. 🛏 TV P

MEVAGISSEY : *Kerryanna Country House*   (£)   MC V   ■   6
Treleaven Farm, Mevagissey, Cornwall PL26 6RZ. 【 et FAX 01726 843558.
Bed and Breakfast de charme dans une maison moderne, on peut déguster une cuisine familiale pour le dîner. ● d'oct. à Pâques. 🛏 TV P 🏊

MITHIAN : *Rose-in-Vale Hotel*   (£)(£)   AE DC MC V   ■ ● ■   18
Mithian, St Agnes, Corn TR5 0QD. 【 01872 552202. FAX 01872 552700.
Cette maison georgienne abrite une hôtellerie tenue avec cœur et compétence. ● de nov. à fév. 🛏 TV P 🏊

NORTH BOVEY : *Blackaller*   (£)(£)   ■ ■   5
North Bovey, Moreton Hampstead, Devon TQ13 8QY. 【 01647 440322.
Pleine d'antiquités et d'objets insolites, cette ancienne manufacture aménagée avec originalité offre une base extrêmement confortable et reposante d'où explorer la région. ● de janv. à fév. 🛏 TV P

PADSTOW : *St Petroc's House*   (£)(£)   MC V   ●   13
Riverside, Padstow PL28 8BY. 【 01841 532700. FAX 01841 533344.
Depuis le Seafood Restaurant *(p. 590)*, il suffit de tourner le coin de la rue pour atteindre cet hôtel proposant des chambres simples et charmantes ou extrêmement chic et confortables. ● 24, 25, 26, 31 déc. 🛏 TV P

PENZANCE : *Abbey*   (£)(£)   AE MC V   ■ ● ■   7
Abbey St, Penzance, Corn TR18 4AR. 【 01736 366906. FAX 01736 51163.
Une façade néo-gothique bleue et un intérieur original donnent à cet établissement un aspect bohème. Exceptionnel. ● 25 et 26 déc. 🛏 TV P

ST IVES : *Garrack*   (£)(£)   AE DC MC V   ■ ● ■   18
Burthallan Lane, St Ives, Corn TR26 3AA. 【 01736 796199. FAX 01736 798955.
Un hôtel familial au-dessus de St Ives et à courte distance du centre. La qualité du décor varie beaucoup d'une chambre à l'autre. 🛏 TV P 🏊

ST KEYNE : *Well House*   (£)(£)(£)   AE DC MC V   ■ ● ■   9
St Keyne, Liskeard, Corn PL14 4RN. 【 01579 342001. FAX 01579 343891.
Petit hôtel élégant dans un bel édifice victorien au jardin soigneusement entretenu. Confort, service et cuisine sans faille. 🛏 TV P 🏊

SALCOMBE : *South Sands Hotel*   (£)(£)   AE MC V   ■ ● ■   30
South Sands, Salcombe, Devon TQ8 8LL. 【 01548 843741. FAX 01548 842112.
Cet hôtel familial et reposant donne sur une petite plage de la station balnéaire de Salcombe. Bar sur la terrasse, grande piscine couverte et aire de jeux pour les enfants. 🛏 TV P 🏊

SIDMOUTH : *Riviera* £££
The Esplanade, Sidmouth, Devon EX10 8AY. ☎ 01395 515201. FAX 01395 577775.
Cet établissement chic fait partie d'un bel ensemble d'immeubles Regency
sur le front de mer. Décoration homogène dans les pièces communes et
les chambres. Personnel serviable. ● *de janv. à déb. fév.* 🛏 TV ↻ 24 P

AE DC MC V — 27

VERYAN : *Nare Hotel* £££
Carne Beach, Veryan, Truro, Corn TR2 5PF.
☎ 01872 501279. FAX 01872 501856.
Un hôtel moderne aménagé dans le style victorien. Vue exceptionnelle
sur la mer de la plupart des chambres. 🛏 TV 24 P ≋ &

MC V — 40

WIDEGATES : *Coombe Farm* ££
Widegates, près de Looe, Corn PL13 1QN. ☎ 01503 240223. FAX 01503 240895.
Un endroit accueillant et confortable dans un site paisible. Très jolie vue
sur la vallée portant jusqu'à la mer. 🛏 TV P ≋ &

AE DC V MC — 9

LE CŒUR DE L'ANGLETERRE

BIBURY : *Bibury Court* ££
Bibury, près de Cirencester, Glos GL7 5NT. ☎ 01285 740337. FAX 01285 740660.
Au calme, cette gentilhommière du XVIIIe siècle est par endroits démodée,
mais elle offre un cadre reposant et chaleureux pour un séjour. 🛏 TV P

AE DC MC V — 19

BLEDINGTON : *King's Head Inn* ££
The Green, Bledington, près de Kingham, Oxon OX7 6HD.
☎ 01608 658 365. FAX 01608 658902.
Cette délicieuse auberge du XVe siècle est située dans un village paisible.
● *24, 25 déc.* 🛏 TV ⇆ P &

MC V — 12

BIRMINGHAM : *Asquith House* ££
19 Portland Rd, Edgbaston, Birmingham B16 9HN.
☎ 0121 454 5282. FAX 0121 456 4668.
Cette maison victorienne couverte de lierre, proche du centre de
Birmingham, est impeccable. Décoration de la même époque à
l'intérieur. 🛏 TV P

AE MC V — 10

BIRMINGHAM : *Copperfield House* ££
60 Upland Rd, Selly Park, Birmingham B29 7JS. ☎ 0121 472 8344. FAX 0121 4155655.
Un hôtel particulier à un peu plus de 3 km du centre. Les chambres
varient en taille et en confort. Petit restaurant servant une bonne cuisine.
🛏 TV 24 P &

AE MC V — 17

BIRMINGHAM : *Swallow Hotel* ££££
12 Hagley Rd, Fire Ways, Birmingham B16 8SJ. ☎ 0121 452 1144. FAX 0121 456 3442.
Élégant hôtel de style edwardien avec centre de loisir ayant pour thème
l'Egypte. Bon bar à cocktail et deux restaurants. 🛏 TV 24 P ≋

AE DC MC V — 98

BOTTOMHOUSES : *Pethills Bank Cottage* £
Bottomhouses, près de Leek, Staffs ST13 7PF. ☎ 01538 304 277. FAX 01538 304575.
En bordure du Peak District National Park, ce cottage du XVIIe siècle à la
modernisation réussie possède une atmosphère conviviale et des
chambres bien équipées. 🛏 TV P

— 3

BROAD CAMPDEN : *Malt House* ££
Broad Campden, Glos GL55 6UU. ☎ 01386 840295. FAX 01386 841334.
Joli cottage du XVIIe siècle meublé d'antiquités et doté d'un charmant
jardin. Très bonne cuisine. 🛏 TV P

AE MC V — 8

BUCKLAND : *Buckland Manor* ££££
Buckland, près de Broadway, Worcs WR12 7LY. ☎ 01386 852626. FAX 01386 853557.
Les origines de ce ravissant manoir ancien bâti en pierres
des Cotswolds remontent au XIIIe siècle. Prestations haut de gamme.
🛏 TV P ≋

AE DC MC V — 13

CHIPPING CAMPDEN : *Cotswold House* £££
Chipping Campden, Glos GL55 6AN. ☎ 01386 840330. FAX 01386 840310.
Une maison du XVIIe siècle transformée en un hôtel extrêmement raffiné.
Chambres exceptionnelles et choix de restaurants. ● *25-26 déc.* 🛏 TV P

AE DC MC V — 15

CORSE LAWN : *Corse Lawn House* ££
Corse Lawn, Glos GL19 4LZ. ☎ 01452 780771. FAX 01452 780840.
Maison datant de l'époque de la reine Anne, à la limite du village.
Chambres superbes. Restaurant chic et bistro plus abordable. 🛏 TV P ≋ &

AE DC MC V — 19

Légende des symboles, voir rabat de couverture

Les prix correspondent à une nuit en chambre double, service, taxes et petit déjeuner compris.

£ moins de 50 £
££ de 50 à 100 £
£££ de 100 à 150 £
££££ de 150 à 200 £
£££££ plus de 200 £

RESTAURANT
Sauf indication contraire, le restaurant ou la salle à manger accueille d'autres clients que les hôtes.

ENFANTS BIENVENUS
Berceaux, lits d'enfants et baby-sitting. Certains restaurants proposent menus enfants et chaises hautes.

JARDIN OU TERRASSE
Hôtel possédant un jardin, une cour intérieure ou une terrasse. Souvent, possibilité de manger dehors.

CARTES BANCAIRES
Cartes acceptées : AE = American Express ; DC = Diners Club ; MC = Master Card/Access ; V = Visa.

	CARTES BANCAIRES	RESTAURANT	ENFANTS BIENVENUS	JARDIN OU TERRASSE	NOMBRE DE CHAMBRES
EVESHAM : *Evesham Hotel* ££ Coopers Lane, près de Waterside, Evesham, Worcs WR11 6DA. ☎ 01386 765566. FAX 01386 765443. Cet original hôtel familial séduira les voyageurs accompagnés d'enfants. Excellent restaurant, la carte des vins sort de l'ordinaire. 🖥 TV P ♨	AE DC MC V	■	●	■	40
EYTON : *Marsh Country Hotel* £££ Eyton, Leominster, Here HR6 0AG. ☎ 01568 613952. Entouré de jardins dans un endroit merveilleusement calme, ce bâtiment du XIVᵉ siècle offre un cadre extrêmement reposant où séjourner. 🖥 TV P	AE DC MC V	■		■	4
GREAT RISSINGTON : *Lamb Inn* ££ Great Rissington, Cheltenham, Glos GL54 2LP. ☎ 01451 820388. FAX 01451 820724. Une séduisante auberge dans une ville d'eau très « *british* ». Possibilité de manger au bar ou dans un restaurant rustique. 🖥 P	AE MC V	■	●	■	14
HANWOOD : *White House* £ Hanwood, Shrewsbury, Shrops SY5 8LP. ☎ et FAX 01743 860414. Au sud de Shrewsbury, cet hôtel du XVIᵉ siècle bien restauré et meublé d'antiquités offre un bon rapport qualité-prix. P ♨		■		■	6
HARDWICKE : *Haven* £ Hardwicke, Hay-on-Wye, Powys HR3 5TA. ☎ et FAX 01497 831254. Presbytère victorien dans un paisible cadre rural. Préparés avec des produits locaux, les dîners, délicieux, sont réservés aux hôtes. ● de déc. à fév. 🖥 TV P ♨	AE		●	■	6
HARVINGTON : *Mill at Harvington* ££ Anchor Lane, Harvington, Evesham, Worcs WR11 5NR. ☎ et FAX 01386 870688. Bel hôtel occupant une maison georgienne et l'ancien moulin qui la jouxte. La rivière Avon traverse le parc. Excellent restaurant au personnel compétent. 🖥 TV P ♨ ♿	AE DC MC V	■		■	21
IRONBRIDGE : *Severn Lodge* ££ New Rd, Ironbridge, Shrops TF8 7AS. ☎ 01952 432148. *B&B* confortable dans un quartier tranquille à quelques minutes à pied du centre d'Ironbridge. Délicieux petits déjeuners. 🖥 TV ♨ P				■	3
KENILWORTH : *Castle Laurels* ££ 22 Castle Rd, Kenilworth, Warw CV8 1NG. ☎ 01926 56179. FAX 01926 854954. Tout près du centre, cette maison victorienne bien tenue et réservée aux non-fumeurs fait face aux ruines de Kenilworth Castle. 🖥 TV P ♨	DC MC V			■	11
LITTLE MALVERN : *Holdfast Cottage* ££ Marlbank Rd, Little Malvern, Worcs WR13 6NA. ☎ 01684 310288. FAX 01684 311117. Ce petit hôtel fut édifié au XVIIᵉ siècle puis modifié pendant l'ère victorienne. Les pièces communes, le bar et les chambres sont bien décorées. 🖥 TV P	MC V	■	●	■	8
LUDLOW : *Number Twenty-Eight* ££ 28 Lower Broad St, Ludlow, Shrops SY8 1PQ. ☎ 01584 876996. Accueil chaleureux dans cette maison de caractère, située à quelques minutes à pied du centre-ville. 🖥 TV P	MC V			■	6
MARKET DRAYTON : *Goldstone Hall* ££ Market Drayton, Shrops TF9 2NA. ☎ 01630 661202. FAX 01630 661585. Une hôtellerie de qualité dans un cadre rural. Chambres bien agencées et feu dans la cheminée dans les pièces communes en hiver. 🖥 TV P ♿	AE DC MC V	■	●	■	8
OAKAMOOR : *Ribden Farm* £ Près d'Oakamoor, Stoke-on-Trent ST10 3BW. ☎ & FAX 01538 702830. Cette ferme de 1740 se dresse sur une lande à cinq minutes en voiture des Alton Towers. Les chambres du *Bed and Breakfast* sont modernes et bien équipées. 🖥 TV P	MC V		●	■	5

OAKMERE : *Nunsmere Hall* £££ — AE DC MC V — 37
Tarporley Rd, Oakmere, près de Northwich, Ches CW8 2ES.
(01606 889100. FAX 01606 889055.
Près d'un vaste étang, cette immense maison édouardienne élégante sans
être guindée possède un excellent restaurant. 🚗 TV 🛁 24 P &

PAINSWICK : *Painswick* £££ — AE MC V — 19
Kemps Lane, Painswick, Glos GL6 6YB. (01452 812160. FAX 01452 814059.
Au cœur des Cotswolds, près d'une route principale mais dans un parc
tranquille, le Painswick est élégant et possède un bar agréable. 🚗 TV P

STANSHOPE : *Stanshope Hall* £ — 3
Stanshope, près d'Ashbourne, Staffs DE6 2AD. (01335 310278. FAX 01335 310470.
Perché sur une colline, cet édifice historique aux chambres décorées par
des artistes locaux offre une belle vue. ● du 24 au 26 déc. TV P

STOW-ON-THE-WOLD : *Wyck Hill House* £££ — AE DC MC V — 32
Burford Rd, Stow-on-the-Wold, Glos GL54 1HY. (01451 831936. FAX 01451 832243.
Ce manoir commande de splendides vues sur la Windrush Valley.
Chambres moins chères dans la cour. Bon restaurant. 🚗 TV 🛁 24 P &

STRATFORD-UPON-AVON : *Caterham House* ££ — MC V — 13
58-59 Rother St, Stratford-upon-Avon, Warw CV37 6LT.
(01789 267309. FAX 01789 414836.
Bel hôtel occupant dans le centre-ville deux maisons georgiennes.
Confortable, élégant et bien tenu. Superbe restaurant. 🚗 TV P

TUTBURY : *Mill House* £ — 3
Corn Mill Lane, Tutbury, Burton-on-Trent, Staffs DE13 9HA. (01283 813300.
Bed and Breakfast d'une propreté immaculée dans un cadre ravissant
près d'un vieux moulin. Chambres spacieuses, décorées et meublées
avec goût. 🚗 TV P

TWYNING : *Abbots Court* £ — 8
Church End, Twyning, Tewkesbury, Glos GL20 6DA. (& FAX 01684 292515.
Bed and Breakfast situé dans une ferme en activité idéal pour des
vacances en famille. Il y a des salles de jeux, on peut pêcher ou jouer au
bowling. ● 24, 25 déc, 1er janv. 🚗 TV P

ULLINGSWICK : *Steppes Country House* ££ — AE MC V — 6
Ullingswick, près de Hereford HR1 3JG. (01432 820424. FAX 01432 820042.
Belle ferme restaurée vieille de 400 ans. Un endroit confortable et plein
de charme pour partir à la découverte de la région. 🚗 TV ⚡ P

WEM : *Soulton Hall* ££ — DC MC V — 4
Wem, Shrewsbury, Shrops SY4 5RS. (01939 232786. FAX 0939 234097.
Cet ancien manoir entouré de chênes est proche d'une rivière. Poutres
apparentes et structure en briques lui donnent un grand cachet. 🚗 TV P

WESTON-UNDER-REDCASTLE : *Citadel* ££ — 3
Weston-under-Redcastle, près de Shrewsbury, Shrops SY4 5JY. (et FAX 01630 685204.
La « citadelle » ne date que du début du XIXe siècle. 🚗 TV P

WILLERSEY : *Old Rectory* ££ — MC V — 8
Church St, Willersey, près de Broadway, Worcs WR12 7PN. (01386 853729.
FAX 01386 858061. Hôtel très accueillant dans un charmant village en pierres des
Costwolds. Pas de restaurant à l'hôtel, mais un large choix à proximité. 🚗 TV P

WILMCOTE : *Pear Tree Cottage* ££ — 7
Church Rd, Wilmcote, Stratford-upon-Avon, Warw CV37 9UX.
(01789 205889. FAX 01789 262862. Meublé d'antiquités, ce charmant cottage
en partie élisabéthain occupe une situation idéale pour l'exploration du pays
de Shakespeare. ● du 24 au 31 déc. 🚗 TV P &

WOOLSTASTON : *Rectory Farm* £ — 3
Woolstaston, Leebotwood, près de Church Stretton, Shrops SY6 6NN. (01694 751306.
Ambiance conviviale dans une belle ferme à colombage entourée d'un
jardin et de champs. Salons douillets et grandes chambres équipées de
salles de bains. 🚗 TV P

WORFIELD : *Old Vicarage Hotel* £££ — AE DC MC V — 14
Worfield, Bridgnorth, Shrops WV15 5JZ. (01746 716497. FAX 01746 716552.
Imposant presbytère édouardien, mais propriétaires amicaux. Chambres
confortables ayant vue sur le jardin et les prés. 🚗 TV P &

Légende des symboles, voir rabat de couverture

Les prix correspondent à une nuit en chambre double, service, taxes et petit déjeuner compris.

ⓔ moins de 50 £
ⓔⓔ de 50 à 100 £
ⓔⓔⓔ de 100 à 150 £
ⓔⓔⓔⓔ de 150 à 200 £
ⓔⓔⓔⓔⓔ plus de 200 £

RESTAURANT
Sauf indication contraire, le restaurant ou la salle à manger accueille d'autres clients que les hôtes.

ENFANTS BIENVENUS
Berceaux, lits d'enfants et baby-sitting. Certains restaurants proposent menus enfants et chaises hautes.

JARDIN OU TERRASSE
Hôtel possédant un jardin, une cour intérieure ou une terrasse. Souvent, possibilité de manger dehors.

CARTES BANCAIRES
Cartes acceptées : AE = American Express ; DC = Diners Club ; MC = Master Card/Access ; V = Visa.

L'EST DES MIDLANDS

		CARTES BANCAIRES	RESTAURANT	ENFANTS BIENVENUS	JARDIN OU TERRASSE	NOMBRE DE CHAMBRES
ALDWINCLE : *Maltings* Main St, Aldwincle, Oundle, Northants NN14 3EP. ☎ 01832 720233. FAX 01832 720326. Délicieux petits déjeuners servis dans la maison. Les deux principales chambres se trouvent dans l'ancien grenier à côté. 🔲 P	ⓔ	MC V			■	3
BASLOW : *Cavendish* Baslow, Derbs DE45 1SP. ☎ 01246 582311. FAX 01246 582312. Très bel hôtel en bord de route entouré par le parc de Chatsworth. Accueil policé, équipement de qualité et décoration recherchée. 🔲 TV P ♿	ⓔⓔⓔ	AE DC MC V	■	●	■	24
BOURNE : *Bourne Eau House* South St, Bourne, Lincoln PE10 9LY. ☎ 01778 423621. Ici, les hôtes font partie de la famille. Tout près, un château en ruine rappelle que toute la région est riche en vestiges historiques. ● 25 déc. 🔲 TV 24 P	ⓔⓔ			●	■	3
CASTLE ASHBY : *Falcon* Castle Ashby, Northampton NN7 1LF. ☎ 01604 696200. FAX 01604 696673. Jolie auberge en pierre du XVIᵉ siècle à l'atmosphère chaleureuse et aux propriétaires cordiaux. Chambres confortables et bien meublées. 🔲 TV P	ⓔⓔ	AE MC V	■	●	■	16
CHEDDLETON : *Brook House Farm* Brook House Lane, Cheddleton, Leek, Staffs ST13 7DF. ☎ et FAX 01538 360296. Dans une ferme en activité, vieille de 150 ans, ce *Bed and Breakfast* propose des chambres spacieuses aménagées dans le bâtiment principal et dans une ancienne bergerie. 🔲 TV ⚡ P	ⓔ		■	●	■	5
EAST BARKWITH : *Bodkin Lodge* Torrington Lane, East Barkwith, Mkt Rasen, Lincs LN3 5RY. ☎ 01673 858249. Cette ravissante maison est calme et offre une belle vue. Grandes chambres plaisantes. ● 25 et 26 déc. 🔲 TV P ♿	ⓔⓔ			●	■	2
EMPINGHAM : *White Horse* Main St, Empingham, Ruthland LE15 8PS. ☎ 01780 460 221. FAX 01780 460521. Superbes chambre soit dans l'auberge du XVIIᵉ siècle , soit dans d'anciennes étables aménagées. Bar et restaurant servent une bonne cuisine. 🔲 TV ⚡ P ♿	ⓔⓔ	AE DC MC V	■	●	■	13
GLOSSOP : *Wind in the Willows* Derbyshire Level, Glossop, Derbs SK13 9PT. ☎ 01457 868001. FAX 01457 853354. Merveilleusement située pour explorer la région, cette maison victorienne gérée avec efficacité par une mère et son fils domine le Peak District National Park. Terrain de golf à proximité. 🔲 TV P	ⓔⓔ	AE DC MC V	■		■	12
HATHERSAGE : *Highlow Hall* Highlow, Hathersage, Hope Valley, Derbs S30 1AX. ☎ et FAX 01433 650393. Imposant manoir du XVIᵉ siècle au cœur du Peak District. Direction cordiale et aménagement intérieur confortable et sans prétention. P 🔲	ⓔⓔ	MC V			■	3
ISLEY WALTON : *Donington Park Farmhouse Hotel* Melbourne Rd, Isley Walton, près de Castle Donington, Leic DE74 2RN. ☎ 01332 862409. FAX 01332 862364. Ambiance décontractée et chaude hospitalité dans cette ferme du XVIIᵉ siècle. Salon et bar intimes, jolies chambres. 🔲 TV P ♿	ⓔⓔ	AE DC MC V	■	●	■	11
LANGAR : *Langar Hall* Langar, près de Nottingham NG13 9HG. ☎ 01949 860559. FAX 01949 861045. Élégante maison campagnarde du XIXᵉ siècle pleine d'antiquités. Hôtesse charmante offrant un très bon accueil. 🔲 TV P	ⓔⓔ	AE DC MC V	■	●	■	10
LINCOLN : *D'Isney Place* Eastgate, Lincoln Lines LN2 4AA. ☎ 01522 538881. FAX 01522 511321. Au cœur de Lincoln, près de la cathédrale, le confort des chambres de ce *B&B* élégant compense largement l'absence de salon. 🔲 TV 24 P	ⓔⓔ	AE DC MC V		●	■	17

LINCOLN : *Minster Lodge Hotel* £££ 3 Church Lane, Lincoln, Lincs LN2 1QJ. **(** et **FAX** *01522 513220.* Idéalement situé, à 4 mn à pied de la cathédrale et entouré de nombreux restaurants. ■ **TV** **P** ✂	AE MC V	▦	●	▦	6
LINCOLN : *WHITE HART* ££££ Bailgate, Lincoln, Lincs LN1 3AR. **(** *01522 526222.* **FAX** *01522 531798.* Ravissant relais de poste dont les origines remontent à plus de 600 ans, abrité près des remparts du château. Élégant et bien tenu. ■ **TV** **⤴** **24** **P**	AE DC MC V	▦	●	▦	48
MATLOCK BATH : *Hodgkinson's* £££ 150 South Parade, Matlock Bath, Derbs DE4 3NR. **(** *01629 582170.* Cet hôtel-restaurant superbement rénové propose des chambres à la décoration personnalisée et sert une excellente cuisine. ■ **TV** **P**	AE MC V	▦		▦	7
REDMILE : *Peacock Farm Guest House* £ Redmile, Vale of Belvoir, Leic NG13 0GQ. **(** *01949 842475.* **FAX** *01949 843127.* Accueil chaleureux dans une ferme et ses dépendances. Bonne ambiance et confort raisonnable. Enfants bienvenus. ■ **TV** **P** ⛊ **&**	AE MC V	▦	●	▦	10
SHOTTLE: *Dannah Farm Country Guest House* £££ Bowmans Lane, Shottle, Belper, Derbs DE56 2DR. **(** *01773 550273.* **FAX** *01773 550590.* Cette ravissante ferme georgienne sur une exploitation en activité est très paisible. *Bed and Breakfast* et dîners faits maison. ● *25-26 déc.* ■ **TV** ✂ **P**	MC V	▦			9
STAPLEFORD : *Stapleford Park* £££££ Stapleford, Melton Mowbray, Leic LE14 2EF. **(** *01572 787 522.* **FAX** *01572 787651.* Cette grande hôtellerie néo-classique offre un cadre merveilleux, à la fois détendu et très luxueux, pour un séjour. ■ **TV** **⤴** **24** **P** **&** ⛊	AE DC MC V	▦	●	▦	51
UPPINGHAM : *Lake Isle* £££ 16 High St East, Uppingham LE15 9PZ. **(** et **FAX** *01572 822951.* Quelques chambres personnalisées louées par un restaurant. Excellente cuisine et atmosphère décontractée et conviviale. ■ **TV** **P**	AE DC MC V	▦	●	▦	12
WHAPLODE : *Guy Wells* £ Eastgate, Whaplode, Spalding, Lincs PE12 6TZ. **(** *01406 422239.* Une ferme du XVIIIe siècle dans un cadre ravissant et paisible. Une base idéale pour parcourir les Fens. ■ ✂ **P**			●	▦	3

LE LANCASHIRE ET LES LACS

AMBLESIDE : *Chapel House* £ Kirkstone Rd, Ambleside, Cumbria LA22 9DZ. **(** *015394 33143.* À pied depuis la rue principale, il faut grimper quelques minutes pour atteindre cette accueillante pension de famille. ✂ **P**		▦			10
AMBLESIDE : *Wateredge* £££ Waterhead, Ambleside, Cumbria LA22 OEP. **(** *015394 32332.* **FAX** *015394 31878.* Au bord du Windermere, le Wateredge est un peu austère, mais reposant. Du salon, vue panoramique. Suites neuves dans l'annexe. ● *de mi-déc. à fin janv.* ■ **TV** **P**	AE MC V	▦		▦	23
APPLEBY-IN-WESTMORLAND: *Royal Oak* £££ Bongate, Appleby-in-Westmorland, Cumbria CA16 6UN. **(** *017683 51463.* **FAX** *017683 52300.* Atmosphère empreinte d'histoire pour cette auberge qui date du XIIe siècle, voisine du château. Cuisine anglaise contemporaine. ■ **TV** **P**	AE DC MC V	▦	●	▦	9
BASSENTHWAITE : *Ravenstone Lodge* £££ Bassenthwaite, Keswick, Cumbria CA12 4QG. **(** et **FAX** *017687 76629.* Depuis cet agréable *B&B*, la vue sur les champs porte jusqu'au Bassenthwaite Lake. Propriétaires charmants et cordiaux. ■ **P** **TV**	MC V		●	▦	9
BASSENTHWAITE LAKE : *Pheasant Inn* £££ Bassenthwaite Lake, Cockermouth, Cumbria CA13 9YE. **(** *017687 76234.* **FAX** *017687 76002.* Ravissante auberge ancienne au bord du lac, qui loue des chambres simples mais dotées de salle de bains modernes. ■ **P** **&**	MC V		●	▦	20
BOWNESS-ON-WINDERMERE : *Laurel Cottage* £££ St Martin's Sq, Kendal Rd, Bowness-on-Windermere, Cumbria LA23 3EF. **(** et **FAX** *015394 45594.* Les chambres sont situées dans le vieux cottage ou dans une partie de la maison victorienne. *Bed and Breakfast* seulement. ■ **TV** ✂ **P**			●	▦	14

Légende des symboles, voir rabat de couverture

Les prix correspondent à une nuit en chambre double, service, taxes et petit déjeuner compris.

ⓔ moins de 50 £
ⓔⓔ de 50 à 100 £
ⓔⓔⓔ de 100 à 150 £
ⓔⓔⓔⓔ de 150 à 200 £
ⓔⓔⓔⓔⓔ plus de 200 £

RESTAURANT
Sauf indication contraire, le restaurant ou la salle à manger accueille d'autres clients que les hôtes.

ENFANTS BIENVENUS
Berceaux, lits d'enfants et baby-sitting. Certains restaurants proposent menus enfants et chaises hautes.

JARDIN OU TERRASSE
Hôtel possédant un jardin, une cour intérieure ou une terrasse. Souvent, possibilité de manger dehors.

CARTES BANCAIRES
Cartes acceptées : AE = American Express ; DC = Diners Club ; MC = Master Card/Access ; V = Visa.

		CARTES BANCAIRES	RESTAURANT	ENFANTS BIENVENUS	JARDIN OU TERRASSE	NOMBRE DE CHAMBRES
BOWNESS-ON-WINDERMERE : *Linthwaite House* Crook Rd, Bowness-on-Windermere, Cumbria LA23 3JA. 015394 88600. **FAX** 015394 88601. Cet hôtel édouardien de classe possède une terrasse. Bonne cuisine. 🛏️ 📺 🅿️	ⓔⓔ	AE DC MC V	▦	●	▦	26
BUTTERMERE : *Fish Hotel* Buttermere, près de Cockermouth, Cumbria CA13 9XA. 017687 70253. **FAX** 017687 70287. La plupart des chambres de cet ancien relais de poste situé dans un hameau reculé ont vue sur le lac. Bonne cuisine au bar. ● *de mi-nov à mi-mars.* 🛏️ 🅿️	ⓔⓔ	MC V		●	▦	12
CARLISLE : *Beeches* Wood St, Carlisle CA1 2SF. 01228 511962. Joli cottage georgien peint en rose et doté d'un jardin typiquement anglais. Chambres décorées avec goût. Repas sur commande. 📺 🅿️	ⓔ				▦	3
CARTMEL : *Aynsome Manor* Cartmel, près de Grange-over-Sands, Cumbria LA11 6HH. 015395 36653. **FAX** 015395 36016. Les chambres de ce *country-house hotel* confortable et accueillant offrent pour la plupart une belle vue sur le paisible val de Cartmel. ● *janv.* 🛏️ 📺 🅿️	ⓔⓔⓔ	AE MC V	▦	●	▦	12
CARTMEL FELL : *Lightwood* Cartmel Fell, Cumbria LA11 6NP. 015395 31454. Cette ferme du XVIIe siècle ne sert que le petit déjeuner. Quelques jolies chambres de style rustique dans des dépendances. 🛏️ 🅿️	ⓔ	MC V		●	▦	4
CLAPPERSGATE : *Nanny Brow* Clappersgate, Ambleside, Cumbria LA22 9NF. 015394 32036. **FAX** 015394 32450. Hôtel confortable et bien tenu dans un beau parc près d'Ambleside. Nombreuses commodités et excellent restaurant. 🛏️ 📺 🅿️	ⓔⓔ	AE DC MC V	▦	●	▦	16
COWAN BRIDGE : *Hipping Hall* Cowan Bridge, Kirkby Lonsdale, Carnforth, Lancs LA6 2JJ. 015242 71187. **FAX** 015242 72452. Cette élégante demeure campagnarde du XVe siècle a une superbe salle à manger et des chambres meublées d'antiquités. ● *de mi-nov. à début mars.* 📺 🅿️	ⓔⓔⓔ	AE MC V	▦		▦	7
ELTERWATER : *Britannia Inn* Elterwater, Cumbria LA22 9HP. 015394 37210. **FAX** 015394 37311. Cette petite auberge du XVIe siècle propose 9 chambres. Le pub sert des thés et des dîners. ● *du 24 au 26 déc.* 🛏️ 📺	ⓔⓔ	AE MC V	▦	●	▦	13
GRANGE-IN-BORROWDALE : *Borrowdale Gates* Grange-in-Borrowdale, Keswick, Cumbria CA12 5UQ. 017687 77204. **FAX** 017687 77254. Cet établissement original offre confort et mobilier traditionnel. De grandes fenêtres ouvrent sur un large panorama. 🛏️ 📺 🅿️	ⓔⓔ	AE MC V	▦		▦	29
GRASMERE : *Prince of Wales* Kaswick Rd, Grasmere, Cumbria LA22 9PR. 015394 35666. **FAX** 015394 35565. Charmante demeure edwardienne disposant de tout le confort nécessaire. L'emplacement, près du rivage du lac est fabuleux. 🛏️ 📺 🅿️	ⓔⓔⓔ	AE DC MC V	▦	●	▦	72
GRASMERE : *White Moss House* Rydal Water, Grasmere, Cumbria LA22 9SE. 015394 35295. Cette maison du XVIIIe siècle disparaissant sous la végétation est réputée pour sa cuisine, mais se prête aussi à un séjour agréable. 🛏️ 📺 🅿️	ⓔⓔ	MC V	▦		▦	8
LITTLE SINGLETON : *Mains Hall* Little Singleton, Blackpool, Lancs FY6 7LE. 01253 885130. **FAX** 01253 894132. George IV séjourna dans cette demeure historique qui possède un parc ravissant et commande une belle vue sur la Wyre. 🛏️ 📺 🅿️	ⓔⓔ	AE DC MC V	▦	●	▦	12

MANCHESTER : *Crowne Plaza* £££production — (£)(£)(£)(£) | AE DC MC V | | 303
Peter St, Manchester, M60 2DS. 📞 0161 236 3333. ☎ FAX 0161 932 4100.
Situé au centre de la ville, cette vénérable demeure évoque l'époque
victorienne. Salle de sport et piscine. 🔲 TV 24 ≋

MUNGRISDALE : *Mill* (£)(£)(£) | | | 9
Mungrisdale, Penrith, Cumbria CA11 0XR. 📞 017687 79659.
Cet ancien moulin propose dans un site remarquable des chambres
simples. Cuisine exceptionnelle. ● *de déc. à fév.* 🔲 TV P

SEATOLLER : *Seatoller House* (£)(£) | MC V | | | 9
Seatoller, Borrowdale, Keswick, Cumbria CA12 5XN. 📞 *et* FAX 017687 77218.
Charmante pension de famille à l'atmosphère détendue. Très bon rapport
qualité-prix. Excellents dîners servis à 19 h. 🔲 P

THRELKELD : *Blease Farm* (£)(£) | | | 3
Blease Road, Threlkeld, Keswick, Cumbria CA12 4SF. 📞 *et* FAX 017687 79087.
Cette ferme en pierre élégamment modernisée bénéficie de vues
splendides sur la région. Dîners de bonne qualité sur commande. 🔲 TV P

TROUTBECK : *Mortal Man* (£)(£) | AE MC V | | | 12
Troutbeck, Windermere, Cumbria LA23 1PL.
📞 015394 33193. FAX 015394 31261.
Cette auberge vieille de trois siècles offre une vue extraordinaire sur la
vallée. Chambres rustiques et bibelots victoriens. 🔲 TV P

WASDALE HEAD : *Wasdale Head Inn* (£)(£) | AE MC V | | | 9
Wasdale Head, Gosforth, Cumbria CA20 1EX.
📞 019467 26229. FAX 019467 26334.
L'archétype du pub de randonneurs servant des bières traditionnelles et
une nourriture consistante. Chambres simples, sans décoration. 🔲 P

WATERMILLOCK : *Old Church* (£)(£) | AE MC V | | | 1 0
Watermillock, Penrith, Cumbria CA11 0JN. 📞 017684 86204. FAX 017684 86368.
Au bord de l'Ullswater, l'une des meilleures hôtelleries de la région. Élégante
et confortable et décorée avec de l'imagination. ● *d'oct. à mars.* 🔲 TV P

WATER YEAT : *Water Yeat Country Guest House* (£)(£) | | | 5
Water Yeat, près d'Ulverston, Cumbria LA12 8JD. 📞 *et* FAX 01229 885306.
Dans un cadre splendide, charmante ferme du XVIIe siècle
gérée avec style et compétence. Très jolies chambres et cuisine inventive.
● *de déc. à mi-fév.* 🔲 ⚡ P

WHITEWELL : *Inn at Whitewell* (£)(£) | AE DC MC V | | | 1 5
Whitewell, Forest of Bowland, Clitheroe, Lancs BB7 3AT.
📞 01200 448222. FAX 01200 448298.
Ce pub associe sophistication et atmosphère décontractée. Chambres
bien équipées, excellent bar, salon réservé aux hôtes. 🔲 TV P

WINDERMERE : *Cedar Manor* (£)(£) | MC V | | | 1 2
Ambleside Rd, Windermere, Cumbria LA23 1AX.
📞 015394 43192. FAX 015394 45970.
Ce charmant petit hôtel est accueillant et possède des chambres
confortables récemment rénovées. La cuisine, très imaginative,
est recommandée. 🔲 TV P

WINDERMERE : *Holbeck Ghyll* (£)(£)(£) | AE DC MC V | | | 2 0
Holbeck Lane, Windermere, Cumbria LA23 1LU.
📞 015394 32375. FAX 015394 34743.
Imposante demeure victorienne avec vue sur le lac et les montagnes.
Confort et ambiance détendue. 🔲 TV 24 P

WITHERSLACK : *Old Vicarage* (£)(£)(£) | AE MC V | | | 15
Witherslack, près de Grange-over-Sands, Cumbria LA11 6RS.
📞 015395 52381. FAX 015395 52373.
Cette hôtellerie sans façon, au bout d'une allée ombragée est difficile à trouver.
Un endroit hors des circuits touristiques où échapper à la foule. 🔲 TV P

LE YORKSHIRE ET L'HUMBERSIDE

ASKRIGG : *Kings Arms* (£)(£) | AE MC V | | | 11
Askrigg, Wensleydale, N Yorks DL8 3HQ. 📞 01969 650258. FAX 01969 650635.
Cette auberge ouverte depuis 1810 propose des chambres confortables et
offre le choix entre deux restaurants. 🔲 TV P

Légende des symboles, voir rabat de couverture

		CARTES BANCAIRES	RESTAURANT	ENFANTS BIENVENUS	JARDIN OU TERRASSE	NOMBRE DE CHAMBRES

Les prix correspondent à une nuit en chambre double, service, taxes et petit déjeuner compris.

£ moins de 50 £
££ de 50 à 100 £
£££ de 100 à 150 £
££££ de 150 à 200 £
£££££ plus de 200 £

RESTAURANT
Sauf indication contraire, le restaurant ou la salle à manger accueille d'autres clients que les hôtes.
ENFANTS BIENVENUS
Berceaux, lits d'enfants et baby-sitting. Certains restaurants proposent menus enfants et chaises hautes.
JARDIN OU TERRASSE
Hôtel possédant un jardin, une cour intérieure ou une terrasse. Souvent, possibilité de manger dehors.
CARTES BANCAIRES
Cartes acceptées : AE = American Express ; DC = Diners Club ; MC = Master Card/Access ; V = Visa.

HARROGATE : *White House* ££
10 Park Parade, Harrogate, N Yorks HG1 5AH. 01423 5011388. FAX 01423 527973.
Splendide décoration intérieure. Un hôtel original et très plaisant offrant de nombreuses commodités.
AC MC V — Restaurant ■ / Enfants ● / Jardin ■ / 10 chambres

HAWORTH : *Weavers* ££
15 West Lane, Haworth, W Yorks BD22 8DU. 01535 643822. FAX 01535 644832.
Ce restaurant louant quelques chambres spacieuses et confortables occupe trois cottages traditionnels dans le village où grandirent les sœurs Brontë. Cuisine délicieuse et consistante.
AE DC MC V — 3 chambres

HOLDSWORTH : *Holdsworth House* £££
Holdsworth, Halifax, Calderdale HX2 9TG. 01422 240024. FAX 01422 245174.
Cette ravissante maison de style XVIIᵉ près de Halifax, présente une décoration pour l'essentiel d'époque. Excellente cuisine.
AE DC MC V — 40 chambres

HUDDERSFIELD : *Lodge* ££
48 Birkby Lodge Rd, Birkby, Huddersfield Kirklees HD2 2BG.
01484 431001. FAX 01484 421590.
Dans une rue résidentielle à la périphérie de Huddersfield, un hôtel accueillant et bien tenu. Très bon restaurant.
AE MC V — 12 chambres

HUNMANBY : *Wrangham House* ££
10 Stonegate, Hunmanby, près de Filey, N Yorks YO14 0NS. 01723 891333.
Décor harmonieux et ambiance cordiale et détendue dans cet ancien presbytère dont les origines remontent au XVIIᵉ siècle.
AE DC MC V — 13 chambres

ILKLEY : *Rombalds* ££
West View, Wells Rd, Ilkley, W Yorks LS29 9JG. 01943 603201. FAX 01943 816586.
La famille qui exploite cet hôtel dominant à la fois la ville et l'Ilkley Moor y maintient un bon niveau de confort et de service. La vue est extraordinaire et le restaurant remarquable.
AE DC MC V — 15 chambres

LASTINGHAM : *Lastingham Grange* ££
Lastingham, York YO6 6TH. 01751 417345.
Un vaste parc assure le calme de cet hôtel traditionnel géré en famille depuis 40 ans et bien situé pour se lancer à la découverte de la ville historique d'York et du comté du Yorkshire. ● de déc. à fév.
12 chambres

LEEDS : *42 The Calls* £££
42 The Calls, Leeds, W Yorks LS2 7EW. 01132 440099. FAX 01132 344100.
Cet établissement chic à l'atmosphère détendue possède une bonne brasserie. Chambres bien équipées.
AE DC MC V — 41 chambres

MARKINGTON : *Hob Green* ££
Markington, Harrogate, N Yorks HG3 3PJ. 01423 770031. FAX 01423 771589.
Hôtel familial juste à la sortie de Markington. Joli parc comprenant un terrain de croquet. Pièces communes reposantes.
AE DC MC V — 12 chambres

MASHAM : *King's Head* ££
Market Place, Masham, N Yorks HGG4 4EF. 01765 689295. FAX 01765 689070.
Une auberge traditionnelle et accueillante dans une ville de brasseries. Excellente sélection de bières locales au bar.
AE DC MC V — 10 chambres

MIDDLEHAM : *Miller's House* ££
Middleham, Wensleydale, N Yorks DL8 4NR. 01969 622630. FAX 01969 623570.
À quelques pas de la place du marché d'un joli village, une bonne base d'où explorer la région. Chambres douillettes.
AE DC MC V — 7 chambres

RICHMOND : *Whashton Springs Farm* ££
Richmond, N Yorks DL11 7JS. 01748 822884. FAX 01748 826285.
Bed and Breakfast dans l'élégante ferme victorienne d'une exploitation en activité. Quelques chambres sont dans des bâtiments aménagés. ● de mi-déc. à fin janv.
8 chambres

ROSEDALE ABBEY : *White Horse Farm* **£££** AE DC MC V | 15
Rosedale Abbey, près de Pickering, N Yorks YO18 8SE.
01751 417239. FAX *01751 417781.*
Cette auberge sans prétention domine le village depuis 1702. Beaucoup
de charme et de caractère. Accueil chaleureux. 🛏 TV P

SEDBUSK : *Stonehouse* **£££** MC V | 22
Sedbusk, près de Hawes, Wensleydale, N Yorks DL8 3PT.
01969 667571. FAX *01969 667720.*
Belle maison de pierre bâtie en 1908 et entourée d'un jardin anglais à
l'ancienne. Gestion familiale et atmosphère décontractée. ● *janv.* 🛏 TV P ♿

STOKESLEY : *Chapters* **£££** AE DC MC V | 13
27 High St, Stokesley, Middlesbrough, Cleveland T59 5AD.
01642 711888. FAX *01642 713387.*
Dans le centre-ville, ce relais de poste du XVIIIe siècle loue des chambres
confortables et personnalisées. Excellent restaurant. 🛏 TV P

WALKINGTON : *Manor House* **£££** MC V | 7
Northlands, Walkington, près de Beverley, E Yorks HU17 8RT.
01482 881645. FAX *01482 866501.*
Cet hôtel raffiné occupe un site ravissant au cœur des Wolds. Jolies
chambres claires et cuisine délicieuse. 🛏 TV P

WINTERINGHAM : *Winteringham Fields* **£££** AE MC V | 10
Winteringham, Scunthorpe, Humbs DN15 9PF.
01724 733096. FAX *01724 733898.*
Ferme vieille de 400 ans transformée en hôtel-restaurant *(p. 599)*
apprécié. ● *1er sem. d'août, du 24 déc. au 8 janv.* 🛏 TV 24 P ♿

YORK : *Holmwood House* **£££** AE MC V | 14
114 Holgate Rd, York YO2 4BB. *01904 626183.* FAX *01904 670899.*
Un *B&B* exceptionnel à environ 15 minutes à pied du centre. Très
confortable. Petit déjeuner délicieux et propriétaires charmants. 🛏 TV P

YORK : *Middlethorpe Hall* **£££££** MC V | 30
Bishopthorpe Rd, York YO2 1QB. *01904 641241.* FAX *01904 620176.*
Juste à la sortie d'York, ce manoir magnifiquement restauré et meublé
offre prestations et service de grand standing. 🛏 TV ⬆ P ♨

LA NORTHUMBRIA

BAMBURGH : *Burton Hall* **£** | 9
Bamburgh, Northum NE69 7AR. *01668 214213.* FAX *01668 214538.*
Bed and Breakfast dans une ferme en activité, tout près de la mer et avec
une vue superbe sur les Farne Islands. ● *de déc. à Pâques.* P ♿

BELLINGHAM : *Wesfield Guest House* **£** MC V | 5
Bellingham, Northum NE48 2DP. * et* FAX *01434 220340.*
Pension de famille accueillante dans un joli site rural. Calme assuré dans
des chambres simples. Dîner à commander. 🛏 TV P

BERWICK-UPON-TWEED : *Dervaig Guest House* **£** | 5
1 North Rd, Berwick-upon-Tweed Northum TD15 2AN. *01289 307378.*
Au nord du centre-ville, cette *guest-house* de style victorien possède un
très beau jardin calme. 🛏 TV P

BERWICK-UPON-TWEED : *Old Vicarage* **£** | 7
Church Rd, Tweedmouth, Berwick-upon-Tweed TD15 2AN. *01289 306909.*
Depuis cet ancien presbytère construit au XIXe siècle, quelques minutes
de marche vous conduiront en plein centre-ville. Confort et intimité,
accueil et service cordiaux. ● *25, 26 déc.* 🛏 TV P

BLANCHLAND : *Lord Crewe Arms* **£££** AE DC MC V | 19
Blanchland, près de Consett, Durham DH8 9SP.
01434 675251. FAX *01434 675337.*
Une ambiance conviviale règne dans ce relais de poste historique aussi
apprécié de la population locale que des visiteurs. 🛏 TV P

CROOKHAM : *The Coach House* **£££** V | 9
Crookham, Cornhill-on-Tweed, Northum TD12 4TD.
01890 820293. FAX *01890 820284.*
Ce relais de poste original possède une salle commune très accueillante
avec une immense cheminée. ● *de nov. à Pâques.* 🛏 TV P ♿

Légende des symboles, voir rabat de couverture

Les prix correspondent à une nuit en chambre double, service, taxes et petit déjeuner compris.

£ moins de 50 £
££ de 50 à 100 £
£££ de 100 à 150 £
££££ de 150 à 200 £
£££££ plus de 200 £

RESTAURANT
Sauf indication contraire, le restaurant ou la salle à manger accueille d'autres clients que les hôtes.

ENFANTS BIENVENUS
Berceaux, lits d'enfants et baby-sitting. Certains restaurants proposent menus enfants et chaises hautes.

JARDIN OU TERRASSE
Hôtel possédant un jardin, une cour intérieure ou une terrasse. Souvent, possibilité de manger dehors.

CARTES BANCAIRES
Cartes acceptées : AE = American Express ; DC = Diners Club ; MC = Master Card/Access ; V = Visa.

	CARTES BANCAIRES	RESTAURANT	ENFANTS BIENVENUS	JARDIN OU TERRASSE	NOMBRE DE CHAMBRES
DURHAM : *Georgian Town House* ££ 10 Crossgate, Durham DH1 4PS. et FAX *0191 3868070.* Au cœur de la ville, une maison georgienne décorée avec goût et imagination. Chambres claires et bons petits déjeuners.				■	7
EAST ORD : *Treetops* £ The Village Green, Cornhill-on-Tweed, Northum TD12 4TD. *01890 820293.* FAX *01890 820284* Une atmosphère paisible et de beaux jardins confèrent tout son charme à cette pension située juste après la place du village.				■	2
LONGHORSLEY : *Linden Hall* £££ Longhorsley, Morpeth, Northum NE65 8XF. *01670 516611.* FAX *01670 788544.* Entourée par 160 ha de parc, cette belle demeure georgienne est devenue un grand hôtel et un centre de cure.	AE DC MC V	■	●	■	50
NEWCASTLE : *Waterside* £££ 48-52 Sandhill, Quayside, Newcastle NE1 3JF. *0191 2300111.* FAX *0191 2301615.* Sur la Tyne, un hôtel élégant et flambant neuf propose des chambres bien meublées et un bon restaurant italien.	AE DC MC V	■		■	36
ROMALDKIRK : *Rose and Crown* ££ Romaldkirk, Barnard Castle, Durham DL12 9EB. *01833 650213.* FAX *01833 650828.* Chambres bien équipées dans une auberge au centre du village, dont le restaurant sert aussi bien repas complets que plats simples.	MC V	■	●	■	12
SANDHOE : *The Courtyard* ££ High Buston, Sandhoe, Corbridge, Northum NE46 4LX. & FAX *01434 606850.* Cette jolie ferme bénéficie de vues magnifiques sur la Tyn Valley. Les pièces communes sont décorées de superbes antiquités.				■	3

LE NORD DU PAYS DE GALLES

	CARTES BANCAIRES	RESTAURANT	ENFANTS BIENVENUS	JARDIN OU TERRASSE	NOMBRE DE CHAMBRES
ABERDYFI : *Penhelig Arms* ££ Aberdyfi, Gwynedd LL35 0LT. *01654 767215.* FAX *01654 767690.* Une seule chambre de cette auberge badigeonnée de blanc n'a pas vue sur la mer. Charme et confort après une récente restauration (*voir aussi p. 601*).	MC V	■	●		10
ABERSOCH : *Porth Tocyn* ££ Abersoch, Pwllheli, Gwynedd LL53 7BU. *01758 713303.* FAX *01758 713538.* Hôtel chaleureux accueillant avec les enfants, mais assez vaste pour assurer le calme aux adultes (*voir aussi p. 601*). ● de nov. à Pâques.	MC V	■	●	■	17
BEDDGELERT : *Sygun Fawr Country House* ££ Beddgelert, Gwynedd LL55 4NE. et FAX *01766 890258.* Cet hôtel a gardé ses vieilles poutres, mais ses chambres sont claires et jolies. Très bien situé pour les randonnées en Snowdonia. ● janv.	MC V	■	●	■	9
BENLLECH : *Bryn Meirion* ££ Amlwch Rd, Benllech, Anglesey LL74 8SR. *01248 853118.* Cette pension de famille commande une vue superbe sur Conwy Bay. Aménagements tenant compte des besoins des handicapés.	MC V	■	●	■	8
BRYNSIENCYN : *Plas Trefarthen* £ Brynsiencyn, Anglesey LL61 6SZ. *01248 430379.* Accueil très chaleureux dans cette ferme georgienne et vues exceptionnelles du massif de Snowdon. *Bed and Breakfast* seulement. ● 24, 25 déc.	MC V		●	■	9
CAPEL GARMON : *Tan-y-Foel* ££ Capel Garmon, Betws-y-Coed, Conwy LL26 0RE. *01690 710507.* FAX *01690 710681.* Chambres simples et salons réservés aux hôtes dans cette ancienne ferme située à proximité du massif de Snowdown.	AE DC MC V			■	7

CRICCIETH : *Mynydd Ednyfed* ⓔⓔ
Caernarfon Rd, Criccieth, Gwynedd LL52 0PH. ☎ 01766 523269.
Vieux de plus de 400 ans, cet hôtel a du charme et du caractère, mais aussi toutes les commodités modernes. Vue splendide sur la mer. 🛏 📺 🅿
Cartes : AE, MC, V — 9

LLANABER : *Llwyndu Farmhouse* ⓔⓔ
Llanaber, près de Barmouth, Gwynedd LL42 1RR. ☎ 01341 280144. FAX 01341 281236.
Ce *Bed and Breakfast* où l'on peut prendre ses dîners est situé dans un édifice datant de 1590. Les chambres sont modernes et l'accueil amical. 🛏 📺 ⚡ 🅿
Cartes : MC, V — 7

LLANDRILLO : *Tyddyn Llan* ⓔⓔ
Llandrillo, près de Corwen, Denbigh LL21 0ST. ☎ 01490 440264. FAX 01490 440414.
Un lieu de séjour à l'atmosphère détendue. Ameublement recherché et chambres à la décoration personnalisée *(voir aussi p. 602)*. ⬤ 2 dern. sem. de janv. 🛏 🅿
Cartes : AE, DC, MC, V — 10

LLANDUDNO : *St Tudno* ⓔⓔ
Promenade, Llandudno, Conwy LL30 2LP. ☎ 01492 874411. FAX 01492 860407.
Une clientèle d'habitués fréquente cet immeuble victorien sur le front de mer. Accueil amical. 🛏 📺 🔼 🅿 ♨
Cartes : AE, DC, MC, V — 20

LLANFAIR DRYFFYN CLWYD : *Eyarth Station* ⓔ
Llanfair Dryffyn Clwyd, Denbigh LL15 2EE. ☎ 01824 703643. FAX 01824 707464.
Bed and Breakfast (on peut dîner le soir) situé dans une ancienne gare. Une piscine a remplacé les anciens rails. 🛏 ⚡ 🅿 ♨ ⬤
Cartes : MC, V — 6

LLANGOLLEN : *Gales* ⓔⓔ
18 Bridge St, Llangollen, Denbigh LL20 8PF. ☎ 01978 860089. FAX 01978 861313.
Chambres de tailles et de styles variés. Bar à vin convivial. Particulièrement animé pendant l'International Eisteddfodd *(p. 436)*.
⬤ du 24 déc. au 2 janv. 🛏 📺 🅿
Cartes : AE, MC, V — 15

LLANSANFRAID GLAN CONWY : *Old Rectory* ⓔⓔⓔ
Llansanfraid Glan Conwy, près de Conwy, Conwy LL28 5LF.
☎ 01492 580611. FAX 01492 584555.
Vue magnifique sur l'estuaire de Conwy. Atmosphère intime et chambres décorées avec goût. Cuisine superbe. 🛏 📺 🅿
Cartes : MC — 6

LLECHWEDD : *Berthlwyd Hall* ⓔⓔ
Llechwedd, Conwy, LL32 8DQ. ☎ 01492 592409. FAX 01492 572290.
Cette demeure victorienne a gardé nombre de ses traits originaux. Salon en harmonie avec l'architecture. Très bonne cuisine française. 🛏 24 🅿 ♨
Cartes : AE, DC, MC, V — 9

NANTGWYNANT : *Pen-y-Gwryd* ⓔ
Nantgwynant, Gwynedd LL55 4NT. ☎ 01286 870211.
Aménagement spartiate et nourriture des plus simples dans un beau site isolé du massif de Snowdown. Chaude hospitalité. 🅿 ♨
— 16

PORTMEIRION : *Portmeirion* ⓔⓔⓔ
Portmeirion, Gwynedd LL48 6ET. ☎ 01766 770228. FAX 01766 771331.
Dans le village surréaliste où fut tournée la série télévisée *Le Prisonnier*, un hôtel qui ne vous décevra pas *(voir aussi p. 602)*. 🛏 📺 24 🅿 ♨ ⬤
Cartes : AE, DC, MC, V — 37

TALSARNAU : *Maes-Y-Neuadd* ⓔⓔⓔ
Talsarnau, près de Harlech, Gwynedd LL47 6YA.
☎ 01766 780200. FAX 01766 780211.
Cette maison date pour une partie du XIVe siècle. Une superbe restauration lui a donné un grand confort. Bonne cuisine. 🛏 📺 🅿
Cartes : AE, DC, MC, V — 16

TALYLLYN : *Minffordd* ⓔⓔ
Talyllyn, Twyn, C & M LL36 9AJ. ☎ 01654 761665. FAX 01654 761517.
Un bâtiment tout simple, mais avec un panorama qui s'étend jusqu'aux montagnes dominant la vallée. ⬤ de déc. à mi-mars. 🛏 🅿
Cartes : MC, V — 6

LE SUD ET LE CENTRE DU PAYS DE GALLES

ABERGAVENNY : *Llanwenarth House* ⓔⓔ
Govilon, Abergavenny, Monmouthshire NP7 9SE. ☎ 01873 830289. FAX 01873 832199.
Hôtel de campagne historique, atmosphère intime. Service soigné et personnel. Cuisine familiale. ⬤ janv., fév. 🛏 📺 🅿
— 4

BERRIEW : *Lion* ⓔⓔ
Berriew, près de Welshpool, Powys SY21 8PQ. ☎ 01686 640452. FAX 01686 640604.
Pub accueillant au centre du village. Ambiance animée et cuisine inventive. Les chambres sont spacieuses. 🛏 📺 🅿
Cartes : AE, DC, MC, V — 7

Légende des symboles, voir rabat de couverture

Les prix correspondent à une nuit en chambre double, service, taxes et petit déjeuner compris.

£ moins de 50 £
££ de 50 à 100 £
£££ de 100 à 150 £
££££ de 150 à 200 £
£££££ plus de 200 £

RESTAURANT
Sauf indication contraire, le restaurant ou la salle à manger accueille d'autres clients que les hôtes.

ENFANTS BIENVENUS
Berceaux, lits d'enfants et baby-sitting. Certains restaurants proposent menus enfants et chaises hautes.

JARDIN OU TERRASSE
Hôtel possédant un jardin, une cour intérieure ou une terrasse. Souvent, possibilité de manger dehors.

CARTES BANCAIRES
Cartes acceptées : AE = American Express ; DC = Diners Club ; MC = Master Card/Access ; V = Visa.

	CARTES BANCAIRES	RESTAURANT	ENFANTS BIENVENUS	JARDIN OU TERRASSE	NOMBRE DE CHAMBRES
BUILTH WELLS : *Dollynwydd* £ Builth Wells, Powys LD2 3RZ. 01982 553660. Cette délicieuse petite ferme date du XVIIe siècle. Petits déjeuners et dîners copieux à base de produits de la ferme. P				▓	4
DRUIDSTONE HAVEN : *Druidstone* ££ Druidstone Haven, près de Haverfordwest, Pembroke SA62 3NE. 01437 781221. Cet hôtel qui propose à l'occasion des soirées musicales et théâtrales est l'endroit idéal pour un séjour en famille : plage à proximité et grand parc. P	AE MC V	▓	●	▓	9
EGLWYSFACH : *Ynyshir Hall* £££ Eglwysfach, Machynlleth, Powys SY20 8TA. 01654 781209. FAX 01654 781366. Cette élégante demeure campagnarde en partie georgienne est tenue avec panache. Cuisine moderne à base de produits locaux. TV P	AE DC MC V	▓		▓	10
FISHGUARD : *Manor House* £ Main St, Fishguard, Pembroke SA65 9HG. et FAX 01348 873260. Hôtel familial dans une jolie maison georgienne dominant le port. TV	MC V	▓		▓	6
FISHGUARD : *Three Main Street* ££ 3 Main St, Fishguard, Pembroke SA65 9HG. 01348 874275. Salon de thé, restaurant et pension de famille sans façon, mais décorés avec goût. Chambres immaculées et cuisine délicieuse. TV P		▓	●		3
GLYNARTHEN : *Penbontbren Farm* ££ Glynarthen, Ceredig SA44 6PE. 01239 810248. FAX 01239 811129. Lié à une exploitation agricole, cet hôtel offre un aperçu de la vie rurale anglaise. Chambres dans les dépendances. TV 24 P	AE DC MC V	▓		▓	10
GWAUN VALLEY : *Tregynon Country Farmhouse* ££ Gwaun Valley, près de Fishguard, Pembroke SA65 9TU. 01239 820531. FAX 01239 820808. Une rénovation réussie a préservé les poutres et le cachet de cette ferme du XVIe siècle. Beau paysage. TV P	MC V	▓		▓	6
HAVERFORDWEST : *Foxdale* £ Glebe Lane, Marloes, Haverfordwest, Pembroke SA62 3AY. 01646 636243. Sur une falaise proche de l'île de Skomer, cette pension de famille économique ravira les amoureux des oiseaux de mer. TV P ≋				▓	4
JEFFREYSTON : *Jeffreyston Grange* £ Jeffreyston, près de Kilgetty, Pembroke SA68 ORE. 01646 651291. FAX 01646 651124. Transformée en restaurant, cette ancienne ferme loue quelques chambres. Bon rapport qualité-prix et cuisine traditionnelle et nourrissante. TV P	MC V	▓		▓	3
LLANDEILO : *Cawdor Arms* £ 72 Rhosmaen St, Llandeilo, Camarthen SA19 6EN. 01558 822399. FAX 01558 822399. Une jolie maison à fenêtres à meneaux abrite une pension de famille confortable et hospitalière. P	AE DC MC V	▓	●		17
LLANDEGLEY : *Ffaldau Country House* £ Llandegley, Llandrindod Wells, Powys LD1 5UD. 01597 851421. Une jolie maison à fenêtres à meneaux abrite une pension de famille confortable et hospitalière. P	MC V	▓		▓	3
LLANGAMMARCH WELLS : *Lake Country House* £££ Llangammarch Wells, Powys LD4 4BS. 01591 620202. FAX 01591 620457. Impressionnante demeure de campagne édouardienne décorée avec distinction. Élégantes pièces communes et chambres luxueuses. TV P		▓	●	▓	19
LLANGATTOCK : *Ty Cresco Hotel* ££ The Dardy, Llangattock, Crickhowell, Powys NP8 1PU. et FAX 01873 810573. C'est un endroit très reposant où l'on peut découvrir une excellente cuisine galloise. La grande majorité des chambres ont une vue magnifique. TV P	AE MC V	▓	●	▓	8

LLANWDDYN : *Lake Vyrnwy* (£)(£) — AE DC MC V — 35
Llanwddyn, Powys SY10 0LY. (01691 870692. FAX 01691 870259.
Cet ancien pavillon de chasse au bord du lac Vyrnwy occupe un site
spectaculaire. Le restaurant offre un large panorama. 🔲 TV P

LLANWRTYD WELLS : *Carlton House* (£)(£) — AE MC V — 7
Llanwrtyd Wells, Powys LD5 4RA. (et FAX 01591 610248.
Pension de famille d'un bon rapport qualité-prix, avec des chambres bien
meublées. Dîners aussi savoureux que bien présentés. 🔲 TV

MILEBROOK : *Milebrook House* (£)(£) — AE MC V — 10
Milebrook, Knighton, Powys LD7 1LT. (01547 528632. FAX 01547 520509.
Ambiance détendue, chambres spacieuses et cuisine délicieuse dans cette
maison joliment décorée de la Teme Valley. 🔲 TV

PORTHKERRY : *Egerton Grey Country House* (£)(£) — AE DC MC V — 10
Porthkerry, près de Cardiff CF62 3B2. (01446 711666. FAX 01446 711690.
Malgré sa proximité, l'aéroport de Cardiff paraît appartenir à un autre
univers que cette demeure en partie victorienne et en partie édouardienne.
Confort, ambiance sophistiquée et excellente cuisine. 🔲 TV P

REYNOLDSTON : *Fairyhill Country House* (£)(£)(£) — AE MC V — 8
Reynoldston, Gower, Swansea SA3 1BS.
(01792 390139. FAX 01792 391358.
Country-house hotel raffiné entouré de forêts sur la Gower Peninsula.
Un endroit où venir se détendre et se reposer. 🔲 TV P

SPITTAL : *Lower Haythog* (£) — — 6
Spittal, Haverfordwest, Pembroke SA62 5QL. (et FAX 01437 731279.
Bed and Breakfast dans une ferme ancienne entourée de superbes
jardins. Les repas du soir sont excellents. 🔲 TV P

ST BRIDES WENTLOOG : *West Usk Lighthouse* (£) — AE DC MC V — 4
Lighthouse Rd, St Brides Wentloog, Newport NP1 9SF.
(01633 810126. FAX 01633 815582.
Ce phare désaffecté constitue un lieu de séjour unique. Propriétaires
agréables et ambiance détendue. ⬤ 25 déc. 🔲 TV P

SEION LLANDDEINIOLEN : *Tyn Ross Country House* (£)(£) — AE MC V — 14
Seion Llanddeiniolen, Caernarfon, Gwyn LL55 3AE.
(01248 670489. FAX 01248 670079.
Vous recevrez un excellent accueil dans cet hôtel décoré avec élégance,
dont le restaurant sert une bonne cuisine. ⬤ du 23 au 30 déc. 🔲 TV P

THREE COCKS : *Three Cocks* (£)(£) — MC V — 7
Three Cocks, près de Brecon, Powys LD3 0SL. (et FAX 01497 847215.
Petit relais de poste chaleureux en bordure de route. Très bonne cuisine,
ameublement sans prétention et chambres claires et aérées. ⬤ de déc. à fév. 🔲 P

TINTERN : *Parva Farmhouse* (£)(£) — AE MC V — 9
Tintern, Monmouth NP6 6SQ. (01291 689411. FAX 01291 689557.
Au bord de la Wye et à quelques minutes des ruines de Tintern Abbey, une
ancienne ferme d'une propreté immaculée. 🔲 TV P

WELSH HOOK : *Stone Hall* (£)(£) — AE DC MC V — 5
Welsh Hook, Haverfordwest, Pembrokeshire SA62 5NS.
(013481 840212. FAX 013481 840815.
Cet hôtel accueillant occupe un bâtiment datant en partie du XIVe siècle.
Chambres confortables et cuisine française. 🔲 TV P

WHITEBROOK : *Crown* (£)(£) — AE DC MC — 12
Whitebrook, Monmouth 0NP5 4TX. (01600 860254. FAX 01600 860607.
Situé un peu en retrait de la route dans les collines boisées dominant la
vallée de la Wye, ce bon restaurant français à l'atmosphère relativement
détendue loue quelques chambres confortables. 🔲 TV 24 P

LES LOWLANDS

AUCHENCAIRN : *Balcary Bay Hotel* (£)(£)(£) — AE MC V — 17
Auchencairn, Castle Douglas, D & G D67 1Q2.
(01556 640217. FAX 01556 640272.
Tradition et cordialité dans cet hôtel familial situé sur Balcary Bay. Signe de
la qualité du service : on y revient chaque année. ⬤ de mi-nov. à fév. 🔲 TV P

Légende des symboles, voir rabat de couverture

Les prix correspondent à une nuit en chambre double, service, taxes et petit déjeuner compris.

£ moins de 50 £
££ de 50 à 100 £
£££ de 100 à 150 £
££££ de 150 à 200 £
£££££ plus de 200 £

RESTAURANT
Sauf indication contraire, le restaurant ou la salle à manger accueille d'autres clients que les hôtes.

ENFANTS BIENVENUS
Berceaux, lits d'enfants et baby-sitting. Certains restaurants proposent menus enfants et chaises hautes.

JARDIN OU TERRASSE
Hôtel possédant un jardin, une cour intérieure ou une terrasse. Souvent, possibilité de manger dehors.

CARTES BANCAIRES
Cartes acceptées : AE = American Express ; DC = Diners Club ; MC = Master Card/Access ; V = Visa.

	CARTES BANCAIRES	RESTAURANT	ENFANTS BIENVENUS	JARDIN OU TERRASSE	NOMBRE DE CHAMBRES
AUCHTERARDER : *Auchterarder House* ££££ Auchterarder, Perth et Kin PH3 1DZ. 01764 663646. FAX 01764 662939. Demeure de style seigneurial, mais ambiance décontractée et cuisine délicieuse.	AE DC MC V	▨		▨	15
CALLANDER : *Roman Camp Country House* ££ Callander, Stirling FK17 8BG. 01877 330003. FAX 01877 331533. Dans de vastes jardins mais au cœur de la ville, une retraite charmante à l'atmosphère unique.	AE DC MC V	▨	●	▨	14
CARDROSS : *Kirkton House* ££ Darleith Rd, Cardross, Argyll et Bute G82 5EZ. 01389 841951. FAX 01389 841868. Cette ferme bénéficie de vues superbes sur la Clyde. Décoration confortable et rustique, bonne cuisine familiale.	AE DC MC V	▨	●	▨	6
DENNY : *The Topps Farm* ££ Fintry Rd, Denny, Falkirk FK6 5JF. 01324 822471. FAX 01324 823099. Dans cette ferme où l'on élève des moutons et des chèvres, vous trouverez des chambres confortables et un restaurant ouvert aux non-résidents.	MC V	▨	●	▨	8
DUNFERMLINE : *Clarke Cottage* £ 139 Halbeath Rd, Dunfermline, Fife KY11 4LA. 01383 735935. *Bed and Breakfast* confortable dans une maison victorienne. Les petits déjeuners sont servis dans la serre.			●		9
EDINBURGH : *Drummond House* ££ 17 Drummond Pl, Edinburgh EH3 6PL. et FAX 0131 557 9189. Près du centre d'Edinburgh, une jolie maison georgienne meublée et décorée avec élégance. Les hôtes dînent avec les propriétaires. ● *sem. de Noël.*	MC V				4
EDINBURGH : *Sibbet House* ££ 26 Northumberland St, Edinburgh EH3 6LS. 0131 556 1078. FAX 0131 557 9445. Pension de famille accueillante installée dans un bel immeuble georgien décoré avec goût et meublé d'antiquités. Les petits déjeuners sont particulièrement remarquables.	MC V		●		8
EDINBURGH : *Channings* £££ South Learmonth Gardens, Edinburgh EH4 1EZ. 0131 315 2226. FAX 0131 332 9631. Proche du centre, cet hôtel occupe cinq maisons édouardiennes. Élégant et très bien tenu, atmosphère détendue.	AE DC MC V	▨			53
GLASGOW : *Babbity Bowster* ££ 16-18 Blackfriars St, Glasgow G1 1PE. 0141 552 5055. FAX 0141 552 7774. Un hôtel inhabituel possédant beaucoup de caractère derrière une façade d'Adam habilement restaurée. Chambres propres et confortables.	AE MC	▨		▨	7
GLASGOW : *Malmaison* ££ 274 West George St, Glasgow G2 4LL. 0141 572 1000. FAX 0141 5721002. Très belles chambres avec TV satellite et lecteur de CD pour un séjour plein de style. Brasserie avec cuisine méditerranéenne.	AE DC MC V	▨			72
GLASGOW : *Town House* ££ 4 Hughenden Terrace, Glasgow G12 9XR. 0141 357 0862. FAX 0141 339 9605. Cette maison victorienne très bien restaurée vous accueille chaleureusement. Chambres spacieuses.	MC V		●	▨	10
GLASGOW : *One Devonshire Gardens* ££££ 1 Devonshire Gardens, Glasgow G12 0UX. 0141 339 2001. FAX 0141 337 1663. Le chic suprême en pleine ville. Mobilier et décor somptueux. Service exceptionnel. Remarquable restaurant *(p. 605)*.	AE DC MC V	▨	●	▨	27

HAWKCRAIG POINT : *Hawkcraig House*   (£) | | | | 2
Hawkcraig Point, Aberdour, Fife KY3 0TZ. (01383 860335.
Séjourner dans cette petite maison de passeur est une expérience fort agréable.
Cadre ravissant et propriétaires très chaleureux. ● *d'oct. à avr.* 🛏 TV P

INNERLEITHEN : *Traquair Arms Hotel*   (£)(£) | AE | | | | 10
Traquair Rd, Innerleithen, Borders EH44 6PD. (01896 830229. FAX 01896 830260. DC
Cet ancien relais de poste est réputé pour sa cuisine. Le salon de thé   MC
vend des gâteaux faits maison. 🛏 TV 🏊 P   V

JEDBURGH : *Hundalee House*   (£) | | | | 5
Jedburgh, Roxburgh, Borders TD8 6PA. (et FAX 01835 863011.
Ce *Bed and Breakfast* soigné occupe une belle maison du XVIIIᵉ siècle,
dont le grand jardin assure aux hôtes calme et intimité. 🛏 TV 🏊 P

KIRKCUDBRIGHT : *Gladstone House*   (£)(£) | MC | | | | 3
48 High St, Kirkcudbright, D & G DG6 4JX. (01557 331734.   V
Bed and Breakfast exceptionnel dans une ville agréable. Lieu décoré
avec goût. 🛏 TV 🏊

MARKINCH : *Balbirnie House*   (£)(£)(£)(£) | AE | | | | 30
Balbirnie Park, Markinch, Fife KY7 6NE. (01592 610066. FAX 01592 610529. DC
Dans un vaste parc, la situation de cette demeure georgienne est remarquable. MC
Hôtel de luxe mais atmosphère décontractée. 🛏 TV 24 🏊 P ♿   V

MELROSE : *Bursts Hotel*   (£)(£) | AE | | | | 20
Market Square, Melrose, Borders TD6 9PN. (01896 822285. FAX 01896 822870. DC
Cet hôtel élégant tenu par une famille au centre d'une petite ville, est perché MC
sur une colline et entouré d'arbres. (fermé) de janv. à mi-fév.   V
● *de janv. à mi-fév.* 🛏 TV P

MOFFAT : *Beechwood Country House*   (£)(£) | AE | | | | 7
Harthorpe Pl, Moffat, D & G DG10 9RS. (01683 220210. FAX 01683 220889.   MC
Perché sur une colline et cerné d'arbres, cet hôtel est géré par une famille   V
cordiale et compétente. Décor simple et ambiance détendue.
● *de janv. à mi-fév.* 🛏 TV P

MUIRFIELD : *Greywalls*   (£)(£)(£)(£) | AE | | | | 22
Muirfield, Gullane, E Lothn EH31 2EG. (01620 842144. FAX 01620 842241.   DC
Un endroit merveilleux : chambres ravissantes, belle vue, confort extrême   MC
et hospitalité écossaise. ● *de mi-oct. à mi-avr.* 🛏 TV 24 P ♿   V

PEEBLES : *Cringletie House*   (£)(£)(£) | AE | | | | 13
Peebles, Borders EH45 8PL. (01721 730233. FAX 01721 730244.   MC
Depuis des années, la même famille gère avec succès cet établissement   V
sûr et confortable entouré d'un grand jardin. 🛏 TV P

PORTPATRICK : *Crown*   (£)(£) | AE | | | | 12
North Crescent, Portpatrick, Stranraer DG9 8SX. (01776 810261. FAX 01776 810551. MC
Ce pub-hôtel populaire domine le port. Jolies chambres claires et d'une   V
propreté immaculée. On peut prendre ses repas dans le bar de style
traditionnel ou dans le restaurant sous la véranda. 🛏 TV P

QUOTHQUAN : *Shieldhill House*   (£)(£) | MC | | | | 16
Quothquan, près de Biggar, Clydesdale, S Lanark ML12 6NA.   V
(01899 22035. FAX 01899 221092.
Hôtel agréable dans un édifice dont les origines remontent au XIIᵉ siècle.
Pièces communes élégantes et chambres spacieuses. 🛏 TV P

STEWARTON : *Chapeltoun House*   (£)(£)(£) | MC | | | | 8
Irvinge Rd, Stewarton, Kilmarnock & Loudoun, Strath KA3 3ED.   V
(01560 482696. FAX 01560 485100.
Un *country-house hotel* d'une élégance discrète. Cadre paisible et accueil
cordial. 🛏 TV P 🏊 ♿

STRACHUR : *Creggans Inn*   (£)(£) | AE | | | | 17
Strachur, Argyll & Bute PA27 8BX. (01369 860279. FAX 01369 860637.   DC
Auberge conviviale au-dessus du loch Fyne. Site superbe, jolies chambres   MC
et excellente cuisine servie au bar ou au restaurant. 🛏 TV P   V

TROON : *Piersland House*   (£)(£)(£) | MC | | | | 28
Craigend Rd, Troon, S Ayrshire KA10 6HD. (01292 314747. FAX 01292 315613. V
Belle maison de style Tudor à côté du terrain de golf. Les suites
aménagées dans un cottage ont toutes un salon. 🛏 TV 24 P ♿

Légende des symboles, voir rabat de couverture

	CARTES BANCAIRES	RESTAURANT	ENFANTS BIENVENUS	JARDIN OU TERRASSE	NOMBRE DE CHAMBRES

Les prix correspondent à une nuit en chambre double, service, taxes et petit déjeuner compris.

£ moins de 50 £
££ de 50 à 100 £
£££ de 100 à 150 £
££££ de 150 à 200 £
£££££ plus de 200 £

RESTAURANT
Sauf indication contraire, le restaurant ou la salle à manger accueille d'autres clients que les hôtes.

ENFANTS BIENVENUS
Berceaux, lits d'enfants et baby-sitting. Certains restaurants proposent menus enfants et chaises hautes.

JARDIN OU TERRASSE
Hôtel possédant un jardin, une cour intérieure ou une terrasse. Souvent, possibilité de manger dehors.

CARTES BANCAIRES
Cartes acceptées : AE = American Express ; DC = Diners Club ; MC = Master Card/Access ; V = Visa.

WALKERBURN : *Tweed Valley* ££
Walkerburn, près de Peebles, Tweeddale, Borders EH43 6AA.
☎ 01896 870636. FAX 01896 870639.
Cet hôtel familial met l'accent sur le confort et la détente dans un endroit ravissant proche du village et de la Tweed.
🛏 TV 24 P

Cartes : AE, MC, V — Restaurant ■ — Enfants ● — Jardin ■ — Chambres : 20

LES HIGHLANDS ET LES ÎLES

ACHILTIBUIE : *Summer Isles* ££
Achiltibuie, près d'Ullapool, Ross et Cromarty, Highland IV26 2YG.
☎ 01854 622282. FAX 01854 622251.
Chambres bien équipées et restaurant superbe, vue à couper le souffle sur les Summer Isles. 🛏 P

Cartes : MC, V — Restaurant ■ — Enfants ● — Chambres : 13

ARISAIG : *Arisaig House* £££££
Beasdale, près d'Arisaig, Highland PH39 4NR.
☎ 01687 450622. FAX 01687 450626.
Extérieur terne, mais intérieur gai et frais. Pièces communes élégantes et chambres agréables. Joli jardin et bon restaurant.
🛏 TV P

Cartes : MC, V — Restaurant ■ — Jardin ■ — Chambres : 12

BALLATER : *Balgonie Country House* ££
Braemar Place, Ballater, Aberdeenshire AB35 5RQ. ☎ et FAX 013397 55482.
Hôtel familial dans la banlieue de Ballater. Très bon rapport qualité-prix pour les plats écossais proposés et accueil chaleureux.
🛏 TV P

Cartes : AE, DC, MC, V — Restaurant ■ — Jardin ■ — Chambres : 9

BALLINDALLOCH : *Delnashaugh Inn* £££
Ballindalloch, Moray AB37 9AS. ☎ 01807 500255. FAX 01807 500389.
Dominant l'Avon dans la Spey Valley, cet hôtel constitue une excellente base d'où découvrir la région. Bonne cuisine.
🛏 TV P &

Cartes : MC, V — Restaurant ■ — Enfants ● — Chambres : 9

BALQUHIDDER : *Monachyle Mhor Farmhouse* ££
Balquhidder, Lochearnhead, Stirling FK19 8PQ.
☎ 01877 384622. FAX 01877 384305.
Cet hôtel de luxe entouré d'immenses jardins surplombant le Loch Voil est très sympathique. Restaurant excellent, bar accueillant. 🛏 ⚡ P &

Cartes : MC, V — Restaurant ■ — Jardin ■ — Chambres : 11

BLAIRGOWRIE : *Kinloch House* £££
Près de Blairgowrie, Perthshire PH10 6SG. ☎ 01250 884237. FAX 01250 884333.
L'hôtel, dans une jolie maison décline une décoration rustique.
Restaurant réputé. 🛏 TV ⚡ P &

Cartes : AE, DC, MC, V — Restaurant ■ — Jardin ■ — Chambres : 21

BRAE : *Busta House* ££
Busta, Brae, Shetld ZE2 9QN. ☎ 01806 522506. FAX 01806 522588.
Cet hôtel familial soigné offre un lieu de séjour confortable dans une villa du début du XVIIIe siècle possédant son propre petit port.
● du 22 déc. au 3 janv. 🛏 TV P

Cartes : AE, DC, MC, V — Restaurant ■ — Enfants ● — Jardin ■ — Chambres : 20

BRAEMAR : *Callater Lodge Hotel* ££
9 Glenshee Rd, Braemar, Aberdeenshire AB35 5YQ. ☎ 013397 41275. FAX 013397 41345.
Ce petit hôtel familial tenu par une famille est tout près du centre-ville. La plupart des chambres sont spacieuses. Il faut commander son dîner à l'avance, possibilité de plats végétariens ou de régimes spéciaux. 🛏 TV ⚡ P

Cartes : MC, V — Restaurant ■ — Chambres : 7

BUNESSAN : *Ardfenaig House* ££££
Près de Bunessan, Mull, Argyll et Bute PA67 6DX. ☎ et FAX 01681 700210.
Dans la partie sud-ouest de l'île, les chambres confortables de l'Ardfenaig House offrent des vues superbes à la pointe du loch Caol. Possibilité de pratiquer un large éventail d'activités sportives. ● de nov. à mars. 🛏 P ⚡

Cartes : MC, V — Restaurant ■ — Jardin ■ — Chambres : 5

CRINAN : *Crinan Hotel* £££ | AE MC V | 22
Crinan, Loggilphead, Argyll et Bute PA31 8SR.
☎ 01546 830261. FAX 01546 830292.
Au débouché du Firth of Cromarty dans l'Atlantique,
le Crinan occupe un lieu privilégié sur le port et son restaurant sur le toit
est un excellent poste d'observation des bateaux. 🔁 TV 🔼 ✂ P 🔽

CROMARTY : *Royal* ££ | AE MC V | 10
Marine Terrace, Cromarty, Highland IV11 9YN.
☎ 01381 600217. FAX 01381 600813.
Dominant le Firth of Cromarty, cet hôtel cordial, traditionnel et sans
prétention propose des chambres bien décorées. 🔁 TV P

DUNOON : *Enmore* ££ | AE MC V | 10
Marine Parade, Dunoon, Argyl et Bute PA23 8HH.
☎ 01369 702230. FAX 01369 702148.
Hôtel de famille très bien tenu sur le front de mer. Service attentif
et chaleureux. 🔁 TV P

ELGIN : *Mansion House And Country Club* £££ | AE DC MC V | 23
The Haugh, Elgin, Moray, IV30 1AW.
☎ 01343 548811. FAX 01343 547916.
Malgré son aspect imposant, accueil sans prétention dans cette demeure
victorienne que complète un *country-club*.
🔁 TV 24 P ⇌

GRANTOWN-ON-SPEY : *Culdearn House* £££ | AE DC MC V | 9
Woodlands Terrace, Grantown-on-Spey, Moray, PH26 3JU.
☎ 01479 872106. FAX 01479 873641.
Villa victorienne à la décoration traditionnelle ayant des propriétaires
hospitaliers. À l'occasion, danses folkloriques des Highlands. 🔁 TV P

HARLOSH BY DUNVEGAN : *Harlosh House* ££ | MC V | 6
Près de Dunvegan, Isle of Skye, Highland IV55 8ZG. ☎ et FAX 01470 521367.
Ce petit hôtel est une bonne base pour partir à la découverte de l'île de
Skye. Excellente cuisine. Situation idéale sur les rivage du Loch Bracadale
(p. 607). ● d'oct. à mars. 🔁 ✂ P

INVERNESS : *Dunain Park* ££££ | AE MC V | 14
Inverness, Highland IV3 6JN. ☎ 01463 230512. FAX 01463 224532.
Entouré d'un grand jardin et proche d'Inverness, cet hôtel offre un
endroit calme et confortable d'où explorer la région. Bonnes prestations
et personnel agréable. 🔁 TV ✂ P ⇌ 🔽

ISLE OF HARRIS : *Ardvourlie Castle* £££ | | 4
Aird Amhulaidh, Isle of Harris, W Isles HS3 3AB.
☎ 01859 502307. FAX 01859 502348.
Pavillon de chasse victorien sur les bords du loch Seaforth. Le restaurant,
très couru, offre des spécialités locales ; le dîner est compris dans le prix
de la chambre. 🔁 P

ISLE OF IONA : *Argyll Hotel* ££ | MC V | 15
Isle of Iona, Argyll et Bute PA76 6SJ. ☎ 01681 700334. FAX 01681 700510.
Hôtel convivial et sans prétention sur l'île très particulière de Iona.
Demandez une chambre donnant sur la mer.
● de nov. à mars. 🔁

ISLE OF ORNSAY : *Hotel Eilean Iarmain* £££ | AE MC V | 12
Sleat, Isle of Skye, Highland IV43 8QR. ☎ 01471 833332. FAX 01471 833275.
En bord de mer, ambiance celte dans une auberge du XIXᵉ siècle.
Chambres et pièces communes offrent des vues superbes. 🔁 TV ✂ P

KENTALLEN OF APPIN : *Ardsheal House* ££ | AE MC V | 9
Kentallen of Appin, Argyll et Bute, PA38 4BX.
☎ 01631 740227. FAX 01631 740342.
Depuis cet hôtel très hospitalier dominant le loch Linnhe, le panorama
est impressionnant. Chambres et pièces communes bien meublées. 🔁 P

KILDRUMMY : *Kildrummy Castle Hotel* £££ | AE MC V | 16
Kildrummy, près d'Alford, Gordon, Moray AB33 8RA.
☎ 019755 71288. FAX 019755 71345.
Grand manoir victorien dans de splendides jardins dominant les ruines
d'un château du XIIIᵉ siècle. Décor élégant.
● janv. 🔁 TV P

Légende des symboles, voir rabat de couverture

	CARTES BANCAIRES	**RESTAURANT**	**ENFANTS BIENVENUS**	**JARDIN OU TERRASSE**	**NOMBRE DE CHAMBRES**

Les prix correspondent à une nuit en chambre double, service, taxes et petit déjeuner compris.

£ moins de 50 £
££ de 50 à 100 £
£££ de 100 à 150 £
££££ de 150 à 200 £
£££££ plus de 200 £

RESTAURANT
Sauf indication contraire, le restaurant ou la salle à manger accueille d'autres clients que les hôtes.
ENFANTS BIENVENUS
Berceaux, lits d'enfants et baby-sitting. Certains restaurants proposent menus enfants et chaises hautes.
JARDIN OU TERRASSE
Hôtel possédant un jardin, une cour intérieure ou une terrasse. Souvent, possibilité de manger dehors.
CARTES BANCAIRES
Cartes acceptées : AE = American Express ; DC = Diners Club ; MC = Master Card/Access ; V = Visa.

	CARTES BANCAIRES	**RESTAURANT**	**ENFANTS BIENVENUS**	**JARDIN OU TERRASSE**	**NOMBRE DE CHAMBRES**
KIRKWALL : *Foveran* ££ St Ola, Kirkwall, Orkney KW15 1SF. 01856 872389. FAX 01856 876430. Hôtel moderne offrant une vue splendide sur Scapa Flow et les South Isles. Chambres petites mais confortables. Bon restaurant. ● *janv.* 🛏 TV 24 P	MC V	■	●		8
KYLESKU : *Newton Lodge* £ Kylesku, Highland IV27 4HW. 01971 502070. *Bed and Breakfast* agréable tenu par une famille. Vous dégusterez peut-être du poisson pêché par le propriétaire (qui possède un bateau de pêche). Chambres modernes et confortables. 🛏 TV ⚡ P	MC V			■	7
LARGS : *Brisbane House* ££ 14 Greenock Rd, Esplanade, Largs, N Ayrshire KA30 8NF. 01475 6867200. FAX 01475 676295. Jolie maison du XVIIIe siècle modernisée avec goût. Certaines des chambres donnent sur le Firth of Clyde. 🛏 TV 24 P	AE DC MC V	■	●	■	23
LEDAIG : *Isle of Eriska* £££££ Ledaig, près d'Oban, Argyll et Bute, PA37 1SD. et FAX 01631 720 531. Bâti sur sa propre île au XIXe siècle, cet imposant manoir seigneurial propose des chambres charmantes. Les hôtes doivent s'habiller pour le dîner. ● *de janv. à mi-fév.* 🛏 TV 24 P 🏊 ♿	AE MC V	■	●	■	17
MARNOCH : *Old Manse of Marnoch* ££ Bridge of Marnoch, près de Huntly, Gordon, Aberdeenshire AB54 7RS. et FAX 01466 780873. Ravissante maison en partie georgienne et en partie édouardienne. Décoration soignée et chambres très confortables. 🛏 TV P	MC V	■		■	5
MUIR OF ORD : *Dower House* ££ Highfield, Muir of Ord, Highl IV6 7XN. et FAX 01463 870090. Petit hôtel extrêmement agréable et joliment décoré. Chambres plaisantes et excellent restaurant. 🛏 TV 24 ⚡ P ♿	MC V	■	●	■	5
NAIRN : *Clifton House* £££ Highfield, Highland IV6 7XN. 01667 453119. FAX 01667 452836. En ville, un hôtel décoré et meublé avec goût et finesse. Le restaurant est vivement recommandé. ● *de déc. à janv.* 🛏 P	AE DC V	■	●		12
OBAN : *Knipoch* £££ Kilninver, près d'Oban, Argyll et Bute PA34 4QT. 01852 316251. FAX 01852 316249. Cette maison du XVIe siècle offre une vue panoramique sur le loch Feochan. Chambres impeccables et service souriant. ● *de déc. à fév.* 🛏 TV P	AE DC MC V	■	●		17
PITLOCHRY : *Atholl Palace* ££ Pitlochry, Perthshire, Tays PH16 5LY. 01796 472400. FAX 01796 473036. Ce grand hôtel offre un excellent exemple, bien qu'un peu emphatique, de l'architecture seigneuriale écossaise. Vastes pièces aux meubles et à la décoration de styles divers. 🛏 TV P 🏊 ♿	AE DC MC V	■	●	■	76
PLOCKTON : *Plockton Hotel* ££ 34 Harbour St, Plockton, Highland IV52 8TN. 01599 544274. FAX 01599 544475. Petite auberge de village sur le front de mer, très populaire. Le bar et le restaurant sont fréquentés par des gens du village et des touristes. Poissons et fruits de mer figurent souvent au menu. 🛏 TV	MC V	■	●	■	8

PORT APPIN : *Airds*   £££   MC ▦ ◉ ▦ 12
Port Appin, Appin, Argyll et Bute, PA38 4DF.   V
☎ 01631 730236. FAX 01631 730535.
Les murs blancs d'une ancienne auberge à l'aspect modeste dissimulent
un intérieur chic et confortable. Très bon restaurant (p. 607). 🖵 TV P

PORTREE : *Viewfield House*   £   MC ▦ ◉ ▦ 12
Portree, Isle of Skye, Highl IV51 9EU. ☎ 01478 612217. FAX 01478 613517.   V
Tout le monde dîne à la même table dans cette maison pleine de recoins
et vieille de 200 ans. Accueil très chaleureux. ◉ de mi-oct. à mi-avr. 🖵 P

SCARISTA : *Scarista House*   £££   MC ▦   ▦ 5
Isle of Harris, Highl HS3 3HX. ☎ 01859 550238. FAX 01859 550277.   V
Dominant une plage loin de tout, cette demeure georgienne offre un très
agréable lieu de retraite. Cuisine succulente. 🖵 P 🌊

SHIELDAIG : *Tigh-an-Eilean*   £££   MC ▦ ◉   11
Shieldaig, près de Strathcarron, Highland IV54 8XN.   V
☎ 01520 755251. FAX 01520 755321.
Au bord du loch Shieldaig, voici l'un des meilleurs petits hôtels d'Écosse,
tenu par des propriétaires charmants qui maintiennent un haut niveau de
confort. Service et qualité de la cuisine. ◉ de mi-oct à Pâques. 🖵 P

THURSO : *Forss House*   ££   AE ▦ ◉ ▦ 11
Thurso, Caithness, Highl KW14 7XY. ☎ 01847 861 201. FAX 01847 861 301.   MC
Hôtel accueillant parmi les étendues sauvages du Nord. Malgré un   V
extérieur imposant, l'intérieur est confortable et gai. 🖵 TV 🌊 P ♿

TIMSGARRY : *Baile Na Cille*   £   MC ▦ ◉ ▦ 14
Timsgarry, Isle of Lewis, Highland PA86 9JD. ☎ 01851 672 242. FAX 01851 672 241.   V
Hôtel sympathique et décontracté dans un site étonnant au bout d'une longue
plage. L'endroit idéal pour se retirer du monde. ◉ de mi-sept. à mi-mars. 🖵 🌊 P

TORLUNDY : *Inverlochy Castle*   £££££   AE ▦ ◉ ▦ 17
Torlundy, Fort William, Inverness, Highl PH33 6SN.   MC
☎ 01397 702177. FAX 01397 702953.   V
Hôtellerie parfaitement administrée. Beaux meubles sous de hauts plafonds dans
les pièces communes. Chambres immenses et luxueuses. ◉ janv. et fév. 🖵 TV 24 P

ULLAPOOL : *Morefield Hotel*   £   AE ▦ ◉ ▦ 10
North Rd, Ullapool, Highland IV26 2PQ. ☎ 01854 612161. FAX 01854 612171.   MC
Les chambres viennent d'être réaménagées et une serre a été ajoutée. Les amateurs   V
de fruits de mer et de poissons se régaleront - les propriétaires sont d'anciens
pêcheurs. 🖵 TV P

ULLAPOOL : *Ceilidh Place*   ££   AE ▦ ◉ ▦ 13
14 West Argyle St, Ullapool, Highland and LV26 2TY.   DC
☎ 01854 612103. FAX 01854 612886.   MC
Un endroit très animé comprenant un café et une librairie, et où sont   V
organisées expositions et soirées musicales. Les hôtes disposent toutefois
d'un salon où se retrouver au calme. 🖵 🌊 ♿ P

ULLAPOOL : *Altnaharrie Inn*   £££££   AE ▦   ▦ 8
Ullapool, Highland IV26 2SS. ☎ 01854 633230.   MC
L'hôtel est accessible en bateau depuis Ullapool atmosphère très calme et   V
vue panoramique. Bonne cuisine (p. 607). 🌊 🖵 P

WALLS : *Burrastow House*   ££   AE ▦ ◉ ▦ 5
Walls, Shetland ZE2 9PD. ☎ 01595 809307. FAX 01595 809213.   MC
Situé dans une partie très isolée de la principale île des Shetland, un   V
hôtel merveilleux si vous cherchez la tranquillité absolue sans vouloir
renoncer au confort ni à un bon repas. 🖵 P ♿

WEST LAROCH : *Lyn-Leven Guesthouse*   ££   MC ▦ ◉ ▦ 12
West Laroch, Ballachulish, Highland PA39 4JP. ☎ 01855 811392. FAX 01855 811600.   V
Cette pension moderne et bien tenue est proche de Glencoe et domine le
loch Leven. Les chambres sont toutes au rez-de-chaussée. Bonne cuisine
simple le soir. ◉ 25, 26 déc. 🖵 TV P

WHITEBRIDGE : *Knockie Lodge*   £££   DC ▦   ▦ 10
Whitebridge, Inverness, Highl IV1 2UP. ☎ 01456 486276. FAX 01456 486389.   MC
Un ancien pavillon de chasse dans un cadre splendide au-dessus du loch   V
Nan Lann. Rien alentour pour vous distraire de la table.
◉ de nov. à avr. 🖵 P

Légende des symboles, voir rabat de couverture

RESTAURANTS ET PUBS

Hostile à la jouissance des sens, la tradition puritaine a longtemps marqué la cuisine britannique, et plus d'un visiteur a pu se demander en contemplant son assiette pourquoi l'on avait infligé un sort aussi cruel à des ingrédients qui ne le méritaient pas. La situation s'est toutefois grandement améliorée ces dernières années, notamment sous l'influence de chefs étrangers. Il est désormais possible de bien manger partout en Grande-Bretagne sans se ruiner dans un établissement gastronomique français. Les grandes villes ont vu se multiplier

Au Bibendum, à Londres

les restaurants proposant des cuisines du monde entier et, surtout, les maîtres queux anglais ont relevé le défi, remettant au goût du jour de savoureuses recettes régionales ou inventant de nouveaux mets où se marient produits locaux et influences internationales. Pour vous restaurer à bon marché, pensez aux pubs, qui servent souvent des plats simples à midi, et aux kiosques vendant des *fish and chips* (beignets de poisson et frites). Nous avons sélectionné aux *pages 578-607* certaines des meilleures tables du Royaume-Uni.

CHOISIR SON MENU

Les grandes villes britanniques, et en particulier Londres, offrent la possibilité de faire un véritable tour du monde des saveurs, de la haute gastronomie française à la cuisine chinoise en passant par le Mexique, les Caraïbes, l'Italie, l'Europe Centrale, la Grèce, la Turquie ou l'Indonésie. La cuisine indienne est particulièrement bien représentée, du restaurant bon marché à des adresses de très haut niveau.

L'aspiration à un retour aux sources a toutefois remis à la mode une tradition culinaire britannique où prédominent des mets consistants comme

le *steak and kidney pie* ou le *treacle pudding (p. 37)*. De plus en plus de jeunes chefs les abordent cependant avec un esprit novateur, les adaptant aux normes diététiques actuelles. Leurs créations associent souvent produits du terroir et saveurs méditerranéennes ou orientales, si bien qu'il devient difficile de clairement cerner la différence entre cuisine « *Modern British* » et cuisine « *Modern-International* ». Cette dénomination recouvre une très large palette de recettes. Elles sont le plus souvent d'inspiration française, méditerranéenne ou asiatique et apprêtent en général simplement des ingrédients de qualité.

LE PETIT DÉJEUNER

La sagesse populaire affirmait jadis que la meilleure façon d'apprécier la cuisine britannique était de prendre trois fois par jour un petit déjeuner. Véritable repas, celui-ci commence traditionnellement par des céréales additionnées de lait et suivies d'œufs au bacon parfois accompagnés de saucisses ou de boudin noir (dans le Nord et en Écosse). Il se conclut sur une note sucrée avec du pain de mie grillé nappé de marmelade et arrosé de thé. Vous pourrez cependant prendre partout un *continental breakfast* : café ou thé, jus d'orange et croissants ou toasts. Dans les hôtels, le petit déjeuner est généralement compris dans le prix de la chambre.

LE DÉJEUNER

Excepté le dimanche où ils se retrouvent en famille autour d'un poulet ou d'un rôti, les Britanniques mangent peu à midi, se contentant de sandwichs, de salade ou d'un plat simple comme le *ploughman's lunch* servi dans les pubs. De nombreux restaurants proposent néanmoins des menus à prix fixe de deux plats offrant le choix entre une entrée et un dessert.

Un célèbre restaurant hongrois de Londres *(p. 578)*

LE THÉ DE L'APRÈS-MIDI

Un séjour en Grande-Bretagne ne saurait être complet sans avoir sacrifié au rite de l'*afternoon tea (p. 36)* et si possible dans un des temples de la tradition que sont, à la campagne, certaines hôtelleries de classe et à Londres de grands hôtels comme le Ritz ou Browns. L'assortiment de douceurs accompagnant la décoction varie selon les régions. Comprenant toujours des *scones* (petits pains au lait) nappés de crème caillée, de beurre et de marmelade, le « *cream tea* » du West Country est particulièrement réputé, mais la tranche de tarte aux pommes du Nord, servie chaude et couverte d'une lame de fromage, a aussi ses adeptes.

Gâteau, *scones* et sandwichs pour l'*afternoon tea*

LE DÎNER

Principal repas de la journée, le dîner comprend dans les plus grands restaurants jusqu'à cinq ou six plats, mais ceux-ci peuvent pour certains se réduire à un simple sorbet ou à un café accompagné de petits fours. Le fromage se mange en général après le dessert. Dans le nord de l'Angleterre et en Écosse, le déjeuner est parfois appelé « *dinner* » et le dîner « *tea* ».

Les Britanniques mangeant tôt le soir, il se révèle souvent difficile, hors des grandes villes, de trouver un établissement servant après 21 h. La cuisine ferme même parfois dès 20 h.

Il existe de bons pubs et restaurants sur les Leith Docks d'Edinburgh

OÙ MANGER ?

Salons de thé, cafés, pizzerias, bars à tapas, brasseries, bars à vin ou bistros d'inspiration française, il existe en dehors des restaurants une grande variété d'établissements où manger. De nombreux pubs servent des plats simples et bon marché *(p. 608-611)*.

BRASSERIES, BISTROS ET CAFÉS

Les cafés-brasseries à la française deviennent de plus en plus populaires en Grande-Bretagne. Ouverts en général sans interruption, ils servent dans un décor adapté à une clientèle plutôt jeune et urbaine des snacks et des plats simples qu'une sélection de bières et de vins permet d'accompagner. Les boissons alcoolisées sont parfois proscrites à certaines heures du jour et cocktails ou alcools d'importation peuvent

Le café de la Tate St Ives en Cornouailles *(p. 591)*

se révéler onéreux.

Proposant eux aussi plats simples et en-cas, les bars à vin offrent pour certains l'occasion de découvrir des crus anglais *(p. 148)*, des bières traditionnelles *(real ale)* ou un large choix de cidres *(p. 34)*. Comme leurs modèles français, les bistros servent des repas complets à midi et le soir dans une ambiance plus détendue et à des prix moins élevés (entre 12 £ et 30 £) que ceux des restaurants classiques.

LES RESTAURANTS AVEC CHAMBRES ET LES HÔTELS

La plupart des hôtels-restaurants servent d'autres clients que leurs hôtes. Ils se révèlent souvent chers, mais comprennent des meilleures tables du pays. En zone rurale, ils tendent depuis peu à prendre la forme d'un restaurant louant quelques chambres mais proposant surtout une cuisine recherchée pour un prix relativement élevé.

LES USAGES

En règle générale, plus le restaurant est cher et mieux il faut s'habiller – bien que peu d'établissements exigent encore le port de la cravate. En cas de doute, renseignez-vous par téléphone.

S'il existe dans la plupart des cas, une zone fumeurs et une zone non-fumeurs, certains endroits interdisent complètement de fumer.

Le Manoir aux Quat'Saisons *(p. 586)* de Raymond Blanc, l'une des auberges gastronomiques les plus réputées

LES BOISSONS ALCOOLISÉES

Après avoir longtemps été l'une des plus restrictives d'Europe, en particulier quant aux heures d'ouverture, la réglementation britannique des débits de boissons s'est récemment assouplie. Certains établissements continuent pourtant à ne servir d'alcool qu'à certaines heures et en accompagnement de repas, tandis que quelques restaurants, dépourvus de toute licence, autorisent leurs clients à apporter leurs propres bouteilles. Ils prélèvent en général un petit supplément. L'Écosse a sa propre législation. Les pubs, notamment, ferment plus tard.

EN-CAS ET SNACKS

Si des chaînes de fast-foods telles que McDonald's, Burger King et Pizza Hut sont partout implantées en Grande-Bretagne, de petits kiosques indépendants continuent de vendre le snack britannique le plus traditionnel : le *fish and chips*, un beignet de cabillaud ou de colin aspergé de vinaigre et accompagné d'un cornet de frites bien épaisses *(p. 36)*. Des cafés populaires surnommés *greasy spoons* (cuillères grasses) proposent également des plats simples et bon marché, souvent à base

d'œufs. Les bars à sandwichs offrent eux-aussi un bon rapport qualité-prix, d'autant que certains disposent de tables où s'asseoir. Pâtisseries et glaciers permettront dans la journée de combler un petit creux.

Le Betty's Café à Harrogate *(p. 598)*

PLATS VÉGÉTARIENS

La Grande-Bretagne est un des pays d'Europe où il est le plus facile de s'abstenir de manger de la viande. La plupart des restaurants végétariens de notre sélection proposent néanmoins quelques plats destinés aux carnivores. De nombreuses cuisines exotiques, notamment celle de l'Inde du Sud, ont une tradition végétarienne qui a donné naissance à de délicieuses spécialités.

RÉSERVER

Il est toujours plus sûr de réserver sa table, en particulier en ville où certains des établissements gastronomiques les plus réputés affichent parfois complets des mois à l'avance. Si vous projets changent, prenez la peine de prévenir le restaurant. Par savoir-vivre tout d'abord, mais aussi parce que beaucoup d'entre eux fonctionnent avec des marges bénéficiaires suffisamment faibles pour que la perte de quelques clients les mette en danger.

LA NOTE

La loi oblige les restaurants à afficher en devanture leurs prix TVA *(VAT)* incluse en spécifiant, s'il y a lieu, le montant du service et du couvert. Le vin est toujours cher, à l'instar, souvent, de boissons comme le café ou l'eau minérale. Certains établissements élégants possèdent une brasserie pratiquant des tarifs moins élevés.

Si le total à payer comprend le service (généralement d'un montant de 10 % ou 15 %) et que vous êtes mécontent de celui-ci, vous avez le droit de le déduire de l'addition. Si le service n'est pas compris, la coutume veut que vous laissiez de 10 à 15 %, mais rien ne vous y oblige. Dans ce but, le personnel laisse parfois en blanc la case « montant » des factures des cartes bancaires. Un procédé tout à fait injustifié si le service est compris.

La plupart des restaurants acceptent cartes bancaires et eurochèques, mais c'est encore le liquide qui a cours dans les pubs et les cafés.

LES HORAIRES

L'heure du petit déjeuner peut grandement varier : de 6 h 30 au plus tôt dans un hôtel pour hommes d'affaires (encore que la majorité des établissements consentiront à bousculer leurs habitudes si vous avez un avion à prendre ou une autre raison contraignante de partir à l'aube) à 10 h 30 au plus tard dans un *country-house* à l'ambiance détendue. Peu d'hôteliers apprécient cependant de faire frire du bacon aussi tard et ils fixent pour la plupart 9 h comme dernière limite. Les lève-tard trouveront cependant toujours à se restaurer en ville, d'autant que de plus en plus de Britanniques se convertissent aux joies américaines du *brunch*, repas du dimanche tenant du petit déjeuner anglais et du déjeuner léger.

À midi, restaurants et pubs servent normalement à manger de 12 h à 14 h 30, mais mieux vaut commander avant 13 h 30 sous peine de voir le choix se restreindre. Dans les quartiers touristiques, les cafés ou fast-foods servant des snacks à toute heure sont nombreux. L'*afternoon tea* se déguste de 15 h à 17 h et on prend traditionnellemnet son dîner entre 19 h et 22 h. En ville, beaucoup d'endroits, notamment des restaurants orientaux, restent néanmoins ouverts beaucoup plus tard. À la campagne, en revanche, la cuisine ferme parfois dès 20 h. Certains *Bed and Breakfast,* pensions de famille ou petits hôtels servent le dîner à heure fixe, quelquefois fort tôt.

L'Artiste Musclé *(p. 578),* bistro-bar à vin de Londres

MANGER AVEC DES ENFANTS

Sortir en famille est une habitude récente en Grande-Bretagne, et les restaurants, excepté les fast-foods et les établissements italiens, espagnols et indiens, ne commencent que depuis peu à trouver normal d'accueillir des enfants. Certains parmi les plus chic imposent d'ailleurs encore des limites d'âge pour le dîner. Mieux vaut se renseigner.

De nombreux restaurants proposent en revanche désormais des portions réduites et des chaises hautes. Même les pubs *(p. 608-611),* jadis strictement réservés aux adultes, assouplissent aujourd'hui leurs règles pour accueillir les familles, mettant même parfois à la disposition des jeunes générations une salle ou une aire de jeu.

Enseigne de glacier

LES PERSONNES HANDICAPÉES

S'il reste des progrès à accomplir, la situation s'améliore dans les restaurants britanniques en ce qui concerne l'accès en fauteuil roulant et l'aménagement des toilettes. La plupart des établissements modernes, notamment, ont pris en compte ces problèmes. Mieux vaut cependant toujours vérifier par téléphone avant de se déplacer.

PIQUE-NIQUER

Si vous le demandez la veille, votre hôtel, votre pension de famille ou les propriétaires de votre *Bed and Breakfast* devraient vous préparer un pique-nique. Et si vous vous décidez à la dernière minute, sachez que les épiceries et boulangeries britanniques ne ferment généralement pas à midi.

Le meilleur endroit où acheter fruits et produits du terroir reste le marché, mais de grands magasins comme Marks & Spencer et des supermarchés tels que Sainsbury's et Tesco proposent un large choix de sandwichs et d'en-cas préemballés. Il existe en général dans chaque grande ville plusieurs bars ou comptoirs vendant sandwichs et pizzas. Le *fish and chips* constitue aussi un moyen simple et économique de manger sur le pouce.

Repas en plein air dans la région des lacs

Choisir un restaurant

L es restaurants de cette sélection ont été choisis dans une large gamme de prix pour la qualité de leur cuisine, leur rapport qualité-prix ou parce qu'ils occupent un site exceptionnel. Ils sont présentés par régions que différencient des codes couleur identiques à ceux des pages décrivant ces régions dans le corps du guide.

	CARTES BANCAIRES	ENFANTS BIENVENUS	MENUS À PRIX FIXE	SPÉCIALITÉS VÉGÉTARIENNES	REPAS À L'EXTÉRIEUR
LONDRES					
WEST END ET WESTMINSTER : *L'Artiste Musculé.* **Plan** 5 C1. £ 1 Shepherd Market W1. **(** 020 7493 6150. Bistro à la française avec terrasse et tables en sous-sol. Spécialités du jour affichées à la craie sur une ardoise.	AE DC MC V		■	●	■
WEST END ET WESTMINSTER. *Mildred's.* **Plan** 4 E5. £ 58 Greek St W1. **(** 020 7494 1634. Très bonne cuisine végétarienne internationale. Les tables se partagent. Le personnel viendra vous chercher au pub voisin.				●	
WEST END ET WESTMINSTER : *Harbour City.* **Plan** 4 E5. ££ 46 Gerrard St W1. **(** 020 7437 7859. Ce restaurant apprécié des familles et des hommes d'affaires chinois vous servira à midi des *dim sum* étonnantes.	AE DC MC V	●	■	●	
WEST END ET WESTMINSTER : *Melati.* **Plan** 4 D5. ££ 21 Great Windmill St W1. **(** 020 7437 2745. Service rapide et cuisine indonésienne authentique sur trois étages affairés. Réserver. Délicieux *laksa* de Singapour. ● 25, 26 déc.	AE DC MC V	●	■	●	
WEST END ET WESTMINSTER : *Alfred.* **Plan** 4 D5. £££ 245 Shaftesbury Ave WC2. **(** 020-7240 2566. Ce restaurant anglais propose des recettes traditionnelles et des mets modernes et inventifs. Élégant décor évoquant les années 40. ● dim. et jours fériés.	AE DC MC V	●	■	●	
WEST END ET WESTMINSTER: *Back to Basics.* **Plan** 3 C4. £££ 21A Foley St W1. **(** 020 7436 2181. Ce restaurant de fruits de mer prépare chaque jour 12 excellents plats de poisson. Décor rustique et ambiance décontractée. ● sam., dim., du 24 déc. au 1er janv.	AE DC MC V	●		●	■
WEST END ET WESTMINSTER : *Bertorelli's.* **Plan** 4 E5. £££ 44A Floral St WC2. **(** 020 7836 3969. Établissement italien de Covent Garden à recommander avant d'aller au théâtre. Café au rez-de-chaussée et restaurant plus chic à l'étage. ● dim. limité.	AE DC MC V	●	■	●	
WEST END ET WESTMINSTER: *Café du Jardin.* **Plan** 4 F5. £££ 28 Wellington St WC2. **(** 020 7836 8769. Vous goûterez dans ce restaurant élégant mais peu spacieux une cuisine contemporaine internationale. Menu d'un bon rapport qualité-prix. Veste et cravate obligatoire. limité.	AE DC MC V		■	●	■
WEST END ET WESTMINSTER : *Café Fish.* **Plan** 4 D5. £££ 36-40 Rupert St W1. **(** 020 7287 8989. Restaurant de poissons et bar à vin proposant quelques plats principaux, des entrées simples et des mousseux bon marché.	AE DC MC V	●		●	
WEST END ET WESTMINSTER : *Gay Hussar.* **Plan** 4 E5. £££ 2 Greek St W1. **(** 020 7437 0973. La soupe aux merises, le chou farci et le goulasch figurent parmi les spécialités du seul restaurant hongrois de Londres. ● dim. et jours fériés.	AE DC MC V		■	●	
WEST END ET WESTMINSTER : *Gopal's.* **Plan** 4 D5. £££ 12 Bateman St W1. **(** 020 7434 1621. Restaurant indien exigu mais excellent. Les mets sortant de l'ordinaire comprennent un curry de poisson du Karnâtaka. ● jours fériés.	AE DC MC V		■	●	
WEST END ET WESTMINSTER : *Al Hamra.* **Plan** 5 C1. £££ 31-33 Shepherd Market W1. **(** 020 7493 1954. Outre de nombreuses grillades, les clients de ce petit restaurant libanais peuvent déguster plus de 40 spécialités de *mezzé*. Service soigné. Grande terrasse en été. ● 25 et 26 déc., 1er janv.	AE DC MC V	●		●	■

		CARTES BANCAIRES	ENFANTS BIENVENUS	MENUS À PRIX FIXE	SPÉCIALITÉS VÉGÉTARIENNES	REPAS À L'EXTÉRIEUR

| Catégories de prix pour un repas avec entrée et dessert, une demi-bouteille de vin de la maison, couvert, taxe et service compris :
£ moins de 15 £
££ de 15 à 25 £
£££ de 25 à 35 £
££££ de 35 à 50 £
£££££ plus de 50 £ | **ENFANTS BIENVENUS**
Restaurants servant des portions réduites et disposant de chaises hautes. Certains proposent des menus enfants.
MENU À PRIX FIXE
Menu en général de trois plats proposé au déjeuner et/ou au dîner.
SPÉCIALITÉS VÉGÉTARIENNES
Choix de spécialités végétariennes à la carte pour les plats principaux et parfois les entrées.
CARTES BANCAIRES
Cartes acceptées : AE = American Express ; DC = Diners Club ; MC = Master Card/Access ; V = Visa. |

	Cartes bancaires	Enfants bienvenus	Menus à prix fixe	Spécialités végétariennes	Repas à l'extérieur
WEST END ET WESTMINSTER : *Manzi's.* **Plan** 4 E5. **£££** 1-2 Leicester St WC2. (020 7734 0224. La même famille tient cet établissement depuis 1928. Large choix de poissons. Vin de la maison d'un bon rapport qualité-prix. ● *dim. midi, 25 et 26 déc., jours fériés.*	AE DC MC V	●	▨	●	
WEST END ET WESTMINSTER : *Mezzo.* **Plan** 4 D5. **£££** 100 Wardour St W1. (020 7314 4000. C'est un ensemble de deux restaurants, un café, une boulangerie, une pâtisserie et trois bars, tous conçus par Sir Terence Conran. Plats asiatiques et méditerranéens chez Mezzonine, plats plus classiques et sophistiqués chez Mezzo.	AE DC MC V		▨	●	
WEST END ET WESTMINSTER : *Orso.* **Plan** 4 F5. **£££** 27 Wellington St WC2. (020 7240 5269. L'originalité de ses assaisonnements aussi bien pour les pâtes que les viandes et le poisson fait le succès d'une cuisine italienne moderne et constamment renouvelée. Service pressé mais souriant. ● *24 et 25 déc., jours fériés.* 🍴	AE MC V			●	
WEST END ET WESTMINSTER: *Royal China.* **Plan** 3 B4 **£££** 40 Baker St W1. (020 7437 5065. Le restaurant situé juste à côté de Madame Tussaud's sert d'excellents *dim sun.* ● *25, 26 déc.*	AE MC V	●	▨	●	
WEST END ET WESTMINSTER : *Sri Siam.* **Plan** 4 E5. **£££** 14 Old Compton St W1. (020 7434 3544. L'endroit idéal où découvrir la cuisine thaïe. Essayez l'assortiment d'entrées ou les plats de poisson. Menu d'un bon rapport qualité prix. ● *dim. midi, 24 au 26 déc., 1er janv., jours fériés.*	AE DC MC V		▨	●	
WEST END ET WESTMINSTER : *Stephen Bull.* **Plan** 3 B4. **£££** 5-7 Blandford St W1. (020 7486 9696. Décor élégant et excellents plats modernes et internationaux tels que les raviolis au crabe et à l'orange avec *risotto* aux seiches. ● *sam. midi, dim.* 🦽	AE MC V			●	
WEST END ET WESTMINSTER : *Alastair Little.* **Plan** 4 E5. **££££** 49 Frith St W1. (020 7734 5183. Dans un cadre spartiate, un temple de la cuisine moderne avec des recettes originales comme le tournedos à la polenta. ● *sam. midi, dim., jours fériés.* 🦽	AE MC V	●	▨	●	
WEST END ET WESTMINSTER : *Atlantic Bar and Grill.* **Plan** 4 D5. **££££** 20 Glasshouse St W1. (020 7734 4888. Le restaurant entièrement en sous-sol a une superbe décoration Arts déco. La cuisine est européenne mais avec de fortes influences asiatiques. Choix impressionnant de champagnes. ● *25, 26 déc., 1er janv.* 🌙 🍴	AE DC MC V		▨	●	
WEST END ET WESTMINSTER : *Coast.* **Plan** 5 C1. **££££** 26 b Albermarle St W1. (020 7459 5999. Le décor moderne s'associe parfaitement aux plats inventifs comme le *risotto* aux tomates et pavé. 🦽 🍴	AE DC MC V	●		●	
WEST END ET WESTMINSTER: *Criterion Brasserie.* **Plan** 6 D1. **££££** 224 Piccadilly W1. (020 7930 0488. Le spectaculaire plafond en mosaïque donne au restaurant un air byzantin et en fait l'un des plus beaux de Londres. Carte européenne très variée. ● *25 déc., 1er janv* 🦽 📷	AE MC V	●	▨	●	
WEST END ET WESTMINSTER : *Nobu.* **Plan** 5 C1. **£££££** 19 Old Park Lane W1. (020 7447 4747. Situé dans le Metropolitan Hotel, ce restaurant japonais associe dans ses plats japonais et saveurs péruviennes. ● *jours fériés.*	AE DC MC V	●	▨	●	
WEST END ET WESTMINSTER : *The Oak Room.* **Plan** 5 C1. **£££££** 1 West St WC2. (020 7836 4751. Le QG londonien de l'empire culinaire de Marco Pierre White est très judicieusement situé dans le sophistiqué Hotel Meridien. 🦽	AE DC V			●	

Légende des symboles, voir rabat de couverture

		Catégories de prix

Catégories de prix pour un repas avec entrée et dessert, une demi-bouteille de vin de la maison, couvert, taxe et service compris :
£ moins de 15 £
££ de 15 à 25 £
£££ de 25 à 35 £
££££ de 35 à 50 £
£££££ plus de 50 £

ENFANTS BIENVENUS
Restaurants servant des portions réduites et disposant de chaises hautes. Certains proposent des menus enfants.

MENU À PRIX FIXE
Menu en général de trois plats proposé au déjeuner et/ou au dîner.

SPÉCIALITÉS VÉGÉTARIENNES
Choix de spécialités végétariennes à la carte pour les plats principaux et parfois les entrées.

CARTES BANCAIRES
Cartes acceptées : AE = American Express ; DC = Diners Club ; MC = Master Card/Access ; V = Visa.

Restaurant	CARTES BANCAIRES	ENFANTS BIENVENUS	MENUS À PRIX FIXE	SPÉCIALITÉS VÉGÉTARIENNES	REPAS À L'EXTÉRIEUR
SOUTH KENSINGTON ET HYDE PARK : *Ognisko Polskie*. Plan 2 E4. ££ 55 Prince's Gate SW7. 020 7589 4635. Ce bar-restaurant polonais propose surtout des plats de viandes consistants à arroser d'une vodka choisie dans une bonne sélection. ● 25 déc., 1er janv.	AE DC MC V	●	▦		
SOUTH KENSINGTON ET HYDE PARK : *Brasserie St Quentin*. Plan 2 F5. £££ 243 Brompton Rd SW3. 020 7589 8005. Le décor est à la hauteur d'une riche cuisine française : confit de canard, poulet à la crème, foie gras. Plats à la carte chers, mais les menus sont plus abordables.	AE DC MC V	●	▦		
SOUTH KENSINGTON ET HYDE PARK : *Hard Rock Café*. Plan 5 B2. £££ 150 Old Park Lane W1. 020 7629 0382. Les adolescents font la queue pour avoir le privilège de déguster de bons *burgers* en écoutant du rock. ● 25 déc.	AE MC V	●			
SOUTH KENSINGTON ET HYDE PARK : *Clarke's*. Plan 1 C3. ££££ 124 Kensington Church St W8. 020 7221 9225. Les saveurs de l'Angleterre, de la Californie et de l'Italie se marient sur le gril d'un chef qui fait grand cas des fines herbes. ● sam., dim., Noël, Pâques, 3 dern. sem. d'août.	AE DC MC V	●		●	
SOUTH KENSINGTON ET HYDE PARK : *Fifth Floor*. Plan 5 A3. ££££ Harvey Nichols, 109-125 Knightsbridge SW1. 020 7235 5250. Un grand magasin abrite ce restaurant élégant apprécié des hommes d'affaires pour sa cuisine anglaise étonnamment bonne. ● dim. soir, du 24 au 26 déc.	AE DC MC V	●	▦		
SOUTH KENSINGTON ET HYDE PARK : *Salloos*. Plan 5 A2. ££££ 62-64 Kinnerton St SW1. 020 7235 4444. Dans ce restaurant pakistanais chic et cher, un personnel impeccable sert des plats d'agneau à la cuisson parfaite. ● dim., jours fériés.	AE DC MC V	●			
SOUTH KENSINGTON ET HYDE PARK : *The Sugar Club*. Plan 1 B1. ££££ 33a All Saint's Rd W11. 020 7437 7776. Ce restaurant sur deux étages est décoré dans les teintes jaune et sable et sert une excellente cuisine du Pacifique. ● du 24 au 26 déc.	AE DC MC V	●		●	
SOUTH KENSINGTON ET HYDE PARK : *Le Suquet*. Plan 2 F5. ££££ 104 Draycott Ave SW3. 020 7581 1785. Vous y apprécierez une bonne cuisine française à base de fruits de mer.	AE DC MC V		▦	●	▦
SOUTH KENSINGTON ET HYDE PARK : *Bibendum*. Plan 2 F5. £££££ Michelin House, 81 Fulham Rd SW3. 020 7581 5817. Une cuisine *modern-international* simple mais succulente, un cadre splendide et une carte des vins intéressante assurent le succès du Bibendum. Réserver à l'avance. *Risottos* recommandés. ● du 24 au 27 déc., lun. de Pâques.	AE DC MC V	●	▦		
SOUTH KENSINGTON ET HYDE PARK : *Le Gavroche*. Plan 3 B5. £££££ 43 Upper Brook St W1. 020 7408 0881 / 020 7499 1826. Le temple londonien de la grande cuisine française. Le restaurant des frères Roux est cher et a une ambiance compassée. Mais y manger est une expérience mémorable. ● sam., dim., jours fériés.	AE DC MC V		▦		
REGENT'S PARK ET BLOOMSBURY : *Wagamama*. Plan 4 E4. £ 4 Streatham St, WC1. 020 7323 9223. Tout le monde mange côte à côte dans ce restaurant japonais au décor *high-tech* dont l'excellent rapport qualité-prix justifie l'attente. ● 25 déc., 1er janv.	AE MC V	●	▦	●	
REGENT'S PARK ET BLOOMSBURY : *Museum Street Café*. Plan 4 E4. ££ 47 Museum St WC1. 020 7405 3211. Grillades et ingrédients italiens tels que roquette et basilic près du British Museum. Apportez votre vin. ● 2 sem. à Noël, Pâques.	AE MC V	●		●	

REGENT'S PARK ET BLOOMSBURY : *R.K. Stanley's*. **Plan** 3 C4.
6 Little Portland St W1. ℂ 020 7462 0099 — (£)(£) — AE DC MC V
Le restaurant est réputé pour ses sept différentes sortes de saucisses.
Le saumon poché est aussi un classique. ● 25, 26 déc., 1er janv.

REGENT'S PARK ET BLOOMSBURY: *Ibla*. **Plan** 3 B3.
89 Marylebone High St W1. ℂ 020 7224 3799. — (£)(£)(£) — AE MC V
Vous dégusterez une cuisine italienne très savoureuse et légère, à base
d'huile d'olive. Bons vins italiens. ● sam., 24 déc., 1er janv. ▮

LA CITY : *The Place Below*. **Plan** 7 C2.
St Mary-Le-Bow Church, Cheapside EC2. ℂ 020 7329 0789. — (£)(£) — MC V
Dans la crypte d'une église bâtie par Wren, on se presse à midi pour
déguster soupes, salades, plats végétariens et desserts. ● sam., dim. �

EN DEHORS DU CENTRE : *Nazrul, Spitalfields*. **Plan** 8 F1.
130 Brick Lane E1. ℂ 020 7247 2505. — (£)
L'un des nombreux restaurants bengali de Brick Lane. Portions
généreuses et prix modérés. On peut apporter son vin. ● 25 déc. ▮

EN DEHORS DU CENTRE : *Rasa, Stoke Newington*.
55 Stoke Newington Church St N16. ℂ 020 7249 0344. — (£) — AE DC MC V
Un personnel charmant sert ici de savoureuses spécialités végétariennes d'Inde
du Sud préparées comme dans les villages du Kerala. ● 25 et 26 déc. ▮▮

EN DEHORS DU CENTRE : *Workers' Café, Islington*.
172 Upper St N1. ℂ 020 7226 3973. — (£)
Burgers épicés et savoureux, nombreux plats végétariens à des prix
incroyablement bas. Pas d'alcool. ● 25, 26 déc.

EN DEHORS DU CENTRE : *Julie's Bar, Holland Park*. **Plan** 1 A3.
137 Portland Rd W11. ℂ 020 7727 7985. — (£)(£) — AE DC MC V
Cuisine contemporaine française ou anglaise servie dans une suite de petites
pièces confortables. Le thé de l'après-midi avec ses scones ultra frais et son
champagne font la réputation de l'endroit. ● 24-25 déc. ▮▮

EN DEHORS DU CENTRE : *Malabar, Notting Hill*. **Plan** 1 B3.
27 Uxbridge St W8. ℂ 020 7727 8800. — (£)(£) — MC V
Excellente cuisine indo-pakistanaise dans un cadre soigné. Essayez les foies
de poulets grillés. ● 1 semaine en août, 4 jours à Noël.

EN DEHORS DU CENTRE : *Osteria Antica Bologna, Wandsworth*. — (£)(£) — AE MC V
23 Northcote Rd SW11. ℂ 020 7978 4771.
Un bon endroit où passer une soirée entre amis en partageant des *assagi*,
petits plats à base de légumes et de poisson. ▮▮

EN DEHORS DU CENTRE : *Anna's Place, Highbury*. — (£)(£)(£)
90 Mildmay Park N1. ℂ 020 7249 9379.
Cuisine traditionnelle suédoise accompagnée d'un excellent pain fait maison.
Pâtisseries à ne pas manquer. Réserver. ● dim., lun., août, 20 déc. au 8 janv., Pâques, août. ▮▮

EN DEHORS DU CENTRE : *Belvedere*. **Plan** 1 A4.
Holland Park, Abbotsbury Rd W8. ℂ 020 7602 1238. — (£)(£)(£) — AE DC MC V
Dans l'ancienne salle de bal (en été) de la Holland House, dans le ravissant
Holland Park. Cuisine anglaise contemporaine. ● dim. soir, 25 déc., 1er janv.

EN DEHORS DU CENTRE : *The Peasant, Islington*. **Plan** 7 B1. — (£)(£)(£) — AE MC V
240 St John St EC1. ℂ 020 7336 7726.
Cet ancien pub sert une robuste cuisine italienne dont pourraient prendre
exemple bien des établissements plus chic. ● sam. midi, dim., jours fériés.

EN DEHORS DU CENTRE : *Quality Chop House, Clerkenwell*. **Plan** 7 B1. (£)(£)(£)
94 Farringdon Rd EC1. ℂ 020 7837 5093.
Superbe cadre victorien pour des classiques comme les côtelettes *(chops)*
ou les croquettes de saumon à l'oseille. ● du 24 déc. au 2 janv. ▮

EN DEHORS DU CENTRE : *RSJ, Southwark*. **Plan** 7 A4. — (£)(£)(£) — AE DC MC V
13A Coin St SE1. ℂ 020 7928 4554.
Mets français soignés dans ce restaurant près du South Bank Centre et de
l'Old Vic Theatre. Excellents vins de Loire. ● sam. midi, dim., jours fériés. ▮▮

EN DEHORS DU CENTRE : *Wilson's, Kensington*. **Plan** 1 A5. — (£)(£)(£) — MC V
236 Blythe Rd W14. ℂ 020 7603 7267.
Le meilleur restaurant « écossais » de Londres sert une cuisine qui apprête le
bœuf écossais et le saumon. ● sam. midi, dim. soir, jours fériés, du 24 déc. au 2 janv.

Légende des symboles, voir rabat de couverture

Catégories de prix pour un repas avec entrée et dessert, une demi-bouteille de vin de la maison, couvert, taxe et service compris :
£ moins de 15 £
££ de 15 £ à 25 £
£££ de 25 £ à 35 £
££££ de 35 £ à 50 £
£££££ plus de 50 £

ENFANTS BIENVENUS
Restaurants servant des portions réduites et disposant de chaises hautes. Certains proposent des menus enfants.

MENU À PRIX FIXE
Menu en général de trois plats proposé au déjeuner et/ou au dîner.

SPÉCIALITÉS VÉGÉTARIENNES
Choix de spécialités végétariennes à la carte pour les plats principaux et parfois les entrées.

CARTES BANCAIRES
Cartes acceptées : AE = American Express ; DC = Diners Club ; MC = Master Card/Access ; V = Visa.

	CARTES BANCAIRES	ENFANTS BIENVENUS	MENUS À PRIX FIXE	SPÉCIALITÉS VÉGÉTARIENNES	REPAS À L'EXTÉRIEUR
EN DEHORS DU CENTRE : *Chez Max, Earl's Court.* ££££ 168 Ifield Rd SW10. 020 7835 0874. Deux frères de l'Essex proposent une excellente cuisine lyonnaise dans ce petit bistro animé. ● *sam. midi, dim., lun.*	AE DC MC V		■		■
EN DEHORS DU CENTRE : *Oxo Tower.* **Plan** 7 A3. ££££ Oxo Tower Wharf, Barge House St, South Bank, SE1. 020 7803 3888. L'immeuble de l'ancienne société Oxo a été rénové en brasserie, restaurant et bar. ᵬ	AE DC MC V	●	■	■	
EN DEHORS DU CENTRE : *Rhodes in the Square, Pimlico.* ££££ Dolphin Sq, Chichester St SW1. 020 7798 6767. Cuisine délicieuse et service impeccable dans une salle Arts déco. Prix élevés si vous mangez à la carte. ● *du 25 déc. au soir au 4 janv.* ▮	AE DC MC V	●	■		
EN DEHORS DU CENTRE : *River Café, Hammersmith.* ££££ Thames Wharf Studios, Rainville Rd W6. 020 7381 8824. Le leader de la nouvelle vague italienne. Fines herbes, tomates séchées et roquette avec poissons grillés au feu de bois. ● *dim. soir, du 24 déc. au 2 janv., jours fériés.* ᵬ ▮	AE DC MC V	●			■
EN DEHORS DU CENTRE : *Leith's, Notting Hill.* **Plan** 1 B2. £££££ 92 Kensington Park Rd W11. 020 7229 4481. Apôtre du bien-manger, Prue Leith réussit à merveille spécialités végétariennes et classiques anglais. ● *lun. midi, sam. midi, dim., du 23 déc. au 9 janv.* ᵬ ▮	AE DC MC V	■		●	
LES DOWNS ET LES CÔTES DE LA MANCHE					
AMBERLEY : *Queen's Room, Amberley Castle* ££££ Sur la B2139, Amberley, W Sussex. 01798 831992. Des classiques britanniques et des recettes plus modernes prennent tout leur sel dans le cadre romantique d'une forteresse médiévale. ⚡	AE DC MC V		■	●	
BOUGHTON LEES : *Eastwell Manor* £££££ Eastwell Park, Boughton Lees, près d'Ashford, Kent. 01233 219955. Au calme dans un vaste parc, un hôtel-restaurant dynamique au service stylé mais cordial. ᵬ ⚡	AE DC MC V	●	■	●	■
BRIGHTON : *Food for Friends* £ 17-18 Prince Albert St, Brighton, E Sussex. 01273 202310. Dans les Lanes, service souriant, portions généreuses et cuisine diététique mais inventive à déguster au milieu de plantes vertes. ● *25, 26 déc.* ᵬ ⚡	DC MC V	●		●	
BRIGHTON : *Terre à Terre* £ 71 East St, Brighton. 01273 729051. Cette brasserie végétarienne propose une originale carte internationale comprenant des délices tel que le *haloumi* (fromage de chèvre) aux câpres grillé au feu de bois. ● *lun. midi.* ᵬ ⚡	AE DC MC V	●		●	
BRIGHTON : *Black Chapati* ££ 12 Circus Parade, New England Rd, Brighton, E Sussex. 01273 699011. Dans un café au décor épuré situé en bordure du centre-ville, une cuisine « indienne » audacieuse et pleine d'idées. Le service est efficace et l'atmosphère chaleureuse. ● *dim. soir, lun.* ᵬ	AE MC V			●	■
BROCKENHURST : *Le Poussin* £££ The Courtyard, Brookley Rd, Brockenhurst, Hants. 01590 23063. La région est riche en gibier et du sanglier figure sur une carte proposant une cuisine française roborative. ● *lun., mar.* ᵬ ⚡ ▮	MC V	●	■		■
CUCKMERE : *Golden Galleon* ££ Exceat Bridge, Cuckmere Haven, E Sussex. 01323 892247. Ce restaurant-pub a sa propre brasserie et son fumoir ; goûtez le saumon fumé maison. La serre et la terrasse ont vue sur la mer. ● *dim. soir en hiver.*	MC V	●		■	●

EAST GRINSTEAD : *Gravetye Manor* ££££ | MC V
Vowels Lane, East Grinstead, W Sussex. 【 01342 810567.
Mets traditionnels dans un somptueux manoir élisabéthain abritant un
hôtel de luxe. Les prix de la carte n'incluent pas la TVA. 🍴 🍷

EDENBRIDGE : *Honours Mill* £££ | MC V
87 High St, Edenbridge, Kent. 【 01732 866757.
Classiques français modernisés avec audace dans ce restaurant paisible et
accueillant. ● sam. midi, dim. soir, lun.

EMSWORTH : *36 on the Quay* £££ | AE DC MC V
47 South St, Emsworth, Hants. 【 01243 375592.
Cuisine inventive mais rigoureuse dans cette élégante auberge de
contrebandiers sur le front de mer. Poissons locaux au menu.
● sam. midi, dim., lun. midi, jours fériés sauf ven. saint. 🍴 🍷

FERNHURST : *King's Arms* ££ | AE MC V
Midhurst Road, Fernhurst, Surrey. 【 01428 652005.
Ce pub du XVIIe siècle sert une cuisine anglaise raffinée, notamment des
plats de poissons, spécialité du chef. ● dim. soir, 25 déc. 1er janv. ♿ 🍷

HAMPTON HILL : *Monsieur Max* £££ | MC V
133 High St, Hampton Hill, Middx. 【 020 7979 5546.
Ce café sert le soir des produits de première qualité cuisinés avec
compétence. Apportez votre vin. ● sam. midi.

HASTINGS : *Röser's* ££££ | AE DC MC V
64 Eversfield Pl, St Leonards, Hastings, E Sussex. 【 01424 712218.
Fraîcheur est ici le maître mot. Saucisses et pains sont faits sur place et la
mer toute proche fournit le poisson. ● sam. midi, dim., lun. 🍷

HORSHAM : *Jeremy's at the Crabtree* £££ | AE MC V
Brighton Rd, Lower Beeding, près de Horsham, W Sussex. 【 01403 891257.
Diverses influences européennes donnent des résultats remarquables dans
une auberge georgienne sans prétention. ● dim. soir. ♿ 🍴

HURSTBOURNE TARRANT : *Esseborne Manor* £££ | AE DC MC V
Sur l'A343, N de Hurstbourne Tarrant, Hants. 【 01264 736444.
Recettes anglaises de terroir sophistiquées dans une demeure
victorienne. Menu d'un bon rapport qualité-prix à midi. ♿ 🍴 🍷

JEVINGTON : *Hungry Monk* £££ | AE
Entre Polegate et Friston, E Sussex. 【 01323 482178.
Sa cuisine de qualité et son cadre pittoresque datant du XVe siècle ont
établi la popularité du « Moine affamé ». ● lun., ven. à midi. 🍴 🍹 🍷

NEW MILTON : *Marryat, Chewton Glen* ££££ | AE DC MC V
Christchurch Rd, New Milton, Hants. 【 01425 275341.
Un temple gastronomique dans une paisible hôtellerie. La verrière du
restaurant a vue sur un charmant jardin. ♿ 🍴 🍷

RICHMOND : *Nightingales* £££ | AE DC MC V
Nightingale Lane, Richmond upon Thames, Surrey. 【 020 8940 7471.
La vue sur la Tamise ajoute au plaisir offert par des mets pour la plupart
britanniques. ● dim. soir.

RIPLEY : *Michels'* ££££ | AE MC V
13 High St, Ripley, Surrey. 【 01483 224777.
Carte ambitieuse qui change avec les saisons. Cadre pittoresque ; en été,
l'apéritif peut être servi dans un jardin clos. ● sam. midi, dim. soir, lun.

ROMSEY : *Old Manor House* £££ | AE DC MC V
21 Palmerston St, Romsey, Hants. 【 01794 517353.
Plats de gibier, charcuterie maison et influences italiennes dans un édifice
Tudor à colombage. ● dim. soir, lun. 🍷

RYE : *Landgate Bistro* ££ | AE DC MC V
5-6 Landgate, Rye, E Sussex. 【 01797 222829.
La carte de cet établissement agréable privilégie des produits locaux
comme l'agneau de Romney Marsh ou le poisson. ● dim., lun.

STORRINGTON : *Fleur de sel* £££ | AE MC V
Manleys Hill, Storrington, W Sussex. 【 01903 742331.
Cuisine française agrémentée de touches autrichiennes dans ce cottage
au personnel calme et efficace. ● sam. midi, dim. soir, lun. 🍷

Légende des symboles, voir rabat de couverture

<table>
<tr><td>

Catégories de prix pour un repas avec entrée et dessert, une demi-bouteille de vin de la maison, couvert, taxe et service compris:
£ moins de 15 £
££ de 15 à 25 £
£££ de 25 à 35 £
££££ de 35 à 50 £
£££££ plus de 50 £

</td><td>

ENFANTS BIENVENUS
Restaurants servant des portions réduites et disposant de chaises hautes. Certains proposent des menus enfants.

MENU À PRIX FIXE
Menu en général de trois plats proposé au déjeuner et/ou au dîner.

SPÉCIALITÉS VÉGÉTARIENNES
Choix de spécialités végétariennes à la carte pour les plats principaux et parfois les entrées.

CARTES BANCAIRES
Cartes acceptées : AE = American Express ; DC = Diners Club ; MC = Master Card/Access ; V = Visa.

</td></tr>
</table>

	CARTES BANCAIRES	ENFANTS BIENVENUS	MENUS À PRIX FIXE	SPÉCIALITÉS VÉGÉTARIENNES	REPAS À L'EXTÉRIEUR
TUNBRIDGE WELLS : *Sankeys* ££ 39 Mount Ephraim, Tunbridge Wells, Kent. 01892 511422. Ce restaurant élégant propose des produits de la mer en provenance de toute l'Angleterre. On peut aussi manger au bar. ● dim.	AE DC MC V	●		●	
TUNBRIDGE WELLS : *Thackeray's House* £££ 85 London Rd, Tunbridge Wells, Kent. 01892 511921. Un bar à vin et un restaurant occupent l'ancienne maison de l'écrivain. Produit locaux et petite touche galloise. ● dim. soir, lun.	MC V	●	●	●	
WHITSTABLE : *Whitstable Oyster Fishery Co* £££ Royal Native Oyster Stores, Whitstable, Kent. 01227 276856. Comme son nom l'indique, cette adresse victorienne sur le port est l'endroit idéal pour manger des huîtres. ● dim. soir, lun.	AE DC MC V	●		●	
WICKHAM : *Old House* ££££ The Square, Wickham, Hants. 01239 833049. Dans les anciennes écuries d'un hôtel georgien, cuisine d'inspiration française mâtinée de saveurs exotiques. ● lun. midi, dim.	AE DC MC V		●		

L'EAST ANGLIA

ALDEBURGH : *Regatta* ££ 171-173 High St, Aldeburgh, Suff. 01728 452011. Le décor marin du Regatta rappelle que le poisson est la spécialité de la maison, mais que du gibier figure parfois à la carte. Service affable et ingrédients de qualité.	AE MC V			●	
BURNHAM MARKET : *Fishes'* ££ Market Pl, Burnham Market, Norf. 01328 738588. Sur le pré communal du village, cet établissement propose des plats de poisson à prix abordables. Essayez les crevettes en terrine ou les spécialités fumées. ● dim. soir, lun.	AE DC MC V	●	●		
BURY ST EDMUNDS : *Maison bleue* ££ 31 Churchgate St, Bury St Edmunds, Suff. 01284 760623. La carte offre un très large choix, les produits de la mer arrivent tout droit du marché et il y a de bons vins blancs. ● dim.	AE MC V	●	●	●	
CAMBRIDGE : *Restaurant Twenty-two* £££ 22 Chesterton Rd, Cambs. 01223 351880. Dans un cadre victorien, une cuisine agréablement inventive servie par un personnel courtois. Le menu change tous les mois. ● midi, dim., lun.	AE DC MC V		●	●	
CAMBRIDGE : *Midsummer House* ££££ Midsummer Common, Cambs. 01223 369299. Atmosphère intime et menus à prix fixe d'une grande richesse. Les pâtisseries, élaborées, sont délicieuses. ● sam. midi, dim. soir, lun.	AE MC V		●	●	●
COLCHESTER : *Warehouse Brasserie* ££ 12A Chapel St North, Colchester, Essex. 01206 765656. Un restaurant apprécié pour ses plats végétariens et de poisson. Beaucoup de produits locaux, quelques mets légers. ● dim. soir.	AE DC MC V	●	●	●	
DEDHAM : *Le Talbooth* £££ Gun Hill, Dedham, près de Colchester, Essex. 01206 323150. Au bord de la Stour, dans un bâtiment victorien, un restaurant à la réputation solidement établie. Cuisine créative.	AE DC MC V	●	●		●
DISS : *Weaver's Wine Bar* ££ Market Hill, Diss, Norf. 01379 642411. Plats du jour inscrits à la craie sur une ardoise et ambiance sans prétention dans une salle charmante. ● sam. midi, dim., jours fériés.	AE DC MC V	●	●	●	

ELY : *Old Fire Engine House* £££ MC V
25 St Mary's St, Ely, Cambs. 01353 662582.
Dans l'ancienne caserne de pompiers près de la cathédrale, atmosphère
chaleureuse et cuisine à base de produits locaux.

ERPINGHAM : *Ark* £££
The Street, Erpingham, Norf. 01263 761535.
Ce vieux cottage offre un cadre approprié à une solide cuisine de terroir à déguster
en toute décontraction. mar. et sam. midi, lun. et mar. (d'oct. à Pâques).

FRESSINGFIELD : *Fox and Goose* ££ MC V
Sur la B1116, Fressingfield, Suff. 01379 586247.
Ce pub isolé dans la campagne propose un large choix de mets anglais et
internationaux. Les enfants sont les bienvenus.

HARWICH : *Pier at Harwich* ££ AE DC MC V
The Quay, Harwich, Essex. 01255 241212.
Sur le port, décor marin et excellents plats de poisson. Possibilité de
louer des chambres confortables.

HINTLESHAM : *Hintlesham Hall* ££££ AE DC MC V
Sur l'A1071, Hintlesham, Suff. 01473 652268.
La présentation des mets a fait le succès du restaurant de cet hôtel *(p. 548)*,
à l'ouest d'Ipswich. Beau plateau de fromages. sam. midi.

HUNTINGDON : *Old Bridge* £££ AE DC MC V
1 High St, Huntingdon, Cambs. 01480 52681.
Une belle auberge en bord de rivière qui propose des recettes
britanniques et méditerranéennes. Bons fromages anglais.

ICKLINGHAM : *Red Lion* ££ MC V
The Street, Icklingham, Suff. 01638 717802.
Auberge du XVIe siècle avec poutres apparentes et jeux de bois. Essayez les produits
frais de la mer ou les spécialités de gibier comme le sanglier. 25 déc.

KING'S LYNN : *Rococo* £££ AE DC MC V
11 Saturday Market Pl, King's Lynn, Norf. 01553 771483.
Produits locaux servis dans une salle à manger lumineuse. Essayez les
crevettes du Norfolk ou le canard. dim., lun. midi.

NORWICH : *Adlard's* ££££ AE MC V
79 Upper St Giles St, Norwich, Norf. 01603 633522.
Ne vous arrêtez pas à la banalité du décor. La cuisine classique française
est d'une grande qualité. dim., lun.

ORFORD : *Butley Orford Oysterage* ££ MC V
Market Hill, The Square, Orford, Woodbridge, Suff. 01394 450277.
Dans un ravissant village du Suffolk, ce café restaurant possède ses
propres parcs à huîtres. Fumoir. dim. et mar. soir.

SNAPE: *Plough and Snail* ££ AE DC MC V
Snape Maltings Riverside Centre, Snape, Suff. 01728 688413.
Le pub très populaire et le restaurant sont situés dans un complexe
artistique. Spécialités de poissons. 25-26 déc.

SWAFFHAM : *Stratton House* £££ MC V
4 Ash Close, Swaffham, Norf. 01760 723845.
Lady Hamilton a séjourné dans cette maison du XVIIIe siècle, aujourd'hui
transformée en hôtel. Menu nouveau tous les jours, plats inventifs.
dim. et lun. midi, 25 et 26 déc.

THORPE MARKET : *Green Farm Restaurant* ££ AE DC MC V
North Walsham Road, Thorpe Market, Norf. 01263 833602.
Le restaurant, dans une ferme du XVIe siècle, est très réputé pour sa cuisine à
base d'ingrédients locaux ; essayez le crabe ou la venaison.

WEST MERSEA : *Le Champenois* £££ AE MC V
20-22 Church Rd, West Mersea, Essex. 01206 283338.
Cuisine française dans les marais de l'Essex. Quelques classiques gallois
sur une carte riche en plats de poisson. lun. midi.

WOODBRIDGE : *Captain's Table* ££ MC V
3 Quay Street, Woodbridge, Suff. 01394 383145.
Le restaurant, dans un édifice du XVIe siècle sert une cuisine anglaise et européenne
éclectique et inventive à base de produits frais. dim. soir, lun.

Légende des symboles, voir rabat de couverture

Catégories de prix pour un repas avec entrée et dessert, une demi-bouteille de vin de la maison, couvert, taxe et service compris :
£ moins de 15 £
££ de 15 à 25 £
£££ de 25 à 35 £
££££ de 35 à 50 £
£££££ plus de 50 £

ENFANTS BIENVENUS
Restaurants servant des portions réduites et disposant de chaises hautes. Certains proposent des menus enfants.

MENU À PRIX FIXE
Menu en général de trois plats proposé au déjeuner et/ou au dîner

SPÉCIALITÉS VÉGÉTARIENNES
Choix de spécialités végétariennes à la carte pour les plats principaux et parfois les entrées.

CARTES BANCAIRES
Cartes acceptées : AE = American Express ; DC = Diners Club ; MC = Master Card/Access ; V = Visa.

LA VALLÉE DE LA TAMISE

	CARTES BANCAIRES	ENFANTS BIENVENUS	MENUS À PRIX FIXE	SPÉCIALITÉS VÉGÉTARIENNES	REPAS À L'EXTÉRIEUR
BRAY : *Waterside Inn* £££££ Ferry Rd, Bray, Windsor et Maidenhead. (01628 620691. En bordure de rivière, un pilier de la gastronomie française propose de succulents menus au déjeuner. ● lun., mar. midi, dim. soir (oct.-mars). & 🔲	AE DC MC V		▪		
CHINNOR : *Sir Charles Napier* £££ Spriggs Alley, près de Chinnor, Oxon. (01494 483011. Service décontracté, mais bonne cuisine dans ce pub-restaurant au jardin orné de sculptures excentriques. ● dim. soir, lun. 🔲	AE MC V	●		●	●
COOKHAM : *Alfonso's* ££ 19-21 Station Hill Parade, Cookham, Windsor et Maidenhead. (01628 525775. Ce restaurant familial tenu avec enthousiasme propose des spécialités espagnoles comme le jambon de Serrano ou les rognons d'agneau au sherry. Quelques excellents *rioja* (vins espagnols). ● sam. midi, dim. & 🔲	AE DC MC V	●		●	
DINTON : *La Chouette* ££ Westlington Green, Dinton, Bucks. (01296 747422. Gastronomie belge et bières des Trappistes dans un superbe édifice du XVIᵉ siècle. Récitals de jazz. ● sam. midi, dim. &	AE MC V	●	▪		▪
EASINGTON : *Mole and Chicken* ££ Easington Terrace, Chilton Rd, Bucks. (01844 208387. Cuisine hors des sentiers battus dans ce restaurant accueillant et efficace. Spécialité : caneton à l'orange. & 🔲	AE MC V	●		●	
GODSTOW : *Trout* £ Godstow, Wolvercote, Oxon. (01865 302071. Au nord d'Oxford, un ruisseau poissonneux longe ce charmant pub médiéval. Des paons paradent dehors ; ambiance courtoise à l'intérieur.	MC V	●		●	
GORING : *Leatherne Bottel* ££££ Sur la B4009, Goring, Oxon. (01491 872667. Établissement reposant dans un cadre superbe au bord d'une rivière. Des saveurs orientales rehaussent des produits frais du pays. ● 25 déc.	AE MC V			●	▪
GREAT MILTON : *Le Manoir aux Quat'Saisons* £££££ Church Rd, Great Milton, Oxon. (01844 278881. Raymond Blanc a établi en pleine campagne son palace gastronomique (p. 549). La cuisine utilise avec imagination des ingrédients d'une grande fraîcheur. Une expérience mémorable mais onéreuse. & 🔲	AE DC MC V	●	▪	●	
GREAT MISSENDEN : *La Petite Auberge* ££££ 107 High St, Great Missenden, Bucks. (01494 865370. Cuisine française de terroir dans un cadre intime. Le service est efficace sans se montrer pesant. ● midi, dim., jours fériés. & 🔲	DC MC V	●			
HADDENHAM : *Green Dragon* £££ 8 Church Way, Haddenham, Bucks. (01844 291403. Ce pub de village sert une cuisine continentale très variée. La grande salle à manger est ouverte sur le bar. & 🔲	AE MC V		▪	●	▪
KINTBURY : *Dundas Arms* ££ 53 Station Rd, Kintbury, Newbury. (01488 658263. Ce vieux pub en bordure de rivière propose un choix appétissant de mets simples et de classiques bien préparés. ● dim., lun. soir. & 🔲	AE MC V	●		●	▪
LONG CRENDON : *Angel Inn* £££ Bicester Rd, Long Crendon, Bucks. (01844 208268. Cette auberge du XVIᵉ siècle propose du poisson frais, des puddings et de très bons vins. ● dim. soir 🔲	MC V	●	▪	●	▪

MELBOURN : *Pink Geranium* £££ AE MC V
Station Rd, Melbourn, près de Royston, Herts. ☎ 01763 260215.
Près de l'église, ce joli cottage à toit de chaume et intérieur rose sert une cuisine soignée. Ambiance cordiale. ● *lun., dim. soir.* �& *limité.* ⚡ 〉

MOULSFORD : *Beetle and Wedge* £££ AE DC MC V
Ferry Lane, Moulsford, Oxon. ☎ 01491 651381.
Au cœur de la vallée, aux bords de la Tamise. Vous pouvez manger dans le bateau ou dans une somptueuse salle à manger. �&⚡☐

OXFORD : *Nosebag* £ MC V
6-8 St Michael's St, Oxford. ☎ 01865 721033.
Soupes, salades et plats inventifs attirent des nuées d'étudiants affamés à l'étage d'un édifice insolite. ● *lun. soir.* ⚡

OXFORD : *Al-Shami* ££ MC V
25 Walton Crescent, Oxford. ☎ 01865 310066.
Établissement animé où déguster des classiques libanais comme le *falafel* et le *taboulé,* ainsi que des desserts d'une grande authenticité. �& 〉

OXFORD : *Browns* ££ AE MC V
5-11 Woodstock Rd, Oxford. ☎ 01865 5511995.
Ce restaurant animé et décontracté propose une grande variété d'en-cas et des plats plus complets. Meubles en bois et plantes vertes. ● *25-26 déc.* �&⚡〉

OXFORD : *Cherwell Boathouse* ££ AE DC MC V
Bardwell Rd, Oxford. ☎ 01865 552746.
Un coin romantique où canoter sur la Cherwell. Plats d'inspiration méditerranéenne. ● *dim. soir, lun.* �&⚡〉☐

SHINFIELD : *L'Ortolan* £££££ AE DC MC V
Old Vicarage, Church Lane, Shinfield, Reading. ☎ 0118 9883783.
Dans un cadre charmant, L'Ortolan est l'une des meilleures tables de Grande-Bretagne. Mets anglais et français raffinés mais chers. Les menus sont d'un meilleur rapport qualité-prix. ● *dim. soir, lun., 1ᵉ sem. de janv.*

SPEEN : *Old Plow* £££ AE MC V
Flowers Bottom, Speen, Bucks. ☎ 01494 488300.
Tout est frais et souvent fait maison dans ce bistro installé dans un ancien pub pittoresque. ● *dim. soir, lun.* �& *limité*

STONOR : *Stonor Arms* £££ AE MC V
Sur la B480, Stonor, Oxon. ☎ 01491 638345.
Restaurant et brasserie près d'Henley-on-Thames. De bons produits locaux cuisinés avec savoir-faire se dégustent sous une verrière. �&⚡☐

STREATLEY : *Swan Diplomat* ££££ AE DC MC V
High St, Streatley, Newbury. ☎ 01491 873737.
Cet hôtel pour hommes d'affaires sert dans un cadre agréable une cuisine de qualité. Quelques plats scandinaves. ● *sam. midi.* �&

WOBURN : *Paris House* ££££ AE DC MC V
Woburn Park, Woburn, Beds. ☎ 01525 290692.
Cuisine française dans un bâtiment pseudo-Tudor situé dans le parc de Woburn Abbey. Essayez le soufflé aux framboises. ● *dim. soir, lun., fév.*

WOBURN SANDS : *Spooners* ££ AE DC MC V
61 High St, Woburn Sands, Milton Keynes, Bucks. ☎ 01908 584385.
Cette maison victorienne offre un cadre aussi agréable pour un déjeuner léger que pour un dîner substantiel. Les steaks se révèlent particulièrement savoureux. Atmosphère chaleureuse. ● *dim., lun.* �&⚡

WOOLTON HILL : *Hollington House* ££££ AE DC MC V
Church Rd, Woolton Hill, Bercks. ☎ 01635 255100.
Superbe hôtel de campagne avec salle à manger lambrissée offrant une cuisine internationale très inventive. Bons vins australiens. ☐☐

LE WESSEX

AVEBURY : *Stones* £ MC V
Avebury, Wilts. ☎ 01672 539514.
Les amateurs de céréales complètes apprécieront ce self-service végétarien proche de Stonehenge. Parmi les mets proposés, quelques soupes délicieuses et des fromages anglais. ● *soir, déc., janv.* ☆⚡☐

Légende des symboles, voir rabat de couverture

Catégories de prix pour un repas avec entrée et dessert, une demi-bouteille de vin de la maison, couvert, taxe et service compris:

£ moins de 15 £
££ de 15 à 25 £
£££ de 25 à 35 £
££££ de 35 à 50 £
£££££ plus de 50 £

ENFANTS BIENVENUS
Restaurants servant des portions réduites et disposant de chaises hautes. Certains proposent des menus enfants.

MENU À PRIX FIXE
Menu en général de trois plats proposé au déjeuner et/ou au dîner.

SPÉCIALITÉS VÉGÉTARIENNES
Choix de spécialités végétariennes à la carte pour les plats principaux et parfois les entrées.

CARTES BANCAIRES
Cartes acceptées : AE = American Express ; DC = Diners Club ; MC = Master Card/Access ; V = Visa.

	CARTES BANCAIRES	ENFANTS BIENVENUS	MENUS À PRIX FIXE	SPÉCIALITÉS VÉGÉTARIENNES	REPAS À L'EXTÉRIEUR
BARWICK : *Little Barwick House* £££ A37, Barwick, Somerset. 01935 423902. Les non-résidents peuvent dîner dans cet hôtel de style géorgien. Excellente qualité des produits locaux *(p. 551)*. ● midi, du 24 déc. au 14 janv.	AE DC MC V	●	■	●	
BATH : *Moon and Sixpence* ££ 6A Broad St, Bath, B et NE Som. 01225 460962. Des plats économiques à midi et des dîners d'un bon rapport qualité-prix assurent la popularité de ce bistro-bar à vin. La véranda est particulièrement agréable en été. ● 26 déc.	AE MC V	●	■	●	
BATH : *Hole in the Wall* £££ 16 George St, Bath, B et NE Som. 01225 425242. Cette cave célèbre connaît un nouvel élan. Un bon endroit où goûter la cuisine moderne anglaise. ● dim., jours fériés.	AE MC V		■	●	
BATH : *Priory* ££££ Weston Rd, Bath, B et NE Som. 01225 331922. Cette hôtellerie luxueuse sans être guindée offre le choix entre cuisines française et anglaise dans des salles décorées par thèmes.	AE DC MC V	●	■	●	■
BEAMINSTER : *Bridge House* £££ 3 Prout Bridge, Beaminster, Dorset. 01308 862200. La carte de cet ancien presbytère au décor soigné associe grands classiques et adaptations inventives. Chambres à un prix intéressant. ● du 27 au 29 déc.	AE DC MC V	●	■	●	
BOURNEMOUTH : *Chez Fred* £ 10 Seamoor Rd, Westbourne, Bournemouth, Dorset. 01202 761023. Fred tire une juste fierté de ses *fish and chips* et de délicieuses pâtisseries comme le *treacle sponge*. Service affable et ambiance animée. ● dim. midi.	MC V	●	■	●	
BRADFORD-ON-AVON : *Woolley Grange* £££ Woolley Green, Bradford-on-Avon, Wilts. 01225 864705. Agréable hôtellerie du XVIIIe siècle dont la carte propose aussi bien les plats simples dont raffolent les enfants qu'une aventureuse cuisine internationale. Atmosphère détendue et service remarquable.	DC MC V	●	■	●	
BRISTOL : *Markwicks* £££ 43 Corn St, Bristol, Avon. 01179 262658. Plats français et méditerranéens sont servis dans le rez-de-chaussée de cet immeuble servant de banque. Bons poissons et desserts. ● sam. midi, dim., 25 déc. au 2 janv., 2 sem. à Pâques, 2 dern. sem. d'août.	AE DC MC V	●	■	●	
BRISTOL : *Harveys* ££££ 12 Denmark St, Bristol, Avon. 01179 275034. Datant du XIIIe siècle, les caves d'un célèbre négociant en vins abritent ce restaurant sophistiqué. ● sam. midi, dim., jours fériés.			■	●	
CLEVEDON : *Murrays* £ 91 Hill Rd, Clevedon, Somer. 01275 341294. Réunissant salon de thé et bistro, le Murrays propose pâtisseries maison et plats simples, notamment italiens. ● dim., lun. soir, jours fériés.					
COLERNE : *Lucknam Park* ££££ Près de l'A420, Colerne, Wilts. 01225 742777. Cuisine luxueuse dans un *country-house hotel* tout aussi haut-de-gamme. Atmosphère feutrée et très « british ». Veste et cravate exigées pour les messieurs.	AE DC MC V	●	■	●	■
DEVIZES : *Wiltshire Kitchen* £ 11 St John's St, Devizes, Wilts. 01380 724840. Petits déjeuners, déjeuners et thés à prix très abordables dans ce restaurant populaire qui ne sert que des plats faits maison.	AE MC V	●		●	

MAIDEN NEWTON : *Le Petit Canard* £££ — MC V
Dorchester Rd, Maiden Newton, Dorset. (01300 320536.
Des recettes modernes et légères employant des produits du pays d'une
grande fraîcheur se dégustent aux chandelles. ● *mar.-sam. midi, dim., lun.* ⚡

MELKSHAM : *Toxique* £££ — AE DC MC V
187 Woodrow Rd, Melksham, Wilts. (01225 702129.
Les saveurs évoluent avec subtilité au fil des saisons. La qualité n'est jamais
sacrifiée sur l'autel du profit. ● *mer.-sam. midi, dim. soir, lun., mar.* ⚡ 🍷

MONTACUTE : *The King's Arms Inn* £££ — AE MC V
Sur l'A303 près de Martock, Somerset. (01935 822153.
Cette demeure du XVIᵉ siècle offre une très bonne cuisine anglaise
moderne dans un cadre très chaleureux. ⚡ 🍷

SALISBURY : *Harpers* £ — AE DC MC V
6-7 Ox Row, Market Place, Salisbury, Wilts. (01722 333118.
Clair et accueillant, ce restaurant au premier étage propose des rôtis,
ragoûts et plats du jour sans prétention ni imagination, mais goûteux.
Vue superbe sur le Salisbury historique. ● *dim. soir (oct. à mai).* ⚡ 🍷

SHAFTSBURY : *La Fleur de Lys* £££ — AE DC MC V
25 Salisbury St, Shaftsbury, Dorset. (01747 853717.
L'édifice discret recèle une cuisine ambitieuse et raffinée.
● *2 sem. en janv.* ⚡ 🍷

SHEPTON MALLET : *Bowlish House* £££ — MC V
Wells Rd, Shepton Mallet, Somer. (01749 342022.
Une maison bourgeoise georgienne dotée d'un paisible jardin. Cuisine
moderne britannique et ambiance détendue. ● *lun.-dim. midi.* ⚡ 🍷

STON EASTON : *Ston Easton Park* ££££ — AE DC MC V
Sur l'A37, Ston Easton, Somer. (01761 241631.
La carte est claire et sans détour dans cette splendide hôtellerie *(p. 552)*
proposant une cuisine européenne et moderne dont le prix élevé est
justifié. Une expérience qui ne décevra pas. ⚡ 🍷

STURMINSTER NEWTON : *Plumber Manor* £££ — AE DC MC V
Hazelbury Bryan Rd, Sturminster Newton, Dorset. (01258 472507.
Des peintures anciennes décorent la salle à manger de cet hôtel.
Poissons et desserts remarquables. ● *lun., sam. midi.* ⚡

TAUNTON : *Castle* £££ — AE DC MC V
Castle Green, Taunton, Somer. (01823 272671.
Ce bel hôtel *(p. 552)* couvert de verdure offre un superbe cadre à une
excellente cuisine moderne britannique *(voir aussi p.552).* ⚡ 🍷

WARMINSTER : *Bishopstrow House* ££££ — AE DC MC V
Sur la B3414, Warminster, Wilts. (01985 212312.
Déjeuners légers et dîners dans une élégante hôtellerie georgienne.
Ne pas manquer le plateau de fromages. ⚡

WEST BAY : *Riverside* ££ — AE DC MC V
Près de l'A35 à proximité de Bridport, Dorset. (01308 422011.
Ses spécialités de poisson ont établi la réputation du Riverside, mais il
propose aussi une bonne sélection de snacks. ● *dim. soir, lun., déc. fin-fév.*

WEST BEXINGTON : *Manor* ££ — AE DC MC V
Beach Rd, West Bexington, Dorset. (01308 897785.
Près de Chesil Beach, cette vieille auberge loue de jolies chambres et offre
un large choix de plats délicieux. Un jardin pour les enfants. ● *25 déc. soir.*

LE DEVON ET LES CORNOUAILLES

AVONWICK : *Avon Inn* ££ — MC V
Avonwick, près de South Brent, Devon. (01364 73475.
Le pub est situé sur les rives de l'Avon. Le chef est italien et prépare de
délicieuses spécialités de son pays. ● *dim. lun. midi.* 🍷

BARNSTAPLE : *Lynwood House* £££ — AE MC V
Bishops Tawton Rd, Barnstaple, Devon. (01271 343695.
Cet hôtel victorien sert une véritable cuisine de famille. Bonne soupe de
poissons, ragoûts de fruits de mer. Chambres confortables. ⚡ 🍷

Légende des symboles, voir rabat de couverture

Catégories de prix pour un repas avec entrée et dessert, une demi-bouteille de vin de la maison, couvert, taxe et service compris :
£ moins de 15 £
££ de 15 £ à 25 £
£££ de 25 £ à 35 £
££££ de 35 £ à 50 £
£££££ plus de 50 £

ENFANTS BIENVENUS
Restaurants servant des portions réduites et disposant de chaises hautes. Certains proposent des menus enfants.

MENU À PRIX FIXE
Menu en général de trois plats proposé au déjeuner et/ou au dîner.

SPÉCIALITÉS VÉGÉTARIENNES
Choix de spécialités végétariennes à la carte pour les plats principaux et parfois les entrées.

CARTES BANCAIRES
Cartes acceptées : AE = American Express ; DC = Diners Club ; MC = Master Card/Access ; V = Visa.

	CARTES BANCAIRES	ENFANTS BIENVENUS	MENUS À PRIX FIXE	SPÉCIALITÉS VÉGÉTARIENNES	REPAS À L'EXTÉRIEUR
CALSTOCK : *Danescombe Valley* £££ Lower Kelly, Calstock, Corn. 01822 832414. Il faut réserver pour déguster l'un des légendaires menus de quatre plats d'Anna. Ils justifient le détour jusqu'à son superbe hôtel Regency au bord de la Tamar *(p. 553)*. ven. et sam. soir seulement.	AE DC MC V		■		
CHAGFORD : *Gidleigh Park* £££££ Chagford, Devon. 01647 432367. C'est dans l'art du petit détail inventif que le restaurant de cette hôtellerie de grand standing *(p. 553)* sort du rang. Tarifs très élevés.	DC MC V		■		
DARTMOUTH : *Carved Angel* £££££ 2 South Embankment, Dartmouth, Devon. 01803 832465. L'un des meilleurs restaurants de Grande-Bretagne occupe un immeuble Tudor sur un quai. Les tarifs peuvent paraître quelque peu excessifs, mais ils sont « tout compris ». dim. soir, lun.	MC V	●	■		
DODDISCOMBSLEIGH : *Nobody Inn* ££ Doddiscombsleigh, près d'Exeter, Devon. 01647 252394. Le restaurant du pub a une impressionnante carte des vins et un choix de fromages très étendu *(p. 553)*. dim., lun.	AE MC V			●	■
EAST BUCKLAND : *Lower Pitt* ££ Près de l'A361 à proximité de S Molton, Devon. 01598 760243. Cuisine de terroir et service détendu dans une maison du XVIᵉ siècle louant quelques chambres à la limite de l'Exmoor. dim., lun.	AE MC V			●	■
EXETER : *Lamb's* £££ 15 Lower North St, Exeter, Devon. 01392 254269. Vous pouvez goûter des plats influencés par la cuisine méditerranéenne ou thaï dans ce restaurant accueillant. sam. midi, dim., lun.	AE MC V	●	■	●	
KINGSBRIDGE : *Queen Anne, Buckland-Tout-Saints* £££ Goveton, Kingsbridge, Devon. 01548 853055. Bonne cuisine anglaise d'une finesse toute galloise à déguster dans une maison du début du XVIIIᵉ siècle au cœur d'un joli parc.	MC V	●	■		
LEWDOWN : *Lewtrenchard Manor* ££££ Près de l'A30, Lewdown, Devon. 01556 783256. Installé dans un manoir élisabéthain, cet hôtel aux menus succulents offre un cadre idéal pour un séjour romantique. lun.-sam. midi.	AE DC MC V		■		
LIFTON : *Arundell Arms* £££ Près de l'A30, Lifton, Devon. 01566 784666. Poisson et gibier locaux apparaissent aux menus de cette auberge confortable dans un village paisible. Plats simples servis aussi bien le soir qu'à midi. Ambiance conviviale. limité.	AE DC MC V	●	■	●	
LYNMOUTH : *The Rising Sun* £££ Harbourside, Lynmouth, Devon. 01598 753223. Les poissons sont pêchés quasiment au pied de l'hôtel. Mais The Rising Sun prépare également de délicieux plats de viande.	AE DC MC V	●		●	
PADSTOW : *Seafood Restaurant* ££££ Riverside, Padstow, Corn. 01841 532485. Cet établissement élégant est une Mecque pour les gastronomes amateurs de produits de la mer. Le site, charmant, sur le port est particulièrement agréable en été. *(p. 554.)* dim., du 17 au 31 déc.	MC V		■		
PENZANCE : *Harris's* £££ 46 New St, Penzance, Corn. 01736 364408. Gibier en saison, plats de poissons excellents. Le menu du déjeuner est d'un bon rapport qualité-prix. dim. midi, dim. soir (hiver), lun.	AE MC V				

POLPERRO : *Kitchen* £££
The Coombes, Polperro, Corn. (01503 272780.
Restaurant adorable, havre de paix pour les visiteurs qui s'arrêtent à
Polperro en été. ● lun., d'oct. à Pâques. ⌁
MC V

PORT ISAAC : *Slipway* ££
Harbour Front, Port Isaac, Corn. (01208 880264.
En saison, spécialités de poissons du nord des Cornouailles dans une
ancienne boutique du XVIe siècle. ● de nov. à mars : mar. au ven. 🍷 ⌁
AE MC V

PORTREATH : *Tabb's* ££
Tregea Terrace, Portreath, Corn. (01209 842488.
Dans ce petit restaurant installé dans une ancienne forge, tous les plats du
délicieux menu, du pain à la glace, sont faits maison. ● du sam. midi au
lun., 26 déc., 1er janv. ⌁
MC V

ST IVES : *Tate St Ives Coffee Shop and Restaurant* ££
Porthmeor Beach, St Ives, Corn. (01736 793974.
Ce café de galerie d'art offre une vue superbe et des plats simples à base,
notamment, de poissons et de coquillages. ● midi. ♿ ⌁

ST IVES : *Pig'n'Fish* £££
Norway Lane, St Ives, Corn. (01736 794204.
Nombreux plats de poisson (essayez la *bourride*), mais aussi de la
saucisse fumée et du filet de porc en cocotte. ● dim., lun. (nov. à mars).
MC V

SOUTH MOLTON : *Whitechapel Manor* ££££
Près de l'A361, South Molton, Devon. (01769 573377.
Le bâtiment est un manoir élisabéthain historique, mais la cuisine,
anglaise, fraîche et légère, n'a rien d'archaïque. ⌁ 🍷
AE DC MC V

TREBURLEY : *Springer Spaniel* ££
Treburley, près Launceston, Cornwall. (01579 370424.
Ce pub chaleureux possède un restaurant séduisant. Le menu qui change
souvent est fonction des produits de saison, le propriétaire fait pousser
ses légumes et salades. ● du 24 au 26 déc. ♿ ⌁
MC V

TORQUAY : *Mulberry Room* ££
1 Scarborough Rd, Torquay, Torbay. (01803 213639.
Ce salon de thé sert aussi des snacks, de délicieux déjeuners (dîners le
ven. et le sam.) et le traditionnel rôti du dimanche. ● lun., mar. ♿ ⌁

TORQUAY : *Table* £££
135 Babbacombe Rd, Babbacombe, Torquay, Torbay. (01803 324292.
Joli petit restaurant où la cuisine authentique est très savoureuse malgré
la diversité de ses influences. ● 2 sem. en fév. et mars. ♿ ⌁ 🍷
AE DC MC V

TOTNES : *Willow* £
87 High St, Totnes, Devon. (01803 862605.
Un établissement chaleureux dont la carte éclectique propose
des spécialités végétariennes du monde entier (Mexique, Inde, Antilles
et Italie). ● dim., lun. midi, mar. soir. ○ jeu. soir (en été seul.). ⌁

WHIMPLE : *Woodhayes* £££
Près de l'A30 à proximité d'Exeter, Devon. (01404 822237.
Excellents menus de six plats pour le dîner dans cette charmante hôtellerie
georgienne qui ouvre le soir sa salle à manger aux clients extérieurs.
Ambiance conviviale, service efficace. ● midi. ♿ ⌁
AE DC MC V

LE CŒUR DE L'ANGLETERRE

ABBERLEY : *Brooke Room, The Elms* £££
Stockton Rd, Abberley, Worcs. (01299 896666.
Chambres et décor ravissants dans une maison du début du XVIIIe siècle.
La carte associe plats classiques et choix audacieux. ♿ ⌁
AE DC MC V

BIRMINGHAM : *Chung Ying Garden* £££
17 Thorp St, Birmingham. (0121 6666622.
Ce flamboyant restaurant cantonais offre un large éventail de spécialités,
notamment des *dim sum* et des plats de nouilles. ♿ ●
AE DC MC V

BISHOP'S TACHBROOK : *Mallory Court* ££££
Près de la B4087 à proximité de Leamington Spa, Warw. (01926 330214.
Dans un hôtel entouré de beaux jardins, prix élevés mais justifiés pour
des valeurs sûres des cuisines française et anglaise. ♿ 🍷 ⌁
AE MC V

Légende des symboles, voir rabat de couverture

Catégories de prix pour un repas avec entrée et dessert, une demi-bouteille de vin de la maison, couvert, taxe et service compris:
£ moins de 15 £
££ de 15 à 25 £
£££ de 25 à 35 £
££££ de 35 à 50 £
£££££ plus de 50 £

ENFANTS BIENVENUS
Restaurants servant des portions réduites et disposant de chaises hautes. Certains proposent des menus enfants.

MENU À PRIX FIXE
Menu en général de trois plats proposé au déjeuner et/ou au dîner.

SPÉCIALITÉS VÉGÉTARIENNES
Choix de spécialités végétariennes à la carte pour les plats principaux et parfois les entrées.

CARTES BANCAIRES
Cartes acceptées : AE = American Express ; DC = Diners Club ; MC = Master Card/Access ; V = Visa.

	CARTES BANCAIRES	ENFANTS BIENVENUS	MENUS À PRIX FIXE	SPÉCIALITÉS VÉGÉTARIENNES	REPAS À L'EXTÉRIEUR
BRIMFIELD : *The Roebuck Inn* ££ Brimfield, Here. 01584 711230. L'établissement a l'apparence d'un pub de village et une atmosphère détendue, mais la cuisine, anglaise, y est sophistiquée.	MC V	●	■	●	■
BROADWAY : *Collin House* ££ Sur l'A44, Broadway, Worcs. 01386 858354. Cette modeste hôtellerie en pierres des Costwolds accueille les clients extérieurs. Déjeuners légers au bar et carte imaginative dans la salle à manger, avec des plats comme le soufflé de crabe au gingembre. ● *du 24 au 29 déc.*	MC V		■	●	■
BURTON UPON TRENT : *Dovecliff Hall* £££ Dovecliff Rd, Stretton, Burton upon Trent, Staffs. 01283 531818. Maison georgienne dans un vaste parc en bordure de la Dove. Cuisine moderne britannique dans un cadre élégant. ● *sam. midi, dim. soir, lun.*	AE MC V		■	●	
CHELTENHAM : *Le Champignon Sauvage* £££ 24 Suffolk Rd, Cheltenham, Glos. 01242 573449. Plats gallois, mais surprenantes combinaisons d'ingrédients : sardines et tapenade, lapin et boudin noir, filet de bœuf et purée de céleri-rave. Un délice. ● *dim., lun., 25 déc., 2 semaines en juin.*	AE DC MC V	●	■		
COVENTRY : *Ryton Organic Gardens Restaurant* ££ Henry Doubleday Research Assoc., Ryton Organic Gardens, près de l'A45. 024 76303517. 4 ha de jardins naturels permettent au restaurant de cuisiner des légumes cultivés sans engrais chimiques. Le Ryton est l'un des seuls restaurants naturels homologués, il propose de la viande, du poisson et des plats végétariens. ● *le soir sauf sam. soir, 25 et 26 déc.*	MC V	●		●	■
CHESTER : *Francs* ££ 14 Cupping St, Chester, Ches. 01244 317952. Le dimanche, les enfants de moins de 10 ans mangent gratuitement dans cette brasserie. Savoureux plats du jour. Réserver.	AE MC V	●	●	●	
DORRINGTON : *Country Friends* £££ Sur l'A49 près de Shrewsbury, Shrops. 01743 718707. Cuisine anglaise simple mais bonne dans un décor imitation Tudor. Feu dans la cheminée en hiver. ● *dim., lun.*	MC V	●	■	●	
KENILWORTH : *Restaurant Bosquet* ££££ 97A Warwick Rd, Kenilworth, Warw. 01926 852463. Dans une maison victorienne, produits de saison et sauces riches. Des valeurs sûres de la cuisine française. ● *sam. midi, dim., lun.*	AE MC V	●	■		
LEAMINGTON SPA : *Piccolino's Pizzeria* £ 5 Spencer St, Leamington Spa, Warw. 01926 422988. Cet établissement familial à l'ambiance joviale propose à prix modique des pizzas, des pâtes et différents plats italiens.	MC V	●		●	
LEAMINGTON SPA : *Sachers* £ 14 The Parade, Leamington Spa, Warw. 01926 421620. Acajou, miroirs et musiciens jouant du jazz des années 30 donnent le ton de cette brasserie décontractée cachée derrière une pâtisserie. ● *dim. midi.*	AE MC V	●	●	●	
LOWER SLAUGHTER : *Lower Slaughter Manor* £££££ Près de l'A429, Lower Slaughter, Glos. 01451 820456. Une table réputée dans un superbe manoir en pierres des Costwolds. La carte s'appuie sur des classiques français que des influences du monde entier mettent au goût du jour. Vivement recommandé.	AE MC V		■	●	
LUDLOW : *Unicorn Inn* ££ 66 Corve St, Ludlow, Shrops. 01584 873555. Cette auberge du XVIIe siècle cuisine les produits locaux. Bons puddings maison.	AE DC MC V			●	■

MALVERN WELLS : *Croque-en-Bouche* (£)(£)(£) 221 Wells Rd, Malvern Wells, Worcs. 📞 *01684 565612.* Le couple qui tient avec talent ce restaurant propose une large variété de mets internationaux. ● *dim. au mer.* ○ *le soir seulement.* ⬤ 🔁 ♟	MC V		■		
MIDDLEWICH : *Tempters* (£) 11 Wheelock St, Middlewich, Ches. 📞 *01606 835175.* Tables en bois sur deux étages dans ce bar à vin. Sandwichs disponibles à midi, plats du jour affichés sur une ardoise. ● *dim. lun.* ⬤ ♟	MC V			●	
MORETON-IN-MARSH : *Marsh Goose* (£)(£)(£) High St, Moreton-in-Marsh, Glos. 📞 *01608 652111.* Un dédale de petites salles forme un cadre agréable où déguster des plats des terroirs français et anglais. Service plus cérémonieux le soir. ● *dim. soir, lun.* ⬤ 🔁	AE DC MC V		■		
PRESTBURY : *White House* (£)(£)(£)(£) The Village, Prestbury, Ches. 📞 *01625 829376.* Décor élégant, carte cosmopolite et cuisine de qualité. Véranda pour les soirées d'été et chambres agréables. ● *dim. soir, lun. midi.* ⬤ 🔁	AE DC MC V	●	■	●	■
ROSS-ON-WYE : *Meader's* (£) 1 Copse Cross St, Ross-on-Wye, Here. 📞 *01989 562803.* Un restaurant hongrois où s'attabler sans se ruiner devant goulasch et *galuska* (boulettes de pâte) authentiques. ● *dim., lun.* ⬤ 🔁				●	
ROSS-ON-WYE : *Pheasants* (£)(£)(£)(£) 52 Edde Cross St, Ross-on-Wye, Here. 📞 *01989 565751.* Le service est attentif et la cuisine sans surprise et robuste dans cette ancienne taverne du xviiᵉ siècle. ● *dim., lun.* ⬤ 🔁 ◗ ♟	AE DC MC V	●	■		
STRATFORD-UPON-AVON : *Opposition* (£)(£) 13 Sheep St, Stratford-upon-Avon, Warw. 📞 *01789 269980.* Un bistro animé par des musiciens où dîner simplement avant le théâtre. Spécialités du jour inscrites sur une ardoise. ◗	MC V	●		●	■
STRATFORD-UPON-AVON : *Russons* (£)(£) 8 Church St, Stratford-upon-Avon, Warw. 📞 *01789 268822.* Dans un cadre rustique (xviiᵉ siècle), ce restaurant a une carte éclectique comprenant des plats bon marché. Téléphoner pour s'assurer des horaires, car ils varient. ● *dim., lun.* ⬤ 🔁	AE MC V			●	
STROUD : *Fisher's Restaurant* (£)(£) 169 Slad Rd, Stroud, Glos. 📞 *01453 759950.* Cuisine moderne, française et britannique, dans un décor gothique en pierres des Costwolds. Excellents desserts, notamment des spécialités traditionnelles anglaises. ● *dim. soir, lun.* ⬤ 🔁	MC V	●	■		
TETBURY : *Gumstool* (£)(£) Calcot Manor, Tetbury, Gloucs. 📞 *01666 890391.* Salle à manger et bar forment un endroit populaire pour le dîner. La carte très éclectique va des classiques saucisses aux légumes de Méditerranée. ⬤	AE DC MC V	●		●	
WATERHOUSES : *Old Beams* (£)(£)(£)(£) Leck Road, Waterhouses, Staffs. 📞 *01538 308254.* Gastronomie d'inspiration française dans un restaurant proche d'Alton Towers. Bons vins au verre. ● *lun.* ⬤ 🔁 ♟	AE DC MC V		■		
<div align="center">**L'EST DES MIDLANDS**</div>					
BAKEWELL : *Renaissance* (£)(£)(£) Bath St, Bakewell, Derbs. 📞 *01629 812687.* Vous dégusterez dans la salle à manger aux poutres une cuisine française qui malgré des produits raffinés, truffes et foie gras, reste abordable. ● *dim. soir, lun., du 1ᵉʳ au 15 janv., début août.* ⬤ 🔁 ♟	MC V	●	■	●	
BASLOW : *Fischer's at Baslow* (£)(£)(£) Baslow Hall, Calver Rd, Baslow, Derbs. 📞 *01246 583259.* Que vous dîniez dans l'élégante salle à manger ou au Café Max, la cuisine est de haut niveau. Proche de Chatsworth House. ⬤ 🔁 ♟	AE DC MC V		■	●	■
BECKINGHAM : *Black Swan* (£)(£) Hillside, Beckingham, Lincs. 📞 *01636 626474.* Ce relais de poste du xviiiᵉ siècle est un peu exigu, mais un personnel toujours cordial et efficace y sert des mets modernes britanniques d'une grande qualité. ● *lun.* ⬤ 🔁	MC V	●		●	■

Légende des symboles, voir rabat de couverture

Catégories de prix pour un repas avec entrée et dessert, une demi-bouteille de vin de la maison, couvert, taxe et service compris :
£ moins de 15 £
££ de 15 à 25 £
£££ de 25 à 35 £
££££ de 35 à 50 £
£££££ plus de 50 £

ENFANTS BIENVENUS
Restaurants servant des portions réduites et disposant de chaises hautes. Certains proposent des menus enfants.

MENU À PRIX FIXE
Menu en général de trois plats proposé au déjeuner et/ou au dîner.

SPÉCIALITÉS VÉGÉTARIENNES
Choix de spécialités végétariennes à la carte pour les plats principaux et parfois les entrées.

CARTES BANCAIRES
Cartes acceptées : AE = American Express ; DC = Diners Club ; MC = Master Card/Access ; V = Visa.

	CARTES BANCAIRES	ENFANTS BIENVENUS	MENUS À PRIX FIXE	SPÉCIALITÉS VÉGÉTARIENNES	REPAS À L'EXTÉRIEUR
BIRCH VALE : *Waltzing Weasel* £££ New Mills Rd, Birch Vale, Derbs. 01663 743402. Plats anglais consistants (rôtis, côtelettes, croustades, stilton) et vue panoramique sur le Kinder Scout. Jolies chambres.	AE MC V		■	●	■
BOTTESFORD : *La Petite Maison* £££ 1 Market St, Bottesford, Leics. 01949 842375. Un beau décor victorien et la fraîcheur de produits locaux tels que gibier, fruits et fromages justifient le succès de ce bistro. ● *dim. soir, lun.*	MC V		■	●	
BURTON ON THE WOLDS : *Langs* ££ 147 Melton Rd, Burton on the Wolds, Leics. 01509 880980. Ce restaurant élégamment décoré propose une cuisine du monde inventive mais aussi des plats de viande et de poisson traditionnels. ● *dim. soir, lun.*	MC V	●		●	
BUXTON : *The Wild Carrot* £ 5 Bridge St, Buxton, Derbs. 01298 22843. Un petit café apprécié pour ses plats diététiques servis avec générosité. Sandwichs, salades et plats du jour pleins d'imagination. ● *lun.*		●		●	■
COLSTON BASSETT : *Martins Arms* £££ School Lane, Colston Basett, Notts. 01949 81361. Situé dans une ancienne ferme, ce pub anglais traditionnel possède une confortable salle à manger. Cuisine de style britannique. ● *dim. soir, 25 déc.*	MC V	●		●	■
EMPINGHAM : *White Horse* £££ Empingham, Rutland. 01780 460221. Cette délicieuse maison en pierre du XVIIe siècle abrite un bar et un restaurant. Vous pourrez aussi y déguster des croissants le matin et de savoureux thés l'après-midi.	AE DC MC V	●	■	●	■
HAMBLETON : *Hambleton Hall* ££££ Près de l'A606 à proximité d'Oakham, Rutland. 01572 756991. Dans cet hôtel élégant *(p. 558)*, une vue panoramique sur Rutland Water ajoute au plaisir d'une cuisine raffinée faisant intervenir des ingrédients tels que le homard et le foie gras. Un luxe qui se paye.	MC V	●	■	●	■
KEYSTON : *The Pheasant Inn* ££ Sur A 14, Keyston, Northnts. 01832 710241. Réservez une table dans la salle à manger ou mangez au bistro. Gibier et glaces « maison » sont tout particulièrement bons.	AE DC MC V	●		●	■
LEICESTER : *Bobby's* £ 154-156 Belgrave Rd, Leicester. 0116 2660106. Prix modiques, plats végétariens de l'Inde du Sud et du Nord-Ouest, et intéressantes associations d'épices fraîchement moulues font l'intérêt du Bobby's. Apportez votre vin. ● *lun.*	MC V	●		●	
LEICESTER : *Welford Place* ££ 9 Welford Pl, Leicester. 0116 247 0758. Cet ancien club pour gentlemen est ouvert dès le petit déjeuner. Ambiance masculine, mais sans ostracisme. ● *dim.*	AE DC MC V	●	■	●	
LINCOLN : *Wig and Mitre* ££ 29 Steep Hill, Lincoln. 01522 535190. Cet établissement fonctionne sur le même principe que le Welford Place *(voir ci-dessus)*. Apprécié pour ses horaires étendus.	AE DC MC V	●		●	
LINCOLN : *Jew's House* £££ 15 The Strait, Lincoln. 01522 524851. Cuisine française dans un édifice très ancien près de la cathédrale. Merveilleux chocolats artisanaux. ● *dim., lun.*	AE DC MC V	●	■	●	

NEWARK : *Gannets Café*   £
35 Castlegate, Newark, Notts. 01636 702066.
Près du château, un jardin prolonge un café agréable que complète à l'étage un bistro simple et abordable. Atmosphère bohème et personnel très cordial.

NOTTINGHAM : *Saagar*   ££   AE MC V
473 Mansfield Rd, Sherwood, Nottingham. 0115 9622014.
Recettes du Pendjab, du Cachemire et du Pakistan. De nouveaux plats viennent régulièrement épicer le choix offert par la carte. ● dim. midi.

NOTTINGHAM : *Sonny's*   ££   AE MC V
3 Carlton St, Hockley, Nottingham. 0115 9473041.
Un établissement entre le snack-bar et le restaurant servant des mets tels que poivrons rôtis ou morue cajun. Ambiance branchée et détendue.

PAULERSPURY : *Vine House*   £££   MC V
100 High St, Paulerspury, Northnts. 01327 811267.
Demeure du XVIIᵉ siècle au sortir de l'A5. Décontraction, ingrédients inhabituels et tendances anglaises modernes. ● sam. midi, dim., lun. midi.

PLUMTREE : *Perkins Bar Bistro*   ££   AE DC MC V
Old Railway Station, Plumtree, Notts. 0115 9373695.
Un bistro où des sauces françaises accompagnent gibier et poissons britanniques. ● dim. soir, lun.

REDMILE : *Peacock*   ££   MC V
Church Corner, Redmile, Leics. 01949 842554.
Cet excellent pub propose des plats variés, cuisine française et européenne du Sud principalement . Essayez le homard et le turbot.

RIDGEWAY : *Old Vicarage*   ££££   AE DC MC V
Ridgeway Moor, Ridgeway, Derbs. 0114 2475814.
Viandes, légumes et aromates frais de première qualité se marient avec goût dans cette maison victorienne. Sous la verrière, un bistro propose des plats moins chers. Vaste choix pour les végétariens. ● dim. soir, lun.

ROADE : *Roade House*   £££   AE MC V
16 High St, Roade, Northnts. 01604 863372.
Cuisine anglaise inventive dans un établissement familial. Beaucoup de sauces élaborées. Gibier en hiver. ● sam. midi, dim. soir, lun. midi.

STOKE BRUERNE : *Bruerne's Lock*   £££   AE MC V
5 The Canalside, Stoke Bruerne, Northnts. 01604 863654.
Au bord du Grand Union Canal, une cuisine britannique moderne en constante évolution. Service attentif. ● sam. midi, dim. soir, lun.

STRETTON : *Ram Jam Inn*   ££   AE MC V
Great North Rd, Stretton, Leic. 01780 410776.
À toute heure du jour, tous les jours, en-cas et plats chauds consistants combleront petite ou grosse faim. ● 25 déc.

WINTERINGHAM : *Winteringham Fields*   ££   AE MC V
Winteringham, N Lincs. 01724 733096.
Une excellente cuisine britannique moderne est servie dans cet hôtel, dans un beau décor de style victorien *(p. 563)*. ● dim., lun.

LE LANCASHIRE ET LES LACS

AMBLESIDE : *Sheila's Cottage*   £   MC V
The Slack, Ambleside, Cumbria. 015394 33079.
Une adresse pour les amateurs de pâtisseries. Dans ce cottage qui abritait jadis des écuries, petits pains et gâteaux s'assortissent à des mets comme le jambon doux du Cumbria ou les crevettes de Solway.

AMBLESIDE : *Zeffirelli's*   £   MC V
Compston Rd, Ambleside, Cumbria. 015394 33845.
Cet établissement original associe des boutiques, un café, un cinéma et une pizzeria servant aussi salades et pâtes. ● du lun. au ven. midi.

AMBLESIDE : *Rothay Manor*   £££   AE DC MC V
Rothay Bridge, Ambleside, Cumbria. 015394 33605.
Plats traditionnels anglais dans un hôtel Regency. Le buffet du déjeuner et l'*afternoon tea* sont d'un excellent rapport qualité-prix.

Légende des symboles, voir rabat de couverture

Catégories de prix pour un repas avec entrée et dessert, une demi-bouteille de vin de la maison, couvert, taxe et service compris :
£ moins de 15 £
££ de 15 £ à 25 £
£££ de 25 £ à 35 £
££££ de 35 £ à 50 £
£££££ plus de 50 £

ENFANTS BIENVENUS
Restaurants servant des portions réduites et disposant de chaises hautes. Certains proposent des menus enfants.

MENU À PRIX FIXE
Menu en général de trois plats proposé au déjeuner et/ou au dîner.

SPÉCIALITÉS VÉGÉTARIENNES
Choix de spécialités végétariennes à la carte pour les plats principaux et parfois les entrées.

CARTES BANCAIRES
Cartes acceptées : AE = American Express ; DC = Diners Club ; MC = Master Card/Access ; V = Visa.

	CARTES BANCAIRES	ENFANTS BIENVENUS	MENUS À PRIX FIXE	SPÉCIALITÉS VÉGÉTARIENNES	REPAS À L'EXTÉRIEUR
APPLETHWAITE : *Underscar Manor* £££ Près de l'A66 à proximité de Keswick, Cumbria. 017687 75000. Chambres superbement meublées et cuisine ambitieuse dans une somptueuse villa à l'italienne entourée d'un jardin paisible.	AE MC V		●	●	
BIRTLE : *Normandie* ££££ Elbut Lane, Birtle, Manchester. 0161 764 3869. Bonne chère française moderne et sans prétention, mais cuisinée et assaisonnée avec sérieux. Bon rapport qualité-prix. ● *sam. midi, dim.*	AE DC MC V	●	●		
BLACKPOOL : *September Brasserie* ££ 15-17 Queen St, Blackpool. 012536 23282. Parmi les nombreux restaurants de Blackpool, cette brasserie sort du lot grâce à ses plats roboratifs mais novateurs. ● *lun.*	AE DC MC V	●	●		
BOWNESS-ON-WINDERMERE : *Porthole Eating House* £££ 3 Ash St, Bowness-on-Windermere, Cumbria. 015394 42793. Dans une ville touristique, ce restaurant italien n'a pas succombé à la facilité et conserve sa simplicité et un bon rapport qualité-prix. ● *sam. midi, mar., de mi-déc. à mi-fév.*	AE DC MC V	●		●	
BRAITHWAITE : *Ivy House* £££ Près de l'A66 à proximité de Keswick, Cumbria. 017687 78338. Les dîners ont du panache dans cet hôtel georgien au centre du village. Décor marquant et chambres confortables. ● *janv.*	AE DC MC V			●	
CARTMEL : *Uplands* £££ Haggs Lane, Cartmel, Cumbria. 015395 36248. Cet hôtel paisible propose à midi des menus d'un excellent rapport qualité-prix. Fraîcheur des produits locaux et vue superbe vers Morecambe Bay. ● *lun., mar. et mer. midi.*	AE MC V		●		
CLITHEROE : *Auctioneer* ££ New Market St, Clitheroe, Lancs. 01200 427153. Toscane une semaine, vallée de la Loire la suivante, le thème des menus change régulièrement dans cet ancien pub. ● *dim. soir, lun., mar midi.*	AE MC V		●	●	
COCKERMOUTH : *Quince and Medlar* ££ 13 Castlegate, Cockermouth, Cumbria. 01900 823579. Une maison modeste près du château, mais une cuisine végétarienne audacieuse. La carte est très inventive. ● *midi, dim., lun.*	MC V			●	
CROSTHWAITE : *Punch Bowl Inn* ££ Crosthwaite, près de Kendal, Cumbria. 01539 568237. Les gens font des kilomètres pour venir déjeuner dans ce relais de poste du XVIIe siècle. Carte éclectique. ● *25 déc, 26 déc. au soir, 1er janv. au soir.*	MC V	●	●	●	●
GRASMERE : *White Moss House* ££££ Sur l'A591 à Rydal Water, Cumbria. 01539 435295. Les chambres sont confortables dans cette maison qui appartint au poète William Wordsworth. Au dîner, un personnel attentif sert des menus haut de gamme dans un décor traditionnel. ● *midi, dim.*	MC V		●		
KENDAL : *Moon* ££ 129 Highgate, Kendal, Cumbria. 01539 729254. Ce bistro propose des spécialités végétariennes. Style décontracté, mais ingrédients toujours de qualité. ● *dim. midi.*	MC V	●		●	
LANGHO : *Northcote Manor* £££ Sur l'A59 près de Blackburn, Lancs. 01254 240555. Occupant un édifice victorien, cet hôtel et centre de conférences sert des mets traditionnels anglais et une cuisine européenne moderne.	AE DC MC V	●	●	●	

LIVERPOOL : *Armadillo*   £££
31 Mathew St, Liverpool. 0151 2364123.
Dans un ancien entrepôt du centre-ville, une cuisine inventive et goûteuse
offrant un choix intéressant de plats végétariens.
dim., lun., mar. au jeu. midi.
AE MC V

LIVERPOOL : *Becher's Brook*   ££££
29A Hope St, Liverpool. 0151 7070005.
Restaurant luxueux dans un immeuble georgien classé de la ville. Cuisine
moderne internationale. sam. midi, dim., jours fériés.
AE DC MC V

LONGRIDGE : *Paul Heathcote's*   ££££
104-106 Higher Rd, Longridge, Lancs. 01772 784969.
Grands talents créateurs du chef de ce restaurant décontracté. Superbe
gastronomie britannique. lun. soir, ven. midi, dim. midi.
AE DC MC V

MANCHESTER : *Siam Orchid*   ££
54 Portland St, Manchester. 0161 236 1388.
La carte du meilleur restaurant thaïlandais de Manchester offre un très vaste
choix comprenant des plats végétariens et des spécialités d'autres pays d'Asie
du Sud-Est. Attention aux sauces pimentées ! sam. midi, dim. midi.
AE DC MC V

MANCHESTER : *Moss Nook*   ££££
B5166 près de l'aéroport, Manchester. 0161 437 4778.
Des saveurs d'origines diverses se marient au Moss Nook. Essayez
le menu-surprise ou l'un des nombreux desserts. sam. midi, dim., lun.
AE MC V

MELMERBY : *Village Bakery*   £
Sur l'A686 près de Penrith, Cumbria. 01768 881515.
Mets à emporter ou à déguster sur place dans une ancienne grange.
En-cas végétariens à toute heure.
AE DC MC V

NEAR SAWREY : *Ees Wyke*   ££
Sur la B52 près de Hawkshead, Cumbria. 015394 36393.
Hôtes charmants, vue sur l'Estwaithe Water et excellents dîners d'un bon
rapport qualité-prix. midi, de janv. à fév.
AE

POULTON-LE-FYLDE : *River House*   ££££
Skippool Creek, Thornton-le-Fylde, Lancs. 01253 883497.
Ce restaurant avec chambres s'enorgueillit d'attacher autant de soin aux
détails (fromages, thé, petits fours) qu'aux plats principaux.
dim. soir.
MC V

SADDLEWORTH : *The Old Bell Inn Hotel*   ££
Huddersfield Rd, Delph, Oldham. 01457 870130.
Un menu, différent à chaque saison, est proposé dans le restaurant
principal ainsi que des petits plats et snacks, servis au bar.
AE MC V

ULLSWATER : *Sharrow Bay*   ££££
Près de Pooley Bridge, Ullswater, Cumbria. 017684 86301.
L'un des meilleurs *country-house hotels* de Grande-Bretagne *(p. 561).*
Même l'*afternoon tea* devient une fête gastronomique.
de déc. à fév.
MC V

WATERMILLOCK : *Rampsbeck Country House*   £££
Sur l'A592 près de Pooley Bridge, Cumbria. 017684 86442.
La salle à manger a vue sur un lac et la cuisine moderne britannique se
révèle assez ambitieuse pour retenir l'attention. La qualité du service
mérite une mention. du 4 janv. à mi-fév.
MC V

WHITEWELL : *Inn at Whitewell*   £££
Whitewell, Forest of Bowland, Clitheroe, Lancs. 01200 448222.
Cet ancien relais de poste très chaleureux propose de bons plats anglais.
AE DC MC V

WINDERMERE : *Miller Howe*   ££££
Rayrigg Rd, Windermere, Cumbria. 015394 42536.
Ce restaurant est aussi un bel hôtel, mais son atout principal reste ses
plats préparés et présentés avec art. du 3 janv. à mi-fév.
AE DC MC V

WITHERSLACK : *Old Vicarage*   £££
Church Rd, Witherslack, Cumbria. 015395 52381.
Cette charmante hôtellerie ancienne sert à 20 h des dîners délicieux employant
des produits du Cumberland. Réserver. du lun. au sam. midi.
AE DC MC V

Légende des symboles, voir rabat de couverture

Catégories de prix pour un repas avec entrée et dessert, une demi-bouteille de vin de la maison, couvert, taxe et service compris :
£ moins de 15 £
££ de 15 à 25 £
£££ de 25 à 35 £
££££ de 35 à 50 £
£££££ plus de 50 £

ENFANTS BIENVENUS
Restaurants servant des portions réduites et disposant de chaises hautes. Certains proposent des menus enfants.

MENU À PRIX FIXE
Menu en général de trois plats proposé au déjeuner et/ou au dîner.

SPÉCIALITÉS VÉGÉTARIENNES
Choix de spécialités végétariennes à la carte pour les plats principaux et parfois les entrées.

CARTES BANCAIRES
Cartes acceptées : AE = American Express ; DC = Diners Club ; MC = Master Card/Access ; V = Visa.

LE YORKSHIRE ET LE HUMBERSIDE

	CARTES BANCAIRES	ENFANTS BIENVENUS	MENUS À PRIX FIXE	SPÉCIALITÉS VÉGÉTARIENNES	REPAS À L'EXTÉRIEUR
ASENBY : *Crab and Lobster* £££ Près de l'A168 à proximité de Thirsk, N Yorks. (01845 577286. Au sortir de l'A1, spécialités de la mer dans un pub bourdonnant d'activité. Plats du jour en fonction des arrivages. ✄	AE MC V		■	●	■
BOLTON ABBEY : *Devonshire Arms Country House Hotel* £££ Sur l'A59 près d'Ilkley, N Yorks. (01756 710441. Une hôtellerie luxueuse où une clientèle variée vient apprécier un restaurant élégant, d'excellents snacks et des thés succulents. ⚅ ✄ ⛾	AE DC MC V	●	■	●	■
BRADFORD : *Bombay Brasserie* £ Simes St, Bradford. (01274 737564. Ce restaurant indien de qualité, spécialisé dans les plats végétariens et de poisson bengalis, offre néanmoins un choix bien plus vaste. ● sam. midi. ✄ ⛾	MC V	●	■	●	
BRADFORD : *Restaurant 19* £££ North Park Rd, Heaton, Bradford. (01274 492559. Dans une maison victorienne, une cuisine étonnante et ambitieuse n'hésitant pas à associer coquilles Saint-Jacques et soja. Au dîner, les menus sont d'un bon rapport qualité-prix. Jolies chambres. ● midi, dim., lun. ⛾	AE MC V		■	●	
ELLAND : *La Cachette* £ 7 Town Hall Buildings, Elland, Calderdale. (01422 378833. Une adresse sans prétention où l'on déguste dans un décor édouardien de délicieuses entrées et des ragoûts consistants. Essayez de garder un peu de place pour des desserts comme la *Bertie's Bombe*. ● dim. ⛾	AE MC V	●	■	●	
HARROGATE : *Betty's* ££ 1 Parliament St, Harrogate, N Yorks. (01423 502746. Petits déjeuners, déjeuners ou dîners, on peut ne prendre qu'un gâteau, un thé ou un café dans le ravissant cadre édouardien du Betty's. ● 25 et 26 déc., 1er janv. ✄	MC V	●		●	
HARROGATE : *Drum and Monkey* ££ 5 Montpellier Gardens, Harrogate, N Yorks. (01423 502650. Ce pub du centre-ville est devenu un élégant bar à vin-restaurant de poisson. Les produits de la mer dominent la carte. ● dim. ⚅ limité.	MC V	●			
HAWORTH : *Weaver's* ££ 15 West Lane, Haworth, Bradford. (01535 643822. Au cœur du Yorkshire, ce restaurant sert une cuisine moderne. On se prendrait presque pour les pèlerins de la littérature, à la recherche de nourriture après avoir parcouru la lande de Heathcliff. ● dim., lun. ✄	AE DC MC V	●	■	●	
HEADINGLEY : *Bryan's* £ 9 Weetwood Lane, Headingley, Leeds. (0113 2785679. Ce restaurant « fish and chip » classique est l'un des meilleurs dans sa catégorie : poissons frais et desserts délicieux. ⚅ ✄ ⛿	MC V	●	■	●	
HETTON : *Angel Inn* ££ Près de la B6265 à proximité de Skipton, N Yorks. (01756 730263. Ce restaurant convivial est plus raffiné qu'un pub de village, mais sa cuisine de brasserie reste modeste. ⚅ ✄ ⛾	AE MC V	●	■	●	
ILKLEY : *Box Tree* ££££ 35-37 Church St, Ilkley, Bradford. (01943 608484. Grande cuisine dans cette ferme du XVIIIe siècle récemment reprise par un maître queux créatif. ● sam. soir, dim. ⚅ ✄ ⛿	AE MC V	●		●	

KNARESBOROUGH : *Carriages Wine Bar* 89 High St, Knaresborough, N Yorks. (01423 867041. Le propriétaire et le chef sont australiens, ils vous proposent une cuisine du Pacifique en été et une cuisine française et méditerranéenne en hiver. Un joli jardin domine la paisible petite gare et le viaduc au-dessus de la Nidd Gorge. ● *dim. soir, lun.*	£££	AE MC V	●	■	●	■
LEEDS : *Brasserie Forty-four* 44 The Calls, Leeds. (0113 2343232. Installée dans d'anciens entrepôts au bord de l'eau, cette brasserie sert une cuisine sophistiquée. Son ambiance en fait un endroit sympathique où passer une soirée, surtout en été. ● *sam. midi, dim.* ◗	££	AE DC MC V	●	■		
LEEDS : *Haley's* Shire Oak Rd, Headingley, Leeds. (0113 2784446. Cet hôtel paisible dans le quartier de l'université soigne la présentation de ses mets anglo-français. Chambres claires et modernes. ● *midi.* ⊞	£££	AE DC MC V	●		●	
LIVERSEDGE : *Lillibet's Pub* 64 Leeds Rd, Liversedge, Kirklees. (01924 404911. Ce joli hôtel en pierre sert des dîners dont les trois plats marient avec goût tradition et modernité. &	£	AE MC V	●		●	
RIPLEY : *Boar's Head* Ripley Castle Estate, Ripley, N Yorks. (01423 771888. Ce relais de poste propose des chambres confortables et des mets fins ; les puddings sont aux fruits exotiques. Service cordial. &	££	AE DC MC V	●	■	●	
RIPON : *Old Deanery* Minster Rd, Ripon, N Yorks. (01765 603518. Produits locaux mais recettes françaises dans un restaurant-brasserie proche de la cathédrale. ● *sam. midi, dim. soir, lun.* & ⊞	£££	AE DC MC V		■		■
SHEFFIELD : *Greenhead House* 84 Burncross Rd, Chapeltown, Sheffield. (0114 2469004. Tradition française et menus de quatre plats. Potages parmi les spécialités. ● *du dim. au mar., mer. midi, sam. midi.* & ⊞	£££	AE MC V		■		
WATH IN NIDDERDALE : *Sportsman's Arms* Wath in Nidderdale, Pateley Bridge, près de Harrogate, N Yorks. (01423 711306. Bonne cuisine à base de produits locaux. ⊞ &	££	MC V	●		●	
WHITBY : *Magpie Café* 14 Pier Rd, Whitby, N Yorks. (01947 602058. Sur le port, le Magpie Café sert dans la bonne humeur d'excellents *fish and chips*. Ne manquez pas les gâteaux. ● *de janv. à début fév.* ⊞	£	MC V	●	■	●	
YORK : *Taylor's Tea Rooms* 46 Stonegate, York. (01904 622865. Gâteaux, déjeuners légers et spécialités du Yorkshire et de la Suisse à déguster dans un bâtiment médiéval. ⊞	£	MC V	●		●	
YORK : *Melton's* 7 Scarcroft Rd, York. (01904 634341. Traditions culinaires anglaise et française se marient dans un petit restaurant accueillant et d'un bon rapport qualité-prix. ● *dim. soir, lun. midi.* & ⊞ ▮	££	MC V	●	■	●	
LA NORTHUMBRIA						
BELFORD : *The Blue Bell Hotel* Market Place, Belford, Northum. (01668 213543. Le jardin fournit nombre de produits complétant la viande et le poisson qui changent en fonction des saisons. ⊞	££	AE MC V	●	■	●	
BERWICK UPON TWEED : *Funnywayt'mekalivin* 41 Bridge St, Berwick upon Tweed, Northum. (01289 308827. Savoureux, les dîners comportent quatre plats dans ce *Bed and Breakfast* où l'on peut déjeuner presque tous les jours. ● *lun.-mar. soir.*	£££	MC V	●	■	●	
CONSETT : *Pavilion* 2 Station Rd, Consett, Durham. (01207 503388. Ce restaurant chinois animé a de nombreux atouts : portions généreuses, carte étendue, personnel efficace sans être pesant, atmosphère cordiale et bon rapport qualité-prix.	££	AE DC MC V	●	■		

Légende des symboles, voir rabat de couverture

<table>
<tr><td>

Catégories de prix pour un repas avec entrée et dessert, une demi-bouteille de vin de la maison, couvert, taxe et service compris :
£ moins de 15 £
££ de 15 £ à 25 £
£££ de 25 £ à 35 £
££££ de 35 £ à 50 £
£££££ plus de 50 £

</td><td>

ENFANTS BIENVENUS
Restaurants servant des portions réduites et disposant de chaises hautes. Certains proposent des menus enfants.
MENU À PRIX FIXE
Menu en général de trois plats proposé au déjeuner et/ou au dîner.
SPÉCIALITÉS VÉGÉTARIENNES
Choix de spécialités végétariennes à la carte pour les plats principaux et parfois les entrées.
CARTES BANCAIRES
Cartes acceptées : AE = American Express ; DC = Diners Club ; MC = Master Card/Access ; V = Visa.

</td></tr>
</table>

	CARTES BANCAIRES	ENFANTS BIENVENUS	MENUS À PRIX FIXE	SPÉCIALITÉS VÉGÉTARIENNES	REPAS À L'EXTÉRIEUR
DARLINGTON : *Cottage Thai* £££ 94-96 Parkgate, Darlington, Durham. ☎ 01325 361717. Un endroit pratique où déguster des classiques thaïlandais comme les currys et soupes *tom yum*. ✂ ❱	AE MC V	●			
DURHAM : *Bistro 21* ££ Aykley Heads House, Aykley Heads, Durham. ☎ 0191 3841149. Une cuisine contemporaine éclectique pour tous les goûts. Ambiance détendue et agréable. ● dim., 25 déc., jours fériés. ✂ ♿ ▯	AE DC MC V	●	■		■
EAST BOLDON : *Forsters* £££ 2 St Bedes, Station Rd, East Boldon, S Tynes. ☎ 0191 519 0929. Cette auberge accueillante et sans prétention propose une cuisine d'inspiration française jamais décevante. ● dim., lun., midi du mar. au sam.	AE DC MC V	●	■	●	
GATESHEAD : *Fumi* ££ 248 Durham Rd, Gateshead. ☎ 0191 477 1152. Large choix de *sushi*, de *tempura* et de plats de nouilles dans ce restaurant où le service est d'une courtoisie très japonaise. ● midi, lun. ❱	MC V	●			
GATESHEAD : *Eslington Villa* £££ Sur l'A6127, Low Fell, Gateshead. ☎ 0191 487 6017. Accueil jovial et recettes classiques cuisinées avec compétence dans un bel hôtel au décor engageant. ● dim. soir. ♿ ✂	AE DC MC V	●	■		
HAYDON BRIDGE : *General Havelock Inn* ££ Radcliffe Rd, Haydon Bridge, Northum. ☎ 01434 684376. Bon produits pour un prix correct le soir et à midi. Les jardins mènent à la rivière Tyne. ● lun., mar., dim. soir. ✂ ♿		●	■		
HEXHAM : *Black House* £££ Dipton Mill Rd, Hexham, Northum. ☎ 01434 604744. Dans une dépendance de ferme, saveurs et textures s'assortissent avec art. ● midi, dim., lun. ♿ ✂	MC V			●	
NEWCASTLE UPON TYNE : *Courtney's* £££ 5-7 The Side, Newcastle upon Tyne. ☎ 0191 232 5537. Poissons exotiques, viande et gibier du pays prennent parfums et couleurs dans cette brasserie où du jazz en musique de fond contribue à créer une atmosphère détendue. ● sam. midi, dim. ♿ ❱ ✂	AE MC V	●	■	●	
NEWCASTLE UPON TYNE : *Fisherman's Lodge* ££££ Jesmond Dene, Jesmond, Newcastle upon Tyne. ☎ 0191 281 3281. Classicisme et modernisme se marient ici pour donner d'excellents résultats. Les en-cas servis à midi sont d'un bon rapport qualité-prix. ● 25,26 déc., dim., jours fériés. ♿ ✂	AE MC V		■		■
NEWCASTLE UPON TYNE : *21 Queen St* ££££ 19-21 Queen St, Princes Wharf, Quayside, Newcastle upon Tyne. ☎ 0191 222 0755. Un décor épuré et élégant pour une gastronomie complexe mais maîtrisée. Les légumes les plus simples révèlent des saveurs insoupçonnées. Service serein. ● sam. midi, dim. ♿ ❱ ▯	AE DC MC V		■	●	
ROMALDKIRK : *Rose and Crown* ££ Sur la B6277 près de Barnard Castle, Durham. ☎ 01833 650213. Ce beau relais de poste est à la fois un restaurant méritant un détour et un pub qui propose une intéressante sélection de bières et des plats simples d'un bon rapport qualité-prix. ● 25 et 26 déc. ✂	MC V	●	■		■
SEATON BURN : *Horton Grange* ££££ Près de l'A1 à Stannington, Northum. ☎ 01661 860686. Cet hôtel agréable occupe une ferme en pierre et sa cuisine, légère et élégante, s'harmonise avec un décor sophistiqué. ● midi, dim. ♿ ✂	AE MC V		■	●	

STOKESLEY : *Chapters* £££ | AE DC MC V
27 High St, Stokesley, N Yorks. 01642 711888.
Le Chapters offre le choix entre un bistrot décontracté et une salle à manger plus raffinée. Cuisine française. Jolies chambres. ● *dim., 25 déc., 1er janv.*

LE NORD DU PAYS DE GALLES

ABERDYFI : *Penhelig Arms* £££ | MC V
Aberdyfi, Gwynedd. 01654 767215.
L'hôtel-restaurant est situé au bord de la mer, la carte est dominée par le poisson fraîchement pêché *(voir aussi p. 564).* ● *1e semaine de déc., 25, 26 déc.*

ABERSOCH : *Riverside* ££ | AE MC V
Sur l'A499 près de Pwllheli, Gwynedd. 01758 712419.
Déjeuners, *high teas* et dîners servis dans une salle à manger rustique. Simplicité et accueil cordial.

ABERSOCH : *Porth Tocyn* £££ | MC V
Abersoch, Gwynedd. 01758 713303.
Difficile de ne pas tomber sous le charme de cet hôtel en bord de mer *(p. 564).* Plats légers à la carte. ● *de nov. à mars.*

CAPEL COCH : *Tre-Ysgawen Hall* £££ | AE MC V
Sur la B5111 à proximité de Llangefni, Anglesey. 01248 750750.
Cette massive hôtellerie sert une cuisine française moderne s'appuyant sur une solide formation classique. Service courtois et attentif.

COLWYN BAY : *Café Niçoise* £££ | AE MC V
124 Abergele Rd, Colwyn Bay, Conwy. 01492 531555.
Recettes régionales françaises s'y savourent sur fond d'accordéon.
● *lun., mar. midi, dim.*

CONWY : *Old Rectory* ££££ | MC V
Llanrwst Rd, Llansanffraid Glan, près de Conwy. 01492 580611.
Un grand soin est apporté aux repas. Beaucoup de tableaux et d'antiquités en décoration. ● *du 20 déc. au 1er fév.*

DEGANWY : *Paysanne* ££ | MC V
Station Rd, Deganwy, Conwy. 01492 583848.
Ce bistro gallois propose des plats du jour et, au dîner, des menus de trois plats. Le samedi, c'est à la carte. ● *midi, dim., lun.*

DOLGELLAU : *Dylanwad Da* ££
2 Ffôs-y-Felin, Dolgellau, Gwynedd. 01341 422870.
Classiques britanniques tels que l'agneau au porto ou la tarte aux prunes et au gingembre. Bistro sympathique. ● *de fév. à mi-mars.* ○ *jeu.-sam., mar.-dim. en hiver.*

EYTON : *Plassey Bistro* £ | AE DC MC V
Eyton, près de Wrexham. 01978 780905.
Au milieu de bâtiments agricoles édouardiens et d'ateliers d'artisanat, le Plassey propose de bons plats du jour. L'agneau gallois rôti à feu doux est une délicieuse spécialité.

GLANWYDDEN : *Queen's Head* ££ | MC V
Près de la B5115 à proximité de Llandudno Junction, Conwy. 01492 546570.
Ce pub de campagne propose agneau gallois, moules et soupes. Dans une longue liste de desserts figurent des puddings traditionnels.

HARLECH : *Castle Cottage* £££ | MC V
Pen Llech, Harlech, Gwynedd. 01766 780479.
Malgré des agrandissements modernes, voici l'un des plus vieux bâtiments de Harlech. Élaborés avec des produits locaux, des plats anglais et gallois se partagent la carte. Chambres disponibles. ● *midi, fév.*

LLANARMON DYFFRYN CERIOG : *West Arms Hotel* ££ | MC V
Llanarmon Dyffryn Ceriog, près de Llangollen, Denbighs. 01691 600665.
Plats superbes et excellente présentation dans ce restaurant du XVIe siècle. Les poissons locaux sont particulièrement délicieux.

LLANBERIS : *Y Bistro* £££ | MC V
43-45 High St, Llanberis, Gwynedd. 01286 871278.
Restaurant de randonneurs au pied du Snowdown Railway.
● *midi, dim.*

Légende des symboles, voir rabat de couverture

	CARTES BANCAIRES	ENFANTS BIENVENUS	MENUS À PRIX FIXE	SPÉCIALITÉS VÉGÉTARIENNES	REPAS À L'EXTÉRIEUR

Catégories de prix pour un repas avec entrée et dessert, une demi-bouteille de vin de la maison, couvert, taxe et service compris :
£ moins de 15 £
££ de 15 £ à 25 £
£££ de 25 £ à 35 £
££££ de 35 £ à 50 £
£££££ plus de 50 £

ENFANTS BIENVENUS
Restaurants servant des portions réduites et disposant de chaises hautes. Certains proposent des menus enfants.

MENU À PRIX FIXE
Menu en général de trois plats proposé au déjeuner et/ou au dîner.

SPÉCIALITÉS VÉGÉTARIENNES
Choix de spécialités végétariennes à la carte pour les plats principaux et parfois les entrées.

CARTES BANCAIRES
Cartes acceptées : AE = American Express ; DC = Diners Club ; MC = Master Card/Access ; V = Visa.

	CARTES BANCAIRES	ENFANTS BIENVENUS	MENUS À PRIX FIXE	SPÉCIALITÉS VÉGÉTARIENNES	REPAS À L'EXTÉRIEUR
LLANDRILLO : *Tyddyn Llan* £££ Sur la B4401 près de Corwen, Denbigh. 📞 01490 440264. Cette hôtellerie georgienne *(p. 565)* sert une cuisine de qualité à base de produits locaux comme le bœuf noir du pays de Galles. ● *lun. midi.* 🔽 ♿	AE DC MC V	●	■	●	■
LLANDUDNO : *Richard's* £££ 7 Church Walks, Llandudno, Gwynedd. 📞 01492 877924. Ce bistrot dans une maison victorienne est extrêmement populaire. Beaucoup de plats dans le menu. ● *midi, 25 déc., 26 déc.* ◗	AE DC MC V	●		●	
LLANGOLLEN : *Gales* ££ 18 Bridge St, Llangollen, Denbighs. 📞 01978 860089. Bar à vin, restaurant et *guesthouse*. Les repas sont servis dans une salle lambrissée. Antiquités dans les chambres. ● *dim., du 25 déc. au 8 janv.* ♿ 🍴 🔽	AE DC MC V	●		●	
MENAI BRIDGE : *Jodie's* £ Telford Rd, Menai Bridge, Anglesey. 📞 01248 714864. La verrière et le jardin dominent le pont sur Menai Strait. On s'y restaure de plats simples, notamment végétariens. ♿ 🔽	MC V			●	
NORTHOP : *Soughton Hall* £££ Près de l'A5119, Northop, Flint. 📞 01352 840811. Cuisine de grand style et tenue habillée de rigueur dans cet hôtel occupant dans un parc un palais épiscopal du XVIIIᵉ siècle. ● *dim.* 🔽	AE MC V			●	
PWLLHELI : *Plas Bodegroes* £££ Nefyn Rd, Pwllheli, Gwynedd. 📞 01758 612363. Le chef de cette élégante hôtellerie georgienne *(p. 565)* tire parti d'excellents produits locaux pour créer une succulente cuisine britannique. Dîners de cinq plats. Poissons particulièrement bons. ● *midi (sauf dim.), lun., de déc. à fév.*	MC V				
TREFRIW : *Chandler's* ££ Sur la B5 106, Trefriw, Conwy. 📞 01492 640991. Atmosphère décontractée : les clients sont attablés sur des bancs. Le pain frais est délicieux. ● *midi : mer.-ven. (mai à sept.) ; soir : ven., sam.*	AE MC V	●		●	

LE SUD ET LE CENTRE DU PAYS DE GALLES

	CARTES BANCAIRES	ENFANTS BIENVENUS	MENUS À PRIX FIXE	SPÉCIALITÉS VÉGÉTARIENNES	REPAS À L'EXTÉRIEUR
ABERAERON : *Hive on the Quay* ££ Cadwgan Pl, Aberaeron, Cerede. 📞 01545 570445. Le miel est la spécialité de ce café qui sert en été des thés et des déjeuners diététiques dans le cadre accueillant créé par des meubles en pin et beaucoup de plantes vertes. Dîners en haute saison. ● *de mi-sept. à mai.*	MC V	●		●	■
BRECHFA : *Ty Mawr* £££ Brechfa, Carmarthen. 📞 01267 202332. Petit hôtel rustique où de bons produits locaux se parent de parfums plus exotiques. ♿ 🔽	MC V	●	■	●	
CARDIFF : *La Brasserie/Champers/Le Monde* ££ 60 St Mary St, Cardiff. 📞 029 20372164. Cet établissement réunit une brasserie, un bar à *tapas* et un restaurant de poissons. Bons vins et atmosphère amicale. ♿ ◗	AE DC MC V	●	■	●	
CARDIFF : *Chikako's* ££ 10-11 Mill Lane, Cardiff. 📞 029 20665279. Décor minimaliste et cuisine soignée dans ce restaurant japonais qui cultive dans son jardin les ingrédients qu'il n'importe pas. ● *midi.* 🔽 ◗	AE MC V		■		
CLYTHA : *Clytha Arms* £££ Près d'Abergavenny, Monmouth. 📞 01873 840206. Pub où France et pays de Galles se côtoient avec des plats comme les huîtres aux poireaux et le *laverbread (p. 36)*. ● *dim. soir, lun. midi.* ♿ 🔽	AE DC MC V	●		●	■

COWBRIDGE : *Off the Beeton Track* 1 Town Hall Sq, Cowbridge, V of Glam. █ 01446 773599. Gâteaux maison, déjeuners simples et *afternoon teas* précèdent des dîners plus élaborés. Point fort : les sauces. ● *dim. soir, lun. soir.* █	£ £	AE DC MC V	●	▥	●	▥
CRICKHOWELL : *Nantyffin Cider Mill Inn* Brecon Rd, Crickhowell, Powys. █ 01873 810775. Gibier, poisson, et recettes populaires comme le *pie and mash* sont servis dans cette auberge du XVIe siècle sans prétention. ● *lun.* █	£ £	AE MC V	●		●	▥
LAMPHEY : *Diall Inn* The Ridgeway, Lamphey, Pembroke. █ 01646 672426. Steack, huîtres ou *pie* rendent le client heureux. Poissons et plats végétariens. ● *25 déc.* █ █	£ £	AE MC V	●		●	▥
LLANDEWI SKIRRID : *Walnut Tree Inn* Sur la B4521 près d'Abergavenny, Monmouth. █ 01873 852797. Ce bistro décontracté propose un éventail riche et éclectique de mets servis sans prétention mais préparés avec soin. ● *dim., lun.* █	£ £ £		●		●	▥
LLYSWEN : *Griffin Inn* Sur l'A470, Llyswen, Powys. █ 01874 754241. La carte de cette auberge du XVe siècle reflète les deux grands centres d'intérêt de la Wye Valley : la chasse et la pêche. ● *dim. soir.* █ █	£ £	AE DC MC V	●		●	▥
MATHRY : *Ann FitzGerald's Farmhouse Kitchen* Près de l'A487 à proximité de Mathry, Haverfordwest, Pembroke. █ 01348 831347. Des mets intéressants aux saveurs marquées caractérisent ce restaurant. Bons vins et bons fromages gallois. ● *midi du lun. au sam. (oct. à mars).* █ █	£ £	MC V	●	▥	●	
NANTGAREDIG : *Four Seasons, Cwmtwrch Farm* Sur la B4310, Carmarthen. █ 01267 290238. Recettes simples à base de produits locaux tels que l'agneau et le saumon fumé dans cet établissement tenu en famille. ● *dim. lun.*	£ £	MC V	●	▥	●	▥
NEWPORT : *Cnapan* East St, Newport, Pembroke. █ 01239 820575. Ce restaurant georgien avec chambres sert toute la journée café et thé. Spécialités galloises au déjeuner et au dîner. ● *mar., du lun. au jeu. d'oct. à Pâques.* █ █	£ £	MC V	●	▥	●	▥
PONTFAEN : *Tregynon Country Farmhouse* Près de la B4313, Gwaun Valley, Newport. █ 01239 820531. La nourriture est délicieuse et saine, le bacon fumé sur place. Chambres bon marché dans un cadre rural. ● *midi.* █	£ £	MC V		▥		▥
PORTHGAIN : *Harbour Lights* Près de l'A487 à Croesgoch, Pembroke. █ 01348 831549. Portions généreuses, fromages gallois, spécialités comme le *laverbread* (*p. 36*) dans un vieux cottage en bord de mer. ● *lun., mar.* █ █	£ £ £	MC V		▥		▥
ROSEBUSH : *Tafarn Newydd* Sur la B4329 près de Rosebush, Pembroke. █ 01437 532542. Large choix de snacks, petits plats ou carte d'inspiration internationale. ● *dim. soir, mar., 2 sem. en janv. et nov., 25 déc.* █	£ £		●		●	
ST DAVID'S : *Morgan's Brasserie* 20 Nun St, St David's, Pembroke. █ 01437 720508. Le poisson est la spécialité de cette brasserie familiale. Bœuf et fromage gallois également. ● *d'oct. à Pâques : lun.-sam., de nov. à mars : mer.-sam.* █	£ £ £	AE MC V	●		●	▥
SWANSEA : *La Braseria* 28 Wind St, Swansea. █ 01792 469683. Cet établissement espagnol est particulièrement apprécié à midi pour ses menus d'un bon rapport qualité-prix. ● *dim.* █ ▶	£ £	AE DC MC V		▥		▥
SWANSEA : *Number One Wind Street* 1 Wind St, Swansea. █ 01792 456996. Ce restaurant moderne adapte des recettes régionales françaises aux produits de la pêche et de l'élevage gallois. ● *lun.* █	£ £ £	AE MC V	●	▥	●	▥
TRELLECH : *Village Green Brasserie* Trellech, près de Monmouth. █ 01600 860119. Des saveurs du monde entier voisinent sur la carte de cet ancien prieuré. Menus uniquement le dimanche midi. ● *dim. soir, lun.* █ █	£ £	MC V	●	▥	●	▥

Légende des symboles, voir rabat de couverture

Catégories de prix pour un repas avec entrée et dessert, une demi-bouteille de vin de la maison, couvert, taxe et service compris: ⓔ moins de 15 £ ⓔⓔ de 15 £ à 25 £ ⓔⓔⓔ de 25 £ à 35 £ ⓔⓔⓔⓔ de 35 £ à 50 £ ⓔⓔⓔⓔⓔ plus de 50 £	**ENFANTS BIENVENUS** Restaurants servant des portions réduites et disposant de chaises hautes. Certains proposent des menus enfants. **MENU À PRIX FIXE** Menu en général de trois plats proposé au déjeuner et/ou au dîner. **SPÉCIALITÉS VÉGÉTARIENNES** Choix de spécialités végétariennes à la carte pour les plats principaux et parfois les entrées. **CARTES BANCAIRES** Cartes acceptées : AE = American Express ; DC = Diners Club ; MC = Master Card/Access ; V = Visa.	**CARTES BANCAIRES**	**ENFANTS BIENVENUS**	**MENUS À PRIX FIXE**	**SPÉCIALITÉS VÉGÉTARIENNES**	**REPAS À L'EXTÉRIEUR**

WELSH HOOK : *Stone Hall* ⓔⓔ
Près de l'A40 à proximité de Wolf's Castle, Pembroke. 📞 01348 840212.
La cuisine française règne en maître dans cet hôtel-restaurant entouré d'un parc. ● *midi.* ♿
AE DC MC V — ● ▪ ● —

WHITEBROOK : *Crown at Whitebrook* ⓔⓔⓔ
Whitebrook, près de Monmouth, Monmouth. 📞 01600 860254.
Cuisine régionale française au cœur de la Wye Valley dans un édifice du XVIIᵉ siècle. Quelques chambres. ● *dim. soir, lun. midi, 2 sem. en janv. et en août.* ✂ 🍴
AE DC MC V

LES LOWLANDS

ANSTRUTHER : *Cellar* ⓔⓔⓔⓔ
24 East Green, Anstruther, Fife. 📞 01333 310378.
Les produits de la mer, d'excellente qualité, dominent la carte dans l'un des plus anciens bâtiments du port d'Anstruther.
● *de nov. à mars, dim., lun.* ✂ 🍴
AE MC V — — ▪ — —

AYR : *Fouters Bistro* ⓔ
2A Academy St, Ayr, Strathclyde. 📞 01292 261391.
Dans une cave voûtée, ce bistro propose une cuisine essentiellement française adaptée à des ingrédients écossais. ● *dim., lun.* 🌙
AE DC MC V — ● ▪ ● —

CANONBIE : *Riverside Inn* ⓔⓔⓔ
Sur l'A47 près de la frontière, Dumfries & Galloway. 📞 0138 73 71512.
La constante qualité de sa cuisine assure la popularité de cette auberge du XVIIᵉ siècle dominant l'Esk. On peut manger au bar comme au restaurant. ✂ 🍴
MC V — ● — ● ●

CUPAR : *Ostlers Close* ⓔⓔⓔ
Bonnygate, Cupar, Fife. 📞 01334 655574.
Le poisson tient une grande place sur la carte, mais viandes et gibier tirent aussi parti d'une bonne maîtrise de la tradition française. Délicieux plats de champignons. ● *dim., lun.* ♿ *limité.* 🍴
AE MC V — ● — — —

EDINBURGH : *Cruise Ship* ⓔ
The Shore, Leith, Edinburgh. 📞 0131 5554445.
Ce bateau est le plus voyant des nombreux restaurants du quartier des Leith Docks. Plats simples : steak, poisson, poulet ou légumes. ✂ 🌙
MC V — ● — ● ●

EDINBURGH : *Henderson's* ⓔ
94 Hanover St, Edinburgh. 📞 0131 225 2131.
Large choix de spécialités végétariennes. Gâteaux et fromages inhabituels complètent soupes et plats chauds. ✂ 🌙
AE MC V — ● — ● —

EDINBURGH : *Kalpna* ⓔ
2-3 St Patrick Sq, Edinburgh. 📞 0131 667 9890.
Cuisine végétarienne indienne dans un environnement apaisant près de l'université. Saveurs douces et service variable. ● *sam. midi, dim.* ✂ 🌙
MC V — ● ▪ ● —

EDINBURGH : *Susie's Diner* ⓔ
53 West Nicolson St, Edinburgh. 📞 0131 667 8729.
Un café végétarien accueillant bien situé près de l'Edinburgh University.
Produits de qualité parfaitement assaisonnés. ♿
— — ● — ● ●

EDINBURGH : *The Lost Sock Diner* ⓔⓔ
11 East London St, Edinburgh. 📞 0131 5576097.
C'est l'un des meilleurs restaurants de la région. Le menu comporte des *tortillas*.
Le petit déjeuner est servi jusqu'à 16 heures. ● *soir, sauf ven. et sam.* ♿ ✂ 🍴
— — ● ▪ ● ●

EDINBURGH : *Atrium* ⓔⓔⓔ
10 Cambridge St, Edinburgh. 📞 0131 228 8882.
Un décor ultra-chic et des plats légers. Sous influence méditerranéenne, une cuisine britannique vive et moderne. ● *sam. midi, dim.* ♿ 🌙
AE MC V — ● — ● —

EDINBURGH : *Vintners Rooms* £££ AE MC V
87 Giles St, Leith, Edinburgh. (0131 5546767.
Repas aux chandelles dans ce restaurant original installé dans un entrepôt de vin. La cuisine comme le service y sont d'une modestie rare. Un bar à vin sert des déjeuners légers. ● *dim., dern. sem. de déc., 1ᵉ sem. de janv.* & �☆ ➤ ☰

EDINBURGH : *Waterfront Wine Bar* £££ MC V
1C Dock Place, Leith, Edinburgh. (0131 5547427.
La meilleure adresse de Leith avec un bar chaleureux, une excellente carte des vins et un restaurant proposant des plats dans l'air du temps. & ☆ ☰

EDINBURGH : *Martin's* ££££ AE DC MC V
70 Rose St, North Lane, Edinburgh. (0131 2253106.
Le Martin's réunit hommes d'affaires et promeneurs autour de plats inventifs d'inspiration française. ● *dim., lun.* ☆ ☰

GLASGOW : *The Buttery* £££ AE DC MC V
652 Argyle St, Glasgow. (0141 2218188.
C joli pub du tournant du siècle est devenu un élégant restaurant. Des mets plus simples sont servis au Belfry, à l'étage au-dessous. ● *sam. midi, dim., 25 déc., 1ᵉʳ janv.* ➤

GLASGOW : *Ubiquitous Chip* £££ AE DC MC V
12 Ashton Lane, Glasgow. (0141 3345007.
C'est dans le bistro à l'étage que s'exprime le mieux l'esprit enjoué de cet établissement. La cuisine est toujours bonne, avec une immense variété de plats écossais. & ➤ ☰

GLASGOW : *Camerons, Glasgow Hilton* ££££ AE DC MC V
1 William St, Glasgow. (0141 2045511.
Le décor de cet hôtel pour hommes d'affaires évoque une Écosse de parc de loisirs mais plats et service sont irréprochables. ● *sam. midi, dim.* & ➤

GLASGOW : *One Devonshire Gardens* ££££ AE DC MC V
1 Devonshire Gardens, Glasgow. (0141 3392001.
Somptueux hôtel-restaurant (*p. 569*) à l'atmosphère agréablement détendue. Recettes d'inspiration anglaise et française. ● *sam. midi* ☆ ➤

GULLANE : *La Potinière* £££
Main St, Gullane, Lothians. (01620 843214.
Le couple qui tient la Potinière y crée une atmosphère chaleureuse et conviviale en accord avec une cuisine splendide, goûteuse et d'un excellent rapport qualité-prix. ● *jeu. midi, dim. midi, ven. soir, sam. soir.* & ☆ ☰

LARGS : *Nardini's* ££ AE DC MC V
The Esplanade, Largs, N Ayrshire. (01475 674555.
Ce café en bord de mer possède un superbe intérieur Arts déco et sert toute la journée petits déjeuners, gâteaux et plats italiens et français.
& ☆ ➤

LINLITHGOW : *Champany Inn* ££££ AE DC MC V
Champany, près de Linlithgow, The Lothians. (0150 683 4388.
Un endroit remarquable pour ses vins. Bonne cuisine, qu'il s'agisse de simples steaks ou de plats en sauce. ● *sam. midi, dim.* & ☰

MOFFAT : *Well View* £££ AE MC V
Ballplay Rd, Moffat, Dumfries et Galloway. (01683 220184.
Quelques éléments écossais métissent une cuisine française moderne. Ambiance paisible. Pas d'enfants le vendredi soir. ● *sam. midi.*

PORTPATRICK : *Knockinaam Lodge* ££££ AE DC MC V
Près de l'A77 à proximité de Portpatrick, Dumfries et Galloway. (01776 810471.
Dans un très beau site dominant la mer, une cuisine française moderne accomode poissons et viandes avec élégance. & ☆

ST ANDREWS : *Brambles* £ MC V
5 College St, St Andrews, Fife. (01334 475380.
Ce self-service bon marché, spécialisé dans la cuisine végétarienne, sert aussi de la viande et du poisson. Pâtisseries. ☆

ST ANDREWS : *The Peat Inn* ££££ AE DC MC V
Sur la B940 près de St Andrews, Fife. (01334 840206.
Une approche gastronomique, moderne, tirant parti des légumes de saison et des produits locaux, a établi l'excellente réputation de cet hôtel-restaurant. Excellent rapport qualité-prix à midi. ● *dim., lun.* & ☆ ☰

Légende des symboles, voir rabat de couverture

....

Catégories de prix pour un repas avec entrée et dessert, une demi-bouteille de vin de la maison, couvert, taxe et service compris :
ⓛ moins de 15 £
ⓛⓛ de 15 à 25 £
ⓛⓛⓛ de 25 à 35 £
ⓛⓛⓛⓛ de 35 à 50 £
ⓛⓛⓛⓛⓛ plus de 50 £

ENFANTS BIENVENUS
Restaurants servant des portions réduites et disposant de chaises hautes. Certains proposent des menus enfants.

MENU À PRIX FIXE
Menu en général de trois plats proposé au déjeuner et/ou au dîner.

SPÉCIALITÉS VÉGÉTARIENNES
Choix de spécialités végétariennes à la carte pour les plats principaux et parfois les entrées.

CARTES BANCAIRES
Cartes acceptées : AE = American Express ; DC = Diners Club ; MC = Master Card/Access ; V = Visa.

	CARTES BANCAIRES	ENFANTS BIENVENUS	MENUS À PRIX FIXE	SPÉCIALITÉS VÉGÉTARIENNES	REPAS À L'EXTÉRIEUR
SWINTON : *Wheatsheaf* ⓛⓛ Main St, Swinton, Borders. ☎ 01890 860257. Cette auberge sert une cuisine inventive à déguster dans la salle à manger ou sous une verrière. Chambres disponibles. ● *lun.*	MC V	●		●	▪
TROON : *Highgrove House* ⓛⓛⓛ Old Loans Rd, Troon, S Ayrshire. ☎ 01292 312511. Maison d'un capitaine à la retraite, Highgrove House a vue sur le Firth of Clyde et propose une carte étendue. Chambres disponibles.	AE MC V	●	▪	●	▪
LES HIGHLANDS ET LES ÎLES					
ABERDEEN : *The Silver Darling* ⓛⓛⓛ Pocra Quay, Footdee, North Pier, Aberdeen. ☎ 01224 576229. Ce restaurant, côté nord du port d'Aberdeen, cuisine de délicieux poissons et fruits de mer en fonction de la pêche du jour. ● *sam. midi, dim., 25-28 déc., 1ᵉʳ-3 janv.*	AE DC MC V	●		●	
ABERFOYLE : *Braeval Old Mill* ⓛⓛⓛ Sur l'A81 près d'Aberfoyle, Stirling. ☎ 01877 382711. Les menus de quatre plats du dîner incluent des recettes de gibier et de poisson. Alléchants desserts. ● *mar.-sam. midi, dim. soir, lun.*	MC V	●	▪	●	
ALEXANDRIA : *Georgian Room, Cameron House* ⓛⓛⓛⓛ Près de l'A82, Loch Lomond, Alexandria, Strath. ☎ 01389 55565. Ce grand hôtel confortable attire une clientèle aisée de joueurs de golf et de pêcheurs. Cuisine riche et de qualité. ● *sam. midi, dim. midi.*	AE DC MC V		▪	●	
ALYTH : *Drumnacree House* ⓛⓛ St Ninian's Rd, Alyth, Perthshire. ☎ 01828 632194. Des styles culinaires variés déclinés avec enthousiasme donnent une carte éclectique riche en idées originales et en mets dont les ingrédients proviennent du fumoir et du jardin. ● *midi, dim., lun.*	MC V	●		●	
AUCHMITHIE : *But 'n' Ben* ⓛⓛ Près de l'A92 à proximité d'Arbroath, Angus. ☎ 01241 877223. Deux cottages mitoyens dans un village de pêcheurs. Les prises du jour se retrouvent dans l'assiette. Splendides *high teas.* ● *dim. soir, mar.*	MC V	●		●	
BALLATER : *Green Inn* ⓛⓛⓛ 9 Victoria Rd, Ballater, Aberdeenshire. ☎ 013397 55701. Produits écossais savamment accomodés dans un ancien pub rénové. Personnel cordial et compétent. Chambres disponibles. ● *d'oct. à mars : midi, dim.*	AE DC MC V	●		●	
BALLATER : *Darroch Learg* ⓛⓛⓛⓛ Braemar Rd, Ballater, Aberdeenshire. ☎ 013397 55443. Dans un pavillon de chasse victorien, des recettes locales mais préparées avec une patte moderne et des assaisonnements séduisants. ● *du 10 janv. au 1ᵉʳ fév.*	AE DC MC V	●	▪	●	
CAIRNDOW : *Loch Fyne Oyster Bar* ⓛⓛⓛ Clachan Farm, Ardkinglas, Cairndow, Argyll et Bute. ☎ 01499 600236. Un endroit splendide et accueillant où déguster un plateau de fruits de mer devant les parcs à huîtres du loch.	DC MC V	●		●	
DUNKELD : *Kinnaird* ⓛⓛⓛⓛⓛ Kinnaird Estate, près de la B898 à proximité de Dunkeld, Perthshire. ☎ 01796 482440. Cet hôtel de grand luxe entouré d'un parc sert une cuisine raffinée et originale. Le déjeuner est plus abordable. ● *de janv. à fév. lun., mar., mer.*	AE MC V			●	
FORT WILLIAM : *Crannog* ⓛⓛ Town Pier, Fort William, Highl. ☎ 01397 705589. Vous y apprécierez le plaisir simple de déguster des produits de la mer délicieusement frais en jouissant d'une vue panoramique sur un loch. Portions généreuses, ambiance chaleureuse et service efficace.	MC V	●		●	

HARLOSH BY DUNVEGAN : *Harlosh House* £££ MC V
Sur l'A 863, Isle of Skye. (01470 521367.
Réservez à l'avance le menu du jour ou allez-y pour les superbes poissons
et fruits de mer servis avec du pain fait maison. Belles chambres avec vue
sur le loch Bracadale *(voir aussi p. 571).* ⬤ midi, de mi-oct. à Pâques. ⬤ ⬤ ⬤

INVERNESS : *Culloden House* ££££ AE DC MC V
Près de l'A96 à Culloden, Highland. (01463 790461.
Une solide cuisine écossaise où la touche sucrée de sauces ou de sorbets
vient rehausser des plats de viande, de gibier ou de poisson. Chambres. ⬤

KILBERRY : *Kilberry Inn* ££ MC V
Kilberry par Tarbert, Argyll et Bute. (01880 770223.
Dans un paisible village côtier, ce pub occupant une maison basse
et blanche sert une cuisine paysanne traditionnelle.
⬤ dim., de mi-oct. à Pâques. ⬤

KILLIECRANKIE : *Killiecrankie* £££ MC V
Près de l'A9 à proximité de Pitlochry, Perthshire. (01796 473220.
Excellents plats simples à midi et dîners plus ambitieux dans un bel
hôtel. Mets consistants, quelques-uns sont orientaux. ⬤ limité. ⬤

KINCLAVEN : *Ballathie House* £££ AE DC MC V
Près de la B9099 à proximité de Stanley, Perthshire. (01250 883268.
Cette hôtellerie accueillante dans un vaste domaine sur la Tay met,
comme il se doit, gibier et saumon à sa carte. ⬤ ⬤

KINCRAIG : *Boathouse* £ MC V
Loch Insh, Kincraig, Invernesshire, Highland. (01540 651272.
Cette cabane en rondins sert à manger à toute heure du jour : snacks,
mais aussi poisson frais, *haggis* ou steaks. ⬤ ⬤

KINGUSSIE : *Cross* £££ MC V
Tweed Mill Brae, Ardbroilach Rd, Kingussie, Highland. (01540 661166.
Dans une manufacture de tweed du XIXᵉ siècle, les produits locaux sont
cuisinés avec maîtrise. Jolies chambres. ⬤ mar., de déc. à fév. ⬤ ⬤ ⬤

KYLE OF LOCHALSH : *Seagreen Restaurant and Book Shop* ££ MC V
Plockton Rd, Kyle of Lochalsh, Highland. (01599 534388.
Un comptoir propose à toute heure du jour snacks et plats chauds.
Service à table le soir. La carte offre un très large choix aux végétariens,
mais séduira aussi les carnivores. ⬤ de janv. à déb. avr. ⬤ ⬤

KYLESKU : *Kylesku* ££ MC V
Sur l'A894 par Lairg, Highland. (01971 5022331.
Un lac et des montagnes donnent un cadre superbe à cet hôtel.
La carte est limitée, mais le poisson frais est toujours bon. ⬤

OBAN : *Knipoch* ££££ AE DC MC V
Sur l'A816 près d'Oban, Argyll et Bute. (01852 316251.
Impressionnantes garnitures de légumes et somptueux puddings figurent
aux menus proposés au dîner dans cet hôtel. ⬤ de mi-déc. à fév. ⬤ ⬤

PERTH : *Let's Eat* ££ AE MC V
77 Kinnoull St, Perth. (01738 643377.
Vous y découvrirez une cuisine écossaise moderne à base de produits locaux :
poisson ; bœuf et agneau. ⬤ 25-26 déc., 1ᵉʳ, 2 janv., 2 sem. mi-janv., 2 sem. mi-juil. ⬤

PORT APPIN : *Airds* ££££ MC V
Port Appin, Appin, Argyll et Bute. (01631 730236.
Cet hôtel *(p. 573)* en bord de mer possède un décor riant et son chef
élabore de splendides assortiments de saveurs. ⬤ ⬤

ST MARGARET'S HOPE : *Creel* ££ MC V
Front Rd, St Margaret's Hope, S. Ronaldsay, Orkney. (01856 831311.
Excellente cuisine sans prétention. Les produits de la mer dominent.
Essayez l'agneau nourri au varech. ⬤ lun.-sam. midi, dim. soir, lun.-ven. (nov.-mars).
⬤ d'avr. à oct. pour dîner. ⬤

ULLAPOOL : *Altnaharrie Inn* £££££ AE MC V
Ullapool, Highland. (01854 633230.
Sans succomber à la mode, une gastronomie moderne qui n'hésite
pas à utiliser la cueillette des champs et des haies. Les poissons sortent
tout droit du bateau. *(p. 573.)* ⬤ de déb. nov. à Pâques. ⬤ ⬤

Légende des symboles, voir rabat de couverture

Les pubs britanniques

Une visite de la Grande-Bretagne ne saurait être complète sans découvrir ses pubs, ou *public houses* (p. 34-35). Ayant pour origine les auberges et relais de poste médiévaux, ce sont des lieux de rencontre plus que des débits de boissons et toutes les classes sociales s'y mêlent autour d'un verre ou d'une partie de dominos ou de fléchettes. Certains eurent une histoire animée ou conservent un intérieur d'une autre époque. La plupart de ceux qui figurent dans notre sélection occupent des édifices pleins de cachet ou jouissent d'un cadre particulier. Tous servent bières et spiritueux et, de plus en plus, vins au verre. Quelques-uns accueillent des musiciens ou disposent d'un jardin. Les amateurs de bière noteront qu'il existe deux types de pubs : les « free houses », établissements indépendants offrant une sélection de plusieurs marques, et les « tied houses », liés à une brasserie et ne distribuant que sa production. Tous permettent de se restaurer de plats simples à midi, mais il devient désormais fréquent de pouvoir aussi y manger le soir.

LONDRES

BLOOMSBURY : *Lamb*
94 Lamb's Conduit St, WC1.
Ce pub victorien a conservé ses « snob screens », écrans de verre taillé séparant les buveurs. Petit jardin derrière. 🚶 🍴 🏠 ✒

LA CITY : *Black Friar*
174 Queen Victoria St, EC4.
Aussi excentrique à l'intérieur qu'à l'extérieur. Décor Art nouveau et service attentif. 🚶 🍴

LA CITY : *Olde Cheshire Cheese*
Wine Office Court, Fleet St EC4.
Les ombres de Dickens et Conan Doyle planent toujours dans cette auberge lambrissée du XVIIᵉ siècle où un feu flambe dans la cheminée en hiver. 🚶 🍴 ✒

HAMMERSMITH : *Dove*
19 Upper Mall, W6.
L'un des plus jolis pubs au bord de la Tamise de l'ouest de Londres. La terrasse permet d'observer les équipes d'aviron. Beaucoup de monde par beau temps. 🍴 🏠

HAMPSTEAD : *Spaniards Inn*
Spaniards Lane, NW3.
Ce haut lieu du quartier occupe un bâtiment du XVIIIᵉ siècle qui faisait jadis partie d'un péage. Joli jardin. 🚶 🍴 🏠

KENSINGTON : *Windsor Castle*
114 Campden Hill Rd, W8.
Une auberge georgienne raffinée au décor traditionnel avec ses cheminées et son mobilier en chêne. Le jardin clos s'emplit de jeunes gens aisés en été. Plats anglais consistants. 🍴 🏠

SOUTHWARK : *George Inn*
77 Borough High St, SE1.
Vieux de quatre siècles, cet étonnant relais de poste appartient au National Trust (p. 25). Les salles occupent plusieurs niveaux. Très belle galerie dans la cour.
🚶 🍴 🏠 ✒

LES DOWNS ET
LES CÔTES DE
LA MANCHE

ALCISTON : *Rose Cottage*
Près de l'A27 et Lewes, Sussex.
Charmant cottage couvert de verdure et décoré de bibelots anciens. Intérieur exigu. 🚶 🍴 ✒

ALFRISTON : *Star*
Alfriston, Sussex.
Cet ancien asile de pèlerins est devenu un hôtel élégant, mais garde beaucoup de caractère.
🚶 🍴 ✒

CHALE : *Wight Mouse Inn*
B3399, Chale, Isle of Wight.
Tout un bric-à-brac pend des plafonds de ce pub à la clientèle familiale. 🚶 🍴 🏠 ✒ 🎵

FLETCHLING : *Griffin*
Près de l'A272, Fletchling, Sussex.
Le décor de cette auberge évoque les années 30. Cuisine inventive et jolies chambres.
🚶 🍴 🏠 ✒ 🎵

RYE : *Mermaid*
Mermaid St, Rye, Sussex.
Lambris, fresques et antiquités dans un bâtiment historique. 🚶 🏠

SMARDEN : *Bell*
Près de l'A274, Smarden, Kent.
Ce bâtiment à colombage s'élève au milieu de vergers. Jeux traditionnels, cheminées et sols dallés (p. 546). 🚶 🍴 ✒

WALLISWOOD : *Scarlett Arms*
Près de l'A29 et Ewhurst, Surrey.
Cottage d'ouvriers transformé en un pub reposant avec poutres apparentes et cheminées.
🍴 🏠

WINCHESTER : *Wykeham Arms*
75 Kingsgate St, Winchester, Hants.
Dans le centre-ville, un pub-hôtel chic au décor fascinant. Mets et vins excellents. Chambres confortables (p. 547). 🍴 🏠

L'EAST ANGLIA

CAMBRIDGE : *Boathouse*
14 Chesterton Rd, Cambridge.
L'un des meilleurs pubs en bord de rivière de Cambridge domine le Jesus Green. Des avirons ornent les bars, et vous pourrez contempler en été les barques glissant sur l'eau. 🚶 🏠 🎵

HOLYWELL : *Olde Ferry Boat*
Près de l'A1123 à Needingworth, Cambs.
La Great Ouse atteint presque le seuil de ce pittoresque pub au toit de chaume servant une cuisine variée. La modernisation n'a pas fait fuir Juliette, le fantôme. Chambres confortables. 🚶 🍴 🏠

LITTLEBURY : *Queens Head Inn*
High St, Littlebury, Essex.
Ce pub de village a gardé beaucoup de son caractère Tudor d'origine. Ambiance cordiale, plats succulents et bières remarquables.
🚶 🍴 🏠 ✒

SNAPE : *Golden Key*
Priory Lane, Snape, Suffolk.
Jolis jardins, intérieur chic et mets alléchants rendent cette auberge très fréquentée pendant l'Alderburgh Festival (p. 63). 🍴 🏠

SNETTISHAM : *Rose & Crown*
Près de l'A149 et Heacham, Norfolk.
Le jardin de cet ancien relais de poste aux quatre bars accueillants offre un vaste espace de jeu aux enfants. 🚶 🍴 ✒ 🏠

SOUTHWOLD : *Crown*
High Street, Southwold, Suffolk.
En bord de mer, décor nautique, lambris de chêne, bières Adnam et plats excellents (p. 548).
🚶 🍴 ✒

STIFFKEY : *Red Lion*
A149, Norfolk.
Rouvert récemment, ce bâtiment ancien en pierre et brique a été superbement restauré.
🚶 🍽 🏠 ✏ 🎵

TILLINGHAM : *Cap & Feathers*
South St, Tillingham, Essex.
Ce pub du xve siècle joue un rôle central dans la vie d'un village proche des marais salants. Viandes et poissons fumés. 🚶 🏠 ✏

LA VALLÉE DE
LA TAMISE

BARLEY : *Fox & Hounds*
High St, Barley, Herts.
Bières et plats délectables dans ce pub ayant une scène de chasse en enseigne. Personnes handicapées bienvenues. 🚶 🍽 🏠 ✏

BROOM : *Cock*
23 High St, Broom, Bedfordshire.
Charmante auberge du xviie siècle surnommée le « pub sans bar ». Les commandes se passent au guichet, la bière montant directement des tonneaux de la cave.
🚶 🍽 🏠 ✏ 🎵

BURFORD : *Lamb*
Sheep St, Burford, Oxon.
Cette auberge des Cotswolds est digne d'une carte postale. Bonne cuisine, service et atmosphère agréables. 🚶 🍽 🏠 ✏

FAWLEY : *Walnut Tree*
Près de la B4155 et Henley, Buckinghamshire.
Une base splendide d'où profiter des Chilterns. Vous pourrez même garer votre cheval au parking.
🚶 🍽 ✏

GREAT TEW : *Falkland Arms*
Près de la B4022 et Chipping Norton, Oxon.
Dans un ravissant coin de campagne couverte de verdure est d'une simplicité délicieuse avec ses pichets, ses chopes et ses harnais d'attelage étincelants. 🚶 🍽 🏠 ✏ 🎵

OXFORD : *Turf Tavern*
Bath Pl, St Helen's Passage, Oxford.
Petit pub dans le vieux quartier des collèges. Bonne cuisine. 🚶 🍽 🏠

WATTON-ON-STONE :
George & Dragon
High St, Watton-on-Stone, Herts.
Chic mais accueillant, ce joli pub rose date de 1603 et attire une importante clientèle locale.
Journaux mis à disposition.
🚶 🍽 🏠 ✏ 🎵

WEST ILSLEY : *Harrow*
Près de l'A34 et Newbury, Berkshire.
Près de l'étang du village, cette auberge carrelée de blanc propose une cuisine recherchée. 🚶 🍽 ✏

LE WESSEX

ABBOTSBURY : *Ilchester Arms*
Market St, Abbotsbury, Dorset.
Ce pub constitue le trait marquant de ce village proche de Chesil Beach. Des gravures apportent une touche élégante à des salles chaleureuses. Une véranda prolonge le restaurant. 🚶 🍽 ✏

BATHFORD : *Crown*
2 Bathford Hill, Bathford, Avon.
Dans ce village perché sur une colline, cette hôtellerie existe depuis le xviiie siècle.
Décor chic et cuisine ambitieuse.
🚶 🍽 🏠

CROSCOMBE : *Bull Terrier*
A371 près de Wells, Somerset.
Très apprécié pour la qualité de ses plats et la cordialité du service, l'un des plus vieux pubs du Somerset occupe un ancien prieuré proche de Wells. Essayez sa meilleure *bitter (p. 34)*.
🚶 🍽 ✏

FORD : *White Hart*
A420 près de Chippenham, Wiltshire.
Une rivière poissonneuse ajoute beaucoup au cachet de ce charmant pub-hôtel du xvie siècle très populaire en été. Belles promenades aux environs et piscine pour les hôtes. 🚶 🍽 🏠

NORTON ST PHILIP : *George*
A366, Somerset.
Ce célèbre pub hébergea le duc de Monmouth avant la bataille de Sedgemoor. Splendide édifice à colombage avec cour entourée d'une galerie, il sert une cuisine soignée. 🚶 🍽 🏠

SALISBURY : *Haunch of Venison*
1 Minster St, Salisbury, Wiltshire.
Ce pub a 650 ans et servit de presbytère à saint Thomas. Parmi les bibelots décorant un intérieur authentiquement ancien figure la main coupée et momifiée d'un joueur de cartes du xviiie siècle.
🚶 🍽

STANTON WICK :
Carpenters Arms
Près de l'A368, Avon.
Une rangée de cottages de mineurs abrite cet endroit accueillant avec ses feux dans la cheminée. Excellente cuisine et concerts de temps en temps.
🚶 🍽 🏠 ✏ 🎵

LE DEVON ET
LES CORNOUAILLES

BROADHEMBURY : *Drewe Arms*
Près de l'A373, Devon.
Les plats de poisson justifieraient à eux seuls une visite à ce pub. La bière, le jardin et l'ambiance chaleureuse ajoutent à son attrait.
🚶 🍽 🏠 ✏

DARTMOUTH : *Cherub*
13 High St, Dartmouth, Devon.
Dans une maison de drapier bâtie en 1380, un pub dont la carte accorde une large place aux produits de la pêche locale. 🚶 🍽

KNOWSTONE : *Masons Arms*
Près de l'A361 et South Molton, Devon.
Patrons accueillants et clientèle d'habitués dans cette auberge au décor rustique. Four à pain dans la grande cheminée et bons plats simples. 🚶 🍽 🏠 ✏ 🎵

LYDFORD : *Castle Inn*
Près de l'A386, Devon.
Jolie auberge Tudor peinte en rose, près d'un château en ruine. Le personnel est amical, la cuisine inventive et les chambres présentent un bon rapport qualité-prix *(p. 554)*. 🚶 🍽 🏠 ✏

MYLOR BRIDGE : *Pandora*
Près de l'A39 et Penryn, Cornouailles.
Au bord de l'eau, un pub médiéval à toit de chaume apprécié des plaisanciers. Bondé en été.
Beaucoup d'atmosphère.
🚶 🍽 🏠

PORT ISAAC :
Port Gaverne Hotel
Près de la B3314 et Pendoggett, Cornouailles.
Dans un très beau site en bord de mer, ce pub du xviie siècle aux sols en ardoises et au décor marin loue des chambres confortables.
Excellente carte des vins.
🚶 🍽 🏠 ✏

TREGADILLETT : *Eliot Arms*
Près de l'A30 et Launceston, Cornouailles.
Bibelots, cartes postales, estampes et une collection d'horloges créent un décor surchargé. 🚶 🍽 🏠 ✏

LE CŒUR DE
L'ANGLETERRE

ALDERMINSTER : *Bell*
Près de l'A34 et Stratford-upon-Avon, Warwickshire.
Un relais de poste proche de Stratford. L'endroit où arroser un repas de bonne bière. Vins de qualité également. 🚶 🍽 ✏

Légende des symboles, voir rabat de couverture

BICKLEY MOSS :
Cholmondeley Arms
A49, Cholmondeley, Cheshire.
Près du parc du château, un pub
victorien très apprécié pour sa
cuisine. Beaucoup d'éléments
d'époque dans le décor. 🚶 🍴 🚊

BLOCKLEY : *Crown*
High St, Blockley, Gloucestershire.
Cet élégant pub élisabéthain dans
un superbe village des Cotswolds
sert une bonne cuisine et possède
un jardin intérieur. 🚶 🍴 🚊

BRETFORTON : *Fleece*
The Cross, Bretforton,
Hereford & Worcester.
Cette superbe maison médiévale
appartient au National Trust et
abrite un véritable musée
d'antiquités rurales telles que des
moules à fromage et mesures en
cuivre. Plats simples, choix de vins
limité, mais bières excellentes.
Beaucoup d'animation à l'occasion
des danses folkloriques *(p. 65)*.
🚶 🍴 🚊 🚶

CAULDON : *Yew Tree*
Près de l'A523 et Ashbourne, Staffs.
Dans un cadre intime au mobilier
patiné, ce pub propose les jeux
traditionnels et ne sert que des
bières et des plats simples, mais
une extraordinaire collection
d'instruments de musique
mécaniques lui donne son
originalité. 🚶 🚶 🎵

TUTBURY : *Olde Dog &*
Partridge
A50 près de Burton-on-Trent, Staffs.
Imposant relais de poste
judicieusement modernisé de
manière à accueillir les familles.
Service agréable. 🚶 🍴 🎵

WENLOCK EDGE :
Wenlock Edge Inn
Hilltop, Much Wenlock, Shropshire.
Poêle à bois et propriétaire cordial.
La soirée du lundi est celle des
conteurs. Belles promenades aux
environs. Chambres. 🚶 🍴 🚊

L'EST DES MIDLANDS

BIRCHOVER : *Druid Inn*
Main St, Birchover, Derbyshire.
Ce pub de village propose une
carte étendue de bons plats frais.
Pour les marcheurs, Row Tor Rock
(qui serait un lieu de culte
druidique) et Lathkil Dale sont à
découvrir non loin. 🚶 🍴 🚊 🚶

FOTHERINGHAY : *Falcon*
Main St, Fotheringhay, Northants.
Pub superbe, servant une
nourriture de bonne qualité. Le bar
a conservé son caractère d'origine
et une clientèle locale.
🚶 🍴 🚊 🚶

GLOOSTON : *Old Barn*
Andrews Lane, Glooston, Leicestershire.
Rénovée avec goût, cette auberge
du XVIᵉ siècle sert de la bière
traditionnelle et des plats au-
dessus de la moyenne. Chambres
disponibles. 🚶 🍴 🚊

MONSAL HEAD :
Monsal Head Hotel
B6465, Derbyshire.
Son décor rappelle que cet hôtel
occupe d'anciennes écuries.
Superbe vue sur la Wye Valley
depuis le salon. 🚶 🍴 🚊 🚶

NOTTINGHAM :
Olde Trip to Jerusalem
Brewhouse Yard, Nottingham.
Englobant des grottes creusées
dans le grès où se réunissaient des
croisés, c'est l'un des plus anciens
pubs du pays. 🍴 🚊

STAMFORD : *George*
71 High St, Stamford, Lincolnshire.
Vestiges d'un asile de pèlerins
normand et splendide relais de
poste. Carte variée et vins italiens.
Jolie cour pavée et terrain de
croquet. 🚶 🍴 🚊

UPTON : *Cross Keys*
Main St, Upton, Nottinghamshire.
Un pub rustique servant de bons
plats simples, notamment de
poisson. Le restaurant occupe
l'ancien pigeonnier.
🚶 🍴 🚊 🚶

LE LANCASHIRE ET
LES LACS

CARTMEL FELL : *Mason's Arms*
Près de l'A5074 au panneau de
Bowland Bridge, Cumbria.
Ce pub animé propose un vaste
choix de cidres, de vins de terroir
et de bières en bouteille et au
tonneau. 🚶 🍴 🚊

ELTERWATER : *Britannia Inn*
Près de l'A593 et Ambleside, Cumbria.
Cheminées et intérieur des plus
simples. Chambres. Une excellente
base de randonnée ou d'excursion.
🚶 🍴 🚊

GARSTANG : *Th'Owd Tithebarn*
Church St, Garstang, Lancashire.
Une ancienne grange au décor
rustique près du canal. Danses
folkloriques *(p. 65)*. 🚶 🍴 🚊

LANGDALE :
Old Dungeon Ghyll
B5343, Langdale, Cumbria.
Un cadre spectaculaire près de la
cascade des Langdale Pikes.
Chambres simples pour
randonneurs et alpinistes.
🚶 🍴 🚊 🚶 🎵

LIVERPOOL : *Philharmonic*
36 Hope St, Liverpool.
Vitraux, boiseries en acajou, stucs
et cuivres composent un superbe
décor victorien. 🚶 🍴

MANCHESTER : *Lass o' Gowrie*
36 Charles St, Manchester.
Ce repaire d'étudiants possède sa
propre brasserie à la cave. Très
vivant le week-end. 🚶 🍴

NEAR SAWREY :
Tower Bank Arms
B5285, Near Sawrey, Cumbria.
Dans un joli village, ce pub à
l'intérieur préservé s'adosse à la
maison de l'écrivain Beatrix Potter
(p. 353). 🚶 🍴 🚊 🚶

LE YORKSHIRE ET
L'HUMBERSIDE

ASKRIGG : *Kings Arms*
Près de l'A684 et Bainbridge, N Yorks.
Plats, vins et bières de qualité à
consommer dans un cadre
rustique servant de décor à une
série télévisée *(p. 562)*. 🍴 🚊 🚶

COXWOLD : *Fauconberg Arms*
Coxwold, N Yorks.
Un pub à l'ancienne avec ses
bancs en chêne, ses fauteuils
victoriens et un large choix de
bières, de vins et de bons plats.
🚶 🍴 🚶

FLAMBOROUGH : *Seabirds*
B1255, Flamborough, Humbs.
Près de falaises de craie d'où
observer les oiseaux, un intérieur
intéressant et une carte faisant la
part belle au poisson. 🚶 🍴 🚊

GOATHLAND : *Mallyan Spout*
Près de l'A169, Goathland, N Yorks.
Dans un pays de landes, auberge à
l'ambiance reposante et à la
cuisine savoureuse. Cheminées.
Chambres confortables. 🚶 🍴 🚊

HULL : *Olde White Harte*
25 Silver St, Hull, Humbs.
Derrière un « White Hart »
moderne, une taverne ancienne
avec cheminées et comptoir en
cuivre. 🚶 🍴 🚊

LOW CATTON : *Gold Cup*
Près de l'A166 à Stamford Bridge,
Humbs.
Un authentique pub de campagne
aux bars confortables et aux plats
savoureux. 🚶 🍴 🚶

MOULTON : *Black Bull*
Près de l'A1 et Scotch Corner, N Yorks.
Ce pub ancien et agréable sert de
bons vins et des repas et snacks
soignés. L'atmosphère est plutôt
chic. 🍴 🚊

LA NORTHUMBRIA

BLANCHLAND : *Lord Crewe Arms*
Blanchland, Northumb.
Dans un pays de landes, une auberge avec cheminées du XIIIe siècle et fantômes. Chambres et bonne cuisine *(p. 563)*.

CRASTER : *Jolly Fisherman*
Près de la B1339 et Alnwick, Northumb.
Le hareng fumé au bois de chêne est la spécialité de ce pub. Marche sur les falaises.

GRETA BRIDGE : *Morritt Arms*
Près de l'A66 et Scotch Corner, Co Durham.
Dans un beau site au bord d'une rivière, un relais de poste en pierre à l'intérieur spacieux meublé de bancs en chêne.

NEW YORK :
Shiremoor House Farm
Près de l'A191, New York, Tyne & Wear.
Rénovés, d'anciens bâtiments agricoles offrent désormais un cadre confortable et élégant. Cuisine intéressante.

NEWCASTLE UPON TYNE :
Crown Posada
31 The Side, Newcastle upon Tyne.
Miroirs dorés et vitraux composent un décor élaboré dans ce pub victorien où l'on vient pour boire. Entrée interdite aux enfants.

SEAHOUSES : *Olde Ship*
B1340, Seahouses, Northumb.
Décor marin dans une auberge sur le port. Les Farne Islands se découvrent depuis la fenêtre.

LE NORD DU
PAYS DE GALLES

BEAUMARIS : *Olde Bulls Head*
Castle St, Beaumaris, Anglesey.
Dans un bâtiment vieux de cinq siècles, beaux sièges anciens, cruches accrochées au plafond, sabres et horloge à eau.

BODFARI : *Dinorben Arms*
Près de l'A541, Bodfari, Denbighshire.
À flanc de colline, excellents plats simples, vaste choix de whiskies et terrasses agréables.

CAPEL CURIG : *Bryn Tyrch Hotel*
A5 près de Betws-y-Coed, A & C.
Apprécié des randonneurs et des grimpeurs profitant du Snowdonia National Park. Plats végétariens.

GLANWYDDEN : *Queen's Head*
Près de la B5115, The Glanwydden, A & C.
Délicieux en-cas. Très fréquenté en été.

MAENTWROG : *Grapes*
A496, Maentwrog, A & C.
Vue superbe, jardin clos et mobilier provenant de chapelles désaffectées font l'intérêt de ce relais de poste.

LE SUD ET LE
CENTRE DU
PAYS DE GALLES

ABERYSTWYTH : *Halfway Inn*
A4120, Pisgah, Cardiganshire.
Vous pouvez tirer votre bière au fût dans ce pub où se tiennent des concours de tonte de moutons.

CRICKHOWELL : *Bear*
Brecon Rd, Crickhowell, Powys.
Cette vieille auberge soigne sa cuisine et offre un large choix de boissons.

EAST ABERTHAW : *Blue Anchor*
B4265, East Aberthaw, V of Glam.
Charmant pub à toit de chaume et salles intimes avec leurs cheminées et leurs plafonds bas. Promenades dans l'estuaire.

HAY-ON-WYE : *Old Black Lion*
26 Lion St, Hay-on-Wye, Powys.
Une auberge du XIIIe siècle à la cuisine ambitieuse. Nombreuses activités sportives dans la région : pêche, golf, équitation...

NEVERN : *Trewern Arms*
B4582, Nevern, Pembrokeshire.
Une charmante auberge en bord de rivière. Bibelots anciens et sol en ardoises dans la salle du bar.

PENALLT : *Boat Inn*
Long Lane, Penallt, Monmouthshire.
Musique et bonnes bières. Pistes cyclables. Canoë.

LES LOWLANDS

EDINBURGH : *Bow Bar*
80 West Bow, Edinburgh.
Acajou et miroirs, bières de malt et véritables ales. Pas d'enfants, de jeux, de musique ou de vin.

EDINBURGH :
Cafe Royal Circle Bar
West Register St, Edinburgh.
Bières écossaises et plats simples. Intérieur rénové dans le style victorien.

ELIE : *Ship*
The Harbour, Elie, Fife.
Sur le port, ce pub plein de caractère offre une belle vue. Barbecues en été.

GLASGOW : *Horseshoe*
17–19 Drury St, Glasgow.
Ce pub victorien possède un très long bar en fer à cheval. Offre d'un bon rapport qualité-prix. Karaoké le soir.

ISLE OF WHITHORN :
Steam Packet
Isle of Whithorn, Dumfries & Galloway.
Sur un port superbe d'où partent des promenades en bateau, bières artisanales et espaces de restauration agréables.

LES HIGHLANDS
ET LES ÎLES

APPLECROSS : *Applecross Inn*
Shore St, Applecross, Wester Ross, Highland.
Ce pub domine l'île de Skye depuis un site spectaculaire au pied du plus haut col d'Écosse. Plats de poisson. Musique presque tous les soirs.

AUCHTERLESS : *Towie Tavern*
A947 près de Turriff, Grampian.
Bon poisson et atmosphère amicale dans ce pub qui privilégie l'aspect restauration de son activité.

DUNDEE : *Fishermans Tavern*
12 Fort St, Broughty Ferry, Tayside.
Bières de malt et bières traditionnelles primées. Belle vue sur le littoral et le pont du Tay. Chambres disponibles.

ILE DE SKYE :
Tigh Osda Eilean Iarmain
Près de l'A851, Isles of Ornsay & Skye.
Bar d'hôtel accueillant dans un site somptueux. Bon plats et choix de bières de malt.

LOCH LOMOND : *Byre*
A821, Brig o'Turk, Central.
Ce pub confortable occupant une ancienne étable sert une excellente cuisine à l'orée d'un parc forestier.

ULLAPOOL : *Ferry Boat*
Shore St, Ullapool, Highland.
Bon whiskies et déjeuners. Grandes fenêtres dans les deux salles du bar chauffé au charbon. Jolies vues sur le port.

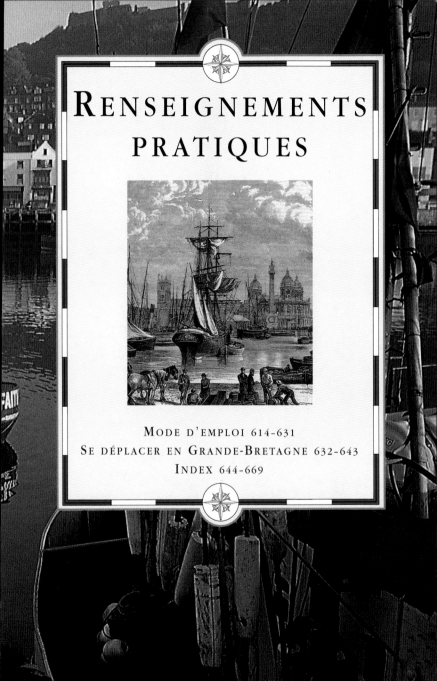

RENSEIGNEMENTS
PRATIQUES

LA GRANDE-BRETAGNE MODE D'EMPLOI

La Grande-Bretagne a beau appartenir à l'Union européenne et se trouver désormais reliée au continent par un tunnel, elle conserve une originalité insulaire conciliant un traditionalisme farouche et un penchant historique pour l'excentricité qui la rend très dépaysante et parfois déconcertante. Bien que les structures d'accueil touristiques se soient considérablement développées ces dernières années, mieux vaut donc s'informer des us et coutumes britanniques :

Garde monté

horaires de visite, moyens de transport disponibles, sources de renseignements et solutions en cas de problème. Selon le taux de change en vigueur au moment de votre voyage, vous trouverez le pays plus ou moins cher. Les prix varient en outre selon les régions. C'est à Londres et dans le sud-ouest de l'Angleterre qu'ils sont les plus élevés. Distractions, nourriture, hébergement, transports et achats se révèlent en général moins coûteux partout ailleurs.

La plage de Weymouth, Dorset, un week-end d'été

QUAND PARTIR ?

Les influences océaniques qui le déterminent donnent à la Grande-Bretagne un climat aux écarts de températures resserrés (p. 68). Il fait souvent beau mais même en été, impossible de prévoir comment évoluera le temps, d'autant qu'il peut grandement varier entre deux endroits proches. Le Sud-Est est en moyenne moins pluvieux mais où que vous alliez, mieux vaut emporter vêtements chauds et parapluie ou imperméable. Avant d'entreprendre une randonnée dans une région isolée, en particulier en montagne, n'oubliez pas de vous informer des dernières prévisions météorologiques données à la télévision, à la

radio, dans les journaux ou au téléphone (p. 637).

Les villes offrent un intérêt touristique toute l'année mais de nombreux établissements n'ouvrent que de Pâques à octobre et certains hôtels sont bondés à Noël et le Jour de l'An. Comme en France, juillet et août sont les mois des vacances scolaires et les jours fériés voient de nombreux citadins partir profiter de la campagne. Offrant un bon compromis entre conditions climatiques acceptables et relative absence de foule, l'automne, et davantage encore le printemps, saison la plus sèche, s'avèrent particulièrement agréables pour découvrir les îles britanniques.

Les articles de ce guide décrivant sites et monuments indiquent en début leurs jours d'ouverture.

ASSURANCES

Poste de secours en montagne

Le prix de certains voyages organisés ou billets de transports comprend une assurance couvrant les risques d'annulation. Elle est parfois facultative. Dans tous les cas, renseignez-vous sur les conditions de remboursement. Si les ressortissants de l'Union européenne ont droit en Grande-Bretagne à des soins gratuits (p. 620), mieux vaut toutefois se prémunir en

contractant une assurance prévoyant la prise en charge d'éventuels honoraires de spécialistes et la couverture de frais de rapatriement. Au cas où vous voyageriez avec votre voiture, de nombreuses assurances automobiles incluent désormais de telles clauses d'assistance. Informez-vous de leurs limites ou de leurs modalités d'application avant votre départ. Les contrats des compagnies spécialisées dans les voyages offrent généralement une couverture plus étendue.

RÉSERVATIONS

En basse saison, vous ne devriez pas rencontrer de problème pour trouver un hébergement ou une place dans un moyen de transport. Pendant les périodes les plus touristiques, cependant, s'il vous tient à cœur d'assister au spectacle du West End en vogue, de séjourner dans un hôtel de luxe très recherché, de dîner dans un restaurant réputé ou d'effectuer une visite guidée spécifique, mieux vaut réserver le plus tôt possible. Pour le faire avant votre départ, renseignez-vous auprès d'une agence de voyage ou de l'office du tourisme britannique (**British Tourist Authority ou BTA**).

La plus répandue des enseignes de bureau d'information touristique

◁ **Bateaux de pêche dans le port de Scarborough, North Yorkshire**

INFORMATIONS TOURISTIQUES

Installés, entre autres, dans les aéroports, certains sites très fréquentés et la plupart des gares ferroviaires et routières, les bureaux d'information touristique tiennent à disposition des visiteurs des brochures gratuites et des plans ou des livrets plus détaillés mais payants. Sauf exception, ils pourront vous conseiller des visites guidées et réserver pour vous un hébergement. Nous donnons les adresses et les numéros de téléphone de ces bureaux pour chaque localité décrite dans ce guide.

Magazine de la BTA

L'office du tourisme britannique propose également un choix de documentations.

LES FACILITÉS POUR HANDICAPÉS

Les édifices et espaces publics récents ou rénovés depuis peu disposent d'ascenseurs et de rampes pour les fauteuils roulants (information donnée au début de chaque rubrique de ce guide), de toilettes aménagées et, pour les malentendants, d'écouteurs. De nombreux théâtres, cinémas et banques se sont équipés de systèmes adaptés aux personnes

souffrant de problèmes de vue ou d'ouïe.

En prévenant, vous obtiendrez l'assistance du personnel des chemins de fer (p. 638), des ferries et des cars. Pour les trajets en train, la Disabled Persons Railcard donne droit à des réductions.

Il existe aussi des organisateurs de voyage tels qu'Holiday Care Service qui offrent des prestations destinées aux handicapés. La société de location de voitures Hertz (p. 637) met à disposition sans supplément des véhicules à conduite manuelle. Il vous faudra un macaron spécial pour stationner sur les emplacements réservés. Selon vos besoins, des organisations comme **RADAR** ou **Mobility International**, et des publications comme la série Access par Pauline Hephaistos (Survey Projects) ou *Holidays in the British Isles : a Guide for Disabled People* (RADAR), vous apporteront des informations.

RADAR
020 7250 3222.

Mobility International
North America
(503) 343 1284.

Holiday Care Service
01293 774 535.

Lorna Doone Cottage et centre d'information du National Trust, Somerset

CARNET D'ADRESSES

OFFICE DU TOURISME BRITANNIQUE (BTA)

BTA France
19, rue des Mathurins
75009 Paris.
(1) 44 51 56 20.
Minitel 3615 BRITISH

BTA Belgique
avenue Louise, 306
Bruxelles 1050.
(02) 646 35 10.

BTA Suisse
Limmatquai 78
8001 Zurich
(01) 261 42 77.

BUREAUX RÉGIONAUX EN GRANDE-BRETAGNE

Cumbria
01539 444444.

East of England
01473 822922.

Angleterre
020-8846 9000.

Le cœur de l'Angleterre
01905 763436.

Londres
020-7932 2000.

Northumbria
0191 375 3000.

Nord-Ouest
01942 821222.

Écosse
0131 332 2433.

Sud-Est
01892 540766.

Sud
01703 620006.

Pays de Galles
01222 499 909.

Ouest
01392 276351.

Yorkshire et Humberside
01904 707961.

Visite du HMS *Victory* (*p. 157*)

VOYAGER
AVEC DES ENFANTS

La Grande-Bretagne n'est pas le pays le plus accueillant envers les jeunes enfants mais la situation s'améliore peu à peu. Billets familiaux ou réductions se généralisent dans les moyens de transport et les lieux de spectacle. Les périodes les plus riches en distractions restent celles des vacances scolaires : Pâques, juillet-août et, bien entendu, Noël qui offrira l'occasion d'assister à une représentation de pantomime.

Si certains hôtels ou B&B préfèrent les hôtes sans enfants, d'autres proposent un service de baby-sitting ou offrent des réductions ou la gratuité pour les plus jeunes (*p. 538-573*). Si vous optez pour une location, évitez les lieux trop exigus ou au mobilier fragile, le temps ne permettra pas toujours à vos petits monstres de sortir.

De plus en plus de restaurants disposent de chaises hautes et servent des menus pour enfants (*p. 574-607*). Les établissements italiens demeurent toutefois souvent les plus accueillants bien que même les pubs, jadis strictement réservés aux adultes, s'ouvrent désormais aux familles. Les moins de 18 ans n'ont cependant pas le droit de consommer de l'alcool. Disponibles chez les marchands de journaux, la publication annuelle *Family Welcome* (HarperCollins) recense les endroits où les enfants sont les bienvenus.

LES TOILETTES
PUBLIQUES

Comme en France, les sanisettes, ou « *Superloos* », tendent de plus en plus à remplacer les toilettes traditionnelles. Les jeunes enfants ne doivent en aucun cas y pénétrer seuls.

LES FACILITÉS
POUR LES ÉTUDIANTS

Une carte internationale d'étudiant (ISIC) donne droit à certaines réductions dans les transports publics, l'accès aux équipements sportifs, les musées et les spectacles. Si vous ne l'avez pas fait avant votre départ, vous pouvez l'obtenir auprès de **STA Travel** ou de la **National Union of Students**. Une carte de l'**International Youth Hostel Fédération** permet de dormir dans les centaines d'auberges de jeunesse britanniques. En période de vacances, de nombreuses universités, telle l'**University of London**, proposent également des hébergements bon marché souvent proches du centre-ville. Dans des régions plus sauvages, des *camping barns* offrent en dortoir un gîte spartiate mais d'un coût très modique. Les Canadiens désirant travailler peuvent se renseigner auprès du **BUNAC**.

LES HORAIRES
D'OUVERTURE

Peu de magasins profitent de l'autorisation légale d'ouvrir le dimanche. Du lundi au samedi, l'horaire traditionnel est de 9 h à 17 h ou 17 h 30 mais il peut grandement varier. Certains établissements proposent une nocturne hebdomadaire tandis que d'autres ferment pour le déjeuner ou une après-midi dans la semaine (généralement le mercredi).

À Londres, les musées restent souvent ouverts plus tard le week-end. Dans tout le pays, leur jour de fermeture le plus fréquent est le lundi. Les jours fériés, les banques et les administrations, et de nombreux restaurants et magasins, n'ouvrent pas.

DROITS D'ENTRÉE

Dans leur grande majorité, les lieux de visite, y compris les musées, déploient des trésors de créativité pour offrir des prestations de plus en plus élaborées. Leurs tarifs suivent une hausse en rapport et varient beaucoup : de 50 p à plus de 10 £ pour les attractions les plus populaires. Groupes, personnes âgées, enfants et étudiants (pièce d'identité requise) bénéficient toutefois souvent de réductions. Un forfait valide 15 jours, le British

Great British Heritage Pass

Entrée payante au Hever Castle (*p. 177*), une propriété privée

Dans les Cotswolds, l'une des centaines d'églises paroissiales ouvertes gratuitement au public

Great Heritage Pass, donne accès à plus 600 monuments et musées. Il s'achète dans les agences de voyage, les bureaux de la BTA et les succursales de British Airways (*p. 634*).

À l'instar du British Museum de Londres, quelques musées nationaux ou municipaux sont gratuits. Les dons sont néanmoins toujours les bienvenus et parfois requis d'une manière qui rend un refus difficile. Il en va de même dans de nombreuses cathédrales où une offrande est attendue des visiteurs ne venant pas assister à un office. L'entrée demeure gratuite dans les milliers de petites églises paroissiales qui constituent un des grands trésors architecturaux du pays. Malheureusement, certaines restent aujourd'hui fermées à cause du vandalisme.

Brochures du National Trust

ENGLISH HERITAGE ET NATIONAL TRUST

Quelques-uns des nombreux châteaux ou manoirs britanniques ouverts au public appartiennent encore aux familles nobles qui les habitent depuis des siècles mais la majorité des parcs, jardins et édifices historiques sont désormais entretenus par trois grandes organisations à but non lucratif : **English Heritage** (EH), le **National Trust** (NT) et le **National Trust for Scotland** (NTS). Elles protègent également de vastes zones rurales et littorales.

Nous signalons au début de chaque article les bâtiments appartenant à l'EH ou au NT ou au NTS. Ces associations demandent des droits d'entrée souvent élevés et si vous désirez effectuer de nombreuses visites vous aurez peut-être intérêt à adhérer en versant la cotisation annuelle. Elle vous donnera l'accès gratuit à tous leurs monuments (attention, beaucoup sont fermés en hiver). Ils sont pour la plupart « listed » et donc protégés tout comme le sont les sites français classés.

ENGLISH HERITAGE

Le sigle d'English Heritage

CARNET D'ADRESSES

BUNAC
16 Bowling Green Lane, London EC1R. ☎ 020-7251 3472.
W www.bunac.org

English Heritage (EH)
Customer Services,
PO Box 569, Swindon SN2 2YP.
☎ 01793 414910.
W www.englishheritage.org.uk

International Youth Hostel Federation
☎ 01707 324 170 .

National Trust (NT)
PO Box 39, Bromley, Kent,
BR1 3XL. ☎ 020-8315 1111.
W www.nationaltrust.org.uk

National Trust for Scotland (NTS)
5 Charlotte Sq, Edinburgh EH2.
☎ 0131 243 9300.
W www.nts.org.uk

National Union of Students
☎ 020-7561 6500.

STA Travel
Priory Hse, 6 Wrights Lane,
London W8 6TA. ☎ 020-7361 6161 (Europe). ☎ 020-7361 6262 (international).

University of London Union
Malet St, London WC1. ☎ 020-7862 8000. W www.lon.ac.uk

PUBLICATIONS UTILES

Les bureaux régionaux des offices du tourisme éditent des listes détaillées des curiosités locales et des hébergements enregistrés.

En voiture, les atlas publiés par le RAC et AA (*p. 636*) se révèlent pratiques et clairs. Pour battre la campagne, rien ne vaut les cartes *Ordnance Survey*.

MÉDIAS

Il existe deux types de quotidiens nationaux en Grande-Bretagne : ceux de grands formats, sérieux et de qualité comme *The Times* et *The Guardian*, et les tabloïds, tels *The Sun* et *The Daily Mirror*, qui se préoccupent surtout de rumeurs et de scandales. Plus cher, le numéro du week-end inclut de très nombreux suppléments comprenant notamment des articles sur les arts, les restaurants et les spectacles. Parmi les magazines, *The Economist*, *The Spectator* ou *New Statesman & Society* offrent une vue plus fouillée et plus analytique de l'actualité tandis que *Private Eye* jette un regard satyrique sur les personnalités publiques. Hors de Londres où ils sont disponibles dans de nombreux kiosques, on ne trouve le plus souvent de journaux étrangers que dans les villes, et dans peu de points de vente. Essayez celui de la gare principale.

Si les chaînes de télévision thématiques diffusées par câble et par satellite se multiplient, la BBC (British Broadcasting Corporation),

Quelques quotidiens nationaux britanniques

Agence postale et vente de journaux à Arisaig en Écosse

opérateur des deux chaînes publiques généralistes, garde une excellente réputation pour la qualité de ses programmes que n'interrompent pas des coupures publicitaires. Elle a deux concurrentes privées : ITV, très portée sur les feuilletons et les jeux, et Channel Four à la vocation plus culturelle et novatrice. Il existe également des programmes régionaux, notamment en gallois et en gaélique.

La BBC dirige aussi plusieurs radios aux centres d'intérêt variés, de la pop music (Radio One) aux émissions dramatiques et aux questions d'actualité (Radio Four). La plupart des nombreuses stations commerciales locales diffusent essentiellement de la musique.

Pour connaître les programmes de télévision et de radio, consultez les quotidiens ou des magazines spécialisés. L'hebdomadaire *Radio Times* est l'un des meilleurs.

FUMER

Il est désormais interdit de fumer dans de nombreux lieux publics tels que transports en commun, taxis, gares, théâtres et cinémas. Les pubs continuent cependant de résister à cette tendance. ASH (Action on Smoking and Health) peut vous indiquer les adresses d'établissements non-fumeur (020-7935 3519).

APPAREILS ÉLECTRIQUES

Le courant est en Grande-Bretagne de 240 volts et les prises ne permettent pas d'utiliser directement les appareils du continent (hormis les rasoirs dans certains hôtels). Mieux vaut acheter un adaptateur avant son départ. On en trouve également dans les aéroports.

HEURE LOCALE

La Grande-Bretagne vit en avance d'une heure sur le reste de l'Europe sauf pendant les quelques semaines de décalage entre ses changements d'heure (été-hiver) et ceux des autres pays. Pour obtenir l'horloge parlante, composez le 123.

Prise électrique britannique

DOUANES ET IMMIGRATION

Les ressortissants de l'Union européenne ont besoin d'une carte d'identité ou d'un passeport en cours de validité pour entrer au Royaume-Uni. Pour leurs enfants de moins de sept ans,

Horloge du Royal Observatory de Greenwich (*p. 133*)

aucun autre document n'est requis qu'un livret de famille. Si d'autres enfants que les leurs les accompagnent, ils doivent posséder une pièce d'identité et une autorisation parentale de sortie de territoire.

Les citoyens helvétiques et canadiens n'ont pas besoin de visa pour pénétrer en Grande-Bretagne mais les enfants doivent obligatoirement posséder un passeport ou être inscrits sur ceux de leurs parents. Mieux vaut renoncer à emporter un animal : une quarantaine de six mois est obligatoire.

Dans les ports et les aéroports, les voyageurs en provenance de l'U. E. suivent les couloirs marqués en bleu. Ils n'ont plus de déclaration à faire à la douane mais les services de sécurité effectuent néanmoins quelques vérifications de bagages au hasard dans le cadre de la lutte contre les trafics de drogue ou d'armes. Les couloirs verts (rien à déclarer) et rouges sont réservés aux personnes arrivant d'autres pays.

Les limites d'importation de produits détaxés sont de 2 l de vin, 1 l de spiritueux, 200 cigarettes ou 50 cigares et 71 £ d'autres biens, y compris cadeaux et bière.

Whisky des Highlands

HM Customs and Excise

Thomas Paine House, Angel Square, Torrens St, London EC1. 020-7865 3000 ; 0845 010900. *Renseignements sur les conditions d'importation et d'exportation.* W www.hmce.gov.uk

TRAVAILLER EN GRANDE-BRETAGNE

Aucune restriction ne s'applique aux ressortissants de l'Union européenne. Ceux du Commonwealth de moins de 27 ans ont le droit d'occuper un emploi à temps partiel au maximum pendant deux ans. Les citoyens helvétiques ont besoin d'un permis de travail. Pour plus de renseignements, notamment sur les emplois bénévoles ou temporaires, consultez la brochure *Working Holiday* vendue par l'office du

Couloirs des douanes vert et rouge de l'aéroport d'Heathrow (p. 634)

tourisme ou adressez-vous au Central Bureau for Educational Visits and Exchange. Les étudiants nord-américains peuvent obtenir auprès de leur université une carte les autorisant à travailler jusqu'à six mois dans les îles Britanniques et, à Londres, contacter le BUNAC (*p. 617*).

Central Bureau for Educational Visits and Exchange
Seymour Mews House, Seymour Mews, London W4H9PE 0171-389 4004

La mosquée de Regent's Park (p. 105) à Londres

LIEUX DE CULTE

Baptiste
London Baptist Association, 235 Shaftesbury Avenue, London WC2. 020-7692 5592.

Bouddhiste
Buddhist Society, 58 Eccleston Sq, London SW1. 020-7834 5858.

Église d'Angleterre
Great Smith St, London SW1. 020-7898 1000. W www.cofe.anglican.org

Alliance évangélique
Whitefield Hse, 186 Kennington Park Rd, London SE11. 020-7207 2100. W www.eauk.org

Rite juif
Liberal Jewish Synagogue, 28 St John's Wood Rd, London NW8. 020-7286 5181. W www.lis.org

United Synagogue (Orthodox), Adler Hse, 735 High Rd, North Finchley London, N12. 020-8343 8989. W www.unitedsynagogue.org.uk

Rite musulman
Islamic Cultural Centre, 146 Park Rd, London NW8. 020-7724 3363.

Quakers
Friends Hse, 173 Euston Rd, London NW1. 020-7663 1000. W www.quaker.org.uk

Église catholique
Westminster Cathedral, Victoria St, London SW1. 020-7798 9055. W www.westminstercathedral.org.uk

AMBASSADES ET CONSULATS

Ambassade de France
58 Knightsbridge, London SW1 020-7201 10000. @ ambafrance.org.uk

Ambassade de Belgique
103 Eaton Square, London SW1 W9AB. 020-7470 3700. W www.belgium-embassy.co.uk

Canadian High Commission
Canada Hse, Trafalgar Sq, London SW1. 020-7258 6600. W www.dfait-maeci.gc.ca

Ambassade de Suisse
16-18, Montagu Place, London W1 H2BQ 020-7616 6000. W www.swissembassy.org.uk

POIDS ET MESURES

La Grande-Bretagne a officiellement adopté le système métrique en vigueur dans toute l'Europe mais le système impérial demeure ancré dans les habitudes.

De l'impérial au métrique
1 inch = 2,5 centimètres
1 foot = 30 centimètres
1 mile = 1,6 kilomètres
1 ounce = 28 grammes
1 pint = 0,6 litres
1 gallon = 4,6 litres

Du métrique à l'impérial
1 millimètre = 0,04 inch
1 centimètre = 0,4 inch
1 mètre = 3 feet 3 inches
1 kilomètre = 0,6 mile
1 gramme = 0,04 ounce
1 kg = 2,2 pounds

Santé et sécurité

Comme beaucoup de pays, la Grande-Bretagne connaît des problèmes sociaux et de délinquance. Il est peu probable que vous soyez confronté à des actes de violence. Mais, en cas de difficulté, demandez assistance à un agent de police : ils reçoivent une formation adaptée à ce type de situation. Les services médicaux du National Health Service, notamment d'urgence, sont gratuits pour les membres de l'Union européenne.

HOPITAUX ET SOINS MÉDICAUX

Les cabinets médicaux sont normalement ouverts uniquement pendant la journée mais les services d'urgence des hôpitaux fonctionnent 24 h sur 24. Pour obtenir une ambulance appelez le 999. Certaines pharmacies restent ouvertes jusqu'à minuit.

Pharmacie

Tous les habitants de l'Union européenne ont droit, comme les Britanniques, à des soins gratuits dans le cadre du National Health Service (NHS ; 0845 4647). Il en va de même pour les citoyens de certains autres pays d'Europe ou du Commonwealth signataires avec la Grande-Bretagne d'un accord de réciprocité. Avant leur départ, les Français ont intérêt à se procurer le formulaire E 111 à leur caisse d'assurance maladie.

Contracter une assurance médicale reste une saine précaution. Les soins dans les services d'urgence des hôpitaux sont gratuits pour tout le monde mais pas les autres, et les honoraires de spécialistes, ou les frais de rapatriement, peuvent s'avérer très chers.

Si vous allez chez un dentiste pendant votre séjour, la somme à payer sera faible si vous avez droit au National Health Service (et si vous réussissez à dénicher un dentiste NHS), ou beaucoup plus élevée si vous consultez un praticien indépendant. Certains hôpitaux assurent également des urgences dentaires. Vous trouverez les coordonnées des cabinets privés dans *Yellow Pages (p. 622)*.

LES MÉDICAMENTS

Les médicaments s'achètent non seulement dans les pharmacies mais aussi, même ceux délivrés sur ordonnance, à des rayons spéciaux dans les supermarchés ou chez des droguistes. Boots, l'enseigne la plus connue et la plus importante, possède des succursales dans la plupart des villes. Si vous n'avez pas droit au NHS, vous les paierez intégralement. Demandez un reçu si vous avez contracté une assurance.

Au cas où vous devez commencer ou continuer un traitement pendant votre voyage, le plus simple consiste à emporter vos médicaments. Sinon, demandez à votre médecin de vous en donner le nom générique (et non de marque).

LA DÉLINQUANCE

Vous ne courez que peu de risque de voir un vol ou une agression troubler votre séjour en Grande-Bretagne mais nous vous indiquons néanmoins ci-dessous quelques précautions de base. Le terrorisme ne sévit plus dans le pays mais il arrive encore que survienne une alerte à la bombe, le plus souvent à cause d'un bagage ou d'un paquet oublié dans un lieu public, notamment dans le métro. Il se peut alors que la police demande à fouiller vos bagages ou procède à une évacuation.

PRÉCAUTIONS CONSEILLÉES

Assurez vos possessions avant votre départ et ne laissez jamais un bagage sans surveillance dans un lieu public. En règle générale, contentez-vous d'emporter l'argent liquide dont vous avez besoin et laissez le reste, ainsi que bijoux et objets de valeur, dans le coffre de l'hôtel. Les chèques de voyage (*p. 625*) demeurent la forme de paiement la plus sûre.

Les pickpockets agissent de préférence dans la foule, notamment dans les endroits touristiques, les magasins très fréquentés, sur les marchés et

Agent de police   **Agent de la circulation**   **Agent de police**

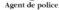

dans les transports publics aux heures de pointe.

Surveillez particulièrement vos téléphones portables, évitez les portefeuilles dans la poche arrière du pantalon et, dans tous les lieux publics, gardez votre sac à main sur les genoux. Si vous vous déplacez seul la nuit, mieux vaut ne pas vous risquer dans les endroits déserts et mal éclairés.

La mendicité s'est développée dans les grandes villes. Elle reste normalement polie. Prévenez la police si l'on vous importune.

LES FEMMES VOYAGEANT SEULES

Pour une femme, manger seule au restaurant ou sortir uniquement avec des amies n'a rien d'exceptionnel en Grande-Bretagne et ne pose pas de dangers particuliers. La prudence demeure cependant de mise. Dans les transports publics, choisissez si possible une voiture occupée, et de préférence par plusieurs groupes de personnes. Et prenez un taxi (*voir p. 642*) plutôt que de traverser seule un quartier désert le soir.

Nombre de dispositifs d'autodéfense sont illégaux et le port de couteaux, matraques, pistolets et bombes lacrymogènes est interdit dans les lieux publics. Les systèmes d'alarme sont en revanche autorisés.

LA POLICE ET LES URGENCES

Si des voitures de patrouille remplacent de plus en plus les *bobbys* britanniques traditionnels, ceux-ci sont toujours présents dans les zones rurales et dans les centres-villes et ils continuent de se montrer courtois et serviables. Contrairement aux policiers de beaucoup d'autres pays, ils ne portent pas d'armes. Si vous vous perdez, n'hésitez pas à leur demander votre chemin.

Voiture de police

Ambulance

Camion de pompiers

Vous pouvez aussi vous adresser aux agents de la circulation.

Les services de police, d'ambulances et de lutte contre l'incendie restent en alerte 24 h sur 24. Ils sont réservés aux véritables urgences et se joignent par le 999. L'appel est gratuit. Sur le littoral, ce numéro vous mettra également en contact avec le Royal National Lifeboat Institute, les volontaires du sauvetage en mer.

Sigle du Royal National Lifeboat Institute

OBJETS PERDUS OU VOLÉS

En cas de vol ou de perte, faites une déclaration au poste de police le plus proche. Si vous avez souscrit une assurance, il vous faudra un procès verbal pour obtenir un remboursement.

Les principales gares ferroviaires ou routières possèdent un service des objets trouvés (*Lost Property*). Ne laissez aucun objet de valeur en évidence dans votre chambre d'hôtel. La plupart des hôtels rejettent en effet toute responsabilité pour les biens qui ne sont pas déposés dans leur coffre.

CARNET D'ADRESSES

NUMÉROS D'URGENCE

Police, pompiers, ambulances
☎ *999. Appel gratuit (24 h/24).*

Services d'urgence médicale
Cherchez dans l'annuaire le plus proche Accident and Emergency unit ou contactez la police.

Childline (SOS Enfants)
☎ *0800 1111. Pour les enfants ayant besoin d'assistance. Appel gratuit (24 h/24).*
Ⓦ *www.childline.org.uk.*

Urgences dentaires
☎ *020-7837 3646 (24 h/24 ; enfants seul.) ; 020-7955 4317 (Guy's Hosp., London).*

Rape Crisis Centre (SOS Viol)
☎ *020-7837 1600 (24 h/24) ; 0115 934 8474 Rape Crisis Federation of England & Wales).*

Samaritans
☎ *0845 7909090. 24 h/24. Pour tous problèmes affectifs : cherchez dans l'annuaire le centre le plus proche.*

ASSISTANCE

Alcooliques Anonymes
☎ *0845 7697555.* Ⓦ *www. alcoholicsanonymous.org.uk*

SOS Handicapés
The Disability Helpline.
☎ *01302 310123.*
Disabled Living Foundation.
☎ *020-7289 6111.*
Ⓦ *www.dialuk.org.uk*

Pharmacies de garde
Contactez un poste de police pour une liste complète.

Objets trouvés
Contactez le poste de police le plus proche.

SOS Drogues
National Helpline for Drugs
☎ *0800 776600 (24h/24).*
Ⓦ *www.nhd.org.uk*

SOS Aveugles
National Helpline for the Blind
☎ *020-7388 1266.*
Ⓦ *www.rnib.org.uk*

SOS Sourds
National Helpline for the Death
☎ *0808 8080123.*

Femmes enceintes
☎ *08457 304030.*

SOS Victimes
☎ *0845 3030900 (liste des centres les plus proches dans l'annuaire).*

Le téléphone

Cabine BT moderne

Avec l'amélioration constante des systèmes de télécommunication et la progression du courrier électronique, il n'a jamais été aussi simple de rester en contact et de s'organiser tout en voyageant. Le réseau téléphonique britannique est efficace et bon marché. C'est le week-end et du lundi au vendredi de 6 h à 20 h que les communications sont les moins chères. Néanmoins, le prix des appels locaux à partir de téléphones publics est fixe et déterminé à la minute.

LES TÉLÉPHONES PAYANTS

Ils sont à carte ou à pièces et, dans ce dernier cas, acceptent les pièces de 10 p, 20 p, 50 p et de 1 £. Seuls les plus récents acceptent celles de 2 £. Le coût minimum d'un appel est de 20 p. Pour un appel court, utilisez des pièces de 10 ou 20 p. Les téléphones à carte sont souvent plus pratiques. BT (anciennement British Telecom) a cessé de délivrer ses propres cartes prépayées, mais d'autres types de cartes

sont disponibles dans les kiosques à journaux et les bureaux de poste. Avec une carte de crédit, tout appel coûte au minimum 50 p et le tarif le plus élevé est appliqué.

LES ANNUAIRES

Les annuaires comme *Yellow Pages* et *Thomson Local* répertorient les numéros professionnels locaux. Vous les trouverez dans les bureaux de poste, les bibliothèques et, souvent, à votre hôtel.

LE BON NUMÉRO

Plusieurs services d'assistance téléphonique sont à votre disposition.

Urgences
📞 999.
Police, pompiers, ambulances, sauvetage en montagne, en mer et spéléologique.

Renseignements locaux
📞 192 (payant).

Renseignements internationaux
📞 153 (payant).

Opérateur international
📞 155.

Opérateur
📞 100.

Appels à l'étranger
📞 00 puis 33 pour la France, 32 pour la Belgique, 41 pour la Suisse et 1 pour le Canada.

Talking Pages
📞 0800 600900 recense les numéros professionnels en Grande-Bretagne.
W www.yell.com

UTILISER UN TÉLÉPHONE À CARTE ET À PIÈCES

1 Décrochez le combiné et attendez la tonalité.

2 Insérez une carte de téléphone ou les pièces de 10 p, 20 p, 50 p, 1£ ou 2 £ nécessaires. Le tarif minimum est de 20 p.

3 Composez le numéro et attendez la sonnerie.

4 L'écran indique la somme insérée. Un bip sonore rapide vous indique que votre crédit est épuisé. Ajoutez d'autres pièces ou insérez une autre carte.

5 Si vous souhaitez passer un autre appel et que votre crédit n'est pas épuisé, ne raccrochez pas mais appuyez sur le bouton « *follow-on-call* » (appel suivant).

6 Une fois votre communication terminée, raccrochez le combiné et retirez votre carte ou récupérez les pièces restantes.

 1 £   **50 p**   **20 p**   **10 p**

ACCÈS À L'INTERNET

La plupart des villes permettent désormais l'accès public à l'Internet. Un accès gratuit est souvent possible dans les grandes bibliothèques, mais il peut être nécessaire de réserver un créneau horaire. Les cybercafés facturent généralement à la minute. Les tarifs tendent à grimper rapidement, surtout si vous devez imprimer. EasyEverything, une grande chaîne de cybercafés est présente dans de nombreuses villes, comme Édimbourg (58 Rose Street) et Londres (7 Strand). L'accès à l'Internet est très bon marché, surtout en période creuse.

Accès à l'Internet 24 h/24 dans la chaîne européenne EasyEverything

La poste

Enseigne de bureau de poste

En dehors des principaux bureaux de poste offrant une large gamme de services, il existe, notamment en zone rurale et dans les petites localités, de nombreuses agences postales installées dans des épiceries, des centres d'information ou chez des marchands de journaux. Souvent, dans les villages, c'est l'unique magasin qui abrite cette agence. Les bureaux de poste sont ouverts de 9 h à 17 h 30 en semaine et de 9 h à 12 h 30 le samedi.

Un bureau de poste des Cotswolds

de **Royal Mail**. À l'intérieur du Royaume-Uni, vous pourrez envoyer votre courrier « *first class* » ou « *second class* ». Le premier service est plus cher mais la majorité des envois atteignent leur destinataire le jour suivant (sauf le dimanche).

Royal Mail
☎ 0845 7740740.
W www.royalmail.com

Une boîte aux lettres de campagne cernée de vigne vierge

LES SERVICES POSTAUX

Les timbres s'achètent dans toutes les boutiques et kiosques affichant « *Stamps sold here* ». Les hôtels ont souvent une boîte aux lettres à la réception. Si vous écrivez en Grande-Bretagne, n'oubliez jamais le code postal que vous pourrez obtenir auprès

L'aérogramme, un pli « *1st class* »

Service rapide   Service éco

Timbres représentant des personnages de la littérature

LA POSTE RESTANTE

En ville, les grands bureaux de poste offrent un service de poste restante. La lettre ou le colis doit porter votre nom, clairement lisible, la mention « Poste Restante » et l'adresse du bureau de poste. Celle du plus important de Londres est William IV Street, London WC2. L'envoi sera conservé un mois. Il vous faudra une pièce d'identité pour le retirer. Pour les détenteurs d'une carte American Express, l'agence de Londres, au 6 Haymarket, offre un service similaire.

LES BOÎTES AUX LETTRES

Boîte pilier

Qu'elles se dressent sur un trottoir sous forme de pilier où qu'elles soient encastrées dans un mur, elles arborent toutes une voyante couleur rouge. Certaines ont deux fentes, l'une pour les courriers « *first class* » et à destination de l'étranger, l'autre pour les envois « *second class* ». Un panneau indique les heures de collecte qui ont généralement lieu plusieurs fois par jour en semaine, moins souvent le samedi et jamais le dimanche.

LES ENVOIS À L'ÉTRANGER

Le courrier aérien passe par Royal Mail et le coût dépend de la destination. En moyenne, il faut trois jours pour acheminer le courrier en Europe, et quatre à six jours pour les destinations plus lointaines. Envoyer du courrier à l'étranger autrement que par avion est certes économique mais peut prendre huit semaines pour parvenir à destination. Royal Mail propose un service aérien exprès dénommé **Swiftair**, disponible dans tous les bureaux de poste. **Parcelforce Worldwide** propose un service de livraison exprès pour la plupart des destinations et son coût est comparable à ceux des compagnies privées **Crossflight**, **DHL**, **Expressair** ou **UPS**.

Crossflight
☎ 01753 77600.
W www.crossflight.co.uk

DHL
☎ 08701 100300. W www.dhl.com

Expressair
☎ 020-8897 6568.

Parcelforce Worldwide
☎ 0800 224466.
W www.parcelforce.com

Swiftair
☎ 08457 740740.
W www.royalmail.com

UPS
☎ 08457 877877. W www.ups.com

Banques et monnaie

Les banques proposent en général de meilleurs cours que les bureaux de change privés installés dans les principaux aéroports, gares et sites touristiques. Ceux-ci appliquent des taux très variables et, avant d'effectuer toute transaction, mieux vaut lire les petits caractères indiquant commissions et frais prélevés. Les bureaux de change présentent néanmoins un avantage : leurs horaires d'ouverture. Les chèques de voyage restent le moyen le plus sûr de transporter de l'argent.

Bureau de change, Lloyds Bank

LES BUREAUX DE CHANGE

Les petits bureaux de change privés sont souvent mieux situés que les banques et ouverts plus longtemps. Mieux vaut toutefois examiner avec attention non seulement le taux proposé mais aussi la commission prélevée.

Quelques grandes enseignes à la réputation établie tels qu'**Exchange International, Thomas Cook, American Express** et **Chequepoint** possèdent des succursales dans toute la Grande-Bretagne.

Banques britanniques

Toutes ces banques ont des agences dans la plupart des villes du pays. Une pièce d'identité est requise pour les opérations de change.

LES BANQUES

Les banques ouvrent au minimum de 9 h 30 à 15 h 30 du lundi au vendredi mais nombre d'elles, notamment dans les grandes villes, restent ouvertes plus tard ou proposent leurs services le samedi matin. Toutes, en revanche, ferment les jours fériés (p. 65), et même, pour certaines, plus tôt la veille.

Hors des villages, rares sont les localités à ne pas posséder une succursale d'au moins une des cinq principales banques nationales : **Barclays, Lloyds TSB, HSBC, National Westminster et Royal Bank of Scotland**. De plus en plus d'agences disposent de distributeurs automatiques de billets qui vous permettront d'obtenir du liquide. Certains des plus modernes affichent les instructions en plusieurs langues. Les détenteurs d'une carte American Express pourront utiliser les distributeurs de la Lloyds et de la Royal Bank of Scotland

à condition d'avoir fait enregistrer leur code avant leur départ. Une commission de 2 % sera prélevée sur leurs transactions.

Une autre possibilité s'offre à vous si vous vous retrouvez à cours de fonds : contacter votre banque et demander un virement dans un établissement bancaire britannique ou dans un bureau de Thomas Cook ou d'American Express. Les visiteurs nord-américains peuvent faire virer de l'argent dans une banque ou un bureau de poste par l'intermédiaire de **Western Union**.

LES CARTES DE CRÉDIT

Les cartes bancaires et celles de magasins sont très largement acceptées en Grande-Bretagne et sont même nécessaires pour louer une voiture ou réserver une chambre d'hôtel. Il n'en est pas toujours ainsi dans les petites boutiques, les marchés, les petites pensions ou les cafés. Les cartes acceptées sont en général affichées en vitrine. Le réseau le mieux implanté est Visa, suivi de Diners Club, American Express, Access et Mastercard.

Vous pouvez tirer de l'argent (dans les limites de votre crédit) dans tout établissement bancaire ou distributeur portant le sigle correspondant à votre carte. Les frais prélevés figureront sur votre relevé de banque.

Sigle de la Barclays Bank

Sigle de la Midland

Sigle de la National Westminster

Lloyds TSB

Sigle de la Lloyds Bank

The Royal Bank of Scotland

Sigle de la Royal Bank of Scotland

Exchange International
020-7630 7200.

Thomas Cook
020-7853 7200.
www.thomascook.com

American Express
020-7834 5555.
www.americanexpress.co.uk

Chequepoint
020-7373 0111.

Western Union
0800 833 833.

ARGENT LIQUIDE ET CHÈQUES DE VOYAGE

L'unité monétaire britannique est la livre sterling, ou pound (£), qui correspond à 100 pence (p). Il n'existe pas de contrôle des changes limitant la quantité de devises que vous pouvez importer ou exporter. L'Écosse a ses propres coupures, légales dans tout le Royaume-Uni mais parfois refusées au pays de Galles et en Angleterre. Les chèques de voyage offrent le moyen le plus sûr d'emporter de l'argent. La

Billet de banque écossais d'une livre (1 £)

commission est en général de 1 %. Conservez à part le reçu et les adresses des agences où vous faire rembourser en cas de perte ou de vol. Lorsque vous changez de l'argent, demandez plutôt des petites coupures. Posséder quelques livres avant votre arrivée vous évitera les queues quelquefois fort longues qui se forment devant les bureaux de change des aéroports ou des ports.

Les billets de banque
Les billets anglais sont de 5 £, 10 £, 20 £ et 50 £.
Préférez les petites coupures, les commerçants n'ont pas toujours la monnaie d'un billet de 20 £.

Billet de 50 £

Billet de 20 £

Billet de 10 £

Billet de 5 £

Les pièces de monnaie
Elles valent 2 £, 1 £, 50 p, 20 p, 10 p, 5 p, 2 p et 1 p (ici grandeur nature).

2 livres (2 £)   **1 livre (1 £)**   **50 pence (50 p)**   **20 pence (20 p)**

10 pence (10 p)   **5 pence (5 p)**   **2 pence (2 p)**   **1 penny (1 p)**

Magasins et marchés

S i le quartier du West End à Londres (*p. 124-125*) reste sans conteste l'endroit le plus excitant de Grande-Bretagne pour se livrer au lèche-vitrine, les principales métropoles régionales offrent un choix presque aussi large. Qui plus est, effectuer des achats en province peut se révéler moins fatigant, moins coûteux et étonnamment varié, l'atmosphère découverte dans un atelier d'artisanat, dans une ferme vendant ses produits, sur un marché ou dans une fabrique ajoutant au plaisir de traquer la bonne affaire. Les antiquités, la parfumerie et les textiles, notamment le tweed, font partie des acquisitions particulièrement intéressantes

Éventaire de brocanteur au Bermondsey Market (*p. 123*)

LES HORAIRES D'OUVERTURE

L a plupart des boutiques ouvrent vers 9 h ou 10 h et ferment entre 17 h et 18 h en semaine, parfois plus tôt le samedi. Dans le centre-ville, peu de magasins ouvrent le dimanche sauf à l'approche de Noël. Certains restent en revanche ouverts en « *nocturne* » (« *late night shopping* ») un soir par semaine – le jeudi dans le West End à Londres. Dans les villages, les commerces ferment parfois à l'heure du déjeuner ou un après-midi par semaine. Les jours de marché varient d'une ville à l'autre.

COMMENT PAYER ?

L a plupart des magasins acceptent les cartes Visa et Access (Mastercard) et, moins souvent, les cartes American Express et Diners Club. Parmi les commerçants refusant les cartes bancaires figurent les étals des marchés et certaines

petites boutiques mais aussi quelques grands enseignes comme Mark & Spencer. Les chèques de voyage, surtout s'ils sont établis en livres (attention, sinon, au taux de change proposé), sont normalement pris partout sur présentation du passeport. Rares sont les établissements qui acceptent les chèques d'une banque étrangère en dehors des eurochèques.

DROITS ET SERVICES

E xcepté certains articles vendus en solde (vérifiez au moment de l'achat), vous pouvez vous faire rembourser les objets défectueux si vous les rapportez dans l'état où vous les avez achetés et, si possible, dans leur emballage. Il faut fournir une preuve d'achat et vous n'avez pas à accepter un simple avoir.

Étiquette d'une styliste londonienne

Un dédale de rues commerçantes : les Lanes, Brighton (*p. 163*)

LES SOLDES

S i les périodes traditionnelles de soldes sont de janvier à février et de juin à juillet, vous pouvez dénicher des offres spéciales toute l'année. Ce sont les boutiques de mode et les grands magasins qui offrent en général les réductions les plus importantes. Les soldes d'Harrod's (*p. 99*), à Londres, ont une telle réputation qu'une queue se forme à l'entrée des heures avant l'ouverture.

EXEMPTION DE TAXE

C e article ne concerne que les visiteurs étrangers à l'Union européenne résidant moins de trois mois en Grande-Bretagne. Ils peuvent en effet se faire rembourser la taxe à la valeur ajoutée (*VAT*) appliquée sur quasiment tous les produits. Cette taxe est généralement inclue dans le prix affiché.

Pour obtenir ce remboursement il faut présenter son passeport lors de l'achat et remplir un formulaire dont on remettra le double à la douane en quittant le pays. Les douaniers peuvent demander à voir les acquisitions. Le règlement s'effectuera par chèque ou par virement après déduction éventuelle de frais de dossier. La plupart des commerçants appliquent une franchise d'achat minimum de 50 £ à 75 £. Si vous faites expédier vos achats chez vous par le magasin, celui-ci doit déduire directement la taxe de votre paiement.

LES CENTRES COMMERCIAUX

C omme en France, ces complexes réunissant hors du centre-ville magasins, cafés, restaurants ou cinémas se multiplient en Grande-Bretagne. Ils disposent tous de vastes parcs de stationnement et sont pour la plupart desservis par les transports publics.

Devanture d'une boutique traditionnelle à Stonegate, York (*p. 390*)

LES GRANDS MAGASINS

Quelques grands magasins comme Harrod's n'existent qu'à Londres mais beaucoup ont des succursales en province. John Lewis, par exemple, est ainsi installé dans 22 villes où il propose une large sélection de tissus, de vêtements et d'articles ménagers d'un bon rapport qualité-prix. Marks and Spencer, implanté dans la plupart des grandes villes, reste toutefois l'enseigne de référence pour ses produits réputés pour leur solidité. British Home Stores (BhS) et Debenhams sont deux autres distributeurs connus. La taille des succursales et la richesse de leurs stocks, varient selon les régions.

LES BOUTIQUES DE MODE

C'est Londres qui offre le plus de choix, de la haute couture la plus classique au prêt-à-porter le plus insolite. En province, et notamment dans les villes touristiques comme Oxford, Bath et York, vous trouverez aussi bien des magasins indépendants aux collections sélectionnées par leur propriétaire que des enseignes franchisées. Parmi celles-ci, Principles ou Dorothy Perkins proposent une mode élégante à prix raisonnable. Visant une clientèle plus jeune, Gap et Miss Selfridge sont moins chers.

SUPERMARCHÉS ET MAGASINS D'ALIMENTATION

Comme en France, les supermarchés proposent une large gamme de produits alimentaires à des prix intéressants. Sainsbury, Tesco, Asda, Safeway et Waitrose sont quelques-unes des grandes marques nationales en compétition. Néanmoins, les petits commerçants, épiciers, boulangers ou marchands de légumes, présenteront souvent plus d'intérêt pour les produits frais et les spécialités régionales. Sans parler de la chaleur de l'accueil.

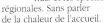

Fromages de Teesdale

SOUVENIRS, CADEAUX ET BOUTIQUES DE MUSÉES

Céramique, verrerie, bonbons, articles de toilette, tweed ou whisky, vous trouverez dans tout le pays, et notamment dans les sites les plus touristiques, des articles typiques qui vous

La Mustard Shop (*p. 189*) entretient la tradition à Norwich

permettront de rapporter, ou d'offrir, un souvenir de la Grande-Bretagne. Nombre de magasins se chargeront de l'expédition des objets les plus volumineux. Pour des cadeaux originaux, essayez les boutiques des musées, ou celles du National Trust (*p. 25*) et d'English Heritage (*p. 617*).

ANTIQUITÉS ET BROCANTE

Comme le révèle la visite de tout manoir, les Britanniques restent très attachés à leur passé et aux objets qui en témoignent. Dans presque chaque ville, on trouve au moins un antiquaire ou un magasin de brocante. Les chineurs ne négligeront pas non plus les marchés aux puces, notamment à Londres, et les ventes aux enchères. Les centres d'information touristique (*p. 614-615*) vous indiqueront où et quand ils ont lieu.

Étal de bouquiniste à Haye-on-Wye, Pays de Galles (*p. 447*)

LES MARCHÉS

Les grandes cités possèdent un marché couvert dont les éventaires ouvrent presque tous les jours. Dans les villes de moindre importance, le marché a lieu une fois par semaine (les rubriques du guide en indiquent le jour). En général, il se tient sur la place principale et offre l'occasion de découvrir les produits locaux. Goûtez les gâteaux et confitures des étals du Women's Institute.

Se distraire en Grande-Bretagne

Guignol anglais

Londres reste la capitale culturelle du Royaume-Uni (*p. 126-129*) mais de nombreux théâtres, opéras et salles de concerts de province proposent également une programmation riche, en particulier à Edinburgh, Manchester, Birmingham, Leeds et Bristol. L'été voit se multiplier des festivals tels ceux de Bath et de Cheltenham (*p. 62-63*). Le prix des place de spectacle est souvent moins cher hors de Londres.

LES SOURCES D'INFORMATION

À Londres, consultez le quotidien du soir Evening Standard ou des magazines de programme comme Time Out. Les journaux nationaux de qualité (*p. 618*) proposent également des rubriques culturelles, plus développées le week-end, décrivant des manifestations organisées dans tout le pays. Presse locale, bibliothèques et offices du tourisme (*p. 615*) pourront eux-aussi vous renseigner. Disponibles chez tous les marchands de journaux, des publications spécialisées comme *NME* ou *Melody Maker* annoncent les concerts de rock ou de pop music.

LES THÉÂTRES

Si Shakespeare (*p. 312-315*) demeure son plus grand auteur dramatique, la tradition théâtrale de la Grande-Bretagne a des origines encore plus anciennes et reste très vivante. Partout, compagnies professionnelles ou amateur proposent des spectacles souvent de qualité jusque dans des pubs, des boîtes de nuit ou des salles des fêtes de village.

Londres est la ville du théâtre (*p. 126*) . Le quartier du West End compte à lui seul plus de 50 théâtres (*p. 127*) allant de l'édifice edwardien tout en dorure et velours rouge jusqu'à des bâtiments résolument modernes comme le National Theatre sur le South Bank. À Stratford-upon-Avon, le répertoire de la Royal Shakespeare Company comprend aussi bien des créations expérimentales que les pièces du célèbre dramaturge. Le Theatre Royal de Bristol (*p. 244*) est le plus ancien théâtre du Royaume-Uni encore actif. Parmi les salles proposant en province les meilleures productions, figurent également le West Yorkshire Theatre de Leeds, le Royal Exchange (*p. 360*) de Manchester et le Traverse à Edinburgh.

En été, d'innombrables manifestations se déroulent en plein air : artistes de rue animant le centre de nombreuses villes, représentations organisées dans le cadre spectaculaire offert sur une falaise de Cornouailles par le Minnack Theatre (*p. 264*), ou pièces jouées sur le terrain de leur collège par les étudiants de Cambridge et d'Oxford. Tous les quatre ans, les rues d'York sont investies par un spectacle médiéval (York Cycle). Le festival d'Edinburgh (*p 495*) est une des plus grandes rencontres théâtrales et artistiques d'Europe.

Artiste de rue

La plupart du temps, surtout en semaine, vous pourrez prendre votre billet à l'entrée juste avant la représentation mais pour les pièces les plus populaires, notamment dans le West End, il faut parfois réserver des semaines à l'avance. Cette réservation, généralement sujette à supplément, peut s'effectuer par le biais d'agences spécialisées ou de certaines agences de voyage. La plupart des hôtels se chargeront de la démarche pour leurs clients. Méfiez-vous des billets proposés par des vendeurs à la sauvette, ce sont parfois des faux.

MUSIQUE

Londres, Manchester, Birmingham, Liverpool, Bristol et Bournemouth entretiennent leurs propres orchestres philharmoniques et de nombreuses églises et cathédrales accueillent des récitals (*p. 193*), en particulier des chœurs.

Des concerts de rock, jazz, folk ou country ont lieu chaque jour dans d'innombrables salles, pubs ou boîtes de nuit. Au pays de Galles, les pubs résonnent encore souvent de mélodies et chants traditionnels, tandis que le nord de l'Angleterre est réputé pour ses fanfares. L'Écosse ne serait plus l'Écosse sans ses joueurs de cornemuse (*p. 466*).

Le Buxton Opera House dans les Midlands

Le complexe multisalles Warner de Leicester Square à Londres

LES CINÉMAS

D ans les grandes villes, les cinémas traditionnels s'effacent de plus en plus devant les complexes multisalles qui projettent en général seulement des films en anglais. Pour voir une œuvre française en version originale, il vous faudra plutôt surveiller la programmation des cinémas d'art ou d'essai. Les prix des billets varient grandement. Certains établissements proposent des réductions l'après-midi ou le lundi.

Les visas de censure U (pour tous) ou PG (présence des parents conseillée) s'appliquent aux films visibles par tous. Pour les autres, les chiffres 12, 15 ou 18 indiquent l'âge minimum requis pour entrer dans la salle. Ces classifications sont toujours précisées sur les affiches.

LES BOÎTES DE NUIT

C ertains clubs imposent des obligations vestimentaires ou exigent une carte de membre. Les plus célèbres se trouvent à Londres (*p. 129*). Toutes les grandes cités et des villes moyennes comme Brighton et Bristol sont réputées pour l'animation de leur vie nocturne.

LA DANSE

S ans surprise, Londres est le grand centre britannique de la danse classique et contemporaine tandis que Birmingham, où réside le Birmingham Royal Ballet, est la ville de province offrant la programmation la plus riche dans ces domaines. Des spectacles d'avant-garde y sont aussi présentés.

Les danses folkloriques comme le Highland Fling en Écosse ou le Morris Dancing en Angleterre restent vivantes, de même que certaines traditions comme les dîners ou thés dansants et les bals des universités (en mai et sur invitation seulement). En mai également ont lieu à Helston des danses processionnelles. Les *ceilidhs* (prononcer kèli) sont des réunions dansantes au son de mélodies celtiques.

LES LIEUX GAY

L a majorité des agglomérations importantes possèdent des lieux de rencontre homosexuels, le plus souvent des bars et des boîtes de nuit. Des publications comme *Pink Paper*, gratuit, ou *Gay Times*, en vente chez certains marchands journaux et dans les bars et clubs gay, en donnent les adresses. La vie homosexuelle de Londres se concentre autour de Soho (*p. 82*). En province, ce sont Manchester et Brighton qui ont les scènes les plus actives. La Gay Pride est le plus grand carnaval gay d'Europe.

Trois participants à la Gay Pride

LES ENFANTS

M onuments, expositions interactives, musées de jouets, spectacles... Londres offre aux enfants des choix infinis de distractions. L'hebdomadaire *Time Out* recense les activités et distractions proposées aux enfants.

Hors de Londres, les possibilités se révèlent plus restreintes. L'office du tourisme local, ou la bibliothèque, devrait pouvoir vous informer sur les activités proposées.

Le bateau des pirates, Chessington World of Adventures, Surrey

LES PARCS DE LOISIR

L es parcs de loisir sont appréciés des enfants de tout âge. Au sud de Londres, le Chessington World of Adventures est un immense complexe conçu autour d'un zoo et qui comprend neuf espaces à thèmes. Alton Towers propose des attractions foraines plus conventionnelles. Au Thorpe Park, une ferme voisine avec des modèles réduits de bâtiments. Legoland a ouvert en mars 1996.

Alton Towers
Alton, Staffordshire.
☎ 01538 702200.
W www.altontowers.com

Chessington World of Adventures
Leatherhead Rd, Chessington, Surrey.
☎ 0870 4447777.
W www.chessington.com

Legoland
Winkfeld Rd, Windsor, Berkshire.
☎ 08705 040404.
W www.legoland.co.uk

Thorpe Park
Staines Rd, Chertsey, Surrey.
☎ 08704 444466.
W www.thorpepark.com

Séjours à thème et activités de plein air

En Grande-Bretagne, de nombreux organismes proposent un choix étendu de séjours permettant d'apprendre ou de pratiquer un sport, de s'adonner à une passion ou simplement de faire des rencontres et d'améliorer son anglais. Les chantiers bénévoles, de restauration de monuments ou d'entretien de réserves naturelles par exemple, offrent quant à eux l'oportunité de se rendre utile. Certaines de ces activités, notamment de plein air, peuvent aussi se pratiquer seul.

Dans la Cardigan Bay galloise

Promenade sur une piste cavalière (p. 33)

VACANCES THÉMATIQUES

Les offices du tourisme d'Angleterre et d'Écosse (p. 615) tiennent à disposition des visiteurs des listes de séjours à thème organisés à leur intention ainsi que des brochures les décrivant. Ils éditent en outre Activity Holiday (Jarrold) vendu en librairie.

Les inscriptions se font directement auprès des organisateurs ou par l'intermédiaire d'une agence de voyage. Les stages sont organisés en général par niveaux pour permettre à chacun d'en tirer profit quel que soit son âge ou son expérience antérieure. Vous pourrez non seulement pratiquer des sports comme la navigation de plaisance, le golf, l'équitation ou le tennis, mais aussi vous initier ou vous perfectionner dans des arts tels que la peinture, la céramique, la calligraphie ou la joaillerie à moins que vous ne préfériez suivre de véritables cours sur des sujets allant de Shakespeare à l'écologie. Travailler sur un chantier de restauration ou de fouilles archéologiques s'avérera également très enrichissant.

À PIED ET EN BICYCLETTE

La Grande-Bretagne présente une grande variété de paysages qu'un réseau balisé de sentiers de grande randonnée et de promenades pédestres locales (p. 32-33) vous permettra de découvrir à pied, seul ou avec un club.

Pistes cyclables (p. 643) mais aussi petites routes de campagne et pistes cavalières offriront aux cyclistes de magnifiques itinéraires. Beaucoup de régions sont toutefois montagneuses.

GOLF ET TENNIS

Il existe environ 2 000 terrains de golf en Grande-Bretagne. Bien que les tarifs puissent varier de l'un à l'autre, la pratique de ce sport est en général beaucoup moins coûteuse qu'en France. De nombreux clubs accueillent les joueurs de passage, certains proposent une inscription temporaire, tous sont plus calmes en semaine.

Vous trouverez des courts de tennis dans toutes les villes et dans beaucoup d'hôtels. Ils sont souvent très pris en été.

LA NAVIGATION DE PLAISANCE

Le Royaume-Uni a construit son empire grâce à sa puissance maritime et les Britanniques continuent d'adorer la mer. La Manche, notamment autour de l'île de Wight, se prête tout particulièrement à la pratique de la voile. Canaux, lacs et rivières offrent des plaisirs plus paisibles. Le réseau des Broads (p. 186) dans le Norfolk est le plus propice à la navigation fluviale (renseignements auprès de la Broads Authority) mais de nombreuses possibilités se présentent également dans la région des lacs (p. 342-357).

AUTRES SPORTS NAUTIQUES

Il serait dommage, dans une île, de ne pouvoir jouir de la mer. Le climat ne s'y prête toutefois pas partout en Grande-Bretagne. Les

Randonneurs et grimpeurs, Yorkshire Dales National Park (p. 370-371)

véli-planchistes pourront s'en donner à cœur joie aussi bien sur les lacs que sur le littoral. Il existe des loueurs de matériel, et la possibilité de faire du ski nautique, dans la plupart des stations balnéaires. Les surfeurs se retrouvent dans les le sud du pays de Galles et l'ouest de l'Angleterre dont la côte rocheuse attire également les plongeurs sous-marins.

LA PÊCHE

L es saumons et les truites des torrents de l'Ouest, du pays de Galles, de l'Écosse et du nord-est de l'Angleterre

Pêcheur solitaire sur la côte sud-est de l'Angleterre

font rêver bien des pêcheurs. La législation est toutefois extrêmement stricte, notamment concernant les périodes d'ouverture. Peut-être avez-vous intérêt avant d'emballer votre canne à contacter la **National Federation of Anglers.**

AU STADE

L a saison de football dure en Grande-Bretagne d'août à mai, celle de rugby de septembre à avril. Inutile de vanter aux passionnés de ces sports la qualité des équipes britanniques. S'il n'est pas le plus populaire, le cricket reste le sport national anglais et, d'avril à septembre, son rituel complexe déploie sur les *greens* des villages un spectacle incompréhensible mais très exotique pour un étranger. Autre spectacle typique : les courses de lévriers. Elles ont lieu entre autres au Wimbledon Stadium de Londres. Comme pour les courses de chevaux, consultez les journaux pour connaître les dates et les horaires.

En parapente au-dessus des South Downs (*p. 169*)

LES SPORTS DE MONTAGNE

H ors de la station des Cairngorms en Écosse (*p. 530-531*), les îles britanniques manquent d'intérêt pour les skieurs. Elles sont toutefois suffisamment montagneuses pour offrir aux grimpeurs de belles parois à escalader et aux amateurs de parapente des sommets d'où prendre leur envol. Toutes les grandes villes possèdent une patinoire.

CARNET D'ADRESSES

Aircraft Owners and Pilots Association
50A Cambridge St, London SW1.
☎ 020-7834 5631.

Association of Pleasure Craft Operators
Parkland Hse, Audley Ave, Newport, Shropshire TF10.
☎ 01952 813572.

Association of British Riding Schools
Queen Chambers, 38-40 Queen Street, Penzance, Cornwall TR18.
☎ 01736 369440.

British Activity Holiday Association
22 Green Lane, Hersham, Surrey KT13.
☎ 01932 252994.
W www.baha.org.uk

British Hang-Gliding and Paragliding Association
The Old School Room, Loughborough Rd,

Leicester LE4.
☎ 0116 2611 322.

British Mountain-eering Council
177-179 Burton Rd, Manchester M20.
☎ 08700 104878.
W www.thebmc.co.uk

British Surfing Association
Champions Yd, Penzance, Cornwall TR18.
☎ 01736 360250.

British Water Ski Federation
390 City Rd, London EC1V.
☎ 020-7833 2855. W www.britishwaterski.co.uk

British Trust for Conservation Volunteers
80 York Way, London N1.
☎ 020-7278 4293.

British Waterways
Willow Grange, Church Rd, Watford, Herts WD1.
☎ 01923 226422.

Broads Authority
18 Colegate,

Norwich, Norfolk NR3.
☎ 01603 610734.

English Golf Union
National Golf Centre, The Broadway, Woodhall Spa, Lines LN10.
☎ 01526 354500.

Football Association
16 Lancaster Gate, London W2. ☎ 020-7262 4542.
W www.thefa.com

Lawn Tennis Association
Queen's Club, West Kensington, London W14.
☎ 020-7381 7111.

National Fede-ration of Anglers
Halliday Hse, Egginton Junction. Derbyshire DE65.
☎ 01283 734735.

National Cricket Association
Lord's Cricket Ground, St John's Wood, NW8.
☎ 020-7432 1200.

Environment Agency
Rio Hse, Waterside Drive,

Aztec West, Almondsbury BS12. ☎ 01454 624411.

Outward Bound Trust
Watermillock, près de Penrith, Cumbria CA11.
☎ 0875 134227. W www.outwardbound.org.uk

Racecourse Association
Winkfield Rd, Ascot, Berks SL5.
☎ 01344 873536.

Royal Yachting Association
RYA Hse, Romsey Rd, Eastleigh, Hants SO5.
☎ 02380 627 400.
W www.rya.org.uk

Rugby Football Union
Rugby Rd, Twickenham, Middx TW1.
☎ 020-8892 2000.

Ski Club of Great Britain
The White Hse, 57-63 Church Rd, London SW1.
☎ 020-8410 2000.

SE DÉPLACER EN GRANDE-BRETAGNE

Vous pourrez choisir votre compagnie aérienne pour rejoindre le Royaume-Uni en avion. Elles sont nombreuses à se faire concurrence à partir de toutes les grandes villes du monde, notamment d'Europe et d'Amérique du Nord. Ferry-boats et aéroglisseurs permettent de traverser la Manche ou la mer du Nord avec sa voiture, ou en autocar. Depuis l'ouverture du tunnel sous la Manche, trois

Avion de ligne de la British Airways

heures de train séparent le centre de Londres de celui de Paris.

Sur place, les réseaux routier et ferroviaire britanniques, denses et bien entretenus, permettent de se déplacer aisément à travers le pays. Même comparé au train, l'autocar se révèle très économique bien que parfois un peu lent. Des lignes aériennes intérieures assurent des liaisons plus rapides mais pour un prix nettement plus élevé.

Salle des pas perdus, Waterloo Station, Londres

CIRCULER EN GRANDE-BRETAGNE

Choisir le meilleur moyen de se déplacer en Grande-Bretagne dépend beaucoup de l'endroit où vous voulez aller, du moment où vous effectuez ce voyage... et de vos moyens.

Les distances dans ce pays deux fois moins vaste que la France justifient rarement de prendre l'avion à moins de traverser vraiment tout le territoire comme, par exemple, de Londres à Edinburgh. Sur les trajets plus courts, le temps perdu à aller et revenir de l'aéroport annule celui gagné dans les airs, en particulier si l'on compare au train. Dans la plupart des cas, le rail reste en effet le moyen le plus confortable de se rendre d'une grande ville à l'autre. Les tarifs sont toutefois relativement élevés et si vous envisagez de beaucoup circuler mieux vaut prendre avant votre départ l'un des forfaits proposés par British

Rail *(p. 638)*. L'autocar restera cependant moins cher, mais sera moins rapide et parfois moins confortable *(p. 640)*. Quelle que soit l'heure de votre arrivée, des taxis vous permettront de rejoindre votre hôtel depuis la gare ou la gare routière.

C'est la voiture qui vous offrira le plus de liberté dans vos pérégrinations. Si vous habitez trop loin ou manquez de temps pour venir avec la vôtre, vous en trouverez en location dans tous les aéroports et dans les grandes gares *(p. 637)*. Vous obtiendrez de meilleurs prix en réservant depuis l'étranger ou, sur place, en vous adressant à de petites sociétés locales. Pour rejoindre les petites îles éparpillées dans l'Atlantique,

la Manche et la mer du Nord, de nombreux ferries assurent des liaisons régulières.

N'oubliez pas que vous pouvez également louer vélos et chevaux, notamment pour découvrir les parcs nationaux, ou emprunter des transports aussi pittoresques que la barque servant de bac entre Southwold et Walberswick *(p. 190)*.

Le bac sur la Blyth entre Southwold et Walberswick, Suffolk

LE TUNNEL SOUS LA MANCHE

Avec l'inauguration en 1994 de la première liaison « terrestre » entre la France et la Grande-Bretagne, c'est un rêve vieux de deux siècles qui s'est réalisé. Le tunnel sous la Manche comprend trois conduits de béton et d'acier de 50 km chacun : deux pour le transport des passagers et des marchandises, un pour les canalisations et les services situés entre 25 et 45 m sous le sol marin. Les voyageurs arrivant en voiture ou en car

EURO TUNNEL

Le sigle d'Eurotunnel

à Calais ou Folkestone restent dans leur véhicule qui monte sur une navette ferroviaire gérée par **Eurotunnel**. Le trajet dure 35 minutes. En train, il existe quelque 40 liaisons directes **Eurostar** entre Bruxelles, Lille, Paris, Frethum, Calais, et Londres/Ashford, assurées par les chemins de fer belges, français et britanniques. Londres est désormais à 3 h de Paris par train.

Arriver en bateau, train ou car

À moins de prendre l'avion, quel que soit votre moyen de transport, train, voiture ou autocar, il vous faudra emprunter un ferry ou le tunnel sous la Manche pour rejoindre les îles britanniques. Les compagnies maritimes, dont les tarifs restent compétitifs, assurent des liaisons régulières avec de très nombreux ports d'Europe et leurs horaires permettent de bonnes correspondances avec les services d'autocar. Le tunnel sous la Manche offre la possibilité de rejoindre Londres depuis Paris ou Bruxelles en un temps record.

L'Eurostar met Paris à trois heures de Londres

Ferry arrivant à Douvres

LES LIAISONS MARITIMES AVEC L'EUROPE

Il existe des liaisons par ferries et aéroglisseurs entre treize ports britanniques et plus de 20 ports du continent sur la Manche et la mer du Nord (*p. 10-15*). Selon l'endroit d'où vous partez et votre lieu de destination, elles peuvent s'avérer plus pratiques que le tunnel sous la Manche. Ainsi, pour gagner le nord du pays, un bateau des North Sea Ferries relie tous les jours Zeebrugge à Hull.

Les tarifs varient beaucoup selon la saison et la durée du séjour. Certaines sociétés proposent des réductions pour les étudiants ou les personnes de plus de 60 ans. Les traversées les plus courtes ne sont pas toujours les moins chères.

CONDITIONS DE TRAVERSÉE

Certains trajets imposent de passer la nuit en mer. Dans ce cas, mieux vaut réserver une cabine (généralement en supplément) pour ne pas arriver épuisé. Les liaisons les plus rapides sont celles

effectuées entre Douvres et Calais, Ostende et Douvres et Dieppe et Newhaven par les catamarans **Seacat** d'**Hoverspeed**. Ces appareils mettent moins d'une heure pour traverser la Manche. Ils offrent l'avantage pour les gens n'ayant pas le pied marin d'être moins sensibles au roulis.

AVERTISSEMENT

Pour se préserver de la rage, inconnue sur son territoire, la Grande-Bretagne interdit de fait l'importation d'animaux domestiques, même vaccinés. Tout animal introduit illégalement risque d'être abattu.

LES LIAISONS INTERNATIONALES EN AUTOCAR

S'il est loin d'être le plus confortable ou le plus rapide, l'autocar reste le moyen de transport en commun le moins coûteux. Le prix du trajet comprend la traversée de la Manche en ferry ou par le tunnel. Il est possible de prendre des billets pour d'autres villes que Londres.

LES LIAISONS INTERNATIONALES PAR TRAIN

Grâce au tunnel sous la Manche, il est désormais possible de rejoindre facilement la Grande-Bretagne avec **Eurotunnel** et **Eurostar**. Le train est un moyen confortable et rapide de voyager – la vitesse atteint 300 km/h sur les parties française et belge du trajet. Les prix sont proches des tarifs aériens.

CARNET D'ADRESSES

BÂTEAU, TRAIN ET CAR

Britanny Ferries
📞 *0825 828 828 (France).*

Eurolines
📞 *0892 89 90 91 (France).*

Eurostar
📞 *0892 353539 (France) ;*
02 528 28 28 (Belgique).
🖥 *www.eurostar.com*

Eurotunnel/ Le Shuttle
📞 *0810 63 03 04 (France) ;*
70 22 32 10 (Belgique).
🖥 *www.eurotunnel.com*

Hoverspeed/SeaCat
📞 *00 800 12 11 12 11.*
🖥 *www.hoverspeed.com*

P&O Portsmouth
📞 *0825 013 013 (France).*
🖥 *www.poportsmouth.com*

P&O/Stena Line
📞 *0820 010 020 (France).*
🖥 *www.posl.com*

Seafrance
📞 *0820 68 88 89 (France).*

Arriver en avion

L a Grande-Bretagne compte environ 130 aéroports mais ils ne sont qu'une poignée à pouvoir recevoir des avions long-courrier. Le plus important, Heathrow, sert de plaque tournante à de nombreuses lignes transatlantiques mais la majorité des liaisons régulières entre l'Europe et Londres s'y posent également. À côté d'autres grands aéroports internationaux comme ceux de Gatwick et Stansted à Londres, ou ceux de Manchester, Glasgow, Newcastle, Birmingham et Edinburgh, des sites plus petits tels que London City, Bristol, Norwich et Cardiff accueillent eux aussi des vols européens.

Panneau signalant la liaison rapide entre Gatwick et Londres

British Airways et **British Midland** assurent de nombreuses liaisons régulières et directes entre les grandes villes du Royaume-Uni et l'Europe et le Canada tandis que les grandes compagnies nationales (notamment **Air France**, **SN Brussels Airlines**, **Swiss** et **Air Canada**) proposent un large choix de vols au départ de leurs pays respectifs.

Un 747 de British Airways à Heaathrow

LES AÉROPORTS BRITANNIQUES

S i quelques aéroports britanniques dépendent des autorités locales ou d'organismes privés, les plus importants et les plus connus sont gérés en majorité par la British Airports Authority. On y trouve cafés, boutiques, hôtels, restaurants et la possibilité de changer de l'argent 24 h sur 24. Partout, la sécurité est stricte et vous devez songer à ne jamais laisser vos bagages sans surveillance.

Le nombre de vols à destination de Birmingham, Manchester et Newcastle, dans le nord de l'Angleterre, ou Glasgow et Edinburgh en Écosse, ne cesse de croître et rien ne vous oblige à passer par Londres. Si vous décidez néanmoins de commencer votre voyage par la visite de la capitale, vous poser à Gatwick ou à Heathrow, ses deux principaux aéroports, se révèlera tout aussi pratique. Au retour, si vous ne savez pas de quel terminal décolle votre vol (Heathrow compte quatre terminaux par exemple), laissez vous assez de temps pour le découvrir. Si les conditions climatiques interdisent à votre avion de se poser à l'endroit prévu, la compagnie assurera votre transport entre le lieu d'atterrissage et votre destination.

LIAISONS À PARTIR DE L'AÉROPORT

S i le taxi est le moyen le plus confortable de rejoindre un centre-ville, c'est aussi le plus cher et il risque de se révéler extrêmement lent en cas d'embouteillage -

Terminal de l'aéroport d'Heathrow

AÉROPORT	ℹ INFORMATION	DISTANCE	PRIX DU TAXI POUR LE CENTRE-VILLE	TRANSPORT EN COMMUN POUR LE CENTRE-VILLE
Heathrow	08700 00123	23 km (14 miles)	25-35 £	métro : 40 min Rail : 15 min
Gatwick	08700 002468	45 km (28 miles)	40-55 £	Rail : 30 min Bus : 70 min
Stansted	01279 680500	60 km (37 miles)	45-55 £	Rail : 45 min Bus : 75 min
Manchester	0161 4893000	16 km (10 miles)	10-12 £	Rail : 15 min Bus : 30 min
Birmingham	0121 7675511	13 km (8 miles)	12-15 £	Bus : 30 min
Newcastle	0191 2860966	8 km (5 miles)	7-10 £	métro: 20 min Bus : 20 min
Glasgow	0141 8871111	13 km (8 miles)	12-15 £	Bus : 20 min
Edinburgh	0131 3331000	13 km (8 miles)	12-15 £	Bus : 20 min

une éventualité des plus probables aux heures de pointe (*p. 636*). Les problèmes liés à la circulation se poseront aussi avec les bus mais pour un coût nettement moindre.

Les aéroports d'Heathrow et de Newcastle sont tout deux desservis par des métros (*p. 643*) rapides, pratiques et bon marché. Pour un prix lui aussi modéré, des trains express relient les aéroports de Manchester, Stansted et Gatwick à leurs centres urbains.

Les autocars National Express (*p. 640*) permettent de rejoindre directement de nombreuses villes britanniques depuis la plupart des grands aéroports. Ils assurent également une navette entre Heathrow et Gatwick (*p. 638*).

LES TARIFS SPÉCIAUX

Sur toutes les lignes régulières, transatlantiques ou non, les enfants de moins de deux ans paient 10 % du tarif normal (mais ne disposent pas de leur propre siège) et ceux de moins de 12 ans 50 %. Quel que soit votre âge, vous pouvez, en réservant suffisamment tôt à l'avance, profiter de tarifs APEX ou SUPERPEX sous certaines conditions de séjour. Il s'agit toutefois de réservations fermes (vous ne pouvez plus changer vos dates). En ce qui concerne les réductions jeunes, étudiants ou personnes âgées, celles-ci varient selon les compagnies.

Bar de l'hôtel Posthouse à l'aéroport d'Heathrow

ENCORE MOINS CHER

Certaines agences spécialisées comme, parmi bien d'autres, Access Voyages, Nouvelles Frontières ou Tourbec, proposent parfois des tarifs encore plus avantageux. Ils correspondent à deux types de billets : des places « bradées » par de grandes compagnies sur des avions où vous jouirez des services qu'elles offrent à tous leurs voyageurs, et des places sur des avions charter au confort souvent plus spartiate. Dans les deux cas, il s'agit presque toujours de réservations fermes. Les meilleures affaires se présentent généralement en basse saison, de novembre à avril hors période de Noël.

Même si vous tenez à votre indépendance, renseignez-vous sur ce que proposent les tours-opérateurs. Souvent très économiques, leurs formules, qui peuvent inclure hébergement, location de voiture ou trajets en train ou en car, deviennent de plus en plus souples.

LES LIGNES AÉRIENNES INTÉRIEURES BRITANNIQUES

Les courtes distances qui séparent la majorité des villes de Grande-Bretagne ne justifient de prendre l'avion que pour des trajets particuliers, par exemple de Londres vers l'Écosse ou l'une des nombreuses îles périphériques. Les billets sont chers mais si vous effectuez votre réservation longtemps à l'avance, vous pourrez profiter d'un tarif jusqu'à trois fois inférieur à ce que vous auriez payé en vous présentant au guichet juste avant le départ. Le service de navettes (shuttle) assuré par British Airways entre Londres et des cités comme Glasgow, Edinburgh et Manchester connaît un grand succès auprès des hommes d'affaires. Il propose une rotation toutes les heures en période de pointe et toutes les deux heures le reste du temps.

CARNET D'ADRESSES

COMPAGNIES AÉRIENNES À LONDRES

Air Canada
☎ 08705 247226.
Air France à Paris
☎ 0820 820 820.
Air New Zealand
☎ 020-8741 2299.
American Airlines
☎ 08457 789789.
British Airways
☎ 08457 733377.
British Midlands
☎ 020-8745 7321.
Continental Airlines
☎ 0800 776464.
Delta Airlines
☎ 0800 414767.
Qantas
☎ 020-8846 0321.
US Airways
☎ 08456 003300.
Virgin Atlantic
☎ 01293 747747.

L'aéroport de Stansted

La Grande-Bretagne en voiture

Le plus déconcertant pour les conducteurs européens
arrivant en Grande-Bretagne est bien entendu de
devoir se mettre à rouler de l'autre côté de la chaussée.
Une fois l'habitude prise cependant, circuler sur les routes
de campagne devient souvent un plaisir. À cause des
embouteillages, il n'en va pas toujours de même en ville
aux heures de pointe et à certains endroits de la côte de
la Manche les week-ends d'été. Un réseau bien entretenu
d'autoroutes gratuites et de routes à doubles voies
séparées relie les principales agglomérations du pays.

Arrêt interdit

**Vitesse limitée à
30 m/h (48 km/h)**

Sens interdit   **Interdiction de
tourner à droite**

OBLIGATIONS ADMINISTRATIVES

Tout conducteur doit
pouvoir présenter
son permis de conduire,
un certificat d'assurance
(carte verte), la carte grise
du véhicule et, si celle-ci n'est
pas à son nom, une preuve
de propriété ou un contrat de
location. La voiture doit porter
une plaque de nationalité.

LE CODE DE LA ROUTE

La conduite à
gauche est la
différence la plus
spectaculaire entre
le code de la route
britannique et celui
des pays du
continent mais elle
n'est pas la seule. En
effet, il n'existe pas
de voie prioritaire
en Grande-
Bretagne. À chaque carrefour,
des bandes sur le sol ou
des panneaux de signalisation
indiquent qui doit laisser
le passage (give way).
Ces panneaux ne différent

**Distances indiquées
en miles**

généralement pas de ceux
visibles en France. Et comme
en France, les indications de
direction respectent un code
de couleur : fond bleu pour
les autoroutes, vert pour
les routes principales et blanc
pour les autres. Des panneaux
marron signalent les sites
intéressants et, sur les
autoroutes, des écrans
lumineux annoncent travaux,
accidents ou poches
de brouillard. Les limites
de vitesses sont de 30 mph
(48 km/h) en ville, 60 mph
(96 km/h) sur route
et de 70 mph
(112 km/h)
sur autoroute
(*motorway*) et route
à doubles voies
séparées (*dual
carriageway*).
Un piéton engagé
sur un zebra crossing
(p. 643) a une
priorité absolue
(et respectée par les
automobilistes britanniques).
La prudence recommande
de lire l'*UK Highway Code
Manual* (code de la route
britannique) disponible
en librairie.

Attention, à l'inverse de ce
dont vous avez l'habitude, les
ronds-points (*roundabouts*)
se prennent dans le sens des
aiguilles d'une montre. Ce sont
les conducteurs engagés qui
ont priorité, donc ceux arrivant
de droite quand vous vous
engagerez à votre
tour. Avant votre
départ, songez à
équiper votre voiture
d'un rétroviseur
extérieur droit si elle
n'en possède pas et,
éventuellement,
à faire régler vos codes
pour éviter d'éblouir les
conducteurs venant d'en face.

**Passage
à niveau**   **Laisser le
passage**

**Sens
unique**   **Pente à forte
déclivité**

CIRCULER

En ville, évitez les heures
de pointe : de 8 h à 9 h 30
et de 17 h à 18 h 30 du lundi
au vendredi. En zone rurale,
de bonnes cartes routières
garantiront votre liberté. AA et
RAC commercialisent des atlas
pratiques et complets. Un M
suivi d'un numéro correspond
à une autoroute, un A à une
route principale, souvent à
voies séparées. Signalées par
un B, les routes secondaires,
moins fréquentées,
se révèlent généralement
agréables à emprunter.

STATIONNER

Dans toutes les grandes
villes, vous gagnerez du
temps en vous garant
dans un parking.
Certaines en
proposent en
périphérie, des bus
permettant de
rejoindre le centre.
Une double ligne
jaune signale une interdiction
de stationner absolue, une
ligne jaune simple que vous

Parc de stationnement

**L'A30, une route à doubles voies
séparées en Cornouailles**

pouvez normalement vous garer le soir et le week-end (mais mieux vaut vérifier qu'un panneau n'apporte pas de restrictions supplémentaires). En zone urbaine, toutes les autres places sont généralement contrôlées par un parcmètre. Un véhicule en infraction a toutes les chances de se retrouver immobilisé par un sabot... À moins que la fourrière ne s'en charge.

LES CARBURANTS

Le diesel paraîtra coûteux aux conducteurs français. Les stations-services distribuent également du super (*four star oil*) et de l'essence sans plomb (*unleaded*). En général, comme en France, celles des supermarchés (Tesco ou Sainsbury par exemple) proposent les tarifs les plus intéressants tandis que celles installées sur les autoroutes se révèlent les plus chères.

LE SECOURS ROUTIER

L'AA (Automobile Association) et le RAC (Royal Automobile Club), les deux automobiles-clubs britanniques, assurent un service de dépannage 24 h sur 24 auquel ont droit les membres des automobile-clubs étrangers affiliés (vérifiez auprès du vôtre avant de partir). Même sans appartenir à une de ces associations, vous pouvez obtenir leur assistance, par exemple en utilisant les téléphones de secours des autoroutes, mais le dépannage vous reviendra cher. Un autre organisme, **Green Flag**, s'appuie sur un réseau de garagistes locaux et se révèlera parfois plus rapide et moins onéreux.

De nombreuses assurances automobiles comprennent une assistance à l'étranger. Avant votre départ, pensez à vous renseigner sur les risques couverts par la vôtre et à noter le numéro d'appel d'urgence. Si vous louez un véhicule, l'agence de location devrait également vous en indiquer un.

Station-service de campagne à Goathland dans le North Yorkshire

LOUER UNE VOITURE

Hire for Lower est l'une des sociétés de location britanniques les plus compétitives mais de petites compagnies proposent parfois des tarifs encore plus intéressants. En les étudiant, n'oubliez pas d'ajouter la TVA et les frais d'assurance. Il faut avoir 21 ans et un permis de plus d'un an pour louer une voiture. L'agence vous demandera une pièce d'identité et une caution. Le moyen le plus simple consiste à donner un numéro de carte bancaire. Des voitures automatiques sont désormais disponibles. Si vous passez plus de trois semaines en Grande-Bretagne, un véhicule en leasing sera plus rentable.

L'AUTO-STOP

L'auto-stop reste très pratiqué dans les îles britanniques et, à la campagne, il n'est pas rare qu'un conducteur s'arrête pour proposer de prendre des randonneurs fatigués. Évitez toutefois les bagages trop encombrants. Et sachez que comme partout, il y a un risque à faire du stop seul, surtout pour une femme. Les autoroutes et leurs rampes d'accès sont interdites aux piétons. Pour trouver un lift, vous pouvez consulter *Loot*, magazine d'annonces vendu à Londres, Manchester et Bristol.

CARNET D'ADRESSES

DÉPANNAGES

AA
☎ 0800 887 766.

Green Flag
☎ 0800 400 600.

RAC
☎ 0800 828 282.

LOCATION DE VOITURES

Avis
☎ 08705 900 500.
w www.avis.co.uk

Budget
☎ 0800 181 181.

Europcar
☎ 08457 222 525.
w www.europcar.co.uk

Hertz
☎ 08708 448 844.
w www.hertz.co.uk

Hire For Lower
☎ 020-7287 6000.
w www.autosabroad.com

National Car Rentals
☎ 08705 365 365.
w www.nationalcar.co.uk

RENSEIGNEMENTS

Informations routières
☎ 09003 401 100.

Informations pour les handicapés
☎ 0800 262 050.

Urgences
☎ 999.

Prévisions météo
☎ 08706 004 242.

La Grande-Bretagne en train

Société nationale des chemins de fer britanniques, le British Rail gère un réseau divisé en secteurs régionaux mais qui rayonne depuis Londres : certaines liaisons transversales évitant la capitale exigent plusieurs changements. Il dessert plus de 2 500 gares. Le service est ponctuel et les voitures, modernes ou modernisées, sont en général silencieuses et confortables, notamment sur les liaisons InterCity, les plus rapides. Les TGV Eurostar empruntant le tunnel sous la Manche (*p. 632*) à destination de Paris ou Bruxelles partent de la gare de Waterloo à Londres.

Train InterCity filant à travers la campagne

LES BILLETS

Les billets s'achètent dans les agences de voyage et aux guichets et distributeurs automatiques des gares. La plupart des cartes bancaires sont acceptées. Une place en première classe coûte environ un tiers de plus qu'en seconde et un aller-retour, en particulier dans la même journée, se révèle le plus souvent moins cher que deux allers.

Il existe quatre sortes de réductions pour les adultes. Disponibles en nombre limité sur certaines liaisons, les billets Apex se prennent une semaine à l'avance. Conditions similaires pour les billets SuperApex mais ils doivent s'acheter 14 jours avant le départ. Les *Savers* ne peuvent s'utiliser qu'en week-end et en semaine hors des heures de pointe. Enfin, les *Supersavers* ne doivent pas servir à quitter, rejoindre ou traverser Londres pendant les heures de pointe et le vendredi.

En zone rurale, les guichets ferment parfois le week-end, ce qui ne vous empêchera pas de risquer une amende (à régler sur le champ) si un contrôleur vous surprend à bord sans titre de transport.

LES FORFAITS

Si vous envisagez de beaucoup utiliser les chemins de fer en Grande-Bretagne, prendre avant votre départ un forfait, ou pass, auprès de l'office du tourisme britannique (*p. 615*), de **Rail Europe**, **CIE Tours International** ou de **British Rail International** se révèlera plus économique. La *All Line Rail Rover* permet aux adultes de voyager (kilométrage illimité) en Angleterre, Écosse et Pays de Galles pour une durée de 7 à 14 jours. Les enfants de moins de 16 ans voyagent demi-tarif, une *Family Rail Card* est également disponible. Elle peut être utilisée par quatre adultes ou quatre enfants maximum. Des réductions sont également disponibles pour les 16-25 ans ou les étudiants scolarisés dans un établissement en Grande-Bretagne, notamment avec la *Young Person's Rail Card*. Pour les plus de 60 ans, la *Senior Rail Card* permet d'obtenir jusqu'à 1/3 de réduction sur certains trajets. Il existe également des pass spéciaux pour Londres, Oxford, Canterbury et Brighton. Les enfants de 5 à 15 ans payent demi-tarif, les moins de cinq ans ne payent pas. Des tarifs familiaux sont également disponibles. Les voyageurs handicapés ont droit à de nombreuses réductions. Munissez-vous d'une pièce d'identité et d'une photographie pour acheter les pass. Si vous avez un pass, vous devrez le montrer lors de tout achat de tickets.

INFORMATIONS GÉNÉRALES

Climatisés et dotés d'un wagon-restaurant ou d'une voiture-buffet, les trains les plus confortables sont ceux des lignes InterCity mais mieux vaut réserver sa place le plus tôt possible, surtout si vous comptez voyager à un moment de grand départ comme le vendredi soir. Sans atteindre les vitesses des TGV français, ils sont assez rapides pour mettre Edinburgh à quelque quatre heures de Londres.

Les voyageurs trouvent en général des chariots dans les gares britanniques mais peu de porteurs. Pour obtenir une

Une belle gare, la Liverpool Lime Street Station

assistance, les personnes handicapées doivent contacter British Rail à l'avance. Une ligne jaune au-dessus de la fenêtre d'une voiture signifie qu'il s'agit d'un compartiment de première classe. Il existe des trains *Motorail* permettant d'emporter son automobile et d'autres proposant un *Observation Saloon* où la vue offerte par des baies vitrées justifie le supplément exigé. Vérifiez la destination de la voiture où vous prenez place, certains trains se divisent en cours de route. Même les gares éloignées du centre sont presque toujours desservies par des bus.

LES TRAINS TOURISTIQUES

A lors que la concurrence de la route conduisait au milieu du siècle à la désaffection de nombreuses voies ferrées rurales, des amateurs enthousiastes se sont associés pour sauver locomotives et voitures anciennes et continuer à les faire circuler. Les trajets que vous pouvez emprunter sont le plus souvent courts et font une trentaine de kilomètres, mais ils sont particulièrement pittoresques et vous feront traverser parmi les plus beaux coins de la campagne anglaise, vous permettant ainsi de découvrir des endroits et scènes surprenants. Citons, parmi ces trains « pour le plaisir », le Ffestiniog Railway (*p. 438-439*) en North Wales ; le North York Moors Railway (*p. 380*) ; le Strathspey Steam Railway (*p. 530*) ou encore le La'l Ratty Railway en Cumbria (*p. 352*). Les offices du tourisme et les guichets du British Rail locaux vous indiqueront horaires, périodes de circulation et tarifs.

À toute vapeur dans le North Yorkshire

LES LIAISONS FERROVIAIRES

LÉGENDE

— Lignes InterCity
— Lignes principales
● Gares de transit
○ Gares
□ Agglom. Londres

Inverness
Kyle of Lochalsh
Aberdeen
Fort William
Oban   Perth   Dundee
Stirling
Glasgow   Edinburgh

Euston   King's Cross
St Pancras
Paddington   Liverpool
Victoria   Street
Charing
Cross
Waterloo
LONDON

Stranraer   Carlisle   Newcastle
Durham
Windermere
Harrogate   Scarborough
Lancaster   York
Bradford   Hull
Preston   Leeds
Liverpool   Manchester
Holyhead   Sheffield
Chester   Lincoln
Bangor   Crewe
Nottingham
Shrewsbury   Leicester
Wolverhampton   Norwich
Birmingham   Peterborough
Coventry   Cambridge
Fishguard   Hereford   Luton   Ipswich
Cheltenham   Swindon   Stansted
Milford
Haven   Swansea   Bristol
Cardiff   Bath   Salisbury   LONDON   Canterbury
Barnstaple   Taunton   Dover
Southampton   Gatwick   Hastings
Exeter   Brighton
Plymouth   Weymouth   Portsmouth
Torquay
Penzance

CARNET D'ADRESSES

EN GRANDE-BRETAGNE

Great Northern Eaastern Railways
08459 505000 (réservations).

Great Western Trains
08457 000125 (réservations).

Midland Mainline
08457 221125 (réservations).

National Rail Enquiries Timetables
08705 484 950.
W www.nationalrail.co.uk

Rail Europe
0875 848848 (Londres).
W www.raileurope.co.uk

Renseignements pour les handicapés
020-7922 6482 (Euston).

Virgin Trains
08457 222333 (réservations).

Objets trouvés
020-7387 86 99

À L'ÉTRANGER

CIE Tour International
(800) 243 8687 (Canada).

Rail Europe
(800) 848 7245 (Canada).

La Grande-Bretagne en autocar

En Grande-Bretagne, les *buses* ne sont pas confinés aux centres urbains. Le terme désigne en effet aussi les autocars qui assurent des dessertes locales entre villes et villages. Les véhicules utilisés pour les liaisons longue distance, ou les visites organisés, portent le nom de *coaches*. Généralement confortables, ils sont bien plus économiques que le train mais avec des temps de parcours plus longs... Ou beaucoup plus longs en cas de problème de circulation. Certaines lignes, notamment celles où le tarif inclut un service d'hôtesse et des rafraîchissements, sont si populaires, en particulier le week-end, que mieux vaut prendre un billet avec réservation pour être sûr d'avoir une place.

Visite en autocar du Royal Mile à Edinburgh

LE RÉSEAU NATIONAL EXPRESS

Il existe de nombreuses compagnies d'autocars régionales en Grande-Bretagne mais au niveau national, la plus importante est sans conteste **National Express** qui dessert plus de 1 200 destinations dans le pays (*p. 12-15*). Il est préférable de réserver pour les destinations les plus demandées, surtout le vendredi soir.

En prenant la Discount Coach Card, les personnes de plus de 60 ans auront droit pendant un an à une réduction de 30 %. La Britexpress Card offre à tous les visiteurs la même réduction pendant un mois. Ces cartes s'achètent avant le départ auprès d'Eurolines, correspondant sur le continent de National Express, et sur place dans la plupart des aéroports internationaux, dans les grandes agences de voyage et dans des gares routières telles que la **Victoria Coach Station**.

L'**Oxford Tube** assure des liaisons fréquentes entre Londres et Oxford. La **Scottish Citylink** propose des liaisons régulières entre Londres, le nord de l'Angleterre et l'Écosse. Il y a aussi des départs depuis les aéroports d'Heathrow, Gatwick et Stansted.

National Express
☎ 08705 808080.

Scottish Citylink
☎ 08705 505050.
🌐 www.citylink.co.uk

Victoria Coach Station
☎ 020-7730 3466.
🌐 www.victoriacoachstation.com

Oxford Tube
☎ 08705 808080.
🌐 www.stagecoach-oxford.co.uk

LES VISITES ET VOYAGES ORGANISÉS

De l'excursion touristique à la découverte d'un château jusqu'à l'exploration, en plusieurs semaines, de tout le pays, les agences spécialisées proposent un éventail de voyages en autocar à même de satisfaire toutes les tranches d'âge et tous les intérêts. Certains suivent un horaire tellement rigide qu'il prévoit jusqu'au moment où vous pourrez prendre une photo ou boire une tasse de thé, d'autres vous laissent la liberté de visiter à un rythme plus personnel et certains ne comprennent que le trajet et l'hébergement. Sur le continent, vous pouvez notamment vous renseigner sur les formules proposées par Eurolines (*p. 633*), compagnie qui possède de nombreuses succursales en province.

En Grande-Bretagne, toutes les villes importantes ou touristiques, en particulier en bord de mer, comptent des sociétés organisant au moins en haute saison des promenades ou circuits de visite. Vous en obtiendrez les coordonnées en consultant les *Yellow Pages* (*p. 622*), en demandant à votre hôtel ou en vous adressant à une agence de voyage ou à l'office de tourisme local. Ce dernier devrait en outre pouvoir vous indiquer les différentes excursions proposées, leurs horaires et points de départ et leurs coûts. Il est possible que

Un autocar de **National Express**

le car vienne vous prendre, et vous ramener, à votre hôtel. Même si vous n'avez pas acheté votre place à l'avance, le seul risque que vous couriez en vous présentant au moment du départ est d'apprendre que le car est plein. L'usage veut qu'on laisse un pourboire au guide.

LES BUS RÉGIONAUX

Un grand nombre de compagnies, certaines privées d'autres sous l'autorité des collectivités locales, assurent les dessertes de proximité en autobus. Celles-ci peuvent être de fréquences et de coûts très variables. En règle générale, plus vous vous éloignez des villes, moins il y a de bus et plus ils sont chers. Certaines liaisons n'ont ainsi lieu qu'une seule fois par semaine et il existe des villages que ne dessert aucun transport public. Pour découvrir la campagne britannique, mieux vaut donc le plus souvent louer une voiture.

Si cette possibilité dépasse vos moyens, ou si une autre raison, par exemple les rencontres qu'ils favorisent, vous fait opter pour les bus, prévoyez d'avoir de la monnaie. Ils circulent pour la plupart sans receveur et le chauffeur préférera que vous lui remettiez l'appoint.

Avant d'embarquer, vérifiez les horaires et l'itinéraire à l'arrêt de bus ou auprès de l'office du tourisme. Vous risquez sinon de vous arrêter quelque part sans moyen de rentrer. Les dimanches et jours fériés, de nombreuses lignes ne fonctionnent pas et les autres n'offrent qu'un service réduit.

À la découverte des Trossachs, en Écosse, avec le Trossach Trundler

La Grande-Bretagne en bateau

Des milliers de kilomètres de voies d'eau parcourent la Grande-Bretagne qui éparpille des centaines d'îles en Manche, en mer du Nord et dans l'Atlantique. Louer une péniche pour découvrir la superbe campagne des Midlands depuis un canal ou affronter les flots sur un petit ferry local pour rejoindre une île écossaise sont des expériences qui ne s'oublient pas.

Une péniche sur les Welsh Backs, Bristol, Avon

LES CANAUX

Avec les débuts de l'industrie au XVIIIe siècle s'imposa l'obligation de transporter de lourds chargements de minerai et de matières premières. Un immense réseau de canaux fut percé à cet effet, reliant la plupart des régions de production aux ports maritimes.

L'avènement du rail ôta beaucoup de leur importance à ces voies d'eau mais il en subsiste plus de 3 000 kilomètres, pour l'essentiel dans le vieux cœur industriel des Midlands. Aux voyageurs qui en prennent le temps, ils permettent de découvrir au rythme lent d'une barge les paysages de la région, sa faune et ses vieilles auberges bâties pour étancher la soif des mariniers et prendre soin des chevaux qui hâlaient jadis leurs péniches.

Des agences spécialisées proposent un vaste éventail de formules, y compris pour les néophytes en navigation. Vous pouvez aussi contacter **British Waterways**.

British Waterways
☎ 01923 21036.
🌐 www.britishwaterways.co.uk

FERRIES ET CROISIÈRES FLUVIALES

La **Caledonian Mac Brayne** assure les liaisons entre l'Écosse et les Hébrides, qu'il s'agisse de navettes aussi courtes que celles entre l'île de Skye et Kyle of Lochalsh ou de traversées beaucoup plus longues comme d'Oban à Loch Boisdale.

Il existe un grand nombre de tarifs et de types de billets, depuis la carte offrant temporairement une

Un car-ferry reliant Oban à Loch Boisdale

circulation illimitée sur certaines lignes jusqu'à des forfaits en liaison avec les chemins de fer ou les compagnies d'autocars. Les navires ne transportent pas tous les voitures.

De nombreux bateaux-promenades circulent en outre sur les lacs et rivières britanniques. Parmi les croisières qu'ils proposent, celles traversant Londres de Westminster à Tower Bridge (p. 75), sur la Tamise sont sans doute les plus spectaculaires.

Caledonian MacBrayne
☎ 01475 650100.

Circuler en ville

Les difficultés de stationnement en ville rendent les transports urbains pratiques et économiques comparés à la voiture. Ils peuvent même se révéler amusants ; les enfants adorent les autobus à impériale londoniens. Seules Londres, Newcastle et Glasgow possèdent un métro ; Manchester et Blackpool sont équipées de tramways. Des taxis attendent à toutes les gares et aux stations disséminées dans le centre-ville. La marche à pied reste cependant le moyen le plus agréable de visiter de nombreuses cités, en particulier aux heures de pointe : de 8 h à 9 h 30 et de 16 h 30 à 18 h 30.

Autobus urbains dans Princes Street à Edinburgh

LES AUTOBUS

La privatisation de certains réseaux de transports urbains à conduit à un système complexe, plusieurs compagnies se concurrençant souvent sur les lignes les plus fréquentées. Même à Londres, les autobus traditionnels cèdent peu à peu la place à des véhicules modernes plus pratiques mais beaucoup moins pittoresques. Dans la plupart des cas, vous payez votre trajet au chauffeur en montant, si possible en faisant l'appoint. Le conducteur n'acceptera pas toujours une grosse coupure et jamais un chèque ou une carte bancaire. Gardez votre ticket jusqu'à l'arrivée, sous peine de risquer une amende à régler sur-le-champ. Beaucoup de grandes villes proposent des forfaits à la journée ou à la semaine

Autobus à impériale

offrant, de jour, un accès illimité à tous les transports urbains. Ils s'achètent souvent chez les marchands de journaux. Les services de nuit, généralement de 23 h au petit matin, n'existent que dans les cités les plus importantes. À Londres, ces lignes passent toutes par Trafalgar Square et se reconnaissent au N qui précède leur numéro. Les forfaits ne sont pas valables dans ces bus. Les offices du tourisme vous renseigneront sur les horaires, les parcours et les tarifs. Certains distribuent des plans des transports publics de la ville.

Des panneaux à l'avant des véhicules indiquent leur destination. Si vous avez peur de ne pas reconnaître l'endroit où vous devez descendre, demandez au conducteur de vous prévenir. En principe, il n'y a qu'aux arrêts marqués « Request » que vous avez besoin de lever le bras pour arrêter le bus afin de monter à bord, ou de sonner pour demander à en descendre. En pratique, mieux vaut le faire à tous.

Même dans les agglomérations dotées de couloirs réservés, les aléas de la circulation rendent les horaires purement indicatifs. En particulier aux heures de pointe, aller à un rendez-vous urgent peut se transformer en une interminable torture.

EN VOITURE

Beaucoup de visiteurs hésitent à se risquer en voiture dans les rues des grandes villes britanniques, mais si vous avez pris l'habitude de rouler à gauche et que vous respectez le code de la route (*p. 636*), vous n'y courrez pas de risques particuliers. C'est le stationnement qui pose en fait le plus de problèmes et, malgré le prix, vous aurez le plus souvent intérêt à vous garer dans un parking. Si vous optez tout de même pour la rue, prenez garde à ne pas vous mettre en infraction, notamment en dépassant le temps acheté à un parcmètre. Votre voiture risquerait d'être immobilisée par un sabot ou emportée à la fourrière.

Parcmètre

LES TAXIS

Les taxis agréés portent sur le toit un signal qu'ils allument lorsqu'ils sont libres. Pour obtenir leur licence, leurs chauffeurs continuent de passer un examen exigeant une parfaite connaissance de la ville et des itinéraires les plus rapides pour la traverser. Vous pouvez les appeler, les trouver aux stations de taxis ou les arrêter dans la rue en agitant vigoureusement le bras. À Londres, ils ne peuvent refuser de vous emmener à votre destination si elle se trouve dans un rayon de 9 km et dans le district de la police métropolitaine (la majeure partie du Grand-Londres et l'aéroport d'Heathrow).

Dans ces taxis, un compteur vous indique l'évolution du prix de la course. Il augmente toutes les minutes ou tous les

Véhicule immobilisé par un sabot, ou clamp.

311 m (340 yards). La prise en charge est d'environ 1 £ et bagages, passagers supplémentaires et heures particulières (notamment la nuit) donnent lieu à des suppléments. Les chauffeurs s'attendent à un pourboire de 10 % à 15 % du prix de la course. Si vous avez une réclamation à émettre, relevez le numéro d'enregistrement inscrit à l'arrière du véhicule.

Concurrents des taxis agréés, les « mini-cabs » sont des voitures normales que vous pouvez prendre en téléphonant à une société ou en passant à son siège ouvert souvent 24 h sur 24. Si l'un d'eux s'arrête dans la rue, sachez que beaucoup opèrent illégalement et peuvent être dangereux. Vous trouverez les numéros des compagnies de mini-cabs dans les *Yellow Pages* (p. 622). Dans tout taxi ne possédant pas de compteur, négociez le prix de votre trajet avant le démarrage. Les offices du tourisme vous renseigneront sur les tarifs en vigueur.

Taxi londonien traditionnel

LES VISITES GUIDÉES EN AUTOBUS

Parmi les visites guidées organisées dans les villes touristiques, les plus agréables par beau temps sont celles qui se font en autobus à impériale découverte. Les offices du tourisme vous les indiqueront. La plupart des compagnies offrent la possibilité de commander des visites privées.

LES TRAMWAYS

Après avoir failli disparaître, les trams, remis au goût du jour, reconquièrent les villes. Le meilleur réseau est incontestablement celui de Manchester.

LE MÉTRO LONDONIEN

Newcastle et Glasgow possèdent également chacune un métro, circulant aux mêmes heures que celui de Londres, mais leurs réseaux se limitent à quelques stations dans le centre de Newcastle et dans le centre et l'immédiate périphérie de Glasgow.

L'*Underground* londonien, ou *tube*, comprend quant à lui plus de 270 stations appartenant à 11 lignes. Chacune de ces lignes possède une couleur spécifique sur les plans, ou *Journey Planners*, affichés dans chaque station. Les trains circulent tous les jours (sauf celui de Noël) de 5 h 30 à minuit. Le prix du billet varie suivant votre destination, et si vous prévoyez d'effectuer plus de deux trajets par jour, vous avez tout intérêt à acquérir une Travelcard, forfait valide sur tous les transports urbains de la capitale. Elle vous reviendra moins cher si vous l'achetez avant votre départ auprès de British Rail International (*p. 638-639*).

Panneau signalant une station de métro

Un tramway sur la célèbre promenade de Blackpool

LES VILLES À PIED

N'oubliez pas que les voitures roulent à gauche ! Des instructions écrites sur la chaussée indiquent en général le sens de la circulation (et donc l'origine du danger) aux passages protégés. Ces derniers sont de deux types : les *zebra crossings* marqués par des bandes blanches et une balise jaune où les piétons engagés jouissent d'une priorité absolue, et ceux que commande un bouton où les voitures ne s'arrêteront pas avant qu'un signal lumineux le leur impose. Les municipalités créent de plus en plus de zones piétonnières dans les centres-villes.

À vélo, sous le pont des Soupirs, Oxford

À BICYCLETTE

Les Britanniques aiment la bicyclette et il est possible d'en louer un peu partout dans le pays. Au prix d'un supplément, vous pourrez aussi emporter la vôtre dans la plupart des trains. En ville, beaucoup de rues comportent une piste cyclable possédant sa propre signalisation, mais il est défendu de rouler à vélo sur les trottoirs et dans les zones piétonnières. Cette interdiction s'applique également aux autoroutes et à leurs voies d'accès.

Index

Les numéros de page en gras
renvoient aux principales entrées.

Remerciements

L'éditeur remercie les organismes, les institutions et les particuliers suivants dont la contribution a permis préparation de cet ouvrage.

AUTEUR

Michael Leapman, né à Londres en 1938, est journaliste professionnel depuis 1958. Après avoir travaillé pour la plupart des grands journaux britanniques, il s'est tourné vers la rédaction de récits et de guides de voyage pour plusieurs publications, parmi lesquelles *The Independent, Independent on Sunday, The Economist* et *Country Life*. Il a également publié 11 ouvrages dont *London's River* (1991), le *Companion Guide to New York* (1983-1995) pour lequel il a obtenu un prix et le *Guide Voir Londres* (1994).

COLLABORATEURS

Paul Cleves, James Henderson, Lucy Juckes, John Lax, Marcus Ramshaw.

ILLUSTRATIONS D'APPOINT

Christian Hook, Gilly Newman, Paul Weston.

COLLABORATION ARTISTIQUE ET ÉDITORIALE

Eliza Armstrong, Moerida Belton, Josie Barnard, Hilary Bird, Louise Boulton, Julie Bowles, Roger Bullen, Margaret Chang, Deborah Clapson, Elspeth Collier, Gary Cross, Cooling Brown Partnership, Guy Dimond, Danny Farnham, Fay Franklin, Angela-Marie Graham, Joy Fitzsimmons, Ed Freeman, Andrew Heritage, Paul Hines, Annette Jacobs, Steve Knowlden, Charlie Hawkings, Nic Kynaston, Esther Labi, Kathryn Lane, Pippa Leahy, James Mills Hicks, Rebecca Milner, Elaine Monaghan, Marianne Petrou, Chez Pitchall, Claire Pierotti, Andrea Powell, Mark Rawley, Jake Reimann, Carolyn Ryden, David Roberts, Mary Scott, Alison Stace, Hugh Thompson, Simon Tuite.

PHOTOGRAPHIE D'APPOINT

Max Alexander, Peter Anderson, Apex Photo Agency/ Simon Burt, Steve Bere, Deni Bown, June Buck, Michael Dent, Philip Dowell, Mike Dunning, Chris Dyer, Andrew Einsiedel, Philip Enticknap, Jane Ewart, DK Studio/Steve Gorton, Frank Greenaway, Stephen Hayward, John Heseltine, Ed Ironside, Dave King, Neil Mersh, Robert O'Dea, Stephen Oliver, Vincent Oliver, Roger Phillips, Kim Saver, Karl Shone, Chris Stevens, Jim Stevenson, Clive Streeter, Harry Taylor, David Ward, Mathew Ward, Stephen Wooster, Nick Wright, Colin Yeates.

RÉFÉRENCES PHOTOGRAPHIQUES ET ARTISTIQUES

Christopher Woodward du Building of Bath Museum, Franz Karl Freiherr von Linden, Gendall Designs, NRSC Air Photo Group, *Oxford Mail, Times* et Mark et Jane Rees.

AUTORISATIONS DE PHOTOGRAPHIER

L'éditeur remercie les entreprises, les institutions et les organismes suivants d'avoir accordé leur autorisation de photographier : Banqueting House (Crown copyright par faveur spéciale des Historic Royal Palaces) ; Cabinet War Rooms ; Paul Highnam à English Heritage ; le doyen et le chapitre de l'Exeter Cathedral ; Gatwick Airport Ltd ; Heathrow Airport Ltd ; Thomas Woods à Historic Scotland ; le prévôt et les étudiants du Kings College ; Cambridge ; London Transport Museum ; Madame Tussaud's ; Musées nationaux du pays de Galles (Museum of Welsh Life) ; Diana Lanham et Gayle Mault au National Trust ; Peter Reekie et Isla Roberts au National Trust for Scotland ; Provost Skene House ; Saint Bartholmew the Great ; Saint James's Church ; London St Paul's Cathedral ; les maîtres et les gouverneurs de la Worshipful Company of Skinners ; le prévôt et le chapitre de la Southwark Cathedral ; HM Tower of London ; le doyen et le chapitre de Westminster ; le doyen et le chapitre de Worcetser Cathedral. L'éditeur remercie également tous les magasins, cafés, restaurants, hôtels églises et services publics, trop nombreux pour être cités individuellement, qui ont apporté leur assistance à la réalisation de cet ouvrage.

CRÉDITS PHOTOGRAPHIQUES

h = en haut ; hg = en haut à gauche ; hc = en haut au centre ; hd = en haut à droite ; cgh = au centre gauche en haut ; ch = au centre en haut ; cdh = au centre droit en haut ; cg = au centre à gauche ; c = au centre ; cd = au centre à droite ; cgb = au centre gauche en bas ; cb = au centre en bas ; cdb = au centre droit en bas ; bg = en bas à gauche ; b = en bas ; bc = en bas au centre ; bd = en bas à droite ; (d) = détail.

Malgré tout le soin que nous avons apporté à dresser la liste des auteurs des photographies publiées dans ce guide, nous demandons à ceux qui auraient été involontairement oubliés ou omis de bien vouloir nous en excuser. Cette erreur serait corrigée à la prochaine édition de l'ouvrage.

Les œuvres d'art ont été reproduites avec l'autorisation des organismes suivants : © ADAGP, Paris et DACS, Londres 1995 : 159 h ; © Alan Bowness, Hepworth Estate 265 bg ; © DACS, Londres 1995 : 93 c ; © Patrick Heron,1995, tous droits réservés DACS : 228 cb ; © D. Hockney : 1970-1971 93 hd, 1990-1993 397 h ; © Estate of Stanley Spencer 1995 tous droits réservés DACS 223 h ; © Angela Verren-Taunt 1995 tous droits réservés Dacs : 265 bd.

L'œuvre d'Henry Moore, *Two Large Forms*, 1966, représentée en page 399 b a été reproduite avec l'autorisation de la Henry Moore Foundation.

L'éditeur remercie les photographes, entreprises et organismes suivants de leur avoir permis de reproduire leurs photographies :

ABBOT HALL ART GALLERY AND MUSEUM, Kendal: 358 b (d) ; ABERDEEN ART GALLERIES 526 h ; ABERDEEN AND GRAMPIAN TOURIST BOARD 465 ch ; ACTION PLUS : 67 h, 466 h ; Steve Bardens 66 bg, 420 c ; David Davies 67 cd ; Glynn Kirk 66 hg ; Peter Tarry 66 cbg, 67 bg ; publié avec l'aimable autorisation de MOHAMED AL FAYED : 99 h ; AMERICAN MUSEUM, Bath : 249 hg ; ANCIENT ART AND ARCHITECTURE COLLECTION : 42 bc, 44 ch, 44 cbg, 45 ch, 45 cbg, 46 bg, 46 bd, 48 cbd, 51 ch, 220 hg, 223 bd, 425 h ; THE ARCHIVE & BUSINESS RECORDS CENTRE, University of Glasgow : 469 h ; T & R ANNAN AND SONS : 502 b (d) ; ASHMOLEAN MUSEUM, OXFORD : 47 h.

BARNABY'S PICTURE LIBRARY : 60 hd ; BEAMISH OPEN AIR MUSEUM : 410 c, 401 b, 411 ch, 411 bc, 411 b ; BRIDGEMAN ART LIBRARY, LONDRES : Agnew and Sons, Londres 311 h ; Museum of Antiquities, Newcastle upon Tyne 44 hg ; Apsley House, The Wellington Museum, Londres 26 hg ; Bibliothèque nationale, Paris *Neville Book of Hours* 310 h (d) ; Birmingham City Museums and Gallery 307 h ; Bonham's, Londres, *Portrait of Lord Nelson with Santa Cruz Beyond*, Lemeul Francis Abbot 54 bc (d) ; Bradford Art Galleries and Museums 49 bcg ; City of Bristol Museums and Art Galleries 244 c ; British Library, Londres, *Pictures and Arms of English Kings and Knights* 4 h (d), 39 h (d), *The Kings of England from Brutus to Henry* 26 bg (d), *Stowe manuscript* 40 hg (d), *Liber Legum Antiquorum Regum* 46 h (d), *Calendar Anglo-Saxon Miscellany* 46-47 h (d), 46-47 c (d), 46-47 b (d), *Decrees of Kings of Anglo-Saxon and Norman England* 47 bcg, 49 bg (d), *Portrait of Chaucer*, Thomas Occleve 49 bd (d) ; *Portrait of Shakespeare*, Droeshurt 51 bg (d), *Historia Anglorum* 40 bg (d), 224 hg (d), *Chronicle of Peter of Langtoft* 273 b (d), *Lives and Miracles of St Cuthbert* 405 hd (d), 405 cg (d), 405 cd (d), *Lindisfarne Gospels* 405 bd (d), *Commendatio Lamentabilis intransitu Edward IV* 422 b (d), *Histoire du Roy d'Angleterre Richard II* 424 h (d), 523 b ; Christies, Londres 431 h ; Claydon House, Bucks, *Florence Knightingale*, Sir William Blake Richmond 150 h ; Department of Environment, Londres 48 hd ; City of Edinburgh Museums and Galleries, *Chief of Scottish Clan*, Eugene Deveria 470 bg (d) ;

Fitzwilliam Museum, University of Cambridge, *George IV as Prince Regent*, Richard Cosway 167 bc, 200 bg, *Flemish Book of Hours* 338 hg (d) ; Giraudon/Musée de la Tapisserie, par faveur spéciale de la ville de Bayeux 47 b,169 b ; Guildhall Library, Corporation of London, *The Great Fire*, Marcus Willemsz Doornik 53 bg (d), *Bubbler's Melody* 54 bd (d), *Triumph of Steam and Electricity*, The Illustrated London News 57 h (d), *Great Exhibition, The transept from Dickenson's Comprehensive Pictures* 56-57, *A Balloon View of London as seen from Hampstead* 107 c (d) ; Harrogate Museum and Art Gallery, North Yorkshire 374 h ; Holburne Museum and Crafts Study Centre, Bath 53 h ; Imperial War Museum, *London Field Marshall Montgomery*, J Worsley 27 cbd (d) ; Kedleston Hall, Derbyshire 24 c, 24 bd ; King Street Galleries, Londres, *Bonnie Prince Charlie*, G. Dupré 468 hg ; Lambeth Palace Library, Londres, *St Alban's Chronicle* 49 h ; Lever Brothers Ltd, Cheshire 337 chd ; Lincolnshire County Council, Usher Gallery, Lincoln, *Portrait of Mrs Fitzherbert after Richard Cosway* 167 b ; London Library, *The Barge Tower from Ackermann's World in miniature*, F Scoberl 55 h ; Manchester City Art Galleries 361 b ; David Messum Gallery, Londres 433 b ; National Army Museum, Londres, *Bunker's Hill*, R Simkin 54 ch ; National Gallery, Londres, *Mrs Siddons the Actress*, Thomas Gainsborough 54 h (d), 151 ch ; National Museet, Copenhagen 46 ch ; Phillips, the International Fine Art Auctioneers, *James I*, John the Elder Decritz 52 b (d) ; collections privées : 8-9, 26 ch (d), 34 hg, 48-49, 55 chg, 55 bg, 56 cbg, Vanity Fair 57 bd, 151 h, *Ellesmere Manuscript* 176 b (d), *Armada : map of the Spanish and British Fleets*, Robert Adam 281 h, 382 h, 408 b ; Royal Geographical Society, Londres 151 bc (d) ; Royal Holloway & Bedford New College, the *Princes Edward and Richard in the Tower*, Sir John Everett Millais 123 b ; Smith Art Gallery and Museum, Stirling 482 b ; Tate Gallery, Londres : 56 cbd, 225 h ; Thyssen-Bornemisza Collection, Lugo Casta, *King Henry VIII*, Hans Holbein le Jeune 50 b (d) ; Victoria and Albert Museum, Londres 24 h (d), 56 b, 192 h, 339 cd, 379 b, *Miniature of Mary Queen of Scots*, par un élève de François Clouet 497 bd, 523 h (d) ; Walker Art Gallery, Liverpool 364 c ; Westminster Abbey, Londres, *Henry VII Tomb effigy*, Pietro Torrigiano 26 bd (d), 40 bc (d) ; The Trustees of the Weston Park Foundation, *Portrait of Richard III*, école italienne 49 chg (d) ; Christopher Wood Gallery, Londres, *High Life Below Stairs*, Charles Hunt 25 c (d) ;reproduit avec l'autorisation de British Airways : Adrian Meredith 632 h; BFI London IMAX Cinema Waterloo : Richard Holttum 127 c ; reproduit avec l'autorisation du BRITISH LIBRARY BOARD : *Cotton Faustina BVII folio 85* 49 cd, 111 cg ; © THE BRITISH MUSEUM : 42 cd, 43 bc, 73 hg, 83 c, 105, 108-109 excepté 109 h et 109 bg ; © THE BRONTE SOCIETY : 398 ; BT PAYPHONES. 622 hg, 622 cdh ; BURTON CONSTABLE FOUNDATION : Dr David Connell 388 h.

CADOGEN MANAGEMENT : 86 b ; CADW – Welsh Historic Monuments (Crown Copyright), 460 h ; CAMERA PRESS : Cecil Beaton 94 bg ; CARDIFF CITY COUNCIL : 458 hd, 459 h, 459 c ; FKB CARLSON : 35 bcg ; COLIN DE CHAIRE : 185 c ; TRUSTEES OF THE CHATSWORTH SETTLEMENT : 322 b, 323 b ; MUSEUM OF CHILDHOOD, Edinburgh : 496 b ; BRUCE COLEMAN LTD : 31 bd ; Stephen Bond 282 b ; Jane Burton 31 chd ; Mark N. Boulton 31 cg ; Patrick Clement 30 cbg ; Peter Evans 530 hg ; Paul van Gaalen 238 hg ; Sir Jeremy Grayson 31 bg ; Harald Lange 30 bc ; Gordon Langsbury 531 h ; George McCarthy 30 h, 31 bg, 230 b, 273 bd ; Paul Meitz 514 cbg ; Dr. Eckart Pott 30 hg, 514 h ; Hans Reinhard 30 bc, 31 hc, 282 h, 480 hg ; Dr Frieder Sauer 520 h ; N Schwiatz 31 cbg ; Kim Taylor 31 hg, 514 chd ; Konrad Wothe 514 ch ; COLLECTIONS : Liz Stares 26 hd, Yuri Lewinski 36 hg ; CORBIS : Angelo Hornak 119 hc, Bill Ross 63 hd, John Heselstine 113 bd ; JOE CORNISH : 389 b ; DOUG CORRANCE : 471 b ; JOHN CROOK : 159 b. 1805 CLUB : 27 h ; 1853 GALLERY, Bradford 397 h ; ENGLISH HERITAGE : 134 b, 196 c, 196 b, 197 b, 236-237 b, 251 b, 338 bd, 339 b, 380 h, 405 hd, 405 c ; Avebury Museum 42 ch ; Devizes Museum 42 bd, dessin par Frank Gardiner 409 bd ; Salisbury

Museum 42 h, 42bg ; Skyscan Balloon Photography 43 h, 250 b; 380 h ; 409 bg ; ENGLISH LIFE PUBLICATIONS LTD, Derby : 330 hg, 330 hd, 331 h, 331 b ; ET ARCHIVE : 41 hc, 41 cd, 52 bc, 53 cbg, 58 cbd, 150 b ; Bodleian Library, Oxford 48 cbd ; British Library, Londres 48 hg, 48 ch ; Devizes Museum 42 cg, 43 b, 250 c ; Garrick Club 422 hg (d) ; Imperial War Museum, Londres 58 cbg (d), 59 bd ; Labour Party Archives 60 bd ; London Museum 43 chg ; Magdalene College 50 ch; National Maritime Museum, Londres 39 b ; Stoke Museum Staffordshire Polytechnic 101 bd, 51 ch ; Victoria & Albert Museum, Londres 50 h (d) ; MARY EVANS PICTURE LIBRARY : 9 dessin, 34 hd, 40 bd, 41 hg, 41 cg, 41 bg, 41 bd, 44 bg, 44 bd, 46 bc, 47 chg, 51 h, 51 bc, 51 bd, 53 cbd, 54 bg, 55 bd, 56 hg, 58 ch, 59 ch, 59 cbg, 59 cbd, 81 bc, 106 h, 107 h, 145 dessin, 150 bc, 151 b, 175 c, 177 c, 183 b, 194 c, 210 bg, 216 hg, 219 c, 219 bg, 219 bd, 222 bg, 227 dessin, 267 h, 285 dessin, 324 b, 335 h, 337 chg, 406 h, 433 hg, 468 b, 485 b, 498 bg, 500 b, 501 h, 521 b, 613 dessin.

CHRIS FAIRCLOUGH : 283 b, 340 b, 640 b; PAUL FELIX : 222 c ; FFOTOGRAFF © Charles Aithie : 421 h ; FISHBOURNE ROMAN VILLA : 45 h ; LOUIS FLOOD : 470 bd ; FOREIGN AND BRITISH BIBLE SOCIETY : Cambridge University Library 423 c ; FOTOMAS INDEX : 107 chd.

GLASGOW MUSEUMS : Burrell Collection 506-507 sauf 506 hg ; Art Gallery & Museum, Kelvingrove 505 h, 517 b, 529 b (d) ; Saint Mungo Museum of Religious Life and Art 503 hg ; Museum of Transport 504 cd ; JOHN GLOVER : 62 cd , 148 bc, 193 b ; THE GORE HOTEL, Londres : 540 c.

SONIA HALLIDAY AND LAURA LUSHINGTON ARCHIVE : 395 h ; ROBERT HARDING PICTURE LIBRARY : 170 h, 534 h ; Jan Baldwin 275 b ; M H Black 276 h ; Teresa Black 621 bc ; Nigel Blythe 632 ch ; L Bond 325 b ; Michael Botham 32 bd ; C Bowman 629 c ; Lesley Burridge 292 hd ; Martyn F Chillman 293 bc ; Philip Craven 105 h, 188 b, 313 b ; Nigel Francis 207 b, 635 b ; Robert Francis 66-67 ; Paul Freestone 214 b ; Brian Harrison 515 b ; Van der Hars 524 h ; Michael Jenner 45 b, 515 c ; Norma Joseph 65 b ; Christopher Nicholson 241 h ; B O'Connor 33 ch ; Jenny Pate 149 bc ; Rainbird Collection 47 cbd ; Roy Rainsford 33 b, 156 h, 284 b, 324 cd, 356 h, 372 h, 461 b ; Walter Rawling 21 h ; Hugh Routledge 2-3 ; Peter Scholey 287 h ; Michael Short 291 bd ; James Strachen 370 b ; Julia K Thorne 472 bg ; Adina Tovy 61 hg, 472 bd ; Andy Williams 167 h, 222 bd, 334 c, 418 h, 510 ; Adam Woolfitt 20 h, 20 c, 44 hd, 45 cbd, 248 b, 260, 275 ch, 293 bg, 425 bg, 454 hg, 530 hd ; HAREWOOD HOUSE : 396 c ; PAUL HARRIS : 32 h, 62 cg, 289 bg (d), 326 b, 355 b, 612-613, 630 c, 630 b ; HARROGATE INTERNATIONAL CENTRE : 375 b ; HEATHROW AIRPORT LTD : 619 b ; Crown copyright reproduit avec l'autorisation du Controller of HMSO : 73 bd, 120 bg, 120 bd, 121 hg ; CATHEDRAL CHURCH OF THE BLESSED VIRGIN MARY AND ST ETHELBERT IN HEREFORD : 304 b ; HERTFORDSHIRE COUNTY COUNCIL : Bob Norris 58-59 ; JOHN HESELTINE : 74 h, 104, 109 h, 110, 238 hd, 238 c, 455 hg ; HISTORIC ROYAL PALACES (Crown Copyright) : 161 ; HISTORIC SCOTLAND (Crown Copyright) : 483 c, 492 hd, 492 c ; PETER HOLLINGS : 336 bg ; BARRY J HOLMES : 63 h ; NEIL HOLMES : 246 b (d), 248 c, 274 h, 359 b, 415 hg, 415 hd, 437 b, 643 h ; ANGELO HORNAK LIBRARY : 392 hg, 392 bg, 392 bd, 395 bd ; reproduit avec l'autorisation du CLERK OF RECORDS, HOUSE OF LORDS : 469 c ; DAVID MARTIN HUGHES : 144-145, 152 ; HULTON-DEUTSCH COLLECTION : 22 hd, 27 cg, 27 cd, 53 chg, 54 c, 56 c, 57 bc, 58 hg, 58 hd, 58 b, 59 h, 60 ch, 60 bg, 150 ch, 157 c, 221 b, 288 h, 336 c, 337 cbd, 338 bg, 363 b, 383 bd, 423 h, 481 b, 508 hg, 522 b ; HUNTERIAN ART GALLERY : 505 b ; HUTCHISON LIBRARY : Catherine Blacky 34 bc ; Bernard Gerad 467 h ; HUTTON IN THE FOREST : Lady Inglewood 346 h.

THE IMAGE BANK, London : Derek Berwin 538 h ; David Gould 345 b ; Romilly Lockyer 74 bg ; Colin Molyneux 455 bg ; Stockphotos/Steve Allen 360 c, Trevor Wood 274 b ; Simon Wilkinson 168 b ; Terry Williams 114hc ; IMAGES COLOUR LIBRARY : 30 chg, 43 c, 209 b, 222 h, 237 h, 238 bg, 239 b, 324 h, 326 cg, 327 h, 341 c, 638 h, 638 b ;

Horizon/Robert Estall 424 c ; Landscape Only 33 bc, 236, 353, 425 bd ; Ironbridge Museum : 303 b. Jarrold Publishers : 200 bd, 217 h (d), 292 bg ; Michael Jenner : 292 hg, 328 b, 514 b ; Jorvik Viking Centre, York : 391 h. Royal Botanic Gardens, Kew : 76 ch.

Frank Lane Picture Agency : 386 b (d) ; W Broadhurst 242 b ; Michael Callan 230 cbd ; Andrew Lawson : 22 ch, 23 c, 232 bd, 233 hg, 233 hd, 233 bd ; Leeds Castle Enterprises : 153 b ; Leighton House, Royal Borough of Kensington : 130 bd ; publié avec l'aimable autorisation du Dean and Chapter of Lincoln 328 h, 329 bc, 329 bg ; Lincolnshire County Council : Usher Gallery, Lincoln : c 1820 par William Ilbery 329 bg ; Llangolen International Musical Eisteddfod 436 c ; London Ambulance Service : 621 ch ; London Film Festival : 62 h ; London Transport Museum : 82 h ; Longleat House : 254 h ; The Lowry Collection, Salford : *Coming from the Mill*, 1930, L. S. Lowry 359 hd.

Madame Tussauds :106 b ; Magna : 341 b ; Maldom Millenium Trust : 197 h ; Mansell Collection, Londres : 27 cbg, 40 hd, 52 ch, 55 bc, 249 hd, 311 bg, 337 cbg, 388 b ; Nick Meers : 18 h, 226-227 ; Metropolitan Police Service : 621 h ; Archie Miles : 228 ch ; Simon Miles : 340 hd ; Minack Theatre : Murray King 264 b ; Mirror Syndication International : 76 b, 89 b, 114 ; BTA/Juilian Nieman 34 ch ; Museum of London : 44 cbd, 113 h.

National Express Limited : 640 bg ; National Fishing Heritage Centre, Grimsby : 389 h ; National Gallery, Londres : 73 hd, 84-85 ; National Gallery of Scotland : *The Reverend Walker Skating on Duddington Loch*, sir Henry Raeburn 490 c (d) ; National Library of Wales : 422 hd, 425 c (d), 453 b ; National Museum of Film and Television, Bradford : 397 c ; Board of Trustees of the National Museums and Galleries on Merseyside : Liverpool Museum 365 h ; Maritime Museum 363 h ; Walker Art Gallery 334 b, 364 hg, 364 hd, 364 b, 365 ; National Museums of Scotland : 491 h, 497 bg ; National Museum of Wales : 422 c ; par faveur de la National Portrait Gallery, Londres : *First Earl of Essex*, Hans Peter Holbein 339 h (d), Angus McBean 83 b ; National Sound Archive, Londres – la marque déposée His Master's Voice est reproduite avec l'aimable autorisation d'EMI Records Limited : 99 c ; National Tramway Museum, Crich : 327 c ; National Trust Photographic Library : *Bess of Hardwick (Elizabeth, Countess of Shrewsbury)*, Anon 322 hg (d) ; Mathew Antrobus 290 bd, 376 cg, 377 bg ; Oliver Benn 25 bd, 266 c, 281 bg, 376 b ; John Bethell 267 c, 267 bg, 267 bd, 291 h ; Nick Carter 243 b ; Joe Cornish 442 ; Prudence Cumming 255 c ; Martin Dohrn 50 cbd ; Andreas Von Einsidedel 25 bg, 290 bc, 291 ch ; Roy Fox 259 h ; Geoffry Frosh 277 h ; Jerry Harpur 232 h, 232 bg ; Derek Harris 232 cbg, 255 h ; Nick Meers 254 h, 255 b, 308 b, 615 b ; Rob Motheson 280 h ; Cressida Pemberton Piggot 540 h ; Ian Shaw 22 bc, 446 h ; Richard Surman 291 bd, 348 b ; Rupert Truman 291 bd, 365 b ; Andy Tryner 290 bg ; Charlie Waite 377 h ; Jeremy Whitaker 291 bc, 379 h, 446 b ; Mike Williams 290 ch, 377 c ; George Wright 23192 cbd, 280 c ; National Trust For Scotland : 464 b, 486 b, 487 c, 494 b, 508 hd, 509 hg, 509 hd, 509 bd ; Glyn Satterley 503 hd ; Lindsey Roberton 509 bg ; National Waterways Museum à Gloucester : 289 bc, 289 bd ; NHPA : Martin Garwood 381 ch ; Nature Photographers : Andrew Cleave 230 chg ; E A James 31 chg, 348 h ; Hugh Miles 407 h ; Owen Newman 31 ch ; William Paton 514 cbd ; Paul Sterry 30 cbd, 30 bd, 31 bc, 31 cbd, 220 c, 243 h, 373 h, 514 chg ; Roger Tidman 185 b ; Network Photographers : Laurie Sparham 466 b ; New Shakespeare Theatre Co : 127 h ; Norfolk Museums Service : Norwich Castle Museum 189 b ; Oxford Scientific Films : Okapia 270 bg.

PA News Photo Library : John Stilwell 61 cd ; Palace Theatre Archive : 126 c ; Photos Horticultural : 22 b, 23 h, 149 hcg, 1497 hcd, 149 bc, 149 cbd, 232 ch, 233 c ; Pictures : 632 h ; Popperfoto : 27 bd, 59 bg, 60 cbg, 60 cbd, 61 bg, 88 hg, 148 hd, 191 h, 272 cg, 430 b ; AFP/Eric Feferber 61 bd ; SG Forester 67 bd ; Port Merion Ltd : 440 hg ; The Post Office : 623 hg ; Press Association : Martin Keene 62 b ; Public Record Office (Crown Copyright) : 48 b.

Rob Reichenfeld : 162 h, 163 c, 163 b, 288 b, 626 b, 631 h ; Rex Features Ltd : 27 ch, 41 hd, 60 hg, 61 bc, 224 c, 225 bd ; Barry Beattie 247 cg ; Peter Brooke 27 bc, 624 bd ; Nils Jorgensen 26 c, 629 h, 636 c ; Eileen Kleinman 629 bd ; Hazel Murray 61 hd ; Tess, Renn-Burrill Productions 257 b ; Richard Young 60 hg ; Nick Rogers 61 hc ; Tim Rooke 64 cd, 66 hd ; Sipa/Chesnot 27 bg ; Today 21 c ; The Ritz, Londres : 83 h ; Royal Academy of Arts, Londres : 86 ch ; Royal Collection © 1995 Her Majesty Queen Elizabeth II : *The Family of Henry VIII*, Anon 38 (d), 87 c, 88 hd, 88 bg, 89 h, 224 hd, 225 hg (d), 225 hd, 225 bg, *George IV, in full Highland dress*, sir David Wilkie 471 h ; David Cripps 89 c ; John Freeman 88 bd ; Royal College of Music, Londres : 98 c ; Royal Pavilion, Art Gallery and Museums, Brighton : 166 c, 166 bg, 166 bd, 167 cg, 167 cd ; Royal Shakespeare Theatre Company : Donald Cooper 315 c (d).

St. Alban's Museums : Verulamium Museum 220 b ; Sartaj Balti House : Clare Carnegie 397 b ; Scottish National Gallery of Modern Art : Roy Lichtenstein *In the Car* 493 c ; Scottish National Portrait Gallery : prêt de la collection du comte de Roseberry, *Execution of Charles I*, artiste inconnu 52-53 ; S4C (Channel 4 Wales) : 423 b ; Sidmouth Folk Festival : Derek Brooks 277 b ; Skyscan Balloon Photography : 250 h ; Southbank Press Office : 128 h ; Sporting Pictures : 66 chd, 66 bc, 66 bd, 67 cg, 346 b ; Still Moving Pictures : Doug Corrance 534 b ; Wade Cooper 469 b ; Derek Laird 468 c ; Robert Lees 65 h ; STB 530 bd, 531 c, Paisley Museum 501 b, Paul Tomkins 515 hd ; SJ Whitehorn 481 h ; David Tarn 375 hg ; Tony Stone Images : 34-35, 536-537 ; Richard Elliott 64 b ; Rob Talbot 341 ch ; David Woodfall 426.

© Tate London 2002 : 73 bg, 93 sauf c et hg, 93 c avec l'aimable autorisation de la Henry Moore Foundation ; *Standing by the Rags*, 1988 © Julian Freud 125 hd ; *Death from Death Hope Life Fear* (d) 1984 © Gilbert and George 125 cg ; *Soft Drain Pipe – Blue (Cool) Version* 1967 © Claes Oldenburg 125 cd ; 125 bd, 265 c, 265 bg, 265 bd ; Rob Talbot : 341 bc ; Tuille House Museum, Carlisle : 346 c. Par faveur du conseil des conservateurs du Victoria And Albert Museum, Londres : 72 b, 100-101 sauf 100 h.

Charlie Waite : 535 h ; © Wales Tourist Board : 419 c, 420 b, 424-425, 454 hd, 455 hd, 455 bd ; Roger Vitos 454 hg, 454 bg ; The Wallace Collection, Londres : 106 bc ; David Ward : 511 b, 529 h ; Frederick Warne & Co : 355 h (d) ; par faveur des conservateurs du The Wedgwood Museum, Barlaston, Staffordshire, Angleterre : 299 b ; Jeremy Whitaker : 216 hd, 216 c, 217 b ; Whitbread Plc : 34 bg ; Whitworth Art Gallery, University of Manchester : par faveur de la Granada Television Arts Foundation 361 c ; Christopher Wilson : 390 bg ; Wilton House Trust : 253 b ; Winchester Cathedral : 159 h ; Woburn Abbey – avec l'aimable autorisation de la marquise de Tavistock et des conservateurs du Bedford Estate : 50-51, 218 h ; Timothy Woodcock Photolibrary : 5 b ; Photo © Woodmansterne, Watford, Royaume-Uni : Jeremy Marks 116 h, 117 h.

York Castle Museum : 391 bc ; York City Art Gallery : 393 bg ; Dean & Chapter York Minster : 395 chg, 395 ch, 395 cg ; Peter Gibson 395 chd, 395 cd, 395 cg ; Jim Korshaw 392 hd ; reproduit par faveur du Yorkshire Museum : 394 c ; Yorkshire Sculpture Park : Jerry Hardman Jones 399 b.ZEFA : 64 h, 128 b, 251 h, 257 h, 472 c, 627 h, 634 c, 636 bg ; Bob Croxford 63 cd ; Weir 185 h.

Couverture : photographies particulières sauf Robert Harding Picture Library/Rosehaven Ltd : 1ᵉ de couverture en haut.
1ʳᵉ couverture intérieure : photographies particulières sauf Robert Harding Picture Library/Andy Williams hg, Adam Woolfitt bg ; National Trust Photographic Library/Joe Cornish cg ; Tony Stone Images/David Woodfall cg, Timothy Woodcock Photolibrary bg.
2ᵉ couverture intérieure : photographies particulières sauf John Heseltine hg, bd.

Le centre de Londres

REGENT'S PARK ET BLOOMSBURY
p. 104-109
Atlas des rues, plans 3, 4

SOUTH KENSINGTON ET HYDE PARK
p. 96-103
Atlas des rues, plans 2, 5

WEST END ET WESTMINSTER
p. 78-95
Atlas des rues, plans 4, 6

REGENT'S PARK

GLOUCESTER

MARYLEBONE ROAD EUSTON ROAD

HARLEY STREET

PORTLAND PLACE

GREAT PORTLAND STREET

CLEVELAND STREET

TOTTENHAM COURT

GOWER STREET

MORTIMER STREET

BAKER STREET

WIGMORE STREET

OXFORD STREET

WARDOUR STREET

SOHO SQUARE

SHAFT

REGENT STREET

BROOK STREET

CONDUIT ST

MOUNT ST

BERKELEY ST

ST JAMES ST

PICCADILLY

PALL MALL

THE MA

BAYSWATER ROAD

MARBLE ARCH

PARK LANE

KENSINGTON

HYDE PARK

SERPENTINE ROAD

Serpentine

ROTTEN ROW

GREEN PARK

ST JAMES PARK

W

Round Pond

GARDENS

KENSINGTON PALACE GDNS

KENSINGTON ROAD

KNIGHTSBRIDGE

HYDE PARK CORNER

BUCKINGHAM PALACE GARDENS

Buckingham Palace

BUCKINGHAM GATE

EXHIBITION ROAD

BROMPTON ROAD

Victoria and Albert Museum

GROSVENOR PLACE

LOWER GROSVENOR PLACE

VICTORIA STRE

GRO

BUCKINGHAM ROW

VAUXHALL BRIDGE